НЕМЕЦКО-РУССКИЙ СЛОВАРЬ ПО МИКРОЭЛЕКТРОНИКЕ

DEUTSCH-RUSSISCHES WÖRTERBUCH DER MIKROELEKTRONIK

Deutsch-Russisches Wörterbuch der Mikroelektronik

von A. Pankin

21225 Wortstellen

Москва
1995

Немецко-русский словарь по микроэлектронике

Панкин Александр Васильевич

21225 терминов

Москва
1995

Словарь издан при активной помощи Государственного Фонда содействия развитию малых форм предприятий в научно-технической сфере

Автор - А. В. Панкин

Немецко-русский словарь по микроэлектронике.

М., АОЗТ «ЭТС», 1995 - 674 стр.
ISBN 5-86455-026-4

Словарь содержит 21 225 терминов по всем направлениям современной микроэлектроники: устройству и классификации интегральных микросхем (ИС), конструированию и проектированию ИС, технологии ИС (полупроводниковых, пленочных и гибридных), цифровым и аналоговым ИС, микросхемотехнике, элементной базе микроэлектроники, микроэлектронной аппаратуре, а также микропроцессорной технике, микроЭВМ и технологии печатных плат.

Словарь подготовлен с использованием большого массива оригинальных источников на немецком языке: технических энциклопедий и лексиконов, каталогов, справочников, различных книг и брошюр, многочисленных специальных журналов стран немецкого языка - Германии, Австрии и Швейцарии, инструкций и технических описаний и т.п. Тщательно разработана русская терминология, для уточнения и актуализации которой использована обширная литература на русском языке, учтены рекомендации стандартов и различных нормативных документов.

Словарь, несомненно, окажет существенную помощь специалистам и переводчикам, преподавателям и студентам в их работе с современной немецкоязычной литературой по микроэлектронике и смежным с нею областям. С равным успехом им могут пользоваться как специалисты и переводчики стран немецкого языка, так и широкий круг русскоязычных читателей, изучающих специальную литературу по микроэлектронике и стремящихся овладеть немецкой терминологией для перевода технической документации, свободного чтения периодических изданий, инструкций, проспектов, каталогов и т.п. Это самый современный и наиболее полный из имеющихся в мире переводных немецко-русских словарей по данной тематике.

Словарь рассчитан на широкий круг пользователей.

Свои пожелания и замечания просим направлять в издательство "ЭТС" ("Энциклопедические и технические словари"):
103062 Москва, Подсосенский пер. 13
тел./факс (095) 916 37 11
E-mail: Vlad@erika.msk.su

Директор издательства И. В. Фаградянц.

© А.В. Панкин, 1995 г.
© ETS Ltd., 1995

От автора

Микроэлектроника - это одно из ключевых направлений современной техники, имеющее решающее значение для создания высоких технологий в различных сферах производства. Без эффективной микроэлектронной элементной базы были бы невозможны, в частности, впечатляющие успехи вычислительной техники, связи, космической техники и др.

Немецкий язык, наряду с английским, сохраняет свое положение как один из информационно-важных языков в области передовой техники и новых технологий, в том числе интегральной микроэлектроники. Поэтому автор и издательство «ЭТС» надеются, что предпринятое ими издание «Немецко-русского словаря по микроэлектронике» отвечает интересам и запросам читателей.

Немецко-русский словарь по микроэлектронике издается впервые и будет полезен широкому кругу специалистов, инженеров-разработчиков, студентов и преподавателей вузов с электронной специализацией, переводчиков и сотрудников информационных служб.

Словарь включает 21 225 терминов по технологии интегральных микросхем (полупроводниковых, пленочных, гибридных), цифровым интегральным микросхемам и цифровой микросхемотехнике, применению интегральных микросхем в микроэлектронной аппаратуре, конструктивному исполнению и типам микроэлектронных устройств и систем, а также по микропроцессорной технике и микроЭВМ. Отражена и терминология по изготовлению и применению печатных плат. В связи с тем, что в литературе по микроэлектронике широко используется терминология полупроводниковой техники, получающая при этом нередко новую трактовку, автор счел своей обязанностью включить в словарь довольно солидный массив таких терминов.

Для создания словаря использовались различные виды специальной литературы: технические энциклопедии, лексиконы и толковые словари, справочники, монографии, учебники и книги, изданные в Германии, Австрии и Швейцарии, многочисленные журналы, инструкции, технические описания и т. д.

О пользовании словарем

Термины в словаре расположены в алфавитном порядке, причем буквы ä, ö, ü, ß приравниваются соответственно к a, o, u, ss.

Для составных терминов принята алфавитно-гнездовая система. Термины в гнезде расположены следующим образом: после ведущего термина и его русского эквивалента с новой строки даются составные термины, причем ведущее слово гнезда заменяется тильдой (~).

Например:

Chip *m* кристалл ИС

~, **gebondeter** присоединённый кристалл

~, **ungekapselter** бескорпусная ИС.

Синонимичные варианты даются в квадратных скобках, более далекие значения присоединяются союзом *или*, факультативная часть термина помещена в круглые скобки.

В переводах синонимичные варианты отделяются запятой, более далекие значения - точкой с запятой, самостоятельные значения - арабскими цифрами.

Пояснения заключены в круглые скобки и набраны *курсивом*.

Список используемых русских сокращений

АЛУ	арифметическо-логическое устройство
АМ	амплитудная модуляция
АРМ	автоматизированное рабочее место
АЦП	аналого-цифровой преобразователь
АЧХ	амплитудно-частотная характеристика
БИС	большая интегральная (микро)схема
Би-КМОП	матричная структура на биполярных и КМОП-транзисторах
БМК	базовый матричный кристалл
ВАХ	вольт-амперная характеристика
ГИС	гибридная интегральная (микро)схема
ГУН	генератор, управляемый напряжением

ДМОП	двухдиффузионная МОП-структура
ДТЛ	диодно-транзисторная логика
ДУ	дифференциальный усилитель
ЖКИ	жидкокристаллический индикатор
ЗУ	запоминающее устройство
ЗУПВ	запоминающее устройство с произвольной выборкой
ЗЯ	запоминающая ячейка
И^{2}Л	интегральная инжекционная логика
И^{3}Л	изопланарная И^{2}Л
ИМС	интегральная микросхема
ИПЛ	инжекционная полевая логика
ИС	интегральная (микро)схема
ИШЛ	интегральная логика с диодами Шоттки
КМДП	комплементарная МДП-структура
КМДПТЛ	транзисторная логика на комплементарных МДП-структурах
КМОП	комплементарная МОП-структура
КМОПТЛ	транзисторная логика на комплементарных МОП-структурах
КНД	структура типа «кремний на диэлектрике»
КНС	структура типа «кремний на сапфире»
ЛВС	локальная вычислительная сеть
ЛПД	лавинно-пролётный диод
ЛПМ	логическая программируемая матрица
МАОП	структура металл - оксид алюминия - оксид - полупроводник
МДМ	структура металл - диэлектрик - металл
МДП	структура металл - диэлектрик - полупроводник
МДПТЛ	транзисторная логика на МДП-структурах
МНОП	структура металл - нитрид - оксид - полупроводник

МНП	структура металл - нитрид - полупроводник
МОП	структура металл - оксид - полупроводник
МПЛ	микрополосковая линия
МТОП	структура металл - толстый оксид - полупроводник
ОЗУ	оперативное ЗУ
ОС	1. обратная связь 2. операционая система
ОУ	операционный усилитель
ПАВ	поверхностные акустические волны
ПЗИ	прибор с зарядовой инжекцией
ПЗС	прибор с зарядовой связью
ПЗУ	постоянное ЗУ
ПК	персональный компьютер
ПЛМ	программируемая логическая матрица
ПО	программное обеспечение
ППЗ	прибор с переносом заряда
ППЗУ	программируемое ПЗУ; перепрограммируемое ПЗУ
ПТИЗ	полевой транзистор с изолированным затвором
ПТЛ	логика на переключателях тока
ПЭВМ	персональная ЭВМ
РЛС	радиолокационная станция
РТЛ	резисторно-транзисторная логика
САПР	система автоматизированного проектирования
СБИС	сверхбольшая БИС
СВЧ	сверхвысокая частота
СИД	светоизлучающий диод
СППЗУ	стираемое ППЗУ
ССИС	сверхскоростная [сверхбыстродействующая] ИС
ТКС	температурный коэффициент сопротивления

ТЛИП	транзисторная логика с инжекционным питанием
ТЛНС	транзисторная логика с непосредственными связями
ТЛЭС	транзисторная логика с эмиттерными связями
ТТЛ	транзисторно-транзисторная логика
ТТЛШ	ТТЛ с диодами Шоттки
ТШЛ	ТТЛ с транзисторами Шоттки
УАПП	универсальный асинхронный приёмопередатчик
УБИС	ультрабольшая ИС
УПЧ	усилитель промежуточной частоты
УРЧ	усилитель радиочастоты
УСАПП	универсальный синхронно-асинхронный приёмопередатчик
уст.	устаревший термин
ФАПЧ	фазовая автоподстройка частоты
ЦАП	цифро-аналоговый преобразователь
ЦМД	цилиндрический магнитный домен
ЦП	центральный процессор
ЧМ	частотная модуляция
ЧПУ	числовое программное управление *(станками)*
ШТЛ	Шоттки-транзисторная логика
ЭВМ	электронная вычислительная машина
эдс	электродвижущая сила
ЭЛТ	электронно-лучевая трубка
ЭПЛ	логика на эмиттерных повторителях
ЭСЛ	эмиттерно-связанная логика
ЭСППЗУ	электрически стираемое ППЗУ
ЭФЛ	эмиттерно-функциональная логика
ЭЭСЛ	логика с эмиттерными связями, эмиттерно-эмиттерная логика

НЕМЕЦКИЙ АЛФАВИТ

Aa	Gg	Nn	Uu
Bb	Hh	Oo	Vv
Cc	Ii	Pp	Ww
Dd	Jj	Qq	Xx
Ee	Kk	Rr	Yy
Ff	Ll	Ss	Zz
	Mm	Tt	

Abarbeitung f выполнение (*команды, программы*)

Abätzen n, **Abätzung** f стравливание

Abbau m **der Ladung** рассасывание заряда

Abbau m **der Speicherladung** рассасывание накопленного заряда

Abbauzeit f время рассасывания (*напр. заряда неосновных носителей в области базы биполярного транзистора*)

Abbauzeitkonstante f постоянная времени рассасывания

Abbildung f 1. формирование изображений; передача [перенос] изображения; 2. изображение; отображение

~, **hochauflösende** формирование изображений с высоким разрешением

~, **lithografische** формирование изображений [топологического рисунка] методом литографии

1:1-Abbildung f формирование изображений (на полупроводниковой пластине) без масштабирования, передача изображения в масштабе 1:1

Abbildungsfehler m аберрация

~, **chromatischer** хроматическая аберрация

Abbildungsmaßstab m масштаб передачи [переноса] изображения

ABC-Technologie f технология усовершенствованных Би-КМОП ИС, усовершенствованная Би-КМОП-технология

Abdeckmaske f защитная маска

Abdeckschicht f маскирующий слой (*напр. фоторезиста*)

Abdeckung f маскирование

~ **mit Fotolack** маскирование фоторезистом

Abdiffusion f диффузия (*носителей заряда*) из участка с избыточной концентрацией

Abdruck m, **fliegender** печать «на лету»

Abfallflanke f срез (*импульса*)

Abfallphase f фаза [этап] формирования среза

Abfallverzögerungszeit f время задержки среза

Abfallzeit f время спада; время среза

Abfrage f опрос

Abfrageeinrichtung f устройство опроса

Abfrageregister n регистр опроса

Abfrageterminal n справочный терминал; терминал ввода - вывода запросов

Abfragezyklus m цикл опроса (*напр. датчиков*)

Abgas

Abgas *n* отходящий газ, отходящие газы

Abgleich *m* 1. подгонка (*в номинал, напр. резисторов*) 2. компенсация, коррекция 3. балансировка

Abgleichautomat *m* автоматическая установка для подгонки функциональных элементов ИС (*напр. резисторов*)

Abgleichelement *n* корректирующий элемент

Abgleichen *n см.* Abgleich

Abgleichgeometrie *f* геометрия подгонки (*плёночных резисторов*)

Abgleichkondensator *m* подстроечный конденсатор; корректирующий конденсатор

Abgleichschaltung *f* схема компенсации [коррекции]

Abgleichspannung *f* компенсирующее напряжение, корректирующее напряжение

Abgleichwiderstand *m* 1. подстроечный резистор; компенсирующий резистор 2. компенсирующее сопротивление

A^{II}-B^{VI}-Halbleiter *m pl* полупроводники [полупроводниковые соединения] типа A^{II}B^{VI}

A^{III}-B^{V}-Halbleiter *m pl* полупроводники [полупроводниковые соединения] типа A^{III}B^{V}

Abheben *n* отслаивание; быстрое стравливание (*контактной маски с плёночным материалом при обратной фотолитографии*)

Abhebeprozeß *m*, **Abhebetechnik** *f* метод обратной фотолитографии

Abholen *n*, **Abholung** *f* выборка (*напр. данных из памяти*)

Abholzyklus *m* цикл выборки

Abintegration *f* ‹разинтегрирование› (*в АЦП*)

Abklingkoeffizient *m* коэффициент затухания

Abklingzeit *f* время затухания

Abknickspannung *f* напряжение перегиба, напряжение в точке перегиба (*характеристики*)

Ablagefach *n* приёмный карман (*для дискет, перфокарт*)

Ablagerungsoxydation *f* метод осаждения SiO_2 окислением моносилана

Ablaufplan *m* 1. блок-схема (*программы*) 2. диаграмма (*процесса*); блок-схема (*процесса*)

Ableittransistor *m* управляемый [нагрузочный] транзистор

Ableitwiderstand *m* сопротивление утечки

Ablenkgenerator *m* генератор развёртки

Ablenkspannung *f* отклоняющее напряжение

Ablenkung *f* отклонение

Ablesefehler *m* погрешность считывания

Ablesegenauigkeit *f* точность считывания

Ablesen *n* считывание; отсчёт

Ablösearbeit *f* работа выхода (*электрона*)

Ablösegas *n* активный газ (*в технологии ионно-плазменного травления*)

Ablösegerät *n* установка ионно-плазменного травления

Ablösegeschwindigkeit *f* скорость (ионно-плазменного) травления

ablösen удалять (*напр. слой фоторезиста*)

Ablösen *n* удаление (*напр. слоя фоторезиста*)

Ablöseverfahren *n* метод ионно-плазменного травления

Abnahmeprüfung *f* приёмо-сдаточные испытания

Abnehmerleitung *f* выходящая линия, выходящая магистраль (*в сети связи*)

Abnehmerrisiko *n* риск потребителя [заказчика]

Abnutzungsausfall *m* отказ вследствие износа, износовый отказ

Abreißdiode *f* диод с резким восстановлением обратного сопротивления

Abruf *m* 1. вызов, запрос 2. выборка (*данных*)

Abrufbefehl *m* команда выборки (*данных*)

Abrufregister *n* регистр вызова

Abrufzyklus *m* цикл выборки (*данных*)

abrupt резкий (*напр. о p - n переходе*)

absaugen вытягивать (*напр. носители из обеднённого слоя*)

Absaugspannung *f* напряжение экстракции (*носителей заряда*)

Abschalten *n* выключение; отключение; запирание (*тиристора*), переключение (*тиристора*) из открытого состояния в закрытое

Abschaltspannung *f* запирающее напряжение на управляющем электроде (*тиристора*), запирающее напряжение

Abschaltstrom *m* ток выключения; запирающий ток управляющего электрода (*тиристора*), запирающий ток

Abschaltthyristor *m* запираемый [двухоперационный] тиристор

Abschaltzeit *f* 1. время выключения 2. время запирания (*тиристора*) по управляющему электроду

Abschattung *f* затенение

Abscheiden *n* см. **Abscheidung**

Abscheidung *f* осаждение

Abscheidung

~ **aus der Gasphase** осаждение из газовой фазы

~, **epitaktische** эпитаксиальное осаждение, эпитаксиальное наращивание

~, **heteroepitaktische** гетероэпитаксиальное осаждение, наращивание гетероэпитаксиальных слоёв

Abscheidungsrate f скорость осаждения

Abscheidungsstoff m осаждаемый материал

Abschirmlänge f, **Debyesche** дебаевская длина экранирования

Abschirmring m охранное кольцо; n^+-~ охранное кольцо n^+-типа; p^+-~ охранное кольцо p^+-типа

Abschirmschicht f экранирующий слой

Abschirmung f экранирование

Abschirmungslage f экранирующий слой

Abschleifen n истирание (*напр. фотошаблона*)

Abschlußimpedanz f 1. (полное) сопротивление нагрузки 2. нагрузочный резистор (*в цепи переменного тока*)

Abschlußkapazität f ёмкость нагрузки

Abschlußleitwert m проводимость нагрузки

Abschlußspülen n финишная отмывка

Abschlußwiderstand m 1. нагрузочный резистор 2. согласующий резистор (*на конце линии*) 3. сопротивление нагрузки

Abschnürbereich m область отсечки

Abschnürgrenze f граница насыщения, граница между линейным участком характеристики и областью насыщения [областью перекрытия канала]

Abschnürpunkt m точка отсечки

Abschnürspannung f напряжение отсечки

Abschnürung f 1. отсечка (*перекрытие проводящего канала полевого транзистора*) 2. сжатие (*плазменного шнура*), пинч-эффект

Abschrägung f скос

~ **durch Schmelzverfahren** формирование скосов (*напр. наклонных стенок окон в оксидном слое*) оплавлением

Abschrägungskontur f контур скоса

Abschwächer m аттенюатор

Absorption f абсорбция, поглощение

~ **durch freie Ladungsträger** поглощение свободными носителями (*заряда*)

~ **durch Störstellen** примесное поглощение

Absorptionsfaktor m, **Absorptionsindex** f, **Absorptionskoeffizient** m показатель поглощения

Absorptionskante *f* край полосы поглощения

Absorptionsmarke *f* (**auf der Maske**) поглощающий маркерный знак *(на маске)*

Absorptionsverluste *m pl* потери на поглощение

Abspeicherbefehl *m* команда обращения к памяти, команда записи в ЗУ

Abspeichern *n*, **Abspeicherung** *f* 1. хранение в памяти [в ЗУ]; запись в память [в ЗУ] 2. стирание данных в памяти [в ЗУ]; выборка данных из памяти [из ЗУ]

Abstand *m* расстояние, интервал

~ **der Anschlüsse** шаг выводов *(корпуса ИС)*

~ **der Belichtungen** интервал между экспозициями

~ **Maske-Resist** зазор между маской и фоторезистом

~ **Maske-Wafer** зазор между маской и подложкой *(при бесконтактном переносе изображения)*; микрозазор между маской и подложкой *(при экспонировании на микрозазоре)*

~ **Schablone-Scheibe** зазор между фотошаблоном и пластиной

Abstandsbelichten *n*, **Abstandsbelichtung** *f* бесконтактное экспонирование; экспонирование [метод экспонирования] с микрозазором [на микрозазоре]; фотолитография с микрозазором [на микрозазоре]

~ **mit UV-Strahlen** УФ-экспонирование с микрозазором [на микрозазоре]; УФ-фотолитография с микрозазором [на микрозазоре]

Abstandsbelichtungsanlage *f* установка бесконтактного экспонирования [бесконтактной фотолитографии]; установка фотолитографии с микрозазором [на микрозазоре]

Abstandsbelichtungsverfahren *n* метод бесконтактного экспонирования [бесконтактной фотолитографии]; метод экспонирования на микрозазоре

Abstandsjustier- und Belichtungsanlage *f* установка бесконтактной фотолитографии; установка фотолитографии с микрозазором

~ **für UV-Licht** установка фотолитографии с микрозазором и УФ-экспонированием

Abstandsjustieranlage *f* установка бесконтактного совмещения

Abstandsjustierung *f* совмещение фотошаблона с подложкой в фотолитографии с микрозазором [на микрозазоре]

Abstandskopierverfahren

Abstandskopierverfahren *n* метод бесконтактной печати

Abstandsschicht *f* разделительный слой

Abstandssensor *m* датчик расстояния

Abstandsspalt *m* микрозазор *(при бесконтактном экспонировании)*

Abstandsverfahren *n* бесконтактный метод; метод бесконтактного экспонирования; метод бесконтактной фотолитографии; метод экспонирования на микрозазоре; метод фотолитографии с микрозазором [на микрозазоре]

Abstimmen *n* настройка

Abstimmkondensator *m* настроечный конденсатор; подстроечный конденсатор

Abstrahlen *n* абразивная обработка *(струей мелкого кварцевого песка)*, пескоструйная обработка

Abtast- und Halteglied *n* устройство выборки и хранения, УВХ

Abtast- und Halteschaltung *f см.* **Abtast-Halte-Schaltung**

Abtastelement *n см.* **Abtastglied**

Abtasten *n см.* **Abtastung**

Abtaster *m* 1. сканирующее устройство, сканер; развертывающее устройство 2. дискретизатор

Abtastfehler *m* ошибка квантования; погрешность дискретизации

Abtastfeldbelichtung *f* экспонирование сканирующим лучом

Abtastflanke *f* фронт импульса дискретизации

Abtastfrequenz *f* 1. частота дискретизации *(в АЦП)*; частота выборки; частота взятия отсчётов 2. частота сканирования; частота опроса

Abtastgatter *n* входная система выборки отсчётов

Abtastgerät *n* сканирующее устройство; развёртывающее устройство; опрашивающее устройство

Abtastglied *n* дискретизатор

Abtast-Halte-Schaltkreis *m*, **Abtast-Halte-Schaltung** *f* схема выборки и хранения; устройство выборки и хранения

Abtast-Halte-Tor *n* устройство выборки и хранения стробирующего типа

Abtast-Halte-Verstärker *m* усилитель выборки и хранения

Abtastimpuls *m* импульс дискретизации; стробирующий импульс, строб-импульс

Abtastintervall *n* интервал дискретизации; интервал считывания; интервал опроса

Abtastlichtfleck *m* сканирующее световое пятно

Abtastmoment *m* момент взятия отсчёта; момент выборки

Abtastoszillograf *m* стробоскопический осциллограф, строб-осциллограф

Abtastpause *f* интервал дискретизации

Abtastperiode *f* период дискретизации

Abtastprobe *f* отсчёт (*дискретизованного сигнала*), выборка

Abtastpunkte *m pl* точки (*взятия*) отсчётов, точки выборки

Abtastrate *f см.* **Abtastfrequenz**

Abtastregelung *f* дискретное [импульсное] регулирование

Abtastregler *m* дискретный [импульсный] регулятор, регулятор прерывистого действия

Abtastschaltung *f* схема выборки отсчётов

Abtastspiegel *m* сканирующее зеркало

Abtaststrahl *m* сканирующий луч

Abtasttakt *m* такт выборки

Abtasttheorem *n* теорема отсчётов, теорема Котельникова, теорема о дискретном представлении (*аналогового сигнала*)

Abtasttisch *m* сканирующий столик

Abtastung *f* сканирование; развёртывание; развёртка; выборка; взятие отсчётов; опрос; считывание

Abtastverstärker *m* усилитель (сигнала) выборки

Abtastverzögerung *f* время задержки отсчёта

Abtastwerk *m* значение выборки, выборочное значение, выборка; дискретное значение; квантованное значение

Abtastzeit *f* период дискретизации; время выборки

Abtastzeitpunkt *m см.* **Abtastmoment**

Abtastzeitraum *m* время выборки

Abtragrate *f* скорость стравливания

Abtragung *f* удаление, снятие, съём, стравливание

A^{II}-B^{VI}-Verbindung *f* (полупроводниковое) соединение типа A^{II} B^{VI}

A^{III}-B^{V}-Verbindung *f* (полупроводниковое) соединение типа A^{III} -B^{V}

abwärtskompatibel совместимый сверху вниз

Abwärtskompatibilität *f* совместимость сверху вниз

Abwärtsregler *m* регулятор с понижением параметра, понижающий регулятор

Abwärtswandler *m* преобразователь с понижением частоты, понижающий преобразователь

Abwärtszähler

Abwärtszähler *m* вычитающий счётчик

AC *f см.* **ACMOS**

Access Time *англ.* время доступа *(к памяти)*

AC/DC-Eingang *m* выпрямляющий вход

AC/DC-Schaltregler *m* импульсный [ключевой] стабилизатор напряжения, стабилизатор напряжения импульсного типа

AC/DC-Wandler *m* преобразователь переменного напряжения в постоянное, выпрямляющий преобразователь, выпрямитель

ACE-Familie *f* серия усовершенствованных заказных ЭСЛ ИС

Achse *f* ось

~, **kristallografische** кристаллографическая ось

ACIA *n* адаптер последовательного интерфейса асинхронного обмена

ACL *m см.* **Advanced CMOS-Logik**

ACL-Familie *m см.* **ACMOS-Familie**

ACL-IS *f* усовершенствованная (логическая) КМОП ИС

ACL-Reihe *f см.* **ACMOS-Familie**

ACMOS *f* 1. усовершенствованные КМОП ИС 2. технология усовершенствованных КМОП ИС, усовершенствованная КМОП-технология

ACMOS-Familie *f* серия усовершенствованных КМОП ИС

ACMOS-Reihe *f см.* **ACMOS-Familie**

ACMOS-Technologie *f см.* **ACMOS**

ACMOS-Vierfach-NAND-gatter *n* 4-входовый элемент [4-входовый вентиль] И - НЕ на основе усовершенствованных КМОП ИС

ac-Parameter *m pl*, **AC-Parameter** *m pl* динамические параметры *(ИС)*

AC-Parametertest *m*, **AC-Test** *m* контроль динамических параметров

Adapter *m* 1. адаптер, переходное устройство 2. устройство сопряжения, адаптер

Adapterkarte *f* адаптерная плата, плата адаптера; адаптер

Adaptierung *f*, **Adaption** *f* адаптация

adaptiv адаптивный

Adatom *n* адсорбированный атом, адатом

A/D-Bus *m* шина адреса/данных, шина A/D

ADC *m* АЦП, аналого-цифровой преобразователь

Adder *m*, **Addierer** *m* сумматор

Addierregler *m* суммирующий стабилизатор

Addierverstärker *m* суммирующий усилитель

Addierwerk *n* сумматор

Additionsbetrieb *m* режим сложения

Additionseingang *m* вход «сложение», вход сложения

Additionsregister *n* регистр сложения

Additions-Subtraktions-Zähler *m* реверсивный счётчик

Additionszähler *m* суммирующий счётчик

Additivverfahren *n* аддитивная технология, аддитивный процесс *(получения проводящего рисунка печатных плат)*

Add-on-Karte *f* модульная плата, плата модуля расширения; дополнительная плата

AD/Hybrid-Umsetzerbaustein *m* ГИС АЦП, гибридный АЦП

Adjazenzmatrix *f* матрица смежности

Adreßabrufzyklus *m* цикл выборки адреса

Adreßausgang *m* адресный выход

Adreßauswahl *m* выборка адреса

Adreßauswahlsignal *n* сигнал выборки адреса

Adreßbefehl *m* адресная команда

Adreßbereich *m* 1. адресная область *(памяти)* 2. диапазон адресов

Adreßbit *n* разряд адреса, адресный разряд

Adreßbus *m* шина адреса, адресная шина

Adreßbusfreigabe *f* разрешение (захвата) шины адреса

Adreßbyte *n* байт адреса, адресный байт

Adreß-/Datenbus *m* шина адреса - данных, шина A/D

Adreßdekoder *m*, **Adreßdekodierer** *m* дешифратор адреса, адресный дешифратор

Adreßdekodierung *f* дешифрация адреса

Adresse *f* адрес

~, **absolute** абсолютный адрес; физический адрес *(ячейки памяти)*; машинный адрес

~, **aktuelle** текущий адрес

~, **effektive** исполнительный адрес

~, **explizite** явный адрес

~, **implizite** неявный адрес

~, **indirekte** косвенный адрес

~, **indizierte** индексированный адрес

~, **relative** относительный адрес

~, **symbolische** символический адрес

~, **unmittelbare** непосредственный адрес

~, **virtuelle** виртуальный адрес

Adreßeingang *m* адресный вход

Adressenakkumulator *m* адресный аккумулятор

Adressenänderung

Adressenänderung *f* модификация адреса [адресов]; переадресация

Adressenansteuerlogik *f* схема дешифрации адреса

Adressenauswahl *f см.* **Adreßauswahl**

Adressenauswahllogik *f* схема селекции адреса

Adressenbefehl *m см.* **Adreßbefehl**

Adressenbereich *m* адресная область *(памяти)*

Adressenbildung *f* образование [формирование] адреса; вычисление адреса [адресов]

Adressenbit *n см.* **Adreßbit**

Adressenbyte *n см.* **Adreßbyte**

Adressendarstellung *f* представление адреса

Adressendekodierlogik *f* схема дешифрации адреса

Adressendekodierung *f см.* **Adreßdekodierung**

Adressenerhöhung *f см.* **Adreßerhöhung**

Adressenformat *n* формат адреса

Adressenfreigabe *f* разрешение адреса

Adressenkellerspeicher *m* адресный стек, стек адресов

Adressenleitung *f* адресная линия; линия шины адреса

Adressenmodifikation *f см.* **Adressenänderung**

Adressenmodifizierer *m* модификатор адреса

Adressenport *n см.* **Adreßport**

Adressenpuffer *m см.* **Adreßpuffer**

Adressenraum *m* адресное пространство

Adressenrechnung *f см.* **Adreßrechnung**

Adressenregister *n* регистр адреса, адресный регистр

Adressenrepräsentation *f см.* **Adressendarstellung**

Adressenrückmeldung *f* подтверждение [квитирование] адреса

Adressenschalter *m* коммутатор адресов

Adressenspeicher *m* адресная память, адресное ЗУ

Adressensubstitution *f* замена [подстановка] адреса

Adressentreiber *m* адресный формирователь

Adressenumschaltung *f* коммутация адресов

Adressenvoreinstellzeit *f см.* **Adreßvoreinstellzeit**

Adressenzähler *m* счётчик адресов

Adressenzeiger *m* указатель адреса

Adreßerhöhung *f* инкремент [инкрементирование] адреса

Adreßerkennung *f* распознавание адреса

Adreßerniedrigung *f* декремент [инкрементирование] адреса

Adreßfeld *n* поле адреса

Adreßformat *n* формат адреса

adreßfrei безадресный

Adreßholezyklus m см. **Adreßabrufzyklus**

Adressiermode f см. **Adressierungsmodus**

Adressiersignal n адресный сигнал, сигнал адресации

Adressierung f адресация

~, **absolute** абсолютная адресация

~, **basisindirekte** базовая косвенная адресация

~, **direkte** прямая адресация

~, **implizite** неявная адресация

~, **indirekte** косвенная адресация

~, **indizierte** индексная адресация

~ **mit Offset, indizierte** индексная адресация со смещением

~, **registerindirekte** регистровая косвенная адресация

~, **relative** относительная адресация

~, **selbstdekrementierende** автодекрементная адресация

~, **selbstinkrementierende** автоинкрементная адресация

~, **symbolische** символическая адресация

~, **unmittelbare** непосредственная адресация

~, **virtuelle** виртуальная адресация

~, **zyklische** циклическая адресация

Adressierungsart f вид адресации; способ адресации; режим адресации

Adressierungsbyte n байт адресации

Adressierungsmodus m режим адресации; способ адресации

Adressierungsraum m см. **Adressenraum**

Adressierungstechnik f см. **Adressierungsverfahren**

Adressierungsverfahren n способ адресации

Adreßkapazität f адресность

Adreßkeller m см. **Adressenkellerspeicher**

Adreßkode m код адреса, адресный код

Adreß-Latch n, **Adreßlatch** n регистр-защёлка адреса

Adreßleitung f адресная линия, линия шины адреса [адресной шины]

Adreßleitungstreiber m драйвер шины адреса, (усилитель-)формирователь адресных сигналов, адресный формирователь

Adreßmarke f маркер адреса

Adreßmultiplexer m мультиплексор адресов

Adreßport m адресный порт, порт адреса

Adreßpuffer m буфер адреса, буфер адресов, адресный буфер

Adreßquittierung f подтверждение [квитирование] адреса

Adreßraum

Adreßraum *m* адресное пространство

Adreßrechnung *f* вычисление адреса [адресов]

Adreßregister *n* регистр адреса, адресный регистр

Adreßspeicher *m* адресная память, адресное ЗУ

Adreßstrobe *n* строб адреса

Adreßstrobsignal *n* сигнал строба адреса

Adreßtor *n см* **Adreßport**

Adreßtreiber *m* адресный формирователь, (усилитель-)формирователь адресных сигналов

Adreßunterlauf *m* исчезновение порядка адреса

Adreßvoreinstellzeit *f* время предустановки адреса

Adreßvorhaltezeit *f* время предварения адреса

Adreßwort *n* адресное слово

Adreßzähler *m* счётчик адресов

Adreßzugriffszeit *f* время выборки адреса

AD-Technik *f* диффузионно-сплавная технология

AD-Transistor *m* диффузионно-сплавной транзистор

ADU *m* АЦП, аналого-цифровой преобразователь

A-D-Umsetzer *m*, **A/D-Umswandler** *m* аналого-цифровой преобразователь, АЦП

~, **akkumulierender** АЦП аккумулирующего типа

~, **integrierend arbeitender** *см.* **A-D-Umsetzer, integrierender**

~, **integrierender** АЦП интегрирующего типа

~, **integrierter** интегральный АЦП

~, **langsamer** АЦП с низким быстродействием

~ **mit VCO** АЦП с промежуточным преобразованием напряжения в частоту на ГУНе

~ **mit Vorwärts-Rückwärts-Zähler** АЦП с реверсивным счётчиком, АЦП следящего типа

~, **monolithischer** интегральный АЦП на полупроводниковой ИС, монолитный АЦП

~ **nach dem Charge-Balancing-Verfahren** *см.* **A-D-Umsetzer nach dem Prinzip der Ladungsmengenkompensation**

~ **nach dem Doppelflankenverfahren** АЦП с двухтактным [двухкратным] интегрированием

~ **nach dem Prinzip der Deltamodulation** АЦП с дельта-модуляцией

~ **nach dem Prinzip der Ladungsmengenkompensation** АЦП компенсационного интегрирования

~ **nach dem Sägezahnverfahren** (последовательный) АЦП со ступенчатым пилообразным напряжением

AGC

~ **nach dem Verfahren der schrittweisen Annäherung** *см.* **AD-Umsetzer nach dem Verfahren der sukzessiven Approximation**

~ **nach dem Verfahren der sukzessiven Approximation** АЦП последовательных приближений, АЦП поразрядного уравновешивания

~ **nach dem Vierflankenverfahren** АЦП с четырёхтактным [четырёхкратным] интегрированием

~ **nach dem Wägeprinzip** *см.* **A-D-Umsetzer nach dem Verfahren der sukzessiven Approximation**

~ **nach dem Zählverfahren** АЦП последовательного счёта

~, **paralleler** параллельный АЦП

~, **schneller** быстродействующий АЦП

~, **superschneller** сверхбыстродействующий АЦП

AD-Umsetzerschaltkreis *m* ИС аналого-цифрового преобразователя, ИС АЦП

~, **integrierter** ИС АЦП, ИС аналого-цифрового преобразователя

~, **monolithisch integrierter** монолитный АЦП

A/D-Umsetzung *f см.* **Analog-Digital-Umsetzung**

ADU-Steuereinheit *f* контроллер АЦП, контроллер аналого-цифрового преобразователя, АЦП-контроллер

Advanced CMOS-IC *n* усовершенствованная КМОП ИС

Advanced CMOS-Logik *f* усовершенствованные (логические) КМОП ИС

Advanced CMOS-Technologie *f* усовршенствованная КМОП-технология, технология усовершенствованных КМОП ИС

Advanced Low-Power-Schottky-TTL *f* усовершенствованные ТТЛ ИС с диодами Шоттки с низкой [малой] потребляемой мощностью, усовершенствованные маломощные схемы ТТЛ-Шоттки

Advanced Schottky-TTL *f* усовершенствованные ТТЛ ИС с диодами Шоттки, усовершенствованные ТТЛШ ИС

Advanced Schottky-TTL-Schaltkreis *m* усовершенствованная ТТЛШ-схема, усовершенственная ТТЛ ИС с диодами Шоттки, усовершенствованная ТТЛШ ИС

A-D-Wandler *m* аналого-цифровой преобразователь, АЦП *(см. также* **A-D-Umsetzer** *)*

AFC *f* АРЧ, автоматическая регулировка частоты

AGC *f* АРУ, автоматическая регулировка усиления

AHC *f* 1. усовершенствованные быстродействующие КМОП ИС 2. технология усовершенствованных быстродействующих КМОП ИС, усовершенствованная технология быстродействующих КМОП ИС

AHCT *f* 1. усовершенствованные быстродействующие КМОП ИС с ТТЛ-совместимыми затворами 2. технология усовершенствованных КМОП ИС с ТТЛ-совместимыми затворами, усовершенствованная технология быстродействующих ИС с ТТЛ-совместимыми затворами

AHCT-Reihe *f* серия усовершенствованных быстродействующих КМОП ИС с ТТЛ-совместимыми затворами

AIM *f* лавинно-индуцированная миграция

AIM-Prozeß *m* метод программирования (ППЗУ) лавинно-индуцированной миграцией

Akkumulation *f* накопление

Akkumulationsbereich *m* область накопления носителей (заряда); обогащённый слой

Akkumulationsdomäne *f* аккумуляционный домен

Akkumulationsschicht *f* обогащённый слой

Akkumulator *m* 1. (регистр-)аккумулятор, накапливающий сумматор 2. аккумулятор, накопитель 3. аккумулятор (*напр. источника питания*)

Akkumulatorregister *n* см. **Akkumulator** 1.

Aktentaschenrechner *m* портативный персональный компьютер [портативный ПК] в «дипломате»

Aktiv-H-Ausgang *m* выход с активным высоким потенциалом

aktivieren 1. активировать 2. активизировать

Aktivierung *f* 1. активация 2. активизация

~, **optische** активация действием светового излучения [светом], световая активация

Aktivierungsenergie *f* энергия активации

Aktiv-L-Ausgang *m* выход с активным низким потенциалом

Aktivzeit *f* активное время, время [продолжительность] активного состояния

Aktor *m* см. **Aktuator**

Aktualisieren *n*, **Aktualisierung** *f* актуализация; обновление (*данных, файла*)

Aktuator *m* актуатор, исполнительный элемент, исполнительный орган; воздействующий элемент; приводное устройство

~, **piezoelektrischer** пьезоэлектрический исполнительный элемент

Akustikkoppler *m* 1. устройство сопряжения (с телефонной сетью) на базе акустического модема, телефонный адаптер 2. элемент акустической связи, акустрон

Akustoelektronik *f* акустоэлектроника

~, **integrierte** интегральная акустоэлектроника

akustoelektronisch акустоэлектронный

Akustooptik *f* акустооптика

akustooptisch акустооптический

Akustooptoelektronik *f* акустооптоэлектроника

Akzeptor *m* акцептор

~, **flacher [flachliegender]** примесь, создающая мелкий акцепторный уровень; мелкий акцепторный уровень

~, **thermischer** термоакцептор

~, **tiefer [tiefliegender]** примесь, создающая глубокий акцепторный уровень; глубокий акцепторный уровень

Akzeptoratom *n* акцепторный атом

Akzeptorbeimischung *f* акцепторная примесь

Akzeptorbindung *f* акцепторная связь

Akzeptor(en)dichte *f* концентрация акцепторной примеси

Akzeptor(en)diffusion *f* диффузия акцепторных примесей

Alarmsicherung

Akzeptor-Donator-Bindung *f* акцепторно-донорная связь

Akzeptor-Donator-Rekombination *f* акцепторно-донорная рекомбинация

Akzeptordotierung *f* введение акцепторной примеси

Akzeptorenterm *f см.* **Akzeptorniveau**

Akzeptorhaftniveau *n* уровень захвата акцепторов

Akzeptorion *n* акцепторный ион

Akzeptormaterial *n* акцепторная примесь

Akzeptorniveau *n* акцепторный уровень

~, **flachliegendes** мелкий акцепторный уровень

~, **tiefliegendes** глубокий акцепторный уровень

Akzeptorstörelement *n* элемент акцепторной примеси

Akzeptorstörstelle *f* акцепторный (примесный) центр; акцепторная примесь

Akzeptorterm *m см.* **Akzeptorniveau**

Akzeptorverteilung *f* распределение акцепторов

Akzeptorzentrum *n* акцепторный (примесный) центр

Alarmgerät *n* устройство (для) подачи сигнала тревоги; устройство аварийной сигнализации

Alarmsicherung *f см.* **Alarmgerät**

Alarmsignal

Alarmsignal *n* сигнал тревоги; аварийный сигнал
Alarmvorrichtung *f* см. **Alarmgerät**
Alarmzeichen *n* см. **Alarmsignal**
Alcatron *m* алкатрон
Al-Gate *n* алюминиевый затвор
Algorithmus *m* алгоритм
~, **Leescher** (волновой) алгоритм Ли (*для автоматической трассировки*)
~, **schneller** быстрый алгоритм
Aliasing *n* наложение спектров (*дискретизованных сигналов при недостаточной частоте дискретизации*); помехи наложения
Aliasing-Entzerrung *f* подавление помех наложения, коррекция искажений из-за наложения спектров (*при недостаточной частоте дискретизации*)
Aliasing-Fehler *m pl* ошибки дискретизации из-за наложения спектров (*при недостаточной частоте дискретизации*)
Aliasing-Störungen *f pl* см. **Aliasstörungen**
Aliasing-Verzerrungen *f pl* искажения из-за наложения спектров (*при недостаточной частоте дискретизации*)

Alias-Komponente *f* паразитная низко- *или* среднечастотная составляющая (*в спектре дискретизованного сигнала*)
Aliasstörungen *f pl* помехи наложения, помехи из-за наложения спектров (*при недостаточной частоте дискретизации*)
Allgebrauchsregister *n* см. **Allzweckregister**
All$_2$O$_3$-Keramik *f* см. **Aluminiumoxidkeramik**
Allround-Prozessor *m* развитый микропроцессор, микропроцессор с развитой архитектурой
Allzweckregister *n* регистр общего назначения, РОН
Alphaemission *f* альфа-излучение
Alphagrenzfrequenz *f* частота альфа-среза, предельная частота коэффициента передачи (эмитерного) тока, предельная частота усиления по току в схеме с общей базой
alphanumerisch алфавитно-цифровой
Alpha-Spur *f* см. **Alphateilchen-Spur**
Alpha-Teilchen *n pl* альфа-частицы
Alphateilchen-Spur *f* трек альфа-частицы
Alphazeichen *n pl* алфавитные символы
ALS *m* усовершенствованная маломощная ТТЛ ИС

с диодом Шоттки, усовершенствованная ТТЛШ ИС с малой [низкой] потребляемой мощностью

ALS-Eingänge *m pl* входы усовершенствованных маломощных ТТЛШ ИС

ALS-Familie *f* серия усовершенствованных маломощных ТТЛ ИС с диодами Шоттки, серия усовершенствованных ТТЛШ ИС с малой [низкой] потребляемой мощностью

ALS-Schaltkreis *m* усовершенствованная маломощная ТТЛ ИС с диодом Шоттки, усовершенствованная ТТЛШ ИС с малой [низкой] потребляемой мощностью

ALS-TTL *f* усовершенствованные маломощные ТТЛ ИС с диодами Шоттки, усовершенствованные ТТЛШ ИС с малой [низкой] потребляемой мощностью

Alterung *f* старение

~, **atmosphärische** атмосферное старение

~, **mechanische** механическое старение

~, **thermische** термическое старение

Alterungsausfall *m* отказ вследствие старения

Alterungsbeständigkeit *f* сопротивление старению, стойкость при старении

Alterungsprüfer *m* устройство для испытания на старение

Alterungsprüfung *f* испытание на старение

Alterungstest *m см.* **Alterungsprüfung**

ALU *f* АЛУ, арифметическо-логическое устройство

Aluminiumbahn *f* алюминиевая токопроводящая дорожка

Aluminiuminsel *f* алюминиевый островок; алюминиевая контактная площадка *(ИС)*

Aluminiumoxid *n* оксид алюминия, Al_2O_3

Aluminiumoxidkeramik *f* алюмооксидная керамика, керамика на основе Al_2O_3

Aluminiumsilikatglas *n* алюмосиликатное стекло

Amateurschaltkreise *m pl* микросхемы для радиолюбителей; микросхемы для конструкторов-любителей [для любительского конструирования электронной аппаратуры]

AM-Demodulator *m* амплитудный детектор

AM-FM-Empfängerschaltkreis *m* ИС приёмника АМ/ЧМ-сигналов, ИС АМ/ЧМ-приёмника

AM-FM-ZF-Verstärker *m* совмещённый УПЧ, УПЧ-АМ-ЧМ

AM-Modulation *f* амплитудная модуляция, АМ

amorph аморфный

AMOS-Feldeffekttransistor *m*, **AMOSFET** *m* МОП-транзистор с анодно-оксидированным изолирующим слоем

Amplitudenfehler *m* амплитудная [максимальная] погрешность

Amplitudenfrequenzgang *m* амплитудно-частотная характеристика, АЧХ

Amplitudenmodulation *f* амплитудная модуляция, АМ

Amplitudenprobe *f* отсчёт, мгновенное значение амплитуды стробируемого сигнала

Ampulle *f* ампула

~, **zugeschmolzene** отпаянная (кварцевая) ампула

Ampullendiffusion *f* диффузия (примесей) в отпаянной кварцевой ампуле *(метод диффузии примесей в замкнутом объёме)*

AM-ZF-Verstärker *m* усилитель промежуточной частоты [УПЧ] АМ-тракта, УПЧ-АМ

~, **kapazitätsdiodengekoppelter** УПЧ АМ-тракта [УПЧ-АМ] с варикапной связью

Analogausgang *m* аналоговый выход

Analogbandbreite *f* ширина полосы аналогового сигнала

Analogbaustein *m* аналоговый модуль

Analogbefehl *m* аналоговая команда

Analog-Digital-Umsetzer *m* аналого-цифровой преобразователь, АЦП *(см. тж.* **AD-Umsetzer***)*

~, **schneller** быстродействующий АЦП

Analog-Digital-Umsetzung *f* аналого-цифровое преобразование

Analog-Digital-Wandler *m* см. **Analog-Digital-Umsetzer**

Analogeingabe *f* 1. аналоговый ввод, ввод в аналоговой форме 2. устройство аналогового ввода

Analogeingang *m* аналоговый вход

Analogerde *f* аналоговая «земля»

Analog-IC *n*, **Analog-IS** *f* аналоговая ИС

Analogkanal *m* аналоговый канал

Analogkomparator *m* аналоговый компаратор

~, **integrierter** ИС аналогового компаратора

Analog-LSI *n* аналоговая БИС

Analogmasse *f* см. **Analogerde**

Analogmikroschaltung *f* см. **Analogschaltkreis**

~, **integrierte** см. **Analogschaltkreis, integrierter**

Analogmultiplexer *m* аналоговый мультиплексор

Analogmultiplizierer *m* аналоговый умножитель

Analogprozessor *m* аналоговый процессор

Analogrechner *m* аналоговая ЭВМ

Analogschalter *m* аналоговый коммутатор, коммутатор аналоговых сигналов; аналоговый ключ

Analogschaltkreis *m* аналоговая микросхема, аналоговая ИС

~, **integrierter** аналоговая ИС

Analogschaltung *f* см. **Analogschaltkreis**

Analogschnittstelle *f* аналоговый интерфейс

Analogscope *n* аналоговый осциллограф

Analogsichtgerät *n* аналоговый дисплей

Analogsignal *n* аналоговый сигнал

Analogspannung *f* напряжение аналогового сигнала

Analogtechnik *f* аналоговая техника

Analogverstärker *m* аналоговый усилитель

Analog-VLSI-Technik *f* технология аналоговых СБИС

Analogwert *m* аналоговое значение

Analogwertspeicher *m* накопитель аналоговых значений

Analyse *f* анализ

~, **zeitliche** временной анализ

Anätzen *n* поверхностное травление

Änderungsausfall *m* постепенный [деградационный, параметрический] отказ

Änderungsrate *f* скорость изменения *(напр. сигнала)*

AND-Gatter *n* логический элемент И, вентиль И

Andruckverbinder *m* соединитель прижимного действия

Aneinanderreihungsfehler *m*, **Aneinandersetzungsfehler** *m* ошибка совмещения *(напр. рисунков фотошаблонов)*

Anfangsadresse *f* начальный адрес

Anfangsausfall *m* отказ периода приработки, ранний [приработочный] отказ

Anfangslader *m* программа начальной загрузки, начальный загрузчик

Anforderung *f* запрос

~, **höchstpriorisierte** запрос (прерывания) с наивысшим приоритетом

Anglasen *n* пайка стеклом; монтаж кристаллов пайкой стеклом

Anglasung *f* пайка стеклом; спай со стеклом

Anhäufungszone *f* область скопления *(носителей)*

Animation *f* (машинная) мультипликация, «оживление» изображений *(на экране дисплея)*

Anionenfehlstelle *f* анионный дефект

Anionenleerstelle *f*,
Anionenlücke *f* анионная вакансия
anisotrop анизотропный
Anisotropie *f* анизотропия
Anklingkoeffizient *m* коэффициент нарастания
Ankunftsabstand *m* интервал поступления заявок [требований]
Ankunftsintensität *f* интенсивность потока заявок [требований]; интенсивность нагрузки *(в системах массового обслуживания)*
Ankunftsprozeß *m* процесс поступления заявок [требований] *(в системах массового обслуживания)*
Ankunftsrate *f см.* **Ankunftsintensität**
Anlage *f* установка
~, **lithografische** установка литографии
Anlauf *m* пуск, запуск
Anlegieren *n* присоединение *(кристаллов)* плавлением *(напр. легкоплавких стёкол)*
Anlöten *n* припаивание; подпайка; напайка; монтаж *(кристаллов, подложек)* пайкой
Anmeldeleitung *f* линия запроса
Annahmekennlinie *f* оперативная характеристика (плана выборочного контроля)
Annahmewahrscheinlichkeit *f* вероятность приёмки *(партии продукции)*

Annealing *n англ.* (термический) отжиг; устранение дефектов *(кристаллической решётки)* отжигом, отжиг дефектов
Anodenspannung *f* анодное напряжение
Anordnung *f*, **ladungsgekoppelte** прибор с зарядовой связью, ПЗС
Anordnung *f*, **oberflächenmontierte** микросборка (для поверхностного монтажа)
Anpaßnetzwerk *n см.* **Anpassungsnetzwerk**
Anpassung *f* подгонка; согласование; адаптация
Anpassungsbaustein *m* блок согласования
Anpassungsglied *n* согласующий элемент
Anpassungsinstrumentationsverstärker *m* согласующий инструментальный усилитель
Anpassungsnetzwerk *n* согласующий четырёхполюсник
Anpassungsschaltung *f* интерфейсная микросхема; схема согласования
Anpassungsverstärker *m* согласующий усилитель
Anpassungswiderstand *m* согласующий резистор
Anregung *f* возбуждение; активация
~, **optische** оптическое возбуждение
~, **thermische** тепловое возбуждение; термогенерация

Anregungsenergie f энергия возбуждения, энергия активации

Anreicherungsgebiet n обогащённая область

Anreicherungs-IFET m см. **Anreicherungs-MISFET**

Anreicherungs-MISFET m МДП-транзистор с обогащением канала [с индуцированным каналом], МДП-транзистор, работающий в режиме обогащения

Anreicherungsrandschicht f обогащённый приповерхностный слой; обогащённый (при)граничный слой

Anreicherungsschicht f обогащённый слой

Anreicherungstransistor m транзистор с обогащением канала, транзистор, работающий в режиме обогащения

Anreicherungstyp m см. **Anreicherungs-MISFET**

Anschliff m срез (*пластины для её точной угловой ориентации в процессе обработки или монокристаллического слитка для его точной ориентации относительно выбранного кристаллографического направления*)

Anschluß m 1. вывод (*напр. интегральной микросхемы*) 2. зажим, клемма

~, **vergoldeter** золочёный вывод

Anschlußausführung f конфигурация выводов

Anschlußband n, **selbsttragendes** балочный вывод

Anschlußbaugruppe f адаптер; устройство сопряжения, интерфейс

Anschlußbeine n pl контактные штырьки, штырьковые выводы (*корпуса ИС*)

Anschlußbelegung f расположение выводов (*напр. корпуса ИС*); распайка выводов

Anschlußbild n схема расположения выводов (*напр. корпуса ИС*)

Anschlußbonden n микросварка, (при)соединение микросваркой

Anschlußdichte f плотность (расположения) выводов; плотность (размещения) межсоединений

Anschlußdiffusion f диффузия для формирования контактов

Anschlußdraht m соединительная проволочка; проволочный вывод

Anschlußeinheit f адаптер

Anschlußfahne f (внешний) вывод (*напр. корпуса ИС*)

~, **steckbare** штырьковый вывод (*напр. корпуса ИС*)

Anschlußfleck m контактная площадка

Anschlußinsel f островок контактной площадки; контактная площадка

Anschlußkamm *m* контактная гребёнка, гребёнка выводов

Anschlußkammontage *f* монтаж с контактной гребёнкой

Anschlußkammstreifen *m* лента с выводными рамками

Anschlußkammstruktur *f* структура с контактной гребёнкой

Anschlußkammverfahren *n* метод монтажа с контактной гребёнкой

Anschlußkapazität *f* ёмкость вывода

anschlußkompatibel совместимый по выводам; совместимый по разъёмам

Anschlußkompatibilität *f* совместимость по выводам; совместимость по разъёмам

Anschlußkontakt *m* (внешний) вывод *(корпуса ИС)*; контакт *(бескорпусного компонента)*

Anschlußleitung *f* (гибкий) вывод *(полупроводникового прибора)*

~, **freie** неподсоединённый вывод

Anschlußpad *n* столбиковый вывод, контактный столбик

Anschlußpin *n см.* **Anschluß**

Anschlußpunkt *m*, **fester** фиксированный вывод

Anschlußspannung *f* напряжение питающей сети

Anschlußsteuereinheit *f* модуль управления интерфейсом; контроллер интерфейса

Anschlußstift *m* штырьковый вывод *(корпуса ИС)*

Anschlußstiftmatrix *f* матрица штырьковых выводов

Anschlußverfahren *n* метод присоединения

Anschnittsteuerung *f* фазовое управление; система импульсно-фазового управления, СИФУ

Anschweißen *n* приваривание, приварка *(напр. выводов ИС)*

Anschwingstrom *m* ток раскачки

Anschwingverzögerung *f* время задержки запуска *(мультивибратора, АЦП)*

Ansprechempfindlichkeit *f* порог чувствительности

Ansprechgrenze *f см.* **Ansprechwert**

Ansprechpegel *m* уровень срабатывания

Ansprechschwelle *f* порог срабатывания; порог чувствительности

Ansprechspannung *f* напряжение срабатывания

Ansprechstrom *m* ток срабатывания

Ansprechwert *m* порог срабатывания

Ansprechzeit *f* время срабатывания; время реакции

Ansteuer-IC *n*, **Ansteuerschaltkreis** *m* микросхема управления; драйвер

Ansteuerschaltung *f* схема управления

Ansteuerung *f* управление

Anstiegsantwort *f* реакция на линейно нарастающее воздействие (на входе)

Anstiegsflanke *f* фронт *(импульса)*

Anstiegsfunktion *f* линейно нарастающая функция

Anstiegsphase *f* фаза [этап] формирования фронта

Anstiegsverzögerungszeit *f* время задержки фронта

Anstiegszeit *f* время нарастания; время фронта; время установления

Anstiegszeitkonstante *f* постоянная времени нарастания

Antasten *n* контактирование *(при зондовом контроле)*

Antasthilfe *f* контактно-зажимное приспособление

Antennengitter *n*, **phasiertes** фазированная антенная решётка, ФАР

Anti-Aliasing-Filter *n* фильтр подавления помех наложения *(при дискретизации)*

Antidiffusionsspannung *f* напряжение, противодействующее диффузии (основных носителей)

Antiferroelektrizität *f* антисегнетоэлектричество

Anti-Frenkel-Defekt *m*, **Anti-Frenkel-Fehlordnung** *f* антидефект по Френкелю

Anti-Fuse *n* антиперемычка *(непроводящая перемычка, переводимая в низкое состояние)*

Anti-Lenkwaffensystem *n* система ПРО, противоракетный комплекс

Antilog-Stufe *f* каскад антилогарифмирования, антилогарифмирующий каскад

antiparallel:
~ **geschaltet** встречно-включённый

Antiparalleldiode *f* встречно-включённый диод

Antiparallelschaltung *f* встречное включение

Antiphasendomäne *f* противофазовый домен

Antireflexbeschichtung *f* антибликовое покрытие *(экрана)*

Anti-Schottky-Defekt *m*, **Anti-Schottky-Fehlordnung** *f* антидефект (по) Шоттки

Antisitedefekt *m* антиузловой дефект

Antistatikmittel *n pl*, **Antistatika** *n pl* антистатики

Antivalenzgatter *n*, **Antivalenzglied** *n* элемент отрицания равнозначности, элемент неравнозначности

Antivalenzschaltung *f* схема неравнозначности

Antwort

Antwort *f* реакция; отклик; ответ; подтверждение

Antwortzeit *f* время отклика

Anweisung *f* оператор *(языка программирования)*

Anwenderkonfiguration *f* конфигурация заказной БИС

Anwenderprogramm *n* прикладная программа, программа пользователя

Anwenderschaltkreis *m* специализированная ИС; заказная ИС

Anwenderschicht *f* прикладной уровень

Anwendersoftware *f* прикладное программное обеспечение

anwenderspezifisch специализированный; заказной

Anwendungsprogramm *n* прикладная программа

Anwendungsschicht *f* прикладной уровень

Anzeige *f* 1. индикация 2. индикатор

~, **alphanumerische** 1. алфавитно-цифровая индикация 2. алфавитно-цифровой индикатор

~, **digitale** 1. цифровая индикация 2. цифровой индикатор

~, **elektrochromerische** электрохромный индикатор

~, **elektrophoretische** индикатор на основе явления электрофореза

~, **numerische** *см.* Anzeige, digitale

Anzeigebauelement *n* индикаторный элемент

Anzeigeelement *n см.* Anzeigebauelement

Anzeigekonsole *f* дисплейный пульт; дисплей-консоль

Anzeigematrix *f* матричный индикатор; матричная (индикаторная) панель

Anzeigetafel *f* индикаторная панель; индикаторное табло; информационное табло

AOW-Bauelement *n* прибор на поверхностных акустических волнах [на ПАВ], ПАВ-прибор

AOW-Filter *n* фильтр на ПАВ

AOW-Oszillator *m* генератор на ПАВ, ПАВ-генератор

AOW-Signal *n* сигнал ПАВ, ПАВ-сигнал

AOW-Verzögerungsleitung *f* линия задержки на ПАВ

Aperturjitter *m*, **Aperturunsicherheit** *f* апертурное дрожание, апертурная неопределённость, апертурная погрешность

Aperturverzögerung *f* апертурная задержка

Aperturzeit *f* апертурное время

Apfelsinenschaleneffekt *m* эффект «апельсиновой корки» *(в фоторезисте)*

Applikationsprogramm *m* прикладная программа

Applikationsschicht *f* прикладной уровень

applikationsspezifisch специализированный; заказной

Approximation *f* приближение, аппроксимация, аппроксимирование

~, **sukzessive** последовательное приближение; метод последовательных приближений

Approximationsregister *n*, **sukzessives** регистр последовательных приближений (*в АЦП поразрядного уравновешивания*)

Approximationsschieberegister *n* сдвиговый регистр последовательных приближений

APSA *f* усовершенствованная технология МОП ИС с самосовмещённым поликремниевым затвором

Äquivalenz *f* эквивалентность, равнозначность

Äquivalenzglied *n* элемент равнозначности

AQZ *m*, **AQZ-Wert** *m* уровень дефектности (*доля дефектных единиц продукции или число дефектов на сто единиц продукции*)

Arbeitsbereich *m* 1. рабочая область; рабочий диапазон 2. рабочая область (*памяти*)

~, **linearer** линейная область, линейный участок (рабочих характеристик МДП-транзистора)

~, **normaler** область активного режима, активная область, область усиления (биполярного транзистора)

~, **sicherer** область надёжной работы (транзистора)

Arbeitsbereichzeiger *m* указатель рабочей области (*памяти*)

Arbeitsfähigkeit *f* работоспособное состояние, работоспособность

Arbeitsfolgeplan *m* операционный план

Arbeitsgeschwindigkeit *f* быстродействие

Arbeitskennlinie *f* рабочая характеристика

Arbeitskopie *f* рабочая копия (*фотошаблона*)

Arbeitsmaske *f* рабочий фотошаблон

~ **für 1:1-Übertragung** рабочий фотошаблон для переноса изображения в масштабе 1:1

Arbeitsmaskenkopie *f* рабочий фотошаблон, рабочая копия (*эталонного фотошаблона*)

Arbeitsmode *m* режим работы

Arbeitsplatz *m*, **grafischer** графическое АРМ

Arbeitsplatz *m*, **rechnergestützter** автоматизированное рабочее место, АРМ (*напр. конструктора*)

Arbeitsplatzcomputer *m см.* **Arbeitsplatzrechner**

arbeitsplatzorientiert ориентированный на использование [предназначенный для использования] в составе автоматизированного рабочего места [АРМ]

Arbeitsplatzrechner *m* профессиональная персональная ЭВМ, профессиональная ПЭВМ *(в составе АРМ)*

Arbeitspunkt *m* рабочая точка

Arbeitspunktabgleich *m* балансировка рабочей точки

Arbeitspunkteinstellung *f* установка рабочей точки

Arbeitspunktstabilisierung *f* стабилизация рабочей точки

Arbeitspunktstabilität *f* стабильность рабочей точки

Arbeitspunktstrom *f* ток в рабочей точке

Arbeitspunktverschiebung *f* смещение рабочей точки

Arbeitsregister *n* рабочий регистр

Arbeitsschablone *f* рабочий (фото)шаблон

Arbeitsschablonenebene *f* плоскость установки рабочего фотошаблона

Arbeitsspeicher *m* оперативная память, оперативное запоминающее устройство, ОЗУ

Arbeitstemperaturbereich *m* диапазон рабочих температур

Arbeitsweise *f* режим (работы)

~, **asynchrone** асинхронный режим

~, **synchrone** синхронный режим

~, **überlappte** конвейерный режим *(обработки данных)*

Arbiter *m* арбитр, схема арбитража, схема разрешения конфликтных ситуаций *(схема приоритетного представления общего ресурса, напр. общей шины)*

Arbitration *f* арбитраж (запросов общего ресурса), управление доступом к общему ресурсу *(напр. к общей шине)*

Arbitration-Bus *m* шина с арбитражной логикой

Arbitrationslogik *f* арбитражная логика

Arbitrationsschaltung *f см.* **Arbiter**

Arbitrierlogik *f* арбитражная логика

Arbitrierung *f см.* **Arbitration**

Architektur *f* архитектура *(напр. микропроцессора)*

~, **kanallose** бесканальная архитектура, архитектура матриц типа «море вентилей» *(архитектура бесканальных плотно упакованных вентильных матриц с числом вентилей > 10000)*

Arithmetik-Baustein *m* арифметический блок

Arithmetikbefehl *m* арифметическая команда, команда арифметической операции

Arithmetik-Coprozessor *m* арифметический сопроцессор

Arithmetik-Logik-Einheit *f* арифметическо-логическое устройство, АЛУ

Arithmetikprozessor *m* арифметический процессор, (микро)процессор для выполнения арифметических операций

AROM *m см.* **EAROM**

ARP-Betrieb *m* лавинно-резонансный режим накачки

Array *n* 1. матрица; матричная ИС; решётка 2. массив *(данных)*

~, **dreidimensionales** трёхмерная матрица

~, **kundenspezifisch strukturiertes** заказная структурированная матричная ИС

~, **bipolares** матрица биполярных транзисторов; биполярная матричная ИС

~, **maskenprogrammierbares** матричная ИС с масочным программированием

~, **strukturiertes** структурированная матрица

Array-Controller *m* матричная БИС контроллера, контроллер на матричной БИС

Array-Elektronik *f* электроника матричных структур; электроника базовых матричных кристаллов [БМК]

Arraylogik *f* матричная логика, матричные логические схемы

Array-Prozessor *m* матричный процессор

Array-Schalter *m* матричный коммутатор

Array-Schaltkreis *m* матричная ИС; матричная БИС

~, **bipolarer** биполярная матричная ИС

Array-Speicher *m* матричная память, матричное ЗУ

Array-Struktur *f* матричная структура

Array-Zelle *f* ячейка (логической) матрицы; элемент матрицы

~, **große** макроэлемент, макроячейка *(макроэлементной матрицы)*

Arsendotand *m* легирующая примесь мышьяка

Arsenleerstelle *f* вакансия мышьяка

Arsenselenid *n*, **Arsen(III)-selenid** *n* селенид мышьяка, As_2Se_3

Arsenstörstelle *f* примесный As-центр

Arsenwasserstoff *m* гидрид мышьяка, мышьяковистый водород, арсин, AsH_3

Artikulationspunkt *m* точка сочленения *(графа)*

AS m pl усовершенствованные ТТЛШ-схемы

AS-Baureihe f см. **AS-Familie**

ASBC-Schaltkreis m усовершенствованная ИС со скрытым коллекторным слоем, выполненная по базовой технологии ASBC

ASBC-Technik f усовершенствованная базовая технология ИС со скрытым коллекторным слоем

ASCII-Code m, **ASCII-Kode** m код ASCII, Американский стандартный код для обмена информацией

ASCR m несимметричный (триодный) тиристор

AS-Familie f серия усовершенствованных ТТЛ ИС с диодами Шоттки, серия усовершенствованных ТТЛШ ИС

AS-Gatter n элемент [вентиль] ТТЛ-Шоттки улучшенной серии

ASIC n специализированная ИС; заказная ИС
  ~, **analoges** аналоговая специализированная ИС
  ~, **digitales** цифровая специализированная ИС

ASLT f усовершенствованная технология изготовления полупроводниковых логических ИС

Aspektverhältnis n отношение ширины к длине (напр. изображения)

AS-Schaltkreis m усовершенствованная ТТЛ ИС с диодами Шоттки, усовершенствованная ТТЛШ ИС

Assembler m ассемблер

Assemblerprogrammierung f программирование на языке ассемблера

Assemblersprache f язык ассемблера

Assemblierer m см. **Assembler**

Assemblierung f ассемблирование

Assistor m (термо)резистор с высоким отрицательным ТКС

Assoziativprozessor m ассоциативный процессор

Assoziativspeicher m ассоциативная память, ассоциативное ЗУ

ASTL f усовершенствованные ШТЛ ИС

Astronavigationsanlage f приборы [система] астронавигации, астронавигационное оборудование

Astronik f астроника, космическая электроника

AS-TTL f см. **Advanced Schottky-TTL**

Asynchronbetrieb m асинхронная работа; асинхронный режим (работы)

Asynchron-Mode m асинхронный режим

Asynchron-/Synchron-Mode m синхронно-асинхронный режим

Asynchronzähler *m* последовательный [асинхронный] счётчик

ATMOS *f* МОП-структура с регулируемым пороговым напряжением [с регулируемым порогом]; МОП-транзистор с регулируемым порогом

ATMOS-FET *m*, **ATMOS-Transistor** *m* МОП-транзистор с регулируемым пороговым напряжением

Atom *n* атом

~, **adsorbiertes** адсорбированный атом, адатом

Atomlage *f* атомный слой, монослой

A-Transistor *m* точечный транзистор

ATT-Diode *f* лавинно-пролётный диод, ЛПД

Attributmerkmal *n* качественный признак *(в статистическом контроле качества)*

Attributprüfung *f* контроль по качественному признаку

Ätzabdruck *m* реплика (с травленой поверхности)

Ätzanlage *f* установка (для) травления

Ätzbad *n* травильная ванна

Ätzbarkeit *f* пригодность к обработке травлением

Ätzbehandlung *f* обработка травлением

ätzbeständing *см.* **ätzfest**

Ätzbild *n* рисунок травления

Ätzempfindlichkeit *f* чувствительность к травителю

Ätzen *n* травление

~, **anisotropes** анизотропное травление

~, **chemisches** химическое травление

~ **der Fenster** травление окон

~, **elektrolytisches** электролитическое травление

~ **durch Strömung** струйное травление

~, **gerichtetes** направленное травление

~, **isotropes** изотропное травление

~, **naßchemisches** жидкостное химическое [влажное химическое] травление, химическое травление

~, **plasmachemisches** плазмохимическое травление

~, **selektives** избирательное [селективное] травление

~, **vertikales (anisotropes)** анизотропное травление для формирования окон с вертикальными стенками

Ätzer *m* травитель

~, **gasförmiger** газообразный травитель

Ätzfaktor *m* показатель травления *(отношение глубины травления к ширине травления)*

ätzfest стойкий к травлению; стойкий к травителю

Ätzfestigkeit

Ätzfestigkeit *f* стойкость к травлению; стойкость к травителю

Ätzfiguren *f pl* фигуры травления

Ätzflüssigkeit *f см.* **Ätzlösung**

Ätzfront *f* фронт травления

Ätzgas *n* травящий газ, газообразный травитель

Ätzgasmischung *f* смесь для газового травления

Ätzgefäß *n* сосуд для жидкостного травления

Ätzgeschwindigkeit *f см.* **Ätzrate**

Ätzgraben *m* канавка травления; вытравленная канавка

Ätzgrübchen *n pl* ямки травления

Ätzgrube *f* канавка травления; ямка травления

~, **V-förmige** V-образная канавка травления

Ätzgrubendichte *f* плотность ямок травления

Ätzgrubenpyramide *f* пирамидальная [V-образная] канавка травления

Ätzhügel *m* холмик травления

Ätzkammer *f* травильная камера

Ätzkassette *f* кассета для (кассетного) травления

Ätzlösung *f* травящий раствор, жидкий травитель, раствор травителя

Ätzmaske *f* маска для травления

Ätzmittel *n* травитель

~, **polierendes** полирующий травитель

~, **selektives** избирательный [селективный] травитель

Ätzmuster *n* рисунок травления

Ätzprofil *n* профиль травления

Ätzrate *f* скорость травления

Ätzschale *f см.* **Ätzgefäß**

Ätzschichtrest *m* недотрав

Ätzschimmer *m* блеск травления

Ätzschritt *m* этап процесса травления

Ätzstopp *m* стоп-канал травления

Ätzstruktur *f* структура травления, структура, получаемая травлением; рисунок травления

Ätztechnik *f* методы [процессы] травления

Ätztiefe *f* глубина травления

Ätztunnel *m* туннель травления

Ätzung *f* травление

Ätzungsprüfung *f*, **Ätzungstest** *m* испытание травлением

Ätzverfahren *n* метод [способ] травления

~, **naßchemisches** метод жидкостного (химического) травления

Ätzverhalten *n* режим травления

Ätzverhältnis *n* отношение скоростей травления

Ätzvertiefung *f* вытравленное углубление; лунка травления, вытравленная лунка

Audio-CD *f* звуковой компакт-диск

Audio-DA-Umsetzer *m*, **Audio-DA-Wandler** *m* ЦАП звуковых сигналов

Audiokassette *f* звуковая кассета

Auf- und Abintegration интегрирование и «разинтегрирование»

Auf-Abwärtszähler *m* реверсивный счётчик

Aufbauzeit *f* время нарастания *(заряда в базе)*; время установления

Aufbrechen *n* разрыв *(связи в кристалличeской решётке)*

Aufbringen *n* нанесение
~ **der Fotomaske** фотомаскирование
~ **des Fotolacks** нанесение фоторезиста

Aufdampfanlage *f* установка вакуумного напыления, установка термовакуумного испарения *(для получения тонких плёнок)*

Aufdampfen *n* напыление
~, **reaktives** реактивное испарение
~, **thermisches** термовакуумное [термическое] испарение, напыление *(тонких плёнок)* методом термовакуумного [термического] испарения, термовакуумное напыление

Aufdampffilm *m* напылённая плёнка

Aufdampfgut *n см.* **Aufdampfmaterial**

Aufdampfmaske *f* маска [трафарет] для напыления

Aufdampfmaterial *n* напыляемый материал; испаряемый материал

Aufdampfrate *f* скорость напыления

Aufdampfschicht *f* напылённый слой

Aufdampftechnik *f* метод вакуумного напыления, метод термовакуумного испарения *(для получения тонких плёнок)*

Aufdampfung *f* напыление

Aufdampfungsverfahren *n* метод вакуумного напыления

Auffächerung *f* разветвление по выходу; коэффициент разветвления по выходу

Auffangelektrode *f* электрод коллектора; коллектор

Auffänger *m* коллектор *(СВЧ-прибора)*

Auffangfaktor *m* коэффициент захвата

Auffangflipflop *n* D-триггер, триггер D-типа; триггер-защёлка

Auffangregister *n* регистр-защёлка

Auffangspeicher *m* защёлка, буферная схема с фиксацией состояния

Auffrischen

Auffrischen *n* регенерация *(памяти, изображения на экране дисплея)*

Auffrischrate *f* частота регенерации

Auffrischung *f* регенерация *(памяти, изображения на экране дисплея)*

Auffrischungszyklus *m* цикл регенерации

Aufheizung *f* разогрев

Aufintegration *f* интегрирование *(входного сигнала в АЦП)*

Aufladezeitkonstante *f* постоянная времени заряда

Aufladung *f* 1. заряд 2. приобретение заряда

~, **elektrostatische** 1. статический заряд 2. приобретение статического заряда, статическая электризация

Auflisten *n* распечатка

Auflösung *f* 1. разрешение; разрешающая способность 2. дискретность *(напр. отсчёта времени)*

Auflösungsgrenze *f* предел разрешения

Auflösungsverbesserung *f* повышение разрешающей способности

Auflösungsvermögen *n* разрешающая способность

Auflöten *n* напайка

Auflötverfahren *n* метод напайки

Aufnahmerahmen *m* каркас для установки печатных плат

Aufruf *m* вызов

Aufschleudern *n* нанесение *(напр. фоторезиста)* центрифугированием

Aufschleudertechnik *f* способ центрифугирования, нанесение фоторезиста способом центрифугирования

Aufschmelzlöten *n* пайка оплавленным припоем [оплавлением припоя]

Aufsetzmontage *f* поверхностный монтаж

Aufsetztechnik *f*, **Aufsetztechnologie** *f* технология поверхностного монтажа [монтажа на поверхность]

Aufspaltung *f* расщепление *(энергетического уровня)*

Aufsputtern *n* осаждение методом ионного распыления

Aufsteuern *n* отпирание *(транзистора)*

Auftastimpuls *m* стробирующий импульс, строб-импульс, строб

Aufwachsen *n* наращивание *(эпитаксиального слоя)*

~, **epitaktisches** [**epitaxiales**] эпитаксиальное наращивание

Aufwachsrate *f* скорость роста *(эпитаксиального слоя)*

Aufwärts-Abwärtszähler *m* реверсивный счётчик

aufwärtskompatibel совместимый снизу вверх

Aufwärtskompatibilität *f* совместимость снизу вверх

Aufwärtsregler *m* регулятор с повышением параметра, повышающий регулятор

Aufwärtsverträglichkeit *f* см. Aufwärtskompatibilität

Aufwärtswandler *m* преобразователь с повышением параметра, повышающий преобразователь

Aufwärtszähler *m* суммирующий счётчик

Aufzeichnung *f* запись

~, **gruppenkodierte** запись с групповым кодированием

~, **optische** оптическая система записи, лазерная запись

~, **phasenmodulierte** запись методом фазовой модуляции

Aufzeichnungsdichte *f* плотность записи

Auger-Breite *f* ширина линии оже-спектра

Auger-Effekt *m* эффект Оже, оже-эффект

Auger-Elektron *n* оже-електрон

Auger-Elektronen-Emission *f* оже-электронная эмиссия, эмиссия оже-электронов

Auger-Elektronen-Peak *m* оже-пик

Auger-Elektronen-Spektroskopie *f* оже-электронная спектроскопия, оже-спектроскопия

Auger-Emission *f* см. Auger-Elektronen-Emission

Auger-Mikrosonde *f* микрозонд Оже

Auger-Rekombination *f* оже-рекомбинация

Auger-Spektrum *n* оже-спектр

Auger-Übergang *m* оже-переход

AÜR *m* (автоматизированная) установка совмещения и мультипликации, мультипликатор

ausbaufähig расширяемый, с возможностью расширения; наращиваемый, с возможностью наращивания

Ausbeute *f* выход; выход годных (изделий); процент выхода годных (изделий)

Ausbeutequote *f* процент выхода годных (изделий)

Ausbeuteverlust *m* уменьшение процента выхода годных (изделий)

Ausbreitung *f* расширение; растекание

~, **seitliche** расширение (*элементов структуры*) в горизонтальном направлении

Ausbreitungswiderstand *m* сопротивление растекания

ausbrennbar пережигаемый (*о плавких перемычках ППЗУ*)

Ausbrennen *n* пережигание (*плавких перемычек ППЗУ*)

Ausbrennwiderstand *m* плавкая перемычка *(напр. в ППЗУ)*

~, **unversehrter** ненарушенная плавкая перемычка

Ausdehnungskoeffizient *m*, **thermischer** коэффициент термического расширения, температурный коэффициент расширения, ТКР

1-aus-8-Dekoder *m* дешифратор из 8 в 1

1-aus-16-Dekoder *m* дешифратор из 16 в 1

1-aus-10-Dekoder *m* дешифратор из 10 в 1

Ausdiffundierung *f*, **Ausdiffusion** *f* обратная диффузия, экзодиффузия

~, **seitliche** боковая обратная диффузия

Ausdruck *m* 1. выражение 2. распечатка

8-aus-3-Encoder *m* шифратор «из 8 в 3»

Ausfächerung *f см.* **Auffächerung**

Ausfall *m* отказ

~, **latenter** скрытый отказ

~, **plötzlicher** внезапный отказ

~, **systematischer** систематический отказ

~, **unabhängiger** независимый отказ

Ausfallabstand *m* наработка между отказами

~, **mittlerer** средняя наработка на отказ, наработка на отказ

Ausfallanzahl *f* число отказов

Ausfallart *f* вид отказа; вид отказов; характер (возникновения) отказа

Ausfalldauer *f* 1. продолжительность отказа 2. продолжительность неисправного состояния

Ausfalldauerverteilung *f* распределение продолжительности отказов; функция распределения продолжительности отказов

Ausfalldiagnose *f* диагностика отказов

Ausfalldichtefunktion *f*, **Ausfalldichteverteilung** *f* плотность распределения отказов

Ausfallentdeckung *f* обнаружение (факта возникновения) отказа; обнаружение отказавшего элемента [отказавшего блока]

Ausfallerkennung *f* распознавание отказа; обнаружение отказа

ausfallfrei безотказный

Ausfallfreiheit *f* безотказность

Ausfallgrenze *f* отказоопасная граница

Ausfallhäufigkeit *f* частота отказов

Ausfallintensitätsfunktion *f* функция интенсивности отказов

Ausfallkennzeichen *n* признак (возникновения) отказа

Ausfallkriterium *n* критерий отказа
Ausfallkurve *f* кривая интенсивности отказов
Ausfallmechanismus *m* механизм отказа
Ausfallmodus *m* тип отказа; тип отказов
Ausfallortung *f* локализация [определение места] отказа
Ausfallquote *f* частота отказов; число отказавших (за некоторый конечный интервал времени) элементов
Ausfallrate *f* интенсивность отказов
Ausfallratenmittel *n* осреднённый параметр потока отказов, средняя частота отказов
Ausfallsatz *m* интегральная частота отказов
ausfallsicher защищённый от отказов; безаварийный
Ausfallsicherheit *f* защищённость от отказов; безаварийность
Ausfallstrom *m* поток отказов
Ausfallsuchzeit *f* время поиска места отказа
Ausfalltest *m* испытание на принудительный отказ
Ausfallverteilung *f* распределение частоты отказов; функция распределения частоты отказов
Ausfallverteilungsfunktion *f* функция распределения частоты отказов
Ausfallvorhersage *f* прогнозирование отказов
Ausfallwahrscheinlichkeit *f* вероятность (возникновения) отказа
Ausfallwahrscheinlichkeitsdichte *f* плотность вероятности отказа
Ausfallzeit *f* 1. *см.* **Ausfalldauer** 2. время простоя (ЭВМ)
Ausfallzeitpunkt *m* момент возникновения отказа
Ausfrierfalle *f* криогенная ловушка
Ausgabe *f* вывод
~, **grafische** 1. графический вывод, вывод графической информации 2. устройство графического вывода, устройство вывода графической информации
Ausgabebefehl *m* команда вывода
Ausgabebus *m* выходная шина
Ausgabeeinheit *f* 1. устройство вывода 2. выходное устройство
Ausgabegerät *n* устройство вывода
~, **grafisches** устройство графического вывода
Ausgabe-Interrupt *m* прерывание по выводу
Ausgabekanal *m* канал вывода, выходной канал
Ausgabeleitung *f* выходная линия
Ausgabeport *m* порт вывода, выходной порт

Ausgabepuffer *m* выходной буфер

Ausgaberegister *n* регистр вывода, выходной регистр

Ausgang *m* выход

~, **digitaler** цифровой выход

~, **gepufferter** буферизованный выход

~, **komplementärer** инверсный выход *(при наличии прямого)*

~ **mit offenem Kollektor** выход с открытым коллектором

~, **symmetrischer** симметричный [противофазный] выход

Ausgänge *m, pl,* **komplementäre** комплементарные [дополняющие] выходы

Ausgangsadmittanz *f* выходная полная проводимость

Ausgangsauffächerung *f* коэффициент разветвления по выходу

Ausgangsbelastbarkeit *f* нагрузочная способность выхода *(ИС)*, коэффициент разветвления по выходу

Ausgangsdauerkurzschlußstrom *m* установившийся ток короткого замыкания на выходе

Ausgangsdauerstrom *m* установившийся выходной ток

Ausgangsdifferenzspannung *f* разность выходных напряжений

Ausgangsfächer *m см.* **Ausgangsauffächerung**

Ausgangsfächerung *f см.* **Ausgangsauffächerung**

Ausgangsgleichspannung *f* постоянная составляющая выходного напряжения

Ausgangsgrenzfrequenz *f* предельная выходная частота

Ausgangsgröße *f* выходной параметр; выходная величина

Ausgangshaltezeit *f* время удержания на выходе

Ausgangsimpedanz *f* выходное полное сопротивление

Ausgangskapazität *f* выходная ёмкость

Ausgangskennlinie *f* выходная характеристика; выходная [стоковая] характеристика *(полевого транзистора)*

Ausgangskennlinienfeld *n* семейство выходных характеристик

Ausgangskennliniengleichung *f* уравнение выходной характеристики

Ausgangskreis *m* выходная цепь

Ausgangskurzschlußleitwert *m,* **negativer** выходная проводимость при коротком замыкании на входе

Ausgangskurzschlußstrom *m* ток короткого замыкания на выходе

Ausgangslastfaktor *m см.* **Ausgangsauffächerung**

Ausgangsleckstrom *m* ток утечки на выходе

Ausgangsleerlauffleitwert *m*, **negativer** выходная проводимость при холостом ходе на входе

Ausgangsleerlaufwiderstand *m*, **negativer** выходное сопротивление при холостом ходе на входе

Ausgangsleistung *f* выходная мощность

Ausgangsleitwert *m* выходная проводимость

~ **bei Leerlauf des Eingangs** *см.* Ausgangsleerlaufleitwert, negativer

~ **bei Leerlauf, negativer** *см.* Ausgangsleerlaufleitwert, negativer

Ausgangsoffsetspannung *f* напряжение смещения на выходе

Ausgangspuffer *m* выходной буфер, выходной буферный каскад, выходной транслятор

Ausgangspufferstufe *f см.* Ausgangspuffer

Ausgangsrauschabstand *m* отношение сигнал/шум на выходе

Ausgangsreststrom *m см.* Ausgangsleckstrom

Ausgangsruhespannung *f* выходное напряжение при отсутствии сигнала

Ausgangssignal *n* выходной сигнал

Ausgangsspannung *f* выходное напряжение

~, **konstante** стабилизированное выходное напряжение

~, **symmetrische** противофазное [парафазное] выходное напряжение

Ausgangsspannungsänderungsgeschwindigkeit *f* скорость нарастания выходного напряжения *(операционного усилителя)*

Ausgangsspannungsbereich *m* диапазон изменения выходного напряжения; диапазон выходных напряжений

Ausgangsspannungsfehler *m* погрешность [отклонение] выходного напряжения

Ausgangsspannungshub *m* размах выходного напряжения, диапазон (уровней) выходных напряжений

Ausgangsspitzenspannung *f* предельное выходное напряжение

Ausgangsspitzenstrom *m* предельный выходной ток

Ausgangsstrom *m* выходной ток

Ausgangsstromsenke *f* приёмник выходного тока

Ausgangsstufe *f* выходной каскад

~, **hochleistungsfähige** мощный выходной каскад

Ausgangstorschaltung *f* выходная ключевая схема

Ausgangstreiber *m* выходной (усилитель-)формирователь

Ausgangstreibertransistor *m* выходной управляющий транзистор

Ausgangsverstärker *m* выходной усилитель

Ausgangsverzögerungszeit *f* время задержки на выходе

Ausgangswandler *m* выходной преобразователь

Ausgangswechselspannung *f* выходное переменное напряжение

Ausgangswelligkeit *f* выходная пульсация, выходное напряжение пульсаций

Ausgangswiderstand *m* выходное сопротивление

ausgefallen отказавший; вышедший из строя; неисправный

Ausgleichsebene *f*, **beste** плоскость установки (подложки ИС) с наименьшей среднеквадратичной ошибкой *(относительно плоскости максимально резкого изображения)*

Ausgleichsfrequenz *f* уравнительная частота

Ausgleichsregelung *f* автоматическая компенсация возмущающих воздействий

Ausgleichsstrom *m* переходный ток, ток переходного процесса

Ausgleichsvorgang *m* переходный процесс

Ausglühen *n* отжиг

Aushärten *n*, **Aushärtung** *f* задубливание *(фоторезиста)*; отверждение

Ausheilen *n* отжиг; «залечивание» [устранение] дефектов *(кристаллической структуры)*

~ **durch Laserstrahlung** лазерный отжиг

~, **thermisches** термический отжиг, восстановление регулярной структуры с помощью отжига

~ **von Gitterfehlern** устранение дефектов кристаллической решётки; отжиг дефектов кристаллической решётки

Ausheilung *f* отжиг *(см. тж.* Ausheilen*)*

~, **kurzzeitige** быстрый отжиг

Ausheilungsofen *m* печь (для) отжига

Ausheilungstemperatur *f* температура отжига

Ausheilverfahren *n* метод восстановления кристаллической структуры *(напр. с помощью отжига)*; метод отжига

Auskellerung *f* извлечение из стека

Auskellerungsbefehl *m* команда извлечения из стека

1-aus-8-Kode *m* код «один из восьми»

Auskopplung *f* отбор *(мощности)*

Ausläufer *m* хвост *(напр. импульса)*

Ausläuferabsorption *f* поглощение примесными центрами, примесное поглощение

Auslese-CCD *n* выходная ПЗС-ячейка

Auslöseimpuls *m* запускающий импульс

Auslösesignal *n* запускающий сигнал

Auslösetaste *f* кнопка разблокировки; клавиша освобождения (устройства)

Auslöten *n* выпайка; демонтаж

Auslötprofil *n* профиль для выпайки выводов

Ausnutzungsfaktor *m*, **Ausnutzungsgrad** *m* коэффициент использования

Ausräumdiode *f* (быстродействующий) диод с рассасыванием (неосновных) носителей *(в обеднённом слое p - n-перехода)*

Ausräumen *n* рассасывание неосновных носителей *(напр. в области базы биполярного транзистора при его переключении)*

~ **der Basis** рассасывание неосновных носителей в области базы [в базе]

~ **der Ladungsträger in der Sperrschicht** рассасывание неосновных носителей в обеднённом слое *(p - n-перехода)*

Ausräumfaktor *m* коэффициент рассасывания (неосновных носителей)

Ausräumstrom *m* ток рассасывания неосновных носителей *(напр. в области базы)*

Ausräumzeit *f* время рассасывания (неосновных носителей)

Ausregelung *f* отработка отклонения; отработка погрешности

Ausregelzeit *f* время отработки отклонения *или* погрешности; время действия регулятора

Ausrichtung *f* совмещение; ориентация; выравнивание

~ **von Chip und Substrat** совмещение кристалла и подложки

Ausschalten *n* выключение; запирание *(тиристора)*

Aus-Schalten *n* выключение *(напр. транзистора)*

Ausschaltfaktor *m* коэффициент эффективности (процесса) выключения

Ausschaltschwelle *f* порог выключения; порог отпускания

Ausschaltsteuerstrom *m* запирающий ток управляющего электрода *(тиристора)*

Ausschaltstrom *m* ток выключения

Aus-Schaltverhalten *n* режим выключения

Ausschaltverlustleistung *f* мощность потерь при выключении *(напр. тиристора)*

Ausschaltverzögerung *f* задержка выключения [при выключении]; время задержки выключения

Ausschaltverzögerungszeit f время задержки выключения

Ausschaltvorgang m выключение; запирание (*тиристора*), переключение (*тиристора*) из открытого состояния в закрытое

Ausschaltzeit f время выключения; время запирания (*тиристора*) по управляющему электроду

Ausschußchip m дефектный [негодный] кристалл, кристалл бракованной ИС

Ausschußgrenze f браковочный уровень дефектности, допустимый уровень дефектных единиц продукции [дефектных изделий], допустимый уровень брака

Ausschußquote f доля дефектных единиц продукции [дефектных изделий]; число дефектных единиц продукции в выборке; число дефектов в выборке; уровень дефектности; уровень брака

Außenanschluß m внешний вывод (*ИС*)

Außenbonden n присоединение к внешним выводам, внешний микромонтаж

Außenbonder m установка внешнего микромонтажа

Außenbondstelle f контактная площадка для присоединения кристалла к внешнему выводу

Außenbordtrennscheibe f алмазный диск [алмазно-абразивный круг] с внешней режущей кромкой, отрезной диск с внешней режущей кромкой, армированной алмазным порошком

Außenbordtrennschleifen n резка (*слитков на пластины*) алмазными дисками [алмазно-абразивными кругами] с внешней режущей кромкой

Außenkontaktstelle f см. **Außenbondstelle**

Aussetzbetrieb m периодический режим, режим периодической нагрузки

Aussplittern n разламывание (полупроводниковых) пластин на кристаллы (*после скрайбирования*)

Aussteuerbereich m область модуляции; рабочий участок модуляционной характеристики

Aussteuerung f модуляция; глубина модуляции

Aussteuerungsbereich m см. **Aussteuerbereich**

Aussteuerungsdrift f модуляционный дрейф

Aussteuerungsgrenzen f pl пределы области модуляции; пределы рабочего участка модуляционной характеристики

Austauschdiffusion f взаимная диффузия

Austrittsarbeit *f* работа выхода

Austrittsenergie *f* энергия выхода

Austypisieren *n* разбраковка

Auswahl *f* выбор; выборка; селекция

Auswahleingang *m* вход селекции

Auswähler *m* устройство ввода альтернатив *(напр. функциональная клавиатура)*

Auswahlfunktionstaste *f* программируемая клавиша, клавиша с программируемой [с изменяемой] функцией

Auswahlschaltung *f* схема селекции

Auswahlsystem *n* система с поразрядным голосованием по правилу большинства, мажоритарная система

Ausweichgerät *n* резервное устройство; дублирующее устройство

Auswerteeinheit *f*, **Auswerteelektronik** *f* блок (предварительной) обработки результатов *(напр. измерения, тестирования)*; блок оценки результатов

Aus-Zustand *m* состояние «выключено»; состояние «отключено»; запертое [закрытое] состояние

Autodekrementadressierung *f* автодекрементная адресация

Autodoping *n* автолегирование

Autoepitaxie *f* автоэпитаксия

Autoinkrementadressierung *f* автоинкрементная адресация

Autokalibration *f*, **Autokalibrierung** *f* автокалибровка

Autokode *m* автокод

Automat *m* автомат

~, **endlicher** конечный автомат

~, **zellularer** клеточный автомат

Autopackaging *n* автоматическое корпусирование

Autoplacement *n* автоматическое размещение *(элементов на кристалле)*

Autorangefunktion *f* автоматическая установка диапазона измерений

Autorouter *m* автоматический трассировщик, автотрассировщик

Autorouting *n* автоматическая трассировка, автотрассировка

Autoroutingsystem *n* установка автоматической трассировки, установка автотрассировки

Autotrigger *m* мультивибратор

Auto-Zero-Kondensator *m* конденсатор (для) автокоррекции нуля *(в АЦП с двухтактным интегрированием)*

Auto-Zero-Phase *f* фаза автокоррекции нуля

Auto-Zero-Verfahren *n* метод (коммутационной) автокоррекции нуля

Auto-Zero-Verstärker *m* усилитель с (коммутационной) автокоррекцией нуля

Avalanchediode *f* лавинный диод

Avalanchedurchbruch *m* лавинный пробой

Avalancheeffekt *m* лавинный эффект, эффект лавинного умножения

Avalanchefotodiode *f* лавинный фотодиод

Avalanchegenerator *m* генератор на лавинно-пролётном диоде [на ЛПД]; генератор на лавинном диоде

Avalancheinjektion *f* лавинная инжекция

Avalanche-Schottky-Diode *f* лавинный диод с барьером Шоттки

Avalanchestrom *m* лавинный ток

Avalanchetransistor *m* лавинный транзистор

Avalanche-Tunneleffekt *m* лавинно-туннельный эффект

Avalanchezone *f* зона лавинного умножения; зона лавинного пробоя

Averager *m англ.* усреднитель, устройство усреднения

Averaging *n англ.* усреднение

A-Zentrum *n* А-центр, комплекс вакансия - кислород

B

Baby-Board *n* микроплата

Back-annotation *f англ.* учёт реальной длины соединений при расчёте времён задержки *(при проектировании интегральных микросхем)*

Back-Gate *n* нижний [задний, второй] затвор

Backgate-MISFET *m* МДП-транзистор с нижним затвором

Backgate-MOS-Struktur *f* МОП-структура с нижним затвором

Backgrounddotierung *f* 1. фоновое легирование 2. фоновый уровень легирования 3. фоновые примеси; фоновая примесь

Backplane *f англ.* объединительная плата; задняя [объединительная] панель

Backplane-Treiber *m* (усилитель-)формирователь на объединительной плате, (усилитель-)формирователь, расположенный на объединительной плате

Backspace-Taste *f* клавиша возврата на одну позицию

Backtracking *n* поиск с возвратом

Back-up *n*, **Backup** *n* 1. резервирование; дублирование, копирование 2. вспомогательное средство; средство резервирования, резерв; резервная копия, дублирующая копия; резервный [дублирующий] файл; резервный ресурс, дублирующая система; резервная система 3. поддержка; средство поддержки

Back-up-System *n* дублирующая система; резервная система

Backup-Spannung *f* напряжение поддержки

Backwarddiode *f* обращённый диод

Badewannenkurve *f* кривая интенсивности отказов *(характерной «ваннообразной» формы)*

Badlöten *n* пайка погружением (в расплавленный припой), пайка в ванне

Badlötverfahren *n* метод пайки погружением (в расплавленный припой), метод пайки в ванне

Bahn *f* дорожка; токоведущий путь

~, **p-leitende** токоведущая *p*-дорожка

Bahnentartung *f* орбитальное вырождение

Bahngebiet *n* область распределённого сопротивления

Bahnspannungsabfall *m* падение напряжения на области распределённого сопротивления

Bahnwiderstand *m* распределённое сопротивление

Balkendiagramm *n* гистограмма

Balkenkode *m* штриховой код

Balkenkodeleser *m* устройство считывания штрихового кода, сканер штрихового кода

Balkenleiter *m* балочный вывод *(корпуса ИС)*

Ballroller *m* координатный шар, шар трассировки

Band *n* зона; полоса

~, **besetztes** заполненная зона

~, **erlaubtes** разрешённая зона

~, **nichtbesetztes** незаполненная зона

~, **verbotenes** запрещённая зона

Bandabstand *m* энергетический интервал между зонами, межзонный интервал; ширина запрещённой зоны

Bandabstandsreferenz *f* источник опорного напряжения со стабилизацией по ширине запрещённой зоны, источник опорного напряжения с напряжением запрещённой зоны, зонный источник опорного напряжения

Bandabstandsspannung *f* напряжение, соответствующее ширине запрещённой зоны, напряжение запрещённой зоны

Bandausläufer *m pl* «хвосты» зон(ы), хвосты (электронных) состояний

Band-Band-Rekombination *f* межзонная [непосредственная] рекомбинация

Band-Band-Übergang *m* межзонный переход

Bandbreite *f* 1. ширина полосы частот; полоса частот 2. ширина полосы пропускания *(фильтра, операционного усилителя)*; полоса пропускания *(фильтра, ОУ)*

~, **offene** полоса пропускания по уровню 3 дБ

Bandbreite-Länge-Produkt *n см.* **Bandbreite-Reichweite-Produkt**

Bandbreite-Reichweite-Produkt *n* произведение ширины полосы на дальность действия *(параметр световода)*

Bändermodell *n* зонная модель; зонная диаграмма энергетических зон

~ **des pn-Übergangs** зонная модель *p-n*-перехода

Bänderschema *n* зонная диаграмма, диаграмма энергетических зон

Bändertheorie *f* зонная теория

Bänderüberlappung *f* перекрытие энергетических зон

Bandfilter *n* полосовой фильтр

Bandgap *n см.* **Bandabstand, Bandlücke**

Bandgapdiode *f* (опорный) диод с напряжением запрещённой зоны, зонный диод

Bandgap-Quelle *f см.* **Bandgap-Referenzspannunsquelle**

Bandgap-Referenz *f см.* **Bandgap-Referenzspannunsquelle**

Bandgap-Referenzdiode *f* опорный диод с напряжением запрещённой зоны, зонный диод

Bandgap-Referenzspannungsquelle *f,* **Bandgap-Spannungsreferenz** *f* источник опорного напряжения со стабилизацией по ширине запрещённой зоны, источник опорного напряжения с напряжением запрещённой зоны, зонный источник опорного напряжения

~, **temperaturkompensierte** термокомпенсированный источник опорного напряжения с напряжением запрещённой зоны

Bandgap-Spannungsregler *m* стабилизатор напряжения со стабилизацией по ширине запрещённой зоны, зонный стабилизатор напряжения

Bandkante *f* граница энергетической зоны

~, **verwaschene** размытая граница энергетической зоны

Bandkrümmung *f см.* **Bandverbiegung**

Bandlaufwerk *n* лентопротяжный механизм

Bandleitung *f* зонная проводимость

Bandlücke *f* энергетическая щель, запрещённая зона; ширина запрещённой зоны

Bandlückenspannung *f см.* **Bandabstandsspannung**

Bandmittenfrequenz *f* центральная частота полосы пропускания *(фильтра)*

Bandpaß *m,* **Bandpaßfilter** *n* полосовой [полосно-пропускающий] фильтр

Bandsperre *f* заграждающий [полоснозадерживающий, режекторный] фильтр

Bandsteuereinheit *f* контроллер накопителя на магнитной ленте

Bandsteuerung *f* 1. контроллер ЗУ на магнитной ленте 2. контроллер ввода с перфоленты

Band-Störstellen-Übergang *m* переход зона - примесный уровень

Bandstruktur *f* зонная структура *(полупроводника)*; структура зон

Bandübergang *m* межзонный переход

~, **direkter** прямой межзонный переход

~, **indirekter** непрямой межзонный переход

Bandüberlappung *f см.* **Bänderüberlappung**

Bandverbiegung *f* искривление [изгиб] (энергетических) зон

Bank *f* банк (1. *банк памяти* 2. *банк регистров* 3. *банк данных)*

Bankadresse *f* адрес банка памяти

Bankadreßregister *n* регистр адреса банка памяти

Bankauswahl *f* выбор банка памяти

Bankeinteilung *f* разбиение памяти на банки; оргпнизация памяти с разбиением на банки

Bankumschaltung *f* 1. коммутация [переключение] банков памяти 2. переключение банков регистров

Barcode *m* штриховой код

Barcodeleser *m* устройство считывания штрихового кода, сканер штрихового кода

Bare-Board-Test *m* испытания несмонтированных печатных плат

BARITT-Diode *f* инжекционно-пролётный диод

BARITT-Oszillator *m* генератор на инжекционно-пролётном диоде

Barrel

Barrel *n англ.* колонка [тубус] проекционной системы

Barrelbrücke *f* мост для крепления проекционной системы

Barrel-Schifter *m* схема сдвига [сдвигатель] на произвольное число позиций [разрядов, битов], программируемый сдвигатель *(сдвигатель, выполняющий за один такт операцию сдвига на произвольное число разрядов)*

Barren *m* слиток

Barrierenhöhe *f* высота потенциального барьера

Base-Diffusion-Isolation-Verfahren *n см.* BDI-Technik

Basepointer *m англ. см.* Basiszeiger

BASIC-Anweisung *f* оператор языка Бейсик

BASIC-Interpreter *m* интерпретатор языка Бейсик

BASIC-Programm *n* программа на языке Бейсик, Бейсик-программа

Basis *f* 1. база *(транзистора)* 2. база *(адреса)* 3. основание *(системы счисления)*

~, **diffundierte** диффузионная база

~, **gemeinsame** общая база

Basisadresse *f* базовый адрес, база

Basisadressierung *f* базовая адресация

~, **indizierte** базово-индексная адресация

~ **mit Offset** базовая адресация со смещением

~ **mit Offset, indizierte** базово-индексная адресация со смещением

Basisadreßregister *n* регистр базового адреса, базовый регистр

Basisanschluß *m* вывод базы, базовый вывод

Basisanschlußfahne *f* контактный лепесток вывода базы

Basisansteuerung *f* управление по базе

Basisausbreitungswiderstand *m* сопротивление растекания *(сопротивление базы точечного диода)*

Basisausdehnung *f* расширение базы, эффект расширения базы, эффект Кирка

Basisausräumstrom *m* ток рассасывания неосновных носителей в базовой области [в базе] *(биполярного транзистора при переключении)*

Basisausschaltstrom *m* выключающий ток базы

Basisbahngebiet *n* область распределённого сопротивления базы

Basisbahnwiderstand *m* распределённое сопротивление базы *(биполярного транзистора)*

Basisbreite *f* ширина базы

Basisbreitenmodulation *f* модуляция ширины базы *(эффект Эрли)*

Basis-Dauerstrom *m* постоянный ток базы

Basisdicke *f* толщина базы

Basisdiffusion *f* базовая диффузия, диффузия (для формирования) базы

Basisdiffusionsfenster *n* окно для (проведения) базовой диффузии

Basisdiffusionskapazität *f* диффузионная ёмкость базы

Basisdiffusionsmaske *f* (фото)шаблон для базовой диффузии

Basisdiffusionswiderstand *m* диффузионное сопротивление базы

Basisdotierung *f* 1. легирование базовой области, формирование базы введением примеси 2. базовая примесь 3. концентрация базовой примеси, уровень легирования базовой области

Basiseindringtiefe *f* глубина залегания базы

Basiseingangsschaltung *f* схема с общим эмиттером

Basiseingangsstrom *m* входной ток базы

Basiseinschaltstrom *m* включающий ток базы, входной включающий ток *(биполярного транзистора в схеме с общим эмиттером)*

Basiselektrode *f* электрод базы, базовый электрод

Basis-Emitter-Diode *f* диод база - эмиттер, эмиттерный диод

Basis-Emitter-Durchbruch *m* пробой перехода база - эмиттер, пробой эмиттерного перехода

Basis-Emitter-Flußspannung *f* прямое напряжение перехода база - эмиттер *(биполярного транзистора в схеме с общим эмиттером)*

Basis-Emitter-Kapazität *f* ёмкость база - эмиттер

Basis-Emitter-Kennlinie *f* характеристика перехода база - эмиттер, характеристика эмиттерного перехода

Basis-Emitter-Parallelwiderstand *m* сопротивление, шунтирующее диод база - эмиттер

Basisemittersättigungsspannung *f* напряжение насыщения перехода база - эмиттер, напряжение насыщения эмиттерного перехода

Basis-Emitter-Schleusenspannung *f см.* **Basis-Emitter-Flußspannung**

Basis-Emitter-Spannung *f* напряжение эмиттерного перехода [на эмиттерном переходе], напряжение база - эмиттер [эмиттер - база]

Basis-Emitter-Sperrschicht *f* обеднённый слой эмиттерного перехода

Basis-Emitter-Strecke *f* участок база - эмиттер

Basis-Emitter-Streukapazität *f* паразитная ёмкость база - эмиттер

Basis-Emitter-Übergang *m* переход база - эмиттер, эмиттерный переход

Basis-Emitter-Verlustleistung *f* мощность рассеяния на эмиттерном переходе, мощность, рассеиваемая на переходе база - эмиттер

Basisfläche *f* площадь базы

Basisflipflop *n* базовая бистабильная ячейка, базовая БЯ

~, **bipolares** базовая БЯ на биполярных транзисторах

Basisflußstrom *m* электронный ток базы, электронный ток, протекающий через область базы *(при нормальном включении транзистора)*

Basisgebiet *n см.* **Basiszone**

Basisgleichstrom *m* постоянный ток базы

Basis-Indexadressierung *f* базово-индексная адресация

Basiskollektordiode *f,* **Basis-Kollektor-Diodenstrecke** *f* диод база - коллектор, коллекторный диод

Basis-Kollektor-Kapazität *f* ёмкость база - коллектор

Basis-Kollektor-Spannung *f* напряжение коллекторного перехода, напряжение между базой и коллектором, напряжение база - коллектор

Basis-Kollektor-Sperrschicht *f* обеднённый слой коллекторного перехода

Basis-Kollektor-Sperrspannung *f* обратное смещение коллекторного перехода [на коллекторном переходе], обратное напряжение на коллекторном переходе, обратное коллекторное напряжение

Basis-Kollektor-Übergang *m* переход база - коллектор, коллекторный переход

Basiskontakt *m* базовый контакт, контакт к области базы; базовый электрод, электрод базы

Basiskreis *m* цепь базы

Basislaufzeit *f* время пролёта носителей через базу

Basisleitfähigkeitsmodulation *f* модуляция проводимости базы

Basismaterial *n* материал основания *(печатной платы)*

Basismodul *m* базовый модуль

Basisperle *f* шарик сплава для формирования базы *(сплавного транзистора)*

Basispotential *n* потенциал базы

Basisquerstrom *m* уравнительный ток базы

Basisraum *m см.* **Basisgebiet**

Basisregister *n* базовый регистр, регистр базового адреса

Basisruhestrom *m* ток базы при отсутствии сигнала

Basissättigungsstrom *m* (постоянный) ток базы в режиме насыщения

Basisschaltung *f* схема с общей базой

Basisschicht *f* базовый слой, слой базы

Basisschichtdicke *f* толщина базового слоя, толщина базы

Basisspannung *f* напряжение базы [на базе], базовое напряжение

Basisspannungsteiler *m* делитель базового напряжения

Basisspeicherladung *f* избыточный заряд в базе, заряд, накопленный в базе [в области базы]

Basissteuerspannung *f* управляющее базовое напряжение, управляющее напряжение базы [на базе]

Basissteuerstrom *m* управляющий базовый ток, управляющий ток базы

Basisstreifen *m* полоска базы, полоска базовой металлизации

Basisstrom *m* ток базы, базовый ток

~, **konstanter** постоянный ток базы

Basisströme *m pl* базовые [входные] токи *(дифференциального усилителя)*

Basistechnologie *f* базовая технология

Basistransportfaktor *m* коэффициент переноса *(носителей в базе биполярного транзистора, характеризующий долю инжектированных эмиттером неосновных носителей, достигших коллектора и создающих коллекторный ток)*

Basistrenndiffusion *f* базовая изолирующая [базовая разделительная] диффузия

Basisübersteuerung *f* **mit Minoritätsladungsträgern** перенасыщение базы неосновными носителями *(при модуляции её проводимости)*

Basisübertragungsfaktor *m см.* **Basistransportfaktor**

Basisverlustleistung *f* мощность, рассеиваемая базой

Basisverstärker *m* усилитель в схеме с общей базой

Basisvorspannung *f* напряжение смещения на базе, смещение базы

Basisvorwiderstand *m* добавочный резистор в цепи базы

Basisweite *f см.* **Basisbreite**

Basiswiderstand *m* сопротивление базы; базовый резистор

Basiswiderstandsmodulation

Basiswiderstandsmodulation *f* модуляция сопротивления базы

Basiszeiger *m* указатель базы

Basiszelle *f* базовая ячейка

Basiszellenmethode *f* метод базовых ячеек *(для проектирования СБИС)*

Basiszone *f* область базы, базовая область

Basiszonen-Signallaufzeit *f см.* **Basislaufzeit**

Basiszuleitung *f* вывод базы

BAS-Signal *n* полный видеосигнал

Baud *n* бод *(единица скорости передачи данных)*

Baudot-Kode *m* код Бодо

Baudrate *f* скорость передачи (данных) в бодах

Baudratengenerator *m* (генератор-)контроллер скорости передачи данных

Baueinheit *f* блок; узел

Bauelement *n* элемент; компонент

~, **aktives** активный элемент

~, **chipintegriertes** интегральный компонент

~, **diskretes** дискретный компонент; навесной компонент

~, **elektronisches** электронный компонент

~, **gedrucktes** печатный (радио)элемент

~, **hybridgerechtes** компонент ГИС, компонент, предназначенный для навесного монтажа в ГИС

~, **integriertes** интегральный компонент

~, **ladungsgekoppeltes** прибор с зарядовой связью, ПЗС

~, **lineares** линейный элемент

~, **mikroelektronisches** микроэлектронный элемент; интегральный компонент

~, **nichtlineares** нелинейный элемент

~, **oberflächenmontierbares [oberflächenmontiertes]** компонент для поверхностного монтажа

~, **optoelektronisches** оптоэлектронный элемент, оптоэлемент

~, **parasitäres** паразитный элемент

~, **passives** пассивный элемент

~, **peristaltisches ladungsgekoppeltes** перистальтический ПЗС

~, **schnelles** быстродействующая ИС

~, **strahlungsempfindliches** элемент, чувствительный к излучению

~ **zur Oberflächenmontage** компонент для поверхностного монтажа

BCD-Arithmetik

Bauelementeausbeute f выход годных компонентов; процент выхода годных компонентов

Bauelementebasis f элементная база

Bauelementedichte f плотность упаковки элементов

Bauelementefunktionen f pl функции, реализуемые элементами кристалла ИС

Bauelementekonzept n концепция разработки интегральных элементов [компонентов]

Bauelementemischtechnik f комбинированная технология (*технология изготовления полупроводниковых ИС на биполярных и полевых транзисторах*)

Bauelementeprüfung f контроль [проверка] элементов [компонентов] ИС; контроль функциональных модулей

Bauelementetechnik f, **Bauelementetechnologie** f технология (изготовления) интегральных элементов [компонентов]

~, **integrierte** технология интегральных элементов [компонентов]

Bauglied n конструктивный элемент

Baugruppe f узел; блок

Baugruppenredundanz f блочное резервирование

Baukastensystem n модульная система

Bausatz m набор, комплект

Bauschaltplan m монтажная схема

Baustein m 1. модуль; блок 2. микросхема

Bausteinauswahl f выбор микросхемы [кристалла]

Bausteinfreigabe f разрешение выбора микросхемы [кристалла]

Bausteinsoftware f модульное программное обеспечение

Bauteil n компонент

Bauweise f конструкция; исполнение

~, **modulare** модульная конструкция; модульное исполнение; модульный принцип исполнения

BBD n, **BBD-Element** n прибор (с зарядовой связью) типа «пожарная цепочка», ПЗС типа «пожарная цепочка»

BBD-Filter n фильтр на ПЗС типа «пожарная цепочка»

BBD-Kette f см. BBD

BBD-Matrix f матрица ПЗС типа «пожарная цепочка»

BBD-Technik f технология приборов типа «пожарная цепочка»

BBD-Zeile f линейка ПЗС типа «пожарная цепочка»

BCCD n, **BCCD-Bauelement** n ПЗС с объёмным каналом; ПЗС со скрытым каналом

BCD-Arithmetik f двоично-десятичная арифметика

BCD-Darstellung

BCD-Darstellung *f* двоично-кодированное представление десятичных чисел, представление в двоично-десятичном коде

BCD-Dekoder *m*, **BCD-Dezimal-Dekoder** *m* двоично-десятичный дешифратор, дешифратор двоично-десятичного кода в десятичный

BCD-Dezimal-Umsetzer *m* преобразователь двоично-десятичного кода в десятичный, двоично-десятичный дешифратор

BCD-Dual-Umsetzer *m* преобразователь двоично-десятичного кода в двоичный

BCD-Dual-Umsetzung *f* преобразование двоично-десятичного кода в двоичный
~ **mit Vorzeichenbehandlung** преобразователь двоично-десятичного кода в двоичный с обработкой знака

B-C-Diode *f* диод база - коллектор, коллекторный диод

BCD-Kode *m* двоично-десятичный код

BCD-Kode *m см.* **BCD-Code**

BCD-Siebensegment-Dekoder *m* дешифратор двоично-десятичного кода в семиэлементный

BCD-Siebensegment-Umsetzer *m* преобразователь двоично-десятичного кода в семиэлементный

BCD-Vor- und -Rückwärtszähler *n* двоично-десятичный реверсивный счётчик

BCD-Zahl *f* двоично-кодированное десятичное число

BCD-Zahlendarstellung *f см.* **BCD-Darstellung**

BCD-Zähler *m* двоично-десятичный счётчик

BCD-zu-1-aus-16-Dekoder *m* преобразователь двоично-десятичного кода в код ‹1 из 16›

BCD-zu-7-Segment-Dekoder *m см.* **BCD-Siebensegment-Dekoder**

BCL *f* (биполярные) логические схемы с базовыми связями

BCMOS *f* ИС на МОП-транзисторе со скрытым каналом

BCS-Modell *n* модель энергетической щели, модель Бардина - Купера - Шриффера, БКШ-модель

BCS-Theorie *f* теория Бардина - Купера - Шриффера, теория БКШ

B-C-Übergang *m см.* **Basis-Kollektor-Übergang**

BDI-Technik *f*, **BDI-Verfahren** *n* метод базовой изолирующей диффузии, метод изоляции *(элементов ИС)* базовой диффузией; БИД-технология

BDP *f* метод базовой диффузии

beam lead *англ.* балочный вывод

beam-lead-Anschlüsse *m pl*, **Beam-lead-Anschlüsse** *m pl* балочные выводы (*корпуса интегральной микросхемы*)

Beam-lead-Bonder *m* установка для приварки балочных выводов

beam-lead-Chip *m*, **Beam-Lead-Chip** *m* кристалл с балочными выводами; ИС с балочными выводами

beam-lead-Fassung *f* кристаллодержатель ИС с балочными выводами

beam-leads *англ.* балочные выводы

beam-leads-Schaltkreis *m*, **beam-lead-Schaltung** *f* ИС с балочными выводами

beam-lead-Technik *f*, **Beam-lead-Technologie** *f* технология ИС с балочными выводами

beam-lead-Verfahren *n см.* **beam-lead-Technik**

BEAMOS *f* МОП ЗУ с электронно-лучевой адресацией

Bearbeitungsanlage *f* установка технологической обработки, технологическая установка

Bearbeitungskammer *f* камера для технологической обработки

Bearbeitungsschritt *m* этап [стадия] обработки

Bedampfen *n* напыление
~, **aktiviertes reaktives** реактивное распыление
~, **reaktives** реактивное распыление

Bedampfung *f* напыление

Bedampfungsanlage *f* установка вакуумного напыления, установка термовакуумного испарения (*для получения тонких плёнок*)

Bedampfungsmaske *f* маска для напыления

Bedampfungsrate *f* скорость напыления

Bedampfungstechnik *f* метод вакуумного напыления, метод термовакуумного испарения (*для получения тонких плёнок*)

Bedampfungszeit *f* время напыления

Bedienerführung *f* (экранное) управление действиями оператора со стороны системы (*напр. АРМ, персонального компьютера*)

Bedienerhinweis *m* подсказка (оператору)

Bedienfeld *n* панель управления

Bedienkonsole *f* пульт оператора; пульт управления

Bedienpult *n* пульт управления

Bedienung *f* обслуживание; управление

Bedienungsdisziplin *f* дисциплина обслуживания

Bedienungsfeld *n* панель управления

Bedienungsgüte *f см.* **Bedienungsqualität**

Bedienungskanal

Bedienungskanal *m* канал обслуживания
Bedienungsmodell *n* модель массового обслуживания
Bedienungsprozeß *m* процесс обслуживания
Bedienungsqualität *f* качество обслуживания
Bedienungsrate *f* скорость обслуживания
Bedienungssystem *n* система массового обслуживания
Bedienungstheorie *f* теория массового обслуживания
Bedingungsflag *n* флаг условия
Bedingungsflipflop *n* триггер условия
Befehl *m* команда
~, **arithmetischer** арифметическая команда
~, **gespeicherter** команда, хранящаяся в памяти
~, **logischer** логическая команда
~, **privilegierter** привилегированная команда
Befehlsabarbeitung *f см.* **Befehlsausführung**
Befehlsadresse *f* адрес команды
Befehlsdekodierer *m* дешифратор команд
Befehlsdekodierung *f*, **Befehlsentschlüsselung** *f* дешифрация команд
Befehlsentschlüßler *m см.* **Befehlsdekodierer**
Befehlsformat *n* формат команды

Befehlsholen *n* выборка команд(ы)
Befehlsholezyklus *m* цикл выборки команды
Befehlskode *m* код команды
Befehlskodedekodierung *f* дешифрация кода команды
Befehlsmodifizierung *f* модификация команды
Befehlspipelining *n* конвейерное выполнение команд, конвейер команд
Befehlsraum *m* область хранения команд
Befehlsregister *n* регистр команд
Befehlssatz *m* система команд; набор команд
Befehlssteuereinheit *f* блок обработки команд
Befehlsvorrat *m см.* **Befehlssatz**
Befehlswort *n* командное слово, машинная команда, инструкция
Befehlszähler *m* счётчик команд
Befehlszyklus *m* цикл выполнения команды, командный цикл
begraben: ~e **Schicht** скрытый слой;
~er **Kanal** скрытый канал
Begrenzerdiode *f* ограничительный диод
Begrenzerschaltung *f* схема ограничения; амплитудный ограничитель
Begrenzerverstärker *m* усилитель-ограничитель

Belichtungsgerät

Begrenzungsdiode *f см.* **Begrenzerdiode**
Begrenzungswiderstand *m* токоограничительный резистор
Beimengung *f* примесь
Belastbarkeit *f* нагрузочная способность; допустимая нагрузка
~, **thermische** (максимально) допустимая тепловая нагрузка
Belastung *f* нагрузка
~, **aufgeteilte** разделённая нагрузка
Belastungskennlinie *f* нагрузочная характеристика
Belastungsmöglichkeit *f* нагрузочная способность
Belastungstest *m* испытания (на надёжность) под нагрузкой
Beleg *m* документ
Belegung *f* 1. сигнал(ы) на входе; загрузка входа [входов]; набор [входных] переменных; информация, записанная в памяти *(программы, константы)* 2. распределение *(памяти)* 3. занятость *(линии)*
Belegungsplan *m* схема размещения *(интегральных элементов)*; топологическая схема
Belegungszustand *m* загрузка (входа); набор входных переменных
Beleuchtung *f* 1. подсветка 2. освещение

Beleuchtungsstärke *f* освещённость
belichten экспонировать
Belichten *n* экспонирование; засветка
Belichter *m* установка (для) экспонирования
Belichtung *f* экспонирование; засветка
~, **großflächige** широкопольное экспонирование, экспонирование большого поля
~, **optische** оптическое экспонирование
~, **schrittweise** экспонирование с последовательной шаговой мультипликацией
Belichtungsabstand *m* микрозазор *(при экспонировании)*
Belichtungsanlage *f* установка (совмещения и) экспонирования, установка литографии
Belichtungsdosis *f* доза экспонирования, доза экспонирующего излучения; доза облучения
Belichtungsenergie *f* экспозиция *(минимальная энергия на единицу площади фотослоя, необходимая для его проработки на полную глубину)*
Belichtungsfeld *n* поле экспонирования
Belichtungsgerät *n* установка литографии; установка фотолитографии

Belichtungsmaske

Belichtungsmaske *f* маска для экспонирования

Belichtungsmesser *m* экспонометр

~, **fotoelektrischer** фотоэлектрический экспонометр

Belichtungsmuster *n* экспонируемый рисунок

Belichtungsoptik *f* проекционная оптика

Belichtungsquelle *f* источник экспонирующего излучения

Belichtungsschablone *f* промежуточный фотошаблон; промежуточный рентгеношаблон; промежуточный (фото)оригинал

Belichtungsschritt *m* этап экспонирования

Belichtungsschwelle *f* пороговая доза облучения

Belichtungsspielraum *m* интервал экспозиции

Belichtungsstrahlung *f* экспонирующее излучение

Belichtungsstrukturierung *f* формирование рисунка (ИС) изменением длительности экспонирования

Belichtungswellenlänge *f* длина волны экспонирующего излучения

Belichtungswert *m* экспозиция

Belichtungzeit *f* время экспонирования; время облучения

belöten облуживать, залуживать

BeMOS *f* 1. МОП ИС, усиленные биполярными элементами 2. технология МОП ИС, усиленных биполярными элементами, технология BeMOS

Benchmark *n* англ. 1. точка отсчёта; контрольная точка 2. *см.* **Benchmarkprogramm**

Benchmarkaufgabe *f*, **Benchmarkproblem** *n* эталонная задача, задачи оценки характеристик ЭВМ

Benchmarkprogramm *n* эталонная тестовая программа *(для сравнительной оценки характеристик вычислительной системы)*

Benchmark-Test *m* испытание [проверка] в контрольных точках; оценочные испытания, испытания для оценки характеристик [производительности] ЭВМ; аттестационные испытания *(программного изделия)*

Benchtop-Tester *m* настольное испытательное устройство, настольный тестер

benutzerdefinierbar определяемый [задаваемый] пользователем

benutzerfreundlich удобный для пользователя; дружественный

Benutzerkode *m* код пользователя

benutzerorientiert ориентированный на пользователя

Benutzerprogramm *n* прикладная программа

Benutzerschnittstelle *f* интерфейс пользователя

Benutzersoftware *f* прикладное программное обеспечение

Benutzerstation *f* терминал пользователя

~, **entfernte** удалённый терминал

BeO-Keramik *f см.* **Berylliumoxidkeramik**

Berandungsmodell *n* контурная модель (*трехмерного объекта в машинной графике*)

Bereich *m* область; диапазон

~, **aktiver** линейная область; линейный участок (*рабочих характеристик МДП-транзисторов*); активная область

~, **aktiv-normaler** область активного режима, активная область, область усиления (*биполярного транзистора*)

~ **der Störstellenerschöpfung** область истощения примесных центров

~ **der Störstellenreserve** область резерва неионизированных примесных центров

~, **linearer** линейная область, линейный участок (*рабочих характеристик транзистора*)

~, **linearer ohmscher** *см.* **Bereich, ohmscher**

~, **nichtdotierter** беспримесная зона (*полупроводникового прибора*)

~, **oberflächennaher** приповерхностный слой

~, **ohmscher** омическая [линейная] область, линейный участок (*рабочих характеристик полевых транзисторов*)

Bereitschaftsbetrieb *m* режим резерва; режим хранения (*информации в ячейках памяти при малом потреблении мощности*)

Bereitschaftsgerät *n* резервное устройство

Bereitschaftssystem *n* резервная система; дублирующая система

Bereitschaftstest *m* проверка готовности

Beruhigungszeit *f* время успокоения

Berührungsbildschirm *m* сенсорный экран

Berührungssensor *m* 1. тактильный датчик 2. датчик контакта

Berührungstastatur *f* сенсорная клавиатура

Berylliumoxidkeramik *f* керамика на основе оксида бериллия [на основе BeO]

beschichten покрывать, наносить покрытие; фольгировать

Beschichten *n* нанесение покрытия; фольгирование

Beschichter *m* установка для нанесения покрытий

Beschichtung *f* 1. нанесение покрытия; фольгирование 2. покрытие; нанесённый слой

Beschichtungsdicke *f* толщина покрытия

Beschichtungskammer *f* вакуумная камера для нанесения тонких плёнок [тонкоплёночных покрытий]

Beschichtungtrichter *m* бункерный питатель

Beschleunigung *f* ускорение; разгон *(координатного стола)*

Beschleunigungsaufnehmer *m* см. **Beschleunigungssensor**

Beschleunigungsfeld *n* ускоряющее поле

Beschleunigungssensor *m* датчик ускорения

Beschleunigungsspannung *f* ускоряющее напряжение

Beschleunigungsvermögen *n* приёмистость *(системы перемещения инструмента или заготовки)*

Beschuß *m* бомбардировка *(напр. ионами)*

Beseitigung *f* устранение; подавление

~ **verdeckter Linien** удаление невидимых линий [невидимых рёбер] *(графического объекта)*

~ **der elektrostatischen Aufladung** снятие статического заряда

Besetzung *f* населённость, заселённость *(уровня энергии)*

Besetzungsinversion *f*, **Besetzungsumkehr** *f* инверсия населённостей *(уровней энергии)*

Besetzungssättigung *f* насыщение населённости *(уровня энергии)*

Besetzungswahrscheinlichkeit *f* вероятность занятости *(уровня энергии)*

Besetzungszahl *f* число заполнения; населённость *(уровня)*

Besetzungszahlinversion *f* инверсная населённость *(уровней энергии)*

Bessel-Filter *n* фильтр Бесселя

BEST *f* технология биполярных БИС с самосовмещёнными эмиттером и базой

Bestätigung *f* подтверждение, квитирование

Bestätigungssignal *n* сигнал квитирования

Bestücken *n* см. **Bestückung**

Bestückkopf *m* см. **Bestückungskopf**

Bestückung *f* установка навесных элементов на печатную плату; установка [монтаж] кристаллов [бескорпусных компонентов] на печатную плату

~, **manuelle** ручной монтаж

~, **sequentielle** [**serielle**] последовательный монтаж

~, **simultane** групповой монтаж

~ **von Leiterplatten, automatische** автоматическая установка навесных элементов на печатные платы; автоматический монтаж кристаллов [бескорпусных компонентов] на печатные платы

Bestückungsautomat *m* установка автоматического монтажа

Bestückungskopf *m* монтажная головка

Bestückungsloch *n* монтажное отверстие *(печатной платы)*

Bestückungsroboter *m* робот для монтажа *(компонентов на печатные платы)*

Bestückungsseite *f* сторона монтажа, монтажная сторона *(печатной платы)*

Bestückungszeit *f* время установки [монтажа]

Beta *n* коэффициент усиления по (постоянному) току в схеме с общим эмиттером, коэффициент усиления базового тока *(биполярного транзистора в схеме с общим эмиттером)*

Betagrenzfrequenz *f* частота бета-среза, предельная частота коэффициента усиления (базового тока), предельная частота усиления по току в схеме с общим эмиттером

Betrachtungseinheit *f* объект

~, **wartbare** обслуживаемый объект; ремонтируемый объект

~, **nichtwartbare** необслуживаемый объект; неремонтируемый объект

Betrag *m*

~ **des Stromverstärkungsfaktors in Basisschaltung** модуль коэффициента передачи тока эмиттера

~ **des Stromverstärkungsfaktors in Emitterschalting** модуль коэффициента передачи тока базы

Betragsbildner *m* формирователь абсолютного значения

Betragsbildung *f* формирование абсолютного значения

Betragsentzerrer *m* схема коррекции абсолютных значений; блок коррекции абсолютных значений

Betragsentzerrung *f* коррекция абсолютных значений

Betrieb *m* режим (работы)

~, **aktiv-normaler** активный режим *(работы биполярного транзистора)*

~, **aktiver normaler** см. **Betrieb, aktiv-normaler**

~, **dynamischer** динамический режим

~, **inverser** инверсный режим

~, **statischer** статический режим

Betriebsart f режим (работы)

~ **mit reduziertem Leistungsverbrauch** режим с пониженным потреблением мощности, режим экономии мощности

Betriebsartentaste f клавиша смены режима

Betriebsbereich m рабочая область; рабочий диапазон

~, **aktiv-inverser** область инверсно-активного режима

~, **aktiver normaler** см. Betriebsbereich, aktiv-normaler

~, **aktiv-normaler** область активного режима, активная область; область усиления

Betriebsdauer f наработка; наработка между отказами; наработка до (первого) отказа, время безотказной работы; продолжительность эксплуатации; технический ресурс; срок службы

~, **akkumulierte [kumulative]** суммарная наработка

~, **mittlere** средняя наработка на отказ

~, **normale** период нормальной эксплуатации

Betriebsdauerverteilung f функция распределения наработки до отказа, функция распределения времени безотказной работы

Betriebslebensdauer f технический ресурс

Betriebslebensdauerprüfung f ресурсные испытания

Betriebsmodus m режим работы

Betriebsparameter m pl рабочие параметры (напр. транзистора); эксплуатационные параметры

Betriebsruhestrom m ток покоя, ток в режиме покоя [в режиме отсутствия сигнала]; ток утечки

Betriebsscheitelblockierspannung f импульсное рабочее напряжение в закрытом состоянии (тиристора)

Betriebssoftware f системное программное обеспечение

Betriebsspannung f напряжение питания, питающее [входное] напряжение; рабочее напряжение

Betriebsspannungsunterdrückung f коэффициент ослабления нестабильности источника питания

Betriebsspannungsverstärkung f усиление питающего [входного] напряжения; коэффициент усиления питающего [входного] напряжения

Betriebsstrom m ток питания; ток потребления (статического ЗУПВ); рабочий ток

Betriebssystem *n* операционная система, ОС

Betriebsweise *f* режим (работы)

~, **unabhängige** автономный режим

Betriebszeichen *n* управляющий символ

Betriebszeit *f* время работы; наработка

~, **kumulative** суммарная наработка

Beugung *f* дифракция

Beugungsgitter *n* дифракционная решётка

Bewegtbild *n* динамическое изображение

Bewerter *m* интерпретатор

Bewertungsaufgabe *f* см. **Benchmarkaufgabe**

Bewertungsprogramm *n* см. **Benchmarkprogramm**

Bewertungtest *m* см. **Benchmark-Test**

Bezirk *m*, **Weiß'scher** магнитный домен

Bezugsgleichspannung *f* постоянное опорное напряжение

Bezugsgröße *f* опорная величина, эталонная величина

Bezugsloch *n* базовое [фиксирующее] отверстие (*печатной платы*)

Bezugsmarke *f* реперный знак (*промежуточного фотошаблона*)

Bezugspotential *n* опорный потенциал

Bezugspunkt *m* контрольная точка; точка отсчёта, опорная точка

Bezugssignal *n* опорный сигнал

Bezugsspannung *f* опорное напряжение; эталонное напряжение

Bezugsspannungsdiode *f* опорный диод

Bezugsspannungsquelle *f* источник опорного напряжения

Bezugsspannungsteiler *m* делитель опорных напряжений

BFL *f* буферизованная полевая логика, БПЛ; логические схемы на полевых транзисторах с буферным каскадом

BFL-Gatter *n* логический элемент на полевых транзисторах с буферным каскадом, логический элемент БПЛ

BH-Laser *m* лазер со скрытой гетероструктурой

Biasstrom *m* средний входной ток, входной ток (*операционного усилителя*)

Biasströme *m pl* входные [базовые] токи (*операционного усилителя, разбаланс которых вызывает появление тока смещения на входе*)

Bibliotheksprogramm *n* библиотечная программа

Bibliotheksunterprogramm *n* библиотечная подпрограмма

BICAP *m* (МОП-)конденсатор с двумя дискретными значениями ёмкости

Bicfet *m* биполярно-полевой транзистор с инверсионным каналом

BiCMOS-Array *n* Би-КМОП-матрица; матричная БИС на биполярных и КМОП-транзисторах

BI-CMOS-Gate-Array *n* вентильная Би-КМОП-матрица; матричная БИС на биполярных и КМОП-транзисторах

BI-CMOS-Gate-Array-Familie *f* серия матричных БИС на биполярных и КМОП-транзисторах

Bi-CMOS-IC *n* ИС на биполярных и КМОП-транзисторах, Би-КМОП ИС, Би-КМОП-схема

BiCMOS-Inverter *m* инвертор на биполярных и КМОП-транзисторах, Би-КМОП-инвертор

BiCMOS-Logikarray *n* логическая Би-КМОП-матрица; логическая матричная БИС на биполярных и КМОП-транзисторах

BiCMOS-Technik *f*, **Bi-CMOS-Technologie** *f* (комбинированная) технология ИС на биполярных и КМОП-транзисторах, Би-КМОП-технология

bidirektional двунаправленный

Bidirektional-Transistor *m см.* **Bilateral-Transistor**

Biege-Verluste *m pl* потери в изгибах *(световода)*

BIFET *f см.* **BIFET-Technik**

BIFET *m* ИС на биполярных транзисторах и полевых транзисторах с *p*-*n*-переходом, ИС, изготовленная по Би-ПТ-технологии

BIFET-Operationsverstärker *m* ИС операционного усилителя на биполярных транзисторах и полевых транзисторах с *p*-*n*-переходом

BIFET-OPV *m см.* **BIFET-Operationsverstärker**

BIFET-Technik *f* технология (изготовления) ИС на биполярных транзисторах и полевых транзисторах с *p*-*n*-переходом, Би-ПТ-технология

BIFET-Verstärker *m* интегральный усилитель [ИС усилителя] на биполярных и полевых транзисторах с *p*-*n*-переходом

BIGFET *m* ИС на биполярных транзисторах и полевых транзисторах с изолированным затвором

BIGFET-Struktur *f* интегральная структура на биполярных транзисторах и полевых транзисторах с изолированным затвором

Bilateraltransistor *m* симметричный транзистор

Bild *n* изображение

~, **bewegtes** динамическое изображение

~, **schattiertes** затенённое изображение

Bildabtastung f развёртка изображения

Bildanimation f машинная мультипликация, «оживление» изображений (на экране дисплея)

Bildauffrischung f регенерация изображений (на экране дисплея)

Bildaufnehmer m датчик изображения

Bilddatei f дисплейный файл (файл видеоданных и команд для формирования изображения на экране дисплея)

Bilddaten pl видеоданные

Bilddigitalisiergerät n преобразователь изображения в цифровой код, устройство оцифровки изображения

Bilddigitalisierung f преобразование изображения в цифровой код, оцифровка изображения

Bildebene f плоскость изображения

Bildelement n 1. элемент изображения 2. элемент топологии

Bilderzeugung f 1. генерирование изображений (фотошаблонов) 2. формирование изображения (на экране дисплея)

Bildfeld n поле изображения

Bildfeldformat n формат поля изображения

Bildfeldmontage f монтаж поля изображения (фотошаблона); фотонабор

Bildfenster n «окно» (выделяемое на экране дисплея (монитора) при организации полиэкранного режима отображения информации)

Bildfensterverschiebung f панорамирование

Bildfrequenz f частота кадров

Bildgenerator m (фотонаборный) генератор изображений (промежуточных фотошаблонов)

Bildkantenprofil n профиль края изображения

Bildkontrollgerät n видеоконтрольное устройство, ВКУ; (видео)монитор

Bildlagetoleranz f допуск на смещение положения изображения; допуск на совмещение

Bildlauf m прокрутка изображения (на экране дисплея)

Bildmatrix f 1. матрица изображений (фотошаблона) 2. матричный преобразователь свет - сигнал, матричный формирователь видеосигналов

Bildmontage f фотонабор (получение промежуточных фотошаблонов с помощью фотонаборного генератора)

Bildmustergenerator m генератор изображений

Bildplatte f 1. видеодиск 2. оптический диск (для записи данных)

~, **löschbare** стираемый [перезаписываемый] оптический диск

Bildplatte

~, **optische** лазерный видеодиск

Bildpositioniergenauigkeit *f* точность позиционирования изображения

Bildpositionierung *f* позиционирование изображения

Bildpuffer *m* 1. буфер дисплея 2. кадровый буфер, буфер кадров

Bildpunkt *m* элемент изображения; примитив *(в системах машинной графики)*

Bildrefresh *n* см. **Bildauffrischung**

Bildreproduktion *f* мультипликация изображений

Bildrücklauf *m* обратный ход по кадру, обратный ход кадровой развёртки

Bildschirm *m* экран

~, **berührungsempfindlicher** сенсорный экран

~, **geteilter** экран, разделённый на области

~, **grafischer** экран графического дисплея, графический экран

Bildschirmanzeige *f* отображение информации на экране *(дисплея)*; вывод на экран

Bildschirmarbeitsplatz *m* автоматизированное рабочее место, АРМ *(напр. конструктора, инженера, технолога, оборудованное видеотерминалом)*

Bildschirmeditor *m* экранный редактор

Bildschirmeinheit *f* см. **Bildschirmterminal**

Bildschirmentspiegelung *f* устранение бликов на экране *(дисплея)*

Bildschirmfenster *n* окно на экране дисплея, экранное окно

Bildschirmgerät *n* (экранный) дисплей

~, **alphanumerisches** алфавитно-цифровой дисплей

Bildschirmgrafik *f* экранная графика

Bildschirminterface *n* экранный интерфейс, видеоинтерфейс

Bildschirmkonsole *f* дисплейный пульт; дисплей-консоль

Bildschirmmenü *n* экранное меню, меню, высвечиваемое на экране дисплея

Bildschirmprozessor *m* экранный процессор

Bildschirmsichtgerät *n* см. **Bildschirmgerät**

Bildschirmspeicher *m* буферное ОЗУ дисплея, буфер дисплея

Bildschirmspiele *n pl* видеоигры

Bildschirmsteuereinheit *f,* **Bildschirmsteuergerät** *n,* **Bildschirmsteuerung** *f* контроллер дисплея, дисплейный контроллер, устройство управления дисплеем

Bildschirmtaste *f* программируемая клавиша, клавиша с программируемой функцией *(устанавливаемой пользователем и отображаемой на экране дисплея)*

Bildschirmterminal *n* видеотерминал, дисплейный [экранный] терминал

~, **intelligentes** интеллектуальный (видео)терминал

Bildschirmtext *m* система (интерактивного) видеотекса, система интерактивной видеографии

~, **interaktiver** система интерактивного видеотекса

Bildschirmtextdekoder *m* декодер системы (интерактивного) видеотекса

Bildschirmtextnetz *n* сеть (интерактивного) видеотекса

Bildsensor *m* датчик изображения; (телевизионный) преобразователь свет - сигнал, формирователь видеосигналов

~, **ladungsgekoppelter** датчик изображения на ПЗС; (матричный) формирователь видеосигналов на ПЗС

~ **mit Widerstandselektroden** датчик изображения на фоторезисторах

Bildsignal *n* сигнал изображения; видеосигнал

Bildspeicher *m* видеоЗУ, память (для хранения) видеоданных, память содержимого изображения

Bildsymbol *n* пиктограмма

Bildsymbolmenü *n* пиктографическое меню

Bildsynchronimpuls *m*, **Bildsynchronsignal** *n* кадровый синхронизирующий импульс, кадровый синхроимпульс

Bildübertragung *f* 1. перенос изображения *(напр. с фотошаблона на пластину)*; перенос рисунка 2. передача изображений

~, **kontaktlose** бесконтактный перенос изображения

~, **schrittweise** пошаговый перенос изображения

Bildübertragungssensor *m* датчик изображения (на ПЗС) с (по)кадровым переносом зарядов

Bildverarbeitung *f* обработка изображений

~, **digitale** цифровая обработка изображений

Bildvergrößerung *f* увеличение размера изображения

Bildvervielfältigung *f* мультипликация изображений

~ **nach dem Step-und-Repeat-Verfahren** метод последовательной шаговой мультипликации (изображений)

Bildwandler *m* 1. *см.* **Bildsensor** 2. электрооптический преобразователь, ЭОП

Bildwandlerchip

Bildwandlerchip *m* кристалл полупроводникового [твердотельного] датчика изображения

Bildwandlermatrix *f*, **Bildwandlermosaik** *n* матричный преобразователь свет-сигнал, матричный формирователь видеосигналов

Bildwechselfrequenz *f* частота смены изображений, частота кадров

Bildwiederholfrequenz *f* частота регенерации изображений

Bildwiederholpuffer *m* кадровый буфер, буфер кадров

Bildwiederholrate *m см.* **Bildwiederholfrequenz**

Bildwiederholspeicher *m* (буферная) память (для автономной) регенерации изображений *(на экране дисплея)*, буфер [буферная память] дисплея; кадровый буфер, буфер кадров

Bildwiederholungsrate *f см.* **Bildwiederholfrequenz**

BIMOS *f* 1. ИС на биполярных и МОП-транзисторах, Би-МОП ИС, Би-МОП-схема 2. технология (изготовления) ИС на биполярных и МОП-транзисторах, Би-МОП-технология

BIMOS-IC *n* ИС на биполярных и МОП-транзисторах, Би-МОП ИС, Би-МОП-схема

BIMOS-Technik *f* технология (изготовления) ИС на биполярных и МОП-транзисторах, Би-МОП-технология

Binär-1-aus-8-Dekoder *m* преобразователь двоичного кода в код «1 из 8»

Binär-Dezimal-Kode *m* двоично-десятичный код

Binär-Dezimal-Umsetzer *m* преобразователь двоичного кода в десятичный

Binär-Dezimal-Zähler *m* двоично-десятичный счётчик

Binärkode *m* двоичный код

Binärmuster *n* комбинация двоичных разрядов, битовая комбинация

Binärsignal *n* двоичный сигнал

Binärstelle *f* двоичный разряд, бит

Binärsystem *n* двоичная система счисления

Binärzahl *f* двоичное число

Binärziffer *f* двоичный знак, двоичная цифра; двоичный разряд, бит

Bindelader *m* связывающий загрузчик

Bindemittel *n* связка; связующее

Binder *m*, **Binderprogramm** *n* редактор связей, компоновщик

Bindung *f* (химическая) связь

Bindungsenergie *f* энергия связи

Binistor *m* бинистор, полупроводниковый тетрод

Biochip *m* биочип

Bio-Computer *m* биокомпьютер

Bioelektronik *f* биоэлектроника

Biosensor *m* биодатчик

Bipolarbauelement *n*, **integriertes** биполярная ИС

Bipolarbaustein *m* биполярный прибор, биполярная ИС

Bipolar-CMOS-Gatter *n* вентильная Би-КМОП-матрица, вентильная матрица на биполярных и КМОП-транзисторах; матричная БИС на биполярных и КМОП-транзисторах

Bipolargroßintegration *f* технология биполярных БИС; изготовление биполярных БИС

Bipolar-IC *n* биполярная ИС

Bipolar-IGFET *m см.* BIGFET

Bipolar-IGFET-Bauelementestruktur *f см.* BIGFET-Struktur

Bipolarmikrowellentransistor *m* биполярный СВЧ-транзистор

Bipolar-MOS-Bauelementestruktur *f* интегральная структура на биполярных и МОП-транзисторах

Bipolarschaltkreis *m* биполярная ИС

~, **integrierter** биполярная ИС

Bipolarschaltung *f см.* Bipolarschaltkreis

~, **integrierte** *см.* Bipolarschaltkreis, integrierter

Bipolar-SFET-Bauelementestruktur *f* интегральная структура на биполярных транзисторах и полевых транзисторах с *p* - *n*-переходом

Bipolarspeicher *m* биполярное ЗУ

Bipolartechnik *f* биполярная технология; технология биполярных ИС

Bipolartransistor *m* биполярный транзистор

~, **integrierter** интегральный биполярный транзистор

~, **raumladungsbegrenzter** биполярный транзистор с ограничением пространственного заряда

Biswitch *m англ.* триак

Bisync *m см.* Bisyncbetrieb

Bisync-Betrieb *m*, **Bisync-Mode** *m* режим бисинхронной передачи данных, режим передачи данных с двумя синхросимволами

Bit *n* 1. бит, двоичная единица информации 2. бит, двоичный разряд

~, **höchstwertiges** старший разряд

~, **niederwertigstes** младший разряд

16-bit-ADC *m* 16-разрядный АЦП, 16-разрядный аналого-цифровой преобразователь

Bitadressierung *f* побитовая [поразрядная] адресация

8-bit-ADU *m* 8-разрядный АЦП, 8-разрядный аналого-цифровой преобразователь

Bitbetrieb *m* побитовый [поразрядный] режим обмена, побитовый [поразрядный] обмен

Bitbreite *f* разрядность

16-bit-DAC *m* 16-разрядный ЦАП, 16-разрядный цифро-аналоговый преобразователь

Bitdichte *f* плотность записи *или* передачи в битах

Bitebene *f* разрядная матрица

Bitfehlerrate *f* частота (появления) ошибок по битам

Bitfrequenz *f*, **Bitgeschwindigkeit** *f см.* **Bitrate**

32-Bit-IC *n* ИС ёмкостью 32 бит

Bit-Image-Betrieb *m*, **Bit-Image-Mode** *m* режим поэлементного [побитового] отображения

Bit-Image-Verfahren *n* метод поэлементного [побитового] отображения

Bitleitung *f* разрядная шина

Bit-Map *n* битовая карта, карта поэлементного [побитового] отображения; средство поэлементного [побитового] отображения

Bitmap-Display *n* дисплей с поэлементным [побитовым] отображением информации

Bit-Map-Grafik *f* графика с поэлементным [побитовым] отображением

Bitmapping *n* поэлементное [побитовое] отображение

Bit-Map-Terminal *n см.* **Bitmap-Display**

8-bit-Mikroprozessor *m* 8-разрядный микропроцессор

32-Bit-Mikroprozessor *m* 32-разрядный микропроцессор

16-Bit-Mikroprozessor *m* 16-разрядный микропроцессор

4-Bit-Mikroprozessor *m* 4-разрядный микропроцессор; 4-разрядная микропроцессорная секция

Bitmode *m см.* **Bitbetrieb**

Bitmuster *n* битовая комбинация; конфигурация бит

Bitmustergenerator *m* генератор битовых комбинаций, генератор битовых тест-последовательностей

bitorganisiert с битовой организацией

bitparallel параллельным двоичным кодом

Bitrate *f* скорость передачи данных в битах в секунду

Bitscheibe *f*, **Bit-Scheibe** *f см.* **Bit-Slice**

Bitscheibenarchitektur *f см.* **Bit-Slice-Architektur**

Bitscheibenmikroprozessor *m см.* **Bit-Slice-Prozessor**

Bitscheibenprozessor *m см.* **Bit-Slice-Prozessor**

Bit-Scheiben-Technik *f см.* **Bit-Slice-Technik**

bitseriell последовательным двоичным кодом

4-bit-Single-Chip-μP *m* однокристальный 4-разрядный микропроцессор

Bit-Slice *n* центральный процессорный элемент *(секционированного микропроцессора)*, (микро)процессорная секция

Bit-Slice-Architektur *f* разрядно-модульная архитектура

Bit-Slice-Element *n см.* **Bit-Slice**

Bit-Slice-Mikroprozessor *m см.* **Bit-Slice-Prozessor**

4-Bit-Slice-Mikroprozessor *m см.* **4-Bit-Mikroprozessor**

Bit-Slice-Mikroprozessorelement *n см.* **Bit-Slice**

Bit-Slice-Prozessor *m* (разрядно-) секционированный микропроцессор, разрядно-модульный микропроцессор

Bit-Slice-Sequenzer *m* блок микропрограммного управления (секционированного микропроцессора)

Bit-Slice-Technik *f* техника секционированных микропроцессоров

Bit-Slice-Verarbeitungselement *n см.* **Bit-Slice**

Bit-Slicing *n* построение микропроцессорных систем из (центральных) процессорных элементов [из процессорных секций]

1-Bit-Speicher *m* одноразрядный накопитель; одноразрядный регистр

Bitstelle *f* двоичный разряд, бит

Bitstruktur *f см.* **Bitmuster**

Bit-Tabelle *f см.* **Bit-Map**

Bitverarbeitung *f* побитовая [поразрядная] обработка

bitverschachtelt бит-мультиплексный, с чередованием бит

Bitverschachtelung *f* чередование бит

BJT *m* биполярный плоскостной транзистор

Black-stripe-Farbbildröhre *f* щелевой кинескоп с «чёрной матрицей» *(щелевой кинескоп с чёрными полосками между полосками цветных люминофоров)*

Blasenbaustein *m* модуль на ЦМД, ЦМД-модуль

Blasenchip *m* кристалл ЗУ на ЦМД

Blasendisplay *n* дисплей на ЦМД

Blasendomäne *f* цилиндрический магнитный домен, ЦМД

Blasenschicht *f* слой с ЦМД

Blasenspeicher *m* память [ЗУ] на ЦМД, ЦМД-память, ЦМД ЗУ

Blasenspeicherchip *m* кристалл памяти на ЦМД, кристалл ЦМД ЗУ

Blattdatei

Blattdatei *f* страничный файл

Blattdrucker *m* постраничное печатающее устройство, устройство постраничной печати

Blau-LED *f*, **Blaulicht-LED** *f* светодиод голубого свечения

Bleisulfid *n* сульфид свинца, PbS

Blei-Zirkonat-Titanat-Keramik *f* керамика на основе цирконата-титаната свинца, ЦТС-керамика

Blende *f* 1. апертурная диаграмма 2. шторка

Blindeinschub *m* фиктивный модуль, заглушка

Blindleitwert *m* реактивная проводимость

Blindmodul *m см.* **Blindeinschub**

Blindpositionierung *f* слепое позиционирование (*при последовательном шаговом экспонировании*)

Blindschritt *m* слепой [неконтролируемый] шаг (*при последовательном шаговом экспонировании*)

Blindwiderstand *m* реактивное сопротивление

~, **induktiver** индуктивное сопротивление

Blinken *n* мигание

Blinker *m* курсор

Blistergurt *m* блистерная лента (*с закрытыми карманами для подаваемых компонентов поверхностного монтажа*)

Blitzlampen-Ausheilen *n* импульсный ламповый отжиг, отжиг (*дефектов ИС*) с помощью импульсной лампы-вспышки

BLL *f* логические схемы с углублёнными нагрузочными транзисторами

BL^{2}MOS *f* логические МОП ИС с углублёнными нагрузочными транзисторами

Bloch-FET *m* полевой транзистор с блоховскими осцилляциями

Bloch-Linie *f* блоховская линия

Bloch-Oszillationen *f pl* блоховские осцилляции

Bloch-Wand *f* блоховская стенка, блоховская доменная граница

Blochwandverschiebung *f* блоховское смещение

Bloch-Welle *f* блоховская волна

Blockdiagramm *n* блок-схема; структурная схема

Blockgrafik *f* блочная графика

Blockierbetrieb *m* режим блокирования (*тиристора*)

Blockieren *n* запирание; блокирование

Blockierimpuls *m* блокирующий импульс, импульс с блокирующего напряжения

Blockierkennlinie *f* (вольт-амперная) характеристика закрытого состояния *(тиристора)*

Blockierspannung *f* блокирующее напряжение, (постоянное) напряжение в закрытом состоянии *(тиристора)*

Blockierstrom *m* ток в закрытом состоянии *(тиристора)*, ток утечки

Blockierung *f* 1. блокирование; блокировка; запирание 2. зависание *(программы)*

Blockierverlustleistung *f* мощность потерь в закрытом состоянии *(тиристора)*

Blockierzustand *m* закрытое состояние *(тиристора)*

Blockmultiplexbetrieb *m* блок-мультиплексный режим

Blockschaltbild *n* блок-схема

Blockselektbefehl *m* команда выбора блока памяти

Blockselekteingang *m* вход сигнала выбора блока памяти

Blockselektsignal *n* сигнал выбора блока памяти

Blocktransfer *m*, **Blockübertragung** *f* поблочная передача *(данных)*

BMOS-Feldeffekttransistor *m*, **BMOS-FET** *m* МОП-транзистор с нижним затвором

BMOS-Schaltung *f* ИС на МОП-транзисторах с нижним затвором

BMOS-Struktur *f* МОП-структура с нижним затвором

BMSR-Technik *f* промышленная техника автоматического измерения, управления и регулирования; промышленная автоматика; КИП и автоматика

BNR-Diode *f* диод с отрицательным сопротивлением со связкой

Board *n* англ. (печатная) плата

~, **flexibles** гибкая (печатная) плата

Bodediagramm *n* диаграмма Боде, асимптотическая диаграмма

Bodenstation *f* земная станция *(системы спутниковой связи)*

Body-Effekt *m* эффект подложки *(чувствительность порогового напряжения транзистора к росту разности потенциалов между истоком и подложкой)*

Bogen *m* дуга, ориентированное ребро *(графа)*

Bohrloch *n* отверстие *(печатной платы)*

Bohrung *f* отверстие

~, **durchkontaktierte** сквозное металлизированное отверстие *(печатной платы)*; монтажное отверстие *(печатной платы)*

Bohrung

~ **einer Leiterplatte** отверстие печатной платы

~, **innenmetallisierte** металлизированное отверстие *(печатной платы)*

Boltzmann-Konstante *f* постоянная Больцмана

BOMOS *f*, **BOMOS-Technik** *f* технология МОП ИС со скрытым слоем изолирующего оксида [со скрытым оксидом]

Bondabhebung *f* отсоединение контактов ИС

Bondablauf *m* последовательность операций при микросварке

Bondanlage *f* установка для монтажа [присоединения] кристаллов; установка микросварки; установка термокомпрессионной сварки

~, **automatische** (полностью) автоматическая установка для монтажа кристаллов; (полностью) автоматическая установка микросварки

Bondausbeute *f* выход годных на операции микросварки

Bondbarkeit *f* соединяемость; свариваемость

Bonddraht *m* гибкий металлический проводник [(гибкий) проволочный вывод, проволо(ч)ка] для (получения) контактных соединений ИС; проволочный вывод, присоединённый методом микросварки

Bonddruck *m* контактное давление, контактное [сварочное] усилие, давление [усилие] контактирования *(при микросварке)*

Bondelektrode *f* электрод для микросварки, сварочный электрод

Bonden *n* 1. присоединение; (при)крепление; монтаж; микросварка 2. приварка *(напр. проволоки к контактной площадке кристалла)*

~ **mit Feindraht** монтаж гибких (металлических) проводников; термокомпрессионная сварка с использованием гибких (металлических) проводников

Bonder *m* установка для монтажа [присоединения] кристаллов, установка микромонтажа; установка микросварки; установка термокомпрессионной сварки

~, **automatischer** автоматическая установка для монтажа кристаллов; автоматическая установка микросварки

~, **vollautomatischer** (полностью) автоматическая установка для монтажа кристаллов; (полностью) автоматическая установка микросварки

Bondfähigkeit *f см.* **Bondbarkeit**

Bondfenster *n* окно для (проведения) микросварки

Bondfilmband *n* ленточный носитель с выводными рамками

Bondfläche *f* контактная площадка *(ИС)*

Bondgerät *n* сборочно-монтажное оборудование; оборудование для микросварки, сварочное оборудование; установка для монтажа [для присоединения] кристаллов; установка микросварки

Bondhügel *m* столбиковый вывод, контактный столбик

Bonding *n* см. **Bonden**

Bondinsel *f* контактная площадка

Bondinselöffnung *f* вскрытие контактной площадки

Bondkanüle *f* см. **Bondstempel**

Bondkapillar *n* капилляр для подачи материала привариваемого проводника *(в сварочном пуассоне)*; капиллярный пуансон

Bondkopf *m* сварочная головка

Bondkraft *f*, **Bondlast** *f* контактное [сварочное] усилие, контактное давление, усилие [давление] контактирования *(при микросварке)*

Bondpin *n* штырьковый вывод *(для присоединения гибкого проволочного проводника)*

Bondprüfgerät *n* установка для контроля прочности присоединения *(кристалла к подложке)*

Bondspitze *f* остриё иглы-пуансона; остриё рабочего инструмента

Bondstelle *f* контактная площадка *(напр. подложки)*

Bondstempel *m* игла-пуансон *(рабочий инструмент для термокомпрессионной сварки)*

Bondtechnik *f* техника [методы] монтажа [присоединения] кристаллов; техника микросварки

Bondverbindung *f* сварное соединение

Bondverfahren *n* метод монтажа [присоединения] кристаллов; метод микросварки

Bondwerkzeug *n* инструмент для монтажа кристаллов; инструмент для присоединения выводов; рабочий инструмент *(для микросварки или пайки)*; сварочный инструмент

Bondzugfestigkeit *f* прочность связи контактного соединения, прочность *(контактного соединения)* на отрыв

Bondzugversuch *m* испытание контактного соединения на отрыв

Bondzuverlässigkeit *f* надёжность контактного соединения; надёжность сварного соединения

Booster

Booster *m*, **Booster-Baustein** *m* мощный выходной усилитель

Bootstrapfaktor *m* коэффициент положительной обратной связи, коэффициент ПОС

Bootstrapkondensator *m* конденсатор в цепи компенсационной обратной связи

Bootstrap-Lader *m* программа самозагрузки, самозагрузчик; программа начальной загрузки, начальный загрузчик

Bootstrapping *n* 1. положительная обратная связь с улучшением входных параметров *(напр. входного сопротивления)*; следящая обратная связь; компенсационная обратная связь, повторительная обратная связь; усилительная следящая связь 2. начальная загрузка

Bootstrap-Schaltung *f* схема со следящей обратной связью; генератор пилообразного напряжения [ГПН] со следящей (обратной) связью; генератор линейно изменяющегося напряжения [ГЛИН] с положительной обратной связью [с ПОС]

Bootstrap-Verstärker *m* однокаскадный усилитель со следящей связью

BORAM *m* блочно-ориентированное ЗУПВ, ЗУ с блочно-прямым доступом

Bordrechner *m* бортовая ЭВМ; бортовой вычислитель

Borgen *m* заём

Bornitridschiftchen *n*:
~, **pyrolythisches** лодочка, изготовленная из пиролитического нитрида бора

Borrow *n англ.* заём

Borrow-Ausgang *m* выход сигнала заёма

Borsilikatglas *n* боросиликатное стекло

Böschung *f* наклон *(стенки окна в фоторезисте, боковой стенки канавки)*

Böschungsbreite *f* ширина расхождения луча *(при фотоэкспонировании)*

Böschungskonfiguration *f* геометрия профиля наклонной стенки *(окна в фоторезисте)*

Böschungswand *f* наклонная стенка *(окна в фоторезисте)*; наклонная боковая стенка *(канавки)*; конусная стенка *(напр. отверстия в оксидном слое)*

Böschungswinkel *m* угол наклона стенок *(окна в фоторезисте)*; клин травления

Bottom-up-Design *n англ. см.* **Bottom-up-Entwurf**

Bottom-up-Entwurf *m* восходящее проектирование, проектирование снизу вверх

Broadcast Videotex

Boxcarintegrator *m* интегратор с узкополосным фильтром

Boxcarverfahren *n* метод дискретизации с усреднением отсчётов

Branchdatenweg *m* магистраль ветви; ветвь *(системы САМАС)*

Branchtreiber *m* драйвер ветви *(системы САМАС)*

Brauchbarkeitsprüfung *f* проверка годности (ИС)

Breadboard *n*, **Breadboard-Karte** *f* макетная плата

Breakadresse *f* адрес (контрольного) останова

Breakpoint *m* точка (контрольного) останова

Breakpointbefehl *m* команда (контрольного) останова

Brechen *n* разламывание, разделение *(полупроводниковой пластины на кристаллы)*

Brechungsindex *m*, **Brechzahl** *f* показатель преломления

Brechzahlgradient *m* градиент показателя преломления

Brechzahlprofil *n* профиль показателя преломления

Breitbandemitter *m* широкозонный эмиттер

Breitband-Operationsverstärker *m* широкополосный операционный усилитель, широкополосный ОУ

Breitbandverstärker *m* широкополосный усилитель

Breite *f* **der verbotenen Zone** ширина запрещённой зоны

Bremsen *n* торможение *(напр. координатного стола)*; замедление

Bremsfeld *n* замедляющее поле

Bremsspannung *f* замедляющее напряжение

Brennen *n* 1. вжигание *(пасты в подложку толстоплёночной ИС)*; обжиг 2. пережигание *(плавких перемычек ППЗУ при программировании)*

Brettschaltung *f* макет

Brettschaltungs-Bausatz *m* макетный комплект

Brettschaltungsbildung *f* макетирование

Brettschaltungs-Kit *n* см. **Brettschaltungs-Bausatz**

Brewster-Winkel *m* угол Брюстера, угол полной поляризации

Bridgeman-Verfahren *n* метод Бриджмена, метод выращивания монокристаллов по Бриджмену

Bridgeman-Züchtung *f* выращивание монокристаллов методом Бриджмена

Briefkasten *m* почтовый ящик *(в системе электронной почты)*

Brillouin-Zone *f* зона Бриллюэна

Broadcast Videotex *f англ.* система видеотекса с использованием каналов вещательного телевидения

Bruchfestigkeit *f* прочность на излом

Brücke *f* 1. мост 2. перемычка

~, **durchkontaktierte** перемычка (*печатной платы*)

Brückenstecker *m* перемычка

Brummspannung *f* напряжение пульсаций

Brummspannungsunterdrückung *f* подавление напряжения пульсаций

Btx-Dekoder *m см.* **Bildschirmtextdekoder**

Btx-Netz *n см.* **Bildschirmtextnetz**

Bubble-Domäne *f* цилиндрический магнитный домен, ЦМД

Bubble-Speicher *m* память [ЗУ] на ЦМД, ЦМД-память, ЦМД ЗУ

Buchse *f* гнездо, гнездовая часть (*электрического соединителя*)

Bucket-Brigade-Device *n* прибор (с зарядовой связью) типа «пожарная цепочка», ПЗС типа «пожарная цепочка»

Buffer *m* буфер; буферная схема; буферный каскад

Bug *n англ.* ошибка (*напр. в программе*)

built-in test, Built-in-Test *m англ.* тестирование (СБИС) с помощью встроенных средств; встроенный контроль; встроенные средства [встроенные схемы] (само)тестирования; встроенная схема контроля

Bulk-Anschluß *m* объёмный вывод

Bulk-Barrier-Diode *f* диод с внутренним униполярным барьером, ВУБ-диод

Bulk-CCD-Bauelement *n* прибор с объёмной зарядовой связью, ПЗС с объёмным каналом

Bulk-Effekt *m* эффект утолщения фоторезиста (*у края ступенек рельефа ИС*)

Bulkmaterial *n* объёмный полупроводниковый материал; полупроводниковая пластина с равномерным легированием объёма её материала

bump *англ.*, **Bump** *m* столбиковый вывод (*кристалла ИС*)

Bumpanschluß *m см.* **bump**

Bündelknoten *m* 1. кроссовер 2. точка пересечения (*напр. межсоединений ИС*)

Bündelleitung *f* магистральная линия; магистральный канал связи

Burgers-Umlauf *m* контур Бюргерса

Burgers-Vektor *m* вектор Бюргерса, вектор сдвига

Burgers-Versetzung *f* дислокация Бюргерса, винтовая дислокация

buried layer *англ.* скрытый слой

Buried-Channel-CCD *n* ПЗС со скрытым каналом

Buried-Z-Diode *f* стабилитрон со скрытой структурой, скрытый стабилитрон

Buried-Zener-Referenz *f* источник опорного напряжения на стабилитроне со скрытой структурой [на скрытом стабилитроне]

~, **intergrierte** ИС источника опорного напряжения на стабилитроне со скрытой структурой [на скрытом стабилитроне]

Burn-in *n* термотренировка, термопрогон; термовыдержка; термическое старение

Burn-In-System *n* установка для испытаний на термическое старение

burn-in-Test *m* испытание на термическое старение

Büroautomatisierung *f* автоматизация учрежденческой деятельности; автоматизация учрежденческих систем

Bürokommunikation *f* учрежденческая связь

Burrus-Diode *f*, **Burrus-Leuchtdiode** *f* (свето)диод Барруса

Burst-Mode *m* монопольный режим

Bus *m* шина

~, **bidirektionaler** двунаправленная шина

~, **externer** внешняя шина

~, **gemeinsamer** общая шина, магистраль

~, **interner** внутренняя шина

~, **serieller** шина [магистраль] последовательного обмена

~, **verstärkter** умощнённая шина, умощнённая магистраль

~, **zeitgeteilter** [**zeitmultiplexer**] мультиплексированная шина, шина с временны́м разделением сигналов

Busabschluß *m* оконечная нагрузка шины, заглушка шины

Busadapter *m* шинный адаптер, адаптер магистралей

Busanalysator *m* шинный анализатор, логический анализатор шины

Busanforderung *f* запрос шины [магистрали]

Busanforderungsbestätigung *f* квитирование [подтверждение] запроса шины [магистрали]

Busanforderungsleitung *f* линия запроса шины [магистрали]

Busanschlußeinheit *f* устройство сопряжения с магистралью

Busarbiter *m* арбитр шины, блок управления к (общей) шине, блок управления захватом магистрали

Busarbitration f, **Busarbitrierung** f шинный арбитраж, арбитраж запросов шины, управление доступом к общей шине

Busarchitektur f см. **Busstruktur 1.**

Busbandbreite f пропускная способность шины

Busbelastbarkeit f нагрузочная способность шины

Busbelastung f нагрузка на шину

Busbereitschaftssignal n сигнал готовности шины

Busbestätigung f подтверждение захвата шины; сигнал подтверждения захвата шины

Busbreite f разрядность шины

Bus-Busy-Signal n сигнал занятости шины

Bus-Clear-Signal n сигнал незанятости шины

Buscontroller m контроллер шины; шинный контроллер

Busdurchsatz m пропускная способность шины

Busempfänger m, **Busempfangsschaltung** f шинный [магистральный] приёмник

Busempfänger und -treiber m см. **Bus-Treiber/Empfänger**

Busentscheidungslogik f логика шинного арбитража, логика управления доступом к общей шине

Buserweiterung f 1. расширение шины 2. модуль расширения шины, расширитель шины

Buserweiterungsmodul m модуль расширения шины, расширитель шины

Busexpander m расширитель шины, модуль расширения шины

busfähig с возможностью подключения к шине; подключаемый к шине

Bus-Floating n высокоимпедансное состояние шины, дрейф шины

Busfreigabe f разрешение (захвата) шины; сигнал разрешения (захвата) шины, сигнал захвата шины

Busfreigabesignal n сигнал разрешения (захвата) шины, сигнал захвата шины

Business-Grafik f деловая [управленческая] графика; средства деловой [управленческой] графики

Bus-Interface n, **Businterface** n шинный [магистральный] интерфейс

Businterfaceeinheit f блок шинного [магистрального] интерфейса, шинный интерфейсный блок; устройство сопряжения с магистралью

buskompatibel совместимый с шиной, шинно-совместимый

Buskonflikt *m* конфликтная ситуация на шине, конфликтная ситуация при (одновременном) запросе общей шины *(несколькими микропроцессорными модулями)*

Buskoppeleinheit *f*, **Buskoppler** *m* устройство [блок] сопряжения с шиной [с магистралью], шинный интерфейс

Bus-Leistungstreiber *m* мощный шинный формирователь

Busleitung *f* магистраль; линия магистрали [шины]

~, gemeinsame магистраль, общая шина

Busleitungssystem *n* см. **Bussystem**

Buslock *m* блокировка шины; сигнал блокировки шины

Bus-Master *m*, **Busmaster** *m* задающий модуль, задающее устройство, задатчик *(мультимикропроцессорной системы)*; устройство управления обменом данными по шине

Busmutterkarte *f* объединительная плата шин

Busnetzwerk *n* локальная сеть с общей шиной [с топологией типа «общая шина»]

busorientiert шинно-ориентированный

Bussteckverbinder

Bus-Peripherie-Schnittstelle *f* устройство сопряжения [сопряжение] шины с периферийными устройствами

Busplatine *f* шинная плата, плата шины

Busprioritätssteuerung *f* 1. приоритетное управление шиной 2. блок приоритетного управления шиной

Busprotokoll *n* протокол обмена по шине, шинный протокол

Buspufferschaltung *f* буфер шины, шинный буфер

Buspufferung *f* буферизация шины

Bus-Repeater *m* шинный повторитель

Bus-Requester *m* запросчик шины

Bus-Request-Leitung *f* линия запроса шины [магистрали]

Busschienensystem *n* система со сборной [с общей] шиной

Busschnittstelle *f* интерфейс шины, шинный интерфейс; устройство сопряжения с шиной

Bussender *m* шинный [магистральный] передатчик

Bussignal *n* сигнал на шине

Bus-Slave *m* исполнительный модуль, исполнитель *(в мультимикропроцессорной системе)*

Bussteckverbinder *m* шинный соединитель

Bussteuereinheit *f* блок шинного контроллера; контроллер шины, шинный контроллер

Bussteuer-IC *n*, **Bussteuerschaltkreis** *m* ИС контроллера шины [шинного контроллера]; контроллер шины, шинный контроллер

Bussteuerschalung *f см.* **Bussteuer-IC**

Bussteuersignal *n* сигнал управления шиной

Bussteuerung *f* 1. управление шиной 2. контроллер шины, шинный контроллер

Bussteuerungseinheit *f см.* **Bussteuereinheit**

Busstruktur *f* 1. шинная структура (*система линий передачи данных, адресации, управления и питания микроЭВМ*) 2. структура шины

Bussystem *n* шинная система (*совокупность линий передачи данных, адресации, управления и питания микроЭВМ; см. тж.* **Busstruktur**)

Bustechnik *f* шинная [магистральная] организация (*микроЭВМ*)

Bustopologie *f* магистральная топология, магистральная конфигурация (*локальной вычислительной сети*)

Bus-Transceiver *m* шинный [магистральный] приёмопередатчик

Bustreiber *m* шинный формирователь, драйвер шины

Bus-Treiber/Empfänger *m* шинный [магистральный] усилитель-приёмник; шинный [магистральный] приёмопередатчик

Bustreiberschaltkreis *m* ИС шинного формирователя

Busvergabe *f* предоставление [получение] доступа к общей шине

Busvergabelogik *f* логика [логические схемы] управления доступом к общей шине

Busvergabesteuerung *f* управление доступом к (общей) шине

Busverkehr *m* обмен (данными) по шине, шинный трафик

Busvermittlung *f* коммутация шин(ы)

Busvermittlungsleitung *f* линия коммутации шин

Busverstärker *m* магистральный усилитель

Busverstärkung *f* умощнение шины [магистрали]

Busverwalter *m см.* **Busarbiter**

Busverwaltung *f см.* **Busarbitration**

Busvorrangsteuerung *f см.* **Busprioritätssteuerung**

Buszugriff *m* доступ к (общей) шине; захват шины

~, **kontrollierter** управляемый доступ к общей шине

~, **zufälliger** свободный [случайный] доступ к общей шине

Buszugriffssteuerung *f* управление доступом к (общей) шине

Buszugriffszuteilung *f см.* **Buszuteilung**

Buszuteiler *m см.* **Busarbiter**

Buszuteilung *f* распределение шины, предоставление доступа к общей шине

Buszuweisung *f см.* **Buszuteilung**

Buszuweisungsentscheidung *f* арбитраж запросов шины, шинный арбитраж

Buszyklus *m* цикл шины, цикл обращения к шине, цикл обращения *(процессора)* к магистрали

Butterfly *n* базовая операция «бабочка» *(быстрого преобразования Фурье с прореживанием по времени)*

«**Butterfly**»-**Maschine** *f* процессор [транспьютер] для выполнения базовой операции «бабочка» *(быстрого преобразования Фурье с прореживанием по времени)*

Butterworth-Filter *n* фильтр Баттерварта, фильтр с максимально плоской АЧХ

Byte *n* байт

Bytebetrieb *m* побайтовый режим *(передачи данных, обмена данными)*

Bytefehlerrate *f* частота (появления) ошибок по байтам

Bytemanipulation *f см.* **Byteverarbeitung**

Bytemode *m см.* **Bytebetrieb**

Bytemultiplexbetrieb *m* байт-мультиплексный режим

Bytemultiplexkanal *m* байт-мультиплексный канал

Byteprozessor *m* процессор с байтовой организацией

Byterate *f* скорость передачи байтов; скорость передачи данных в байтах

Byterechner *m* ЭВМ с байтовой организацией

Byteregister *n* 8-разрядный [байтовый] регистр

Bytespeicher *m* байтовая память, байтовое ЗУ, память [ЗУ] с байтовой организацией

Byteverarbeitung *f* побайтовая обработка (данных)

byteverschachtelt байт-мультиплексный, с чередованием байтов

Byteverschachtelung *f* чередование байтов

byteweise побайтовый

Bytewide-Modus

Bytewide-Modus *m* побайтовый метод *(записи или передачи данных)*; (по)байтовый режим, режим (по)байтового обмена

Bytezugriff *m* побайтовый доступ

C

Cache *n см.* **Cachespeicher**

Cachespeicher *m* кэш-память *(буферное ЗУ для обмена данными между процессором и основным ЗУ)*

Cache-Technik *f* комбинированная технология ИС на биполярных и МОП-транзисторах

CAD *n* автоматизированное проектирование (с помощью ЭВМ); система автоматизированного проектирования, САПР

CAD-Arbeitsplatz *n*, **CAD-Arbeitsstation** *f* автоматизированное рабочее место (оператора) системы автоматизированного проектирования [оператора САПР], АРМ оператора САПР, АРМ проектировщика

CAD/CAM-Arbeitsplatz *m*, **CAD/CAM-Arbeitsstation** *f* автоматизированное рабочее место [АРМ] (оператора) системы автоматизированного проектирования и управления производством (с помощью ЭВМ)

CAD/CAM-System *n* система автоматизированного проектирования и управления производством (с помощью ЭВМ)

CAD/CAM-Technologie *f* технология автоматизирования проектирования и управления производством (с помощью ЭВМ)

CAD-Lösung *f* метод автоматизированного проектирования

CAD-Softwarepaket *n* пакет прикладных программ САПР

CAD-Station *f см.* **CAD-Arbeitsplatz**

CAD-System *n* система автоматизированного проектирования, САПР

CAE-Arbeitsstation *f* автоматизированное рабочее место [АРМ] конструктора

CAE/CAD-Workstation *f* рабочая станция системы автоматизации проектно-конструкторских работ

CAE-Software *f* пакет прикладных программ системы автоматизированной разработки

CAE-System *n* система автоматизированной разработки; система автоматизации конструкторских работ

CAE-Tools *pl* средства автоматизированной разработки

CAE-Workstation *f см.* **CAE-Arbeitsstation**

CAM *n* I 1. производство с централизованным управлением от ЭВМ 2. система автоматизированного управления производством (с помощью ЭВМ)

CAM *m* II ассоциативная память, ассоциативное ЗУ

CAMAC-Anschlußsteuerung *f* контроллер системы САМАС

CAMAC-Bus *m* шина САМАС

CAMAC-Crate *n* крейт САМАС

CAMAC-Datenweg *m* магистраль САМАС

CAMAC-Einheit *f см.* **CAMAC-Modul**

CAMAC-Einschubeinheit *f* сменный модуль (системы) САМАС

CAMAC-Interface *n* интерфейс (для сопряжения с магистралью) САМАС

CAMAC-Modul *m* модуль (системы) САМАС

CAMAC-Rahmen *m см.* **CAMAC-Crate**

CAMAC-Rahmenanordnung *f см.* **CAMAC-Modul**

CAMAC-Rahmensteuerung *f* контроллер крейта

CAMAC-Rechneranschlußsteuerung *f см.* **CAMAC-Anschlußsteuerung**

CAMAC-Steckverbinder *m* разъём САМАС

CAMAC-System *n* система САМАС

CAM-Arbeitsplatz *m*, **CAM-Arbeitsstation** *f* автоматизированное рабочее место (оператора) системы автоматизированного управления производством (с помощью ЭВМ)

CAM-Arbeitsplatz *m*, **CAM-Arbeitsstation** *f* рабочая станция системы автоматизированного управления производством (с помощью ЭВМ)

Camcorder *m* видеокамера *(конструктивное объединение бытовой видеокамеры - см.* **Videokamera** *- и видеомагнитофона)*

CAM-System *n* автоматизированная система управления технологическими процессами, АСУТП; система автоматизированного управления производством (с помощью ЭВМ)

CAQ-System *n* автоматизированная система контроля качества

Carbonfaserkunststoff *m* углепластик

Carry-Ausgang *m* выход (сигнала) переноса

Carryflag *n* признак [флаг] переноса

Cartridge *n англ.* кассета, картридж

Cartridge-Streamer

Cartridge-Streamer *m* кассетный стример, кассетный накопитель на бегущей (магнитной) ленте

CAS-Signal *n* сигнал выбора адреса столбцов

CATT-Triode *f* управляемый лавинно-пролётный транзистор

Cauer-Filter *n* фильтр Кауэра, эллиптический фильтр

CBL *f* (биполярные) логические схемы с преобразованием зарядов

CCC *f* карточка *(напр. кредитная)* со встроенной микросхемой

CCD *n* ПЗС, прибор с зарядовой связью

~, selbstjustiertes ПЗС с самосовмещенными областями

CCD-Array *n см.* **CCD-Matrix**

CCD-Bauelement *n* прибор с зарядовой связью, ПЗС

CCD-Bildaufnehmer *m см.* **CCD-Bildsensor**

CCD-Bildsensor *m*, **CCD-Bildwandler** *m* формирователь видеосигналов на ПЗС, ПЗС-преобразователь свет - сигнал

CCD-Bildspeicher *m* видеоЗУ на ПЗС

CCD-Chip *m* ПЗС-кристалл; ИС на ПЗС

CCD-Eimerkette *f* ПЗС типа «пожарная цепочка»

CCD-Element *n* прибор с зарядовой связью, ПЗС

~, digitales цифровой ПЗС

~ mit begrabenem Kanal ПЗС со скрытым каналом

~ mit profilierter Peристальtik профилированный перистальтический ПЗС

CCD-Farbkamera *f* камера цветного телевидения на ПЗС, цветная ПЗС-камера

CCD-Fernsehkamera *f* телевизионная передающая ПЗС-камера

CCD-Flächensensor *m* матричный формирователь видеосигналов на ПЗС, ПЗС-преобразователь свет - сигнал

CCD-Fotodetektor *m* фотоприёмник на ПЗС

CCD-Halbleitersensor *m* (полупроводниковый) ПЗС-датчик

CCD-IC *n* ИС на ПЗС

CCD-Kamera *f* телевизионная передающая камера на ПЗС [с (матричным) формирователем видеосигналов на ПЗС], ПЗС-камера

CCD-Kette *f* цепочка ПЗС, ПЗС-цепочка

CCD-Matrix *f* матрица ПЗС, ПЗС-матрица

CCD-Matrixkamera *f см.* **CCD-Kamera**

CCD-MOS-Bildsensor *m* формирователь видеосигналов на ПЗС с МОП-структурой

CCD-RAM *m* ЗУПВ на ПЗС

CCD-Schaltkreis *m* ИС на ПЗС

CCD-Schieberegister *n* сдвиговый резистор на ПЗС, ПЗС-регистр

CCD-Sensor *m* ПЗС-датчик; ПЗС-преобразователь свет - сигнал, формирователь видеосигналов на ПЗС

CCD-Speicher *m* память [ЗУ] на ПЗС, ПЗС ЗУ

~ **mit wahlfreiem Zugriff** ЗУПВ на ПЗС

CCD-Struktur *f* ПЗС-структура

CCD-Technik *f* технология приборов с зарядовой связью

CCD-Zeile *f* строка ПЗС, ПЗС-линейка; строчный ПЗС

CC-Gehäuse *n см.* **Chip-Carrier-Gehäuse**

CCMOS-Schaltkreis *m* синхронизированная ИС на КМОП-транзисторах, синхронизированная КМОП ИС

CCMOS-Struktur *f* синхронизированная КМОП-структура

CCO *m* генератор, управляемый током

CCT-Dekoder *m* декодер системы телетекста с управлением от ЭВМ

CD *f* компакт-диск

CD-I *f* компакт-диск для интерактивной коммуникации, интерактивный компакт-диск

CD-Interactive *f см.* **CD-I**

C-Diode *f* варикап

C-Dioden-Tuner *m* (УКВ)-тюнер с варикапной настройкой

CDI-Technik *f*, **CDI-Verfahren** *n* метод коллективной изолирующей диффузии, метод изоляции *(элементов ИС)* коллекторной диффузией; КИД-технология

CD-Platte *f* компакт-диск

CD-Plattenspieler *m* проигрыватель компакт-дисков

CD-Player *m см.* **CD-Plattenspieler**

CD-ROM *m* накопитель на компакт-диске, КД-ПЗУ

CDSe-Fotowiderstand *m* кадмий-селеновый фоторезистор

CD-Spieler *m см.* **CD-Plattenspieler**

CD-V *f* видеозвуковой компакт-диск

CD-Video *f*, **CD-Videoplatte** *f см.* **CD-V**

CEM *m* канальный электронный умножитель

Cerdipgehäuse *n* плоский стеклокерамический корпус с двухрядным расположением выводов, плоский стеклокерамический DIP-корпус

Cermetdünnschichtwiderstand *m* керметный [металлокерамический] тонкоплёночный резистор

CERQUAD *n* стеклокерамический корпус с четырёхсторонним расположением выводов

CF-Flag *n* признак [флаг] переноса

CFL *f* логика [логические схемы] на токовых повторителях

C-Flag *n см.* **Carry-Flag**

C-Flipflop *n* триггер переноса

CFT *m* транзистор, чувствительный к уровню влажности; датчик влажности

Chalkogenidgläser *n pl* халькогенидные стекла

Chalkogenid-Glashalbleiter *m см.* **Chalkogenidhalbleiter, glasartiger**

Chalkogenidhalbleiter *m*, **glasartiger** халькогенидный стеклообразный полупроводник *(халькогенидное стекло)*

Channeling-Effekt *m* эффект каналирования *(напр. ионов)*

Channelless-Array *n* бесканальная матрица, конструкция типа «море вентилей» *(плотно скомпонованная вентильная матрица)*

Channelmontage *f* монтаж кристалла на теплоотводящую металлизированную керамическую подложку *(в технологии ГИС)*

Channel-Oxid *n* оксид на канальной области

Channelstopper *m* ограничитель канала

Charakteristik *f* характеристика

Charge-Balancing-ADC *m* АЦП с компенсационным интегрированием

Charge-Balancing-Integrationsverfahren *n* метод компенсационного интегрирования

Chargenbedampfungsanlage *f* многопозиционная установка термовакуумного испарения

Charge-Pump-PLL *f* система фазовой автоподстройки частоты [система ФАПЧ] с генератором подкачки заряда

Charge-Redistribution-ADC *m* АЦП, работающий по методу перераспределения заряда

Charge-Redistribution-DAC *m* ЦАП, работающий по методу перераспределения заряда

CHEMFET *m* полевой транзистор, чувствительный к концентрации ионов; датчик концентрации ионов

Chiffrator *m* шифратор

CHIL *f* инжекционная логика [инжекционные логические схемы] с перехватом тока

CHIL-Technik *f* технология инжекционных логических схем с перехватом тока

Chip *m* кристалл ИС, чип

~, **eingebetteter** кристалл, установленный в микроуглубление подложки

~, **foliengebondeter [folienmontierter]** кристалл, смонтированный на ленточном носителе для автоматизированной сборки ИС, кристалл на ленточном носителе

~, **gebondeter** присоединённый кристалл

~, **nackter** кристалл без герметизирующего корпуса [без герметизирующей оболочки]; бескорпусная ИС

~, **nicht funktionsfähiger** негодный [дефектный] кристалл

~, **optoelektronischer** кристалл оптоэлектронной ИС; оптоэлектронная ИС

~, **ungekapselter** бескорпусная ИС

~, **unverkappter** бескорпусная ИС

Chipanschluß *m* присоединение [крепление, монтаж] кристалла

Chipanschlußrahmen *m* выводная рамка

Chiparchitektur *f* организация кристалла (ИС)

Chip-Assembler *m*, **Chip-Assembler-Programm** *n* ассемблер СБИС-структур

Chipausbeute *f* выход годных (кристаллов)

Chipauswahl *f* выбор кристалла [микросхемы]

Chipauswahlanschluß *m* вход (сигнала) выбора кристалла [микросхемы]

Chipauswahlleitung *f* шина выбора кристалла [микросхемы]

Chipauswahlsignal *n* сигнал выбора кристалла [микросхемы], сигнал CS

Chipauswahlsteuerung *f* управление выбором кристалла [микросхемы]

Chipauswahlzeit *f* время выбора (кристалла)

Chipbauelement *n*, **Chipbaustein** *m* бескорпусный (интегральный) компонент; бескорпусный полупроводниковый прибор

Chipbestückung *f* установка [монтаж] кристаллов [бескорпусных компонентов] на печатные платы

Chipbonden *n* монтаж [присоединение] кристаллов (ИС)

Chipbonder *m* установка монтажа [присоединения] кристаллов

~, **automatischer** автоматическая установка монтажа [присоединения] кристаллов

Chipbondhügel *m* столбиковый вывод кристалла (ИС)

Chipbondinsel *f* контактная площадка кристалла (ИС)

~, **erhöhte** столбиковый вывод

Chipbondung *f* соединение кристалла (ИС) с основанием *или* выводами корпуса

Chip-Carrier-Gehäuse *n* кристаллодержатель

Chip-Carrying Card *f англ.* карточка *(напр. кредитная)* со встроенной микросхемой

Chip-Design *n см.* **Chipentwurf**

Chipdiode *f* бескорпусный диод

Chipeinbettung *f* установка кристалла в микроуглубление подложки

Chip Enable *англ.* 1. отпирание *(микросхемы)* 2. отпирающий вход *(микросхемы)*, вход CE 3. сигнал для отпирающего входа микросхемы, сигнал CE

Chipentwurf *m* проектирование интегральных микросхем, проектирование ИС

chipextern навесной *(о компонентах ТИС)*; расположенный вне кристалла, внешний

Chipfläche *f* площадь кристалла (ИС)

Chipflächenbedarf *m* полезная площадь кристалла (ИС)

Chipfreigabe *f* 1. отпирание микросхемы 2. *см.* **Chip Enable** 3.

Chipfügen *n* крепление [присоединение, монтаж] кристаллов

Chipgenerator *m* генератор топологии кристаллов (ИС)

Chipgröße *f* размер(ы) кристалла (ИС)

chipintern сформированный в кристалле *(о компонентах ИС)*; расположенный на кристалле, встроенный

Chipjustiermarke *f* знак совмещения кристалла с подложкой

Chipkarte *f* карточка *(напр. кредитная)* со встроенной микросхемой

~, **intelligente** карточка *(напр. кредитная)* со встроенным микропроцессором

Chipkleben *n* приклеивание кристаллов; крепление кристаллов

Chipkondensator *m* бескорпусный конденсатор

Chip-Kontaktierung *f см.* **Chip-Montage**

Chiplayout *n* топология кристалла

Chipleistung *f* рассеиваемая мощность кристалла (ИС), мощность, рассеиваемая кристаллом (ИС)

Chiplogik *f*, **interne** логические схемы, сформированные в кристалле

Chiplöten *n* пайка кристаллов, присоединение кристаллов пайкой

Chipmatrix *f* матрица кристаллов

Chipmontage *f* монтаж кристалла (ИС); монтаж кристаллов (ИС)

~ **in Gesichtslage** монтаж кристалла (ИС) «лицом вниз»; монтаж методом перевёрнутого кристалла

Chip-Potentiometer *n* бескорпусный резистор переменного сопротивления, бескорпусный переменный резистор

Chipprüfsonde *f* установка зондового контроля кристаллов (ИС)

Chipprüfung *f* контроль [проверка] кристаллов; контроль [проверка] ИС

Chipschaltung *f* логическая схема, сформированная в кристалле; логическая ИС

Chipscheibe *f* полупроводниковая пластина

Chip Select *англ.* 1. выбор (*кристалла*) 2. сигнал выбора кристалла 3. вход выбора кристалла, вход CS

Chip-Select-Eingang *m* вход (сигнала) выбора кристалла, вход CS

Chipselektierung *f см.* **Chipauswahl**

Chipselektsignal *n см.* **Chipauswahlsignal**

Chip-Set *n* комплект кристаллов (ИС); комплект ИС

Chip-Slice *n* процессорная секция (*4-разрядная*)

Chip-Substrat-Verbindung *f* соединение кристалла с подложкой

Chiptestung *f* контроль кристаллов (ИС); контроль ИС

Chipträger *m* 1. кристаллодержатель 2. кристаллоноситель (*ножка корпуса или подложка для монтажа кристалла*)

Chipträgerbaustein *m*, **Chipträgergehäuse** *n см.* **Chip-Carrier-Gehäuse**

Chipträgersubstrat *n* подложка для монтажа кристалла (ИС)

Chiptransistor *m* бескорпусный транзистор

Chipverband *m* матрица кристаллов

Chipvereinzelung *f* разделение полупроводниковой пластины на кристаллы

Chipversenkung *f* углубление в основании корпуса (*для прямого монтажа кристалла*)

Chipwiderstand *m* бескорпусный резистор

Chipzerteilung *f см.* **Chipvereinzelung**

Chirpwandler *m* встречно-штыревой преобразователь, аподизованный изменением ширины штырей электродов

~ **mit geneigten Fingern** встречно-штыревой преобразователь, аподизованный изменением ширины и наклона штырей электродов

CHL *f* логика [логические схемы] с перехватом тока

CHL-Struktur *f* структура с перехватом тока

CHMOS *f* 1. технология высокопроизводительных КМОП ИС 2. высокопроизводительные КМОП ИС

Chopper *m* (модулятор-)преобразователь

Chopper-Kondensator *m* конденсаторный модулятор-преобразователь

Chopperstabilisierung *f* стабилизация прерыванием

Chopperverstärker *m* усилитель с прерыванием (сигнала), усилитель с модуляцией сигнала, усилитель с модуляцией-демодуляцией [с модулятором-демодулятором], усилитель типа М-ДМ

Chromfotomaske *f* хромированный фотошаблон

Chromglasplatte *f* стеклянная пластина (с нанесённой на её поверхность) плёнкой хрома *(металлизированный фотошаблон)*

Chrommaske *f см.* **Chromfotomaske**

Chromretikel *n*, **Chromretikelkopie** *f* промежуточный хромированный фотошаблон

Chromschablone *f* хромированный фотошаблон

Chromschichtstruktur *f* рисунок, сформированный на слое хрома

Chromtochterschablone *f* рабочая копия эталонного хромированного фотошаблона; рабочий хромированный фотошаблон

CID *n см.* **CID-Element**

CID-Bildsensor *m* (матричный) формирователь видеосигналов на ПЗИ, ПЗИ-преобразователь свет - сигнал

CID-Element *n* 1. прибор с зарядовой инжекцией, ПЗИ; фото-ПЗИ 2. (матричный) формирователь видеосигналов на фото-ПЗИ

CIGFET *m* комплементарный полевой транзистор с изолированным затвором

CIL *f* токово-инжекционная логика, (сверхбыстродействующие) логические схемы с токовой инжекцией

Cinch-Stecker *m* штекер электрического соединителя с защёлкой

Cinch-Steckverbinder *m* электрический соединитель с защёлкой, штекерный разъём с защёлкой

CISK-Architektur *f* архитектура *(микропроцессорной системы)* с полным набором команд, CISK-архитектура

C^2L *f* логические схемы на КМОП-транзисторах с кольцевой структурой

C^3L *f* комплементарные логические схемы на переключателях тока

Clampdiode *f* фиксирующий диод; антизвонный диод

Clamp-Effekt *m* эффект «защёлкивания», тиристорный эффект

Clamping-Diode *f см.* **Clamp-Diode**

Clamping-Schaltung *f* схема фиксации, фиксатор уровня

Clark-Zelle *f* элемент Кларка

CLCC-Gehäuse *n*, **CLCC-Sockel** *m* керамический безвыводной кристаллодержатель

Cleanroom *m англ.* чистая комната; чистое производственное помещение

Clear-Eingang *m* вход (сигнала) сброса, R-вход

Clipping *n* отсечение *(в машинной графике)*

Clips *n pl* клипсы, многоконтактные двухрядные зажимы *(для контроля и, при необходимости, извлечения смонтированных микросхем)*

Clock *англ.* тактовый импульс; синхронизирующий импульс, синхроимпульс

Clock-Impuls *m* тактовый импульс; синхронизирующий импульс, синхроимпульс

Clock-Jitter *m* (фазовое) дрожание (фронтов) тактовых импульсов

Clock-Oszillator *m* тактовый генератор, генератор тактовых импульсов

Clock-Signal *n* тактовый сигнал, тактовый импульс; сигнал синхронизации, синхросигнал

Cluster *m* кластер

Clusteranalyse *f* кластерный анализ

Cluster-Controller *m* групповой контроллер

Clusterdefekt *m* кластер, кластерный дефект

CMIS *f* 1. комплементарная структура металл - диэлектрик - полупроводник, КМДП-структура 2. *см.* **CMIS-Technik**

CMIS-Inverter *m* инвертор на КМДП-транзисторах, КМДП-инвертор

CMIS-Schaltkreis *m* микросхема на комплементарных МДП-структурах [на КМДП-структурах], КМДП-схема, КМДП ИС

CMIS-Struktur *f* комплементарная структура металл - диэлектрик - полупроводник, КМДП-структура

CMIS-Technik *f* технология получения КМДП-структур; технология КМДП-транзисторных ИС, КМДП-технология

CMIS-Transistor *m* комплементарный МДП-транзистор, КМДП-транзистор

CML *f* переключательно-токовая логика, логика [логические схемы] на переключателях тока, ПТЛ

CML-Gate-Array *n* вентильная матрица на переключателях тока, (вентильная) ПТЛ-матрица; матричная ИС на переключателях тока, матричная ПТЛ ИС

CMNOS *f* 1. комплементарная МНОП-структура 2. КМНОП-технология

CMNOS-Technik *f*, **CMNOS-Technologie** *f* КМНОП-технология

CMOS *f* 1. комплементарная МОП-структура, КМОП-структура 2. КМОП-технология

C²MOS *f* синхронизированные ИС на КМОП-транзисторах, синхронизированные КМОП ИС

CMOS-Abschwächer *m* ИС аттенюатора на КМОП-транзисторах, КМОП-аттенюатор

CMOS-A/D-Wandler *m* КМОП ИС аналого-цифрового преобразователя, АЦП на КМОП-структурах

CMOS-Analogschalter *m* аналоговый коммутатор на КМОП-транзисторах

CMOS-auf-Saphir-Technik *f* технология КМОП БИС на сапфировой подложке [на КНС-структуре]

CMOS-Baureihe *f* серия КМОП ИС

CMOS-Baustein *m* КМОП ИС; КМОП-компонент

CMOS/Bipolar-Logik *f* (логические) ИС совмещённого типа на КМОП-транзисторах и биполярных транзисторах

CMOS/Bipolar-Mischtechnik *f* комбинированная технология ИС на КМОП-транзисторах и биполярных транзисторах

CMOS/Bipolar-Schaltung *f* ИС совмещённого типа на КМОП-транзисторах и биполярных транзисторах

CMOS-Bulk-Technologie *f* технология КМОП ИС на полупроводниковой подложке

CMOS-Chopper-Operationsverstärker *m* см. **CMOS-Operationsverstärker, chopperstabilisierter**

CMOS-Combo *n* КМОП БИС кодека и фильтра на одном кристалле

CMOS-Decoder *m* КМОП ИС дешифратора, КМОП-дешифратор

CMOS-ECL-Interface *n* интерфейс КМОПТЛ - ЭСЛ

CMOS-Eingang *m* КМОП-вход, вход КМОП-схемы [КМОП-вентиля]

CMOS-EPROM-Technologie *f* технология (изготовления) микросхем ППЗУ на КМОП-транзисторах

CMOS-Feldeffekttransistor *m*, **CMOSFET** *m* КМОП-транзистор, комплементарный МОП-транзистор

CMOS-Flipflop *n* КМОП-триггер

CMOS-Gate-Array *n* (вентильная) КМОП-матрица; матричная КМОП ИС

CMOS-Gatter *n* логический элемент на КМОП-транзисторах, элемент [вентиль] КМОПТЛ, КМОП-вентиль

CMOS-Gatterschaltkreis *m* элемент КМОПТЛ; схема (элемента) КМОПТЛ

CMOS-Generator *m* КМОП-генератор

CMOS-Inverter *m* инвертор на КМОП-транзисторах, КМОП-инвертор

~, **gestapelter** двухуровневый КМОП-инвертор, КМОП-инвертор на двухуровневой КМОП-структуре

CMOS-IS *f* ИС на комплементарных МОП-структурах [на КМОП-структурах], КМОП ИС, КМОП-схема

~, **implantierte** КМОП ИС, полученная ионной имплантацией

CMOS-kompatibel совместимый с КМОП-схемами, КМОП-совместимый

CMOS-Kompatibilität *f* совместимость с КМОП-схемами

CMOS-Latch *n* КМОП-защёлка

CMOS-Logik *f* КМОП-логика, логика [логические схемы] на КМОП-структурах, логика на комплементарных МОП-структурах, КМОП-логика

CMOS-Logik-IC *n см.* **CMOS-Logik-IS**

CMOS-Logik-IS *f* логическая ИС на комплементарных МОП-транзисторах, логическая КМОП ИС

CMOS-Multiplexer *m* ИС мультиплексора на КМОП-транзисторах, КМОП-мультиплексор

CMOS-Multivibrator *m* мультивибратор на КМОП-транзисторах

~, **monostabiler** ждущий мультивибратор на КМОП-транзисторах, одновибратор на КМОП-транзисторах

CMOS-NAND-Gatter *n* элемент [вентиль] И - НЕ на комплементарных МОП-транзисторах, элемент [вентиль] И - НЕ КМОПТЛ

CMOS-Negator *m см.* **CMOS-Inverter**

CMOS-NOR-Gatter *n* элемент [вентиль] ИЛИ - НЕ на комплементарных МОП-транзисторах, элемент [вентиль] ИЛИ - НЕ КМОПТЛ

CMOS-Operationsverstärker *m*, **CMOS-OPV** *m* операционный усилитель на КМОП-транзисторах, КМОП ОУ

~, **chopperstabilisierter** стабилизированный КМОП ОУ с прерывателем (сигнала)

CMOS-µP

CMOS-µP *m* КМОП-процессор

CMOS-Pegel *m* КМОП-уровень *(входного или выходного сигнала)*

CMOS-PLD *n* матричная КМОП ИС

CMOS-PLL-Baustein *m* КМОП ИС блока ФАПЧ

CMOS-Puffer *m* КМОП-буфер

CMOS-RAM *m*, **CMOS-RAM-Speicher** *m* ЗУПВ на комплементарных МОП-транзисторах, КМОП ЗУПВ

CMOS-Schalter *m* КМОП-ключ, комплементарный ключ, ключ на КМОП-транзисторах

CMOS-Schaltkreis *m* см. CMOS-IS

CMOS-Schaltstufe *f* см. CMOS-Schalter

CMOS-Schaltung *f* см. CMOS-IS

CMOS-Schaltungstechnik *f* схемотехника КМОП-приборов

CMOS-Signalprozessor *m* КМОП-процессор обработки сигналов

CMOS-Siliziumgate-Technik *f*, **CMOS-Siliziumgate-Technologie** *f* технология (изготовления) КМОП ИС с (самосовмещёнными) поликремниевыми затворами

CMOS-SOS *f* 1. КМОП БИС на сапфировой подложке, КМОП БИС на КНС-структуре, КНС БИС 2. технология КМОП БИС на КНС-структуре

CMOS-SOS-Struktur *f* КМОП-структура (типа) «кремний на сапфире», КМОП-структура типа КНС

CMOS-Speicher *m* память [ЗУ] на комплементарных МОП-транзисторах, КМОП ЗУ

CMOS-Standardzellen *f pl* стандартные КМОП-ячейки

CMOS-Struktur *f* КМОП-структура

~, **gestapelte** двухуровневая КМОП-структура

C²MOS-Struktur *f* синхронизированная КМОП-структура

CMOS-Technik *f* КМОП-технология

CMOS-Technologie *f* КМОП-технология

CMOS-Timer *m* КМОП-таймер

CMOS-Timer-IC *n* ИС КМОП-таймера

CMOS-Transmissions-Gate *n* передающий КМОП-вентиль *(аналоговый ключ на КМОП-транзисторах)*

CMOS-Treiber *m* (усилитель-)формирователь на КМОП-транзисторах, КМОП-формирователь

CMOS-TTL-Interface *n* интерфейс КМОПТЛ - ТТЛ

CMOS-UART *m* универсальный асинхронный приёмо-передатчик на КМОП-приборах, КМОП УАПП

CMOS-VLSI-Baustein *m* КМОП СБИС; СБИС-компонент на КМОП-транзисторах

CMOS-Zähler *m* КМОП-счётчик

CMR-Abgleich *m* коррекция коэффициента подавления [ослабления] синфазной составляющей [синфазного сигнала]

CNC *f* ЧПУ (станками) типа CNC, ЧПУ от системы типа CNC

CNC-Anlage *f* система ЧПУ типа CNC

CNC-Einrichtung *f* устройство ЧПУ типа CNC, программируемое устройство ЧПУ

CNC-Maschine *f* станок с ЧПУ типа CNC

COB *f*, **COB-Technik** *f* 1. метод монтажа бескорпусных ИС непосредственно на плате 2. метод монтажа бескорпусных ИС на керамической подложке увеличенных размеров

COD *f* 1. диффузионная металлооксидная структура накопительных конденсаторов динамических ЗУПВ 2. диффузия для формирования металлооксидных накопительных конденсаторов динамических ЗУПВ

Code *m см.* **Kode**

Code... *см.* **Kode...**

Codec *m* кодек, кодер-декодер

Codierer *m см.* **Kodierer**

Codierung *f см.* **Kodierung**

Collector *f см.* **Kollektor**

Collector... *см.* **Kollektor...**

Collector-Diffusion-Isolation-Verfahren *см.* **CDI-Verfahren**

Colorbild *n* цветное изображение

Color-Grafik-Karte *f* плата цветной графики

Colorierung *f* закрашивание; закраска

Color-Look-up-Tabele *f* кодовая таблица цвета

Combiscope *n* (комбинированный) аналого-цифровой стробоскопический осциллограф

Combo *n* БИС кодека и фильтра на одном кристалле

COMFET *m* полевой транзистор с модулированной проводимостью

Commoneingang *m* вход (для) синфазного сигнала

Commonspannung *f* синфазное напряжение, напряжение синфазного сигнала

Commutating-Auto-Zero-Operationsverstärker *m* операционный усилитель с коммутационной автокоррекцией нуля

Compact-Disk *f* компакт-диск

Compacted Array *n* матрица с высокой плотностью компоновки

Compiler *m* компилятор, транслятор

Complex-Funktion-Chip *m* кристалл многофункциональной ИС; многофункциональная ИС

Computer *m* электронная вычислительная машина, ЭВМ, компьютер

Computeranimation *f* машинная мультипликация

Computergrafik *f* машинная [компьютерная] графика

Computergrafiksystem *n* система машинной графики

Computerkabinett *n* компьютерный класс

Computernetz *n*, **lokales** локальная вычислительная сеть, ЛВС

Computersimulation *f* моделирование на ЭВМ

Computerspiele *n pl* компьютерные игры

Consumer-IC *n* потребительская ИС

Continuous-Gate-Array *n* матричная БИС с распределённым затвором

Continuous-Gate-Technologie *f* технология ИС с распределённым затвором

Control-Bus *m* шина управления

controlled-collapse-Verfahren *n* метод управляемого совмещения *(столбиковых выводов перевёрнутого кристалла с контактными площадками подложки)*

Controller *m* контроллер

Convolver *m* конвольвер, устройство свёртки

Cooper-Paare *n pl* куперовские пары

C_{AZ}-Operationsverstärker *m* операционный усилитель с коммутационной автокоррекцией нуля

Coplamos-Technik *f* Копламос-технология, процесс «Копламос» *(технология изготовления п-канальных МОП БИС)*

Coprozessor *m* сопроцессор

Corbino-Scheibe *f* диск Корбино, магниторезистор в виде диска Корбино

COSMOS, COS/MOS см. **CMOS**

COSMOS-Feldeffekttransistor *m*, **COSMOSFET** *m* см. **CMOS-Feldeffekttransistor**

COSMOS-Schaltkreis *m* см. **CMOS-IS**

COSMOS-Technik *f* см. **CMOS-Technik**

Coulombfeld *n* кулоновское [кулоново] поле

Coulomb-Streuung *f* кулоновское рассеяние

Coulomb-Wechselwirkung *f* кулоновское взаимодействие

Count-Down-Eingang *m* вход сигналов обратного счёта,

вычитающий вход, вход вычитания *(в реверсивном счётчике)*

Count-Eingang *m* счётный вход

Counter-Signal *n* сигнал счёта

Counter/Timer *m* счётчик-таймер, таймер/счётчик событий

Counter-Up-Eingang *m* вход сигналов прямого счёта, вход сложения *(в реверсивном счётчике)*

CPE *n*, **CPE-Schaltkreis** *m* центральный процессорный элемент, ЦПЭ

CPU-Baugruppe *f*, **CPU-Baustein** *m* модуль центрального процессора

CPU-Board *n см.* **CPU-Platine**

CPU-Chip *m* кристалл (БИС) центрального процессора; БИС центрального процессора

CPU-Karte *f см.* **CPU-Platine**

CPU-Platine *f* плата центрального процессора

CPU-Schaltkreis *m* БИС центрального процессора

CPU-Steuerung *f* контроллер центрального процессора

C²R *f* кольцевая структура с управляемым зарядом

C³RAM *m* ЗУПВ на ПЗС

Crate *n* крейт, стандартный блочный каркас *(конструктив для установки типовых элементов замены в системе САМАС)*

Crate-Controller *m* контроллер крейта

CRC-Generator *m* генератор циклического избыточного кода

CRC-Kode *m* циклический избыточный код

CRC-Testung *f* контроль циклическим избыточным кодом

Cr-Dotierung *f* (под)легирование хромом *(при выращивании кристаллов по методу Бриджмена или Чохральского)*

Crimpanschluß *m* соединение обжимом; беспаечный контакт, контакт, полученный обжимом

Crimpanschlußtechnik *f* метод обжима, соединение выводов методом обжима

Crimpen *n* обжим, метод обжима *(для получения беспаечных контактов)*

Crimpkontakt *m* беспаечный контакт, полученный обжимом

Crimpmaschine *f* машина для соединения выводов методом обжима

Crimpverbindung *f* соединение обжимом

Cross-Assembler *m* кросс-ассемблер

Crossbar-Schaltmatrix *f* матричный коммутатор

Cross-Kompilierer *m* кросс-транслятор

Cross-Software *f*, **Cross-Systemunterlagen** *pl* кросс-программное обеспечение, кросс-обеспечение, кросс-ПО

Crowbar *англ.* перемычка *(в сверхпроводниковом элементе Кроу)*

Crow-Element *n* сверхпроводниковый элемент Кроу

CRT-Controller *m* (программируемый) контроллер электронно-лучевой трубки [ЭЛТ], (программируемый) ЭЛТ-контроллер

CRT-Display *n* дисплей на ЭЛТ; электронно-лучевой индикатор

CRT-Steuereinheit *f см.* **CRT-Controller**

CRT-Terminal *n* терминал с устройством отображения информации на ЭЛТ, видеотерминал

CS *см.* **Chip Select**

CS-Eingang *m см.* **Chip-Select-Eingang**

CSG-Modell *m* конструктивная объёмная модель *(объекта в машинной графике)*

CSG-Modellierung *f* моделирование по принципам конструктивной блочной геометрии, конструктивное объёмное моделирование

CSIFET *m* накопитель [конденсатор] на полевых транзисторах с p-n-переходом

CSL *f* логические схемы с управляемым насыщением

CS-Signal *n* сигнал выбора кристалла, сигнал CS

CS-Zugriffszeit *f* время выбора (кристалла)

CTC *m см.* **CTC-Baustein**

CTC-Baustein *m* счётчик-таймер, таймер-счётчик, таймер/счётчик событий

CTC-Kanal *m* канал счётчика-таймера

CTC-Schaltkreis *m* ИС [микросхема] счётчика-таймера

CTD *n* прибор с переносом заряда, ППЗ

CTD-Filter *n* фильтр на ППЗ

CTD-Technik *f* технология приборов с переносом заряда

CTL *f* КМОП-транзисторная логика, КМОП-логика, КМОПТЛ

CTL-Schaltungen *f pl* логические КМОП-схемы, логические схемы на КМОП-транзисторах

Curie-Punkt *m* точка Кюри

Current-Mode-Logik *f см.* **CML**

Current-mode-Treiber *m* токовый формирователь

Cursor *m* курсор
  ~, **blinkender** мерцающий курсор

Cursortaste *f* клавиша управления курсором

Custom-Chip *m* заказная ИС, заказная микросхема; заказная БИС

cut-off *англ.* отсечка

cut-off-Frequenz *f* частота отсечки

CVD *f* химическое осаждение из газовой [паровой] фазы; метод химического осаждения из газовой [паровой] фазы

~, **plasmaunterstützte** химическое осаждение из газовой [паровой] фазы с плазменным стимулированием, плазмохимическое осаждение

CVD-Anlage *f*, **CVD-System** *n* установка химического осаждения из газовой [паровой] фазы

CVD-Verfahren *n* метод химического осаждения из газовой [паровой] фазы

~, **modifiziertes** модифицированный метод химического осаждения из газовой [паровой] фазы

CW-Laser *m* непрерывный лазер, лазер, работающий в непрерывном режиме

CW-Nd: YAG-Laser *m* непрерывный лазер на алюмоиттриевом гранате, легированном неодимом

CZ-Kristall *m* (моно)кристалл, выращенный методом Чохральского

Czochralski-Verfahren *n*, **Czochralski-Zuchtverfahren** *n* метод Чохральского, метод выращивания [вытягивания] кристаллов по Чохральскому

CZ-Silizium *n* монокристалл кремния, выращенный методом Чохральского

D

D/A-Bus *m* (совмещённая) шина адреса/данных

DAC *m* цифро-аналоговый преобразователь, ЦАП

Dachschräge *f* скос [спад] вершины импульса

DA-Datei *f см.* **Direktzugriffsdatei**

Daisychain *n* последовательно-приоритетная цепочка

Daisy-Chain-Bus *m* шина с последовательным опросом

Dampfabscheidung *f* осаждение из паровой [газовой] фазы

~, **chemische** химическое осаждение из паровой [газовой] фазы

~, **metallorganische chemische** химическое осаждение из паров металлоорганических соединений

Dampfdrucktest *m* испытания в атмосфере насыщенного водяного пара при повышенных давлении и температуре

Dampfoxydation *f* окисление в водяном паре, оксидирование в парах воды

Dampfphase *f* паровая [газовая] фаза

Dampfphasenbeschichtung *f*:
~, **plasmagestützte** плазмохимическое осаждение, химическое осаждение из паровой [газовой] фазы с плазменным стимулированием

Dampfphasendiffusion *f* диффузия из паровой [газовой] фазы

Dampfphasenepitaxie *f* эпитаксиальное выращивание [эпитаксия] из газовой [паровой] фазы, газофазная [парофазная] эпитаксия

Dampfphasenlöten *n* пайка в паровой фазе, конденсационная пайка

Dampfreaktion *f* реакция в паровой [газовой] фазе

Dämpfung *f* затухание; демпфирование

Dämpfungsfaktor *m* коэффициент затухания

Dämpfungsglied *n* аттенюатор

Dämpfungskonstante *f* постоянная затухания

Dämpfungsmaß *n см.* **Dämpfungskonstante**

Dämpfungsminimum *n* минимум затухания

D-Anschluß *m* вывод стока

DAP-Transistor *m* мощный диффузионно-сплавной транзистор

Darlington *m* пара Дарлингтона

Darlington-Array *n* матрица пар Дарлингтона

Darlington-Array-Schaltkreis *m* матричная БИС на парах Дарлингтона

Darlington-Emitterfolger *m* эмиттерный повторитель на паре Дарлингтона [по схеме Дарлингтона]

Darlington-Kollektorverstärker *m* усилитель на паре Дарлингтона в цепи коллектора

Darlington-Schaltung *f* схема Дарлингтона

Darlingtonstufe *m* каскад на паре Дарлингтона

Darlington-Transistor *m* пара Дарлингтона, составной транзистор

Darlington-Verstärker *m* усилитель на паре Дарлингтона

Darlistor *m см.* **Darlington-Transistor**

Darstellung *f* представление
~, **analoge** аналоговое представление
~, **digitale** цифровое представление

Darstellungselement *n* примитив *(в машинной графике)*

Darstellungsschicht *f* уровень представления (данных)

DART *m* сдвоенный универсальный асинхронный приёмопередатчик, сдвоенный УАПП

Datagramm *n* дейтаграмма, датаграмма

Datagrammübertragung *f* передача данных дейтаграммным способом; дейтаграммный способ *(передачи данных)*

Data-Routing *n* маршрутизация данных

Datei *f* файл

Dateiadressierung *f* адресация файла

Dateipflege *f см.* **Dateiwartung**

Dateischutz *m* защита файла

Dateiserver *m* служебный файловый процессор *(локальной сети)*

Dateiverwaltung *f* управление файлами

Dateiverzeichnis *n* каталог файлов

Dateiwartung *f* ведение файла

Dateizugriff *m* доступ к файлу

Daten- und Adreßbus *m см.* **D/A-Bus**

Datenabruf *m* запрос данных

Datenabtastung *f* считывание данных; сканирование данных

Daten-/Adreßbus *m см.* **D/A-Bus**

Datenanschlußeinheit *f*, **Datenanschlußgerät** *n* адаптер передачи данных, адаптер ЛВС; модуль подключения *(абонента)* к сети

Datenaufbau *m* структура данных; формат данных

Datenaufbereitung *f* подготовка данных; предварительная обработка данных

Datenausgabe *f* 1. вывод данных 2. *см.* **Datenausgabeeinheit**

Datenausgabeeinheit *f* устройство вывода данных

Datenausgang *m* информационный выход

~ **mit drei Ausgangszuständen** выход с тремя (устойчивыми) состояниями, тристабильный выход

~ **mit offenem Kollektor** выход с открытым коллектором

Datenauswertung *f* предварительная обработка данных; предварительное преобразование данных

Datenbank *f* банк данных; база данных

Datenbereich *m* область данных

Datenbit *n* бит данных

Datenblock *m* блок данных

Datenblocklänge *f* длина блока данных

Datenbus *m* шина данных, информационная шина

Datenbusbreite *f* разрядность шины данных

Datenbusfreigabe *f* разрешение (захвата) шины данных

Datenbuspuffer *m* буфер шины данных

Datenbustreiber *m* драйвер [усилитель-формирователь] шины данных

Datenbyte

Datenbyte *n* байт данных

Datendarstellung *f* представление данных

Datendichte *f* плотность данных

Datendrucker *m* алфавитно-цифровое печатающее устройство, алфавитно-цифровое ПУ

Datendurchsatz *m* скорость передачи данных; пропускная способность канала передачи данных

Datendurchsatzmenge *f* функциональная производительность *(цифровой ИС)*

Dateneingabe *f* 1. ввод данных 2. *см.* Dateneingabeeinheit

Dateneingabeeinheit *f* устройство ввода данных

Dateneingang *m* информационный вход

Datenendeinrichtung *f* оконечное оборудование данных, ООД

Datenendplatz *m* терминал (обработки данных)

Datenendstation *f* станция (сети передачи) данных; терминал (сети передачи данных)

Datenerfassung *f* сбор [регистрация] данных

Datenerfassungssystem *n* система сбора (и регистрации) данных

Datenerkennung *f* идентификация данных

Datenfehler *m* ошибка в данных

Datenfeld *n* поле данных

Datenfenster *n* «окно» данных *(при полиэкранном режиме)*

Datenfernsprecher *m* дейтафон *(устройство для передачи данных по телефонным линиям)*

Datenfernübertragung *f* телекоммуникация; передача данных

Datenfernverarbeitung *f* телеобработка данных

Datenfernverarbeitungsnetz *n* сеть телеобработки (данных)

Datenfluß *m* поток данных

Datenflußprozessor *m* потоковый процессор

Datenformat *n* формат данных

Datenframe *n* кадр данных, кадр

Datengewinnung *f* сбор данных

Datenholen *n* выборка данных

Datenholezyklus *m* цикл выборки данных

Datenkanal *m* информационный канал; канал передачи данных; канал обмена данными

Datenkapazität *f* объём данных

Datenkodierung *f* кодирование данных

Datenkommunikation *f* передача данных; обмен данными

Datenkommunikationseinrichtung *f* аппаратура передачи данных, АПД

Datenkompression *m* сжатие [компрессия, уплотнение] данных

Datenkonzentrator *m* концентратор данных

Datenkoppler *m* элемент связи для передачи данных

Daten-Latch *n* регистр-защёлка данных

Datenleitung *f* линия передачи данных; информационная магистраль

Datenlogger *m* регистратор данных

Datenmarke *f* маркер данных

Datenmenge *f* объём данных

Datenmodell *n* модель данных

Datennetz *n* передача данных

Datenpaket *n* пакет данных

Datenpaketübertragung *f* передача пакетов (*в вычислительных сетях*)

Datenpins *n pl* информационные выводы

Datenprozessor *m* процессор (для) обработки данных

Datenprüfung *f* контроль данных

Datenpuffer *m* буфер данных

Datenquelle *f* источник данных

Datenrahmen *m* кадр данных, кадр

Datenrate *f* скорость передачи данных

Datenrecorder *f* регистратор данных (*устройство для регистрации данных на магнитной ленте*)

Datenreduktion *f* предварительное преобразование данных; предварительная обработка данных

Datenregeneration *f* восстановление данных

Datenregister *n* регистр данных

Datensammeln *n* сбор данных

Datensammelsystem *n* система сбора данных

Datensatz *m* запись

Datenschutz *m* защита данных

Datensenke *f* приёмник данных

Datensicherung *f* защита данных от несанкционированного доступа

Datensicherungsschicht *f* уровень звена данных, уровень управления каналом передачи данных

Datensichtgerät *n* дисплей

Datensichtstation *f* видеотерминал

Datenspeicher *m* память данных

Datenstation *f* станция данных; терминал (сети передачи данных)

~, **intelligente** интеллектуальный терминал

Datenstrobe *m* строб [сигнал строба] данных

Datenstrobesignal *n* сигнал строба данных

Datenstrom *m* поток данных

Datentastatur *f* клавиатура ввода данных

Datenträger *m* носитель данных

Datentransfer *m* передача данных; пересылка данных

~, **byteorientierter** побайтовая передача данных

Datentreiber *m см.* **Datenbustreiber**

Datenübermittlung *f* передача данных

Datenübermittlungseinrichtung *f см.* **Datenkommunikationseinrichtung**

Datenübertragung *f* передача данных

Datenübertragungsformat *n* формат передачи данных

Datenübertragungsprotokoll *n* протокол передачи данных, протокол обмена данными

Datenübertragungssteuerung *f* связной контроллер

Datenübertragungstechnik *f* техника передачи данных

Datenumfang *m* объём данных

Datenunterteilung *f* сегментация данных

Datenverarbeitung *f* обработка данных

Datenverarbeitungsanlage *f* система обработки данных; (большая) ЭВМ

Datenverarbeitungseinheit *f* устройство обработки данных, процессор

Datenverdichtung *f см.* **Datenkompression**

Datenverkehr *f* поток обрабатываемых данных; нагрузка *(сети передачи данных)*

Datenverkehrseinrichtung *f см.* **Datenkommunikationseinrichtung**

Datenverschlüßler *m* шифратор; устройство кодирования данных

Datenverwaltung *f* управление данными

Datenvolumen *n* объём данных

Datenwählnetz *n* коммутирующая сеть передачи данных

Datenweg *m* канал передачи данных

~, «**horizontaler**» магистраль CAMAC

~, «**vertikaler**» магистраль ветви, вертикальная магистраль; ветвь *(системы CAMAC)*

Datenweiche *f* селектор данных

Datenwort *n* слово данных

Datenzugriff *m* доступ к данным

Datenzugriffsregister *n* регистр выборки данных

DAT-Kassette *f* кассета для цифрового кассетного магнитофона, цифровая кассета, кассета для цифровой записи, DAT-кассета

DAT-Recorder *m* цифровой кассетный магнитофон типа DAT

DAU *m* цифро-аналоговый преобразователь, ЦАП

Dauergrenzstrom *m* средний прямой ток; средний ток в открытом состоянии (*тиристора*)

Dauerstrichbetrieb *m* режим непрерывной генерации (*лазерного излучения*), непрерывный режим (*работы лазера*)

Dauerstrichleistung *f* мощность в непрерывном режиме

Dauerverfügbarkeit *f* коэффициент оперативной готовности

DA-Umsetzer *m* цифро-аналоговый преобразователь, ЦАП

~, **impulsbreitenmodulierter** ЦАП с широтно-импульсной модуляцией

~ **mit binär gestuften 4fach-Stromquellen** ЦАП с весовыми 4-разрядными генераторами тока

~ **mit gestuften Spannungen** ЦАП с весовыми генераторами опорного напряжения

~ **mit gewichteten Strömen** ЦАП с весовыми генераторами тока [с генераторами весовых токов]

~ **mit gewichteten Widerständen** ЦАП с весовыми [двоично-взвешенными] резисторами; ЦАП с матрицей весовых [двоично-взвешенных] резисторов

~ **mit identischen Widerständsnetzwerken** ЦАП с кодоуправляемым делителем на двух наборах равнономинальных резисторов

~ **mit Multiplikator** умножающий ЦАП

~ **mit Pulslängenmodulator** ЦАП с широтно-импульсным модулятором

~ **mit R-2R-Widerstandsnetzwerk** ЦАП с кодоуправляемым делителем типа R-2R, ЦАП с матрицей лестничного типа [с резисторной матрицей типа R-2R]

~ **mit R-2R-Widerstandsnetzwerk und identischen Stromquellen** ЦАП с кодоуправляемым делителем типа R-2R и генераторами равнономинальных токов

~ **mit Spannungsausgang** ЦАП с потенциальным выходом

~ **mit Stromausgang** ЦАП с токовым выходом

~, **monolithischer** монолитный ЦАП

~, **multiplizierender** умножающий ЦАП

D/A-Umsetzung *f см.* Digital-Analog-Umsetzung

D-A-Wandler *m см.* DA-Umsetzer

3-DB-Dämpfung *f* затухание по уровню 3 дБ, спад коэффициента усиления до уровня 3 дВ

20-dB/Dekade-Abfall *m* наклон *(характеристики ОУ)* 20 дБ/дек

3dB-Grenzfrequenz *f* граничная частота по уровню 3 дБ

6dB/Oktave-Abfall *m* спад коэффициента усиления 6 дБ на октаву

DBR-Display *n* векторный дисплей

DBR-Laser *m* лазер с распределённым отражением

DBR-Sichtanzeige *f см.* **DBR-Display**

DBS-Receiver *m* входное устройство приёмной установки спутникового телевидения, наружный блок

DBS-Terminal *n* приёмная установка спутникового телевидения

DB-Technik *f* технология биполярных транзисторов с диффузионной базой

DC Power Supply *n англ.* источник постоянного напряжения

~, **regulierbares** регулируемый источник постоянного напряжения

DC/AC-Converter *m*, **DC/AC-Wandler** *m* преобразователь постоянного напряжения в переменное, инвертор

DC/AC-Wandlung *f* преобразование постоянного напряжения в переменное, инвертирование

dc-Biasing *n* подача постоянного смещения

DC/DC-Konverter *m см.* **DC/DC-Wandler**

DC/DC-Modul *m* модуль преобразователя постоянного напряжения

DC/DC-Wandler *m* преобразователь постоянного напряжения

DCFL *f* логика [логические схемы] на полевых транзисторах с непосредственными связями

DCFL-Gatter *n* логический элемент на полевых транзисторах с непосредственными связями

DCFL-Schaltung *f* схема в базисе логики на полевых транзисторах с непосредственными связями

DCFL-Technik *f* технология ИС на полевых транзисторах с непосредственными связями

DCL *f* логические схемы с непосредственными связями

dc-Parameter *m pl*, **DC-Parameter** *m pl* статические параметры *(ИС)*

DC-Parametertest *m* контроль статических параметров

DC-PBH-Laser *m* двухрезонаторный планарный лазер со скрытой гетероструктурой

DC-Test *m см.* **DC-Parametertest**

DCTL *f* транзисторная логика с непосредственными связями, ТЛНС

DCT²L *f см.* **DCTTL**

DCTL-Schaltungen *f pl* транзисторные логические схемы с непосредственными связями, транзисторная логика с непосредственными связями, ТЛНС

DCTL-Technik *f* технология ИС на (основе) ТЛНС

DCTTL *f* транзисторно-транзисторная логика [ТТЛ] с непосредственными связями

dc-Verstärker *m* усилитель постоянного тока

DC-Wandler *m* преобразователь постоянного напряжения

~ **mit Potentialtrennung** преобразователь постоянного напряжения с развязкой по напряжению от промежуточной шины питания

DDC *m* I элемент памяти на полевом транзисторе с двумя слоями диэлектрика

DDC *n* II прямое ЧПУ; система прямого ЧПУ

de Broglie-Wellenlänge *f* дебройлевская длина волны *(электронов)*, длина волны де Бройля

Debugger *m* отладчик, отладочная программа

Debugging *n* отладка

Debye-Abschirmungslänge *f* дебаевская длина, глубина экранирования полупроводника от внешнего электрического поля, глубина проникновения электрического поля в полупроводник

Debye-Länge *f* дебаевская длина

«**Decimation-in-time**»-**Methode** *f* метод прореживания по времени *(форма алгоритма быстрого преобразования Фурье)*

Deck *n* магнитофонная панель *(напр. кассетная)*

Deckkappe *f* крышка *(корпуса ИС)*

Deckschicht *f* защитный слой; покрытие, слой покрытия

Deckschichtdiffusion *f* диффузия из поверхностного слоя

Decoder *m см.* **Dekoder**

Decodierer *m см.* **Dekodierer**

Decodierschaltung *f см.* **Dekodierschaltung**

Deduktionssystem *n* дедуктивная система

Deep-Depletion-CCD *n* ПЗС с глубокообеднённым слоем

Deep-Depletion-Modus *m* режим глубокого обеднения

Deep-Depletion-MOS-Transistor *m* МОП-транзистор с глубокообеднённым слоем, МОП-транзистор, работающий в режиме глубокого обеднения

Deep-Depletion-Transistor *m* транзистор с глубокообеднённым слоем

deep-groove isolation *англ.* изоляция (*элементов ИС*) глубокими канавками

deep-level-Akzeptor *m* примесь, создающая глубокий акцепторный уровень; глубокий акцепторный уровень

deep-level-Donator *m* примесь, создающая глубокий донорный уровень; глубокий донорный уровень

deep-level-Verunreinigung *f* примесь, создающая глубокий (*акцепторный или донорный*) уровень; глубокий примесный уровень

Defektdichte *f* плотность дефектов; концентрация дефектов

Defektelektron *n* дырка (*носитель положительного заряда в полупроводниках*)

Defektelektronendichte *f* концентрация дырок

Defektelektronenhalbleiter *m* дырочный полупроводник, полупроводник *p*-типа

Defektelektroneninjektion *f* инжекция дырок

Defektelektronenleiter *m см.* **Defektelektronenhalbleiter**

Defektelektronenleitung *f* дырочная проводимость, дырочная электропроводность

Defektelektronenstrom *m* дырочный ток

defektfrei бездефектный

Defektleitung *f см.* **Defektelektronenleitung**

Deglitcher *m* схема подавления импульсных помех

Degradation *f* деградация; ухудшение рабочих характеристик

Dehnmeßstreifen *f* тензорезистор

Dehnmeßstreifenbrücke *f* тензорезисторный мост

Dehnungsmeßstreifen *m* тензорезистор

D-Eingang *m* D-вход

Deintegration *f* «разинтегрирование» (*в АЦП*)

Dekade *f* декада

Dekadendechiffrator *m* декадный дешифратор

Dekmaschine *f* мыслящая машина

Dekoder *m* декодер

Dekoderschaltkreis *m* ИС декодера, интегральный декодер

Dekodierer *m* декодер

Dekodierschaltung *f* декодирующее устройство, декодер

Dekodierung *f* декодирование

Dekoration *f* декорирование (*дефектов кристаллов*)

Dekorationsverfahren *n* метод декорирования

Dekrementierung *f* декрементирование, уменьшение на 1

Delay-Flipflop *n* D-триггер, триггер D-типа

2-D-Elektronengas *n* двумерный электронный газ

Delta-Sigma-Umsetzverfahren *n* дельта-сигма-преобразование

DEL-Taste *f* клавиша стирания

Demarkationsniveau *n* демаркационный уровень

Dember-Effekt *m* эффект Дембера, кристалл-фотоэффект

Dember-Komponente *f* демберовская составляющая *(падения напряжения на базе)*

Dember-Spannung *f* фотоэдс Дембера, напряжение фотодиффузии

Demodulator *m* демодулятор

~, phasenverketteter синхронный демодулятор, демодулятор с фазовой синхронизацией

Demultiplexen *n* демультиплексирование

Demultiplexer *m* демультиплексор, селектор

Depletion-Betrieb *m* режим обеднения

Depletion-FET *m см.* **Depletion-MISFET**

Depletionimplantation *f* 1. имплантация областей с МДП-структурой с обеднением канала 2. имплантированная область с МДП-структурой с обеднением канала

Depletionkanal *m* (встроенный) канал с обеднением, обеднённый канал

Depletionlasttransistor *m* (МОП-)транзистор со встроенным каналом, используемым в качестве нагрузки

Depletion-Load-Inverter *m*, **komplementärer** КМОП-инвертор с МОП-транзистором с индуцированным каналом *p*-типа в качестве активного элемента и с работающим в режиме обеднения *n*-канальным транзистором с глубокообеднённым слоем в качестве нагрузки

Depletion-Load-Technik *f* технология МОП ИС с обогащением активных транзисторов и обеднением нагрузок, технология МОП-схем с использованием транзисторов с индуцированным каналом в качестве активных элементов и транзисторов со встроенным каналом в качестве нагрузок

Depletion-MISFET *m* МДП-транзистор с обеднением канала, МДП-транзистор (со встроенным каналом), работающий в режиме обеднения

Depletion-MIS-Transistor *m см.* **Depletion-MISFET**

Depletion-Mode *m англ.* режим обеднения

Depletion-MOSFET

Depletion-MOSFET *m* МОП-транзистор с обеднением канала, МОП-транзистор (со встроенным каналом), работающий в режиме обеднения

Depletion-Transistor *m* транзистор с обеднением канала, транзистор (со встроенным каналом), работающий в режиме обеднения

Deposit *n* осаждённый слой

Derating *n англ.* снижение номинальных значений параметров *(при эксплуатации в условиях с повышенной температурой)*; ухудшение характеристик *(под воздействием температуры окружающей среды)*

Derating-Werte *m pl* параметры со сниженными номинальными значениями *(снижение номинальных значений параметров обеспечивает работоспособность и повышение надёжности при эксплуатации в условиях с повышенной температурой)*

Descrambler *m* дескремблер

Deselektierung *f* деселектирование

Design *n* 1. проектирование; разработкка 2. проект; разработка 3. конструкция *(напр. ИС)* 4. структура

Designregeln *f pl* проектные нормы *(топологические проектные нормы, определяющие минимальные размеры элементов ИС)*

Desktop-PC *m* настольная персональная ЭВМ, настольная ПЭВМ

Desktop-Publishing *n англ.* электронная издательская система; подготовка издательских оригиналов с помощью электронной издательской системы

Detektor *m* приёмник; детектор

~, **pyroelektrischer** пироэлектрический приёмник, пироприёмник *(ИК-излучения)*

Detektormatrix *f* матричный преобразователь свет - сигнал, матричный формирователь видеосигналов, фотоприёмная матрица

Dezimal-Binär-Umsetzer *f* преобразователь из десятичной формы в двоичную

Dezimal-Binär-Umwandlung *f* преобразование из десятичной формы в двоичную

Dezimaldarstellung *f* десятичное представление, представление в десятичном коде

Dezimal-Dual-Umsetzer *m см.* **Dezimal-Binär-Umsetzer**

Dezimalkode *m* десятичный код

Dezimalzähler *m* декадный счётчик

DFB-Laser *m* лазер с распределённой обратной связью

DFB-Laserdiode *f* лазерный диод с распределённой обратной связью

DFET *m* полевой транзистор с обеднением канала, полевой транзистор (со встроенным каналом), работающий в режиме обеднения

D-FF *n см.* **D-Flipflop**

DF-Flag *n* признак [флаг] направления

D-Flipflop *n* D-триггер, триггер D-типа

D-G-Durchbruch *m* пробой перехода затвор - сток

3D-Grafik *f* трёхмерная графика

D-G-Strecke *f* участок затвор - сток

Diac *m* диак, симметричный диодный тиристор

Diagnoseprogramm *n* диагностическая программа

Dialogbetrieb *m* диалоговый режим

Dialogbox *f* диалоговое окно (*на экране дисплея*)

Dialogkomponente *f* интерфейс с пользователем (*компонент экспертной системы*)

Dialogsystem *n* диалоговая [интерактивная] система

Dialogterminal *n* диалоговый [интерактивный] терминал

Diamantgitter *n* кристаллическая решётка (типа) алмаза

Diamantgitterstruktur *f* алмазоподобная решётка, кристаллическая решётка типа алмаза

Diamantritzeinrichtung *f* алмазный скрайберный станок

Diamantritzen *n* алмазное скрайбирование

Diamantritzer *m см.* **Diamantritzwerkzeug**

Diamantritzwerkzeug *n* алмазный скрайбер

Diamantsäge *f* алмазная пила, дисковая пила с алмазной режущей кромкой, алмазный [алмазно-абразивный] круг

Diamanttrennscheibe *f см.* **Diamantsäge**

3D-IC *n* трёхмерная ИС

Dichte *f* плотность; концентрация

~ **der Oberflächenzustände** плотность поверхностных состояний

~ **der Zwischenschichtzustände** плотность состояний на поверхностях раздела

Dichtefunktion *f* плотность вероятности

Dichtegefälle *n* градиент концентрации (*носителей заряда*)

Dichtegradient *m см.* **Dichtegefälle**

Dichtestörung *f* нежелательное изменение концентрации носителей (заряда)

Dichteübergang *m* переход полупроводник с примесной проводимостью - полупроводник с собственной

Dichteübergang

проводимостью; переход, образованный изменением концентрации примеси (n^+- n, p^+ - p)

Dichteüberschuß *m* избыточная концентрация

Dickfilm... *см.* **Dickschicht...**

Dickschichtelektronik *f* толстоплёночная электроника

Dickschichthybridschaltkreis *m* толстоплёночная гибридная ИС, толстоплёночная ГИС

Dickschicht-Hybridtechnik *f* технология толстоплёночных ГИС

Dickschichtinduktivität *f* *см.* **Dickschichtspule**

Dickschicht-IS *f* толстоплёночная ИС

Dickschichtkondensator *m* толстоплёночный конденсатор

Dickschichtleiter *m* толстоплёночный проводник

Dickschichtmuster *m* толстоплёночный рисунок *(ИС)*

Dickschichtpaste *f* паста для (изготовления) толстоплёночных микросхем, толстоплёночная паста

Dickschichtschaltkreis *m*, **Dickschichtschaltung** *f* толстоплёночная ИС, толстоплёночная микросхема, толстоплёночная ГИС

Dickschichtschaltungstechnologie *f* толстоплёночная технология

Dickschichtspule *f* толстоплёночная катушка индуктивности

Dickschichttechnik *f* толстоплёночная технология

Dickschichtverbindungen *f pl* толстоплёночные межсоединения

Dickschichtwiderstand *m* толстоплёночный резистор

DICMOS *f* КМОП-структура с диэлектрической изоляцией

di/dt-Stress *m* эффект *di/dt*, эффект локализации энергии при включении *(тиристора)*

di/dt-Wert *m* критическая скорость нарастания тока в открытом состоянии *(тиристора)*

die *англ.* кристалл (ИС)

die-Bondermaschine *f* установка (для) монтажа кристаллов (ИС), монтажный автомат

Dielektrikum *n* диэлектрик

Dielektrizitätskonstante *f* диэлектрическая проницаемость

~ **des Vakuums** диэлектрическая проницаемость вакуума, электрическая постоянная

Diensteintegration *f* интеграция служб, интеграция услуг *(в сетях связи, передачи данных)*

Dienstprogramm *n*, **Dienstroutine** *f* сервисная программа; утилита

Differentialverstärker *m* дифференциальный усилитель, ДУ

Differenz *f* разность

~ **der Eingangsströme** разность входных токов, ток смещения *(операционного усилителя)*

Differenzbildung *f* образование разности

Differenzeingang *f* дифференциальный вход

Differenzeingangsspannungsbereich *m* (динамический) диапазон дифференциального [разностного] сигнала, диапазон изменения дифференциального [разностного] сигнала

Differenzeingangsstrom *m* разность входных токов *(дифференциального усилителя)*

Differenzeingangswiderstand *m* дифференциальное входное сопротивление, входное сопротивление для дифференциальной составляющей (сигнала) [для дифференциального сигнала]

Differenzierer *m* дифференциатор

Differenzierglied *n* дифференцирующее звено

Differenzierverstärker *m* дифференцирующий усилитель

Differenzsignal *n* дифференциальный [разностный] сигнал

Differenzspannung *f* разность напряжений; разность входных *или* выходных напряжений *(дифференциального усилителя)*

~ **am Eingang** разность входных напряжений

Differenzspannungsverstärkung *f* см. **Differenzverstärkung**

Differenzstrom *m* разность токов

Differenz-Stromschaltlogik *f* дифференциальная логика на переключателях тока, дифференциальная ПТЛ

Differenzverstärker *m* дифференциальный усилитель, ДУ

~, **intern rückgekoppelter** дифференциальный усилитель [ДУ] с внутренней обратной связью

Differenzverstärkung *f* усиление дифференциальной составляющей; коэффициент усиления дифференциальной составляющей; (собственный) коэффициент усиления ДУ; (собственный) коэффициент усиления ОУ при отсутствии обратной связи

Differenzwandler *m* дифференциальный преобразователь

Diffusant *m* диффузант

Diffusion *f* диффузия

~, **ambipolare** совместная [амбиполярная] диффузия

Diffusion

(*при равной концентрации электронов и дырок*)

~ **aus der festen Phase** диффузия из твёрдой фазы

~ **aus der Gasphase** диффузия из газовой фазы

~, **offene** диффузия методом открытой трубы

~, **protonengeförderte** протонно-стимулированная диффузия

~, **seitliche** горизонтальная [боковая] диффузия

~, **selektive** избирательная [селективная] диффузия

~, **wechselseitige** взаимная диффузия

Diffusionsadmittanz *f* комплексная диффузионная проводимость

Diffusionsanlage *f* диффузионная установка

Diffusionsanteil *m* диффузионная составляющая

Diffusionsbarriere *f* диффузионный барьер

Diffusionsbereich *m* диффузионная область

Diffusionsbonden *n* диффузионная (термокомпрессионная) сварка

Diffusionsdefekt *n* диффузионный дефект

Diffusionsdotierung *f* диффузионное легирование

Diffusionsfenster *n* окно для (проведения) диффузии

Diffusionsflächentransistor *m* диффузионный планарный транзистор

Diffusionsfront *f* диффузионный фронт

Diffusionsgas *n* газ-носитель диффузии

Diffusionsgebiet *n* диффузионная область

Diffusionsgeschwindigkeit *f* скорость диффузии

Diffusionsgleichgewicht *n* диффузионное равновесие

Diffusionsgleichung *f* уравнение диффузии

Diffusionshemmschicht *f* слой, препятствующий диффузии, противодиффузионный барьер

Diffusionsisolation *f* изоляция диффузией

Diffusionskanal *m* диффузионный канал

Diffusionskapazität *f* диффузионная ёмкость

Diffusionskassette *f* кассета (для обработки полупроводниковых пластин в) диффузионной печи

Diffusionskoeffizient *m* коэффициент диффузии

Diffusionskonstante *f см.* **Diffusionskoeffizient**

Diffusionslänge *f* диффузионная длина

Diffusionslegierungstechnik *f* диффузионно-сплавная технология

Diffusionsleitwert *m* диффузионная проводимость

Diffusionsmaske *f* маска для диффузии; слой, служащий маской против нежелательной диффузии; маскирующий (оксидный) слой при проведении диффузии; шаблон для формирования диффузионных областей

Diffusionsofen *m* диффузионная печь

Diffusionspotential *n* см. **Diffusionsspannung**

Diffusionsprofil *n* диффузионный профиль, профиль распределения (концентрации) примеси при диффузии

Diffusionsprozeß *m* диффузионный процесс, процесс диффузии

Diffusionspumpe *f* диффузионный насос

Diffusionsquarzrohr *n* кварцевая диффузионная труба, (открытая) кварцевая труба для проведения процесса диффузии

Diffusionsquelle *f* источник диффузанта

Diffusionsrate *f* скорость диффузии

Diffusionsrohr *n* диффузионная труба, открытая (*напр. кварцевая*) труба для проведения процесса диффузии (примесей в протоке газа-носителя)

Diffusionsschicht *f* диффузионная слой

Diffusionsschritt *m* стадия (процесса) диффузии

Diffusionsschweißen *n* диффузионная сварка

Diffusionsspannung *f* диффузионный [контактный] потенциал

Diffusionssperrschicht *f* диффузионный обеднённый слой

Diffusionsstoff *m* диффузант

Diffusionsstrom *m* диффузионный ток, ток диффузии

Diffusionsstromdichte *f* плотность диффузионного тока

Diffusionstechnik *f* диффузионная технология

Diffusionstemperatur *f* температура диффузии

Diffusionstempern *n* диффузионный отжиг

Diffusionstiefe *f* глубина диффузии

Diffusionsträgheit *f* **von Ladungsträgern** инерционность диффузии носителей

Diffusionstransistor *m* 1. диффузионный транзистор (*биполярный транзистор, функциональные области которого сформированы диффузией*) 2. бездрейфовый транзистор (*биполярный транзистор, в котором перенос носителей через базовую область происходит за счёт диффузии*)

Diffusionsübergang *m* диффузионный переход

Diffusionsverfahren *n* метод диффузии, диффузионная технология; диффузионный метод (*легирования*)

Diffusionsweglänge *f*, **mittlere freie** средняя диффузионная длина

Diffusionszeit *f* время диффузии

Diffusionszone *f* диффузионная область

DIFMOS *f* технология МОП БИС с плавающим затвором и двумя инжекторами

Digilin-Array *n* аналого-цифровая матрица; аналого-цифровая матричная ИС

Digiscope *n* цифровой осциллограф

Digit *n* двоичный разряд; разрядная цифра

3-Digit-A-D-Wandler *m*, **3-Digit-Analog-Digital-Wandler** *m* 3-разрядный аналого-цифровой преобразователь, 3-разрядный АЦП

3½-Digit-A-D-Wandler *m* 3½-разрядный аналого-цифровой преобразователь, 3½-разрядный АЦП

Digital-Analog-Umsetzer *m см.* **Digital-Analog-Wandler**

Digital-Analog-Umsetzung *f* цифро-аналоговое преобразование

Digital-Analog-Wandler *m* цифро-аналоговый преобразователь, ЦАП

~, **direkter** ЦАП с непосредственным преобразованием

~, **impulsbreitenmodulierter [indirekter]** ЦАП с широтно-импульсной модуляцией

Digitalanzeige *f* 1. цифровая индикация; цифровой отсчёт 2. цифровой индикатор

Digitalausgabe *f* 1. цифровой вывод, вывод в цифровой форме 2. устройство цифрового вывода

Digitalausgang *m* разрядный выход

Digitalbaustein *m* цифровой модуль

Digitaldaten *pl* цифровые данные

Digitaleingabe *f* 1. цифровой ввод, ввод в цифровой форме 2. устройство цифрового ввода

Digitaleingang *m* цифровой вход

Digitalerde *f* цифровая земля

Digitalgrafik *f* 1. цифровая графика 2. средства цифровой графики, цифровые графические средства 3. цифровая система автоматизированного построения графических изображений

Digital-IC *n* цифровая ИС

Digitalisiergerät *n* кодировщик, кодировщик графической информации (*в САПР*); кодирующий преобразователь; цифратор; дискретизатор

~, **automatisches** автокодировщик

Digitalisierstift *m* планшетный карандаш, планшетный указатель координат карандашного типа

Digitalisiertablett *n* кодирующий планшет

Digitalisierung *f* преобразование в цифровую форму, оцифровка; кодирование графической информации (*напр. в системах автоматизированного проектирования*); дискретизация

Digitalisierungsgerät *n см.* **Digitalisiergerät**

Digitalisierungsrate *f* частота дискретизации

Digitalisierungsschritt *m* шаг дискретизации

Digitalisierungszeit *f* период дискретизации; период квантования

Digitalkassette *f* (магнитофонная) кассета для цифровой записи

Digitalkassettengerät *n* цифровой кассетный магнитофон

Digitalkomparator *m* цифровой компаратор

Digitalkoppler *m* цифровой элемент связи

Digitalmasse *m см.* **Digitalerde**

Digitalmultimeter *n* цифровой мультиметр

Digitalnetz *n* цифровая сеть (передачи данных)

~, **dienstintegriertes** цифровая сеть с комплексными услугами, цифровая сеть интегрального обслуживания

Digitaloszilloskop *n* цифровой осциллограф

Digitalprozessor *m* цифровой процессор

Digitalschallplatte *f* компакт-диск

Digitalschaltkreis *m*, **Digitalschaltung** *f* цифровая ИС, цифровая микросхема

Digitaltechnik *f* цифровая техника

Digitaluhr *f* 1. электронные часы с цифровым отсчётом 2. цифровой датчик времени

Digitizer *m см.* **Digitalisiergerät**

Digitleitung *f* разрядная шина

Digitsignal *n* разрядный сигнал

Digittreiber *m* разрядный формирователь

Digitwiderstand *m* разрядный резистор

DIL-Relais *n* реле в DIP-корпусе

DIL-Schalter *m* переключатель в DIP-корпусе, DIP-переключатель

DIMOS *m* МОП-структура, полученная методом двойного ионного легирования; МОП-транзистор, изготовленный с применением метода двойного ионного легирования

Diode *f* диод

~, **dielektrische** диэлектрический диод

Diode

~, in Durchlaßrichtung betriebene [gepolte, vorgespannte] диод с прямым смещением, прямосмещённый диод

~, in Sperrichtung betriebene [gepolte, vorgespannte] диод с обратным смещением, обратносмещённый диод

~, integrierte интегральный диод

~, lichtemittierende светоизлучающий диод, светодиод

~, parasitäre паразитный диод

~, unipolare полевой диод

Diodenarray *n см.* **Diodenmatrix**

Diodenbegrenzer *m* диодный ограничитель

~, zweiseitiger двусторонний диодный ограничитель

Diodendehnungsgeber *m* тензодиод, диодный тензодатчик

Diodendurchlaßstrom *m* прямой ток диода, ток диода в прямом направлении

Diodeneingänge *m pl* входы с защитными диодами, входные диоды

Diodenfeld *n см.* **Diodenmatrix**

Diodengatter *n* диодный вентиль, диодная (вентильная) схема

Diodenkennlinie *f* диодная характеристика

Diodenkette *f* диодная цепочка

Diodenkopplung *f* диодная связь

Diodenlogik *f* диодная логика, диодные логические схемы

Diodenmatrix *f* диодная матрица

Diodenmodul *m* диодный модуль; диодная сборка

Diodennebenschluß *m* диодный шунт, диод, шунтирующий переход *(транзистора)*

Dioden-ODER-Gatter *n* диодный вентиль ИЛИ

Diodenoptokoppler *m*, **Diodenoptron** *n* диодная оптопара

Diodenrauschen *n* шум(ы) диода

Diodensättigungsstrom *m* ток насыщения диода

Diodenschleusenspannung *f* прямое напряжение диода

Diodenspeicherzeitkonstante *f* постоянная времени хранения диода

Diodensperrstrom *f* обратный ток диода, ток диода в обратном направлении

Diodenstrecke *f* диод, образованный эмиттером и базой *или* базой и коллектором, эмиттерный *или* коллекторный диод

Diodenstrom *m* ток диода

Diodentechnik f диодная техника; технология изготовления диодов [диодных приборов]

Diodenthyristor m диодный тиристор, динистор

Dioden-Transistor-Logik f диодно-транзисторная логика, ДТЛ

Dioden-UND-Gatter n диодный вентиль И

Dioden-UND-Schaltung f диодный вентиль И

Diodenvorspannung f напряжение смещения диода

Diodenvorwärtsstrom m прямой ток диода

Dioden-Widerstands-Logik f диодно-резисторная логика, ДРЛ

Dioden-Widerstandsnetzwerk n диодно-резисторная матрица

Dioden-Z-Dioden-Transistor-Logik f диодно-транзисторные логические схемы со стабилитронами

DIP-Gehäuse n (плоский) корпус с двухрядным расположением выводов, DIP-корпус

Diphase-Kode m бифазный код

Dipoldomäne f дипольный домен

Dipolladung f дипольный заряд

DIP-Schalter m переключатель в DIP-корпусе, DIP-переключатель

Direktadressierung f непосредственная адресация

Direktbelichtung f непосредственное экспонирование, экспонирование непосредственно на пластине; прямое (электронно-лучевое) экспонирование

Direktbelichtungsanlage f установка прямого (электронно-лучевого) экспонирования

Direktory n каталог; справочник

~, **aktuelles** текущий каталог; текущий справочник

Direktschreiben n непосредственное формирование изображения *(на пластине)*; электронно-лучевая литография с непосредственным формированием изображения

Direktschreiber m установка (электронно-лучевой литографии) для непосредственного формирования изображения

Direktsprung m прямой переход

Direktstrukturierung f прямое поэлементное экспонирование *(для формирования структуры кристалла ИС)*

Direktzugriffsdatei f файл с произвольной выборкой

Direktzugriffsmethode f метод прямого доступа *(к памяти)*; произвольная выборка

Direktzugriffsspeicher *m* память [ЗУ] с прямым доступом

Disassembler *m* дизассемблер

Disk *f* диск

Diskette *f* дискета

Diskettenkontroller *m* контроллер накопителя на гибком магнитном диске, НГМД-контроллер

Diskettenlaufwerk *n* дисковод для гибких магнитных дисков; накопитель на гибком магнитном диске, НГМД

Diskettenspeicher *m* память [ЗУ] на гибких магнитных дисках; накопитель на гибком магнитном диске, НГМД

Diskettenspeichersteuerung *f см.* **Diskettenkontroller**

Diskettenstation *f* накопитель на гибком магнитном диске, НГМД

Diskontinuität *f* неоднородность *(в континуальной среде)*

~, **dynamische** динамическая неоднородность *(носитель информации в континуальной среде)*

Diskriminator *m* дискриминатор; дискриминатор, амплитудный анализатор

Dispenser *m* дозирующее устройство *(для клеев, паяльных паст)*

Dispersion *f* рассеяние *(излучения);* дисперсия

Display *n* дисплей

Displaylogik *f* блок логики дисплея

Displayphone *n* «дисплейфон», видеотерминал с подключением к телефонной сети

Display-Treiber *m* драйвер дисплея

Divakanz *f см.* **Doppelleerstelle**

Dividierer *m* блок деления, аналоговый делитель

DKL *f* печатная плата со сквозными металлизированными отверстиями

D-Latch *n* D-защёлка, защёлка с D-триггером

2-D-Löchergas *n* двумерный дырочный газ

DLT *m* (МОП-)транзистор со встроенным каналом, используемым в качестве нагрузки, (МОП-) транзистор с глубокообеднённым слоем в качестве нагрузки, работающий в режиме обеднения

DMA-Baugruppe *f*, **DMA-Baustein** *m* контроллер прямого доступа к памяти

DMA-Betrieb *m* режим прямого доступа к памяти; работа в режиме прямого доступа к памяти

DMA-Controller *m* контроллер прямого доступа к памяти

DMA-Einheit *f см.* **DMA-Baugruppe**

Domänenauslöschung

DMA-Kanal *m* канал прямого доступа к памяти

DMA-Modul *m*, **DMA-Schaltkreis** *m* см. **DMA-Baustein**

DMA-Schnittstelle *f* интерфейс канала прямого доступа к памяти

DMA-Steuereinheit *f* см. **DMA-Controller**

DMESFET *m*, **D-MESFET** *m* полевой транзистор Шоттки (со встроенным каналом), работающий в режиме обеднения

DMIS *f* 1. двухдиффузионная МДП-структура, ДМДП-структура 2. технология двухдиффузионных МДП-структур, ДМДП-технология

DMIS-Technik *f*, **DMIS-Verfahren** *n* технология двухдиффузионных МДП-структур, технология МДП ИС с применением метода двойной диффузии, ДМДП-технология; двухдиффузионный метод получения МДП-структур

DMM *n* цифровой мультиметр

DMNOS-Struktur *f* двухдиффузионная МНОП-структура

3D-Modell *n* трёхмерная модель, модель трёхмерного объекта (*в машинной графике*)

D-MOS *f* 1. двухдиффузионная МОП-структура, ДМОП-структура 2. см. **DMOS-Technik**

D-MOSFET *m* см. **DMOS-Transistor**

DMOS-Schaltkreis *m* ИС на двухдиффузионных МОП-транзисторах, ДМОП ИС

DMOS-Technik *f* технология (изготовления) двухдиффузионных МОП-транзисторов, технология МОП ИС с применением метода двойной диффузии, ДМОП-технология

DMOS-Transistor *m* двухдиффузионный МОП-транзистор, ДМОП-транзистор

DMOS-Verfahren *n* см. **DMOS-Technik**

DMS *m* тензорезистор

DMS-Effekt *m* эффект динамического рассеяния (*в ЖК-индикаторах*)

DNC *f* прямое ЧПУ; групповое ЧПУ (*от одной ЭВМ*); система прямого ЧПУ; система группового ЧПУ

DOFIC-Schaltung *f* ИС с генерацией ЦМД

Domäne *f* домен; **eine ~ auslösen** запускать домен

Domänenaufbauzeit *f* время формирования домена

Domänenauslöschung *f* подавление доменов (*в диоде Ганна*); режим с подавлением доменов

Domänendynamik

Domänendynamik f динамика доменов *(в диоде Ганна)*
Domänengrenzfläche f доме́нная граница
Domänenlaufzeit f время пробега домена *(в диоде Ганна)*
Domänenmodus m доме́нный режим *(в диоде Ганна)*
Domänenspeicher m память [ЗУ] на (цилиндрических) магнитных доменах, память [ЗУ] на ЦМД, ЦМД ЗУ
Domänenstruktur f доме́нная структура
Domänentriggerung f триггерный запуск доменов, запуск доменов триггерными импульсами *(в диоде Ганна)*
Domänenverzögerung f задержка запуска домена *(в диоде Ганна)*; режим с задержкой доменов
Domänenwand f доме́нная стенка
Domänenwanderung f миграция доменов
Donator m донор
~, **flacher** примесь, создающая мелкий донорный уровень; мелкий донорный уровень
Donator-Akzeptor-Paarspektrum n спектр люминесценции донорно-акцепторной пары
Donator-Akzeptor-Rekombination n донорно-акцепторная рекомбинация
Donator-Akzeptor-Übergang m донорно-акцепторный переход
Donatoratom n донорный атом
Donatordichte f концентрация доноров
Donatordiffusion f диффузия донорных примесей
Donatordotierung f легирование донорной примесью
Donatorendichte f см. **Donatordichte**
Donatoreneinbau m введение донорной примеси, легирование донорной примесью
Donatorenkonzentration f см. **Donatordichte**
Donatorenverteilung f распределение доноров
Donatorerschöpfung f истощение доноров
Donatorhalbleiter m донорный полупроводник
Donatorion n донорный ион
Donatorkonzentration f см. **Donatordichte**
Donatormaterial n донорная прирмесь
Donatorniveau n донорный уровень
Donatorstöratom n атом донорной примеси
Donatorstörstellendichte f концентрация донорной примеси
Donatorterm m см. **Donatorniveau**
Donatortiefe f глубина залегания донорного уровня

Donator-Valenzband-Übergang *m* переход донорный уровень-валентная зона

Donatorzustand *m см.* **Donatorniveau**

Dopen *n* легирование (примесью); введение примеси

Dop-Faktor *m* коэффициент легирования

DOPOS *f* метод диффузии из легированного поликристаллического кремния

DOPOS-Technik *f* метод диффузии из легированного поликристаллического кремния

Doppelbasisdiode *f* двухбазовый диод, однопереходный транзистор

Doppelbelichtung *f* двукратное экспонирование

Doppeldiffusions-MOS-Technologie *f* технология получения МОП-структур методом двойной диффузии; технология изготовления МОП ИС с применением метода двойной диффузии

Doppeldiffusionstechnik *f* метод двойной диффузии

Doppeldiffusionstransistor *m* двухдиффузионный транзистор

Doppeldriftlawinendiode *f* двухпролётный лавинно-инжекционный диод

Doppelepitaxietechnik *f* метод двойной эпитаксии

Doppeleuropakarte *f* плата двойного европейского формата *(233×160 мм²)*

Doppelexpositionstechnik *f* метод двойного экспонирования

Doppelflachbaugruppe *f* двусторонняя печатная плата

Doppelflanken-AD-Umsetzer *m см.* **Doppelflankenwandler**

Doppelflankenwandler *m* АЦП с двухтактным [двухкратным] интегрированием

Doppelgate *n* 1. сдвоенный затвор *(полевого транзистора)* 2. сдвоенный логический элемент, сдвоенный (логический) вентиль

Doppelgate-Feldeffekttransistor *m*, **Doppelgate-FET** *m* двухзатворный полевой транзистор

Doppel-Gate-MOSFET *m см.* **Dual-Gate-MOSFET**

Doppelgatter *n* сдвоенный логический элемент, сдвоенный (логический) вентиль

Doppelheterostruktur *f* двойная гетероструктура

Doppelheterostrukturdiode *f* диод с двойной гетероструктурой

Doppelheterostrukturlaser *m* лазер на двойной гетероструктуре

Doppelimplantation *f* двойная имплантация

Doppelinjektion *f* 1. биполярная инжекция, инжекция носителей обоих типов 2. двойная [двукратная] инжекция

Doppelinjektionsdiode

Doppelinjektionsdiode *f* диод с двойной инжекцией

Doppelkammkontakt *m* встречно-гребенчатый [встречно-штыревой] контакт

Doppelkammleitung *f* встречно-гребенчатая линия задержки

Doppelkammstruktur *f* встречно-гребенчатая структура

Doppelkassettenrecorder *m* двухкассетный магнитофон

Doppelkassetten-Stereoradiorecorder *m* двухкассетная стереофоническая магнитола

Doppelleerstelle *f* парная вакансия, дивакансия

Doppel-NF-Verstärker *m*, **integrierter** ИС сдвоенного УНЧ

Doppel-Operationsverstärker *m* сдвоенный операционный усилитель, сдвоенный ОУ

Doppel-Poly-Si-Gate-MOS-Struktur *f* МОП-структура с двойным поликремниевым затвором

Doppel-Poly-Si-Gate-Schaltkreis *m* МОП ИС с двухуровневым поликремниевым затвором

Doppelreihengehäuse *n* (плоский) корпус с двухрядным расположением выводов, DIP-корпус

Doppelschichtresisttechnik *f* техника двухслойных резистивных покрытий

Doppelschichtstruktur *f* двухслойная структура

Doppelschichtverbindungen *f pl* двухслойные [двухуровневые] межсоединения, двухуровневая разводка

Doppelsperrschicht *f* двойной запирающий слой

Doppelstichprobenprüfung *f* двухступенчатый выборочный контроль, выборочный контроль по результатам проверки двух выборок

Doppelstrichmarke *f* биштриховая метка *(для точного наведения на край элемента изображения)*

Doppeltransistor *m* сдвоенный транзистор; пара

Doppelwannentechnologie *f* технология (усовершенствованных) КМОП ИС с двойными карманами

Doppelweggleichrichter *m* двухполупериодный выпрямитель

Doppelweggleichrichtung *f* двухполупериодное выпрямление

Doppelzeitbasis *f* сдвоенный генератор развёртки

Dosiskorrektur *f* коррекция эффекта близости дозой экспонирования, экспозиционная коррекция

Dosisleistung *f* мощность поглощённой дозы (ионизирующего излучения), мощность дозы излучения (*см. тж.* **Dosisrate**)

Dosisrate *f* мощность поглощённой дозы (ионизирующего излучения), мощность дозы излучения; скорость набора дозы

Dotand *m*, **Dotant** *m* легирующая примесь

Dotantenkonzentration *f* концентрация легирующей примеси

Dotantenquelle *f* источник (легирующей) примеси (*диффузант, лигатура*)

Dotantenverteilung *f* распределение легирующей примеси

Dotieratom *n* примесный атом, атом легирующей примеси

Dotieren *n* легирование (примесью)

Dotierfähigkeit *f* легируемость

Dotiergas *n* газообразный диффузант

Dotiermittel *n см.* **Dotierungsmittel**

Dotierprofil *n см.* **Dotierungsprofil**

Dotierstoff *m* легирующий материал; легирующая примесь

Dotierstoffatom *n* атом легирующей примеси

Dotierstoffkonzentration *f* концентрация легирующей примеси

Dotierstruktur *f* легированная структура

dotiert легированный; **homogen** ~ равномерно легированный

Dotierung *f* 1. легирование (примесью) 2. концентрация примеси, степень [уровень] легирования 3. примесь, легирующая добавка

~ **durch Diffusion** диффузионное легирование

~, **gleichmäßige [homogene]** равномерное легирование

~, **inhomogene** неравномерное легирование

~, **seitliche** горизонтальное введение (легирующей) примеси

Dotierungsatom *n* атом (легирующей) примеси, примесный атом

Dotierungsbereich *m см.* **Dotierungsgebiet**

Dotierungsdichte *f* концентрация легирующей примеси

Dotierungsdiffusion *f* диффузия легирующей примеси

Dotierungsfaktor *m* коэффициент легирования

Dotierungsfront *f* фронт легирования

Dotierungsgas *n см.* **Dotiergas**

Dotierungsgebiet *n* легированная область; зона легирования

Dotierungsgefälle

Dotierungsgefälle *n* градиент концентрации (легирующей) примеси

Dotierungsgrad *m* степень [уровень] легирования

Dotierungsgrube-Substrat-Diode *f* паразитный диод карман - подложка

Dotierungskerbe *f* примесная врезка *(напр. в приборе Ганна)*

Dotierungskonzentration *f см.* **Dotierstoffkonzentration**

Dotierungsmaterial *n* легирующий материал; легирующая примесь

Dotierungsmittel *n* 1. легирующая примесь 2. диффузант *(в технологии ИС)*

Dotierungsniveau *n* уровень [степень] легирования

Dotierungspille *f* таблетка легирующей примеси

Dotierungsprofil *n* профиль распределения (легирующей) примеси

~, **laterales** горизонтальный профиль распределения (легирующей) примеси

Dotierungssprung *m* скачок концентрации примеси

Dotierungsstärke *f* степень [уровень] легирования

Dotierungsstoff *m см.* **Dotierstoff**

Dotierungsstöratom *n* атом легирующей примеси, примесный атом

Dotierungstiefe *f* глубина легирования

Dotierungsübergang *m* переход, образованный легированием

Dotierungsverfahren *n* способ [метод] легирования

Dotierungszusatz *m* легирующая добавка

DOT-Speicher *m* память [ЗУ] на плоских магнитных доменах

Down-Converter *m* преобразователь с понижением частоты, понижающий преобразователь

d-Pol *m см.* **Drainpol**

Drahtanschluß *m* проволочный вывод

Drahtbonden *n* присоединение проволочных выводов; приварка проволочных выводов

Drahtbonder *m* установка для присоединения (проволочных) выводов *(с помощью ультразвуковой или термокомпрессионной сварки)*

~, **(voll)automatischer** автоматическая установка (для) приварки проволочных выводов [проволочных соединений], автоматическая установка микросварки

Drahtbondfestigkeit *f* прочность присоединения [приварки] проволочных выводов

Drahtbondinsel *f*, **Drahtbondkontaktstelle** *f* контактная площадка (кристалла ИС) для присоединения проволочного вывода

Drahtbondung *f* проволочное соединение

Drahtbondverfahren *n* метод присоединения проволочных выводов

Drahtbrücke *f* (навесная) проволочная перемычка *(в ГИС)*

Draht-Chip-Bondstelle *f* контактная площадка кристалла ИС для присоединения проволочного вывода

Draht-DMS *m* проволочный тензорезистор

Drahtlegemaschine *f* трассировочная машина *(для многопроводного монтажа)*

Drahtmodell *n* каркасная модель *(трёхмерного объекта в машинной графике)*

Drahtwickelleiterplatte *f* печатная плата для монтажа проводников накруткой

Drahtwickeln *n* соединение накруткой, монтаж методом накрутки

Drahtwickeltechnik *f* техника накрутки [соединения проводников накруткой], монтаж методом накрутки

Drahtwickelverbindung *f* соединение накруткой, накрутка

Drain *m* сток *(полевого транзистора)*

Drainanfangsstrom *m* начальный ток стока

Drainanschluß *m* вывод стока; подключение стока

Drainbereich *m см.* **Drainzone**

Drainelektrode *f* электрод стока, стоковый электрод

Drain-Gate-Kapazität *f* ёмкость сток - затвор

Drain-Gate-Spannung *f* напряжение сток - затвор

Draingebiet *n см.* **Drainzone**

Drainkapazität *f* ёмкость стока

Drainkontaktgebiet *n* контактная область стока

Drain-Leckstrom *m* ток стока закрытого транзистора [в закрытом транзисторе]

Drain-pn-übergang *m* стоковый *p - n*-переход, *p - n*-переход стока

Drainpol *m* вывод стока

Drain-Reststrom *m* остаточный ток стока

Drainsättigung *f* насыщение тока стока

Drainsättigungsstrom *m* начальный тока стока, ток насыщения стока

Drain-Schaltung *f* схема с общим стоком

Drainseite *f* сторона стока

Drain-Source-Kapazität *f* ёмкость сток - исток (при разомкнутом выводе)

Drain-Source-Spannung *f* напряжение сток - исток

Drain-Source-Strecke *f* участок сток - исток

Drain-Source-Widerstand

Drain-Source-Widerstand *m* сопротивление сток - исток *(в открытом состоянии транзистора)*

Drainspannung *f* напряжение стока [на стоке]

Drainstrom *m* ток стока

Drain-Substrat-pn-übergang *m* p - n-переход сток - подложка

Drain-Substrat-Spannung *f* напряжение сток - подложка

Drainverstärker *m* усилитель в схеме с общим стоком, истоковый повторитель

Drainvorspannung *f* напряжение смещения на стоке

Drainwirkungsgrad *m* эффективность стока

Drainzone *f* область стока, стоковая область

d-RAM *m*, **DRAM** *m* динамическое ЗУПВ; динамическое ОЗУ

Drehkondensator *m* конденсатор переменной ёмкости

Drehung *f* поворот, вращение *(элемента изображения в машинной графике)*

Dreibytebefehl *m* трёхбайтная команда

Dreieckgenerator *m* генератор импульсов треугольной формы

Dreiecksignal *n* треугольный импульс, импульс треугольной формы

Dreifach-A-D-Wandler *m* строенный АЦП

Dreifach-D-A-Wandler *m* строенный ЦАП

Dreifachdiffusionsstruktur *f* трёхдиффузионная структура

Dreifachdiffusionstechnik *f*, **Dreifachdiffusionsverfahren** *n* метод тройной диффузии

Dreimaskenlateraltechnik *f* технология (изготовления) биполярных приборов с горизонтальной структурой с использованием трёх фотошаблонов

Dreimaskenprozeß *m*, **Dreimaskentechnik** *f* технология (изготовления) биполярных приборов с использованием трёх фотошаблонов

Dreiphasen-CCD *n* трёхфазный ПЗС

Dreiphasensystem *n* трёхфазная схема управления *(ПЗС)*; метод трёхфазного управления *(ПЗС)*

Dreipunktschaltung *f* трёхточечная схема

~, **induktive** трёхточечная схема с индуктивной [автотрансформаторной] обратной связью

~, **kapazitive** трёхточечная схема с ёмкостной обратной связью

Dreischichtstruktur *f* трёхслойная структура; сэндвичевая структура, структура типа «сэндвич»

Dreizonendiffusion *f* трёхслойная диффузия

Dreizustandsausgang *m* выход с тремя (устойчивыми) состояниями, тристабильный выход

Dreizustandslogik *f* трёхзначная логика

Drift *f* 1. дрейф 2. уход (*постепенное изменение параметра*)

Driftausfall *m* постепенный отказ

Driftbeweglichkeit *f* дрейфовая подвижность (*носителей заряда*)

Drift-Diffusionsbewegung *f* диффузионно-дрейфовое движение (*носителей заряда*)

Drift-Diffusionslänge *f* длина пути, пройденного носителями за счёт дрейфа и за счёт диффузии

Driften *n* дрейф; уход

~, **thermisches** температурный дрейф

Driftfeld *n* (электрическое) поле, обуславливающее дрейф носителей (заряда)

~, **eingebautes** встроенное поле, обуславливающее дрейф носителей (заряда)

Driftfotodiode *f* дрейфовый фотодиод

Driftgeschwindigkeit *f* 1. дрейфовая скорость (*носителей заряда*) 2. скорость дрейфа

Driftkompensation *f*, **Driftkorrektur** *f* компенсация [коррекция] дрейфа

Driftmesser *m* измеритель дрейфа, дрейфметр

Driftstrom *m* дрейфовый ток

Driftstromdichte *f* плотность дрейфового тока

Drifttransistor *m* дрейфовый транзистор

Driftunterdrückung *f* подавление дрейфа нуля (*в дифференциальном усилителе*)

Drifverhalten *n* поведение (*прибора*) при дрейфе

DRL *f* диодно-резисторная логика, ДРЛ

Drooprate *f* скорость изменения напряжения [изменения заряда] конденсатора хранения (*схемы выборки - хранения*) в режиме хранения

Drop-Down-Menü *n* меню, развёртываемое от заголовка

λ/4-Drossel *f* дроссель на МПЛ длиной λ/4

Drosselwandler *m* однотактный преобразователь (постоянного напряжения)

Druckaufnehmer *m см.* **Drucksensor**

Druckbild *n* печатаемый рисунок, рисунок трафарета

Drucker *m* печатающее устройство, принтер

~, **elektrostatischer** электростатическое [электрографическое] печатающее устройство

Drucker

~ **mit fliegendem Druck** устройство печати «на лету»

Drucker/Plotter *m* печатно-графическое устройство, ПГУ

Druckerspooler *m* блок подкачки (информации для) печати

Druckfarbe *f* краска для трафаретной печати, маскирующая краска

Druckoriginal *n* оригинал (рисунка печатной платы)

Druckpaste *f см.* **Dickschichtpaste**

Drucksensor *m* датчик давления

DSA MOS *f см.* **DSA-MOS-Technik**

DSA-MOSFET *m*, **DSAMOST** *m* МОП-транзистор, изготовленный методом двойной диффузии с самосовмещением

DSA-MOS-Technik *f* 1. технология получения МОП-структур методом диффузии с самосовмещением; технология получения МОП-структур методом двойной диффузии с самосовмещением 2. двухдиффузионная самосовмещённая МОП-технология

DSP *m* цифровой процессор обработки сигналов

DSP-Chip *m* кристалл ИС цифрового процессора обработки сигналов; ИС цифрового процессора обработки сигналов

DSP-IC *n* ИС цифрового процессора обработки сигналов

D-S-Spannung *f см.* **Drain-Source-Spannung**

D-S-Strecke *f см.* **Drain-Source-Strecke**

DSTL *f* пороговые логические ИС

3D-Technik *f см.* **Dreifachdiffusionstechnik**

DTL *f* диодно-транзисторная логика, ДТЛ

DTL-Gatter *n* элемент [вентиль] И - НЕ ДТЛ

DTL-NAND-Gatter *n* элемент [вентиль] И - НЕ ДТЛ

DTL-Schaltkreise *m pl*, **DTL-Schaltungen** *f pl* диодно-транзисторные логические схемы, диодно-транзисторная логика, ДТЛ

DTL-Technik *f* техника выполнения ИС в базисе ДТЛ; технология ИС на ДТЛ, технология ДТЛ ИС

DTLZ *f см.* **DZTL**

DTP [Desktop Publishing] электронная издательская система; подготовка оригиналов для печати с помощью электронной издательской системы

D-Trigger *m* D-триггер, триггер D типа

D-Typ-Flipflop *n см.* **D-Trigger**

DTZL-Logik *f см.* **DZTL**

DTZL-Technik *f* технология ИС на диодно-транзисторных логических схемах со стабилитронами

Dualbasismadistor *m* двухбазовый мадистор

Dual-Dezimal-Umsetzer *m* двоично-десятичный преобразователь

Dual-Flipflop *n* сдвоенный триггер

Dual-Gate-Feldeffekttransistor *m*, **Dual-Gate-FET** *m* двухзатворный полевой транзистор

Dual-Gate-MOSFET *m* двухзатворный МОП-транзистор

Dual-in-line-Gehäuse *n* (плоский) корпус с двухрядным расположением выводов, DIP-корпус

Dual-in-line-Kamm *m* контактная гребёнка с двухрядным расположением выводов

Dualkode *m* двоичный код

Dual-Operationsverstärker *m* сдвоенный операционный усилитель, сдвоенный ОУ

Dual-Port-RAM *m* двухпортовое ЗУПВ

Dual-Port-Speicher *m* двухпортовое ЗУ

Dual-Slope-Integrationsverfahren *n*, **Dual-Slope-Verfahren** *n* метод двухтактного [двухкратного] интегрирования

Dual-Slope-Wandler *m* АЦП с двухтактным [двухкратным] интегрированием

Dualsystem *n* двоичная система счисления

Dualverschlüsselung *f* двоичное кодирование

Dualzähler *m* двоичный счётчик

DUART *m* сдвоенный универсальный асинхронный приёмопередатчик, сдвоенный УАПП

du/dt-Stress *m* эффект *du/dt*, переходный процесс включения *(тиристора)* по аноду

du/dt-Wert *m* критическая скорость нарастания коммутационного напряжения

Dummy-Diode *f* диод-эквивалент, диод - эквивалент нагрузки

Dummy-Transistor *m* транзистор-эквивалент, транзистор - эквивалент нагрузки

Dump *m* дамп, разгрузка *(памяти)*

Dunkelfeldchromschablone *f* негативный [темнопольный] хромированный фотошаблон

Dunkelfeldfenster *n* темнопольное окно

Dunkelleitfähigkeit *f* темновая проводимость

Dunkelstrom *m* темновой ток

Dunkeltastung *f* гашение *(в машинной графике)*

Dünnätzen *n* стравливание [травление] до заданной толщины тонкого слоя (*химическим методом*)

Dünnfilm... см. **Dünnschicht...**

Dünnschichtabscheidung *f* осаждение тонких плёнок

Dünnschichtaufampfverfahren *n* метод (вакуумного) напыления тонких плёнок

Dünnschichtbauelement *n* тонкоплёночный элемент; тонкоплёночный компонент

Dünnschichtbedampfungsanlage *f* установка напыления тонких плёнок

Dünnschichtdiode *f* тонкоплёночный диод

Dünnschichthybridschaltkreis *m*, **Dünnschichthybridschaltung** *f* тонкоплёночная ГИС

Dünnschicht-Hybridtechnik *f* технология тонкоплёночных ГИС

Dünnschicht-IS *f* тонкоплёночная ИС

Dünnschichtkondensator *m* тонкоплёночный конденсатор

Dünnschichtleiter *m* тонкоплёночный проводник

Dünnschichtmikroelektronik *f* тонкоплёночная микроэлектроника

Dünnschicht-MISFET *m* тонкоплёночный МДП-транзистор

Dünnschichtmuster *n* тонкоплёночный рисунок (*печатной схемы, ИС*)

Dünnschichtphysik *f* физика тонких плёнок

Dünnschichtschaltkreis *m* тонкоплёночная ИС

Dünnschichtschaltung *f* см. **Dünnschichtschaltkreis**

Dünnschichtspeicher *m* тонкоплёночное ЗУ

Dünnschichtspule *f* тонкоплёночная катушка индуктивности

Dünnschichtsubstrat *n* тонкоплёночная подложка

Dünnschichttechnik *f* техника тонких плёнок; тонкоплёночная технология

Dünnschichttechnologie *f* тонкоплёночная технология

Dünnschichttransistor *m* тонкоплёночный транзистор

Dünnschichtverstärker *m* усилитель на тонкоплёночных ИС

Dünnschichtwiderstand *m* тонкоплёночный резистор

Dünnschliff *m* микрошлиф

Duplexbetrieb *m* дуплексный режим

Duplexkanal *m* дуплексный канал

Duplexverkehr *m* дуплексная связь; дуплексный обмен

Duplikat *n* копия; дубликат

Duplikation *f* копирование; мультиплицирование, размножение

Duplikatmaske f копия фотошаблона

Dupliziergerät n дубликатор

Durchbrennen n пережигание [расплавление, разрушение] плавких перемычек (*в программируемом ПЗУ*)

Durchbrennlogik f, **integrierte** логические схемы с плавкими перемычками

Durchbruch m пробой (*p-n-перехода*)

~, **elektrischer** пробой (перехода) в связи с увеличением напряжённости электрического поля в переходе

~, **thermischer** тепловой проход

Durchbruchfeldstärke f напряжённость поля пробоя

Durchbruchfestigkeit f прочность на пробой, пробивная прочность

Durchbruchgebiet n область пробоя

Durchbruchkennlinie f характеристика пробоя

Durchbruchmechanismus m механизм пробоя

Durchbruchspannung f напряжение пробоя, пробивное напряжение

Durchbruchsperrspannung f обратное напряжение пробоя, обратное пробивное напряжение

Durchbruchstrecke f участок пробоя

Durchbruchstrom m ток пробоя

Durchflußdichte f, **magnetische** магнитная индукция

Durchflußdiode f диод, работающий в режиме прямого тока [в прямом включении], диод в прямом включении

Durchflußrichtung f см. **Durchlaßrichtung**

Durchflußsensor m датчик (объёмного) расхода, проточный датчик

Durchflußwandler m прямой преобразователь, (однотактный) преобразователь постоянного напряжения с прямым включением выпрямительного диода

Durchflutung f намагничивающая сила

Durchgangsbohrung f сквозное отверстие (*печатной платы*)

Durchgangsdämpfung f ослабление в прямом направлении

Durchgangswiderstand m проходное сопротивление (*транзистора*)

Durchgreifeffekt m эффект смыкания, прокол базы (*смыкание обеднённого слоя коллекторного перехода с обеднённым слоем эмиттерного перехода*)

Durchgreifen n смыкание (*обеднённого слоя коллекторного перехода с обеднённым слоем эмиттерного*

Durchgreifen

перехода), смыкание переходов, прокол базы *(биполярного транзистора)*; прокол *(канала полевого транзистора)*, пробой участка сток - исток

Durchgreifspannung *f* напряжение смыкания, напряжение прокола базы; напряжения прокола *(канала полевого транзистора)*

Durchkontakt *m* переходное соединение *(печатной платы)*; межслойное соединение *(печатной платы)*

Durchkontaktierung *f* 1. сквозное соединение *(слоев или сторон печатной платы)*; межслойное соединение; металлизированное отверстие *(печатной платы)* 2. получение металлизированных отверстий *(в печатной плате)*

Durchkontaktloch *n* металлизированное отверстие *(печатной платы)*; металлизированное монтажное отверстие *(печатной платы)*

Durchlaßbelastung *f* нагрузка при прямом смещении; нагрузка в прямом активном режиме

Durchlaßbereich *m* 1. линейная область *(диода с p-n-переходом, транзистора)* 2. участок, соответствующий прямой ветви вольт-амперной характеристики *(напр. тиристора)* 3. полоса пропускания *(фильтра)*

Durchlaßbetrieb *m* 1. режим пропускания; режим прямого тока; прямой активный режим 2. режим открытого состояния *(тиристора)*

Durchlassen *n* 1. пропускание 2. режим открытого состояния *(тиристора)*

Durchlaßerhol(ungs)zeit *f* время прямого восстановления *(тиристора)*

Durchlaßersatzwiderstand *m* дифференциальное прямое сопротивление; дифференциальное сопротивление в открытом состоянии *(тиристора)*

Durchlaßgleichspannung *f* постоянное прямое напряжение *(диода)*

Durchlaßgleichstrom *m* постоянный прямой ток *(диода)*

Durchlässigkeitsbereich *m* полоса пропускания *(фильтра)*

Durchlaßkennlinie *f* прямая характеристика, характеристика *(напр. диода с p-n-переходом)*; при прямом смещении; прямая вольт-амперная характеристика, прямая ветвь вольт-амперной характеристики *(тиристора)*

Durchlaßpolung *f* прямое смещение

Durchlaßrichtung *f* прямое направление

Durchlaßschicht *f* антизапирающий слой

Durchlaßspannung *f* прямое напряжение; прямое смещение; напряжение в открытом состоянии (*тиристора*)

Durchlaßspannungsabfall *m* падение прямого напряжения; падение напряжения (*напр. на диоде*) при переключении в прямом направлении

Durchlaßspitzenstrom *m* максимальный прямой ток; максимально допустимый прямой ток

Durchlaßstoßstrom *m* ударный прямой ток (*выпрямительного диода*)

Durchlaßstrom *m* прямой ток; (постоянный) ток в открытом состоянии (*тиристора*); действующий ток в открытом состоянии (*тиристора*)

~, **effektiver** действующий прямой ток; действующий ток в открытом состоянии (тиристора)

Durchlaßverhalten *n* поведение (*полупроводникового прибора*) при прямом смещении; пропускание, режим пропускания

Durchlaßverlust *m* мощность прямых потерь; мощность потерь в открытом состоянии (*тиристора*)

Durchlaßverlustleistung *f* мощность потерь в открытом состоянии (*тиристора*); прямая рассеиваемая мощность (*диода*)

Durchlaßverstärkung *f* коэффициент усиления в прямом направлении

Durchlaßvorspannung *f* прямое смещение

Durchlaßwiderstand *m* прямое сопротивление; прямое сопротивление перехода

Durchlaßzustand *m* открытое [проводящее] состояние (*напр. транзистора, тиристора*)

Durchlaßzweig *m* прямая ветвь (*характеристики*)

Durchlaufbedampfungsanlage *f* конвейерная установка напыления

Durchlauf(brenn)ofen *m* конвейерная печь (*для выжигания толстоплёночных элементов ГИС*)

Durchlaufofen *m* конвейерная печь

Durchsatzrate *f*, **funktionelle** функциональная производительность (*цифровой ИС*)

Durchschalten *n*, **Durchschaltung** *f* коммутация

Durchschaltevermittlung *f* коммутация каналов (*сети передачи данных*)

Durchschaltzeit

Durchschaltzeit *f* время нарастания по управляющему электроду *(тиристора)*, время нарастания

Durchschlag *m* (электрический) пробой

~, elektrischer электрический пробой

Durchschlagfestigkeit *f* электрическая прочность

Durchschlagsfeldstärke *f* напряжённость поля пробоя

Durchschlagspannung *f* напряжение пробоя, пробивное напряжение

Durchschmelzelement *n*, **Durchschmelzverbindung** *f* плавкая перемычка

Durchsichtskatode *f* полупрозрачный фотокатод

Durchsteuerzeit *f* скорость нарастания выходного напряжения *(операционного усилителя)*; максимальная скорость изменения выходного параметра

Durchstrahlungselektronenmikroskop *n* просвечивающий электронный микроскоп, электронный микроскоп просвечивающего типа

Durchstrahlungselektronenmikroskopie *f* просвечивающая электронная микроскопия

Durchstrahlungs-Rasterelektronenmikroskop *n* просвечивающий растровый электронный микроскоп

Durchtrittswahrscheinlichkeit *f* вероятность преодоления потенциального барьера *(при туннельном эффекте)*

Durchtunnelung *f* туннелирование, просачивание через туннельный барьер

Durchtunnelungswahrscheinlichkeit *f* вероятность туннелирования

Durchverbindung *f см.* **Durchkontakt**

Duroplastgehäuse *n* корпус из термореактопласта

DV-Flipflop *n* DV-триггер, триггер задержки с управляемым приёмом сигналов по одному входу

DYCMIS *f* 1. динамические КМДП ИС 2. технология динамических КМДП ИС

DYCMOS *f* 1. динамические КМОП ИС 2. технология динамических КМОП ИС

Dynamikbereich *m* динамический диапазон

Dynistor *m см.* **Dynistordiode**

Dynistordiode *f* динистор, диодный тиристор

DZTL *f*, **DZTL-Logik** *f* диодно-транзисторные логические схемы со стабилитронами

DZTL-Schaltungen *f pl* диодно-транзисторные логические схемы со стабилитронами

E

E/A..., Е-А *см. тж.* **Eingabe-Ausgabe**

E-A-Adresse *f* адрес ввода - вывода

E-A-Port *m* порт ввода - вывода

Early-Effekt *m* эффект Эрли

Early-Faktor *m* коэффициент Эрли

EAROM *m* электрически перепрограммируеиое ПЗУ, ЭППЗУ

EBCDIC-Kode *m*, **EBCD-Kode** *m* расширенный двоично-десятичный код для обмена информацией

E-B-Diode *f* диод эмиттер - база, эмиттерный диод

E-Beam-Schreiber *m см.* **Elektronenstrahlschreiber**

Ebene *f* уровень; плоскость

~, **lithografische** литографический слой, топологический слой *(структуры ИС)*, получаемый при экспонировании через шаблон в процессе литографирования

~, **logische** логический уровень

Ebenheit *f* плоскостность *(напр. полупроводниковой пластины)*

Ebenheitsfehler *m* отклонение от плоскостности, неплоскостность

Ebenheitsprüfgerät *n* измеритель плоскостности

Ebenheitsprüfung *f* контроль плоскостности

Ebers-Moll-Modell *n* модель Эберса - Молла

EBIC-Bild *n* EBIC-изображение, изображение, полученное с помощью растрового электронного микроскопа для контроля ИС по величине эдс тока, индуцированного электронным лучом

EBIC-Verfahren *n* метод контроля ИС по величине эдс тока, индуцированного электронным лучом

EBT *m* (биполярный) транзистор с нагрузочным резистором в цепи эмиттера

E-B-Übergang *m см.* **Emitter-Basis-Übergang**

ECDC-Transistor *m* электрохимический транзистор с диффузионным коллектором

ECD-Element *n* электрохромный индикатор

Echo *n* 1. *см.* **Echo Q** 2. эхо-сигнал, отражённый сигнал

Echo Q отклик Q, сигнал ответа Q *(САМАС)*

Echointegrator *m* интегратор отражённых сигналов

Echtzeitausgabe *f* вывод *(данных)* в реальном времени

Echtzeitbetrieb *m* режим реального времени; работа в режиме реального времени

Echtzeiteingabe

Echtzeiteingabe f ввод *(данных)* в реальном времени

Echtzeitemulation f эмуляция в режиме реального времени

Echtzeitrechner m микроЭВМ, работающая в режиме реального времени

Echtzeitsimulation f моделирование в реальном времени

Echtzeitsprache f язык реального времени

Echtzeitsteuerung f управление в реальном времени

Echtzeitsystem n система реального времени

Echtzeituhr f часы реального времени

Echtzeitverarbeitung f обработка в реальном времени

ECIL f эмиттерно-связанная инжекционная логика, ЭСИЛ

Ecke f 1. угол 2. вершина *(напр. графа)*

Eckfrequenz f (угловая) граничная частота; граничная частота фильтра; граничная частота канала

ECL f эмиттерно-связанная логика, ЭСЛ, транзисторная логика с эмиттерными связями, ТЛЭС

~, **emitterfolgergekoppelte** эмиттерно-эмиттерная логика, ЭЭСЛ

E^{2}CL f см. EECL

ECL-Ausgang m ЭСЛ-выход, выход ЭСЛ-схем

ECL-CMOS-Treiber m ЭСЛ-КМОП-формирователь

ECL-Gate-Array n (вентильная) ЭСЛ-матрица; матричная ЭСЛ ИС

~, **schnelles** быстродействующая матричная ЭСЛ ИС

ECL-Gatter n элемент [вентиль] ЭСЛ, ЭСЛ-вентиль

ECL-IC n ИС на ЭСЛ, ЭСЛ ИС *(ИС на логических схемах с эмиттерными связями)*

E^{2}CL-NOR-Gatter n элемент [вентиль] ИЛИ - НЕ ЭЭСЛ

ECL-NOR-ODER-Gatter n элемент [вентиль] ИЛИ - НЕ/ИЛИ ЭСЛ

ECL-NOR-Schaltkreis m схема ИЛИ - НЕ в базисе ЭСЛ

ECL-Pegel m ЭСЛ-уровень, уровень ЭСЛ-схем

ECL-Schaltkreis m ЭСЛ-схема, ЭСЛ ИС

ECL-Schaltkreise m pl, **ECL-Schaltungen** f pl логические схемы с эмиттерными связями, эмиттерно-связанная логика, ЭСЛ

ECL-Speicherelement n запоминающий элемент на ЭСЛ

ECL-Technik f, **ECL-Technologie** f технология ИС ЭСЛ, технология ЭСЛ ИС

E^{2}CL-Technik f технология ИС на ЭЭСЛ

ECL-Teiler m ЭСЛ-делитель

ECL-TTL-Pegelumsetzer m, **ECL-TTL-Pegelwandler** m,

ECL-zu-TTL-Translator *m* ЭСЛ-ТТЛ-транслятор, преобразователь уровней ЭСЛ в ТТЛ

ECTL *f* транзисторная логика с эмиттерными связями, ТЛЭС

ECTL-Gatter *n* элемент [вентиль] ТЛЭС

ECTL-Schaltungen *f pl* логические схемы, выполненные в базисе ТЛЭС, логические схемы с эмиттерными связями, ЭСЛ-схемы

Edelmetallschichtwiderstand *m* плёночный резистор на основе благородного металла

Editor *m* (программа-)редактор, редактирующая программа

ED-MOS *f*, **ED-MOS-Technik** *f* технология МОП ИС с обогащением активных транзисторов и обеднением нагрузок

E/D-MOSFET *m* ИС на МОП-транзисторах с обогащением и обеднением канала

ED-Technik *f*, **E/D-Technik** *f* *см.* **Enhancement-Depletion-Technik**

ED-Technologie *f*, **selbstjustierende** *см.* **Enhancement-Depletion-Technologie, selbstjustierende**

EDV-Anlage *f* система электронной обработки данных; (большая) ЭВМ

EECL *f* эмиттерно-эмиттерная логика, ЭЭСЛ

EEIC *n* ИС с выступающими электродами

E/E-Inverter *m* инвертор на (двух) МОП-транзисторах с обогащением канала [с индуцированным каналом]

EEL *f см.* **EECL**

EEPROM *m*, **EEROM** *m* электрически стираемое программируемое ПЗУ, электрически перепрограммируемое ПЗУ, ЭППЗУ

Effekt *m* эффект

~, **äußerer fotoelektrischer [äußerer lichtelektrischer]** внешний фотоэффект

~, **elektrooptischer** электрооптический эффект

~, **innerer fotoelektrischer** внутренний фотоэффект

~, **magnetoelastischer** магнитоупругий эффект

~, **magnetostriktiver** магнитострикционный эффект

~, **photoelektromagnetischer** фотомагнитоэлектрический эффект

~, **photovoltaischer** фотогальванический эффект

~, **piezoelektrischer** пьезоэлектрический эффект, пьезоэффект

~, **piezooptischer** пьезооптический эффект

~, **piezoresistiver** тензорезистивный эффект

~, **pyroelektrischer** пироэлектрический эффект

~, **thermoelektrischer** термоэлектрический эффект

~, **thermoresistiver** терморезистивный эффект

Effektivwert *m* **des Durchlaßstromes** действующий прямой ток; действующий ток в открытом состоянии *(тиристора)*

Effektivwertgleichrichter *m* квадратичный детектор

Effusionszelle *f* эффузионный элемент

EFL *f* I логика на эмиттерных повторителях, ЭПЛ-логика, ЭПЛ

EFL *f* II эмиттерно-функциональная логика, ЭФЛ

E-Flipflop *n* E-триггер, запоминающий триггер-повторитель

EGS-Leiterplatte *f см.* **Europakarte**

EGS-System *n* европейская стандартная каркасная система печатных плат, система европлат

Eichfehlergrenzen *f pl* допуски (отклонений) калибровки

Eichgerät *n* калибратор

Eigendefekt *m* собственный дефект

Eigendefektniveau *n* уровень собственных дефектов

Eigendiagnose *f* самодиагностика

Eigenerwärmung *f* (само)разогрев *(полупроводникового прибора при эксплуатации)*

Eigenfehlordnung *f* собственный дефект

Eigenfotoleiter *m* материал с собственной фотопроводимостью

Eigenfotoleitung *f* собственная фотопроводимость

Eigenhalbleiter *m* собственный [беспримесный] полупроводник

eigenleitend с собственной проводимостью

Eigenleitfähigkeit *f см.* **Eigenleitung**

Eigenleitung *f* собственная проводимость

~, **thermische** собственная проводимость за счёт теплового движения носителей, собственная проводимость, обусловленная тепловой генерацией носителей

Eigenleitungsbereich *m см.* **Eigenleitungsgebiet**

Eigenleitungsdichte *f* собственная концентрация (носителей), концентрация собственных носителей (заряда)

Eigenleitungs-Ferminiveau *n* уровень Ферми в собственном [беспримесном] полупроводнике

Eigenleitungsgebiet *n* область собственной проводимости, *i*-область

Eigenleitungskonzentration f см. **Eigenleitungsdichte**

Eigenleitungsschicht f слой с собственной проводимостью; область собственной проводимости, i-область

Eigenleitungstemperatur f температура собственной проводимости

Eigenleitungsträger m pl собственные носители (заряда)

Eigenleitungszone f см. **Eigenleitungsgebiet**

Eigenprüfung f самоконтроль; самопроверка; самотестирование

Eigenrauschen n собственный шум, собственные шумы; уровень собственных шумов

Eigenstörstelle f собственный дефект

Eigenzwischengitterplatz m собственный дефект внедрения

Eimerkette f «пожарная цепочка» *(вид сдвигового регистра на ПЗС)*

Eimerkettenbauelement n ПЗС типа «пожарная цепочка»

Eimerkettenschaltung f схема типа «пожарная цепочка»; прибор (с зарядовой связью) типа «пожарная цепочка», ПЗС типа «пожарная цепочка»

~, **integrierte** ПЗС типа «пожарная цепочка»

Eimerkettenschieberegister n сдвиговый регистр на ПЗС типа «пожарная цепочка»

Eimerkettenspeicher m память [ЗУ] на ПЗС типа «пожарная цепочка»

Ein- und Ausgang m ввод-вывод

~, **serieller** последовательный ввод-вывод

Einadreßbefehl m одноадресная команда

Ein-/Ausgabe f ввод-вывод

~, **gepufferte** буферизованный ввод-вывод

Einbau m 1. встраивание, внедрение *(напр. атомов примеси в кристаллическую решётку)* 2. установка, монтаж

Einbaudichte f плотность монтажа; плотность упаковки

Einbaurate f скорость встраивания *(напр. атомов примеси в кристаллическую решётку)*

Einbettung f герметизация (полимерными) компаундами, заливка

Einbitregister n одноразрядный регистр

Einblickmikroskop m смотровой микроскоп, микроскоп визуального контроля

Einbrennen n вжигание; отжиг

Einbrennofen m печь для вжигания *(паст на подложку толстоплёночных ИС)*

Einbrennpaste

Einbrennpaste *f* вжигаемая паста, пиропаста

Einbrenntemperatur *f* температура вжигания

Einbytebefehl *n* однобайтная команда

Einchip-Codec *m* однокристальный кодек

Einchipmikroprozessor *m* однокристальный микропроцессор

Einchipmikrorechner *m* однокристальная микроЭВМ

Einchipmodem *n* однокристальный модем, БИС модема

Einchipprozessor *m* однокристальный микропроцессор

Einchiprechner *m* однокристальная микроЭВМ

Einchip-Signalprozessor *m* однокристальный процессор обработки сигналов

Einchiptechnik *f* технология (изготовления) однокристальных БИС

Eindiffundieren *n*, **Eindiffusion** *f* прямая диффузия, диффузия внутрь объёма

Eindringtiefe *f* глубина проникновения (*напр. электрического поля в полупроводник, ионов в легируемый материал*)

Einebenenleiterplatte *f* односторонняя печатная плата

Einebenen-Polysiliziumtechnik *f* одноуровневая технология ИС на поликристаллическом кремнии; технология поликремниевых приборов с одноуровневой организацией

Einebenenschaltung *f* односторонняя печатная плата; печатная схема с односторонней печатной платой

Einebnung *f* планарное размещение (*элементов ИС*)

Einebnungstechnik *f* техника планарного размещения (*элементов ИС*)

Einerkomplement *n* дополнение до единицы; обратный двоичный код

Einfachdiffusion *f* однократная диффузия

Einfacheuropakarte *f см.* **Europakarte**

Einfächerung *f* объединение по входу; коэффициент объединения по входу

Einfachgegenkopplung *f* однопетлевая отрицательная обратная связь, однопетлевая ООС

Einfachhopping *n* однопрыжковый механиз проводимости

Einfachimplantation *f* 1. однократная ионная имплантация 2. внедрение ионов одной примеси

Einfachleerstelle *f* моновакансия

Einfachmitkopplung *f* однопетлевая положительная обратная связь, однопетлеввая ПОС

Einfachrepeater *m* однопозиционный фотоповторитель

Einfachrückkopplung *f* однопетлевая обратная связь, однопетлевая ОС

Einfachschichtresist *m* однослойный резист

Einfachtrap *m* однозарядная ловушка

Einfang *m* захват

~ **am Trap** захват *(носителей)* ловушкой

~ **durch schnelle Oberflächenzustände** захват *(носителей)* быстрыми поверхностными состояниями

~ **durch Störstellen** захват *(носителей)* примесными центрами

Einfangen *n* захват

Einfangfaktor *m см.* **Einfangkoeffizient**

Einfangkoeffizient *m* коэффициент захвата

Einfangmechanismus *m* механизм захвата

Einfangquerschnitt *m* (эффективное) сечение захвата

Einfangrate *f* скорость захвата

Einflankensteuerung *f* синхронизация *(триггера)* одним *(положительным или отрицательным)* фронтом тактового импульса

Einflankenverfahren *n* метод однотактного [однократного] интегрирования *(при аналого-цифровом преобразовании)*

Einfrierpunkt *m*, **Einfriertemperatur** *f* температура стеклования

Einfügedämpfung *m* вносимое затухание

Einfunktionschip *m* специализированная ИС

Eingabe *f* ввод

~, **grafische** 1. графический ввод, ввод графической информации 2. устройство графического ввода, устройство ввода графической информации

Eingabearm *m* рычаг подачи *(подложки)*

Eingabe-Ausgabe *f* ввод-вывод

~, **serielle** последовательный ввод-вывод

Eingabe-Ausgabe-Baustein *m* модуль ввода-вывода

Eingabe-Ausgabe-Befehl *m* команда ввода-вывода

Eingabe-Ausgabe-Bus *m* шина ввода-вывода

Eingabe-Ausgabe-Einheit *f* устройство ввода-вывода, УВВ

Eingabe-Ausgabe-Format *n* формат ввода-вывода

Eingabe-Ausgabe-Interface *n* интерфейс ввода-вывода

Eingabe-Ausgabe-Kanal *m* канал ввода-вывода

Eingabe-Ausgabe-Multiplexer *m* мультиплексор ввода-вывода

Eingabe-Ausgabe-Port *m* порт ввода-вывода

Eingabe-Ausgabe-Programm *n* программа ввода-вывода

Eingabe-Ausgabe-Prozessor *m* процессор ввода-вывода

Eingabe-Ausgabe-Puffer *m* буфер ввода-вывода

Eingabe-Ausgabe-Schnittstelle *f* см. Eingabe-Ausgabe-Interface

Eingabe-Ausgabe-Simulation *f* моделирование ввода-вывода

Eingabe-Ausgabe-Steuerprogramm *n* программа управлением вводом - выводом

Eingabe-Ausgabe-Steuersystem *n* система ввода-вывода

Eingabe-Ausgabe-Steuerung *f* управление вводом - выводом

Eingabe-Ausgabe-Treiber *m* драйвер ввода-вывода

Eingabe-Ausgabe-Verteiler *m* распределитель устройств ввода-вывода

Eingabe-Ausgabe-Zyklus *m* цикл ввода-вывода

Eingabebefehl *m* команда ввода

Eingabebus *m* входная шина

Eingabeeingang *m* вход ввода

Eingabeeinheit *f* см. Eingabegerät

Eingabeformat *n* формат ввода; формат входных данных

Eingabegerät *n* устройство ввода

~, **grafisches** устройство графического ввода

Eingabe-Interrupt *m* прерывание по вводу

Eingabekanal *m* входной канал

Eingabeperipherie *f* периферийные устройства ввода

Eingabeport *m* порт ввода

Eingabepuffer *m* входной буфер

Eingabepufferspeicher *m* входное буферное ЗУ

Eingaberegister *n* входной регистр

Eingabeschnittstelle *f* интерфейс ввода

Eingabetastatur *f* клавиатура ввода данных

Eingabeterminal *n* терминал ввода

Eingang *m* вход

~, **floatender** плавающий вход

~, **invertierender** инвертирующий вход

~, **nichtinvertierender** неинвертирующий вход

~, **symmetrischer** симметричный вход

3-Eingang-AND-Gatter *n* трёхвходовый элемент [трёхвходовый вентиль] И

Eingangsadmittanz *f* входная полная проводимость

2-Eingangs-AND-Gatter *n* двухвходовый элемент [двухвходовый вентиль] И

Eingangsauffächerung *f* коэффициент объединения по входу

Eingangsbelegung *f* комбинация входных сигналов

Eingangsbiasstrom *m* средний входной ток, входной ток *(операционного усилителя)*

Eingangsdifferenzspannung *f* разность входных напряжений, напряжение смещения нуля *(операционного усилителя)*

Eingangsdifferenzstufe *f* входной дифференциальный каскад

Eingangsdifferenzverstärker *m* входной дифференциальный усилитель, входной ДУ

Eingangsfächerung *f см.* **Eingangsauffächerung**

Eingangsgleichspannung *f* постоянная составляющая входного напряжения

Eingangsgröße *f* входной параметр; входная величина

Eingangsimpedanz *f* входное (полное) сопротивление

Eingangskapazität *f* входная ёмкость

Eingangskennlinie *f* входная характеристика

Eingangskennlinienfeld *n* семейство входных характеристик

Eingangskontrolle *f* входной контроль

Eingangskreis *m* входная цепь

Eingangskurzschlußleitwert *m* входная проводимость при коротком замыкании на выходе

Eingangskurzschlußwiderstand *m* входное сопротивление при коротком замыкании на выходе

Eingangslastfaktor *m см.* **Eingangsauffächerung**

Eingangsleckstrom *m* ток утечки на входе

Eingangsleerlaufwiderstand *m* входное сопротивление при холостом ходе на выходе

Eingangsleistung *f* входная мощность

Eingangsleitwert *m* входная проводимость

5-Eingangs-NAND-Gatter *n* пятивходовый элемент [пятивходовый вентиль] И - НЕ

2-Eingangs-NAND-Gatter *m* двухвходовый элемент [двухвходовый вентиль] И - НЕ

4-Eingangs-NAND-Gatter *n* четырёхвходовый элемент [четырехвходовый вентиль] И - НЕ

Eingangs-Nullspannung *f см.* **Eingangsoffsetspannung**

Eingangs-Nullstrom *m* разность входных [базовых] токов *(операционного усилителя)*, ток смещения

Eingangsoffsetspannung *f* напряжение смещения нуля *(на входе операционного усилителя)*

Eingangsoffsetstrom

Eingangsoffsetstrom *m* ток смещения *(на входе операционного усилителя)*

Eingangspuffer *m* входной буфер, входной буферный каскад, входной транслятор

Eingangsrauschabstand *m* отношение сигнал/шум на входе

Eingangsreihe *f* входная очередь *(напр. заданий)*

Eingangsruhespannung *f* входное напряжение при отсутствии сигнала

Eingangsruhestrom *m* входной ток при отсутствии сигнала; (средний) входной ток *(операционного усилителя)*

Eingangsscheinleitwert *m* входная полная проводимость

Eingangsschnittstelle *f* входной интерфейс

Eingangssignal *n* входной сигнал

Eingangsspannung *f* входное напряжение

Eingangsspannungsbereich *m* диапазон (изменения) входного напряжения, динамический диапазон входного напряжения

Eingangsspannungsdifferenz *f* разность входных напряжений, разность базовых потенциалов *(дифференциального усилителя)*

Eingangsspannungsdrift *f* дрейф входного напряжения

Eingangsspannungsteiler *m* делитель входного напряжения

Eingangsstrom *m* входной ток

Eingangsstromdifferenz *f* разность входных токов, ток смещения

Eingangsstufe *f* входной каскад

Eingangstorschaltung *f* входная ключевая схема

Eingangstreiber *m* входной формирователь

Eingangsvariable *f* входная переменная

Eingangswandler *m* входной преобразователь

Eingangswechselspannung *f* входное переменное напряжение

Eingangswiderstand *m* входное сопротивление

~ **bei Kurzschluß des Ausgangs** см. **Eingangskurzschlußwiderstand**

Einheit *f* 1. блок; модуль 2. единица (измерения) 3. единица продукции

~, **fehlerhafte** дефектная единица продукци

Einheitsinterface *n* стандартный интерфейс

Einheitssignal *n* стандартизованный сигнал

Einheitssprung *m* единичный скачок

Einkanal-MOS *f*, **Einkanal-MOS-Schaltkreise** *m pl* однотипные МОП ИС *(с каналом или n-типа, или p-типа)*

Einkanaltechnik f технология ИС на однотипных МДП-транзисторах *(с каналом или n-типа, или p-типа)*

Einkartenrechner m одноплатная микроЭВМ

Einkellerung f занесение (данных) в стек

Einkellerungsbefehl m команда занесения (данных) в стек

Einkopplung f ввод *(излучения в фототиристор, световод и т. п.)*

Einkristall m монокристалл

Einkristall(impf)keim m монокристаллическая затравка

Einkristallplättchen n кристалл полупроводника

Einkristallscheibe f монокристаллическая [полупроводниковая] пластина

Einkristallstab m (цилиндрический) монокристаллический слиток

Einkristallsubstrat n монокристаллическая подложка

Einkristallwafer m *см.* **Einkristallscheibe**

Einkristallzieheinrichtung f установка для вытягивания монокристаллов

Einkristallzüchtung f выращивание монокристаллов

Einlagenleiterplatte f однослойная печатная плата

Einlagenpolysilizium n однослойный поликремний

Einlagenschaltung f однослойная (печатная) схема

Einlagerung f внедрение *(атомов примеси в кристаллическую решетку)*

Einlagerungsmischkristall m твёрдый раствор внедрения

Einlaßdüse f сопло натекателя; натекатель

Einlaßventil n натекатель *(вентиль для напуска воздуха в вакуумный объём)*

Einlegieren n вплавление

Einlöten n впайка, впаивание; запаивание

Einmaskentechnik f технология изготовления приборов с использованием одного фотошаблона, одномасочная технология

Einmodenfaser f одномодовое оптическое волокно; одномодовый волоконный световод

Einmodenlaser m одномодовый лазер

Einmodenlichtleiter m одномодовый световод

Einmustermaske f фотошаблон с одной структурой

Einpaß... *см.* **Einschritt...**

Einpegelspeicher m память [ЗУ] одного уровня

einpflanzen внедрять *(атомы примеси)*

Einphotonenübergang m однофотонный переход

Einplatinenrechner m, **Einplattenmikrorechner** m одноплатная микроЭВМ

Einrichtung

Einrichtung *f* устройство
~ **zur Mikrofotomontage** микрофотонаборная установка

einritzen наносить царапины [риски] на поверхность пластины, скрайбировать

Einsatz *m* 1. вставной блок; вставной элемент 2. применение, использование
~, **monovalenter** специализированное применение
~, **multivalenter** многоцелевое применение

Eins-Ausgang *m* выход «1»

Einschaltbasisstrom *m* включающий ток базы

Einschaltbit *n* стартовый бит

Einschalten *n* включение; отпирание *(тиристора)*; переключение *(тиристора)* из закрытого состояния в открытое

Einschaltflanke *f* запускающий фронт *(импульса)*

Einschaltschwelle *f* порог включения; порог срабатывания

Einschaltspannung *f* отпирающее напряжение на управляющем электроде *(тиристора)*, отпирающее напряжение

Einschaltsteuerstrom *m* отпирающий ток управляющего электрода *(тиристора)*

Einschaltstrom *m см.* **Einschaltsteuerstrom**

Ein-Schaltverhalten *n* поведение *(полупроводникового прибора)* при включении

Einschaltverlust *m* мощность потерь при включении

Einschaltverlustleistung *f* мощность потерь при включении *(напр. тиристора)*

Einschaltverzögerung *f* задержка включения [при включении]; время задержки включения [при включении]

Einschaltverzögerungszeit *f* время задержки включения [при включении]

Einschaltverzugszeit *f* время задержки включения [при включении]; время задержки по управляющему электроду *(тиристора)*

Einschaltvorgang *m* отпирание *(тиристора)*, переключение *(тиристора)* из закрытого состояния в открытое

Einschaltzeit *f* время включения; время включения по управляющему электроду *(тиристора)*, время включения

Einschaltzeitverzögerung *f* время задержки включения

Einschicht-Chip-Carrier *m* кристаллоноситель с одним уровнем соединений

Einschichtfotoresist *m* однослойный фоторезистор

Einschichtlackverfahren *n см.* **Einschichtresistverfahren**

Einschichtmetallisierung *f* однослойная [одноуровневая] металлизация

Einschichtpolysiliziumtechnik *f* технология (МОП) ИС с одним поликремниевым слоем (затвора); технология поликремниевых приборов с одноуровневой организацией

Einschichtresistverfahren *n* метод нанесения однослойного фоторезиста

Einschleusen *n* загрузка *(напр. образцов)*

Einschmelzautomat *m* заварочный автомат

Einschmelzstelle *f*, **Einschmelzung** *f* впай

Einschnürbereich *m* область перекрытия канала, область насыщения *(рабочих характеристик МДП-транзистора)*

Einschnüreffekt *m* 1. токовое смещение *(изменение плотности тока базы вдоль перехода эмиттер - база биполярного транзистора)* 2. самостягивающийся разряд, пинч-эффект, сжатие плазмы

Einschnürgebiet *n см.* **Einschnürbereich**

Einschritt-Assembler *m* однопроходный ассемблер

Einschritt-Compiler *m* однопроходный транслятор

Einschub *m* сменный блок; сменный модуль; сменный элемент

Einschubplatine *f* сменная плата

Einschubschrank *m* стойка сменных блоков

Einschubtechnik *f* компоновка (системы) на основе сменных модулей

Einschußion *n* инжектируемый ион

Einschwingverhalten *n* переходная характеристика; переходный режим

Einschwingvorgang *m* переходный процесс

Einschwingzeit *f* время установления

Eins-Eingang *m* вход установки в состояние 1, вход «1»

Einsondenverfahren *n* однозондовый метод *(контроля)*

Einsteckelement *n* сменный элемент

Einsteck-IC *n* сменная ИС

Einsteck(leiter)platte *f* (печатная) плата с торцевым разъёмом

Einstein-Relation *f* формула Эйнштейна *(формула, выражающая связь между коэффициентом диффузии и подвижностью носителей)*

Einstellzeit *f* время установления

~ **der Ausgangsspannung** время установления выходного напряжения

Einstellzeit

Einstrahlrasterverfahren *n* метод однолучевого сканирования

Einstreifentransistor *m* однополосковый транзистор *(интегральный транзистор с упрощенной топологией выводов)*

Einstufendiffusion *f* одностадийная диффузия

Einsverstärker *m* усилитель с единичным коэффициентом усиления

Eins-Verstärkung *f* единичное усиление; единичный коэффициент усиления

Eins-zu-Null-Verhältnis *n* отношение сигнала 1 к сигналу 0

Eins-Zustand *m*, **1-Zustand** *m* состояние логической единицы, состояние «1»

Eintakt-Drosselwandler *m* однотактный преобразователь (постоянного напряжения)

Eintakt-Durchflußwandler *m*, **Eintakt-Flußwandler** *m* однотактный прямой преобразователь, однотактный преобразователь постоянного напряжения с прямым включением выпрямительного диода

Eintalhalbleiter *m* однодолинный полупроводник, полупроводник с однодолинной структурой

Einträgerinjektion *f* монополярная инжекция, инжекция носителей одного типа

Einträgerinjektionsdiode диод с монополярной инжекцией

Eintransistor-Speicherzelle *f* однотранзисторная запоминающая ячейка, однотранзисторная ЗЯ

Einwegbus *m* однонаправленная шина

Einwegtor *n* однонаправленный порт

Einzelbauelement *n* дискретный элемент; (дискретный) компонент

Einzelbaustein *m* (дискретный) компонент

Einzelbelichtung *f* однократное экспонирование

Einzelbildabstand *m* расстояние между (отдельными) кристаллами ИС

Einzelbildausrichtung *f* см. **Einzelbildorientierung**

Einzelbildjustierung *f* шаговое последовательное совмещение *(от кристалла к кристаллу)*

Einzelbildorientierung *f* покристальная ориентация

Einzelbildstruktur *f* рисунок (отдельного) кристалла ИС

Einzelbitregister *n* одноразрядный регистр

Einzelchip *m* (одиночный) кристалл ИС

Einzelchipschaltkreis *m*, **monolithischer** однокристальная ИС

Einzelchipträger *m* кристаллодержатель

Einzelelement *n* дискретный элемент, компонент

Einzelfehler *m* единичная погрешность

Einzelfeldjustierung *f* см. **Einzelbildjustierung**

Einzelfeldstruktur *f* см. **Einzelbildstruktur**

Einzelsatzbetrieb *m* покадровый режим, режим покадровой отработки (*программы ЧПУ*)

Einzelschrittbetrieb *m* пошаговый режим (*работы процессора*)

Einzelversetzung *f* единичная дислокация

Einzelwaferbearbeitung *f* последовательная обработка полупроводниковых пластин

Einzelwaferbearbeitungsanlage *f* установка последовательной обработки полупроводниковых пластин

Einzonendiffusionsofen *m* однозонная диффузионная печь

Ein-Zustand *m* состояние «включено», открытое состояние

Eisengranat *m* феррогранат

Elektrochromie *f* см. **Elektropleochroismus**

Elektrode *f* электрод

Elektroerodieren *n* электроэрозионная обработка

Elektrolumineszenz *f* электролюминесценция

Elektrolumineszenzanzeige *f* электролюминесцентный индикатор; электролюминесцентная индикаторная панель

Elektrolumineszenzdisplay *n* электролюминесцентный дисплей; электролюминесцентный индикатор

Elektrolumineszenzeffekt *m* эффект электролюминесценции

Elektrolumineszenzdiode *f* светоизлучающий диод, СИД

Elektrometerverstärker *m* электрометрический усилитель (*усилитель в неинвертирующем включении с высоким входным сопротивлением*)

Elektromigration *f* электромиграция

Elektron *n* электрон
~, **heißes** горячий электрон

elektronegativ электроотрицательный

Elektronegativität *f* электроотрицательность

Elektron-Elektronstoß *m* межэлектронное столкновение, соударение электрона с электроном

Elektronenaffinität *f* сродство к электрону

Elektronenanordnung *f* электронная конфигурация

Elektronenanreicherung *f* обогащение электронами

Elektronenanteil *m* электронная составляющая (*тока*)

Elektronenbelichtungsanlage *f* установка электронолитографии

Elektronenbeschuß *m* электронная бомбардировка

Elektronenbeweglichkeit *f* подвижность электронов

~, **negative differentielle** отрицательная дифференциальная подвижность электронов

Elektronenbildprojektion *f* проекционная электронолитография

Elektronenbildprojektor *m* установка проекционной электронолитографии

Elektronen-Defektelektronen-Paar *n см.* **Elektron-Loch-Paar**

Elektronendichte *f* концентрация электронов

Elektronendichtegefälle *n* градиент концентрации электронов

Elektronendiffusionslänge *f* диффузионная длина электронов

Elektronendiffusionsstrom *m* электронный ток диффузии, ток диффузии электронов

Elektronendurchtunnelung *f* туннелирование электронов

Elektroneneinfang *m* электронный захват; К-захват

Elektronenemission *f* электронная эмиссия

Elektronenfalle *f* электронная ловушка, ловушка захвата электронов

Elektronenfehlstelle *f* электронная вакансия, дырка

Elektronen-Ferminiveau *n* электронный уровень Ферми

Elektronenflußstrom *m* электронная составляющая прямого тока; электронная составляющая эмиттерного тока *(при нормальном включении транзистора)*

Elektronengas *n* электронный газ

~, **zweidimensionales** двумерный электронный газ

Elektronengleichgewichtsdichte *f* равновесная концентрация электронов

Elektronengleichgewichtskonzentration *f см.* **Elektronengleichgewichtsdichte**

Elektronenhaftstelle *f см.* **Elektronenfalle**

Elektronenhalbleiter *m* электронный полупроводник, полупроводник *n*-типа

Elektroneninjektion *f* инжекция электронов

Elektroneninjektionsstrom *m* электронный ток инжекции, ток инжекции электронов *(из эмиттера или коллектора в базу)*

Elektronenkanal *m* канал с электронной проводимостью [с проводимостью *n*-типа], канал *n*-типа, *n*-канал

Elektronenkanalierung *f*,
Elektronenkanalleitung *f* каналирование электронов; эффект каналирования электронов

Elektronenkonzentration *f см.* **Elektronendichte**

Elektronenladung *f* 1. заряд электронов, отрицательный заряд *(напр. заряд накопленных в базе электронов, подвижный отрицательный заряд в проводящем канале транзистора)* 2. элементарный заряд, заряд электрона

~, **bewegliche** подвижный отрицательный заряд *(в канале)*

~ **im Kanal** заряд подвижных электронов в канале, подвижный отрицательный заряд в канале

Elektronenlebensdauer *f* время жизни электронов

elektronenleitend с электронной проводимостью, с проводимостью *n*-типа

Elektronenleitfähigkeit *f* удельная электронная проводимость

Elektronenleitung *f* электронная проводимость, электронная электропроводность

Elektronenleitungsstrom *m* электронный ток

Elektronenlithografie *f* электронолитография

Elektronen-Löcher-Streuung *f* электронно-дырочное рассеяние

Elektronenlücke *f* электронная вакансия, дырка

Elektronenmikroskop *n* электронный микроскоп

~, **hochauflösendes** электронный микроскоп высокого разрешения

Elektronenmikrosondenanalyse *f* микрозондовый электронный анализ

Elektronenniveau *n* электронный уровень

Elektronenpaket *n* электронный пакет *(в ПЗС)*

Elektronenprojektionsanlage *f* установка проекционной литографии

Elektronenprojektionsverfahren *n* метод проекционной литографии

Elektronenrastermikroskop *n* растровый [сканирующий] электронный микроскоп

Elektronenresist *n* электронный резист, электронорезист

Elektronensonde *f* электронно-лучевой зонд

Elektronensondenmessung *f* электронно-лучевое зондирование

Elektronenstrahlabgleich *m* электронно-лучевая подгонка *(напр. толстопленочных резистов)*

Elektronenstrahlanlage *f* электронно-лучевая установка

~, **lithografische** установка электронно-лучевой литографии

Elektronenstrahlätzen

Elektronenstrahlätzen *n* электронно-лучевое травление, электронно-лучевая гравировка

Elektronenstrahlausheilung *f* электронно-лучевой отжиг *(дефектов)*

Elektronenstrahlbearbeitung *f* электронно-лучевая обработка

Elektronenstrahlbearbeitungsanlage *f* установка электронно-лучевой обработки

Elektronenstrahlbelichtung *f* электронно-лучевое экспонирование

Elektronenstrahlbelichtungsanlage *f* установка электронно-лучевого экспонирования; установка электронно-лучевой литографии

Elektronenstrahlbelichtungsautomat *m* автоматическая установка электронно-лучевой литографии

Elektronenstrahlbildgenerator *m* электронно-лучевой генератор изображений (фотошаблонов)

Elektronenstrahldirektbelichtung *f* электронно-лучевое экспонирование с непосредственным формированием топологии на пластине, прямое экспонирование электронным пучком; сканирующая электронолитография

Elektronenstrahldirektschreiben *n* формирование изображения [топологического рисунка] с помощью сканирующего электронного луча непосредственно на пластине [шаблоне], сканирующая электронолитография

Elektronenstrahldirektschreiber *m* электронно-лучевая установка для непосредственного формирования изображения [топологических рисунков] на пластине [шаблоне], сканирующая электронная установка

Elektronenstrahldotierung *f* электронно-лучевое легирование

Elektronenstrahljustierung *f* ориентация электронного луча

Elektronenstrahljustierverfahren *n* метод автоматического совмещения электронного луча с реперными знаками на пластине *(при электронно-лучевом экспонировании)*

Elektronenstrahllithografie *f* электронно-лучевая литография, электронолитография

~, **direktschreibende** электронолитография с непосредственным формированием топологии [топологического рисунка] на пластине [шаблоне], сканирующая электронолитография

Elektronenstrahlmaskenschreiber *m* сканирующая электронная установка для изготовления фотошаблонов

Elektronenstrahlretikelgenerator *m* электронно-лучевой генератор изображений (промежуточных) фотошаблонов

Elektronenstrahlschreiben *n* формирование изображения [топологического рисунка] с помощью сканирующего электронного луча, сканирующая электронолитография

Elektronenstrahlschreiber *m* установка для формирования изображений [топологических рисунков] сканированием, сканирующая электронная установка

Elektronenstrahlstrukturierung *f* формирование топологии [топологической структуры] методом сканирующей электронолитографии

Elektronenstrahltechnik *f* электронно-лучевая технология

Elektronenstrahlung *f* облучение электронами

Elektronenstrahlverdampfer *m* электронно-лучевой испаритель

Elektronenstrahlverdampfung *f* электронно-лучевое испарение; электронно-лучевое напыление

Elektronenstrom *m* электронный ток, ток электронов

Elektronenstromdichte *f* плотность электронного тока

Elektronentemperatur *f* электронная температура *(степень нагрева электронного газа)*

Elektronentransfer *m* перенос электронов

Elektronentransferbauelement *n* прибор с переносом электронов, прибор на эффекте междолинного перехода электронов, прибор (на эффекте) Ганна; генератор [диод] Ганна

Elektronentransferelement *n см.* **Elektronentransferbauelement**

Elektronentransferverstärker *m* усилитель на приборе Ганна

Elektronenübergang *m* переход электрона *(напр. с уровня на уровень)*; переброс электронов *(напр. из валентной зоны в зону проводимости)*

Elektronenverarmung *f* обеднение электронами

Elektronenverteilung *f* распределение электронов *(в базе)*

Elektronenwanderung *f* дрейф электронов

Elektronenwechseldichte *f* переменная концентрация электронов

Elektronenzustand

Elektronenzustand *m* электронное состояние

~, **besetzter** занятое электронное состояние

~, **unbesetzter** незанятое [свободное] электронное состояние

Elektronik *f* электроника

~, **integrierte** интегральная электроника

Elektron-Loch-Paar *n* электронно-дырочная пара

Elektron-Loch-Paarerzeugung *f* генерация [рождение] электронно-дырочных пар

Elektron-Loch-Rekombination *f* электронно-дырочная рекомбинация

Elektron-Loch-Stoß *m* соударение электрона с дыркой

Elektron-Loch-Wechselwirkung *f* электронно-дырочное взаимодействие, взаимодействие электрона с дыркой

Elektropleochroismus *m* электроплеохроизм

Elektrostatik *f* 1. статическое электричество, статические заряды, заряды статического электричества 2. электростатика

Element *n* элемент

~, **ausgefallenes** отказавший элемент

~, **lichtempfindliches** фоточувствительный элемент

~, **nichtausgefallenes** неотказавший [исправно работающий] элемент

~, **parasitäres** паразитный элемент

~, **volumenladungsgekoppeltes** прибор с объёмной зарядовой связью, ПЗС с объёмным каналом

Elementarbezirk *m*, **Weißscher** магнитный домен

Elementarfigur *f* простейший топологический элемент (ИС)

Elementarsensor *m* чувствительный элемент датчика

Elementarzelle *f* элементарная ячейка (*кристаллической решетки*)

Elementauflösungsvermögen *n* минимальное разрешение; минимальная ширина разрешаемой линии (*элемента изображения, рисунка ИС*)

Elementbreite *f* ширина линии (*элемента изображения, рисунка ИС*)

Elementgröße *f* (топологический) размер элемента (ИС)

Elementhalbleiter *m* простой полупроводник

Elementredundanz *f* поэлементное резервирование

Elementstrukturierung *f* формирование элементов (ИС)

Elionik *f* элионика, элионная технология

Elko *m* электролитический конденсатор

ELSI-IC *n* ИС со степенью интеграции выше сверхвысокой

Emission *f* эмиссия

Emissionsfotozelle *f* фотоэлектронный приёмник, фотоприёмник на внешнем фотоэффекте

Emissionskoeffizient *m* коэффициент излучения *(примесей при тепловом возбуждении)*

Emissionswellenlänge *f* длина волны излучения

Emitter *m* эмиттер

Emitteranschluß *m* вывод эмиттера

Emitterbahngebiet *n* область распределённого сопротивления эмиттера

Emitterbahnwiderstand *m* распределённое сопротивление эмиттера

Emitter-Basis-Diode *f*, **Emitter-Basis-Diodenstrecke** *f* диод эмиттер - база, эмиттерный диод

Emitter-Basis-Durchbruchspannung *f* пробивное напряжение эмиттер - база

Emitter-Basisflußspannung *f* прямое напряжение эмиттер - база

Emitter-Basis-pn-Übergang *m* p-n-переход эмиттер - база, эмиттерный p-n-переход

Emitter-Basis-Spannung *f* напряжение эмиттерного перехода [на эмиттерном переходе], напряжение эмиттер - база

Emitter-Basis-Sperrschicht *f* обеднённый слой эмиттерного перехода

Emitter-Basis-Sperrschichtkapazität *f* см. **Emittersperrschichtkapasität**

Emitter-Basis-Strecke *f* участок эмиттер - база

Emitter-Basis-Übergang *m* эмиттерный переход

Emitterbereich *m* см. **Emittergebiet**

Emitter-Dauerstrom *m* постоянный ток эмиттера

Emitterdicke *f* толщина эмиттера

Emitterdiffusion *f* эмиттерная диффузия, диффузия (для формирования) эмиттера

Emitterdiffusionskapazität *f* диффузионная ёмкость эмиттерного перехода

Emitterdiffusionswiderstand *m* диффузионное сопротивление эмиттерного перехода

Emitterdiode *f* эмиттерный диод, диод эмиттер - база

Emitterdiodenstrom *m* ток эмиттерного диода

Emitter-Dip-Effekt *m* эффект углубления эмиттера *(см. тж.* **Emittersenkung***)*

Emitterdotierung *f* 1. легирование эмиттера 2. концентрация легирующей примеси в эмиттере

Emitterelektrode *f* электрод эмиттера, эмиттерный электрод

Emitterergiebigkeit *f* коэффициент инжекции эмиттера, коэффициент инжекции; эффективность [коэффициент эффективности] эмиттера

Emitterfläche *f* площадь эмиттера

Emitterflußspannung *f* прямое напряжение эмиттерного перехода

Emitterfolger *m* эмиттерный повторитель

Emitterfolgerlogik *f* логика на эмиттерных повторителях, ЭПЛ-логика, ЭПЛ

Emitterfolgerstufe *f* см. **Emitterfolger**

Emitterfunktionslogik *f* эмиттерно-функциональная логика, ЭФЛ

Emittergebiet *n* эмиттерная область, область эмиттера

Emittergleichstrom *m* постоянный ток эмиттера

Emitterinjektionsstrom *m* инжекционный ток эмиттера

Emitterkapazität *f* ёмкость эмиттерного перехода, эмиттерная ёмкость

Emitter-Kollektor-Restspannung *f* остаточное напряжение эмиттер - коллектор

Emitter-Kollektor-Strecke *f* участок эмиттер-коллектор

Emitterkontakt *m* эмиттерный контакт; электрод эмиттера

Emitterkopplung *f* эмиттерная связь

Emitterkreis *m* эмиттерная цепь, цепь эмиттера

Emitterladezeit *f* время заряда эмиттера

Emitterperle *f* шарик сплава для формирования эмиттера *(в сплавном транзисторе)*

Emitterpille *f* таблетка для формирования эмиттера

Emitter-pn-Übergang *m* эмиттерный p-n-переход

Emitterpotential *n* потенциал эмиттера

Emitterrand *m* край эмиттера

Emitterraumladungszone *f* область пространственного [объёмного] заряда в приграничном слое эмиттерного перехода, обеднённый слой эмиттерного перехода

Emitterreststrom *m* обратный ток эмиттера [эмиттерного перехода], обратный ток утечки через эмиттерный переход

Emitterschalter *m* переключатель на эмиттерном повторителе

Emitterschaltung *f* схема с общим эмиттером

Emitterschicht *f* эмиттерный слой

Emittersenkung *f* углубление эмиттера *(смещение эмиттерного перехода вниз при эмиттерной диффузии с одновремен-*

Emitterspannung *f* эмиттерное напряжение, напряжение эмиттера [на эмиттере]

Emittersperrschicht *f* обеднённый слой эмиттерного перехода

Emittersperrschichtkapazität *f* барьерная ёмкость эмиттерного перехода, эмиттерная барьерная ёмкость, ёмкость обедненного слоя эмиттерного перехода

Emittersperrstrom *m* обратный ток эмиттера

Emitterspitzenstrom *m* максимально допустимый импульсный ток эмиттера

Emitterstreifen *m* полоска эмиттера

Emitterstrom *m* ток эмиттера, эмиттерный ток

Emittertiefe *f см.* **Emitterdicke**

Emittertransferstrom *m* ток переноса носителей к эмиттеру

Emitterverdrängung *f* эффект оттеснения тока эмиттера

Emitterverstärker *m* усилитель в схеме с общим эмиттером

Emittervorspannung *f* напряжение смещения на эмиттере, смещение эмиттера

Emittervorwiderstand *m* (добавочный) резистор в цепи эмиттера

(ным углублением, т.е. смещением вниз, коллекторного перехода)

Emitterwechselspannung *f* переменное напряжение эмиттера

Emitterwechselstrom *m* переменный ток эмиттера

Emitterwiderstand *n* 1. (нагрузочный) резистор в цепи эмиттера, эмиттерный резистор; эмиттерная нагрузка 2. сопротивление эмиттера

Emitterwirkungsgrad *m* коэффициент эффективности [эффективность] эмиттера, коэффициент инжекции эмиттера, коэффициент инжекции

Emitterzeitkonstante *f* постоянная времени цепи эмиттера

Emitterzone *f см.* **Emittergebiet**

Emitterzuleitung *f* вывод эмиттера

EMK/EBIC-Verfahren *n* метод контроля ИС по величине эдс тока, индуцированного электронным лучом

Empfänger *m* приёмник

~, **lichtelektrischer** фотоэлектрический полупроводниковый приёмник излучения, фотоприёмник

Empfängerchip *m* кристалл ИС приёмника (данных); ИС приёмника (данных)

Empfänger-IC *n*, **Empfänger-IS** *f* ИС приёмника (данных)

Empfängerschaltkreis *m* ИС приёмника (данных)

Empfangskanal *m* приёмный канал

Empfangsstation *f см.* **Empfangsterminal**

Empfangsterminal *n* принимающий терминал, принимающая [приёмная] станция

Empfindlichkeit *f* чувствительность

~, **spektrale** спектральная чувствительность

Emulation *f* эмуляция

Emulator *m* эмулятор, эмулирующая программа

Emulsionsablösung *f* отслаивание эмульсии

Emulsionsarbeitskopie *f* эмульсионный рабочий фотошаблон

Emulsions(foto)maske *f* эмульсионный фотошаблон

Enable-Ausgang *m* разрешающий выход, выход разрешающего сигнала

Enable-Disable-Eingang *m* вход разрешения - запрета

Enable-Eingang *m* разрешающий вход, вход сигнала разрешения выхода; отпирающий вход

Enable-Impuls *m* разрешающий импульс; отпирающий импульс

Enable-Signal *n* разрешающий сигнал; отпирающий сигнал

Encoder *m* кодирующее устройство, кодер; шифратор

Endausbeute *f* выход годных (изделий)

Endausschlagsfehler *m* погрешность коэффициента передачи *(АЦП, ЦАП)*

Endlospapier *n* рулонная бумага

Endprodukthersteller *m* (фирма-)изготовитель комплексного оборудования на основе покупных комплектующих изделий, (фирма-)изготовитель конечной продукции

Endprüfung *f* выходной контроль

Endspülung *f* финишная отмывка

Endsteckverbinder *m* оконечный разъём

Endstelle *f* оконечное устройство, терминал; оконечное абонентское устройство; абонентский пункт

Endstufe *f* выходной каскад

Endwert *m* верхний предел, конечная точка *(шкалы АЦП, ЦАП)*

Endwertabgleich *m* компенсация погрешности преобразования в конечной точке шкалы *(АЦП, ЦАП)*

Endwertfehler *m* погрешность преобразования в конечной точке шкалы *(АЦП, ЦАП)*, отклонение выходной величины *(в*

АЦП, ЦАП) от номинального значения в конечной точке шкалы

Energie *f* энергия

~, **thermische** тепловая энергия *(напр. носителей заряда)*

Energieabstand *m* энергетическая щель, запрещённая зона; ширина запрещённой зоны; энергетический интервал

Energieausfall *m* отказ питания

Energieband *n* энергетическая зона

~, **erlaubtes** разрешённая зона

~, **verbotenes** запрещённая зона

Energiebanddiagramm *n* см. **Energiebandschema**

Energiebändermodell *n* зонная модель; зонная диаграмма, диаграмма энергетических зон

Energiebandmodell *n* см. **Energiebändermodell**

Energiebandschema *n* диаграмма энергетических зон, зонная диаграмма

Energiebandstruktur *f* зонная структура *(полупроводника)*; структура энергетических зон

Energiebereich *m* диапазон энергий, энергетический диапазон

Energielücke *m* энергетическая щель, запрещённая зона

Energielückenmodell *n* модель энергетической щели, модель Бардина - Купера - Шриффера, БКШ-модель

Energieminimum *n* минимум энергии

Energieniveau *n* уровень энергии, энергетический уровень

~, **besetztes** заполненный (энергетический) уровень

~, **diskretes** дискретный уровень энергии

~, **erlaubtes** разрешённый уровень энергии

~, **unbesetztes** свободный уровень

Energieniveaudichte *f* плотность энергетических уровней

Energieniveauschema *n* диаграмма энергетических уровней

Energieschema *n* см. **Energieniveauschema**

Energieterm *m* уровень энергии, энергетический уровень

~, **erlaubter** разрешённый уровень энергии

Energietermdichte *f* плотность энергетических состояний

Energiezustand *m* энергетическое состояние

ENFET *m* полевой транзистор Шоттки, работающий в режиме обогащения

Enhancement-Betrieb *m* режим обогащения

Enhancement/Depletion-MOSFET *m см.* **E/D-MOSFET**

Enhancement-Depletion-Technik *f* технология МОП ИС с обогащением активных транзисторов и обеднением нагрузок

~, **selbstjustierende** самосовмещённая технология полевых транзисторов Шоттки на арсениде галлия, работающих в режиме обогащения - обеднения

Enhancement-FET *m см.* **Enhancement-MISFET**

Enhancementimplantation *f* 1. имплантация областей с индуцированным каналом 2. имплантированная область с индуцированным каналом

Enhancement-MESFET *m* полевой транзистор (с затвором) Шоттки, работающий в режиме обогащения

Enhancement-MISFET *m* МДП-транзистор с обогащением канала [с индуцированным каналом], МДП-транзистор, работающий в режиме обогащения

Enhancement-MIS-Transistor *m см.* **Enhancement-MISFET**

Enhancement-Mode *m англ.* режим обогащения

Enhancement-MOSFET *m* МОП-транзистор с обогащением канала [с индуцированным каналом], МОП-транзистор, работающий в режиме обогащения

Enhancement-Transistor *m* транзистор с обогащением канала [с индуцированным каналом], транзистор, работающий в режиме обогащения

Enkoder *m* кодирующее устройство, кодер; шифратор

entartet вырожденный

Entartung *f* вырождение

Entblößungsschicht *f* обеднённый слой

Entblößungszone *f* обеднённая область

Entdämpfen *n*, **Entdämpfung** *f* компенсация затухания [потерь]

Enter-Taste *f* клавиша «ВВОД», клавиша ЕТ

Entfaltung *f* обращение свёртки

Entfettung *f* обезжиривание

Entflechten *n см.* **Entflechtung**

Entflechtung *f* разводка, трассировка *(печатных плат)*

~, **automatische** автоматическая трассировка (печатных плат)

~, **computergestützte** [**rechnergestützte**] автоматическая трассировка (печатных плат) с помощью ЭВМ

Entflechtungshilfe *f* средство автоматической трассировки *(печатных плат)*

Entflechtungssystem *n* система автоматической трассировки *(печатных плат)*

~, **rasterloses** система автоматической трассировки без сетки

entionisiert деионизованный *(о воде)*

Entionisierung *f* деионизация

Entkappung *f* демонтаж корпуса, извлечение из корпуса

Entkoppeldiode *f* развязывающий диод

Entkopplung *f* развязка

Entkopplungskondensator *m* разделительный конденсатор

Entkopplungsverstärker *m* развязывающий усилитель

Entkopplungswiderstand *m* развязывающий резистор

Entladekammer *f* разгрузочная камера

Entladeschleuse *f* разгрузочный шлюз

Entladestrom *m* разрядный ток, ток разряда

Entladezeit *f* время разряда

Entladezeitkonstante *f* постоянная время разряда

Entladung *f* 1. разряд 2. рассасывание заряда

~, **elektrostatische** электростатический разряд

~ **von Haftstellen** разряд ловушек

Entladungsleckstrom *m* ток утечки при разряде

Entlöten *n* выпайка; демонтаж

Entlötgerät *n* устройство для выпайки

Entlötstation *f* установка выпайки

Entnahmemagazin *n* разгрузочная кассета

Entnetzen *n*, **Entnetzung** *f* образование несмачиваемых припоем участков

Entprell-Flipflop *n* противодребезговый триггер

Entprellschaltung *f* антидребезговая схема, схема для устранения дребезга (контактов)

Entprellung *f* устранение дребезга (контактов)

Entsättigung *f* выход из (состояния) насыщения

Entsättigungsschutz *m* защита от выхода из насыщения

Entschichtungsmittel *n* раствор для удаления фоторезиста

Entsorgung *f* удаление [устранение] отходов; удаление отходящих газов

Entspiegeln *n*, **Entspiegelung** *f* подавление бликов *(на экране дисплея)*

Entspiegelungsüberzug *m* антибликовое покрытие *(экрана дисплея)*

Entstatisierung *f* снятие [нейтрализация] электростатических зарядов

Entstörkondensator

Entstörkondensator *m* помехоподавляющий конденсатор

Entwickeln *n* проявление

Entwicklerbad *n* ванна с проявителем

Entwurf *m* проектирование

~, **computergestützter** см. **Entwurf, rechnergestützter**

~, **rechnergestützter** автоматизированное проектирование

~, **topologischer** топологическое проектирование

Entwürfler *m* дескремблер

Entwurfsautomatisierung *f* автоматизация проектирования

Entwurfsniveauverifikation *f* верификация проекта (*БИС*)

Entwurfsregeln *f pl* проектные нормы (*определяющие минимальные топологические размеры элементов ИС*)

Entwurfszeichnung *f* топологический чертёж

Epibasis-Transistor *m* транзистор с эпитаксиально выращенной базой

EPIC-ACL *f*, **EPIC-ACL-Familie** *f* серия ионно-имплантированных КМОП ИС с улучшенными характеристиками

1-µm-EPIC-CMOS-Prozeß *m* технология 1-мкм ионно-имплантированных КМОП ИС с улучшенными характеристиками

EPIC-CMOS-Prozeß *m*, **EPIC-Prozeß** *m* технология ионно-имплантированных КМОП ИС с улучшенными характеристиками

EPIC-Technik *f*, **EPIC-Verfahren** *n* эпик-процесс, ЭПИК-процесс (*метод изоляции элементов ИС*); ЭПИК-технология

Epiplanartransistor *m* см. **Epitaxie-Planar-Transistor**

Epiplanarübergang *m* эпипланарный [эпитаксиальный планарный] переход

epitaktisch эпитаксиальный

EPI-Tasche *f* эпи-карман

Epitaxialbereich *m* эпитаксиальная область

Epitaxial-Mesatransistor *m* эпитаксиальный мезатранзистор

Epitaxial-Planar-Diode *f* планарно-эпитаксиальный диод

Epitaxial-Planar-Transistor *m* планарно-эпитаксиальный транзистор

Epitaxialschicht *f* эпитаксиальный слой

Epitaxialstruktur *f* эпитаксиальная структура

Epitaxialtechnik *f* эпитаксиальная технология

Epitaxialtransistor *m* (планарно-)эпитаксиальный транзистор

Epitaxialübergang *m* эпитаксиальный переход

Epitaxialwachstum *n* эпитаксиальное выращивание, выращивание эпитаксиального слоя; эпитаксиальное наращивание

Epitaxialzüchtung *f* эпитаксиальное выращивание, выращивание эпитаксиальных слоёв

Epitaxie *f* эпитаксия, эпитаксиальное наращивание; эпитаксиальные процессы

~ **aus der Gasphase** эпитаксия из газовой [паровой] фазы

~, **inverse** обратная эпитаксия

~, **selektive** избирательная [селективная] эпитаксия

Epitaxieanlage *f* установка эпитаксиального выращивания, установка (для) эпитаксии

Epitaxiediffusionstransistor *m* эпитаксиально-диффузионный транзистор

Epitaxie-Doppeldiffusionstechnik *f* планарно-эпитаксиальная технология с применением двойной диффузии

Epitaxiedotierung *f* легирование эпитаксиальных слоёв

Epitaxiekanal *m* эпитаксиальный канал

Epitaxie-Mesatransistor *m* эпитаксиальный мезатранзистор

Epitaxieofen *m* эпитаксиальный реактор

Epitaxie-Planar-Diode *f* планарно-эпитаксиальный диод

Epitaxie-Planar-Struktur *f* планарно-эпитаксиальная структура

Epitaxie-Planar-Technik *f*, **Epitaxie-Planar-Technologie** *f* планарно-эпитаксиальная [эпитаксиально-планарная] технология

Epitaxie-Planar-Thyristor *m* планарно-эпитаксиальный тиристор

Epitaxieplanartransistor *m* планарно-эпитаксиальный транзистор

~, **diffundierter** диффузионный планарно-эпитаксиальный транзистор

Epitaxiereaktor *m* эпитаксиальный реактор

Epitaxierohr *n* труба эпитаксиального реактора

Epitaxieschicht *f* эпитаксиальный слой

Epitaxiesubstrat *n* подложка с эпитаксиальным слоем

Epitaxietechnik *f* эпитаксиальная технология

Epitaxieübergang *m* эпитаксиальный переход

Epitaxieverfahren *n* метод эпитаксиального выращивания; эпитаксиальная технология

EPLD *n* стираемое программируемое логическое устройство, программируемое логическое устройство со стиранием

Epoxidglas *n* стеклоэпоксид

Epoxidharz *n* эпоксидная смола

Epoxidharzkleber *m* клей на основе эпоксидных смол

Epoxikevlar *n* эпокси-кевлар, эпоксидная смола-кевлар *(материал для изготовления многослойных печатных плат)*

Epoxi-Leiterplatte *f* эпоксидная печатная плата

Epoxy-Kleber *m* эпоксидный клей

EPROM *m* программируемое ПЗУ со стиранием УФ-излучением, стираемое ППЗУ, СППЗУ

E²PROM 1. *см.* **EPROM** 2. электрически (пере)программируемое ПЗУ, ЭППЗУ

Equalizer *m* эквалайзер

Erdleitung *f* заземляющая шина, шина «земли»

Erdpotential *n* потенциал «земли»

Erdungsarmband *n* заземлённый браслет *(для удаления статических зарядов)*

Ereigniszähler *m* счётчик событий

Ergibtanweisung *f* оператор присваивания

Erhebungsmarke *f* (выращенный) мезазнак *(знак совмещения, выращенный на мезаструктуре)*

Erholzeit *f* время восстановления

Erkennung *f* распознавание

Erkennungsmatrix *f* распознающая матрица *(матрица, распознающая образы)*

Erkennungssensor *m* воспринимающий элемент; рецептор

Erklärungskomponente *f* подсистема объяснения *(в экспертных системах)*, модуль (отображения и) объяснения решения

Erneuerung *f* восстановление

Erprobungsbausatz *m* макетный комплект

Erprobungsmodul *m* макетный модуль

Ersatzlast *f* эквивалентная нагрузка

Ersatzschaltbild *n* эквивалентная схема, схема замещения

~, **thermisches** эквивалентная тепловая схема

π-Ersatzschaltbild *n* гибридная π-модель *(малосигнальная эквивалентная схема биполярного транзистора)*

Ersatzschaltbildparameter *m pl* параметры эквивалентной схемы, параметры модели *(транзистора)*

Ersatzschaltung *f* см. **Ersatzschaltbild**

Ersatzvierpol *m* эквивалентный четырёхполюсник

Erschöpfungsbereich *m* см. **Erschöpfungsgebiet**

Erschöpfungsgebiet *n* область истощения примесных центров (*диапазон температур, в котором ионизованы все примесные атомы в полупроводнике, но собственная проводимость ещё незначительна*)

Erstarren *n*, **Erstarrung** *f* затвердевание

erweiterbar расширяемый, наращиваемый

Erweiterungsbaustein *m* (модуль-)расширитель, модуль расширения

Erweiterungseingang *m* вход (для подключения модуля) расширения

erweiterungsfähig расширяемый

Erweiterungsfähigkeit *f* расширяемость

Erweiterungsgatter *n* логический расширитель, элемент-расширитель

Erweiterungsglied *n* см. **Erweiterungsgatter**

Erweiterungskarte *f* расширительная плата, плата модуля расширения

Erweiterungsmodul *m* см. **Erweiterungsbaustein**

Erweiterungsplatine *f* см. **Erweiterungskarte**

Erweiterungsport *m* порт-расширитель

Erweiterungsprogramm *n* расширяемая программа

Erweiterungsregister *n* регистр-расширитель, регистр расширения

Erweiterungsspeicher *m* память для расширения системы, ЗУ расширения, расширительное ЗУ

Erweiterungssteckplatz *m* гнездо для (подключения) плат расширения; разъём расширения

Esaki-Diode *f* диод Эсаки, туннельный диод

Escape-Taste *f* клавиша перехода, клавиша смены режима

ESD-geschützt защищённый от электростатических разрядов

ES-Direktschreiben *n* см. **Elektronenstrahldirektschreiben**

ESFI *f*, **ESFI-Technik** *f* технология ИС со структурой (типа) «кремний на диэлектрике» [с КНД-структурой], КНД-технология

ESR *m* эквивалентное последовательное сопротивление

Etikett *n* метка

ETL *f* транзисторная логика на эмиттерных повторителях

Euroconnector *m* европейский унифицированный соединитель, евро-соединитель

Eurokarte f см. **Europakarte**

Euronorm f 1. европейский стандарт, евростандарт 2. стандартная европейская каркасная система печатных плат, система европлат

Europaformat n европейский формат

Europakarte f европлата, плата европейского формата, стандартная европейская плата *(100 x 160 мм²)*

Europa-Norm-Anschluß m см. **Euroconnector**

Euro-Stecker m см. **Euroconnector**

Evaluierung f оценка *(напр. качества, надежности ИС)*

Event n событие *(напр. прерывание)*

EV-Kit n макетный комплект

Exciton n см. **Exziton**

Executivmodus m привилегированный режим *(с выполнением всех или части привилегированных команд)*, режим операционной системы

Executivprogramm n исполнительная программа; управляющая программа

Exklusiv-ODER-Gatter n логический элемент исключающее ИЛИ, вентиль исключающее ИЛИ

EXOR-Gatter n см. **Exklusiv-ODER-Gatter**

Exoten pl экзотические ИС

Expander m 1. расширитель 2. экспандер *(вилка с коническим расширителем)*

Expandereingang m вход для подключения расширителя

Expansionsbus m шина расширения *(дополнительная системная шина для подключения модулей расширения и периферийных устройств)*

Expansionsgerät n устройство расширения, расширитель

Expansionsinterface n (системный) интерфейс расширения

Expansionsport m порт-расширитель

Expansions-RAM m ЗУПВ (для) расширения системы, расширительное ЗУПВ

Experimentierkarte f, **Experimentiersteckplatte** f плата с контактными гнездами под выводы микросхем

Expertensystem n экспертная система

Exponentialstufe f каскад с экспоненциальной характеристикой

Extenderkarte f см. **Erweiterungskarte**

Externbus m внешняя шина

Externgerät n внешнее устройство

Externspeicher m внешнее ЗУ

Extraktion *f* 1. экстракция (*носителей заряда*) 2. демонтаж

Extraktionssonde *f* вытягивающий зонд

Extraktionsstrom *m* ток экстракции

extrinsic-Halbleiter *m*, **Extrinsic-Halbleiter** *m* примесный полупроводник

Extrinsic-Leitfähigkeit *f см.* **Extrinsic-Leitung**

Extrinsic-Leitung *f* примесная проводимость, примесная электропроводность

Extrinsic-Verluste *m pl* внешние потери

Exzeßkonzentration *f* избыточная концентрация

Exziton *n* экситон

Exzitonenband *n* экситонная зона

Exzitonenniveau *n* экситонный уровень

Exzitonenrekombination *f* экситонная рекомбинация

Exzitonenübergang *m* экситонный переход

E-Zentrum *n* Е-центр, комплекс вакансия - атом донора V группы (*напр. фосфора*)

F

1/f -Gang *m* характеристика избыточных шумов, 1/*f* - характеристика

FACT-Schaltungen

face-down-Montage *f*, **Face-Down-Montage** *f* монтаж (кристалла ИС) лицевой стороной вниз; монтаж методом перевёрнутого кристалла

Face-Down-Schaltkreis *m* ИС, смонтированная методом перевёрнутого кристалла

FACE-Schaltkreis *m* ИС блока микропрограммного управления [БИС БМУ], программируемая пользователем

Facette *f* фасетка, плоская грань (*на фронте кристаллизации*)

Facettenbildung *f* образование фасетки (*при выращивании монокристаллов*)

Facetteneffekt *m* эффект грани (*возникновение плоской грани на фронте кристаллизации*)

face-up-Montage *f*, **Face-Up-Montage** *f* монтаж (кристалла ИС) лицевой стороной вверх

FACT-Familie *f* серия усовершенствованных КМОП ИС фирмы «Фэйрчайлд»

FACT-Logik-Serie *f* серия усовершенствованных логических КМОП ИС фирмы «Фэйрчайлд»

FACT-Schaltungen *f pl* усовершенствованные КМОП ИС фирмы «Фейрчайлд», усовершенствованные КМОП ИС, выполненные по технологии FACT

FACT-Technologie *f* технология усовершенствованных КМОП ИС фирмы «Фэйрчайлд», технология FACT

FACT-Typenreihe *f см.* **FACT-Familie**

Fadenkreuz *n* перекрестие

Fadenkristall *m* нитевидный кристалл, «ус»

Fadenmarke *f* знак совмещения в виде штриха *(на фотошаблоне)*

Fadentransistor *m* однопереходный транзистор, двухбазовый диод

Fahnenanschluß *m* внешний вывод *(корпуса ИС)*

Fahrzeugdetektor *m* проходной детектор автотранспорта

Fail-safe-Prinzip *n*, **fail-safe-Technik** *f* принцип защищённости от отказов; безаварийная [безопасная] техника

Faktenbasis *f* база фактов, база фактуальных знаний

Fall Time *англ.* время спада; время среза

Faltung *f* 1. свёртка 2. скручивание *(печатной платы)*

FAMOS *f* 1. лавинно-инжекционная МОП-структура с плавающим затвором 2. *см.* **FAMOS-TECHNIK**

FAMOS-Feldeffekttransistor *m см.* **FAMOST**

FAMOS-FET *m см.* **FAMOST**

FAMOS-Struktur *f* лавинно-инжекционная МОП-структура с плавающим затвором

FAMOST *m* лавинно-инжекционный МОП-транзистор с плавающим затвором

FAMOS-Technik *f* технология получения лавинно-инжекционных МОП-структур с плавающим затвором

FAMOS-Transistor *m см.* **FAMOST**

Fangdiode *f* ограничительный [фиксирующий] диод; антизвонный диод

Fang-Flipflop *n* триггер-защёлка

Fangstelle *f* ловушка захвата *(носителей)*, ловушка

fan-in, Fan-in *n англ.* коэффициент объединения по входу

fan-out, Fan-out *n*, **Fanout** *m англ.* коэффициент разветвления по выходу, нагрузочная способность

Farbart *f* цветность

Farbauszug *m* цветоделённое изображение

Farbbalkenkode *m* многоцветный штриховой код

Farbbild *n* цветное изображение

Farbbilddisplay *n* цветной дисплей

Farbbildröhre *f* цветная ЭЛТ; цветной кинескоп

Farbbildschirm *m* цветной экран; цветной дисплей

Farbbildschirmgerät *n* цветной дисплей

Farbbildsynthese *f* синтез цветных изображений

Farbdisplay *n* цветной дисплей

Farbdrucker *m* многоцветное печатающее устройство, устройство многоцветной печати

Farbebene *f* цветовая плоскость

Farbgrafik *f* цветная графика

~, **animierte** цветная мультипликация

~, **hochauflösende** устройства цветной графики с высокой разрешающей способностью

Farbgrafikadapter *m* цветной графический адаптер, адаптер монитора цветной графики

Farbgrafikcontroller *m* контроллер монитора цветной графики

Farbgrafikcontroller-Karte *f* плата контроллера монитора цветной графики

Farbgrafikdisplay *n* цветной графический дисплей

Farbgrafikgenerator *m* генератор (элементов) цветных графических изображений

Farbgrafikkarte *f* плата цветной графики

Farbgrafikkopierer *m см.* **Farbkopierer**

Farbgrafikmonitor *m* монитор цветной графики

Farbgrafikplatine *f см.* **Farbgrafikkarte**

Farbgrafikschirm *m* экран монитора цветной графики

Farbgrafikschnittstelle *f* интерфейс монитора цветной графики

Farbgrafiksteckeinheit *f см.* **Farbgrafikkarte**

Farbgrafiksystem *n* система цветной графики

Farbgrafikterminal *n* цветной графический терминал

Farbkanal *m* 1. канал цветового сигнала 2. канал сигнала цветности (*в цветном телевидении*)

Farbkopierer *m* многоцветный копир, многоцветное копировальное устройство

~, **digitaler** цифровой многоцветный копир

Farb-Lookup-Tabelle *f* кодовая таблица цвета

Farbmarke *f* цветная маркировка (*резистора*)

Farbmonitor *m* монитор цветного изображения

~, **grafischer** монитор цветной графики

Farbmusik *f* цветомузыка, светомузыка

Farbpalette *f* палитра цветов, палитра (*в машинной графике*)

Farbpalettenregister *n* регистр кодов цветов (*палитры графической системы*)

Farbplotter *m* многоцветный графопостроитель

Farbscanner *m* сканирующее устройство для считывания цветовых кодов; сканирующее устройство считывания многоцветного штрихового кода

Farbsensor *m* датчик цветного изображения; формирователь цветового видеосигнала

Farbsichtgerät *n* цветной дисплей

Farbton *m* цветовой тон

Farbvalenz *f* цветовой стимул *(совокупность трёх цветовых координат, определяющих цвет)*

Farbvideokamera *f* цветная видеокамера

Farbwertanteile *m pl* координаты цветности

Farbwerte *m pl* цветовые координаты, координаты цвета

Farbzentrum *n* центр окраски

Fase *f* фаска; лыска; срез

Faserbündel *n* волоконный жгут

Faserdämpfung *f* затухание в волокне

Faserlichtleiter *m* волоконный световод

Faserlitze *f* волоконный жгут

Faseroptik *f* волоконная оптика

faseroptisch волоконно-оптический

Faserverstärker *m* волоконный усилитель

Fast-Fourier-Transform-Algorithmus *m* алгоритм быстрого преобразования Фурье

FAST-PLA-Serie *f* серия ПЛМ на основе усовершенствованных микросхем ТТЛ-Шоттки фирмы «Фэйрчайлд»

Fastswitch-Transistor *m* быстродействующий переключательный транзистор

FAST-TTL *f* усовершенствованные интегральные (микро)схемы ТТЛ-Шоттки фирмы «Фэйрчайлд», усовершенствованные ТТЛШ ИС фирмы «Фэйрчайлд» *(серия ТТЛШ ИС)*

Fault-grading *n* проверка эффективности тест-программ, предназначенных для выявления внутренних дефектов цифровых ИС

«Fault-grading»-Software *f* программы проверки эффективности тест-программ

Faxgerät *n* факс, телефакс

FBAS-Ausgang *m* выход полного цветового видеосигнала, видеовыход

FBAS-Signal *n* полный цветовой видеосигнал

FCT *m* полевой тиристор

Features *pl* англ. функциональные возможности, функции; функциональные средства, функциональные элементы

FED *f* полевой диод

Federleiste *f* розеточная часть [розетка] *(электрического соединителя)* с подпружиненными гнёздами

Feedback *n* обратная связь; цепь обратной связи

FEFET *m* сегнетоэлектрический полевой транзистор, полевой транзистор с сегнетоэлектрическим изолирующим слоем затвора

Fehlanpassung *f* рассогласование

Fehlbondung *f* дефектное соединение *(элементов ИС)*

Fehler *m* ошибка, погрешность; повреждение; неисправность; сбой; отказ; дефект

~ **beim Endausschlag** погрешность коэффициента передачи *(АЦП, ЦАП)*

~, **dynamischer** динамическая погрешность

~, **haftender** постоянная ошибка *(на выходных контактах микропроцессорной БИС)*, «залипание»

~, **permanenter** регулярная ошибка; устойчивая ошибка, устойчивая неисправность; стойкий дефект; отказ

~, **ständiger** *см.* Fehler, haftender

~, **statischer** статическая погрешность

~, **systematischer** систематическая погрешность

~, **transienter** перемежающаяся ошибка; перемежающийся [многократно возникающий самоустраняющийся] отказ, перемежающаяся неисправность, сбой

~, **vorübergehender** перемежающаяся ошибка, ошибка перемежающегося типа

~, **zufälliger** случайная погрешность

Fehlerabstand *m*, **mittlerer** (средняя) наработка на отказ

Fehlerbeseitigung *f* отладка

Fehlerbündel *n* пакет ошибок

Fehlerbyte *n* байт с ошибкой

Fehlerdiagnose *f* диагностика отказов

Fehlerdichte *f* концентрация [плотность] дефектов

Fehlererkennung *f* обнаружение ошибок; обнаружение повреждений *или* неисправностей; обнаружение отказов

Fehlererkennungskode *m* код с обнаружением ошибок

Fehlerhäufigkeit *f* (относительная) частота (появления) ошибок

Fehlerkode *m* код с ошибкой; код ошибки

Fehlerkorrekturkode *m* код с исправлением ошибок

Fehlerlokalisierung

Fehlerlokalisierung *f* определение места [локализация] повреждения *или* неисправности; локализация отказов

Fehlermaßnahmeprogramm *n* программа контроля ошибок; программа контроля и коррекции ошибок

Fehlermatrix *f* матрица (контроля и обнаружения) ошибок

Fehlermeldung *f* сообщение об ошибке; сигнал ошибки; сигнализация ошибки

Fehlernachricht *f* сообщение об ошибке

Fehlerortung *f см.* **Fehlerlokalisierung**

Fehlerquote *f см.* **Fehlerhäufigkeit**

Fehlerrate *f* 1. интенсивность ошибок 2. интенсивность отказов 3. доля дефектных изделий

Fehlersignalverstärker *m* усилитель сигнала ошибки, усилитель рассогласования

Fehlerstopp *m* контрольный останов *(программы)*

Fehlersuch- und Korrekturprogramm *n* отладчик, отладочная программа

Fehlersuchbefehl *m* отладочная команда

Fehlersuchprogramm *n* диагностическая программа; отладочная программа, отладчик

Fehlersuchprüfung *f* диагностический контроль

fehlertolerant нечувствительный [стойкий] к (одиночным) отказам, нечувствительный [невосприимчивый] к сбоям, отказоустойчивый

Fehlertoleranz *f* нечувствительность [стойкость] к (одиночным) отказам, нечувствительность [невосприимчивость] к сбоям, отказоустойчивость

Fehlerüberdeckung *f* наложение ошибок; маскирование ошибок

Fehlerunterbrechung *f* прерывание по сбою

Fehlerverdeckung *f* маскирование ошибок

Fehlerwahrscheinlichkeit *f* вероятность (появления) ошибки

Fehlfunktion *f* сбой; работа со сбоями

Fehlordnung *f* дефект *(кристаллической решётки)*; дефектность *(кристаллической решётки)*; разупорядочение

~, **thermische** термический дефект

Fehlorientierung *f* разориентация *(напр. подложки)*

Fehlorientierungswinkel *m* угол разориентации

Fehlstelle *f* 1. дефект; вакансия 2. дырка

Fehlstellendichte f плотность [концентрация] дефектов

Fehlstellenhalbleiter m дырочный полупроводник, полупроводник p-типа

Feinätzung f прецизионное травление

Feindraht m микропровод

Feingrafik f графика высокого разрешения

Feinjustiermarke f знак совмещения; фигура совмещения

Feinleiterbild n (топологический) рисунок с высоким разрешением

Feinmaske f прецизионная маска

Feinpositionierer m устройство прецизионного позиционирования, (микро)позиционирующее устройство

Feinpositioniermarke f знак прецизионного позиционирования

Feinpositioniersystem n система прецизионного позиционирования

Feinpositioniertisch m координатный стол для прецизионного позиционирования

Feinpositionierung f прецизионное позиционирование

Feinschliff m микрошлиф

Feinspektrum n спектр тонкой структуры

Feinstleiterbild n (топологический) рисунок с особо высоким разрешением

Feinstleitertechnik f технология печатных плат с особо высокой плотностью соединений

Feinstruktur f тонкая структура; микроструктура

Feinstrukturspektroskopie f спектроскопия высокого разрешения

Feintisch m стол прецизионного перемещения; стол для прецизионного позиционирования

Feintrimmen n точная подгонка

Feinüberdeckung f точное совмещение

Feinvakuum n, **Feinvakuumbereich** m средний вакуум

Feinwanderung f микромиграция

Feinwiderstand m прецизионный резистор

Feinwinkelkorngrenzen f pl малоугловые границы (в монокристалле)

Feld n 1. матрица 2. массив 3. поле

~, **antreibendes** ускоряющее поле

~, **logisches** логическая матрица; логическая матричная ИС

~, **programmierbares logisches** программируемая логическая матрица, ПЛМ

~, **retardierendes** тормозящее поле

Feldabbauelektrode *f* антиполевой [кольцевой защитный] электрод *(электрод, противодействующий движению носителей в коллекторной области)*

Felddioxid *n* защитный слой SiO_2

Felddrift *f* дрейф *(носителей заряда)*, обусловленный действием электрического поля

Felddriftstrom *m* дрейфовый ток *(обусловленный действием электрического поля в области p-n-перехода)*; дрейфовая составляющая тока *(через p-n-переход)*

Felddurchbruch *m* полевой пробой, пробой (перехода) в связи с увеличением напряжённости электрического поля в переходе

Feldeffekt *m* эффект поля

Feldeffektdiode *f* полевой диод

Feldeffektelektrode *f* полевой электрод *(управляющий концентрацией поверхностных зарядов)*

Feldeffektfototransistor *m* полевой фототранзистор

Feldeffektschalttransistor *m* МДП-транзисторный ключ

Feldeffekttransistor *m* полевой транзистор

~ **des Anreicherungstyps** МДП-транзистор с обогащением канала [индуцированным каналом], МДП-транзистор, работающий в режиме обогащения

~ **des Verarmungstyps** МДП-транзистор с обеднением канала, МДП-транзистор (со встроенным каналом), работающий в режиме обеднения

~, **ionenempfindlicher** полевой транзистор, чувствительный к концентрации ионов

~ **mit isoliertem Gate [mit isolierter Steuerelektrode]** полевой транзистор с изолированным затвором, МДП-транзистор

~, **modulationsdotierter** модуляционно-легированный полевой транзистор, полевой транзистор с модулируемым [регулируемым] уровнем легирования

~, **pn-gesteuerter** полевой транзистор с управляющим p-n-переходом

~, **vertikaler** вертикальный полевой транзистор, полевой транзистор с вертикальной геометрией

Feldeffektvaristor *m* полевой варистор

Feldelektrode *f* полевой электрод *(напр. ПЗС)*

Feldelektronenstrom *m* автоэлектронный ток

Feldelement *n* ячейка матричной ИС

Feldemission *f* автоэлектронная эмиссия

~, **innere** внутренняя автоэлектронная эмиссия *(эффект Зенера)*

Feldfaktor *m* фактор поля

Feldionisation *f*, **Feldionisierung** *f* электростатическая ионизация

Feldoxid *n* защитный оксидный слой *(для обеспечения стабильных свойств кристалла при воздействии электрического поля)*; защитный слой SiO_2

Feldplatte *f* магниторезистор

Feldprozessor *m* матричный процессор

~, **zellularer** матричный процессор на основе стандартных макроэлементов

Feldring *m* охранное кольцо

Feldstärke *f* напряжённость (электрического) поля

~, **elektrische** напряжённость электрического поля

~, **kritische** критическая напряжённость электрического поля

Feldstärkeverlauf *m* распределение напряжённости электрического поля; диаграмма изменения напряжённости электрического поля

Feldstrom *m* дрейфовый ток *(обусловленный действием электрического поля в области p - n-перехода)*

Feldstromdichte *f* плотность дрейфового тока

Feldverdrängung *f* эффект вытеснения тока, эффект уменьшения эмиттерного тока, оттеснение эмиттерного тока к краю эмиттерной области

Feldverteilung *f* распределение напряжённости электрического поля

FEM-Analyse *f* анализ с помощью модели конечных элементов, анализ путём моделирования конечными элементами

Femtosekunde *f* фемтосекунда $(10^{-15} с)$

Fenster *m* окно *(напр. окно в маскирующем слое, окно экрана дисплея)*

Fensterdiskriminator *m* строб-дискриминатор

Fensterfläche *f* площадь окна

Fenster-Funktion *f* выделение окон [областей просмотра] *(на экране дисплея)*

Fenstertechnik *f* техника управления окнами *(на экране дисплея)*, организация окон; организация полиэкранного режима *(работы дисплея)*

Ferftigungsausbeute *f* выход годных (изделий); процент выхода годных (изделий)

Fermi-Dirac-Funktion *f* функция [распределения] Ферми - Дирака; распределение Ферми - Дирака

Fermi-Dirac-Verteilung *f* распределение Ферми - Дирака

Fermi-Energie *f* энергия Ферми, уровень Ферми, Ферми-уровень

Fermi-Fläche *f* поверхность Ферми

Fermi-Gas *n* Ферми-газ

Fermi-Kante *f см.* Fermi-Niveau

Fermi-Niveau *n* уровень Ферми, Ферми-уровень

Fermistatistik *f* распределение Ферми, статистика Ферми - Дирака

Fernbedienplatz *m* удалённый терминал

Fernbedienung *f* дистанционное управление

Fernbetriebseinheit *f* контроллер связи

Fernkopieren *n* телекопирование, передача факсимиле по телефонным каналам (связи)

Fernkopierer телекопир

Fernmeldenetz *n* сеть связи

~, diensteintegrierendes digitales цифровая сеть связи с интеграцией служб, ЦСИС, цифровая сеть связи с интеграцией услуг

Fernmeßtechnik *f* телеметрия

Fernmessung *f* телеизмерение, дистанционное измерение

Fernmeßwandler *m* телеметрический [телеизмерительный] преобразователь

Fernschreiber *m*, **Fernschreibmaschine** *f* телетайп; стартстопный телеграфный аппарат; буквопечатающий телеграфный аппарат

Fernsehsendesatellit *m* спутник телевизионного вещания

Fernseh-Stereoradiorecorder *m* видеола

Fernterminal *n* удалённый терминал

Fernüberwachung *f* дистанционный контроль

Fernverarbeitung *f* телеобработка

Fernzugriff *m* дистанционный доступ

Ferritbauelement *n* ферритовый элемент

~, nichtreziprokes ферритовый элемент с необратимым [ориентированным] гиромагнитным воздействием *(напр. направленный ответвитель)*

~, reziprokes ферритовый элемент с обратимым [неориентированным] гиромагнитным воздействием *(напр. аттенюатор)*

Ferrit-Granat *m* феррогранат

Ferritreaktanzverstärker *m* ферритовый параметрический усилитель

Ferritschenkel *m* ферритовый стержень

Ferritschicht *f* ферритовая плёнка

Ferrodielektrikum *n* сегнетодиэлектрик

Ferroelastikum *n* сегнетоэластик

Ferrogranat *m* феррогранат

Ferrospinell *m* феррошпинель

Fertigung *f* производство; изготовление

~, **rechnerunterstützte** производство с централизованным управлением от ЭВМ

Fertigungsausbeute *f* выход годных (изделий); процент выхода годных (изделий)

Fertigungsstreuung *f* разброс параметров при изготовлении

Festfilmresist *n* сухой плёночный фоторезист

Festkommaarithmetik *f* арифметика с фиксированной запятой [с фиксированной точкой]

Festkopfplattenspeicher *m* дисковое ЗУ с фиксированными головками, ЗУ на магнитных дисках с фиксированными головками; накопитель на магнитном диске с фиксированными головками

Festkörper *m* твёрдое тело

Festkörperanzeigezeile *f* твердотельная индикаторная линейка

Festkörperbauelement *n* твердотельный элемент; твердотельный компонент; твердотельный прибор

Festkörperbaustein *m* твердотельный компонент

Festkörperbildsensor *m*, **Festkörperbildwandler** *m* твердотельный [полупроводниковый] датчик изображения; (матричный) твердотельный [(матричный) полупроводниковый] формирователь сигналов изображения

Festkörperchip *m* кристалл (полупроводниковой) ИС; полупроводниковая ИС

Festkörperdiffusion *f* диффузия из твёрдого источника примеси

Festkörperdisplay *n* твердотельный дисплей

Festkörperelektronik *f* твердотельная электроника; полупроводниковая электроника

Festkörperlaser *m* твердотельный лазер

Festkörperlogik *f* твердотельные логические схемы

Festkörperphysik *f* физика твёрдого тела

Festkörperschaltkreis *m* твердотельная (интегральная) схема

~, **akustoelektronischer** акустоэлектронная полупроводниковая ИС

~, **akustooptischer integrierter** акустооптическая ИС

~, **integrierter** интегральная микросхема, ИС, ИМС; полупроводниковая ИС

Festkörperschaltkreis

~, **monolitisch integrierter** полупроводниковая [монолитная] ИС

~, **optischer integrierter** оптическая ИС; оптоэлектронная ИС

Festkörperschaltkreistechnik *f* технология (изготовления) полупроводниковых ИС, монолитная технология

Festkörperschaltung *f* твердотельная (интегральная) (микро)схема

Festkörpersensor *m* твердотельный [полупроводниковый] датчик

Festkörpertechnik *f* твердотельная технология

Festphasenepitaxie *f* эпитаксия из твёрдой фазы, твердофазная эпитаксия

Festplatte *f* 1. жёсткий магнитный диск, ЖМД 2. накопитель на жёстком (магнитном) диске, НЖМД

Festplatten-Controller *m* контроллер накопителя на жёстком (магнитном) диске, контроллер НЖМД

Festplattenlaufwerk *n* 1. дисковод для жёстких (магнитных) дисков 2. накопитель на жёстком (магнитном) диске, НЖМД

Festplattenspeicher *m* память [ЗУ] на жёстких магнитных дисках; накопитель на жёстком (магнитном) диске, НЖМД

Festspannungsregler *m* стабилизатор с фиксированным выходным напряжением

Festwert *m* константа

Festwert-Domänenspeicher *m* ПЗУ на ЦМД

Festwertkondensator *m* конденсатор постоянной ёмкости

Festwertspeicher *m* постоянное запоминающее устройство, ПЗУ

~, **matrixorganisierter** матричное ПЗУ

~, **programmierbarer** программируемое ПЗУ, ППЗУ

~, **wiederprogrammierbarer** репрограммируемое ПЗУ, РПЗУ

Festwertspeichermatrix *f* матрица ПЗУ

Festwiderstand *m* постоянный резистор

FET *m* полевой транзистор

~, **militärischer** полевой транзистор для военно-технических целей

~, **selbstleitender** МОП-транзистор со встроенным каналом [с обеднением канала]

~, **selbstsperrender** МОП-транзистор с индуцированным каналом [с обогащением канала]

FET-Logik *f* логика [логические схемы] на полевых транзисторах

~, **direktgekoppelte** логика [логические схемы] на

полевых транзисторах с непосредственными связями

~, **gepufferte** логика [логические схемы] на буферных полевых транзисторах, логические схемы на полевых транзисторах с буферным каскадом

FET-Mischer *m* смеситель на полевых транзисторах

FET-Op m, **FET-Operationsverstärker** *m* ИС операционного усилителя на полевых транзисторах

FET-Oszillator *m* гетеродин на полевых транзисторах с барьером Шоттки *(входного устройства приёмной установки спутникового телевидения)*

FET-Schalter *m* переключатель на полевых транзисторах

Feuchtesensor *m* датчик влажности

Feuchtetest *m*, **Feuchtigkeitstest** *m* испытания на влагостойкость

Feuchtoxydation *f* окисление в водяном паре; окисление в атмосфере влажного кислорода

Feuerverzinnung *f* горячее лужение

f₁-Frequenz *f* частота среза (по уровню 3дБ); максимальная частота усиления; максимальная частота генерации

FFT-Algorithmus *m* алгоритм быстрого преобразования Фурье

FFT-Analysator *m* БПФ-анализатор, анализатор на основе быстрого преобразования Фурье

FFT-Modul *m* модуль быстрого преобразования Фурье, БПФ-модуль

FFT-Prozessor *m* процессор быстрого преобразования Фурье, БПФ-процессор

f₁-Grenzfrequenz *f* граничная [предельная] частота коэффициента передачи тока базы

Fibonacci-ADU *m* АЦП на основе системы счисления с иррациональными основаниями типа «золотой пропорции» [на основе кода Фибоначчи], АЦП в коде Фибоначчи

Fibonacci-Code *m* код Фибоначчи

Fibonacci-Folge *f* ряд Фибоначчи

Fieldistor *m* филдистор *(диод с p-n-переходом с расположенным на его поверхности изолированным управляющим электродом)*

FIFO *m см.* FIFO-Speicher

FIFO-Speicher *m* память обратного магазинного типа, память типа FIFO, обратный стек

File *n* файл

File-Header *m*, **File-Kopf** *m* заголовок файла

File-Management *n* см. **File-Verwaltung**

Filename *m* имя файла

File-Server *m* файловый сервер; служебный файловый процессор *(локальной вычислительной сети)*

Filesystem *n* файловая система

File-Verwaltung *f* управление файлами

Fill-and-spill-Struktur *f* (ПЗС-)структура с записью и сбросом информационных зарядов

Fill-and-spill-Verfahren *n* процесс записи и сброса информационных зарядов *(в ПЗС)*

Filling *n* 1. закрашивание, закраска *(областей на экране дисплея, элементов синтезируемого изображения)* 2. закраска *(результат закрашивания)*

FILL-SPILL-Struktur *f* см. **Fill-and-Spill-Struktur**

Film *m* плёнка

~, **einkristalliner** монокристаллическая плёнка

Filmbandträger *m* (гибкий) ленточный носитель для автоматизированной сборки ИС

Filmbandträgerrahmen *m* выводная рамка для монтажа кристаллов ИС на (гибком) ленточном носителе

Filmbondingverfahren *n* см. **Folienbondverfahren, automatisches**

Filmschaltkreis *m* плёночная микросхема, плёночная ИС

Filmsieden *n* «вскипание» плёнки

Filmspeicher *m* плёночное ЗУ

Filmtechnik *f* плёночная технология

Filmträger *m* основа плёнки; подложка

Filmvideoplatte *f* плёночный видеодиск

Filmwiderstand *m* 1. плёночный резистор *(см. тж сложные слова на Schicht...)* 2. (удельное) сопротивление слоя

Filter *n* фильтр

~, **akustoelektrisches** акустоэлектрический фильтр, фильтр на ПАВ, ПАВ-фильтр

~, **holografisches** голографический фильтр

Filtergrenzfrequenz *f* частота среза фильтра

Filter-IC *n* ИС фильтра

FIMOS *f* ионизационно-инжекционная МОП-структура с плавающим затвором

Finite-Elemente-Verfahren *n* метод конечных элементов

Finkdrahteinschmelzung *f* платинитовый впай

Flächenladungsdichte

FIR-Filter *n* фильтр с конечной импульсной характеристикой, КИХ-фильтр

Firmware *f* микропрограммное обеспечение, встроенные (микро)программы

Fixspannungsregler *m* стабилизатор с фиксированным выходным напряжением

FKS *f* твердотельная (интегральная) (микро)схема

Flachband *n* плоская зона

Flachbandkabel *n* плоский кабель

Flachbandpotential *n* напряжение плоских зон

Flachbandspannung *f* напряжение плоских зон

Flachbaugruppe *f* узел в плоском исполнении

Flachbaugruppenadapter *m* переходное устройство для печатных плат

Flachbettplotter *m* планшетный графопостроитель

Flachbildschirm *m* плоский экран

Flachdiode *f* диод с мелкой структурой

Flachdiodenarray *n* диодная матрица с мелкой структурой

Flachdisplay *n* дисплей с плоским экраном

Fläche *f* поверхность; грань
~, **verdeckte** невидимая поверхность *(в машинной графике)*

Flachemitter *m* эмиттер с мелкой структурой

Flächenabstand *m* межплоскостное расстояние, расстояние между атомными плоскостями кристалла

Flächenbedarf *m* полезная площадь *(кристалла ИС, полупроводникового прибора)*; занимаемая площадь

Flächenbestückung *f* плоскостной [поверхностный] монтаж *(элементов ГИС на печатной плате)*

Flächenbonden *n* монтаж (кристалла ИС) тыльной стороной к поверхности гибридной микросборки

Flächendefekt *m* поверхностный дефект

Flächendichte *f* поверхностная плотность *(заряда)*

Flächendiode *f* плосткостной диод, диод с плоскостным p-n-переходом

Flächenemitter-Lumineszenzdiode *f* светодиод поверхностного излучения [с поверхностным излучением]

Flächenempfänger *m* матричный фотоприёмник

Flächenfieldistor *m* плоскостной полевой транзистор, полевой транзистор с плоскостным (p-n-)переходом

Flächenfotodiode *f* плоскостной фотодиод

Flächenfototransistor *m* плоскостной фототранзистор

Flächenladungsdichte *f* поверхностная плотность заряда

Flächenmodell

Flächenmodell *n* контурная модель *(трёхмерного объекта в машинной графике)*

Flächenmontage *f* плоскостной [поверхностный] монтаж

Flächenmontagetechnik *f* метод плоскостного [поверхностного] монтажа

Flächenschattierung *f* затенение поверхностей *(в машинной графике)*, построение теней *(на синтезируемых графических изображениях)*

Flächensensor *m* матричный формирователь сигналов изображения

Flächenstrahl *m* профилированный пучок *(электронов)*

Flächenstrahlmethode *f* метод электронолитографии с профилированным пучком

Flächentransistor *m* плоскостной транзистор, транзистор с плоскостными *p - n*-переходами

Flächenübergang *m* плоскостной (*p - n*-)переход

Flächenwiderstand *m* удельное поверхностное электрическое сопротивление; удельное сопротивление слоя

Flachgehäuse *n* плоский корпус; *см. тж.* **Flat-pack-Gehäuse**

Flachschirmanzeige *f* индикатор с плоским экраном; плоская индикаторная панель

Flachstecker *m*, **Flachsteckverbinder** *m* плоский (электрический) соединитель, плоский разъём

Flachtastatur *f* плоская клавиатура

Flag *n* флаг, флажок, признак

Flag-Bit *n*, **Flagbit** *n* флаговый разряд

Flagregister *n* регистр признаков, флаговый регистр

Flanke *f* фронт *(импульса)*
~, **fallende** срез *(импульса)*

Flankenanstiegsdauer *f* время нарастания фронта

Flankendauer *f* длительность фронта (импульса)

Flankendemodulator *m* частотный детектор с двумя (сдвинутыми по фазе) контурами

flankengesteuert синхронизируемый фронтом *(о триггере)*; управляемый фронтом [по фронту] сигнала

Flankenrate *f см.* **Flankensteilheit**

Flankensteilheit *f* крутизна фронта (импульса)

Flankensteuerung *f* синхронизация *(напр. триггера)* фронтом; управление по фронту сигнала

Flankentriggerung *f* запуск фронтом импульса; синхронизация *(триггера)* фронтом

Flankenversteilerung *f* увеличение крутизны фронта (импульса)

Flash-Converter *m* см. **Flash-Umsetzer**

Flash-EEPROM *m* «быстрое» ЭСППЗУ, ЭСППЗУ с быстрым [параллельным] стиранием

Flash-Speicher *m* «быстрое» СППЗУ, СППЗУ с быстрым [параллельным] стиранием; «быстрое» ЭСППЗУ, ЭСППЗУ с быстрым [параллельным] стиранием

Flash-Umsetzer *m*, **Flash-Wandler** *m* сверхбыстродействующий аналого-цифровой преобразователь, сверхбыстродействующий АЦП

Flatbandspannung *f* напряжение плоских зон

Flatpack *n* см. **Flat-pack-Gehäuse**

Flat-Package-Gehäuse *n* см. **Flat-pack-Gehäuse**

Flat-pack-Anschluß *m* планарный вывод *(плоского корпуса)*

Flat-pack-Gehäuse *n* плоский корпус *(ИС)* с планарными выводами *(плоский корпус с двух- или (реже) четырехсторонним расположением планарных выводов)*

Flexiwell *n* гибкое контактирующее устройство *(для присоединения кристаллов ИС)*

Flexode *f* гибкий диод, флексод

Flexwellhohlleiter *m* гибкий волновод

Flexydisk *f* гибкий диск

FLF-Schaltung *f* схема с многопетлевой обратной связью и замыканием всех петель на вход схемы

Fliegenaugenkamera *f* фотокамера с фасеточными линзами, фотокамера (с растрами) типа «мушиный глаз», многолинзовая фотокамера, линзово-растровая установка с растром типа «мушиный глаз» *(для получения изображений фотошаблонов)*

Fließbandbearbeitung *f* конвейерная обработка *(данных)*

Fließbandorganisation *f* конвейерная организация; конвейерный принцип (обработки данных)

Fließbettverkappung *f* герметизация в псевдоожиженном слое

Fließlöten *n* пайка волной припоя

flip-chip *англ.*, **Flipchip** *m* перевёрнутый кристалл (ИС)

Flip-Chip-Bonden *n* см. **Flip-Chip-Montage**

Flip-Chip-Bondtechnik *f* см. **flip-chip-Technik**

flip-chip-Gehäuse *n* кристаллодержатель для монтажа (ИС) методом перевёрнутого кристалла

Flip-Chip-Montage *f* монтаж методом перевёрнутого кристалла

flip-chip-Technik *f*, **Flip-Chip-Technik** *f*, **Flip-Chip-Verfahren** *n* метод перевёрнутого кристалла; монтаж методом перевёрнутого кристалла

Flipflop *n, m* триггер; бистабильная ячейка, БЯ

~, **direktgekoppeltes** триггер с непосредственными связями

~, **flankengetriggertes** *см.* Flipflop, flankengesteuertes

~, **flankengesteuertes** триггер, синхронизируемый фронтом

~, **getaktetes** тактируемый триггер; синхронный триггер

~, **monostabiles** ждущий мультивибратор

~, **nichtgetaktetes** асинхронный триггер

~, **synchrones** *см.* Flipflop, getaktetes

~, **taktflankengesteuertes** триггер, синхронизируемый фронтом

~, **taktflankengetriggertes** *см.* Flipflop, flankengesteuertes

~, **taktgesteuertes** *см.* Flipflop, getaktetes

~, **taktniveaugetriggertes** *см.* Flipflop, taktzustandsgesteuertes

~, **taktzustandsgesteuertes** триггер, синхронизируемый уровнем

~, **taktzustandsgetriggertes** *см.* Flipflop, taktzustandsgesteuertes

~, **zustandsgesteuertes** *см.* Flipflop, taktzustandsgesteuertes

~, **zweiflankengesteuertes** триггер, синхронизируемый положительным и отрицательным фронтом

~, **zweistufiges** двухступенчатый триггер, триггер MS-типа

Flipflopausgang *m* выход триггера

Flipflopauslöser *m* триггер Икклза - Джордана

Flipflop-Register *n* триггерный регистр

Flipflop-Schaltung *f* триггерная схема

Flipflopspeicher *m* триггерное ЗУ

Flipflop-Speicherzelle *f*, **bipolare** запоминающая ячейка [ЗЯ] на биполярных транзисторах

Float-Diffusion *f* диффузия из жидкого источника

Floaten *n* плавание *(потенциала)*

~ **des Substrats** плавание потенциала подложки

Floating Gate *n* плавающий затвор *(МОП-транзистора)*

Floating-Gate-Elektrode *f см.* Floating Gate

Floating-Gate-Technik *f* технология МОП-транзисторов с плавающим затвором; технология МОП-транзисторных ИС с плавающим затвором

Floating-Gate-Transistor *m* МОП-транзистор с плавающим затвором

Floating-Gate-Verstärker *m* ИС усилителя с плавающим затвором

Floating-Point-Prozessor *m* процессор (для выполнения операций) с плавающей точкой [с плавающей запятой]

Floating-Zone-Silizium *n* монокристалл кремния, полученный методом бестигельной зонной плавки

Floating-Zone-Verfahren *n* метод бестигельной зонной плавки

Floating-Zustand *m* высокоимпедансное состояние

Floppy *n* англ. 1. см. Floppy-Disk 2. см. Floppy-Laufwerk Floppy-Controller *m* см. Floppy-Disk-Controller

Floppy-Disk *f* гибкий магнитный диск, ГМД

Floppy-Disk-Controller *m* контроллер накопителя на гибком магнитном диске, контроллер НГМД

Floppy-Disk-Drive *n* см. Floppy-Disk-Laufwerk

Floppy-Disk-Laufwerk *n* 1. дисковод для гибких дисков, флоппи-дисковод 2. накопитель на гибком магнитном диске, НГМД

Floppy-Disk-Speicher *m* память [ЗУ] на гибких магнитных дисках; накопитель на гибком магнитном диске, НГМД

Floppy-Disk-Steuereinheit *f* см. **Floppy-Disk-Controller**

Floppy-Laufwerk *n* см. **Floppy-Disk-Laufwerk**

Floptical *n* гибкий магнитный диск с лазерным позиционированием

FLOTOX-Transistor *m* МОП-транзистор с плавающим затвором и тонким слоем туннельного оксида

Flubble-Speicher *m* (комбинированное) ЗУ на гибких магнитных дисках и ЦМД

Fluenz *f* перенос ионизирующих частиц, флуенс *(доза излучения, определяемая как интеграл потока ионизирующих частиц по времени облучения и выражаемая числом частиц на см²)*

Fluidik *f* струйная техника

Fluidikelement *n* струйный элемент

Fluoreszenzanzeige *f* флуоресцентный индикатор

Flußast *m* см. **Flußzweig**

Flußbereich *m* область пропускания; линейная область *(диода с p-n-переходом, транзистора)*

Flußbetrieb *m* режим пропускания; режим прямого тока; прямой активный режим

Flußdichte *f* магнитная индукция; величина магнитной индукции

~, **magnetische** магнитная индукция

Flüssigkeitslaser *m* жидкостный лазер

Flüssigkristall *m* жидкий кристалл

Flüssigkristallanzeige *f* индикатор на жидких кристаллах, жидкокристаллический индикатор, ЖК-индикатор; жидкокристаллическая индикаторная панель

Flüssigkristallanzeigeelement *n* жидкокристаллический индикатор, ЖК-индикатор

Flüssigkristallanzeigematrix *f* индикаторная матрица на жидких кристаллах, жидкокристаллическая индикаторная матрица; матричный ЖК-индикатор

Flüssigkristallanzeigetafel *f* (индикаторное) табло на жидких кристаллах, жидкокристаллическое индикаторное табло

Flüssigkristalldisplay *n* жидкокристаллический дисплей, ЖК-дисплей

Flüssigkristalle *m pl* жидкие кристаллы

~, **cholesterinische** холестерические (жидкие) кристаллы

~, **nematische** нематические (жидкие) кристаллы

~, **smektische** смектические (жидкие) кристаллы

Flüssigkristallelement *n* жидкокристаллический элемент; жидкокристаллический индикатор, ЖК-индикатор

Flüssigkristallmaterial *n* жидкокристаллическое (органическое) вещество

Flüssigkristallphase *f* жидкокристаллическая фаза

Flüssigkristallschicht *f* жидкокристаллический слой

Flüssigkristallzelle *f* жидкокристаллическая ячейка, ЖК-ячейка; жидкокристаллический индикатор, ЖК-индикатор

Flüssigmetallquelle *f* источник жидкого металла

Flüssigphasenelektroepitaxie *f* жидкофазная электроэпитаксия

Flüssigphasenepitaxie *f* жидкофазная эпитаксия

Flußkennlinie *f* характеристика *(полупроводникового прибора)* при прямом смещении

Flußmittel *n* флюс

Flußmittelauftrag *m* флюсование

Flußmittelbad *n* ванна (для) флюсования

Flußphase *f* фаза прохождения прямого тока

Flußpolung *f* прямое смещение

Flußquant *n*, **magnetisches** квант магнитного потока

Flußquantisierung *f* квантование магнитного потока

Flußrichtung *f* прямое направление; **in ~ vorgespannt** прямосмещённый

Flußsäure *f* плавиковая [фтористоводородная] кислота

Flußschlauch *m* флюксон, магнитный вихрь

Flußschlauchgitter *n* решётка флюксонов

Flußschlauchverankerung *f* закрепление магнитных вихрей *(на центрах пиннинга)*

Flußspannung *f* прямое напряжение

Flußstrom *m* прямой ток; ток в открытом состоянии *(тиристора)*

Flußtransformator *m* преобразователь магнитного потока *(на эффекте сверхпроводимости)*

Flußvorspannung *f* прямое смещение

Flußwandler *m см.* **Durchflußwandler**

Flußwiderstand *m* прямое сопротивление перехода

Flußzweig *m* прямая ветвь *(характеристики)*

Fluxen *n* флюсование

Fluxer *m* устройство для нанесения флюса *(для пайки)*

Fluxoid *n* квант магнитного потока

Fluxon *n* флюксон, магнитный вихрь *(нить нормальной фазы в сверхпроводниках II рода, окружённая экранирующим вихревым током сверхпроводимости; используется в функциональной электронике в качестве динамической неоднородности)*

Fluxonspeicher *m* память [ЗУ] на флюксонах

FM-Demodulator *m* частотный детектор

FME-Effekt *m* фотомагнитоэлектрический эффект

FM-Modulation *f* частотная модуляция

FM-ZF-Verstärker *m* усилитель промежуточной частоты [УПЧ] ЧМ-тракта, УПЧ-ЧМ

~, integrierter ИС УПЧ ЧМ-тракта, ИС УПЧ-ЧМ

FM-ZF-Verstärkerschaltkreis *m*, **integrierter** ИС УПЧ ЧМ-тракта, ИС УПЧ-ЧМ

Fog-M-Abwehrrakete *f* противотанковая ракета с управлением по волоконно-оптическому кабелю; противовертолётная ракета с управлением по волоконно-оптическому кабелю

Fokusnachführsystem

Fokusnachführsystem *n* система подфокусировки

Fokusnachführung *f* подфокусировка

Fokussierung *f*, **automatische** автофокусировка

Fokussierungsfehler *m* погрешность фокусировки

Fokussierungssystem *n*, **automatisches** система автофокусировки

Folgeausfall *m* зависимый отказ

Folgefrequenz *f* частота повторения [следования] *(импульсов)*

Folger *m* повторитель

Folgeregelung *f* следящее регулирование; отслеживание

Folgeschaltung *f* 1. последовательностная схема 2. схема отслеживающего устройства 3. повторитель

Folgesteuerung *f* следящее управление

Folgesteuerungseinheit *f* устройство последовательного управления; устройство задания последовательности операций

Folgesystem *n* следящая система

Folgetransistor *m* управляемый [нагрузочный] транзистор

Folgeverstärker *m* отслеживающий усилитель

Folienätztechnik *f* техника травления плёнок

Folienbondanlage *f* установка для автоматизированной сборки ИС на (гибком) ленточном носителе, АСЛН-установка

Folienbonden *n* монтаж кристаллов ИС на (гибком) ленточном носителе; сборка ИС на (гибком) ленточном носителе

~, **automatisches** автоматизированная сборка ИС на (гибком) ленточном носителе, АСЛН

Folienbondtechnik *f* технология автоматизированной сборки ИС на (гибком) ленточном носителе

Folienbondverfahren *n*, **automatisches** метод автоматизированной сборки ИС на (гибком) ленточном носителе, метод АСЛН

Folien-DMS *m* фольговый тензорезистор

Folienmaske *f* фольговый шаблон; фольговый трафарет

Folienschalter *m см.* **Folientastschalter**

Folienspeicher *m* память [ЗУ] на гибких магнитных дисках; накопитель на гибком магнитном диске, НГМД

Folienspeichersteuereinheit *f*, **Folienspeichersteuerung** *f* контроллер накопителя на гибком магнитном диске, контроллер НГМД

Foliensubstrat *n* основа плёнки

Folientastatur *f* плёночно-контактная клавиатура

Folientastschalter *m* плёночно-контактный переключатель

Fonoautomat *m* (электро)проигрыватель с автоматическим управлением

Fonogerät *n* электрофон

Fononen-Drag *m* увлечение носителей фононами, фононное увлечение

Fononengas *n* фононный газ

Font *n* шрифтокомплект; шрифт

Force-and-Sense-Verbindung *f* схема Кельвина

Force-Ausgang *m* сигнальный (*токовый или потенциальный*) выход (*ЦАП'а*)

Force-Pin *n* сигнальный вывод

Förderbandofen *m* конвейерная печь

Forderung *f* запрос; заявка; требование

Forderungsrate *f* интенсивность потока заявок; интенсивность потока требований

Forderungsstrom *m* поток заявок; поток требований

Format *n* формат

~, **gepacktes** упакованный формат

~, **ungepacktes** неупакованный формат

Formatpapier *n* форматная бумага

Fotoaufspaltung

Former *m* формирователь (*напр. импульсов*)

Formierungskondensator *m* формирующий конденсатор

Formstrahl *m* электронный пучок прямоугольного *или* квадратного сечения; электронный пучок с изменяемым сечением

~, **variabler** электронный пучок с изменяемым сечением

Formstrahlanlage *f* установка электронолитографии с изменяемым сечением электронного пучка

Formstrahlblende *f* профилирующая [вырезывающая] диафрагма

Formstrahlsystem *n см.* **Formstrahlanlage**

Fotistor *m* фотистор, фототранзистор

Formstrahlverfahren *n* метод электронолитографии с профилированным пучком [с изменяемым сечением электронного пучка]

Fotoabscheidung *f* фотоосаждение

Fotoadsorption *f* фотоадсорбция

Fotoätzen *n* фототравление; фотогравирование, фотогравировка

Fotoätztechnik *f* метод фототравления

Fotoätzung *f см.* **Fotoätzen**

Fotoaufspaltung *f* фоторасщепление

Fotochrom

Fotochrom *n* фотохромный материал
Fotochromanzeige *f* фотохромный индикатор
Fotochromanzeigeschirm *m* фотохромный (индикаторный) экран
Fotochromie *f* фотохромизм
Fotochromschablone *f* хромированный фотошаблон
Foto-CVD *f* химическое осаждение из газовой [паровой] фазы, инициируемое излучением УФ-лазера
Foto-Darlington *n* пара Дарлингтона на фототранзисторах
Fotodetektor *m* фотоприёмник, фотоэлектрический полупроводниковый приёмник излучения
Fotodetektormatrix *f* матрица фотоприёмников
Fotodiffusion *f* фотодиффузия
Fotodiffusionseffekt *m* эффект Дембера
Fotodiffusionsstrom *m* фотодиффузионный ток
Fotodiode *f* фотодиод
~, **kantenbeleuchtete** фотодиод с торцевым входом
~, **positionsempfindliche** фотодиод с позиционной чувствительностью
Fotodiodenarray *n*, **Fotodiodenmatrix** *f* фотодиодная матрица, матрица фотодиодов
Fotodiodenschicht *f* фотодиодный слой
Fotodiodenverstärker *m* усилитель на фотодиодах
Fotodipoleffekt *m* фотодипольный эффект
Fotoeffekt *m* фотоэффект, фотоэлектрический эффект
~, **äußerer** внешний фотоэффект
~, **innerer** внутренний фотоэффект
Fotoelektret *m* фотоэлектрет
Fotoelektreteffekt *m* фотоэлектретный эффект
Fotoelektretzustand *m* фотоэлектретное состояние
Fotoelektron *n* фотоэлектрон
Fotoelektronendetektor *m* фотоэлектронный детектор
Fotoelektronenemission *f* фотоэлектронная эмиссия, фотоэмиссия
Fotoelektronenleitfähigkeit *f* электронная фотопроводимость
Fotoelektronenvervielfacher *m* фотоэлектронный умножитель, ФЭУ
Fotoelement *n* фотоэлемент (с запирающим слоем), вентильный фотоэлемент
Fotoemission *f* фотоэмиссия, фотоэлектронная эмиссия
~, **feldstimulierte** автоэлектронная фотоэмиссия
Fotoemitter *m* фотоэмиттер; фотокатод
Foto-EMK *f* фотоэдс

Fotoempfänger *m см.* **Fotodetektor**

Fotoemulsionsschablone *f* эмульсионный фотошаблон

Fotoemulsionsschicht *f* фотоэмульсионный слой

Fotoepitaxie *f* фотоэпитаксия

Fotoerzeugung *f см.* **Fotogeneration**

Fotoferroelektrikum *n* фоточувствительный сегнетоэлектрик

Foto-FET *m* полевой фототранзистор

Fotogeneration *f* фотогенерация, генерация фотоносителей

Fotohalbleiterschicht *f* полупроводниковый фотослой

Fotoionisation *f* фотоионизация

Fotokapazitätsdiode *f* фотоёмкостный диод *(диод с изменяющейся в зависимости от освещенности ёмкостью)*

Fotokatode *f* фотокатод

Fotokonverter *m см.* **Fotowandler**

Fotokopiergerät *n* фотопечатающее устройство

Fotokopierlack *m* жидкий фоторезист

Fotolack *m* фоторезист

Fotolackbeschichtungsanlage *f* установка нанесения фоторезиста

Fotolackmaske *f* фоторезистная [фоторезистивная] маска, маска фоторезиста

Fotolackschicht *f* слой фоторезиста

Fotoladungsträger *m pl* фотоносители

Fotolawinendiode *f* лавинный фотодиод

Fotoleiter *m* фоторезистор

Fotoleitfähigkeit *f* фотопроводимость

Fotoleitfähigkeitsspektrum *n* спектр фотопроводимости

Fotoleitung *f* фотопроводимость

Fotoleitungsdetektor *m* фотодетектор, фотоприёмник

Fotoleitungsdetektormatrix *f* матрица фотоприёмников

Fotoleitungseffekt *m* эффект фотопроводимости

Fotolithografie *f* фотолитография

~, **lichtoptische** оптическая фотолитография, фотолитография в оптическом диапазоне длин волн

~ **nach dem Step-and-Repeat-Verfahren** фотолитография с последовательным шаговым экспонированием

Fotomaske *f* фотошаблон; фотомаска

~, **negativ arbeitende** негативный [темнопольный] фотошаблон

Fotomaske

~, **positiv arbeitende** позитивный [светлопольный] фотошаблон

~, **strukturierte** фотошаблон со сформированным изображением

Fotomaskenbildgenerator *m* генератор изображений фотошаблонов

Fotomaskenkopiergerät *n* установка копирования фотошаблонов

Fotomaskenoriginalbild *n* (фото)оригинал для изготовления фотошаблонов

Fotomaskensatz *m* комплект фотошаблонов

Fotomaskentechnologie *f* метод фотомаскирования; метод фотолитографии

Fotomaskierung *f* фотомаскирование

Fotomaskierungstechnik *f* техника фотомаскирования; метод фотолитографии

Fotomodulator *m* оптический модулятор

Fotonenfluß *m* фотонный поток

Fotonenflußdichte *f* плотность фотонного потока

Fotonenfluß-Integralmodus *m* режим (работы фотоприёмника) с интегрированием фотонного потока

Fotoplot *n* изображение, полученное с помощью фотопостроителя

Fotoplotter *m* фотопостроитель, графопостроитель с фотовыводом

Fotorauschen *n* шум фототока

Fotorekombination *f* фоторекомбинация

Fotorepeatanlage *f* установка последовательной шаговой мультипликации; фотоповторитель

Fotorepeater *m* фотоповторитель

Fotorepeateranlage *f* установка проекционной фотолитографии с последовательным шаговым экспонированием

Fotorepeaterkamera *f* камера фотоповторителя

Fotorepeattechnik *f* последовательная шаговая мультипликация (*изображений фотошаблонов*)

Fotoresist *m, n* фоторезист

~, **negativ arbeitender** негативный фоторезист

~, **positiv arbeitender** позитивный фоторезист

~, **wäßrig-alkalisch entwickelbarer** фоторезист водно-щелочного проявления

Fotoresistablösemaschine *f* установка для удаления фоторезиста

Fotoresistablöseverfahren *n* метод удаления фоторезиста

Fotoresistätzen *n* травление с использованием фоторезистивной маски

Fotoresistbild *n* изображение в слое фоторезиста

Fotoresistentwicklung f проявление фоторезиста

Fotoresistmaske f фоторезистная [фоторезистивная] маска, маска фоторезиста

Fotoresistor m фоторезистор

Fotoresistschicht f слой фоторезиста

Fotoresiststrippmaschine f *см.* **Fotoresistablösemaschine**

Fotoresisttechnik f техника применения фоторезистов

Fotoschablone f фотошаблон

~, **transparente** транспарантный фотошаблон

Fotoschablonenentwicklung f проявление изображений промежуточного оригинала фотошаблона

Fotoschablonenentwicklungsanlage f установка проявления изображений промежуточного оригинала фотошаблона

Fotoschicht f фотослой, фоточувствительный слой

Fotoschwelle f порог фотоэффекта

Fotosensor m фоточувствительный элемент, фотодатчик; фотоприёмник

Fotosonde f фотозонд

Fotosondenverfahren n метод (локализации процесса электрохимического растворения с помощью) фотозонда

Fotospannung f фотоэдс

Fotospannungseffekt m фотогальванический эффект

Fotospannungsempfindlichkeit f фотогальваническая чувствительность

Fotospannungskennlinie f фотовольтаическая характеристика

Fotospannungswandler m фотогальванический преобразователь

Fotospannungszelle f фотогальванический элемент

Fotosperrschicht f фотозапирающий слой

Fotostrom m фототок

Fotostromkennlinie f люкс-амперная характеристика

Fotothyristor m фототиристор

Fototräger m pl фотоносители

Fototransistor m фототранзистор

Fototransistormatrix f фототранзисторная матрица

Fototriac m фототриак

Fototriode f фототриод

Fototropie f фототропия

Fotoübergang m фотопереход

Fotovervielfacher m фотоумножитель, фотоэлектронный умножитель, ФЭУ

Fotovervielfachung f фотоумножение

Fotovervielfachungskoeffizient m коэффициент фотоумножения

Fotovoltaikanlage

Fotovoltaikanlage *f* солнечная энергетическая установка, фотогальваническая энергетическая установка

Fotovoltaikgenerator *m* солнечный фотогальванический генератор

Fotovorlage *f* фотооригинал

Fotowandler *m* фотоэлектрический преобразователь, фотоприёмник; формирователь видеосигналов на фото-ПЗС

Fotowiderstand *m* 1. фоторезистор 2. обратное сопротивление *(фотодиода)*

Fotowiederholer *m* фотоповторитель

Fotozelle *f* фотоэлемент *(с внешним фотоэффектом)*

Fourier-Analysator *m* анализатор Фурье

Fourier-Bild *n*, **Fourier-Image** *n* Фурье-образ

Fourier-Linse *f* Фурье-линза

Fourier-Prozessor *m* Фурье-процессор

Fourier-Rücktransformation *f* обратное преобразование Фурье

Fouriertransformation *f* преобразование Фурье
~, **diskrete** дискретное преобразование Фурье
~, **kontunuierliche** непрерывное преобразование Фурье
~, **schnelle** быстрое преобразование Фурье, БПФ

Fouriertransformator *m* Фурье-преобразователь

FPAL *f* логические матрицы, программируемые пользователем; матричные БИС, программируемые пользователем

FPGA *n* вентильная матрица, программируемая пользователем

FPLA *n* логическая матрица, программируемая пользователем; матричная БИС, программируемая пользователем

FPLA-Schaltkreise *m pl* матричные БИС, программируемые пользователем

FPLS *m* контроллер логических операционных последовательностей, программируемый пользователем

Frame *n* 1. кадр (данных) 2. фрейм *(в искусственном интеллекте)*

Frame-Transfer *m* (по)кадровый перенос зарядов *(в ПЗС)*

Framing *n* формирование кадра (данных), кадрирование

Frank-Read-Quelle *f* источник (размножения дислокаций) Франка - Рида

Freiflugzeit *f*, **mittlere** среднее время свободного пробега *(носителей заряда)*

Freigabe *f* разрешение; разблокировка

Freigabeausgang *m* разрешающий выход, выход разрешающего сигнала

Freigabeeingang *m* 1. разрешающий вход, вход разрешающего сигнала 2. отпирающий вход 3. разрешающий вход Output-Enable, вход сигнала разрешения выхода

Freigabeimpuls *m* 1. разрешающий импульс 2. отпирающий импульс

Freigabeleitung *f* линия передачи разрешающих сигналов

Freigabepotential *n* напряжение [уровень напряжения] разрешающего сигнала; потенциальный разрешающий сигнал

Freigabesignal *n* 1. разрешающий сигнал 2. отпирающий сигнал

Freilaufdiode *f* безынерционный диод

Freiloch *n* монтажное окно (*многослойной печатной платы*)

Freilochmehrlagenplatte *f* многослойная печатная плата с монтажными окнами

Freiwerdezeit *f* время выключения (*тиристора*) по основной цепи

Fremdadsorption *f* см. **Fremdstoffadsorption**

Fremdatome *n pl* атомы примеси, примесные атомы

Fremdfehlordnung *f* примесный дефект

Fremdion *n* примесный ион, ионное загрязнение

Fremdspannungsabstand *m* уровень напряжения помех

Fremdstoff *m* примесь

Fremdstoffpotential *n* примесный потенциал

Fremdstoffadsorption *f* адсорбция примесей

Fremdstoffatome *n pl* см. **Fremdatome**

Fremdstoffdiffusion *f* диффузия примеси

Fremdstoff-Dipolabsorption *f* примесно-дипольное поглощение

Fremdstoffeinlagerung *f* внедрение примеси

Fremdstoffgebiet *n* примесная область

Fremdstoffgehalt *m* содержание примеси [примесей]

Fremdstoffimplantation *f* имплантация примеси

Fremdstoffion *n* примесный ион

Fremdstoffsegregation *f* сегрегация примесей

Fremdstoffzustand *m* примесное состояние

Frenkel-Defekt *m*, **Frenkel-Fehlordnung** *f*, **Frenkel-Paar** *n*, **Frenkel-Störstelle** *f* дефект по Френкелю, пара типа примесь внедрения - вакансия [атом в междоузлии - вакансия]

Frenkel-Zone *f* зона Френкеля

Frequenzanteil *m* частотная составляющая

Frequenzgang *m* частотная характеристика

Frequenzganganalysator *m* частотный анализатор

Frequenzgangkompensation *f*, **Frequenzgangkorrektur** *f* частотная коррекция, коррекция частотной характеристики [частотных характеристик]

Frequenzhub *m* девиация частоты

Frequenzmodulation *f* частотная модуляция, ЧМ
~, **lineare** линейная частотная модуляция, ЛЧМ

Frequenzmultiplexverfahren *n* метод частотного уплотнения *(каналов)*

Frequenzselektion *f* частотная селекция

Frequenz-Spannungs-Wandler *m* преобразователь частота - напряжение

Frequenzsynthesizer *m* синтезатор частот(ы)

Frequenzteiler *m* делитель частоты

Frequenz-Thyristor *m* тиристор промышленной частоты

Frequenzumtastung *f* частотная манипуляция, ЧМн

Frequenzverdoppler *m* удвоитель частоты

Frequenzverdopplung *f* удвоение частоты

Frequenzverhalten *n* частотная характеристика

Frequenzvervielfacher *m* умножитель частоты

Frigistor *m* фригистор, элемент Пельтье

FROM *m* ПЗУ, программируемое изготовителем *(собственно ПЗУ)*; ПЗУ, программируемое пережиганием плавких перемычек

Frond-end-Rechner *m* сателлитная ЭВМ

Front-end-Prozessor *m* предпроцессор, процессор предварительной обработки, буферный [сателлитный] процессор

Front-end-Schaltungen *f pl* фронтальные микросхемы, фронтальные ИС

Front-Gate *n* верхний [передний] затвор, входной затвор

Frühausfall *m* отказ периода приработки, ранний [приработочный] отказ

Frühwarn(radar)gerät *n* РЛС дальнего [раннего] обнаружения

Frühwarnsatellit *m* спутник для дальнего [раннего] обнаружения ракет, спутник с РЛС дальнего [раннего] обнаружения

Frühwarnung *f* раннее оповещение, дальнее [раннее] обнаружение

FS-Abgleich *m* компенсация погрешности преобразования в конечной точке шкалы *(АЦП, ЦАП'а)*

FSK-Generator *m* генератор с частотной манипуляцией, ЧМн-генератор

FSK-Modulation *f* частотная манипуляция, ЧМн

FS-Spannung *f* напряжение полной шкалы

FS-Strom *m* ток полной шкалы

FS-Wert *m* (верхний) предел шкалы *(АЦП)*, полный размах [значение полного размаха] шкалы *(АЦП)*; значение *(напр. выходного напряжения)* в конечной точке шкалы; конечная точка шкалы

FT-CCD-Sensor *m* датчик (изображения) на ПЗС с (по)кадровым переносом зарядов; (матричный) формирователь видеосигналов на ПЗС с (по)кадровым переносом зарядов

FT-CCD-Speicher *m* память [ЗУ] на ПЗС с (по)кадровым переносом зарядов, ПЗС ЗУ с кадровой организацией

FTR *f*, **FTR-Wert** *m* функциональная производительность *(цифровой ИС)*

Full-custom-IC *n* полностью заказная ИС *(микросхема, топология которой полностью соответствует желанию заказчика)*; специализированная ИС

Fühleranschluß *m* вывод для считывания *(величины тока, напряжения)*; вывод токочувствительной цепи; вывод вольточувствительной цепи

Fühlerleitung *f* цепь считывания *(величины тока, напряжения)*

Fühler-Pin *n* см. **Fühleranschluß**

Führung *f* направляющая

~, **aerostatische [luftgelagerte]** аэростатическая направляющая

Führungsstift *m* направляющий штырь

Full-Screen-Arbeit *f* полноэкранный режим

Full-Screen-Editor *m* экранный редактор

full-slice-Technik *f*, **Full-Slice-Technik** *f* технология (С)БИС на одной (полупроводниковой) пластине

Fünfschichtdiac *m* триак, симметричный триодный тиристор, симистор

Fünfschichtdiode *f* пятислойный диод

Funkeleffekt *m* фликкер-эффект; шумы фликкер-эффекта

Funkelrauschen *n* фликкер-шумы, избыточные [низкочастотные] шумы

Funkendotierung *f* электроискровое легирование

Funkenerosionsschneiden *n* электроискровое резание

Funktionalelektronik *f* функциональная электроника

Funktionsarray *n* функциональная матрица

Funktionsbauelement

Funktionsbauelement *n* операционное устройство (*микропроцессора*)

Funktionsbit *n* бит кода функции (*САМАС*)

Funktionsblock *m* функциональный блок

Funktionscode *m* 1. код функции 2. код режима работы

Funktionsdauer *f* наработка; наработка между отказами; наработка до (первого) отказа, время безотказной работы

Funktionsdichte *f* функциональная плотность, плотность активных элементов (*в кристалле ИС*)

Funktionseinheit *f* функциональный блок

Funktionselektronik *f* функциональная электроника

Funktionselement *n* функциональный элемент

Funktionsfähigkeit *f* работоспособное состояние, работоспособность

Funktionsfeld *n* поле кода функции (*САМАС*)

Funktionsgeber *m*, **Funktionsgenerator** *m* генератор функций

Funktionsgruppe *f* функциональный узел

Funktionskode *m* 1. код функции 2. код режима работы

funktionskompatibel функционально-совместимый

Funktionskompatibilität *f* функциональная совместимость

Funktionsmatrix *f см.* **Funktionstabelle**

Funktionsmodul *m* функциональный модуль

Funktionsstruktur *f* функциональная структура

Funktionstabelle *f* истинностная таблица, таблица истинности; таблица состояний [переходов] (*триггера*)

Funktionstafel *f* таблица функции

Funktionstastatur *f* функциональная клавиатура

Funktionstaste *f* функциональная клавиша

~, **programmierbare** программируемая клавиша, клавиша с программируемой функцией (*устанавливаемой пользователем*)

Funktionstest *m* 1. функциональный тест 2. проверка работоспособности

Funktionstester *m* функциональный тестер

Funktionsvielfalt *f* многофункциональность

Funktionswert *m* значение функции

Fuse link *англ.* плавкая перемычка (*ППЗУ*)

«fuse»-Technologie *f* технология изготовления ППЗУ с плавкими перемычками; метод плавких перемычек

Fusible-link-Programmierung *f* программирование разрушением [пережиганием] плавких перемычек *(ППЗУ)*

Fusible-link-Verbindung *f см.* **Fuse link**

Fuzzy-Logik *f* нечёткая логика

F/V-Wandler *m* преобразователь частота - напряжение

F-Zentrum *n* F-центр

FZ-Kristall *m* (моно)кристалл, полученный методом бестигельной зонной плавки

FZ-Silizium *n* кремний, полученный методом бестигельной зонной плавки

G

GaAlAs-GaAs-Heterostruktur *f* (излучающая) двойная гетероструктура GaAlAs-GaAs

GaAs *n* арсенид галлия, GaAs

~, **undotiertes** нелегированный арсенид галлия

GaAs-AlGaAs-Struktur *f* (двойная) гетероструктура GaAs-AlGaAs

GaAs-Bauelement *n* прибор на арсениде галлия [на GaAs]

GaAs-Bipolartransistor *m* биполярный транзистор на арсениде галлия [на GaAs]

GaAs-Diode *f см.* **Galliumarseniddiode**

GaAs-D-MESFET *m* полевой транзистор Шоттки на арсениде галлия [на GaAs], работающий в режиме обеднения

GaAs-Einkristall *m* монокристалл арсенида галлия [GaAs]

GaAs-FET *m* полевой транзистор (Шоттки) на арсениде галлия [на GaAs]

GaAs-Hall-Sensor *m* датчик Холла на арсениде галлия [на GaAs]

GaAs-Heterostruktur-FET *m* гетероструктурный металл-полупроводниковый полевой транзистор на арсениде галлия, гетероструктурный МЕП-транзистор на арсениде галлия, полевой транзистор на арсениде галлия с барьером Шоттки и гетеропереходом

GaAs-Heterostrukturtransistor *m*, **bipolarer** биполярный GaAs-транзистор на гетеропереходах

GaAs-HFET *m см.* **GaAs-Heterostruktur-FET**

GaAs-HJBT *m* арсенидгаллиевый биполярный транзистор на гетеропереходах

GaAs-Höchstfrequenz-MESFET *m* полевой СВЧ-транзистор Шоттки на арсениде галлия [на GaAs]

GaAs-IC *n см.* **GaAs-IS**

GaAs-Is f ИС на арсениде галлия [на GaAs], арсенид-галлиевая ИС

~, **analoge** аналоговая ИС на арсениде галлия [на GaAs]

~, **digitale** цифровая ИС на арсениде галлия [на GaAs]

GaAs-Laserdiode f лазерный диод на арсениде галлия [на GaAs]

GaAs-Leistungs-FET m мощный полевой транзистор (Шоттки) на арсениде галлия [на GaAs]

GaAs-Logik f логические ИС на арсениде галлия [на GaAs]

GaAs-Logikschaltung f логическая ИС на арсениде галлия [на GaAs]

GaAs-Lumineszenzdiode f светоизлучающий диод [светодиод] на арсениде галлия [на GaAs], СИД на GaAs

GaAs-Mesatechnik f технология (изготовления) арсенид-галлиевых мезатранзисторов

GaAs-MESFET m полевой транзистор (с затвором) Шоттки на арсениде галлия [на GaAs]

~, **n⁺-selbstjustierender** полевой транзистор (с затвором) Шоттки на арсениде галлия с самосовмещёнными n⁺-областями истока и стока

GaAs-MESFET-Gatter n, **komplementäres** логический элемент на комплементарных металл-полупроводниковых транзисторах на основе арсенида галлия с гетеропереходом

GaAs-MESFET-IS f ИС на полевом транзисторе Шоттки на арсениде галлия [на GaAs]

GaAs-Mikrowellen-FET m полевой СВЧ-транзистор на арсениде галлия [на GaAs]

GaAs-MODFET m модуляционно-легированный полевой транзистор на арсениде галлия [на GaAs]

GaAs-MOS-Bauelement n МОП-прибор на арсениде галлия [на GaAs]

GaAsP-Diode f диод на арсениде-фосфиде галлия [на GaAsP]

GaAs-Schaltung f, **integrierte** ИС на арсениде галлия [на GaAs], арсенидгаллиевая ИС

GaAs-Schicht f слой арсенида галлия, слой GaAs

GaAs-Schottky-Diode f диод Шоттки на арсениде галлия [на GaAs]

GaAs-Schottky-FET m см. **GaAs-MESFET**

GaAs-SFET m полевой транзистор с p - n-переходом на арсениде галлия [на GaAs]

GaAs-Solarzelle f арсенид-галлиевый солнечный

элемент, солнечный элемент на GaAs

GaAs-Stab *m* (цилиндрический монокристаллический) слиток арсенида галлия, слиток GaAs

GaAs-Substrat *n* арсенидгаллиевая подложка, подложка из GaAs

~, **semiisolierendes** полуизолирующая арсенидгаллиевая подложка

GaAs-Technik *f* приборы на арсениде галлия [на GaAs]; технология приборов на основе арсенида галлия [на основе GaAs]

GaAs-Technologie *f* технология приборов на основе арсенида галлия [на основе GaAs]

GaAs-Transistor *m* транзистор на арсениде галлия [на GaAs]

~ **mit inverser Basis** транзистор на арсениде галлия с инверсной базой

~ **mit permeabler Basis** транзистор на арсениде галлия с проницаемой базой

Gabelkoppler *m* **Gal** *n* гал (*единица измерения ускорения воздушного потока в чистых производственных помещениях*)

Gallium-Aluminium-Arsenid *n* арсенид галлия - алюминия, GaAlAs

Galliumantimonid *n* антимонид галлия, GaSb

Galliumphosphiddiode

Galliumarsenid *n* арсенид галлия, GaAs

Galliumarseniddiode *f* арсенидгаллиевый диод, диод на арсениде галлия, GaAs-диод

Galliumarsenid-FET *m* полевой транзистор (Шоттки) на арсениде галлия [на GaAs]

Galliumarsenid-Gunnelement *n* прибор Ганна на арсениде галлия [на GaAs]

Galliumarsenid-IS *f* ИС на арсениде галлия

~, **digitale** цифровая ИС на арсениде галлия

Galliumarsenidlaser *m* арсенидгаллиевый лазер, GaAs-лазер

Galliumarsenidlumineszenzdiode *f см.* **GaAs-Lumineszenzdiode**

Galliumarsenid-Schaltkreis *m см.* **GaAs-IS**

Galliumarsenphosphid *n* арсенид-фосфид галлия, GaAsP

Gallium-Indium-Arsenid *n* арсенид галлия - индия, GaInAs

Gallium-Indium-Arsenid-Phosphid *n* арсенид-фосфид галлия - индия, GaInAsP

Galliumphosphid *n* фосфид галлия, GaP

Galliumphosphiddiode *f* фосфидгаллиевый диод, диод на фосфиде галлия, GaP-диод

Galliumphosphid-LED *f* светоизлучающий диод [светодиод] на фосфиде галлия [на GaP], СИД на GaP

Gamma-Laser *m*, **Gammastrahlen-Laser** *m* гамма-лазер

Gammastrahlung *f* гамма-излучение

Ganzscheibenbelichtung *f* экспонирование по всему полю полупроводниковой пластины

Ganzscheibenbelichtungsanlage *f* установка литографии по всему полю полупроводниковой пластины

Ganzscheibenintegration *f* формирование СБИС на целой полупроводниковой пластине

Ganzscheibenlithografie *f* литография по всему полю полупроводниковой пластины

Ganzscheibenmaske *f* маска для литографии по всему полю полупроводниковой пластины

Ganzscheibenschaltkreis *m* СБИС, сформированная на целой полупроводниковой пластине

Ganzscheibenspeicher *m* ЗУ на целой полупроводниковой пластине

Ganzsystemintegration *f* интеграция на уровне системы

GaP-Chip *m* фосфидгаллиевый кристалл

GaP-Substrat *n* фосфидгаллиевая подложка, подложка из GaP

Gasdiffusionsverfahren *n* метод газовой диффузии, метод диффузии из газовой фазы

Gasentladungsanzeige *f* газоразрядный [плазменный] индикатор; газоразрядная [плазменная] индикаторная панель, ГИП

Gasentladungsdisplay *n* газоразрядный дисплей; газоразрядный индикатор

Gasentladungslaser *m* газоразрядный лазер

Gasentladungsplasma *n* газоразрядная плазма

GASFET *m см.* **Gallium-Arsenid-FET**

Gasgemisch *n* газовая смесь, лигатура

Gaslaser *m* газовый лазер

Gasphase *f* газовая фаза

Gasphasenabscheidung *f* осаждение из газовой [паровой] фазы

Gasphasenätzung *f* газофазное травление

Gasphasendiffusion *f* диффузия из газовой [паровой] фазы

Gasphasendotierung *f* легирование из газовой [паровой] фазы

Gasphasenepitaxie *f* эпитаксиальное выращивание [эпитаксия] из газовой [паровой] фазы, газофазная [парофазная] эпитаксия

Gasphasenreaktion *f* реакция в газовой [паровой] фазе

Gasphasenzusammensetzung *f* состав газовой [паровой] фазы

Gasreinigung *f* газовая очистка

Gassensor *m* датчик газа

Gastransportepitaxie *f* газотранспортная эпитаксия

Gastransportreaktion *f* газотранспортная реакция

Gastransportverfahren *n* газотранспортный процесс, метод газотранспортной эпитаксии

«Gast-Wirt»-Flüssigkristallanzeige *f* жидкокристаллический индикатор [ЖК-индикатор] на эффекте «гость - хозяин»

GAT *m* полевой транзистор со связанным [с ассоциированным] затвором

Gate *n* 1. затвор *(напр. полевого транзистора)* 2. управляющий электрод *(тиристора)* 3. логический элемент; вентиль

~, **aufgestocktes** составной затвор

~, **floatendes** плавающий затвор

~, **isoliertes** изолированный затвор

~, **potentialmäßig schwimmendes** плавающий затвор

~, **selbstjustierendes [selbstjustiertes]** самосовмещённый затвор

Gateabsenkung *f* лунка затвора

Gateanschluß *m* вывод затвора

Gate-Array *n англ.* матрица логических элементов, вентильная матрица

~, **anwenderspezifisches [kundenspezifisches]** специализированная матрица; заказная матричная БИС

~, **maskenprogrammierbares** вентильная матрица с масочным программированием

~, **programmierbares** программируемая вентильная матрица, ПВМ

Gate-Array-Design *n*, **Gate-Array-Entwurf** *m* проектирование матричных БИС

Gate-Array-Familie *f* серия матричных БИС

Gate-Array-Makro *n* макроэлемент [макроячейка] вентильной матрицы; макроэлемент [макроячейка] матричной БИС

Gate-Array-Master *m* базовый кристалл матрицы; базовый матричный кристалл, БМК

Gate-Array-Schaltkreis *m* матричная БИС

Gate-Array-Technik *f*, **Gate-Array-Technologie** *f* 1. метод проектирования матричных БИС, метод вентильных матриц 2. технология матричных БИС

Gatebreite *f* ширина затвора

Gate-Dielektrikum *n см.* **Gateisolator**

Gate-Drain-Kapazität *f* ёмкость затвор - сток *(при разомкнутом выводе)*

Gate-Drain-Reststrom *m* остаточный ток в цепи затвор - сток [в цепи стока], ток отсечки *(полевого транзистора; ток отсечки состоит из обратного тока перехода затвор - сток и тока утечки по поверхности пластины и через изоляторы выводов транзистора)*

Gate-Drain-Spannung *f* напряжение затвор - сток

Gate-Drain-Sperrstrom *m* обратный ток перехода затвор - сток *(при разомкнутом выводе)*

Gateelektrode *f* электрод затвора; затвор

Gateflußspannung *f* напряжение прямого смещения затвора

Gateimpuls *m* импульс на управляющем электроде *(тиристора)*

Gate-Injektions-MOS-Transistor *m* МОП-транзистор с инжекционным плавающим затвором

Gateisolator *m* диэлектрик затвора, подзатворный диэлектрик; (оксидная) изоляция затвора; изолирующий слой затвора; оксидный слой затвора, подзатворный оксид

Gate-Isolierschicht *f* изолирующий слой затвора; оксидный слой затвора, подзатворный оксид

Gatekanaldiode *f* диод [переход] затвор - канал

Gate-Kanal-Übergang *m* переход затвор - канал

Gatekapazität *f* ёмкость затвора

Gatelänge *f* длина затвора

Gateleckstrom *m* ток утечки затвора

Gate-Leitbahn *f* затворная токопроводящая дорожка

Gateleitung *f* шина затвора

Gatemetallisierung *f* 1. металлизация для формирования затвора, формирование затвора металлизацией 2. металлизация затвора

Gatemetallisierungsmaske *f* фотошаблон для формирования затвора металлизацией *(p-канальная МОП-технология)*

Gatenitrid *n* изоляция затвора нитридом кремния, нитридная изоляция затвора; нитридный слой затвора

Gateoxid *n* оксидная изоляция затвора; оксидный слой затвора, подзатворный оксид

Gateoxiddicke *f* толщина оксидного слоя затвора

Gate-Oxidierung *f* оксидирование для формирования подзатворного оксида

Gateoxidschicht *f* оксидный слой затвора, подзатворный оксид

Gate-pn-Übergang *m* p - n-переход затвора

Gatepotential *n* потенциал затвора

Gate-Reststrom *m* ток утечки затвора

Gate-Schaltung *f* схема с общим затвором

Gateschutzdiode *f* диод защиты затвора

Gateselbstjustage *f см.* **Gateselbstjustierung**

Gateselbstjustierung *f* самосовмещение затвора

Gate-Source-Differenzspannung *f* разность напряжений затвор - исток

Gate-Source-Kapazität *f* ёмкость затвор - исток *(при разомкнутом выводе)*

Gate-Source-pinch-off-Spannung *f* напряжение отсечки затвор - исток

Gate-Source-Schwellenspannung *f* максимально допустимое напряжение затвор - исток

Gate-Source-Spannung *f* напряжение затвор - исток

Gate-Source-Sperrstrom *m* обратный ток перехода затвор - исток *(при разомкнутом выводе)*

Gate-Source-Steuerspannung *f* управляющее напряжение затвор - исток, управляющее напряжение на затворе

Gate-Spannung *f* напряжение затвора, (управляющее) напряжение на затворе

Gatespeicher *m* затвор хранения *(в ПЗС)*

Gate-Sperrspannung *f* запирающее напряжение на затворе

Gate-Sperrstrom *m* обратный ток затвора

Gate-Steuerspannung *f* управляющее напряжение на затворе

Gatestreifen *m* затворная полоска, полоска затвора

Gate-Strom *m* ток затвора

Gatestruktur *f* структура затвора

Gatestrukturierung *f* формирование структуры затвора

Gate-Substrat-Kapazität *f* ёмкость затвор - подложка

Gate-Substrat-Spannung *f* напряжение затвор - подложка

Gate-Turn-Off-Thyristor *m см.* **GTO-Thyristor**

Gateverstärker *m* усилитель (в схеме) с общим затвором

Gateüberlappung *f* перекрытие затворов

Gateüberlappungskapazität *f* ёмкость перекрытия затворов

Gatevorspannung *f* напряжение смещения на затворе, смещение затвора

Gateway

Gateway *m* межсетевой преобразователь, (межсетевой) шлюз

Gatewiderstand *m* сопротивление затвора

Gatezone *f* (под)затворная область, область затвора

Gate-Zuleitung *f см.* **Gateleitung**

GATT *m* комбинированно-выключаемый тиристор

Gatter *n* 1. логический элемент; вентиль 2. вентиль, вентильная схема 3. стробирующая схема 4. затвор *(напр. ПЗС)*

~, **logisches** логический вентиль, логический элемент

Gatteranordnung *f* матрица логических элементов, вентильная матрица

~, **abänderbare** вентильная матрица с изменяемой [с перестраиваемой] структурой

Gatteräquaivalent *n* эквивалентный логический элемент *(единица измерения степени интеграции БИС и СБИС)*

Gatteräquivalentschaltung *f* схема, эквивалентная одному логическому элементу

Gatterausgang *m* выход логического элемента, выход вентиля

Gatterdichte *f* плотность упаковки (ИС) в эквивалентных логических элементах

Gatterdurchschaltzeit *f* время переключения вентиля

Gattereingang *m* вход логического элемента

Gatterfeld *n см.* **Gate-Array**

Gatterfeldschaltkreis *m см.* **Gate-Array-Schaltkreis**

Gatterfunktion *f* вентильная функция

Gatterimpuls *m* строб-импульс

Gatterkomplexität *f* степень функциональной сложности *(БИС, СБИС)* в эквивалентных логических элементах

Gatterlaufzeit *f см.* **Gatterverzögerungszeit**

Gattermatrix *f* матрица логических элементов, вентильная матрица

Gatternetzliste *f* таблица связей вентилей

Gatterschaltkreis *m* логический элемент; логическая ИС

Gattersteuerleitung *f* шина управления вентилями *(базового матричного кристалла)*

Gatterverlustleistung *f* (средняя) потребляемая мощность *(логического элемента)*

Gatterverzögerung *f*, **Gatterverzögerungszeit** *f* вентильная задержка, (среднее) время задержки распространения сигнала, средняя задержка *(параметр логического элемента)*

GATT-Thyristor *m* комбинированно-выключаемый тиристор

Gauß-Effekt *m* эффект Гаусса

GDC *m* контроллер графического дисплея

GdCo-Schicht *f* гадолиниево-кобальтовый слой, слой GdCo

Ge-Atom *n* атом германия, атом Ge

Geber *m* датчик

~, **magnetoelastischer** магнитоупругий датчик, магнитоупругий преобразователь

Gebiet *n* область; зона

~, **begrabenes** скрытый слой

~, **i-leitendes** область собственной проводимости; *i*-область

~, **n-leitendes** область (с проводимостью) *n*-типа, *n*-область, область электронной проводимости

~, **p-leitendes** область (с проводимостью) *p*-типа, *p*-область, область дырочной проводимости

~, **p⁺-leitendes** p^+-область

Geborgtes *n* заём *(при вычитании)*

Gebunden-gebunden-Übergang *m* переход из одного связанного состояния в другое

Ge-Diode *f см.* **Germaniumdiode**

Gefäß *n* унифицированный конструктив

Gefäßsystem *n* система унифицированных конструктивов

Gegendotierung *f* компенсирующее легирование *(примесью противоположного типа)*

gegengekoppelt с отрицательной обратной связью; охваченный цепью отрицательной обратной связи

Gegenkopplung *f* отрицательная обратная связь, ООС

~, **starke** глубокая ООС

Gegenkopplungsnetzwerk *n* цепь отрицательной обратной связи, цепь ООС

Gegenkopplungsschleife *f* цепь [петля] отрицательной обратной связи, цепь [петля] ООС

Gegenkopplungswiderstand *m* резистор в цепи отрицательной обратной связи

Gegenparallelschaltung *f* встречно-параллельное включение

Gegenschaltung *f см.* **Gegenparallelschaltung**

Gegenscheinleitwert *m* полная межэлектродная проводимость

Gegenspannung *f* противоэдс

Gegentaktausgang *m* двухтактный выход

Gegentaktausgangsstufe *f см.* **Gegentaktendstufe**

Gegentaktendstufe *f* двухтактный выходной каскад

Gegentaktinverter *m* двухтактный инвертор

Gegentakt-Leerlaufverstärkung *f* коэффициент усиления синфазной составляющей *(операционного усилителя)* при отключённой ОС

Gegentaktmischer *m* балансный смеситель

Gegentaktmodulator *m* балансный модулятор

Gegentaktschaltung *f* двухтактная [балансная] схема

Gegentaktschaltverstärker *m* двухтактный усилитель импульсного типа

Gegentaktsignal *n* дифференциальный сигнал

Gegentaktstufe *f* двухтактный каскад

Gegentakttransistor *m* транзистор, включённый по двухтактной схеме

Gegentaktverstärker *m* двухтактный усилитель

Ge-Halbleiterscheibe *f* германиевая пластина

Gehäuse *n* корпус

~, **hermetisch dichtes** герметический корпус

~, **hochpoliges** корпус *(ИС)* с большим числом выводов

~, mit hoher Anschlußzahl *см.* Gehäuse, hochpoliges

~, **steckbares** корпус со штырьковыми выводами

Gehäuseanschluß *m* вывод корпуса *(ИС)*

Gehäuseboden *m* дно корпуса *(ИС)*

Gehäusedesign *n* конструкция корпуса

gehäuselos бескорпусный *(напр. об ИС)*

Gehäusemontage *f* монтаж в корпусе, установка в корпус, корпусирование

Gehäuseverlustleistung *f* мощность, рассеиваемая корпусом *(напр. ИС)*

Ge-In-Legierung *f* германий-индиевый сплав

Ge-Kristall *m см.* **Germaniumkristall**

Gelbraum *m* «жёлтая» комната *(чистая комната для литографии)*

Gemeinschaftsleitung *f* линия коллективного пользования

Gemischtwiderstand *m* композиционный резистор

Generation *f* 1. генерация 2. поколение *(напр. ИС)*

~, **optische** оптическая генерация

~, **thermische** термогенерация

Generationsmechanismus *m* механизм генерации

Generationsrate *f* скорость генерации *(носителей заряда)*

Generationsrauschen *n* генерационный шум

Generations-Rekombinations-Rauschen *n* генерационно-рекомбинационный шум

Generations-Rekombinations-Strom *m* генерационно-рекомбинационный ток

Generations-Rekombinations-Zentrum *n* центр генерации - рекомбинации (носителей)

Generationsstrom *m* ток генерации

Generationszentrum *n* генерационный центр

Ge-pn-Übergang *m* p - n-переход в германии

Gerät *n* прибор

~, **mikrolithografisches** установка (микро)литографии

Gerätefehler *m* 1. аппаратурная [инструментальная] погрешность 2. *см.* **Gerätetechnikfehler**

Gerätetechnikfehler *m* аппаратная ошибка, аппаратная неисправность; аппаратный отказ *(отказ модуля, узла в отказоустойчивой системе с избыточным резервированием)*

gerätetechnisch аппаратный; схемный, схемотехнический

Germanium *n* германий, Ge

Germaniumdiode *f* германиевый диод

Germaniumeinkristall *m* монокристалл германия

Germaniumkristall *m* кристалл германия

Germaniumoxid *n* окись германия, GeO_2

Germaniumplättchen *n* германиевый кристалл, германиевый чип

~, *n*-**leitendes** германиевый кристалл полупроводниковой ИС с проводимостью *n*-типа, германиевый кристалл *n*-типа

Germaniumsilikatglas *n* германиево-силикатное стекло

Gesamtausfall *m* полный отказ

Gesamtbelichtungszeit *f* полное время экспонирования

Gesamtempfindlichkeit *f* интегральная чувствительность

Gesamtflußstrom *m* полный прямой ток

Gesamtrauschen *n* полный шум; полная мощность шумов

Gesamtstrom *m* полный ток

Gesamtverlustleistung *f* полная рассеиваемая мощность *(транзистора)*; общая рассеиваемая мощность; суммарная мощность потерь *(напр. тиристора)*

Gesamtwaferbelichtung *f* экспонирование по всему полю полупроводниковой пластины

Gesamtwaferjustierung *f* совмещение (и экспонирование) по всему полю полупроводниковой пластины

Gesamtwiderstand *m* полное сопротивление

Geschäftsgrafik *f* деловая графика; графические средства делового назначения

Geschwindigkeit *f* скорость

~, **thermische** тепловая скорость

Geschwindigkeits-Leistungs-Produkt *n* произведение быстродействие - задержка [мощность - задержка], работа переключения *(параметр логических элементов)*

Geschwindigkeitsvektor *m* вектор скорости

GeSe-Schicht *f* слой селенида германия, слой GeSe

1/f-Gesetz *n* (частотная) зависимость 1/f

Gestell *n* стойка

Gestellmontage *f* монтаж в стойке

Getter *m* геттер, газопоглотитель

Getterimplantation *f* имплантация геттера

Gettern *n* геттерирование

~ **durch Diffusion** внешнее геттерирование диффузией примесей *(с нерабочей стороны пластины)*

~ **durch Ionenimplantation** внешнее геттерирование посредством ионной имплантации

~ **im Kristallgitter** внутреннее геттерирование

GFLOPS *n см.* **Gigaflops**

GH-Bereich *m* гигагерцевый диапазон

GHz-Schaltkreis *m* схема с тактовой частотой гигагерцевого диапазона

Giacoletto-Ersatzschaltbild *n* эквивалентная схема Джаколетто

Gigabit *n* гигабит, Гбит *(2^{30} бит, т.е. 1073741824 бит, или 10^9 бит)*

Gigabit-Elektronik *f* гигабитовые (цифровые) схемы, (цифровые) схемы с гигабитовым быстродействием

Gigabit-Logik *f* гигабитовые логические схемы, логические схемы с гигабитовым быстродействием

Gigabit-Logikelement *n* логический элемент с гигабитовым быстродействием

Gigabit-Logikschaltung *f* гигабитовая логическая схема, логическая схема с гигабитовым быстродействием

Gigaflops *n* гигафлопс, Гфлопс *(единица производительности ЭВМ, равная -10^9 операций с плавающей точкой в секунду)*

GIMOS *f* 1. МОП-структура с инжекционным (плавающим) затвором 2. *см.* **GIMOS-Technik**

GIMOS-Technik *f* технология МОП ИС с инжекционным (плавающим) затвором

Gitter *n* (кристаллическая) решётка

~ **des Diamanttyps** решётка типа алмаза

~ **des Zinkblendentyps** решётка типа цинковой обманки

~, **hexagonales** гексагональная решётка

~, **kubisches** кубическая решётка

Gitterabstand *m* период(ичность) кристаллической решётки

Gitteratome *n pl* атомы кристаллической решётки

Gitterbaufehler *m* дефект кристаллической решётки

Gitterbaustein *m* структурный элемент кристаллической решётки

Gitterbeweglichkeit *f* подвижность носителей (заряда) при рассеянии на решётке

Gitterbindung *f* связь кристаллической решётки

~, **aufgebrochene** разорванная связь кристаллической решётки

Gitterbindungskräfte *f pl* силы связи (кристаллической) решётки

Gitterdefekt *m см.* **Gitterbaufehler**

Gitterebene *f* плоскость кристаллической решётки, атомная плоскость

Gitterenergie *f* энергия кристаллической решётки

Gitterfehler *m см.* **Gitterbaufehler**

Gitterfehlpassung *f* несоответствие (кристаллических) решёток, несогласование постоянных кристаллических решёток

Gitterfehlstelle *f* вакансия *(кристаллической решётки)*

Gitterhauptachse *f* главная ось кристаллической решётки

Gitterkonstante *f* постоянная (кристаллической) решётки

Gitterleerplatz *m* пустой [вакантный] узел *(кристаллической решётки)*

Gittermaske *f* шаблон для электронно-лучевой проекционной литографии

Gitterlücke *f см.* **Gitterfehlstelle**

Gittermode *f* решёточная мода

Gitterplatz *m* узел кристаллической решётки

Gitterrastermaß *n* шаг решётки

Gitterschwingungen *f pl* колебания кристаллической решётки

~, **thermische** тепловые колебания кристаллической решётки

Gitterstörung *f* дефектность кристаллической решётки; дефект кристаллической решётки

Gitterstreuung *f* рассеяние на решётке [на тепловых колебаниях решётки]

Gitterstruktur *f* структура кристаллической решётки

Gitterunregelmäßigkeit *f* несовершенство кристаллической решётки; дефектность кристаллической решётки

Gitterverband *m:* im ~ в составе кристаллической решётки

Gitterwärmekapazität *f* теплоёмкость кристаллической решётки, решёточная теплоёмкость

Gitterwärmeleitung *f* теплопроводность кристаллической решётки, решёточная теплопроводность

Glanzkohlewiderstand *m* кпареновый резистор

Glasdurchführung *f* стеклянный ввод

Glasepoxidleiterplatte *f* стеклоэпоксидная печатная плата

Glasfaser *f* стекловолокно

Glasfaserkabel *n* (волоконно-)оптический кабель

Glasfaserkunststoff *m* стеклопластик

Glasfaserleitung *f* волоконно-оптическая линия (связи)

Glasfasertechnik *f* стекловолоконная технология

Glasgehäuse *n* стеклянный корпус

Glashalbleiter *m* стеклообразный полупроводник

Glashalbleiterbauelement *n* элемент на основе стеклообразного полупроводника; прибор на стеклообразном полупроводнике

Glashartgewebe *n* стеклотекстолит

Glaskeramik *f* стеклокерамика; стеклокерамические материалы, ситаллы

Glaskeramikgehäuse *n* стеклокерамический корпус

Glaslot *n* стеклоприпой

Glaslotabdichtung *f*, **Glaslotverschluß** *m* герметизация стеклом

Glas-Metall-Gehäuse *n* металлостеклянный корпус

Glaspassivierung *f* пассивация стеклом

Glasplättchen *n*, **Glasplatte** *f* стеклянная подложка

Glaspulver *n* порошок стекла, фритта

Glassockel *m* стеклянный кристаллоноситель

Glassubstrat *n*, **Glasträger** *m* стеклянная подложка

Glättung *f* сглаживание

Glättungsfaktor *m* коэффициент сглаживания

Gleichanteil *m* постоянная составляющая (*напряжения, тока*)

Gleichgewicht *n* равновесие

~, **thermisches** тепловое равновесие

~, **thermodynamisches** термодинамическое равновесие

Gleichgewichtsdichte *f* равновесная концентрация (*носителей заряда*)

Gleichgewichtsdomänen f pl равновесные домены

Gleichgewichtskonzentration f см. **Gleichgewichtsdichte**

Gleichgewichtsverteilung f равновесное распределение *(концентраций носителей заряда)*

Gleichgewichtszustand m состояние равновесия

Gleichrichter m выпрямитель

~, **phasenempfindlicher** фазочувствительный (усилитель-)выпрямитель

Gleichrichterblock m выпрямительный (полупроводниковый) блок

Gleichrichterdiode f выпрямительный диод

Gleichrichtereffekt m выпрямляющий эффект, выпрямляющее действие

Gleichrichtereinheit f см. **Gleichrichterblock**

Gleichrichtersäule f выпрямительный (полупроводниковый) столб

Gleichrichterwirkung f выпрямляющие свойства; выпрямляющее действие, выпрямляющий эффект

Gleichspannungsaussteuerung f модуляция постоянного напряжения

~ **über die Basis** модуляция постоянного напряжения по базе

Gleichspannungspegel m 1. уровень постоянного напряжения 2. уровень постоянной составляющей *(входного или выходного напряжения)*

Gleichspannungsstabilisator m стабилизатор постоянного напряжения

Gleichspannungsschaltwandler m преобразователь постоянного напряжения с импульсным регулированием

Gleichspannungsstörabstand m запас помехоустойчивости по постоянному напряжению

Gleichspannungsverstärker m усилитель постоянного напряжения

Gleichspannungsverstärkung f усиление по постоянному напряжению; коэффициент усиления по постояному напряжению

Gleichspannungswandler m преобразователь постоянного напряжения

Gleichstrombelastung f нагрузка по постоянному току

Gleichstromeffekt m эффект на постоянном токе

Gleichstromeingangswiderstand m входное сопротивление *(транзистора)* по постоянному току

Gleichstromentladung f разряд на постоянном токе

Gleichstromersatzschaltbild n эквивалентная схема *(транзистора, усилителя)* для постоянного тока

Gleichstromgegenkopplung f отрицательная обратная связь по постоянному току

Gleichstrom-Josephson-Effekt m эффект Джозефсона на постоянном токе, стационарный эффект Джозефсона

Gleichstromleistung f мощность постоянного тока

Gleichstromleistungsverstärker m усилитель мощности постоянного тока

Gleichstromplasmaanzeige f газоразрядный [плазменный] индикатор постоянного тока; газоразрядная [плазменная] индикаторная панель постоянного тока

Gleichstromübertragung f передача (сигналов) постоянным током, связь по постоянному току

Gleichstromversorgung f питание постоянным током; подача [подвод] постоянного напряжения

Gleichstromversorgungsausfall m аварийное отключение постоянного напряжения; авария источника (питания) постоянного напряжения

Gleichstromverstärker m усилитель постоянного тока

Gleichstromverstärkung f усиление по постоянному току; коэффициент усиления по постоянному току; коэффициент передачи по постоянному току

Gleichstromverstärkungsfaktor m коэффициент усиления по постоянному току; коэффициент передачи по постоянному току

Gleichstromvorspannung f подача постоянного смещения; постоянное смещение

Gleichstromwiderstand m сопротивление (по) постоянному току

Gleichtaktaussteuerbereich m диапазон изменения синфазного сигнала [синфазного входного напряжения], динамический диапазон синфазного сигнала

Gleichtaktaussteuerung f регулирование синфазного сигнала; пределы регулирования синфазного входного напряжения

Gleichtaktbereich m см. **Gleichtakteingangsspannungsbereich**

Gleichtaktbetrieb m синфазный режим

Gleichtakteingangsimpedanz f синфазное входное полное сопротивление, входное полное сопротивление для синфазной составляющей (сигнала) [для синфазного сигнала]

Gleichtakteingangskapazität f синфазная входная ёмкость

Gleichtakteingangsspannung *f* синфазное входное напряжение

Gleichtakteingangsspannungsbereich *m* (динамический) диапазон синфазного сигнала, диапазон синфазных входных напряжений, диапазон изменения синфазного сигнала [синфазного входного напряжения]

Gleichtakteingangswiderstand *m* синфазное входное сопротивление, входное сопротивление для синфазной составляющей (сигнала) [для синфазного сигнала]

Gleichtaktfehler *m* синфазная погрешность, погрешность, вносимая синфазным сигналом

Gleichtaktrauschen *n* шумы синфазного сигнала

Gleichtaktsignal *n* синфазный сигнал; синфазная составляющая *(входного сигнала ДУ)*

Gleichtaktspannung *f* синфазное напряжение, напряжение синфазного сигнала

Gleichtaktspannungsverstärkung *f см.* Gleichtaktverstärkung

Gleichtaktstörspannung *f* напряжение синфазных помех

Gleichtaktstörung *f* синфазные помехи

Gleichtaktunterdrückung *f* подавление [ослабление] синфазной составляющей [синфазного сигнала]; коэффициент подавления [ослабления] синфазной составляющей [синфазного сигнала]

Gleichtaktunterdrückungsmaß *n*, **Gleichtaktunterdrückungsverhältnis** *n* коэффициент подавления [ослабления] синфазной составляющей [синфазного сигнала]

Gleichtaktverstärkung *f* усиление синфазной составляющей; коэффициент усиления синфазной составляющей

Gleitkomma-ALU *f* арифметическо-логическое устройство [АЛУ] для выполнения операций с плавающей запятой [с плавающей точкой]

Gleitkommaarithmetik *f* арифметика с плавающей запятой [с плавающей точкой], плавающая арифметика

Gleitkommadarstellung *f* представление с плавающей запятой [с плавающей точкой]

Gleitkomma-Multiplizierer *m* (конвейерный) умножитель с плавающей запятой [с плавающей точкой]

Gleitkommaprozessor

Gleitkommaprozessor *m* процессор для выполнения операций с плавающей запятой [с плавающей точкой]

Gleitkommazahl *f* число с плавающей запятой [с плавающей точкой]

Gleitlinien *f pl* линии скольжения

Gleitspur *f* ступенька сдвига; линия скольжения

Glimmentladung *f* тлеющий разряд

Glimmentladungsabscheidung *f* осаждение в тлеющем разряде

Glimmentladungsreinigung *f* очистка в тлеющем разряде

Glitch *n* импульсная помеха, импульс выброса, (паразитный) выброс; кратковременный сбой *(ИС при импульсных помехах)*

Glitchbreite *f* длительность импульса выброса

Glitchdetektion *f* обнаружение (и анализ) импульсных помех

Glitchdetektor *m* детектор импульсных помех [паразитных выбросов, импульсов выброса]

glitchfrei помехоустойчивый, устойчивый к импульсным помехам

Glitchimpuls *m см.* Glitch

Glitchtastkopf *m* пробник для обнаружения импульсных помех

Globalrouter *m* глобальный трассировщик, трассировщик для глобальной [предварительной] трассировки

Glühemission *f* термоэлектронная эмиссия

Glühkatode *f* термокатод

GND-Anschluß *m* соединение с «землёй» [с заземляющей земляной шиной]; точка [место] соединения с «землёй» [с заземляющей земляной шиной]

GND-Leitung *f* заземляющая [земляная] шина, шина «земли»

Goldbonddraht *m* золотая проволо(ч)ка для термокомпрессионной сварки

Goldbondhügel *m* золотой столбиковый вывод

Golddiffusion *f* диффузия золота, диффузионное легирование золотом

Golddotierung *f* легирование золотом

Golddrahtdiode *f* диод с золотой связкой

Goldelektrode *f* золотой электрод *(фотодиода Шоттки)*

Goldeutektik *f* эвтектика на основе золота

Goldkontakt *m* золотой контакт; контакт с золотым покрытием

Goldkontaktierungsdraht *m см.* Goldbonddraht

Goldmaske *f* золотой шаблон *(для рентгенолитографии)*

Goldnagelkopfbonden *n* шариковая термокомпрессионная сварка золотой проволоки, приварка золотой проволоки методом шариковой термокомпрессии

goldplattiert золочёный

Gold-Silizium-Eutektik *f* эвтектика золота и кремния

Go-No-Go-Prinzip *n* принцип (испытаний по критерию) «годен - негоден», альтернативный принцип контроля

Go/NoGo-Prüfung *f* отбраковочные испытания, испытания по критерию «годен - негоден»; контроль по альтернативному признаку

Go/NoGo-Tester *m* отбраковочный тестер

g-Pol *m* затвор (*полевого транзистора*)

Graben *m* (вытравленная) канавка (*трапециедальной или U-образной формы*)

Grabenisolation *f* изоляция (*элементов ИС*) канавками с диэлектрическим материалом

Grabenisolationstechnik *f* метод изоляции (*элементов ИС*) канавками с диэлектрическим материалом

Grabenkondensator *m* щелевой конденсатор

Graceful Degradation *f англ.* постепенная деградация; постепенное ухудшение рабочих характеристик

Graded-Channel-Doping-Profile-MESFET *m* полевой транзистор Шоттки с плавным профилем распределения канальной примеси

Gradientenfaser *f* градиентное (оптическое) волокно (*с плавным уменьшением показателя преломления от оси к периферии*)

Gradientenindex *m* градиентный профиль показателя преломления

Gradientenlichtleiter *m* градиентный световод

Gradientenprofilfaser *f см.* **Gradientenfaser**

Grafik *f* 1. (машинная) графика 2. график

~, **alphageometrische** буквенно-геометрическая графика

~, **alphamosaische** буквенно-мозаичная графика

~, **hochauflösende** графические устройства с высокой разрешающей способностью

~, **interaktive** интерактивная графика

Grafikadapter *m* графический адаптер, адаптер графических устройств

Grafikanzeige *f* графический индикатор; графический терминал

Grafikanzeigemodus *m* режим графического вывода

Grafikarbeitsplatz *m* графическое АРМ, автоматизированное рабочее место [АРМ] с графическим терминалом

~, **interaktiver** АРМ системы интерактивной графики

~, **intelligenter** интеллектуальное графическое АРМ

Grafikauflösung *f* разрешающая способность графического устройства

Grafikausgabe *f* 1. графический вывод, вывод графической информации 2. устройство графического вывода, устройство вывода графической информации

Grafikbank *f* банк графических данных

Grafik-Betriebsart *f см.* **Grafik-Mode**

Grafikbildschirm *m* графический экран, экран для отображения графической информации; графический дисплей

Grafik-Board *n см.* **Grafikkarte**

Grafikcode *m* графический код

Grafik-Controller *m* графический контроллер, контроллер графического вывода

Grafik-Controller-Board *n* плата графического контроллера

Grafikdaten *pl* графические данные

Grafikdialoggerät *n* интерактивный графический дисплей

Grafikdisplay *n* графический дисплей

Grafik-Display-Controller *m* контроллер графического дисплея

Grafikdisplaytreiber *m* драйвер графического дисплея

Grafikdrucker *m* графическое печатающее устройство

Grafik-Editor *m* графический редактор, программа редактирования графической информации

Grafikeingabe *f* 1. графический ввод, ввод графической информации 2. устройство графического ввода, устройство ввода графической информации

Grafikfähigkeit *f* возможность графического вывода

Grafikgenerator *m* генератор (элементов) графических изображений

Grafikgrundelement *n* графический примитив

Grafik-Hardcopy *f* твёрдая копия изображения, получаемая с экрана графического дисплея

Grafikinterface *n см.* **Grafikschnittstelle**

Grafikkarte *f* плата машинной графики

Grafikkode *m см.* **Grafikcode**

Grafikmanipulation f манипулирование графическими объектами

Grafik-Mode m графический режим, режим графического представления (данных)

Grafikmodul m см. **Grafikkarte**

Grafikmodus m см. **Grafik-Mode**

Grafikobjekt n графический объект

Grafikplatine f см. **Grafikkarte**

Grafikprozessor m графический процессор, процессор графических данных

Grafik-RAM m графическое ЗУПВ; графическое ОЗУ

Grafikschnittstelle f графический интерфейс, интерфейс машинной графики

Grafiksimulation f графическое моделирование

Grafik-Software f программное обеспечение машинной графики

Grafikspeicher m память графических данных, графическое ЗУ

Grafiksystem n графическая система, система машинной графики

Grafiktablett n графический планшет

Grafikterminal n графический терминал

Grafikverarbeitung f обработка графических данных

Grafikwerkzeuge n pl графические средства, средства машинной графики

Grafik-Workstation f графическая рабочая станция

Grafikzeichen n графический символ

Granat m гранат

Granatschicht f плёнка граната

Graph m граф

~, **azyklischer** бесконтурный граф

~, **ebener** плоский граф

~, **gerichteter** направленный [ориентированный] граф

~, **homoformer** см. **Graph, homorpher**

~, **homorpher** однородный [регулярный] граф

~, **kreisfreier [kreisloser]** бесконтурный граф

~, **orientierter** ориентированный граф

~, **planarer** планарный граф

~, **stark zusammenhängender** сильно связный граф

~, **ungerichteter** ненаправленный [неориентированный] граф

~, **vollständiger** полный граф

~, **zusammenhängender** связный граф

~, **zweifach-zusammenhängender** двусвязный граф

Graphik... см. **Grafik...**

Graphit

Graphit *m* графит

Graphitschiffchen *n* графитовая лодочка

Graphit-Streifenheizer *m* графитовый ленточный нагреватель

Graphittiegel *m* графитовый тигель

Graphitträger *m* графитовая кассета

Graphoepitaxie *f* графоэпитаксия

Graphogenerator *m* графогенератор

Grauskala *f* шкала яркостей, яркостная шкала

Graustufe *f* уровень яркости *(черно-белого изображения)*; полутон

Graustufung *f* градации яркостной шкалы; оттенки серого

Grauton *m* уровень серого; полутон

Grauwert *m* градация яркостной шкалы; оттенок серого; полутон

Grauwertgrafik *f* полутоновая графика

Gray-Kode *m* код Грея

Greedy-Kanalrouter *m* канальный трассировщик Гриди

Greifer *m* схват, захват *(руки робота)*

Grenzfläche *f* поверхность раздела; граница раздела

Grenzflächeneffekte *m pl*, **Grenzflächenphänomene** *n pl* явления на поверхностях раздела

Grenzflächenzustände *m pl* состояния на поверхностях раздела

Grenzfrequenz *f* граничная частота; предельная частота; частота среза

~ des Stromverstärkungsfaktors граничная [предельная] частота коэффициента передачи тока *(биполярного транзистора)*

~ für Verstärkung 1 (граничная) частота единичного усиления, граничная частота коэффициента передачи тока в схеме с общим эмиттером

α-**Grenzfrequenz** *f* частота альфа-среза, граничная [предельная] частота коэффициента передачи (эмиттерного) тока в схеме с общей базой, граничная [предельная] частота усиления по току в схеме с общей базой

β-**Grenzfrequenz** *f* частота бета-среза, граничная [предельная] частота коэффициента передачи (базового) тока в схеме с общим эмиттером, граничная [предельная] частота усиления по току в схеме с общим эмиттером

Grenzkennlinie *f* граничная характеристика *(отделяющая, например, линейную область от области насыщения)*

Grenzschicht f поверхность раздела; (по)граничный слой

Grenzschichtzustände m pl состояния на поверхности раздела *(двух полупроводниковых кристаллов)*

Grenzzustand m предельное состояние

Gridless Router m *англ.* бессеточный трассировщик *(см. тж.* Router)

Gridless Routing n *англ.* трассировка без сетки

Grobpositioniermarke f метка грубоприближённого совмещения

Grobpositionierung f грубоприближённое совмещение

Großfeldbildmatrix f матричный формирователь видеосигналов большой площади

Großfeldprojektionsbelichtungsanlage f широкоформатная установка проекционного экспонирования, установка проекционной литографии по большому полю

Großintegration f высокая степень интеграции

Großintegrationsbaustein m БИС-компонент

Großintegrationsschaltung f большая интегральная (микро)схема, БИС

Großintegrationstechnik f техника БИС; технология БИС

Großpegel-Logik f логика с высокими логическими уровнями; логика с высоким пороговым напряжением

Großsignalbetrieb m режим больших сигналов [большого сигнала]

Großsignalfestigkeit f устойчивость к большим сигналам

Großsignalmodell n динамическая модель большого сигнала, модель поведения транзистора в режиме больших сигналов

Großsignalparameter m pl параметры режима большого сигнала

Großsignalverhalten n работа *(транзистора)* в режиме больших сигналов; поведение транзистора в режиме больших сигналов

Größtintegration f сверхвысокая степень интеграции

Grow-back-Effekt m самовосстановление *(нежелательное самопроизвольное восстановление разрушенных плавких перемычек в ППЗУ)*

Grown-in-Punktdefekt m ростовой точечный дефект

Grube f карман

~, n^+-**dotierte** карман n^+-типа

~, **n-dotierte** карман n-типа

Grundbaustein m базовый модуль; базовый конструктивный блок

Grundchip

Grundchip *m* базовый кристалл

Grunddotierung *f* 1. фоновое легирование 2. фоновый уровень легирования 3. фоновые прмеси; фоновая примесь

Grunddtakt *m* тактовая частота внешнего генератора, внешняя тактовая частота

Grundflipflop *n* базовая бистабильная ячейка, базовая БЯ

Grundfunktion *f* базовая функция

Grundgatter *n* базовый логический элемент

Grundgitterabsorption *f* собственное поглощение

Grundgitteranregung *f* собственное возбуждение

Grundkonzentration *f* фоновая концентрация *(примесей)*

Grundladung *f* «жирный нуль» *(в ПЗС)*

Grundladungsbetrieb *m* режим «жирного» нуля, режим работы *(ПЗС)* с «жирным» нулём

Grundladungspaket *n* исходный зарядовый пакет *(в ППЗ)*

Grundmaster *m* базовый матричный кристалл, БМК

Grundmaterial *n* исходный материал

Grundmenü *n* базовое меню

Grundmodul *m* базовый модуль

Grundplatine *f* базовая плата

Grundraster *m* координатная сетка *(чертежа печатной платы)*

Grundrastermaß *n* шаг координатной сетки *(чертежа печатной платы)*

Grundschaltungen *f pl* основные схемы включения

Gruppenadressierung *f* групповая адресация

Gruppenbondanlage *f* установка группового монтажа

Gruppenlaufzeit *f* групповое время задержки; групповое время распространения *(мод в световоде)*

Gruppensteuerung *f* групповой контроллер

G-S-Vorspannung *f* напряжение (смещения) затвор-исток, управляющее напряжение на затворе

GTO-Thyristor *m* запираемый [двухоперационный] тиристор

Guard-Ring *m* охранное кольцо

Gull-Wing-Anschluß *m*, **Gull-Wing-Beinchen** *n* вывод типа «крыло чайки»

Gunn-Diode *f* диод Ганна

Gunn-Domäne *f* ганновский домен

Gunn-Effekt *m* эффект Ганна

Gunn-Effekt-Halbleiter *m см.* **Gunn-Halbleiter**

Gunn-Effekt-Oszillator *m* генератор на приборе Ганна

Gunn-Element *n* диод Ганна; прибор (на эффекте) Ганна

Gunn-Halbleiter *m* ганновский полупроводник *(арсенид галлия, фосфид индия)*

Gunn-Modus *m* ганновский режим

Gunn-Oszillator *m* генератор [диод] Ганна

Gunn-Verstärker *m* усилитель на приборе Ганна

Gurt *m* гибкий ленточный носитель *(для интегральных компонентов)*

Gurtung *f* монтаж на гибкие ленточные носители; упаковка в (гибкий) ленточный носитель

Gurtungsmaschine *f* установка для упаковки *(элементов поверхностного монтажа)* в ленточный носитель

Gut-Ausschuß-Prüfung *f* отбраковочные испытания, испытания по критерию «годен - негоден» [ГОДЕН - БРАК]; контроль по альтернативному признаку

Güte *f* 1. добротность *(колебательного контура, резонатора)* 2. качество

Gütefaktor *m* 1. фактор качества, произведение мощность - задержка 2. *см.* **Güte** 1

Güteschalter *m* модулятор добротности *(резонатора лазера)*

Güteschaltung *f* модуляция добротности

Gutgrenze *f* допустимый уровень качества, приёмочный уровень дефектности

Gutlage *f см.* **Gutgrenze**

Gut-Schlecht-Anzeige *f* индикатор «годен - негоден», индикатор ГОДЕН - БРАК

Gut-Schlecht-Prüfung *f*, **Gut-Schlecht-Test** *m см.* **Gut-Ausschuß-Prüfung**

Gyrator *m* гиратор

H

Haftelektron *n* захваченный электрон

Haftfähigkeit *f* адгезионная способность; адгезия *(плёнки к подложке)*

Haftfehler *m* константная неисправность, залипание *(напр. неисправность типа «константный нуль» или «константная единица»)*

Haftfestigkeit *f* прочность сцепления; прочность связи

Haftmaske *f* контактный шаблон; контактная маска

Haftniveau *n* уровень захвата

Haftschicht *f* слой с хорошей адгезией к подложке

Haftstelle *f* ловушка захвата *(носителей заряда)*, ловушка

~, **besetzte** заполненная ловушка

Haftstelle

~, **flache** мелкая ловушка; мелкий уровень-ловушка

~, **freie** незаполненная ловушка

~, **rekombinationsfreie** нерекомбинационная ловушка

~, **tiefe [tiefliegende]** глубокая ловушка; глубокий уровень-ловушка

~, **unbesetzte** *см.* **Haftstelle, freie**

Haftstellenbesetzung *f* 1. населённость ловушек 2. заполнение ловушек

Haftstellendichte *f* концентрация ловушек

Haftstellenladung *f* заряд ловушки [ловушек]

Haftstellenmechanismus *m* механизм рекомбинации на ловушках

Haftstellenniveau *n* уровень (ловушек) захвата

Haftstellentiefe *f* глубина ловушки (захвата)

Haftstellenumladung *f* перезаряд ловушек

Haftterm *m* уровень захвата

Haftung *f* 1. захват *(носителей заряда)* 2. адгезия *(напр. слоя к подложке)*; сила адгезии

Haftungsquerschnitt *m* эффективное сечение захвата

Haftzentrum *n* центр захвата; ловушка

H-aktiv с активным высоким потенциалом *(напр. о выходе)*

HAL *f* схема с жёсткопрограммируемой логической конфигурацией; программируемое логическое устройство, ПЛУ

Halbbild *n* поле *(кадра)*

Halbbrücke *f*, **Halbbrückenschaltung** *f* полумостовая схема, схема полумоста; схема типа «тотемный столб»

Halbbrückenwandler *m* преобразователь (постоянного напряжения), выполненный по полумостовой схеме [по схеме полумоста]

Halbbyte *n* полубайт, тетрада

Halbduplexbetrieb *m* полудуплексный режим

Halbierungssuchverfahren *n* дихотомический поиск

Halb-Kunden-IS *f* полузаказная ИС

Halbleiter *m* полупроводник

~, **amorpher** аморфный полупроводник

~, **direkter** полупроводник с прямыми переходами

~, **eigenleitender** собственный [беспримесный] полупроводник

~, **entarteter** вырожденный полупроводник

~, **glasartiger** стеклообразный полупроводник

~, **indirekter** полупроводник с непрямыми переходами

~, **kompensierter** (с)компенсированный полупроводник

~, kristalliner кристаллический полупроводник

~, künstlicher искусственный полупроводник

~, neutronendotierter трансмутационно-легированный полупроводник

~, nichtentarteter невырожденный полупроводник

~, ungestörter беспримесный полупроводник

Halbleiteranordnung *f* полупроводниковое устройство

~, ladungsgekoppelte прибор с зарядовой связью, ПЗС

Halbleiterbahn *f* токопроводящая дорожка *(на поверхности полупроводника)*

Halbleiterbandstruktur *f* зонная структура полупроводника

Halbleiterbauelement *n* полупроводниковый элемент; полупроводниковый компонент

~, laterales полупроводниковый элемент с горизонтальной структурой

~, optoelektronisches оптоэлектронный полупроводниковый прибор

Halbleiterbeschleunigungssensor *m* полупроводниковый датчик ускорения

Halbleiterbildsensor *m*, **Halbleiterbildwandler** *m* полупроводниковый [твердотельный] датчик изображения; полупроводниковый [твердотельный] формирователь видеосигналов

Halbleiterblock *m* монолитный блок полупроводникового материала; **im ~** в объёме полупроводника

Halbleiterblockschaltkreis *m* полупроводниковая [монолитная] ИС; интегральная микросхема, выполненная в объёме полупроводника

Halbleiterblocktechnik *f* технология полупроводниковых [монолитных] ИС; технология получения интегральных микросхем в объёме полупроводника [в монолитном блоке полупроводникового материала)

Halbleiterchip *m* полупроводниковый кристалл, чип

Halbleiterdehn(ungs)meßstreifen *m см.* **Halbleiter-DMS**

Halbleiterdiode *f* полупроводниковый диод

Halbleiter-DMS *m* полупроводниковый тензорезистор

Halbleitereffekte *m pl* эффекты в полупроводниках

Halbleitereinkristall *m* монокристалл полупроводника, полупроводниковый монокристалл

Halbleiterelektronik *f* полупроводниковая электроника

Halbleiterepitaxie *f* эпитаксиальное наращивание полупроводниковых слоев

Halbleiterfotodiode f полупроводниковый фотодиод

Halbleiterfotozelle f полупроводниковый фотоэлемент

Halbleitergebiet n полупроводниковая область

~, *n*-leitendes (полупроводниковая) область (с проводимостью) *n*-типа [с электронной проводимостью], *n*-область

~, *p*-leitendes (полупроводниковая) область (с проводимостью) *p*-типа [с дырочной проводимостью], *p*-область

Halbleitergleichrichter m полупроводниковый выпрямитель

Halbleiterinjektionslaser m полупроводниковый инжекционный лазер

Halbleiter-IS f полупроводниковая [монолитная] ИС

Halbleiterkristall m полупроводниковый кристалл

Halbleiterlaser m полупроводниковый лазер

Halbleiterleistungsbauelement n силовой полупроводниковый прибор

Halbleitermaterial n полупроводниковый материал

~, *n*-leitendes полупроводниковый материал (с проводимостью) *n*-типа

~, *p*-leitendes полупроводниковый материал (с проводимостью) *p*-типа

Halbleiter-Metall-Kontakt m контакт металл - полупроводник; барьер Шоттки

Halbleiterpille f полупроводниковая (легирующая) таблетка

Halbleiterplättchen n кристалл (ИС), (полупроводниковый) кристалл; полупроводниковая пластинка

~, *n*-leitendes кристалл (ИС) с проводимостью *n*-типа

~, *p*-leitendes кристалл (ИС) с проводимостью *p*-типа

Halbleiterschaltkreis m полупроводниковая ИС

~, **gehäuseloser** бескорпусная ИС

~, **integrierter** полупроводниковая ИС

~, **inverkappter** бескорпусная ИС

Halbleiterschaltung f *см.* **Halbleiterschaltkreis**

~, **gehäuselose** *см.* **Halbleiterschaltkreis, gehäuseloser**

~, **integrierte** *см.* **Halbleiterschaltkreis, integrierter**

~, **unverkappte** *см.* **Halbleiterschaltkreis, unverkappter**

Halbleiterscheibe f полупроводниковая пластина

Halbleiterschicht f полупроводниковый слой

Halbleitersensor m полупроводниковый датчик

Halbleiterspeicher *m* полупроводниковая память, полупроводниковое ЗУ

Halbleiterstruktur *f* полупроводниковая структура

Halbleitersubstrat *n* полупроводниковая подложка

Halbleitersubstratscheibe *f* полупроводниковая пластина, используемая в качестве подложки

Halbleitertechnik *f* полупроводниковая техника; полупроводниковая технология

Halbleitertemperatursensor *m* полупроводниковый датчик температуры, полупроводниковый болометр

Halbleiterthermoelement *n* полупроводниковый термоэлемент

Halbleiterübergang *m* полупроводниковый переход

Halbleiterunterlage *f* см. **Halbleitersubstrat**

Halbleiterventil *n* полупроводниковый вентиль

Halbleitervolumen *n* объём полупроводника; **im ~** в объёме полупроводника

Halbleiterwafer *m* полупроводниковая пластина

Halbleiterwerkstoff *m* полупроводниковый материал

Halbleiterwiderstand *m* полупроводниковый резистор

Halbleiterzone *f* см. **Halbleitergebiet**

Halbrückschritt-Taste *f* клавиша половинного пробела

Halbschale *f* основная часть корпуса (*основание или крышка*)

Halbschalengehäuse *n* корпус, состоящий из (соединённых друг с другом) основания и крышки

Halbsubtrahierer *m* полувычитатель

Halbwertsdauer *f* длительность (импульса) на уровне 0,5, длительность (импульса) по уровню половинной амплитуды; полная длительность (*импульсной переходной характеристики*) по полувысоте

Halbwertspulsbreite *f* длительность импульса на уровне 0,5, длительность импульса по уровню половинной амплитуды

Hall-Beweglichkeit *f* холловская подвижность

Hall-Effekt *m* эффект Холла
~, quantisierter дробный эффект Холла

Hall-Elektrode *f* холловский электрод, электрод Холла; выходной электрод преобразователя Холла

Hall-Element *n* элемент Холла, прибор на эффекте Холла

Hall-EMK *f* эдс Холла

Hall-Feld *n* поле Холла, холловское электрическое поле, поперечное холловское (электрическое) поле

Hall-Feldstärke *f* напряжённость [сила] холловского электрического поля, холловская напряжённость электрического поля

Hall-Generator *m* генератор Холла

Hall-IS *f* холловская ИС, ИС Холла, ИС на элементах Холла

Hall-Koeffizient *m* коэффициент Холла

Hall-Konstante *f* постоянная Холла

Hall-Kopf *m* головка с датчиком Холла

Hall-Probe *f* холловский образец

Hall-Schalter *m* переключатель на ИС Холла

Hall-Schaltkreis *m* см. Hall-IS

Hall-Sensor *m* датчик [преобразователь] Холла

Hallsignal *n* выходной сигнал датчика [преобразователя] Холла

Hall-Spannung *f* напряжение Холла, холловское напряжение; эдс Холла

Hall-Spannungsgenerator *m* генератор ЭДС Холла

Halltaste *f* холловская клавиша

Hall-Urspannung *f* см. Hall-EMK

Hallwinkel *m* угол Холла, холловский угол

Haltbefehl *m* команда останова

Haltekondensator *m* конденсатор хранения *(в схеме выборки - хранения)*

Halterung *f* держатель; система крепления (подложки); устройство крепления *(промежуточного фотооригинала, объектива)*

Haltespannung *f* напряжение хранения *(в схеме выборки - хранения)*

Haltestrom *m* ток удержания *(тиристора)*

Haltezeit *f* 1. время хранения 2. время удержания *(параметр триггера или счётчика)* 3. время выдержки *(одновибратора)*

Haltezustand *m* режим хранения *(в схеме выборки - хранения)*

Halt-Taste *f* клавиша останова

Haltzustand *m* состояние останова

Hamming-Kode *m* код Хэмминга

Handhabevorrichtung *f* манипулятор; устройство подачи и перемещения

Handhabung *f* манипулирование; подача и перемещение; межоперационная транспортировка

Handhabungsausrüstung *f* оборудование для межоперационной транспортировки

Handhabungsgerät *n* манипулятор

Handheld-Computer *m* карманная ПЭВМ

Handling *n* 1. манипуляция; манипулирование 2. обработка

Handshake *n* англ. квитирование, подтверждение

Handshakebetrieb *m* режим работы с квитированием

Handshakesignal *n* сигнал квитирования

Hardcopy *f* документальная копия

Harddisk *f*, **Hard-Disk** *f* жёсткий магнитный диск, ЖМД

Hard-Disk-Controller *m* контроллер накопителя на жёстких (магнитных) дисках, контроллер НЖМД

Hard-Disk-Laufwerk *n* 1. дисковод для жёстких (магнитных) дисков 2. накопитель на жёстком (магнитном) диске, НЖМД

Hardwarefehler *m* аппаратная ошибка, аппаратная неисправность; аппаратный отказ

~, **permanenter** устойчивая аппаратная неисправность; аппаратный отказ *(отказ модуля, узла в отказоустойчивой системе с избыточным резервированием)*

Hardware-Interrupt *m* аппаратное прерывание

Hardware-Multiplier *m* англ., **Hardwaremultiplizierer** *m* блок аппаратного умножения

Hardwareprüfung *f* аппаратный контроль

Hardware-Support *m* аппаратная поддержка

Hardware-Tools *n pl* англ. аппаратные средства

Hardware-Unterstützung *f* аппаратная поддержка

Hartglas *n* тугоплавкое стекло

Hartkopie *f см.* Hardcopy

Hartkopieterminal *n* терминал с выдачей документальных копий, документирующий терминал

Hartmaske *f* износоустойчивый фотошаблон

Hartpapier *n* гетинакс

Hartpapierplättchen *n* гетинаксовая подложка

Hashing *n* хэширование

Hashtabelle *f* хэш-таблица

Hauchvergoldung *f* (сверх)тонкое золочение

Hauptfase *f* базовый срез *(полупроводниковой пластины)*

Hauptgerät *n* ведущее устройство, задатчик

Hauptgerät-Nebengerät-Struktur *f* структура типа «ведущий - ведомый»

Hauptmenü *n* главное меню

Hauptminimum *n* центральный [нижний] минимум

Hauptprozessor *m* главный процессор

Hauptrücksetzsignal *n* сигнал общего [системного] сброса

Haupttaktgeber *m*, **Haupttaktgenerator** *m* задающий генератор, ведущий тактовый генератор

H-Ausgangsspannung *f* выходное напряжение высокого уровня

Haushaltelektronik *f* бытовая электронная аппаратура

Hazards *n pl* короткие паразитные импульсы (*на выходе логической схемы*)

HBT *m* биполярный транзистор на гетеропереходах

HC *f см.* **HCMOS**

HC-CMOS-Reihe *f см.* **HC-Reihe**

HC-Familie *f см.* **HC-Reihe**

HC-IC *n* быстродействующая КМОП ИС

HCMOS *f* 1. быстродействующие КМОП ИС 2. технология (изготовления) быстродействующих КМОП ИС

HCMOS-Gate-Array *n* быстродействующая матричная КМОП ИС

HCMOS-IC *n см.* **HCMOS-IS**

HCMOS-IS *f* быстродействующая КМОП ИС

HCMOS-Puffer/Treiber *m* буфер-формирователь на быстродействующих КМОП-транзисторах

HCMOS-Schaltkreise *m pl* быстродействующие КМОП ИС

HC-Reihe *f* серия быстродействующих КМОП ИС

HC-Serie *f см.* **HC-Reihe**

HCT *f* быстродействующие КМОП ИС с ТТЛ-совместимыми затворами

HCT-Baustein *m* компонент в виде быстродействующей КМОП ИС с ТТЛ-совместимым затвором; быстродействующая КМОП ИС с ТТЛ-совместимым затвором

HCT-Familie *f*, **HCT-CMOS-Reihe** *f*, **HCT-Reihe** *f* серия быстродействующих КМОП ИС с ТТЛ-совместимыми затворами

HDMOS *f* 1. МОП ИС с удвоенной плотностью упаковки 2. технология МОП ИС с удвоенной плотностью упаковки

Heimcomputer *m* бытовая ЭВМ

Heimterminal *n* абонентский терминал

H-Eingangsspannung *f* входное напряжение высокого уровня

Heißelektroneninjektion *f* инжекция горячих электронов

Heißelektronentransistor *m* транзистор на горячих электронах

Heißleiter *m* (термо)резистор с отрицательным ТКС

Heizspule *f* катушка индукционного [высокочастотного] нагрева

Helikon *n* геликон, геликоновая волна *(слабозатухающая спиральная волна плазмы твёрдого тела)*

Helium-Neon-Laser *m* гелий-неоновый лазер

Hellstrom *m* фототок фотоприёмника

HEMT *m* транзистор с высокой подвижностью электронов, ВПЭ-транзистор, полевой транзистор на двумерном электронном газе

HEMT-Array *n* матрица транзисторов с высокой подвижностью электронов, матрица ВПЭ-транзисторов

HEMT-Bauelement *n* элемент [ИС] на транзисторах с высокой подвижностью электронов [на ВПЭ-транзисторах]

HEMT-IS *f* ИС на транзисторах с высокой подвижностью электронов [на ВПЭ-транзисторах]

HEMT-SRAM *m* статическое ЗУПВ на транзисторах с высокой подвижностью электронов [на ВПЭ-транзисторах]

heraussaugen вытягивать *(напр. носители из обеднённого слоя)*

Herstellerrisiko *n* риск поставщика

Herunterscrollen *n* прокрутка изображения (на экране дисплея) вниз

Heteroübergang

Heterodiode *f* гетеродиод, диод с гетероструктурой, диод на гетеропереходе

Heteroepitaxie *f* гетероэпитаксия

Heterofotodiode *f* фотодиод с гетероструктурой, гетерофотодиод

Heterojunction *n* см. **Heteroübergang**

Heterojunction-Bipolartransistor *m* биполярный транзистор на гетеропереходах

Heterojunction-FET *m* полевой транзистор с гетеропереходом

Heterojunction-Transistor *m* транзистор с гетеропереходом [на гетеропереходах]

Heterokollektortransistor *m* транзистор с коллекторным гетеропереходом

Heterostruktur *f* гетероструктура

~, **modulationsdotierte** модуляционно-легированная гетероструктура

Heterostruktur-Feldeffekttransistor *m* гетероструктурный (металл-полупроводниковый) полевой транзистор (на арсениде галлия), полевой транзистор (на арсениде галлия) с барьером Шоттки и гетеропереходом

Hetero-*pn*-Übergang *m p - n*-гетеропереход, гетероструктурный *p - n*-переход

Heteroübergang *m* гетеропереход, гетероструктурный переход

Heuristik *f* эвристика; эвристическое правило

Hexadezimalkode *m*, **Hexkode** *m* шестнадцатиричный код

Hexdump *m* шестнадцатиричный дамп, дамп в шестнадцатиричной форме; распечатка в шестнадцатиричном коде

HEXFET *m* гексагональный полевой транзистор, полевой транзистор с гексагональными *p*-областями

H-Fehler *m* появление на выходе *(логической схемы)* высокого уровня вместо низкого

HF-Ersatzschaltbild *n* высокочастотная эквивалентная схема, высокочастотная модель *(транзистора)*

HFET *m* гетероструктурный (металл-полупроводниковый) полевой транзистор (на арсениде галлия), полевой транзистор (на арсениде галлия) с барьером Шоттки и гетеропереходом

HF-Transistor *m* высокочастотный транзистор

HF-Transistorvierpol *m* высокочастотная схема замещения (биполярного) транзистора как четырёхполюсника

HF-Verstärker *m* усилитель радиочастоты, УРЧ

Hi-BiCMOS *f*, **HI-BICMOS** *f* 1. быстродействующие ИС на биполярных и КМОП-транзисторах, быстродействующие Би-КМОП ИС 2. технология быстродействующих ИС на биполярных и КМОП-транзисторах, технология быстродействующих Би-КМОП ИС

Hi-BiCMOS-Schaltkreis *m* быстродействующая ИС на биполярных и КМОП-транзисторах, быстродействующая Би-КМОП ИС

Hi-BiCMOS-Schaltung *f* быстродействующая ИС на биполярных и КМОП-транзисторах, быстродействующая Би-КМОП-схема

Hi-BiCMOS-Technik *f* технология быстродействующих ИС на биполярных и КМОП-транзисторах, технология быстродействующих Би-КМОП ИС

HIC *n* I гибридная ИС, ГИС

HIC *f* II гибридная технология, технология ГИС

Hi-C-Zelle *f* ячейка динамического ОЗУ большой ёмкости

HiFi-Anlage *f* система с высокой верностью воспроизведения

HiFi-Stereoverstärker *m* стереофонический усилитель высокой верности, высококачественный стереоусилитель

HiFi-Tuner *m* тюнер высокой верности (воспроизведения), тюнер высокого класса [класса HiFi]

HiFi-Verstärker *m* усилитель высокой верности, высококачественный усилитель

HiFi-Videorecorder *m* (бытовой) видеомагнитофон с высокой верностью воспроизведения звука

high-aktiv возбуждаемый высоким уровнем сигнала; активный при высоком уровне напряжения

High-Density-PLD *n* ПЛУ с высокой плотностью упаковки

High-Density-CMOS *f* КМОП ИС с высокой плотностью упаковки

High-end-Bereich *m* область высоких характеристик; класс устройств с высокими техническими характеристиками

High-end-Mikroprozessor *m* высокопроизводительный [высококачественный] микропроцессор; микропроцессор специального назначения

High-end-Rechner *m* микроЭВМ старшей модели

High-level *m англ.* высокий уровень напряжения, Н-уровень

High-level-Design *n* проектирование (на уровне) архитектуры, проектирование верхнего уровня *(напр. функциональное проектирование БИС)*

High-Logik *f см.* **H-Logik**

High-Low-Übergang *m* **1.** отрицательный перепад потенциала, спад *(входного или выходного)* потенциала **2.** *см.* **H-L-übergang**

«high-low»-Flanke *f см.* **H-L-Flanke**

high-noise-immunity-Logik *f* логические схемы с высокой помехоустойчивостью

High-Pegel *m см.* **H-Pegel**

High-Performance-System *n* система с высокими качественными характеристиками

High-Signal *n* сигнал высокого уровня, сигнал Н-уровня

High-Speed-CMOS-Logik *f* быстродействующие КМОП ИС

High-Speed-CMOS-Schaltkreise *m pl* быстродействующие КМОП-схемы, быстродействующие КМОП ИС

High-Speed-Logik *f* быстродействующие логические схемы

High-Speed-Schaltkreis *m* быстродействующая ИС
~, **integrierter** быстродействующая ИС

High-Speed-TTL *f* быстродействующие ТТЛ ИС

High-Speed-TTL-Schaltkreise *m pl*, **High-Speed-TTL-Schaltungen** *f pl* быстродействующие ТТЛ-схемы, быстродействующие ТТЛ ИС

Highway *m* 1. тракт передачи 2. магистраль *(сети передачи данных)*

High-Zustand *m* 1. состояние с высоким уровнем напряжения 2. *см.* **H-Zustand**

HIIL *f*, **HI²L** *f* И²Л на гетеропереходах

Hilfschip *m* периферийная ИС

Hilfsmenü *n* консультационное меню

HiNIL *f см.* **HNIL**

Hinterflanke *f* срез импульса

Hintergrundfarbe *f* цвет фона

HiPer-FET *m* высококачественный полевой транзистор

Hi-Rel-IC *n* высоконадёжная ИС

Hitrate *f* коэффициент совпадения; коэффициент эффективности выборки *(при обращении к ЗУ)*; коэффициент эффективности поиска *(при выборке записей из файла)*

Hitze-Kälte-Test *m* испытания на стойкость к термоциклированию

HJBT *m* биполярный транзистор на гетеропереходах

HJFET *m* полевой транзистор с гетеропереходом

H-Logik *f* положительная логика *(логика, в которой уровень единицы больше уровня нуля)*

H-L-Taktflanke *f*, **HL-Taktflanke** *f* отрицательный фронт тактового импульса, срез тактового импульса

HLT²L *f*, **HLTTL** *f* ТТЛ-схемы с высокими логическими уровнями

HL-Blocktechnik *f см.* **Halbleiterblocktechnik**

H-L-Flanke *f* отрицательный фронт, срез *(напр. тактового импульса)*

HLL *f* логические схемы с высокими логическими уровнями

HL-Übergang *m* 1. отрицательный перепад потенциала, спад *(входного или выходного потенциала)* 2. переход с уменьшением концентрации примеси *(p^+ - p-переход, n^+ - n-переход)*

HMOS *f* 1. *см.* **HMOS-Technik** 2. высококачественные МОП ИС

HMOS-Technik *f*, **HMOS-Technologie** *f* HMOS-технология, технология высококачественных МОП ИС

HNIL *f* логические схемы с высокой помехоустойчивостью

Hochdosisimplantation *f* высокодозированная ионная имплантация

hochdotiert сильнолегированный

Hochdruck-Czochralski-Prozeß *m* метод Чохральского, осуществляемый в атмосфере высокого давления

Hochdruckoxydation *f* оксидирование при высоком давлении

Hochdruckoxydationsverfahren *n* метод оксидирования при высоком давлении

Hochfelddipol *m см.* **Hochfelddomäne**

Hochfelddomäne *f* домен сильного поля

Hochfeldmodus *m* режим сильного поля

Hochfrequenzbetrieb *m* высокочастотный режим

Hochfrequenzeigenschaften *f pl* высокочастотные свойства

Hochfrequenzerwärmung *f* высокочастотный нагрев

Hochfrequenzheizung *f* 1. высокочастотный (индуктивный) нагрев 2. катушка высокочастотного [индукционного] нагрева, ВЧ-подогреватель

Hochfrequenzkleinsignalverhalten *n* работа *(транзистора)* в высокочастотном малосигнальном режиме [в режиме малого сигнала на высокой частоте]

Hochfrequenzsputtern *n* высокочастотное распыление

Hochfrequenztrocknung *f* высокочастотная сушка, ВЧ-сушка

Hochfrequenzverhalten *n* высокочастотные свойства; поведение *(транзистора)* в высокочастотном режиме

Hochgeschwindigkeitsbus *m* шина высокого быстродействия, «быстрая» шина

Hochgeschwindigkeits-CMOS *f* 1. быстродействующие КМОП ИС 2. технология (изготовления) быстродействующих КМОП ИС

Hochgeschwindigkeits-IS *f* быстродействующая ИС

Hochgeschwindigkeitslogik *f* быстродействующие логические схемы, логика с высоким быстродействием

Hochgeschwindigkeitsschaltkreis *m*, **Hochgeschwindigkeitsschaltung** *f см.* **Hochgeschwindigkeits-IS**

Hochgeschwindigkeits-VLSI-Schaltung *f* быстродействующая СБИС

Hochinjektion *f* высокий уровень инжекции

Hochinjektionslebensdauer *f* время жизни носителей при высоком уровне инжекции

Hochinjektionswirkungsgrad *m* коэффициент инжекции при высоком уровне инжекции

Hochintegration f высокая степень интеграции

Hochintegrationstechnologie f технология ИС с высокой степенью интеграции, технология БИС

Hochleistungs-MOS f см. **HMOS**

Hochleistungs-MOSFET m мощный МОП-транзистор

Hochleistungs-MOS-Technik f см. **HMOS-Technik**

Hochleistungsoptik f светосильная оптика

hochohmig высокоомный, с высоким (электрическим) сопротивлением, высокоимпедансный

Hochohmigkeit f высокоимпедансное состояние, состояние с высоким электрическим сопротивлением

Hochohmwiderstand m высокоомный резистор

Hochpaß m фильтр верхних частот

Hochpegellogik f (помехоустойчивые) логические схемы с высокими уровнями переключениями

Hochscrollen n прокрутка изображения (на экране дисплея) вверх

Hochspannungs-IS f высоковольтная ИС

Höchstfrequenzbauelement n СВЧ-прибор

Höchstfrequenzdiode f СВЧ-диод

Höchstfrequenz-Halbleiterbauelement n полупроводниковый СВЧ-прибор

Höchstfrequenzschaltung, integrierte f СВЧ (Г)ИС, (Г)ИС СВЧ-диапазона

Höchstfrequenztechnik f СВЧ-техника

Höchstfrequenztransistor m СВЧ-транзистор

Höchstfrequenzwellenleiter m СВЧ-волновод

Höchstgeschwindigkeitsschaltkreis m сверхскоростная [сверхбыстродействующая] ИС, ССИС

Höchstintegration f сверхвысокая степень интеграции

Hochstrominjektion f инжекция высокого уровня; высокий уровень инжекции

Hochstromtransistor m силовой транзистор; мощный транзистор

Höchstvakuum n сверхвысокий вакуум

Hochtechnologie f передовая технология, технология высокого уровня

Hochtemperaturdiffusion f высокотемпературная диффузия

Hochtemperaturepitaxie f высокотемпературная эпитаксия

Hochtemperaturimplantation f ионная имплантация в нагретый полупроводник

Hochtemperaturschritt *m* стадия процесса, проводимая при повышенной температуре

Hochtemperatur-Supraleiter *m* высокотемпературный сверхпроводник

Hochtemperatur-Supraleitung *f* высокотемпературная сверхпроводимость

Hochvakuumaufdampfverfahren *n* метод высоковакуумного напыления *(тонких плёнок)*

Hochvakuumrezipient *m* (высоко)вакуумная камера *(для вакуумного напыления)*; колпак вакуумной камеры

Hochvakuumtechnik *f* высоковакуумная техника

Hochvolt-Halbleiterdiode *f* высоковольтный полупроводниковый диод

Hochvolt-MOS-Technik *f* технология высоковольтных МОП-транзисторов

Hochvolttransistor *m* высоковольтный транзистор

Höcker *m* столбиковый вывод *(ИС)*

Höckerbonden *n* монтаж (ИС) на столбиковых выводах *(методом перевёрнутого кристалла)*

Höckerspannung *f* напряжение пика *(туннельного диода)*

~, **projizierte** напряжение раствора (туннельного диода)

Höckerstrom *m* пиковый ток *(туннельного диода)*

Höcker-Tal-Stromverhältnis *n* отношение токов *(туннельного диода)*, отношение пикового тока к току впадины *(туннельного диода)*

Höhenjustierung *f* совмещение по оси X [по высоте]

Hohlleiter *m* волновод

Hohlraumleiter *m* см. **Hohlleiter**

Hohlraumresonator *m* объёмный резонатор

Hold-Kondensator *m* см. **Haltekondensator**

Hold-Mode *m*, **Hold-Modus** *m* режим хранения

Home-Computer *m* см. **Heimcomputer**

Home-Taste *f* клавиша возврата в исходное положение

Homo-*pn*-Übergang *m* *p*-*n*-гомопереход, гомоструктурный *p*-*n*-переход

Homoepitaxie *f* гомоэпитаксия

Homojunction *n* см. **Homoübergang**

Hook-Transistor *m* (четырёхслойный) транзистор [*p*-*n*-*p*-*n*-транзистор] с коллекторной ловушкой

Homoübergang *m* гомопереход, гомоструктурный переход

Hopper *m* бункерный питатель

Hopping *n* перемещение электронов между локальными уровнями энергии в виде активационных прыжков, прыжковый процесс

Hoppingkapazität *f* прыжковая ёмкость

Hoppingleitung *f* прыжковая проводимость

Hopping-Mechanismus *m* механизм прыжковой проводимости

Hörer *m* приёмник (данных)

Horizontalablenkung *f* горизонтальная [строчная] развёртка

Horizontalreaktor *m* горизонтальный (эпитаксиальный) реактор

Horizontalsynchronimpuls *m* строчный синхронизирующий импульс, строчный синхроимпульс

Hostbus *m* шина главного [основного] процессора

Hostprozessor *m* главный [основной] процессор

Hostrechner *m* главная [ведущая] ЭВМ; центральная ЭВМ

Hotline *f* «горячая» [«прямая»] линия, линия (связи) в состоянии готовности, (специальная) линия прямой связи (*линия в состоянии постоянной или ограниченной определёнными промежутками времени готовности*)

Hotline-Service *m* прямая связь, организация связи по «горячей» [«прямой»] линии

Hotspots *m pl* термостабильные «горячие точки» (*в пределах области надёжной работы транзистора*)

h-Parameter *m pl* h-параметры (*гибридные параметры биполярных транзисторов*)

H-Pegel *m* высокий уровень напряжения (*в логических схемах; в положительной логике соответствует логической единице, в отрицательной логике - логическому нулю*)

H-Potential *n* высокий уровень потенциала, высокий потенциал

HS-CMOS *f* 1. быстродействующие КМОП ИС 2. технология (изготовления) быстродействующих КМОП ИС

HS-C²MOS *f* быстродействующие синхронизированные КМОП ИС

HSIC *n* быстродействующая ИС

H-Signal *n* сигнал высокого уровня

HSIL *f* 1. быстродействующая И²Л, быстродействующие схемы И²Л 2. И²Л-технология

HSI²L *f см.* HSIL

HSL *f* быстродействующие логические схемы

HSP *m* высокопроизводительный процессор обработки сигналов

HS-TTL *f* быстродействующие ТТЛ-схемы

HTL *f*, **HTL-Schaltungen** *f* высокопороговая логика, ВПЛ, логические схемы с высоким пороговым напряжением, ВПЛ-схемы

HT-MOS *f* 1. высокопороговая ТТЛ, ТТЛ-схемы с высоким пороговым напряжением 2. технология ТТЛ-схем с высоким пороговым напряжением

HTTL *f см.* **HS-TTL**

Hub *m* 1. дрейф, изменение *(выходного напряжения)* 2. размах *(напр. сигнала)* 3. девиация *(частоты)*
~, **logischer** размах логического сигнала

Huckepackgehäuse *n* корпус ИС с панелькой для монтажа другой микросхемы

Huckepackkarte *f см.* **Huckepackplatine**

Huckepackplatine *f*, **Huckepack-Platte** *f* 1. (печатная) плата, смонтированная на другой плате 2. дополнительная плата (функционального) расширения

Huckepack-Sockel *m* гнездо для дополнительной платы расширения

Hüllkurvendemodulator *m* детектор огибающей
~, **integrierter** ИС детектора огибающей

HVIC *n* высоковольтная ИС

Hybridbelichtungsverfahren *n* гибридный метод экспонирования

Hybriddiode *f* гибридный диод

Hybrideingabemodul *m* модуль аналого-цифрового ввода

Hybridform *f* гибридная форма *(эквивалентных параметров транзисторов)*

Hybridgroßintegrationsschaltung *f* большая гибридная ИС, гибридная БИС

Hybridgroßintegrationstechnik *f* технология гибридных БИС

Hybridintegration *f* технология ИС

hybridintegriert выполненный в виде ГИС

Hybrid-IS *f* гибридная ИС, ГИС

Hybridisierung *f* выполнение в виде ГИС

Hybridmikroschaltungstechnik *f* технология ГИС

Hybridmirtoschaltkreis *m*, **Hybridmikroschaltung** *f см.* **Hybrid-IS**

Hybridmodus *m* гибридный режим *(диода Ганна)*

Hybrid-Op-Amp *m* гибридный операционный усилитель, ГИС операционного усилителя

Hybridparameter *m pl* гибридные параметры *(биполярных транзисторов)*

Hybridschaltkreis *m* гибридная ИС, ГИС

~, **integrierter** гибридная ИС, ГИС

Hybridschaltkreismontage *f* сборка гибридных ИС, сборка ГИС

Hybridschaltung *f* гибридная ИС, ГИС

~, **integrierte** гибридная ИС, ГИС

Hybridschaltungsentwurf *m* проектирование ГИС

Hybridsubstrat *n* подложка ГИС

Hybridtechnik *f* гибридная технология, технология ГИС

Hybrid-Umsetzerbaustein *m* ГИС преобразователя (*АЦП или ЦАП'а*)

Hybridverstärker *m* гибридный усилитель, ГИС усилителя

Hybridvierpolparameter *m pl* гибридные параметры эквивалентного четырёхполюсника биполярного транзистора, *h*-параметры

Hydroplane-Polieren *n* гидроплоскостное полирование, гидроплоскостная полировка

Hyperfein(struktur)übergang *m* переход (между уровнями) сверхтонкой структуры

Hysterese *f* гистерезис

hysteresebehaftet гистерезисный, с гистерезисом

Hysterese-Eingang *m* вход с гистерезисом

Hysteresekurve *f*, **Hystereseschleife** *f* петля гистерезиса

Hysteresespannung *f* напряжение гистерезиса (*разность пороговых напряжений переключения*)

Hystereseverhalten *n* гистерезисная характеристика

Hysteresis *f см.* **Hysterese**

H-Zustand *m* состояние с высоким уровнем напряжения; состояние логической «1» (*в положительной логике*)

I

IBT *m* 1. транзистор с ионно-имплантированной базой 2. транзистор (на арсениде галлия) с инверсной базой

IC *n* интегральная (микро)схема, ИС, ИМС

~, **analoges** аналоговая ИС

~, **anwendungsspezifisches** специализированная ИС

~, **bipolares** биполярная ИС

~, **digitales** цифровая ИС

~, **dreidimensionales** трёхмерная ИС

~, **halbkundenspezifisches** полузаказная ИС

~, **kundenspezifisches** заказная ИС

~, **ungekapseltes** бескорпусная ИС

~, unipolares ИС на полевых транзисторах

IC-Bauelement *n* компонент на основе ИС, интегральная микросхема, ИС

IC-Bausatz *m* комплект ИС

I²C-Bus *m* шина для соединения ИС

I∞ ток питания

IC-Chip *m* кристалл ИС

I∞-Spitze *f* пик тока питания

IC-Fassung *f* корпус ИС; кристаллодержатель

IC-Gehäuse *n* корпус ИС

IC-Generation *f* поколение ИС

IC-Karte *f* карточка со встроенной микросхемой

IC-Layout *n* топология ИС

Icon *n* пиктограмма

IC-Serie *f* серия ИС

IC-Sockel *m* панелька для ИС; кристаллодержатель

IC-Struktur *f* структура ИС

IC-Technik *f* техника интегральных (микро)схем; технология интегральных (микро)схем, технология ИС

IC-Technologie *f* технология интегральных (микро)схем, технология ИС

IC-Tester *m* тестер [испытательное устройство] для проверки ИС

IC-Verpackung *f* герметизация ИС; сборка ИС

Idealkristall *m* идеальный кристалл

IDLE-Betrieb *m*, **Idle-Mode** *m* 1. холостой режим, режим активного хранения *(с отключенным центральным процессором)* 2. режим простоя, простой

IDT *m* (акустоэлектрический) преобразователь со встречно-штыревой структурой (электродов)

IEC-Bus *m* шина данных, соответствующая стандарту МЭК, IEC-шина

IFET *m см.* IGFET

IFET-Lastwiderstand *m см.* **IGFET-Lastwiderstand**

IFET-Schalter *m см.* **IGFET-Schalter**

IFL *f* логические схемы с плавкими перемычками

i-Gebiet *n* область (с проводимостью) *i*-типа, *i*-область, область собственной проводимости

IGFET *m* полевой транзистор с изолированным затвором, ПТИЗ; МДП-транзистор

IGFET-Lastwiderstand *m* нагрузочный МДП-транзистор

IGFET-Logik *f* логические схемы на полевых транзисторах с изолированным затвором [на ПТИЗ]

IGFET-Schalter *m* МДП-транзисторный ключ

IGMOS *f* МОП-структура с изолированным затвором

Ignorierungszustand *m* нейтральное [высокоимпедансное] состояние *(тристабильной схемы)*

IGT-Transistor *m* полевой транзистор с изолированным затвором

i-Halbleiter *m* собственный [беспримесный] полупроводник

IIL *f см.* I³L

IIL *f см.* I²L

IIL-Gatter *n см.* I²L-Gatter

IIMOS *f* технология изготовления МОП ИС методом ионной имплантации; МОП-структура, полученная методом ионной имплантации

IIR-Filter *n* фильтр с бесконечной импульсной характеристикой, БИХ-фильтр

I²L *f* интегральная инжекционная логика, И²Л, схемы И²Л, И²Л-схемы, транзисторная логика с инжекционным питанием, ТЛИП

I³L *f* изопланарная интегральная инжекционная логика, изопланарная И²Л, И³Л

i-Leitung *f* собственная проводимость, собственная электропроводность

I²L-Gatter *n* элемент [вентиль] И²Л

IL-Gehäuse *n* (плоский) корпус с двухрядным расположением выводов, DIP-корпус

I²L-NOR-Gatter *n* элемент [вентиль] ИЛИ - НЕ И²Л

I²L-Schaltkreise *m pl* И²Л-схемы, схемы интегральной инжекционной логики

I²L-Schaltungstechnik *f* И²Л-схемотехника, схемотехническое проектирование И²Л-схем

I²L-Technik *f*, **I²L-Technologie** *f* И²Л-технология, технология И²Л-схем

Image Digitizer *m англ.* преобразователь изображения в цифровой код, устройство оцифровки изображения

Immersionsentwicklung *f* проявление методом погружения в жидкий проявитель

Immitanzkonverter *m* преобразователь иммитансов

IMOS-FET-Widerstand *m* нагрузочный МОП-транзистор

Impact-Drucker *m* печатающее устройство ударного действия, ударное печатающее устройство

IMPATT-Betrieb *m* лавинно-пролётный режим

IMPATT-Diode *f* лавинно-пролётный диод, ЛПД

IMPATT-Oszillator *m* генератор на ЛПД

Impedanz *f* 1. полное сопротивление 2. резистор *(в цепи переменного тока)*

Impedanzanpassung *f* согласование полных сопротивлений

Impedanzinverter *m* гиратор

Impedanztransformator *m* (согласующий) трансформатор полного сопротивления

Impedanzübertragung *f* взаимный импеданс

Impedanzwandler *m* преобразователь полных сопротивлений

Impfkristall *m* затравочный кристалл, затравка

Implantation *f* имплантация, внедрение

Implantationsanlage *f* установка ионной имплантации [ионного легирования]

Implantationsdosis *f* доза имплантирования, доза имплантируемых ионов

Implantationsgettern *n* геттерирование дефектов имплантируемыми ионами

Implantationsmaske *f* маска для ионной имплантации

Implantationsprofil *n* профиль распределения (легирующей) примеси при ионной имплантации, профиль распределения внедренных ионов

Implantationsstoff *m* имплантируемый материал; ионно-имплантированная примесь

Implantationsverfahren *n* метод ионной имплантации [ионного легирования]

Implanter *m см.* **Implantationsanlage**

Impuls *m* импульс

Impulsabfallzeit *f* время спада импульса, длительность среза импульса

Impulsabstand *m* интервал между импульсами, межимпульсный интервал

Impulsabstandsmodulator *m* фазоимпульсный модулятор

Impulsamplitude *f* амплитуда импульса

Impulsanstiegszeit *f* время нарастания импульса, длительность фронта импульса

Impulsantwort *f* импульсный отклик, реакция на импульсное воздействие

Impulsausgang *m* импульсный выход

Impulsbelastung *f* импульсная нагрузка

Impulsbetrieb *m* импульсный режим

Impulsbreite *f см.* **Impulsdauer**

Impulsdach *n* вершина импульса

Impulsdachschräge *f* скос [спад] вершины импульса

Impulsdauer *f* длительность импульса

Impulsdehner *m* расширитель [схема расширения] импульсов

Impulsdehnung *f* увеличение длительности [расширение] импульсов

Impulseingang

Impulseingang *m* импульсный вход

Impulserhitzung *f* импульсный нагрев

~, **indirekte** косвенный импульсный нагрев

Impulserzeugung *f* генерирование импульсов; формирование импульсов

Impulsflanke *f* фронт импульса

Impulsfolge *f* импульсная последовательность; серия импульсов

Impulsfolgefrequenz *f* частота повторения [следования] импульсов

Impulsformer *m* формирование импульсов

Impulsformerschaltung *f см.* **Impulsformer**

Impulsformung *f* формирование импульсов

Impulsfrequenz *f* см. **Impulsfolgefrequenz**

Impulsgatter *n* импульсный вентиль

Impulsgeber *m* датчик импульсов, импульсный датчик; импульсный генератор, генератор импульсов

Impulsgenerator *m* импульсный генератор, генератор импульсов

~, **freischwingender** импульсный автогенератор

Impulshinterflanke *f см.* **Impulsrückflanke**

Impulskode *m* импульсный код

Impulslänge *f см.* **Impulsdauer**

Impulslaser *m* импульсный лазер

Impulsleistung *f* импульсная мощность, мощность импульса

Impulsleistungsgenerator *m* мощный импульсный генератор

Impulslöten *n* импульсная пайка

Impulspause *f см.* **Impulsabstand**

Impuls-Pausen-Verhältnis *n* скважность (*отношение длительности импульса к межимпульсному интервалу*)

Impulsperiode *f* период повторения [следования] импульсов

Impulsperiodenlaser *m* импульсно-периодический лазер

Impulsraum *m* пространство импульсов, импульсное пространство

Impulsrauschen *n* импульсный [взрывной] шум, импульсные шумы

Impulsrückflanke *f* срез импульса

Impulsserie *f* серия импульсов

Impulssperrkennlinie *f* обратная импульсная характеристика

Impulstastverhältnis *n* коэффициент заполнения (*величина, обратная скважности*)

Impulsverbreiterung *f* уширение импульса

Impulsverhältnis *f* скважность

Impulsverzerrung *f* искажение формы импульса

Impulsverzögerung *f* задержка (следования) импульсов; задержка импульса

Impulsvorderflanke *f* фронт импульса

Impulszahlkode *m* импульсный цифровой код

Impulszeitmodulation *f* время-импульсная модуляция, ВИМ

Inboard *n* сменная плата

in-circuit test *англ.*, **In-Circuit-Test** *m* внутрисхемный контроль, внутрисхемное тестирование

In-Circuit-Adapter *m* внутрисхемный адаптер

In-Circuit-Emulation *f* внутрисхемная эмуляция

In-Circuit-Emulator *m* внутрисхемный эмулятор

In-Circuit-Tester *m*, **In-Circuit-Testsystem** *n* внутрисхемный тестер

Indexdatei *f* индексный файл *(файл, содержащий индекс)*

Indexnut *f* ориентирующий паз *(печатной платы или её заготовки)*

Indexregister *n* индексный регистр

Indikator *m* индикатор

~, **symbolsynthetisierender** знакосинтезирующий индикатор

Indiumantimonid *n* антимонид индия, InSb

Indiumarsenid *n* арсенид индия, InAs

Indiumoxid *n* оксид индия, In_2O_3

Indiumperlen *f pl* шарики [бусинки] индия

Indiumphosphid *n* фосфид индия, InP

Indizes *m pl*, **Millersche** индексы Миллера

Induktionsheizung *f* 1. индукционный нагрев 2. катушка индукционного [высокочастотного] нагрева

Induktionskonstante *f* магнитная постоянная

Induktionsperiode *f* индукционный период

Induktivität *f* индуктивность; катушка индуктивности

~, **gedruckte** печатная катушка индуктивности

Industrieroboter *m* промышленный робот

Inferenz *f* (логический) вывод, логическое умозаключение

Inferenzalgorithmus *m* алгоритм (логического) вывода

Inferenzmaschine *f* механизм (логического) вывода

Inferenzregel *f* правило (логического) вывода

Inferenzstrategie f стратегия (логического) вывода

influenzieren индуцировать (*напр. токи затвора полевого транзистора*)

Influenzieren n индуцирование, наведение

Influenzkonstante f электрическая постоянная

Influenztransistor m, **statischer** транзистор со статической индукцией, статический индукционный транзистор, СИТ

Influenzwirkung f *см.* **Influenzieren**

Informatik f информатика

Informationsausgang m информационный выход

Informationsauskunftssystem n информационно-справочная система

Informationseingang m информационный вход

Informationsrecherchesystem n информационно-поисковая система, ИПС

Infrarotbereich m инфракрасный диапазон, ИК-диапазон

Infrarotemitterdiode f светодиод ИК-диапазона, ИК-диод

Infrarotempfänger m ИК-приёмник, ИК-детектор, приёмник инфракрасного излучения

Infrarot-Fernsteuerung f инфракрасное дистанционное управление

Infrarotheizung f инфракрасный нагрев

Infrarotlenkung f тепловое самонаведение

Infrarotlichtschranke f инфракрасный барьер

Infrarotortung f инфракрасное обнаружение, ИК-обнаружение

Infrarotortungssystem n система ИК-обнаружения

Infrarotpeiler m инфракрасный пеленгатор, ИК-пеленгатор

Infrarotquelle f источник ИК-излучения

Infrarotsensor m инфракрасный датчик, ИК-датчик

Infrarotsichtgerät n инфракрасный прибор [ИК-прибор] ночного видения; тепловизор, термовизор

Infrarottomografie f ИК-томография

Infrarottrockenanlage f установка инфракрасной сушки

Infrarottrocknen n инфракрасная сушка

Infrarottrockner m *см.* **Infrarottrockenanlage**

Infrarotzielsuchkopf m инфракрасная головка самонаведения

Ingenieurarbeitsplatz m автоматизированное рабочее место [АРМ] инженера

Ingenieur-Workstation f инженерная рабочая станция

Inhibit-Eingang *m* запрещающий вход

Initialisierung *f* 1. инициализация 2. сигнал подготовки Z *(сигнал магистрали САМАС)* 3. подготовка, установка исходного состояния *(системы)*

Initiator *m* датчик инициирующих сигналов, инициатор

Injektion *f* инжекция *(носителей заряда)*

~, **hohe** высокий уровень инжекции

~, **niedrige** низкий уровень инжекции

Injektionsfeldeffekttransistor *m см.* Injektions-FET

Injektions-FET *m* инжекционно-полевой транзистор

Injektions-FET-Logik *f* инжекционно-полевая логика, ИПЛ

Injektionsfotodiode *f* инжекционный фотодиод

Injektionsgate-MOS-Struktur *f* МОП-структура с инжекционным плавающим затвором

Injektionskapazität *f* диффузионная ёмкость

Injektionskopplung *f* инжекционная связь

Injektionslaser *m* инжекционный лазер

Injektionslaufzeitdiode *f* инжекционно-пролётный диод

Injektionsleuchten *n* инжекционная люминесценция

Injektionslogik *f* инжекционная логика, (интегральные) логические схемы с инжекционным питанием

~, **integrierte** интегральная инжекционная логика, И²Л, транзисторная логика с инжекционным питанием, ТЛИП

~, **isoplanare integrierte** изопланарные И²Л-схемы, И³Л-схемы

~, **Schottky-integrierte** И²Л с диодами Шоттки

~, **vertikale** И²Л-схемы с вертикальными инжекторами

Injektionslumineszenzdiode *f* инжекционный люминесцентный диод

Injektionsniveau *n*, **Injektionspegel** *m* уровень инжекции

Injektionsrauschen *n* шумы инжекции

Injektionsstrom *m* инжекционный ток, ток инжекции

~ **in den Emitter** ток инжекции дырок в эмиттер

~ **in den Kollektor** ток инжекции дырок в коллектор

~ **in die Basis** ток инжекции электронов в базу

Injektionswirkungsgrad *m* коэффициент инжекции (эмиттера), коэффициент эффективности эмиттера

Injektor *m* инжектор

Injektorstrom *m* ток инжектора

Injektortransistor

Injektortransistor *m* инжекторный [токозадающий] транзистор

injizieren инжектировать *(носители заряда)*

Inken *n* маркировка *(дефектных кристаллов)* красителем

Ink-Jet-Plotter *m* струйный графопостроитель

Inkrementgröße *f* величина [шаг] приращения, приращение

Inkrementierung *f* инкремент(ирование), увеличение на 1

Inkrementzähler *m* инкрементный счетчик

In-Line-Bestückung *f* метод поточного монтажа

In-Line-Farbbildröhre *f* копланарный кинескоп

In-Line-System *n* поточная технологическая линия; линия поточного монтажа

Innenanschluß *m* внутренний контакт *(ИС)*; внутренний конец вывода

Innenanschlußstruktur *f* рисунок межсоединений *(ИС)*

Innenaufbau *m* архитектура *(микроЭВМ, микропроцессора)*

Innenbandübergang *m* внутризонный переход

Innenbondanlage *f* установка для присоединения внутренних концов выводов к контактным площадкам кристалла

Innenbonden *n* присоединение внутренних концов выводов к контактным площадкам кристалла

Innenbonder *m см.* **Innenbondanlage**

Innenbondfestigkeit *f* прочность присоединения внутренних концов выводов к контактным площадкам кристалла

Innenbondinsel *f* внутренняя контактная площадка

Innenbordtrennscheibe *f* алмазный [алмазно-абразивный] круг с внутренней режущей кромкой, отрезной диск с внутренней режущей кромкой, армированной алмазным порошком

Innenbordtrennschleifen *n* резка *(слитков на пластины)* алмазными [алмазно-абразивными] кругами с внутренней режущей кромкой

Inneneinheit *f* внутренний блок *(приёмной установки спутникового телевидения)*

Innenlagenverbindung *f* межслойное соединение

Innenleitwert *m* внутренняя проводимость

Innenverbindungen *f pl* межсоединения *(ИС)*

Innenverbindungsmetallisierung *f* металлизация межсоединений *(ИС)*

Innenverbindungsmuster *n* рисунок межсоединений (ИС)

Innenwiderstand *m* внутреннее сопротивление (*напр. источника сигнала*)

~, **thermischer** тепловое сопротивление переход - корпус

2-Input-NAND-Gate *n* двухвходовый элемент [двухвходовый вентиль] И - НЕ

4-Input-NAND-Gatter *n* 4-входовый элемент [4-входовый вентиль] И - НЕ

Insel *f* островок (*в кристалле ИС, эпитаксиальном слое*)

~, **isolierte** (изолированный) островок; (изолированный) карман

~, **n-leitende** островок *n*-типа; карман *n*-типа

Inselstruktur *f* островковая структура

In-Situ-Processing *n* обработка in situ; обработка в замкнутом объёме

In-Situ-Prozeß *m* процесс, проводимый in situ

Instabilität *f* неустойчивость, нестабильность

~, **thermische** температурная [тепловая] нестабильность

Instandhaltbarkeit *f* вероятность восстановления

Instandhaltung *f* техническое [профилактическое] обслуживание; восстановление

Instandhaltungsabstand *m*, **mittlerer** средняя продолжительность межремонтного периода

Instandhaltungsdauer *f* время восстановления

~, **mittlere** среднее время восстановления

Instandhaltungsfaktor *m* коэффициент восстановления

Instandhaltungsrate *f* интенсивность восстановления

Instruktionssatz *m* система команд

Instruktionsspeicher *m* память команд

Instrumentationsverstärker *m*, **Instrumentenverstärker** *m*, **Instrumentierungsverstärker** *m* инструментальная аналоговая ИС [инструментальная АИС] усилителя

intakt исправный (*о состоянии объекта*); годный (*об изделии*)

Integerarithmetik *f* целочисленная арифметика

Integer-Operation *f* целочисленная операция, операция над целыми числами

Integer-Zahl *f* целое число

Integralmodus *m* режим интеграции фотонного потока

Integration *f* интеграция

~, **dreidimensionale** трёхмерная интеграция

Integration

~, **monolithische** интеграция *(элементов ИС)* в объёме и на поверхности кристалла; получение полупроводниковых ИС

Integrationsdichte *f* плотность упаковки (элементов) ИС; степень интеграции ИС

Integrationsgrad *m* степень [уровень] интеграции

Integrationskapazität *f* интегрирующий конденсатор

Integrationsstufe *f* уровень [степень] интеграции

Integrationstechnologie *f* интегральная технология; технология ИС

Integrationszeit *f* время интегрирования

Integrationszeitkonstante *f* постоянная времени интегрирования

Integrator *m* интегратор

Integrieranlage *f* дифференциальный анализатор

Integrierer *m* интегратор

~, **inkrementaler** инкрементный интегратор

~, **summierender** суммирующий интегратор

Integrierglied *n* интегрирующее звено

Integrierkondensator *m* интегрирующий конденсатор

Intelligenz *f* развитая логика; интеллект

~, **künstliche** искусственный интеллект

Interactive Videotex *англ.* система видеотекса, система интерактивной видеографии

Interbandabsorption *f* межзонное поглощение

Interbandstreuung *f* межзонное рассеяние

Interbandübergang *m* межзонный переход

Interdiffusion *f* взаимная диффузия

Interdiffusionsbarriere *f* барьер [слой], препятствующий взаимной диффузии

Interdigitalemitter *m* эмиттер встречно-гребенчатого типа, встречно-гребенчатый эмиттер

Interdigitalleitung *f* линия задержки со встречно-штыревыми преобразователями, линия задержки на ПАВ

Interdigitalstruktur *f* встречно-гребенчатая структура; встречно-штыревая структура

Interdigitalwandler *m* встречно-штыревой преобразователь, (акустоэлектрический) преобразователь со встречно-штыревой структурой электродов

Interface *n* интерфейс

~, **intelligentes** интеллектуальный интерфейс

~, **sequentielles** последовательный интерфейс

~, **universelles** универсальный интерфейс

Interface-Adapter *m* адаптер интерфейса; адаптер (устройства) сопряжения

~, **asynchroner** адаптер последовательного интерфейса асинхронного обмена

~, **synchroner** адаптер последовательного интерфейса синхронного обмена

Interfaceconverter *m* интерфейсный преобразователь

Interfaceeinheit *f* устройство сопряжения; интерфейсный блок

Interface-IC *n см.* **Interface-IS**

Interface-IS *f* интерфейсная ИС; интерфейсная БИС

Interfacekabel *n* интерфейсный кабель, кабель интерфейса

Interface-Konverter *m см.* **Interfacewandler**

Interface-Logik *f*, **Interfacelogik** *f* интерфейсные логические БИС, интерфейсная логика

Interface-Schaltkreis *m* интерфейсная ИС; интерфейсная БИС

~, **programmierbarer paralleler** БИС программируемого параллельного интерфейса

~, **programmierbarer serieller** БИС программируемого последовательного интерфейса

Interfacewandler *m* интерфейсный преобразователь, преобразователь интерфейса

Inter-IC-BUS *m см.* I^2C-**Bus**

Intermodendispersion *f* межмодовая дисперсия

Intermodulation *f* взаимная модуляция

Interpreter *m см.* **Interpretierer**

Interpretierer *m* интерпретатор, интерпретирующая программа

Interprozessorbus *m* межпроцессорная шина

Interrupt *m* прерывание

~, **gerichteter** векторное прерывание

~, **höchstpriorisierter** прерывание с наивысшим приоритетом

~, **maskierbarer** маскируемое прерывание

~, **nichtmaskierbarer** немаскируемое прерывание

~, **nichtvektorisierter** невекторное прерывание

~, **vektorisierter** векторное прерывание

Interruptanerkennung *f* подтверждение прерывания

Interruptanerkennungssignal *n* сигнал подтверждения прерывания

Interruptanforderung *f* запрос прерывания, запрос на прерывание

Interruptanforderungssignal *n* сигнал запроса прерывания

Interruptannahme

Interruptannahme f приём запроса прерывания

Interruptannahmezyklus m цикл обработки запроса прерывания, (машинный) цикл прерывания

Interruptarchitektur f архитектура системы прерываний

Interruptbehandlung f обработка прерывания; обработка прерываний; обслуживание прерывания; обслуживание прерываний; управление прерыванием; управление прерываниями

Interruptbehandlungsprogramm n программа обслуживания (запроса) прерывания

Interruptcontroller m контроллер прерываний

~, **programmierbarer** программируемый контроллер прерываний

Interruptebene f уровень (запроса) прерывания

Interrupteingang m вход (запросов) прерывания

~, **externer** вход прерывания от внешнего источника

Interrupteingangssignal n входной сигнал прерывания *(от внешнего источника)*

Interrupteinrichtung f прерывающее устройство

Interrupterweiterung f увеличение числа уровней прерывания

interruptfähig допускающий возможность прерывания

Interruptflag n признак [флаг] разрешения прерывания

Interruptflipflop n триггер прерывания

Interrupt-Freigabe-Flipflop n триггер разрешения прерывания, триггер маски

Interrupt-Handler m обработчик прерываний; модуль обработки прерываний; программа обработки прерываний

Interruptkennungssignal n сигнал идентификации прерывания

Interruptkode m код (уровня запроса) прерывания

Interrupt-Level m *см.* **Interruptebene**

Interruptlogik f логика прерываний

Interruptmaske f маска прерывания; маска прерываний

Interruptmaskenregister n регистр маскирования (запросов) прерываний, регистр маски (прерывания)

Interruptmaskierung f маскирование прерываний

Interruptmode m режим прерываний

Interruptprioritätenkette f цепь прерываний по приоритету

Interruptprogramm n программа обслуживания прерывания

Interruptquelle *f* источник (запроса) прерывания

Interruptregister *n* регистр (вектора) прерываний

Interruptrequestregister *n* регистр запросов прерываний

Interruptschalter *m* переключатель сигнала прерывания

Interruptschwelle *f* порог прерывания

Interruptserviceroutine *f* программа обслуживания (запроса) прерывания

Interruptsignal *n* сигнал (запроса) прерывания

~, **externes** сигнал прерывания от внешнего источника

Interruptsteuereinheit *f*, **programmierbare** программируемый контроллер прерываний

Interruptsteuerlogik *f* логика управления прерываниями

Interruptsteuerungsgerät *n* контроллер прерываний

Interruptsystem *n* система прерываний

Interruptvektoradresse *f* адрес вектора прерывания

Interruptverschachtelung *f* организация многоуровневых прерываний

Interruptzeitverhalten *n* временна́я диаграмма цикла прерывания

Interstitials *pl англ.* дефекты внедрения

Interstörstellenrekombination *f* межпримесная рекомбинация

Interstörstellenübergang *m* межпримесный переход

«intervalley»-Effekt *m* междолинный эффект, эффект [явление] междолинного рассеяния

«intervalley»-Streuung *f*, **Intervalleystreuung** *f* междолинное рассеяние

Intervallzeitgeber *m* интервальный таймер

Interzonenübergang *m* межзонный переход

Intrabandabsorption *f* внутризонное поглощение

Intrabandstreuung *f* внутризонное рассеяние

Intra-Donator-Übergang *m* внутридонорный переход

Intrinsic-Abstandsverhältnis *n* внутренний коэффициент деления, отношение входного сопротивления к межбазовому сопротивлению (*двухбазового диода*)

Intrinsic-Barrier-Diode *f* p-i-n-диод

Intrinsic-Barrier-Transistor *m* четырёхслойный транзистор с областью собственной проводимости между базой и коллектором

intrinsic-Dichte *f* собственная концентрация, концентрация собственных носителей (заряда)

intrinsic-Halbleiter *m*, **Intrinsic-Halbleiter** *m* собственный [беспримесный] полупроводник

Intrinsicleitfähigkeit *f*, **Intrinsicleitung** *f* собственная проводимость

Intrinsicschicht *f* слой с собственной проводимостью, *i*-слой

Intrinsic-Verluste *m pl* внутренние [собственные] потери

intrinsic-Zone *f* область собственной проводимости

i-n-Übergang *m* *i - n*-переход

Inversbetrieb *m* инверсный режим

Inversdiode *f* диод, работающий в режиме обратного тока [в обратном включении, в инверсном включении], обратный диод

Inversion *f* инверсия

Inversionsbereich *m* область (сильной) инверсии

Inversionsdichte *f* плотность носителей (заряда) в инверсионном слое

Inversionskanal *m* инверсионный канал

Inversionskapazität *f* ёмкость инверсионного слоя

Inversionsschicht *f* инверсионный слой

Inverswandler *m см.* **Sperrwandler**

Inverszustand *m* инверсное состояние; инверсный режим; инверсно-активный режим (*биполярного транзистора*)

Inverter *m* инвертер

IOC *n* оптическая ИС; оптоэлектронная ИС

IOES *n* оптоэлектронная ИС

Ion *n* ион

~, **ortsfestes** неподвижный ион; неподвижный ионный заряд

Ion Milling *n англ. см.* **Ionenfräsen**

Ionenätzen *n* ионное травление

~, **reaktives** реактивное ионное травление, ионно-химическое травление

Ionenätzkammer *f* камера для ионного травления

Ionenbeschuß *m* ионная бомбардировка

Ionendotierung *f* ионное легирование

Ioneneinpflanzung *f*, **Ioneneinlagerung** *f* ионное внедрение

Ionenfräsen *n* ионное фрезерование, ионно-лучевое травление

Ionengetterpumpe *f* геттерно-ионный (вакуумный) насос

Ionenimplantation *f* ионная имплантация, ионное внедрение, ионное легирование

~ **mit Selbstausheilung** самоотжиговая ионная имплантация

~, **maskenlose** безмасочная ионная имплантация

Ionenimplantationsanlage *f* установка ионной имплантации [ионного легирования]

Ionenimplantationsausheilung f послеимплантационный отжиг

Ionenimplantationsdefekt m дефект, вызванный ионной имплантацией

Ionenimplantationsmaske f маска для ионной имплантации

Ionenimplantationsschicht f слой, полученный ионной имплантацией, ионно-имплантированный слой

Ionenimplantationstechnik f метод ионной имплантации

Ionenimplantationszone f область, сформированная методом ионной имплантации

Ionenimplantierer m см. Ionenimplantationsanlage

Ionenkanalierung f, **Ionenkanalleitung** f канализирование ионов; эффект канализирования ионов

Ionenlithografie f ионная литография

Ionenmikrosonde f ионный микрозонд

Ionenplattieren n ионное осаждение

~, **reaktives** реактивное ионно-плазменное нанесение (*тонких плёнок*)

Ionenprojektionsmikrolithografie f проекционная ионная микролитография

Ionenquelle f ионный источник, источник ионов

Ionenstörstelle f ионная примесь

Ionenstrahl m пучок ионов, ионный пучок

Ionenstrahlätzanlage f установка ионно-лучевого травления

Ionenstrahlätzen n ионно-лучевое травление

~, **chemisch unterstütztes** ионно-химическое травление; реактивное ионно-плазменное травление

~, **reaktives** реактивное ионно-лучевое травление

Ionenstrahlätzer m см. Ionenstrahlätzanlage

Ionenstrahlbelichtung f ионно-лучевое экспонирование

Ionenstrahlbeschichtung f нанесение покрытий методом ионно-лучевого осаждения, ионно-лучевое напыление (покрытий)

Ionenstrahldotierung f ионно-лучевое легирование

Ionenstrahlepitaxie f ионно-лучевая эпитаксия

Ionenstrahllithografie f ионно-лучевая литография

Ionenstrahltomograf m ионно-лучевой томограф

Ionenstrahlung f облучение ионами

Ionenstrahlzerstäubung f ионно-лучевое распыление

Ionenzerstäubung f ионное распыление

Ionisation f ионизация

Ionisationsenergie f энергия ионизации

Ionisationskammer *f* ионизационная камера

Ionisationskoeffizient *m* коэффициент ионизации

Ionisationsmanometer *n* ионизационный вакуумметр

Ionisierenergie *f* энергия ионизации

Ionisierspannung *f* напряжение ионизации

I/O-Port *m* порт ввода-вывода

IPOS-Prozeß *m* метод изоляции *(элементов ИС)* пористым оксидом кремния

IR-Array *n* ИК-решётка

Iraser *m* иразер, лазер ИК-диапазона

IR-Ausheilung *f* ИК-отжиг

IRED *f* светодиод ИК-диапазона

IRFET *m* полевой транзистор, чувствительный к ИК-излучению; ИК-датчик

Iridium-Dünnschicht-Widerstand *m* иридиевый тонкоплёночный резистор

IRQ-Register *n* регистр запросов прерывания

IR-Reflow-Ofen *m* инфракрасная печь для пайки оплавлением

IR-Sensor *m* инфракрасный датчик, ИК-датчик

IS *f* интегральная (микро)схема, ИС, ИМС

~, **analoge** аналоговая ИС

~, **bipolare** биполярная ИС

~, **digitale** цифровая ИС

~, **kundenspezifische** заказная ИС

~, **lineare** линейная ИС

~, **monolithische** полупроводниковая [монолитная] ИС

~, **optoelektronische** оптоэлектронная ИС

~, **selbsttestende** ИС с самотестированием

~, **ungekapselte** бескорпусная ИС

~, **unipolare** ИС на полевых транзисторах

i-Schicht *f* *i*-слой, слой с собственной проводимостью

ISDN-Netz *n* цифровая сеть с интеграцией служб, ЦСИС, цифровая сеть с интегральными услугами

IS-Fertigung *f* изготовление ИС

~, **kollektive** групповая технология (изготовления) ИС

ISFET *m* полевой транзистор, чувствительный к концентрации ионов; датчик концентрации ионов

IS-Gehäuse *n* корпус ИС

ISL *f* интегральные логические схемы с диодами Шоттки в выходных цепях, интегральная Шоттки-логика, ИШЛ

isoelektronisch изоэлектронный

Isoepitaxie *f* изоэпитаксия, гомоэпитаксия

Isokonzentrate f изоконцентрата, кривая [линия] равной концентрации

Isolation f изоляция

~, **dielektrische** изоляция (*элементов ИС*) диэлектриком

~ **durch Luft** воздушная изоляция

~, **laterale** боковая диэлектрическая изоляция

~ **mit pn-Übergängen** изоляция (*элементов ИС*) (обратносмещёнными) p-n-переходами

~ **mit SiO₂-Schicht, dielektrische** изоляция слоем SiO_2

Isolationsdiffusion f изолирующая [разделительная] диффузия

Isolationsdiode f изолирующий диод

Isolationsgebiet n изолирующая область

Isolationsgraben m изолирующая канавка

Isolationsinsel f изолированный островок

Isolationsmaske f маска для формирования изолирующих областей

Isolationsoxid n изолирующий оксид

Isolationsrahmen m охранная (p^+-)область

Isolationsschicht f изолирующий слой; разделительный слой

Isolationsspannung f напряжение развязки

Isolationstasche f изолирующий карман

Isolationstechnik f методы изоляции (*элементов ИС*)

Isolationsverstärker m развязывающий усилитель

Isolationswand f изолирующая стенка (*структуры ИС*)

Isolationswanne f изолирующий карман

Isolationszone f см. **Isolationsgebiet**

Isolator m диэлектрик

Isolatorschicht f изолирующий [разделительный] слой; слой диэлектрика

Isolatorsubstrat n изолирующая подложка

Isolierlage f межслойная изоляция; промежуточный изоляционный слой (*напр. между проводящими слоями многослойной печатной платы*)

Isolierpaste f диэлектрическая паста

Isolierplättchen n изолирующая пластина

Isolierschicht f изолирующий слой; разделительный слой

Isolierschicht-Feldeffekttransistor m, **Isolierschicht-FET** m полевой транзистор с изолированным затвором, МДП-транзистор

Isolierstoff m диэлектрик

Isolierungsdiffusion

Isolierungsdiffusion *f* изолирующая [разделительная] диффузия

Isolierungs-pn-Übergang *m* см. Isolierungsübergang

Isoplanar-IIL *f* см. IIL

Isoplanarisolation *f* изопланарная изоляция

Isolierungsübergang *m* изолирующий переход

Isoplanartechnik *f*, **ISOPLANAR-Technik** *f*, **Isoplanartechnologie** *f* изопланарная технология

Isoplanartransistor *m* изопланарный транзистор

ISOPLANAR-Verfahren *n* см. Isoplanartechnik

Isotherme *f* изотерма

isotrop изотропный

Isotropie *f* изотропия

isovalent изовалентный

IS-Sockel *m* панелька (для) ИС; кристаллодержатель

IS-Sortiment *n* сортимент ИС

I-U-Kennlinie *f* вольт-амперная характеристика, ВАХ

i-Zone *f* см. intrinsic-Zone

J

J-Anschluß *m*, **J-Beinchen** *n* J-образный вывод *(корпуса ИС)*

JCMOS *f* динамический элемент ЗУПВ на комбинированной структуре «МОП-транзистор - полевой транзистор с p-n-переходом - биполярный транзистор»

JECD *n* ПЗС на полевых транзисторах с p-n-переходом

JEDEC-Standard *m* стандарт JEDEC [Объединённого совета по электронным приборам]

JFET *m* полевой транзистор с p-n-переходом

JFET-Darlingtonpaar *n* (включаемая на входе) пара Дарлингтона на полевом и комплементарном биполярном транзисторах

J-FET-OP *m* ИС операционного усилителя на полевых транзисторах с p-n-переходом

Jitter *m* (фазовое) дрожание *(фронтов импульсов)*; фазовые флуктуации *(цифровых сигналов)*

Jitterbereich *m* область (фазового) дрожания

JK-Eingänge *m pl* (управляющие) J- и К-входы

JK-Flipflop *n* JK-триггер

~, **flankengetriggertes** JK-триггер, синхронизируемый фронтом

JK-Master-Slave-Flipflop *n* триггер MS-типа на базе JK-триггеров

J-Lead *n* см. J-Anschluß

Josephson-Barriere *f* см. Josephson-Übergang

Josephson-Bauelement *n* прибор на переходах Джозефсона, устройство на контактах Джозефсона

Josephson-Brücke *f* джозефсоновский (мостиковый) переход

Josephson-Effekt *m* эффект Джозефсона

Josephson-Element *n* элемент Джозефсона; прибор на переходах Джозефсона, устройство на контактах Джозефсона

Josephson-Gleichstromeffekt *m* эффект Джозефсона на постоянном токе, стационарный эффект Джозефсона

Josephson-IC *n* ИС на приборах с переходами Джозефсона

Josephson-Kontakt *m* контакт Джозефсона, джозефсоновский [туннельный] контакт

Josephson-Technik *f* технология устройств на контактах Джозефсона

Josephsontunnelelement *n* (туннельный) элемент Джозефсона

Josephson-Tunnelstrom *m* джозефсоновский туннельный ток

Josephson-Übergang *m* переход Джозефсона, джозефсоновский переход

Josephson-Wechselstromeffekt *m* эффект Джозефсона на переменном токе, нестационарный эффект Джозефсона

Joystick *m* джойстик, координатная ручка *(для управления движением курсора)*

JR-Flipflop *n* JR-триггер

JUB *f см.* **Justier- und Belichtungsanlage**

Jumper *m* перемычка

Junction-FET *m см.* **JFET**

Junction-Isolationsprozeß *m* изоляция *(элементов ИС)* p-n-переходом

Justier- und Belichtungsanlage *f* установка совмещения и экспонирования, установка литографии

~, **optische** установка оптического совмещения и экспонирования, установка оптической фотолитографии

Justier- und Belichtungseinrichtung *f см.* **Justier- und Belichtungsanlage**

Justierbeleuchtung *f* освещение для выполнения (операции) совмещения

Justierelektronik *f* электроника системы совмещения

Justieren *n* 1. совмещение 2. юстирование, юстировка

Justierfase *f* (базовый) срез (полупроводниковой) пластины для (контроля) правильной ориентации при совмещении

Justierfehler *m* погрешность совмещения

Justierfenster *n* окно (в оксидном слое) для выполнения (операции) совмещения

Justiergenauigkeit *f* точность совмещения

Justiergitter *n* сетка для выполнения (операции) совмещения

Justierkreuz *n* визирное перекрестие системы совмещения

Justiermarke *f* знак [фигура] совмещения

Justiermarkenkreuz *n* см. Justierkreuz

Justiermikroskop *n* микроскоп для (контроля точности) совмещения, микроскоп визуального контроля (совмещения)

Justieröffnung *f* см. Justierfenster

Justierstrahl *m* луч совмещения

Justiersystem *n* система совмещения

~, **automatisches** система автоматического совмещения

Justiertisch *m* стол совмещения

Justierung *f* совмещение; юстирование, юстировка

~, **laserinterferometrische** совмещение с помощью лазерного интерферометра

~, **optische** оптическое совмещение

~ **von Ebene zu Ebene** межслойное [послойное] совмещение

Justierungslaser *m* юстировочный лазер

Justierungstoleranz *f* допуск на совмещение

Justierwellenlänge *f* длина волны света для выполнения (операции) совмещения (*длина волны актиничного излучения, не воздействующего на фоторезист*)

Jusi-in-Time-Fertigung *f* производство [организация производства] по системе «точно по графику»

К

Kabelsteckverbinder *m* кабельный соединитель, кабельный разъём

Kadmium-Quecksilber-Tellurid *n* теллурид кадмия - ртути, CdHgTe

Kadmiumselenid *n* селенид кадмия, CdSe

Kadmiumsulfid *n* сульфид кадмия, CdS

Kalman-Algorithmus *m* алгоритм (фильтра) Калмана

Kalman-Filter *n* фильтр Калмана

Kältetest *m* испытания на холодоустойчивость [на морозостойкость]

Kaltleiter *m* (термо)резистор с положительным ТКС, позистор

Kaltschweißung *f* холодная сварка

Kaltstart *m* начальный пуск; холодный пуск (*полностью отключённой системы*)

Kaltwiderstand *m* холодное сопротивление *(терморезистора)*

Kamerarecorder *m* видеокамера

Kammstruktur *f* (встречно-)гребенчатая структура

Kanal *m* канал

~, **eingeschnürter** перекрытый канал; суженный канал

~, **leitender** проводящий канал

~, **leitfähiger** проводящий канал

~, **n-leitender** канал с проводимостью *n*-типа

~, **parasitärer** паразитный канал

~, **vergrabener** скрытый канал

Kanalabschnürspannung *f* напряжение отсечки

Kanalabschnürung *f* перекрытие канала, отсечка

Kanalausbildung *f* образование канала

Kanalbildungseffekt *m* эффект каналирования *(ионов, электронов)*

Kanalbreite *f* ширина канала

Kanaldämpfung *f* затухание в канале

Kanaldicke *f* толщина канала

~, **wirksame** эффективная толщина канала

Kanaleinschnürung *f* перекрытие канала; сужение канала

Kanalelektronenvervielfacher *m* канальный электронный умножитель

Kanalierung *f* каналирование *(ионов, электронов)*

Kanalkapazität *f* пропускная способность канала

Kanalladung *f* (подвижный) заряд в канале

Kanallänge *f* длина канала

Kanallängenmodulation *f* модуляция длины канала

Kanallängenverkürzung *f* укорочение канала

Kanalleitung *f* каналирование *(ионов, электронов)*; эффект каналирования *(ионов, электронов)*

Kanalleitwert *m* проводимость канала

Kanalquerschnitt *m* поперечное сечение канала

~, **wirksamer** эффективное сечение канала

Kanalrauschen *n*, **thermisches** тепловой шум [тепловые шумы] канала

Kanalrouter *m* канальный трассировщик

Kanalrouting *n* канальная трассировка

Kanalstop(p) *m* 1. образование ограничителей каналов *(для изоляции элементов МОП- и КМОП-схем)* 2. ограничитель канала

Kanalstopper *m* ограничитель канала *(напр. в МОП-транзисторах)*

Kanalstopperimplantation *f* имплантация каналоограничивающих областей; имплантированная каналоограничивающая область

Kanalstrom *m* ток канала

Kanal-Substrat-Sperrschichtkapazität *f* барьерная ёмкость между каналом и подложкой

Kanaltiefe *f* толщина канала

Kanalverdrahtung *f* монтаж соединений по каналам

Kanalweite *f см.* **Kanallänge**

Kanalwiderstand *m* сопротивление канала

Kante *f* 1. край; кромка 2. контур 3. ребро *(напр. графа)*

~ **eines Hypergraphen** гиперребро

~, **gerichtete** ориентированное ребро *(графа)*

~, **überhängende** нависающая кромка *(слоя фоторезиста)*

~, **verdeckte** невидимое ребро *(трёхмерной модели объекта в машинной графике)*

Kantenemitter-LED *f см.* **Kantenemitter-Lumineszenzdiode**

Kantenemitter-Lumineszenzdiode *f* светодиод торцевого излучения [с торцевым излучением]

Kantenfilter *n* фильтр с крутым срезом

Kantenfolge *f* цепочка рёбер *(графа)*

Kantenmodell *n* каркасная модель *(трёхмерного объекта в машинной графике)*

Kantenrauhigkeit *f* неровность края [краев]

Kantenschärfe *f* резкость контуров *(напр. шрифта при оптическом считывании)*

Kantenunschärfe *f* размытость края *(изображения)*

Kapazität *f* ёмкость

~ **des Emitterübergangs** ёмкость эмиттерного перехода

~ **des Kollektorübergangs** ёмкость коллекторного перехода

~ **des pn-Übergangs** ёмкость *p-n*-перехода [электронно-дырочного] перехода, ёмкость перехода

~, **parasitäre** паразитная ёмкость

Kapazitätsdiode *f* варикап

Kapazitätsfotodiode *f* фотоёмкостный диод *(диод с изменяющейся в зависимости от освещённости ёмкостью)*

Kapazitätsvariationsdiode *f* варикап

Kappen *n* отсечение *(части изображения в машинной графике)*

Kapsel *f* корпус; капсула

Kapselleckstrom *m* ток утечки на корпус

Kapselung *f* бескорпусная установка *(ИС)*; установка в корпус, корпусирование; герметизация

~, mikroelektronische сборка и герметизация ИС

Kapton-Film *m* каптоновая *(полиимидная)* плёнка

Karte *f* 1. плата 2. карточка

Kartenchassis *n* объединительная плата

Kassenbon *m* кассовый чек

Kassettenabspielgerät *n* магнитофон-проигрыватель, плейер

Kassettendeck *n* кассетная магнитофонная приставка; кассетная магнитофонная панель

Kassetteninterface *f* кассетный интерфейс

Kassettenlaufwerk *n* 1. кассетный накопитель 2. кассетный лентопротяжный механизм, кассетный ЛПМ

Kassettenmagnetbandspeicher *m* кассетное ЗУ (на магнитной ленте), кассетный накопитель (на магнитной ленте), кассетный НМЛ

Kassettenportable *m* переносной кассетный магнитофон

Kassettenrecorder *m* кассетный магнитофон

Kassettenstreamer *m*, **Kassetten-Streaminggerät** *n* кассетный стример, кассетное ЗУ [кассетный накопитель] на бегущей магнитной ленте

Kassettenvideorecorder *m* кассетный видеомагнитофон

Katodenzerstäubung *f* катодное распыление, катодное напыление

4-Kbit-MOS-RAM *m* МОП ЗУПВ ёмкостью 4К

256-Kbit-Schaltkreis *m* ИС ёмкостью 256К

256-Kbit-Speicherschaltkreis *m* ИС памяти ёмкостью 256К

64-Kbit-Speicherschaltkreis *m* ИС памяти ёмкостью 64К

Keilbonden *n*, **Keilkontaktierung** *f* термокомпрессионная сварка клинообразным пуансоном

Keimkristall *m* затравочный кристалл, затравка

Kellerspeicher *m* память магазинного типа, стековое ЗУ

Kellerung *f* занесение [запись] в стек

Keller(speicher)zeiger *m* указатель (вершины) стека, регистр-указатель стека

Kelvin-Pin *n* вывод цепи Кельвина

Kelvin-Schaltung *f* схема Кельвина

Kelvin-Test *m* тест Кельвина

Kelvin-Verbindung *f* цепь Кельвина; схема Кельвина

Kennlinie *f* характеристика

~, dynamische динамическая характеристика

Kennlinie

~, **spektrale** спектральная характеристика

~, **statische** статическая характеристика

Kennlinienbereich *m* область рабочих характеристик *(транзистора)*

~, **linearer** линейная область [линейный участок] рабочих характеристик *(МДП-транзистора)*

Kennlinienfeld *n* семейство характеристик

Kennliniengleichung *f* уравнение характеристики

Kennlinienschar *f см.* **Kennlinienfeld**

Kenniniensteigung *f* наклон характеристики

Kennliniensteilheit *f* крутизна характеристики

Kennlinienteil *m* участок характеристики

Keramik-Chip-Carrier-Gehäuse керамический кристаллодержатель

Keramik-Chipträger *m* керамический кристаллодержатель

Keramikgehäuse *n* керамический корпус

~, **hochpoliges** керамический корпус с большим числом выводов

Keramikhalbschale *f* керамическая деталь корпуса *(основание или крышка)*

Keramikplättchen *n* керамическая пластина; керамическая подложка

Keramiksubstrat *n*, **Keramikträger** *m* керамическая подложка

Keramikunterteil *n* керамическое основание *(корпуса)*

Keramikvielschichtkondensator *m* керамический многослойный конденсатор

Kerko *m* керамический конденсатор

Kernlicht *n* свет, распространяющийся в сердцевине *(волокна)*

Kern-Mantel-Faser *f* (оптическое) волокно с сердцевиной и покрытием

Kernsprengkopf *m* ядерная головная часть *(ракеты)*

Kernsprengladung *f* ядерный боевой заряд; ядерный боеприпас

Kernspurfilter *n* ядерный фильтр

Kerr-Effekt *m* эффект Керра, квадратичный электрооптический эффект

Kettendrucker *m* печатающее устройство с цеп(оч)ным литероносителем, печатающее устройство цеп(оч)ного типа, цеп(оч)ное печатающее устройство

Kettenleiter *m*, **Kettenleiter-Widerstands-Netwerk** *n*, **Kettennetzwerk** *n* лестничная схема, резистивная многозвенная схема лестничного типа *(с чередованием последовательного и параллельного включения ветвей)*

Key *n* 1. клавиша 2. ключ
Keyboard *n* клавиатура; клавишная панель; клавишный пульт
~, **programmierbares** программируемая клавиатура, клавиатура программируемых функций
Keypad *n* малая клавиатура; вспомогательная клавиатура
Kippdauer *f см.* **Kippzeit**
Kippschalter *m* тумблерный переключатель, тумблер
Kippschaltung *f* спусковая схема; мультивибратор
~, **astabile** автоколебательный мультивибратор, мультивибратор с самовозбуждением
~, **bistabile** мультивибратор с двумя устойчивыми состояниями; бистабильная ячейка
~, **monostabile** ждущий мультивибратор, мультивибратор с одним устойчивым состоянием
Kippspannung *f* напряжение переключения (*тиристора*)
Kippstufe *f* триггерный каскад; мультивибратор
~, **astabile** автоколебательный мультивибратор, мультивибратор с самовозбуждением
~, **bistabile** мультивибратор с двумя устойчивыми состояниями, триггер
~, **monostabile** ждущий мультивибратор, мультивибратор с одним устойчивым состоянием
Kippverstärker *m* усилитель в релейном режиме
Kippzeit *f* время переброса, время перехода из одного устойчивого состояния в другое; время релаксации
Kirk-Effekt *m* эффект Кирка
KI-Sprache *f* (близкий к естественному) язык, используемый в системах искусственного интеллекта
KI-System *n* система искусственного интеллекта
Kit *n, m англ.* набор; комплект
Klammerdiode *f см.* **Klemmdiode**
Klasse-10-Reinstraum *m* чистое производственное помещение класса 10
Klebemontage *f* монтаж (*кристаллов и подложек*) методом приклеивания
Kleben *n* приклеивание, метод приклеивания (*монтаж кристаллов и подложек*)
Kleber *m* клей
~, **elektrisch isolierender** токонепроводящий клей
~, **elektrisch leitender** токопроводящий клей
~, **silbergefüllter** клей с серебряным наполнителем
Kleindatenverarbeitungsanlage *f* мини-ЭВМ
Kleinintegration *f* малая степень интеграции

Kleinintegrationstechnik *f* технология ИС малой степени интеграции; технология устройств на малых ИС

Kleinleistungslogik *f* маломощные ТТЛ-схемы, ТТЛ-схемы с низкой [малой] потребляемой мощностью

Kleinleistungs-Operationsverstärker *m* маломощный операционный усилитель

Kleinleistungs-Schottky-TTL *f*, hochentwickelte усовершенствованные ТТЛШ-схемы с низкой [малой] потребляемой мощностью

Kleinleistungs-Z-Diode *f* маломощный стабилитрон

Kleinmaßstabintegration *f* см. Kleinintegration

Kleinrechner *m* мини-ЭВМ

Kleinsignaladmittanz *f* полная проводимость в режиме малого сигнала

Kleinsignalbereich *m* малосигнальная область

Kleinsignalbetrieb *m* малосигнальный режим, режим малых сигналов [малого сигнала]

Kleinsignaldiode *f* малосигнальный диод

Kleinsignalersatzschaltbild *n* малосигнальная эквивалентная схема, малосигнальная схема замещения; малосигнальная модель

Kleinsignal-FET *m* малосигнальный полевой транзистор

Kleinsignal-HF-Betrieb *m* малосигнальный высокочастотный режим работы *(транзистора)* при малых сигналах на высокой частоте

Kleinsignalhochfrequenzparameter *m pl* малосигнальные высокочастотные параметры

Kleinsignalhochfrequenzverhalten *n* работа *(транзистора)* в малосигнальном высокочастотном режиме [в режиме малого сигнала на высокой частоте]

Kleinsignalimpedanz *f* полное сопротивление в режиме малого сигнала

Kleinsignalparameter *m pl* малосигнальные параметры

Kleinsignal-Stromverstärker *m* усилитель малых токов

Kleinsignalstromverstärkungsfaktor *m* коэффициент передачи тока в режиме малого сигнала

~ **in Basisschaltung** коэффициент передачи тока в схеме с общей базой в режиме малого сигнала

~ **in Emitterschaltung** коэффициент передачи тока в схеме с общим эмиттером в режиме малого сигнала

Kleinsignaltransistor *m* малосигнальный транзистор

Kleinsignalverhalten *n* работа *(транзистора)* в режиме малых сигналов; поведение транзистора при малых сигналах [при малых уровнях сигнала]

Kleinsignalverstärker *m* усилитель малых сигналов, малосигнальный усилитель

Kleinsignalwechselspannung *f* переменное напряжение малого сигнала

Kleinwinkelkorngrenzen *f pl* малоугловые границы *(в монокристалле)*

Klemmdiode *f* фиксирующий [ограничительный] диод; антизвонный диод

Klemmschaltung *f* схема фиксации, фиксатор уровня

Klimakammer *f*, **Klimaschrank** *m* камера для климатических испытаний

Klimatest *m* климатические испытания

Klippen *n* отсечение *(части графического изображения)*

Klirrfaktor *m* коэффициент гармоник

KME-Baustein *m* комплексный модуль ИС *(с пассивными и активными элементами)*

KMOS-Struktur *f* (планарная) МОП-структура с укороченным каналом

Knickfrequenz *f* частота излома

Kniespannung *f* напряжение отсечки; пороговое напряжение *(диода, тиристора)*

Kniestrom *m* ток отсечки; пороговый ток

Knopfzelle *f* миниатюрный элемент питания

Knotenpunkt *m* 1. узел, узловая точка 2. вершина *(графа)*

Knotenpunktfärbung *f* раскраска вершин графа

Knowledge Base *англ.* база знаний

Koaxialbus *m* коаксиальная шина

Koaxialkabel *n* коаксиальный кабель

Kode *m* код

~, **mnemonischer** мнемокод

Kodeimpuls *m* кодовый импульс

Kodeimpulsausgang *m* выход кодовых импульсов

Kodeimpulseingang *m* вход кодовых импульсов

Kodewort *n* кодовое слово

~, **digitales** слово цифрового кода

Kodierer *m* кодирующее устройство, кодер

Kodierung *f* кодирование

Koeffizient *m* коэффициент

~, **pyroelektrischer** пирокоэффициент

Koerzitivfeldstärke *f* коэрцитивная сила

Kognition

Kognition *f* познание; процесс познания *(моделируемый в системах искусственного интеллекта)*

Koinzidenzschaltung *f* схема совпадений

Kolbenlöten *n* пайка паяльником

Kollektion *f* собирание *(носителей заряда)*; накопление *(носителей заряда)*

Kollektivprozesse *m pl* групповые операции *(операции, при проведении которых в обработке находится вся полупроводниковая пластина)*

Kollektor *m* коллектор

~, **vergrabener** скрытый коллектор, скрытый слой коллектора

Kollektoranschluß *m* вывод коллектора

Kollektorausgang *m*, **offener** выход с открытым коллектором

Kollektorbahngebiet *n* область распределённого сопротивления коллектора

~, **vergrabenes** скрытая область распределённого сопротивления коллектора

Kollektorbahnwiderstand *m* распределённое сопротивление коллектора *(биполярного транзистора)*

Kollektor-Basis-Übergang *m* коллекторный переход

Kollektor-Basis-Diode *f* диод коллектор - база, коллекторный диод

Kollektor-Basis-Durchbruchspannung *f* пробивное напряжение коллектор - база

Kollektor-Basis-Reststrom *m* обратный ток коллектора *(при разомкнутом выводе эмиттера)*

Kollektor-Basis-Spannung *f* напряжение коллекторного перехода [на коллекторном переходе], напряжение между коллектором и базой, напряжение коллектор - база

Kollektor-Basis-Sperrschicht *f* обеднённый слой коллекторного перехода

Kollektor-Basis-Streukapazität *f* паразитная ёмкость коллектор - база

Kollektor-Basis-Strom *m* ток коллектор - база, коллекторный ток *(биполярного транзистора в схеме с общей базой)*

Kollektorbereich *m см.* **Kollektorgebiet**

Kollektor-Dauerstrom *m* постоянный ток коллектора

Kollektordicke *f* толщина коллектора

Kollektordiffusion коллекторная диффузия, диффузия (для формирования) коллектора

Kollektordiffusionsisolation *f* изоляция *(элементов ИС)* методом коллекторной диффузии, изоляция коллекторной диффузией; метод коллекторной изолирующей диффузии

Kollektordiffusionskapazität *f* диффузионная ёмкость коллекторного перехода

Kollektordiode *f* коллекторный диод, диод на основе коллекторного перехода, диод коллектор - база [база - коллектор]

Kollektorelektrode *f* электрод коллектора, коллекторный электрод

Kollektor-Emitter-Durchbruchspannung *f* пробивное напряжение коллектор - эмиттер

Kollektor-Emitter-Restspannung *f см.* **Kollektorrestspannung**

Kollektor-Emitter-Reststrom *m* обратный ток (утечки) коллектор - эмиттер

Kollektor-Emitter-Sättigungsspannung *f* напряжение насыщения коллектор - эмиттер

Kollektor-Emitter-Spannung *f* напряжение коллектор - эмиттер

Kollektor-Emitter-Sperrspannung *f* обратное напряжение коллектор - эмиттер

Kollektor-Emitter-Sperrstrom *m* обратный ток коллектор - эмиттер

Kollektor-Emitter-Strecke *f* участок коллектор - эмиттер

Kollektor-Emitter-Streukapazität *f* паразитная ёмкость коллектор - эмиттер

Kollektor-Emitter-Strom *m* обратный ток коллектор - эмиттер

Kollektor-Emitter-Verlustleistung *f* мощность, рассеиваемая на участке коллектор - эмиттер

Kollektor-Emitter-Widerstand *m* сопротивление коллектор - эмиттер

Kollektorfläche *f* площадь коллектора

Kollektorgebiet *n* коллекторная область, область коллектора

Kollektorgleichspannung *f* постоянное напряжение коллектор - база

Kollektorgleichstrom *m* постоянный ток коллектора

Kollektorgrenzfrequenz *f* граничная частота коллектора

Kollektorgrenzschicht *f см.* **Kollektorrandschicht**

Kollektorkapazität *f* ёмкость коллекторного перехода, коллекторная ёмкость

Kollektorkopplung *f* коллекторная связь

Kollektorkreis *m* коллекторная цепь, цепь коллектора

Kollektorkurzschluß-Reststrom *m* обратный ток коллекторного перехода при закороченном переходе эмиттер - база, обратный ток утечки через коллекторный переход при коротком замыкании эмиттер - база

Kollektorladezeit *f* время заряда коллектора

Kollektorlastwiderstand *m* коллекторная нагрузка

Kollektorlaufzeit *f* время пролёта носителей через коллектор

Kollektorperle *f* шарик сплава для формирования коллектора (*в сплавном транзисторе*)

Kollektorpille *f* таблетка для формирования коллектора

Kollektor-pn-Übergang *m* коллекторный *p - n*-переход, *p - n*-переход коллектор - база [база - коллектор]

Kollektorpotential *n* потенциал коллектора

Kollektorrand *m* край коллектора

Kollektorrandkonzentration *f* концентрация носителей (заряда) в приграничном слое коллекторного перехода

Kollektorrandschicht *f* (при)граничный слой коллекторной области

Kollektorrauschstrom *m* шумовой ток коллектора

Kollektorrestspannung *f* обратное напряжение коллектор - эмиттер, остаточное напряжение на выходе (*запертого биполярного транзистора*)

Kollektorreststrom *m* обратный ток коллектора [коллекторного перехода], обратный ток утечки через коллекторный переход

Kollektorsättigungsspannung *f* напряжение насыщения коллектор - эмиттер

Kollektorsättigungsstrom *m* (постоянный) ток коллектора в режиме насыщения

Kollektorschaltung *f* схема с общим коллектором

Kollektorschicht *f* коллекторный слой

~, **epitaxierte** эпитаксиально выращенный коллекторный слой

Kollektorspannung *f* коллекторное напряжение, напряжение коллектора [на коллекторе]

Kollektorsperrschicht *f* обеднённый слой коллекторного перехода

Kollektorsperrschichtkapazität *f* барьерная ёмкость коллекторного перехода, коллекторная барьерная ёмкость, ёмкость обеднённого слоя коллекторного перехода

Kollektorsperrspannung *f* обратное смещение коллекторного перехода [на коллекторном переходе], обратное напряжение на коллекторном переходе, обратное напряжение коллектора

Kollektorsperrstrom *m* обратный ток коллектора

Kollektorspitzenstrom *m* максимально допустимый импульсный ток коллектора

Kollektorstreifen *m* коллекторная полоска, полоска коллекторной металлизации

Kollektorstrom *m* ток коллектора, коллекторный ток

Kollektor-Substrat-Kapazität *f* ёмкость коллектор - подложка

Kollektor-Substrat-pn-Übergang *m* p - n-переход коллектор - подложка

Kollektor-Substrat-Übergang *m* переход коллектор - подложка

Kollektortransferstrom *m* ток переноса носителей к коллектору

Kollektorübergang *m* коллекторный переход

Kollektorverlustleistung *f* рассеиваемая мощность коллектора, мощность, рассеиваемая на коллекторе

Kollektorverstärker *m* усилитель в схеме с общим коллектором

Kollektorwechselspannung *f* переменное напряжение коллектора

Kollektorwechselstrom *m* переменный ток коллектора

Kollektorwiderstand *m* 1. резистор в цепи коллектора, коллекторный резистор; коллекторная нагрузка 2. сопротивление коллектора

Kollektorwirkungsgrad *m* 1. коэффициент эффективности [эффективность] коллектора 2. коэффициент инжекции коллектора *(при инверсном активном режиме работы)*

Kollektorzeitkonstante *f* постоянная времени коллекторной цепи [цепи коллектора]

Kollektorzone *f см.* **Kollektorgebiet**

Kollektorzuleitung *f* вывод коллектора

Kollision *f* столкновение

Kombinationsschaltung *f* комбинационная схема, схема комбинационной логики

Kombinationstechnik *f* комбинированная технология

Kommunikationsinterface *n* связной интерфейс, интерфейс связи

Kommunikationsnetz *n* сеть связи

Kommunikationsschnittstelle *f* интерфейс связи, связной интерфейс

Kommunikationsschnittstellen-Baustein

Kommunikationsschnittstellen-Baustein *m,* asynchroner адаптер последовательного интерфейса асинхронного обмена

Kommunikationssteuereinheit *f* связной контроллер

Kommunikationssteuerungsschicht *f* сеансовый уровень

Kommunikationsterminal *n* связной терминал

Kommutierung *f* коммутирование, переключение *(силового полупроводникового прибора)* из открытого в закрытое *или* обратное непроводящее состояние

Kommutierungskondensator *m* коммутирующий конденсатор *(в схеме тиристорного переключателя)*

Kompaktbauweise *f* компактное исполнение

Kompaktierung *f* копактирование, уплотнение *(топологических схем)*

Kompaktkassette *f* компакт-кассета

Kompaktor *m* компактор, уплотнитель *(топологических схем)*

Komparator *m* компаратор

Komparatorschaltkreis *m* ИС компаратора

kompatibel совместимый

Kompatibilität *f* совместимость

Kompensation *f* компенсация; коррекция

~, **thermische** термокомпенсация

Kompensationsanschlüsse *m pl* выводы для компенсации напряжения смещения *(операционного усилителя);* входы установки нуля

Kompensationshalbleiter *m* (с)компенсированный полупроводник

Kompensationskondensator *m* корректирующий конденсатор, конденсатор коррекции

Komplementärausgang *m* инверсный выход *(микросхемы)*

Komplementär-Darlingtonpaar *n,* **Komplementär-Darlingtontransistor** *m* пара Дарлингтона на комплементарных транзисторах; (включаемая на входе) схема Дарлингтона на комплементарных биполярных транзисторах

Komplementär-Emitterfolger *m* эмиттерный повторитель на комплементарных транзисторах

Komplementärschaltung *f* комплементарная схема

Komplementärtechnik *f* технология КМДП-транзисторных ИС; технология КМОП-транзисторных ИС

Komplementärtransistoren *m pl* комплементарные транзисторы

Komplementärtransistorlogik f логические схемы на комплементарных транзисторах

Komplementeingang m счётный вход (*триггера*)

Komplementgatter n вентиль обратного [дополнительного] кода

Komplexität f (функциональная) сложность; степень интеграции

Komplexitätsgrad m степень функциональной сложности (*ИС*); степень интеграции

Kondensationslöten m конденсационная пайка

Kondensator m конденсатор
~, **diffundierter** диффузионный конденсатор
~, **gedruckter** печатный конденсатор
~, **integrierter** интегральный конденсатор

Kondensor m конденсор

Kondensorsystem n конденсорная система

Konditionierung f тренировка (*напр. элементов ИС*)

Konkatenanz f конкатенация; операция конкатенации

Konsole f пульт оператора; консоль
~ **mit Bildschirmgerät** дисплей-консоль

Konstantspannung f постоянное напряжение

Konstantspannungsquelle f стабилизированный источник напряжения, источник стабилизированного напряжения

Konstantstrom m стабильный [стабилизированный] ток; постоянная величина тока

Konstantstromlogik f, **komplementäre** комплементарные логические схемы на переключателях тока

Konstantstromquelle f стабилизированный источник тока, источник стабилизированного тока

Konstantstromregler m стабилизатор тока

Konstantstromsenke f выход постоянного тока

Konstruktion f конструкция; конструирование
~, **rechnergestützte** автоматизированное конструирование; автоматизированное проектирование

Konstruktionsarbeitsplatz m автоматизированное рабочее место [АРМ] конструктора
~, **rechnergestützter** автоматизированное рабочее место [АРМ] конструктора

Konstruktionsausfall m конструкционный отказ

Konsumentenrisiko n риск потребителя

Konsumgüterelektronik f бытовая электроника; бытовая электронная аппаратура

Kontakt

Kontakt *m* контакт

~, **nichtsperrender** незапирающий контакт

~, **ohmscher** омический [невыпрямляющий] контакт

~, **sperrfähiger** запирающий контакт

~, **sperrfreier** незапирающий контакт

Kontaktbelichten *n*, **Kontaktbelichtung** *f* контактное экспонирование

Kontaktbelichtungsanlage *f см.* **Kontaktjustier- und Belichtungsanlage**

Kontaktbelichtungsverfahren *n* метод контактного экспонирования; метод контактной фотолитографии, контактная фотолитография

Kontaktbildschirm *m* сенсорный экран

Kontaktdiffusion *f* диффузия для формирования контактов *(ИС)*

Kontaktdraht *m* контактная проволочка

Kontaktfahne *f* (внешний) вывод *(корпуса)*

Kontaktfenster *n* контактное окно

Kontaktfensteröffnung *f* вскрытие контактного окна

Kontaktfläche *f* 1. контактная площадка *(ИС)* 2. площадь контакта

Kontaktfleck *m* контактная площадка *(ИС)*

Kontaktfotolithografie *f* контактная фотолитография

Kontakthügel *m* столбиковый вывод, контактный столбик

Kontaktieren *n* контактирование

Kontaktierfläche *f* поверхность контактирования

Kontaktierung *f* контактирование

Kontaktierungsinsel *f* контактная площадка

Kontaktinsel *f* контактная площадка; столбиковый вывод, контактный столбик

Kontaktinseljustierung *f* совмещение контактных площадок

Kontaktjustier- und Belichtungsanlage *f* установка контактной фотолитографии

Kontaktjustierung *f* совмещение контактов

Kontaktkamm *m* контактная гребёнка

Kontaktkopie *f* копия фотошаблона [рабочий фотошаблон], полученная [полученный] методом контактной фотолитографии

Kontaktkopieren *n* контактная (фото)печать; контактная фотолитография

Kontaktkopiergerät *n* установка (для) контактной печати фотошаблонов

Kontaktlithografie *f* контактная фотолитография

Kontaktloch *n* металлизированное отверстие *(печатной платы)*; сквозное отверстие *(печатной платы)*

Kontaktlochleitfähigkeit *f* проводимость межслойного соединения *(печатной платы)*

Kontaktmaske *f* контактный фотошаблон; контактная маска

Kontaktmetallisierung *f* металлизация контактов

Kontaktpotential *n см.* **Kontaktspannung**

Kontaktring *m* кольцевой контакт

Kontaktspannung *f* 1. контактная разность потенциалов 2. высота потенциального барьера

Kontaktstift *m* штырьковый вывод, контактный штырёк *(корпуса ИС)*

Kontaktstreifen *m* контактная полоска

Kontakttopologie *f* топология [схема расположения] контактов

Kontaktwiderstand *m* 1. контактное сопротивление 2. сопротивление контакта

Kontinuitätsgleichung *f* уравнение непрерывности

Kontinuum *n* континуальная [непрерывная] среда

Kontrast *m* контрастность *(фоторезиста, знаков совмещения)*

Kontrollgrenzen *f pl* границы регулирования *(на контрольной карте, напр. числа дефектных единиц продукции)*

Kontrollspannung *f* контрольное напряжение

Konturentreue *f* точность совмещения контуров *(напр. фотошаблона и полупроводниковой пластины)*

Konvektionsstrom *m* ток проводимости

Konvektionsstromdichte *f* плотность тока проводимости

Konversionsalgorithmus *m* алгоритм преобразования

Konversionswirkungsgrad *m* коэффициент преобразования

Konversionszeit *f* время преобразования

Konvolver *m* конвольвер, устройство свёртки

Konzentration *f* концентрация

~ **der Rekombinationszentren** концентрация рекомбинационных ловушек

Konzentrationsübergang *m* переход, образованный изменением концентрации примеси (n - n^+-переход или p - p^+-переход)

Konzentrationsprofil *n* профиль распределения концентрации *(примеси)*

Konzentrationsverlauf *m* распределение концентрации *(носителей заряда)*

Koordinatenschreiber *m* координатный графопостроитель, координатограф

Koordinatensystem *n* координатная система

Koordinatentisch *m* координатный стол

Koordinatentischsteuerung *f* 1. управление координатным столом 2. система управления координатным столом

Koordinatenwandler *m* синус-косинусный преобразователь

~, **sphärischer** сферическое решающее устройство, сферический функциональный преобразователь

Koordinatograph *m см.* **Koordinatenschreiber**

Kopf *m* 1. заголовок 2. головка

Kopfstation *f*, **Kopfstelle** *f* входное устройство, наружный блок (*приёмной установки спутникового телевидения*)

Kopieren *n* получение рабочих копий с эталонных фотошаблонов (*методом контактной печати*); контактная печать

Kopiergerät *n* копировальное устройство; копировально-множительное устройство

Kopierlack *m* фоторезист

Kopierschritt *m* этап [операция] контактной печати (*для получения рабочих копий с эталонных фотошаблонов*)

Koplanarleitung *f* копланарная микрополосковая линия передачи, копланарная МПЛ

Koppelbus *m* шина интерфейса

Koppeldämpfung *f* затухание [потери] в стыках (*световодного кабеля*)

Koppelelement n, **Koppelglied** *n* элемент связи

Koppelimpedanz *f* полное сопротивление связи

Koppelmodul *m* модуль связи

Koppelschleife *f* петля связи

Koppelvierpol *m см.* **Kopplungsvierpol**

Koppelwirkungsgrad *m* коэффициент связи

Koppler *m* элемент связи; устройство сопряжения

~, **akustischer** *см.* **Akustikkoppler** 1.

~, **optoelektronischer** оптопара; оптрон

Kopplung *f* связь

Kopplungsoptron *n* оптопара

Kopplungsvierpol *m* связывающий четырёхполюсник

Koprozessor *m* сопроцессор

Korngrenze *f* межзёренная граница

Korngrenzenwanderung *f* миграция межзёренных границ

Körpergrafik *f* графика монолитных тел [монолитных конструкций]

Körpermodell *n* объёмная [монолитная] модель

Körpermodellierung *f* объёмное моделирование, построение объёмных [монолитных] моделей *(в машинной графике)*

Korrelationsfunktion *f* корреляционная функция

Korrelatorschaltkreis *m* ИС коррелятора

Kosten-Leistung-Verhältnis *n* соотношение «стоимость - производительность»

Kovar *n* ковар

~, **vergoldetes** позолоченный ковар

Kovareinschmelzung *f* коваровый впай

Kraftaufnehmer *m см.* **Kraftsensor**

Kraftsensor *m* датчик силы

Kratzfestigkeit *f* стойкость к царапанию

Kreuz *n:* über ~ verkoppelt с перекрёстной обратной связью

Kreuzschienenschalter *m,* **Kreuzschienenverteiler** *m* матричный коммутатор, матричный переключатель

Kreuzungsoxid *n* оксидный диэлектрик для изоляции пересечений межэлементных соединений

Kristall *m* кристалл

~, **gestörter** несовершенный кристалл

~, **homogen dotierter** равномерно легированный кристалл

~, **n-leitender** кристалл (с проводимостью) *n*-типа [с электронной проводимостью]

~, **piezomagnetischer** пьезомагнитный кристалл

~, **p-leitender** кристалл (с проводимостью) *p*-типа [с дырочной проводимостью]

~, **störungsfreier** кристалл, не имеющий дефектов, бездефектный кристалл

Kristallachse *f* кристаллографическая ось

Kristallaufbau *m* строение кристалла; кристаллическая структура

Kristallbänderziehverfahren *n* метод вытягивания [выращивания] монокристаллической ленты из расплава

Kristallbaufehler *m* дефект структуры кристалла, дефект кристаллической решётки

Kristallbearbeitung *f* обработка кристаллов

Kristallbindung *f* связь кристаллической решётки

Kristalldefekt *m см.* **Kristallbaufehler**

Kristallebene *f* кристаллографическая плоскость

Kristallelektronen *n pl* электроны кристалла; электроны в кристаллах

Kristall-Fotoeffekt *m* кристалл-фотоэффект, эффект Дембера

Kristallgitter *n* кристаллическая решётка
~ **vom Diamanttyp** алмазоподобная решётка, кубическая решётка типа алмаза

Kristallgitterplatz *m* узел кристаллической решётки

Kristallgitterstruktur *f* структура кристаллической решётки

Kristallisation *f* кристаллизация

Kristallisationskern *m* центр кристаллизации

Kristallisationsverfahren *n*, **orientiertes** метод ориентированной кристаллизации

Kristallit *m* кристаллит
~, **nadelförmiger** игольчатый кристаллит

Kristallkeim *m* затравка *(для выращивания кристалла)*

Kristallorientierung *f* кристаллографическая ориентация; ориентация кристалла [кристаллографической плоскости пластины]

Kristallperfektion *f* совершенство кристалла

Kristallplättchen *n* кристалл ИС

Kristallstab *m* монокристаллический слиток

Kristallstörung *f* дефект кристаллической решётки; дефектность структуры кристалла

Kristallstruktur *f* кристаллическая структура; структура кристалла

Kristallsystem *n* сингония, кристаллографическая система

Kristallversetzung *f* дислокация *(дефект кристаллической решётки)*

Kristallzüchtung *f* выращивание кристаллов

Kristallziehen *n* вытягивание кристаллов

Kristallziehverfahren *n* метод вытягивания кристаллов

Kristallzüchtungsanlage *f* установка для выращивания кристаллов

Kryoelektronik *f* криоэлектроника

Kryogenspeicher *m* криогенная память, криогенное ЗУ

Kryologik *f* криогенные логические схемы

Kryopumpe *f* (вакуумный) крионасос, криогенный насос

Kryorechner *m* ЭВМ на криогенных элементах

Kryospeicher *m* криогенная память, криогенное ЗУ

Kryotron *m* криотрон

Kryptomikroprozessor *m* криптографический (микро)процессор

Kugelkopfdrucker *m* печатающее устройство со сферическим литероносителем [с шаровой головкой]

Kühlkörper m радиатор, теплоотвод (напр. транзистора)

Kühlkörperwärmewiderstand m тепловое сопротивление радиатора

Kühlmittel n охлаждающая среда

Kunden-IC n см. **Kunden-IS**

Kunden-IS f заказная ИС

Kunden-LSI-Schaltkreis m заказная БИС

Kundenprogrammierung f программирование пользователем

Kundenschaltkreis m см. **Kundenwunschschaltkreis**

Kundenwunschentwurf m, **rechnergestützter** автоматизированная разработка заказных ИС

Kundenwunschschaltkreis m заказная ИС

Kunststoffgehäuse n пластмассовый корпус

Kunststoffkondensator m см. **Kunststoffolienkondensator**

Kunststoffolie(n)kondensator m плёночный конденсатор
~, **metallisierter** металлоплёночный конденсатор

Kunststoffspritzverfahren n литьё (пластмасс) под давлением, метод литья под давлением

Kunststoffumhüllmasse f герметизирующий компаунд

Kupferfolie f медная плёнка

kupferkaschiert фольгированный медью

Kursor m курсор

Kurvenabtaster m графоповторитель, устройство считывания кривых

Kurvengenerator m генератор кривых

Kurvenleser m см. **Kurvenabtaster**

Kurvenschreiber m графопостроитель

Kurzkanaleffekt m эффект короткого канала

Kurzkanal-Feldeffekttransistor m полевой транзистор с укороченным [коротким] каналом

Kurzkanalstruktur f структура с укороченным [коротким] каналом

Kurzkanaltechnik f технология (изготовления) МОП-транзисторов с укороченным [коротким] каналом

Kurzkanaltransistor m транзистор с укороченным [коротким] каналом

Kurzschluß m короткое замыкание
~, **ausgangsseitiger** короткое замыкание на выходе
~, **wechselstrommäßiger** короткое замыкание по переменному току

Kurzschlußausgangsleitwert m выходная проводимость при коротком замыкании на входе

Kurzschlußbetrieb m режим короткого замыкания

Kurzschlußbrücke

Kurzschlußbrücke *f* закорачивающая перемычка

~, **ohmsche** омическая закорачивающая перемычка

Kurzschlußeingangsleitwert *m* входная проводимость при коротком замыкании на выходе

Kurzschlußeingangswiderstand *m* входное сопротивление при коротком замыкании на выходе

kurzschlußfest устойчивый к короткому замыканию [при коротких замыканиях]; защищённый от коротких замыканий, с защитой от коротких замыканий

Kurzschlußfestigkeit *f* устойчивость к короткому замыканию [при коротких замыканиях]; защищённость от коротких замыканий

Kurzschlußfotostrom *m* фототок короткого замыкания

Kurzschlußrauscheinströmung *f* шум на входе при коротком замыкании на эмиттерном и коллекторном диодах *(биполярного транзистора)*

Kurzschlußrauschstrom *m* шумовой ток при коротком замыкании на входе

Kurzschluß-Rückwärtssteilheit *f* крутизна обратной передачи при коротком замыкании на входе, проводимость обратной передачи при коротком замыкании на входе

Kurzschlußstrom *m* ток короткого замыкания

Kurzschlußstromübersetzung *f* **vorwärts** коэффициент передачи тока при коротком замыкании на выходе

Kurzschlußstromverstärkung *f*, **Kurzschlußstromverstärkungsfaktor** *m* коэффициент усиления по току при коротком замыкании на выходе *(биполярного транзистора; в схеме с общей базой - коэффициент передачи эмиттерного тока; в схеме с общим эмиттером - коэффициент усиления базового тока)*

Kurzschlußübertragungsadmittanz *f* **vorwärts** полная проводимость прямой передачи при коротком замыкании на выходе

Kurzschlußübertragungsleitwert *m* **rückwärts** проводимость обратной передачи при коротком замыкании на входе

Kurzschlußübertragungsleitwert *m* **vorwärts** проводимость прямой передачи при коротком замыкании на входе

Kurzschluß-Vorwärtssteilheit *f* крутизна прямой передачи при коротком замыкании на выходе, проводимость прямой передачи при коротком замыкании на выходе

Kurzzeitdrift *f* кратковременный дрейф

Kurzzperiodenübergitter *n* сверхрешётка с коротким периодом

K-Zentrum *n* K-центр

L

Lack *m* 1. (фото)резист 2. лак

Lackätzmittel *n* травитель для (фото)резиста

Lackbeschichten *n*, **Lackbeschichtung** *f* нанесение (слоя) фоторезиста

Lackbeschichtungsanlage *f* установка (для) нанесения фоторезиста

Lackbild *n* рисунок слоя фоторезиста

Lackhaftmaske *f см.* **Lackmaske**

Lackhaftung *f* адгезия фоторезиста

Lacklösen *n* растворение (слоя) фоторезиста [фоторезистной маски]

Lackmaske *f* фоторезистная [фоторезистивная] маска, маска фоторезиста

Lackmaskierung *f* формирование фоторезистной маски; фотолитографический процесс

Lackschicht *f* слой фоторезиста

LAC-Schaltung *f* схема [ИС] формирователя ускоренных переносов; формирователь ускоренных переносов

Ladebefehl *m* команда загрузки

Ladeeingang *m* вход загрузки *(счётчика)*

Ladekammer *f* загрузочная камера

Ladekondensator *m* зарядный конденсатор

Lademodul *m* загрузочный модуль

Lader *m* загрузчик

Ladeschleuse *f* загрузочный шлюз

Ladestrom *m* зарядный ток, ток заряда

Ladewiderstand *m* зарядный резистор

Ladezeit *f* время заряда

Ladezeitkonstante *f* постоянная времени заряда

Ladung *f* заряд

~, **gespeicherte** накопленный заряд

~ **in den Oberflächenzuständen** заряд поверхностных состояний

~, **induzierte** индуцированный заряд

~, **ortsfeste [unbewegliche]** фиксированный заряд

Ladungsabtastung *f* считывание заряда; выборка [считывание] (накопленных информационных) зарядов *(в ППЗ)*

ladungsadressiert

ladungsadressiert с зарядовой адресацией *(напр. ОЗУ)*

Ladungsanteil *m см.* **Ladungspaket**

Ladungsaufbau *m* процесс накопления заряда

Ladungsausbreitung *f* растекание заряда

Ladungsausgleich *m* компенсация зарядов

Ladungsausgleich-A-D-Umsetzer *m* АЦП компенсационного интегрирования [компенсационного типа]

Ladungsausgleichverfahren *m* метод компенсации зарядов

Ladungsbild *n* потенциальный рельеф

Ladungsdichte *f* концентрация зарядов

Ladungsdomänenbauelement *n* прибор с зарядовыми доменами

Ladungsdomänenfilter *n* фильтр с зарядовыми доменами

Ladungsdomänenschaltung *f* ИС с зарядовыми доменами

Ladungseinheit *f см.* **Ladungspaket**

Ladungseinspeiseeinheit *f см.* **Ladungsinjektionsbauelement**

Ladungserhaltung *f* сохранение заряда

ladungsgesteuert зарядоуправляемый, управляемый зарядом

Ladungsinfluenz *f* наводка [наведение] заряда [зарядов]; наведение заряда в приповерхностном слое полупроводника *(под действием электрического поля или поверхностных состояний)*

Ladungsinjektionsbauelement *n* прибор с зарядовой инжекцией, ПЗИ

Ladungsinjektions-Bildwandler *m* датчик изображения на ПЗИ; формирователь видеосигналов на ПЗИ

Ladungsinjektionselement *n см.* **Ladungsinjektionsbauelement**

Ladungsinjektionsschaltung *f* схема [ИС] на ПЗИ; прибор с зарядовой инжекцией, ПЗИ

Ladungskompensation *f* компенсация зарядов

Ladungskopplung *f* зарядовая связь

Ladungskopplungsmultiplexer *m* ПЗС-мультиплексор

Ladungskopplungsschaltung *f* ПЗС-схема, схема [ИС] на ПЗС; прибор с зарядовой связью, ПЗС

Ladungskopplungsschieberegister *m* сдвиговый регистр на ПЗС, сдвиговый ПЗС-регистр

Ladungsneutralität *f* нейтральность заряда

Ladungspaket *n* зарядовый пакет

Ladungspumpe *f* генератор накачки [подкачки] заряда *(напр. в ПЗУ)*

Ladungspumpen *n* накачка [подкачка] заряда

Ladungssignal *n* зарядовый сигнал

Ladungsspeicher *m* накопитель заряда; накопительный конденсатор, конденсатор для хранения заряда [зарядового пакета]

Ladungsspeicherbaustein прибор с зарядовой связью, ПЗС

Ladungsspeicherchip *m* кристалл ИС на ПЗС; ИС на ПЗС

Ladungsspeicherdiode *f* диод с накоплением заряда, ДНЗ

Ladungsspeicherelement *n* элементарный накопитель заряда, микроконденсатор, МДП-элемент (ПЗС) для хранения зарядового пакета

Ladungsspeicherung *f* накопление заряда; хранение заряда; накопление и хранение заряда

Ladungsspeicherzeitkonstante *f* постоянная времени накопления заряда

Ladungssteuerung зарядовое управление

Ladungssverschiebeschaltung *f см.* Ladungsverschiebungsschaltung

Ladungsträger *m pl* носители заряда, носители

~, **bewegliche** подвижные носители (заряда)

~, **freie** свободные носители (заряда)

~, **heiße** горячие носители (заряда) *(носители с повышенной температурой, т.е. с повышенной энергией)*

~, **quasifreie** *см.* Ladungsträger, freie

~, **schnelle** *см.* Ladungsträger, heiße

Ladungsträgerakkumulation *f* накопление носителей (заряда)

Ladungsträgeranhäufung *f* скопление носителей (заряда)

Ladungsträgerart *f* тип носителей (заряда)

Ladungsträgerausbeute *f* выход носителей

Ladungsträgerausgleich *m* выравнивание концентраций носителей *(электронов и дырок)*

Ladungsträgerbeweglichkeit *f* подвижность носителей (заряда)

Ladungsträgerbewegung *f* движение носителей (заряда)

Ladungsträgerdichte *f* концентрация носителей (заряда)

Ladungsträgerdichtegefälle *n* градиент концентрации носителей (заряда)

Ladungsträgerdichteverteilung f распределение концентрации носителей (заряда)

Ladungsträgerdiffusion f диффузия носителей (заряда)

Ladungsträgerensemble n коллектив носителей (заряда)

Ladungsträgererzeugung f генерация носителей (заряда)

Ladungsträgerexklusion f эксклюзия носителей (заряда)

Ladungsträgerextraktion f экстракция носителей (заряда)

Ladungsträgerfluß m поток носителей (заряда)

Ladungsträgergas n электронный газ; дырочный газ

Ladungsträgergeneration f см. **Ladungsträgererzeugung**

Ladungsträgergeschwindigkeit f скорость носителей (заряда)

Ladungsträgerinfluenz f наведение заряда в приповерхностном слое полупроводника (*под действием электрического поля или поверхностных состояний*)

Ladungsträgerinjektion f инжекция носителей (заряда)

Ladungsträgerkollektiv n коллектив носителей (заряда)

Ladungsträgerkonzentration f см. **Ladungsträgerdichte**

Ladungsträgerlaufzeit f время пролёта носителей (через базу)

Ladungsträgerlebensdauer f время жизни носителей (заряда)

Ladungsträgerpaare n pl электронно-дырочные пары

~, **thermisch erzeugte** электронно-дырочные пары, возникшие за счёт термогенерации

Ladungsträgerpaket n см. **Ladungspaket**

Ladungsträgerplasma n плазма носителей (заряда)

Ladungsträgerprofil n профиль распределения (концентрации) носителей (заряда)

Ladungsträgerreichweite f пробег носителей (заряда)

Ladungsträgerrekombination f рекомбинация носителей (заряда)

Ladungsträgersorte f тип носителей (заряда)

Ladungsträgertransport m перенос носителей (заряда)

Ladungsträgertransportmechanismus m механизм переноса носителей (заряда)

Ladungsträgerverarmung f обеднение носителями (заряда)

Ladungsträgervernichtung *f* аннигиляция носителей (заряда)

Ladungsträgerverteilung *f* распределение носителей (заряда)

Ladungstransfer *m* перенос заряда

Ladungstransferschaltung *f* схема на ППЗ; прибор с переносом заряда, ППЗ

Ladungstransfertechnik *f* технология приборов с переносом заряда

Ladungstransfer-Wirkungsgrad *m* коэффициент эффективности передачи [переноса] заряда

Ladungstransport *m* транспортировка заряда; перенос заряда

Ladungstransporteinrichtung *f* см. **Ladungsverschiebeelement**

Ladungstrichter *m* воронка заряда

Ladungsverlust *m* потери заряда

Ladungsverschiebeelement *n* прибор с переносом заряда, ППЗ

Ladungsverschiebespannung *f* напряжение переноса заряда

Ladungsverschiebeverstärker *m* усилитель на ППЗ

Ladungsverschiebung *f* перенос заряда; перенос [перемещение] зарядового пакета

Ladungsverschiebungsschaltung *f* схема на ППЗ; прибор с переносом заряда, ППЗ

Ladungsverschiebungsspeicher *m* память [ЗУ] на ППЗ

Ladungsverstärker *m* усилитель заряда

Ladungsverteilung *f* распределение зарядов; распределение (пространственного) заряда

Ladungszustand *m* зарядовое состояние

Lagegenauigkeit *f* точность позиционирования

Lageplan *m* базовый план *(кристалла)*; архитектурный план *(СБИС)*

Lagerbeständigkeit *f*, **Lagerhaltungslebensdauer** *f* сохраняемость

Lagertest *m* испытания на сохраняемость [на длительное хранение]

Lagerungsbeständigkeit *f* см. **Lagerbeständigkeit**

LAI-Baustein *m* блок [компонент, модуль] с большой площадью интеграции

L-aktiv с активным низким потенциалом *(напр. о выходе)*

Lambdadiode *f* лямбда-диод

Laminarbox *f* бокс с ламинарными токами очищенного воздуха

Laminarreinraum *m* чистое (производственное) помещение [чистая комната] с ламинарными потоками очищенного воздуха

Laminarreinstraum *m* сверхчистое (производственное) помещение с ламинарными потоками очищенного воздуха

Laminierwalze *f* накатный валик, валик для ламинирования [для накатывания плёнки сухого фоторезиста]

Lampenrekristallisierung *f* ламповая рекристаллизация

LAM-Signal *n* сигнал запроса L, запрос обслуживания *(CAMAC)*

LAN *n* локальная (вычислительная) сеть, ЛВС

Langkanaltransistor *m* транзистор с длинным каналом

Langlebigkeit *f* долговечность

Langmuir-Blodgett-Filmschicht *f* плёнка Лэнгмюра - Блодже, плёнка ЛБ

Langmuir-Blodgett-Resist *m* резист на основе плёнки Лэнгмюра - Блодже

Langmuir-Blodgett-Schicht *f см.* **Langmuir-Blodgett-Filmschicht**

Langmuir-Blodgett-Technik *f* метод Лэнгмюра - Блодже *(для получения мономолекулярных плёнок)*

Langmuir-Sonde *f* зонд Лэнгмюра *(электрод установки ионно-плазменного напыления)*

Längsdiode *f* последовательно-включённый диод

Längsreglernetzteil *n* источник питания с последовательно включённым стабилизатором напряжения

Längstransistor *m* последовательно-включённый транзистор

Längswiderstand *m* последовательно-включённый резистор

Langzeitdrift *f* долговременный дрейф

Langzeitstabilität *f* долговременная стабильность

Langzeittimer *m* таймер с большой длительностью задаваемых временны́х интервалов

läppen притирать

Läppen *n* притирка

Laptop-Computer *m* портативная ПЭВМ

LARAM *n* ЗУ (на ПЗС) с (псевдо)произвольной выборкой и строчной адресацией

Lärmkarte *f* карта-схема источников шумов

Laser *m* лазер

~, **gepulster** импульсный лазер, лазер в импульсном режиме

~, **güteschalteter** лазер, работающий в режиме с модулированной добротностью, лазер с модулированной добротностью

~, **nukleargepumpter** лазер с ядерной накачкой

Laserabgleich *m* лазерная подгонка

Laseranlage *f* лазерная технологическая установка

Laserätzen *n* лазерное [лазерно-стимулированное] травление

Laserausheilen *n* лазерный отжиг *(дефектов)*

Laserbelichter *m* установка (для) лазерного экспонирования

Laserbelichtung *f* лазерное экспонирование

Laserbelichtungsanlage *f* установка лазерного совмещения и экспонирования, установка лазерной литографии

Laserbeschichtung *f* лазерное [лазерно-стимулированное] осаждение, лазерный метод осаждения металлических *или* тонких диэлектрических плёнок

Laserbildgenerator *m* лазерный генератор изображений

Laserbohren *n* лазерное сверление, лазерная прошивка отверстий

Laserbonden *n* лазерная (микро)сварка

Laserdiffusion *f* лазерная диффузия

Laserdiode *f* лазерный диод

Laser-Disk *f* лазерный видеодиск

Laserfotoplotter *m* лазерный графопостроитель

Lasergettern *n* лазерное геттерирование

Lasergyroskop *n* лазерный гироскоп

Laserinterferometer *n* лазерный интерферометр

Laserkanone *f* лазерная пушка

Laserkreisel *m см.* **Lasergyroskop**

Laserlenkung *f* лазерное наведение

Laserlicht *n* лазерное излучение *(оптического диапазона)*

Laserlithografie *f* лазерная литография

Laserlithografieanlage *f* установка лазерной литографии

Laserlöten *n* лазерная пайка

Laserortung *f* лазерная локация

Laserrastermikroskop *n* лазерный растровый [лазерный сканирующий] микроскоп

Laserresist *m* резист для лазерной литографии

Laserritzeinrichtung *f* лазерный скрайбер

Laserritzen *n* лазерное скрайбирование, скрайбирование лазером

Laserscheiden *n* лазерная резка

Laserschliff *m* лазерный срез

Laserschnitt *m* лазерный рез; лазерный пропил

Laserschweißen *n* лазерная сварка, сварка лазерным излучением

Laserdrucker *m* лазерное печатающее устройство, лазерный принтер

Laserspeicher *m* лазерная память, лазерное ЗУ

Laserstrahl *m* лазерный луч

Laserstrahlabgleich *m см.* **Lasertrimmen**

Laserstrahlung *f* лазерное излучение, излучение лазера

Laserstrip *n* лазерное удаление *(изолирующих плёнок)*

Lasertrennen *n* лазерная резка *(полупроводниковых пластин)*

Lasertrimmen *n*, **Lasertrimmung** *f* лазерная подгонка *(резисторов)*

Lasertrimmer *m*, **Lasertrimmingsystem** *n* установка лазерной подгонки резисторов, лазерная установка для подгонки резисторов

Laserverdampfung *f* лазерное напыление

Laserverstärker *m* лазерный усилитель

Laservision *f* лазерная система видеозаписи и воспроизведения с использованием лазерных видеодисков, система лазерной видеозаписи

Laservision-Bildplatte *f* лазерный видеодиск

Laservision-Spieler *m* лазерный видеопроигрыватель

Laservision-System *n см.* **Laservision**

Laserwaffen *pl* лазерное оружие

Laserwegmeßsystem *n* лазерная интерференционная система измерения перемещений координатного стола, система измерения перемещений координатного стола с лазерными интерферометрическими датчиками [с лазерными интерферометрическими ДЛП]

Laserzielsuchkopf *m* лазерная головка самонаведения

LASOS *f* лазерный отжиг дефектов КНС-структур

Last *f* нагрузка

~, **aktive** активная [омическая] нагрузка

~, **ohmsche** омическая [активная] нагрузка

Lasteinheit *f* единичная нагрузка; стандартная единичная нагрузка

Lastelement *n* нагрузочный элемент

Lastfaktor *m* коэффициент нагрузки *(по входу или выходу)*

Lastfehler *m* ошибка, обусловленная подключением нагрузки, ошибка из-за подключения нагрузки

Lastimpedanz *f* 1. полное нагрузочное сопротивление 2. нагрузочный резистор *(в цепи переменного тока)*

Lastkapazität *f* ёмкость нагрузки; нагрузочная ёмкость

Lastkennlinie *f* нагрузочная характерстика

Lastkreis *m* цепь нагрузки

Lastleitwert *m* проводимость нагрузки

Lastspannung *f* напряжение на нагрузке

Laststrom *m* ток нагрузки

Lasttransistor *m* нагрузочный транзистор

Lastunabhängigkeit *f* стабильность (*напр. источника напряжения*) по нагрузке

Lastwiderstand *m* 1. нагрузочный резистор 2. сопротивление нагрузки

Lastzahl *f см.* Lastfaktor

Latch *m* (буферная) схема с фиксацией состояния, защёлка; триггер-защёлка; однонаправленный буфер

~, **transparenter** «прозрачная» защёлка, «прозрачный» регистр-защёлка

~, **vierfacher** 4-разрядная защёлка, 4-разрядный регистр-защёлка, регистр-защёлка на четверке транзисторов с параллельно-последовательным включением

Latchen *n* «защёлкивание», эффект «защёлкивания»

Latchflipflop *n* триггер с фиксацией состояния, триггер-защёлка

Latchregister *n* регистр-защёлка

Latch-up *n*, **Latch-up-Effekt** *m* пробой вследствие паразитных наводок, эффект «защёлкивания»

Latchup-Einschalten *n* паразитное включение (*схемы*) за счет эффекта «защёлкивания»

Latchup-Schwelle *f* порог «защёлкивания»

Latch-up-Sicherheit *f* защищённость от пробоя вследствие паразитных наводок, защищённость от эффекта «защёлкивания»

Lateralanordnung *f* горизонтальная структура

Lateralepitaxie *f* эпитаксиальное разращивание

Lateraloxydation *f* оксидирование под маской

Lateralstruktur *f* горизонтальная структура

Lateraltransistor *m* горизонтальный транзистор, транзистор с горизонтальной структурой [с горизонтальным каналом]

Laufraum *m* пролётное пространство

Laufschrift *f* бегущая строка

Laufwerk *n* дисковод; накопитель (*ленточный, дисковый*)

Laufzeit *f* 1. время пролёта (*носителей через базу транзистора*) 2. время задержки; запаздывание 3. время распространения (*сигнала*) 4. время выполнения, время прогона (*программы*)

Laufzeit
~ der Ladungsträger durch die Basis время пролёта носителей через базу (транзистора)
Laufzeitanalysator *m* анализатор времени пролёта
Laufzeitdiode *f см.* **Lawinenlaufzeitdiode**
Laufzeitentzerrer *m* схема коррекции задержки
Laufzeitglied *n* звено (временно́й) задержки
Laufzeitkette *f* линия задержки
Laufzeitleitung *f* линия задержки
Laufzeitverzerrung *f* фазовое искажение
Laufzeitverzögerung *f* время задержки, время задержки пролёта носителей
Laufzeit-Verzögerungszeit *f* (среднее) время задержки *(параметр логического элемента)*
L-Ausgangsspannung *f* выходное напряжение низкого уровня
Lautsprecherbox *f* (выносная) акустическая система
Lawinenbildung *f* возникновение лавины; возникновение лавинного разряда
Lawinendiode *f* лавинный диод
Lawinendurchbruch *m* лавинный пробой
Lawineneffekt *m* лавинный эффект, лавинное умножение, эффект лавинного умножения

Lawinenentladung *f* лавинный разряд
Lawinenfotodiode *f* лавинный фотодиод, ЛФД
Lawineninjektion *f* лавинная инжекция
Lawineninjektionsdiode *f* лавинно-инжекционный диод, диод с лавинной инжекцией
Lawinenlaufzeitdiode *f* лавинно-пролётный диод, ЛПД
Lawinenlaufzeiteffekt *m* лавинно-пролётный эффект
Lawinenrauschen *n* лавинный шум, шум лавинного умножения
Lawinen-Resonanz-Pump-Betrieb *m* лавинно-резонансный режим накачки
Lawinentransistor *m* лавинный транзистор
Lawinentriode *f*, **oberflächengesteuerte** поверхностно-управляемый лавинный транзистор
Lawinenvervielfachung *f* лавинное умножение
Lawinenvervielfachungsfaktor *m* коэффициент лавинного умножения
Layer *m англ.* слой
Layout *n* 1. размещение, расположение *(схемных элементов)* 2. топология *(напр. ИС)*; топологическая схема 3. топологический чертёж; топологический рисунок; схема монта-

жа; макет 4. разработка топологии; разработка схемы монтажа

Layout-Cross-Compactor *m* кросс-компактор топологических схем

Layoutentwurf *m* проектирование топологии ИС; топологическое проектирование

Layoutentwurfsregel *f см.* **Layoutregel**

Layout-Erstellung *f*, **Layouterzeugung** *f* разработка топологии

Layoutregel *f* (топологическая) проектная норма

L-B-Schicht *f см.* **Langmuir-Blodgett-Filmschicht**

LCA *n* матрица логических ячеек *(тип ПЛМ)*

LC-Bauelement *n* LC-компонент

LCCC-Gehäuse *n* 1. безвыводной керамический кристаллодержатель 2. керамический кристаллодержатель с выводами

LCC-Gehäuse *n* 1. безвыводной кристаллодержатель *(leadless chip carrier)* 2. кристаллодержатель с выводами *(leaded chip carrier)*

LC-CMOS *f* технология линейных совмещённых КМОП ИС, комбинированная технология линейных ИС на КМОП-транзисторах, совмещённых с полевыми транзисторами с *p*-*n*-переходом, биполярными транзисторами (вертикальной структуры) и стабилитронами *(см. тж.* **LC²MOS**)

LCD-Anzeige *f* 1. жидкокристаллическая индикация 2. жидкокристаллический индикатор, индикатор на жидких кристаллах, ЖК-индикатор, ЖКИ

LCD-Bildschirm *m* жидкокристаллический экран, ЖК-экран

LC-Display *n* жидкокристаллический дисплей, ЖК-дисплей

LCD-Schirm *m см.* **LCD-Bildschirm**

LCD-Steuerung *f* блок управления ЖК-индикатором

LCDTL *f* ДТЛ ИС с компенсированной нагрузкой

LCD-Treiber *m* драйвер ЖК-индикатора

LCD-Zeile *f* линейка жидкокристаллических индикаторов [ЖК-индикаторов], ЖК-линейка

LC²MOS *f*, **LC²-MOS-Prozeß** *m* технология линейных совмещённых КМОП ИС, комбинированная технология линейных ИС на КМОП-транзисторах, совмещённых с полевыми транзисторами с *p*-*n*-переходом, биполярными транзисторами (вертикальной структуры) и стабилитронами (*см.тж.* **LC-CMOS**)

LC-Netzwerk *n* LC-цепь

LC-Oszillator *m* LC-генератор

LDR *m* фоторезистор

Lead-Frame *n* выводная рамка

Leafcell *f* створчатая ячейка; (библиотечная) базовая ячейка (*БИС*)

Learn-Mode *m* режим обучения

Lebensdauer *f* 1. время жизни (*носителей заряда*) 2. срок службы; технический ресурс; долговечность

~ **der Ladungsträger** время жизни носителей (заряда)

~, **effektive** эффективное время жизни (*носителей заряда*)

~, **mittlere** средний срок службы; средний ресурс

~, **γ-prozentuale** гамма-процентный срок службы; гамма-процентный ресурс

Lebensdauercharakteristik *f* кривая срока службы; график зависимости интенсивности отказов от времени

Lebensdauererwartung *f* средний срок службы, математическое ожидание срока службы

Lebensdauerkennlinie *f* кривая срока службы; график зависимости интенсивности отказов от времени

Lebensdauerprüfung *f* испытания на долговечность; ресурсные испытания

Lebenszyklus *m* жизненный цикл (*интегральной микросхемы, полупроводникового прибора, программного изделия*)

Leck *n* течь

Leckdiode *f* диод стока заряда

Leckleitwert *m* проводимость утечки

Leckmoden *f pl* моды утечки, закритические моды, моды с высокими потерями на излучение

Leckprüfung *f* испытание на герметичность

Leckrate *f* интенсивность натекания, течь

Leckstelle *f* неплотность; место течи, течь

Leckstrom *m* ток утечки

Leckverlust *m* утечка, потери на утечку (*через неплотности*); течь

Leckverlustlichtwellenleiter *m* световод с утечкой

Leckwiderstand *m* сопротивление утечки

LEC-Technik *f*, **LEC-Verfahren** *n* выращивание монокристаллов GaAs и InAs методом Чохральского с обволакиванием расплава инертной жидкостью

LED *f* светоизлучающий диод, светодиод, СИД

~, **blau leuchtende** светодиод голубого свечения

~, **rotleuchtende** светодиод красного свечения

LEDA *n см.* **LED-Array**

LED-Ansteuerkreis *m* схема управления светодиодным индикатором

LED-Anzeige *f* светодиодный индикатор

LED-Array *n* матрица светоизлучающих диодов [светодиодов], матрица СИД

LED-Display *n* светодиодный индикатор

LED-Kette *f* линейка светоизлучающих диодов [светодиодов], линейка СИД

LED-Treiber *m* драйвер светоизлучающего диода

LED-Zeile *f* строчный светодиодный индикатор

Lee-Algorithmus *m* (волновой) алгоритм Ли *(для автоматической трассировки)*

Leerbefehl *m* холостая команда

Leerlauf *m* холостой ход; холостой режим

Leerlaufausgangsleitwert *m* выходная проводимость при холостом ходе на входе

Leerlaufbetrieb *m* режим холостого хода

Leerlaufeingangsleitwert *m* входная проводимость при холостом ходе на входе

Leerlaufimpedanz *f* полное сопротивление холостого хода

Leerlaufklemmenspannung *f* напряжение на зажимах при холостом ходе

Leerlaufpunkt *m* точка холостого хода *(на диаграмме)*

Leerlaufreststrom *m* обратный ток (утечки) через эмиттерный *или* коллекторный переход *(биполярного транзистора)* при холостом ходе на выходе *или* на входе

Leerlaufspannung *f* напряжение холостого хода

Leerlaufspannungsrückwirkung *f* коэффициент обратной связи по напряжению при холостом ходе на входе

Leerlaufspannungsübersetzung *f* **rückwärts** коэффициент обратной связи по напряжению при холостом ходе на входе

Leerlaufverstärkung *f* коэффициент усиления при разомкнутой цепи обратной связи [при холостом ходе на выходе]; коэффициент усиления *(операционного усилителя)* при отключённой ОС

Leerlaufverstärkungskennlinie *f* характеристика усиления *(операционного усилителя)* при отключённой ОС

Lee-Router *m* трассировщик Ли

Leerstelle

Leerstelle *f* вакансия, пустой [вакантный] узел (*кристаллической решётки*)

Leerstellenansammlung *f* скопление вакансий, *D*-дефект

Leerstellenbeweglichkeit *f* подвижность вакансий

Leerstellendiffusion *f* диффузия по вакансиям [по вакантным узлам]

Leerstellenkonzentration *f* концентрация вакансий

Leerstellenpaar *n* парная вакансия, дивакансия

Leerstellenwanderung *f* миграция вакансий

Leerstellenzusammenballung *f см.* Leerstellenansammlung

Leerstellen-Zwischengitterplatz-Paar *n* пара вакансия - междоузлие [вакансия - атом в междоузлии], пара Френкеля

Leertaste *f* клавиша пробела

Leerzeichen *n* символ пробела

Legierungsdotierung *f* 1. легирующая примесь 2. легирование примесью

Legierungsfront *f* фронт сплавления

Legierungsperle *f* легирующая навеска (*для формирования элементов сплавного транзистора*)

Legierungstemperatur *f* температура сплавления

Legierungstransistor *m* сплавной транзистор

Legierungsverfahren *n* сплавная технология

L-Eingangsspannung *f* входное напряжение низкого уровня

Leistungsabfall *m* ухудшение рабочих характеристик; деградация

~, **sanfter** постепенное ухудшение рабочих характеристик; постепенная деградация

Leistungsaufnahme *f* потребляемая мощность

~, **geringe** низкое [малое] потребление мощности

Leistungsbandbreite *f* эффективная полоса пропускания

Leistungsbauelement *n* мощный функциональный элемент

Leistungsbedarf *m* потребляемая мощность

Leistungsdichte *f* удельная мощность

Leistungselektronik *f* силовая полупроводниковая техника

Leistungs-FET *m* мощный полевой транзистор

Leistungs-Geschwindigkeits-Verhältnis *n* соотношение между рассеиваемой мощностью и быстродействием ИС, соотношение рассеиваемая мощность / быстродействие

Leistungshalbleiter *m* мощный полупроводниковый прибор; силовой полупроводниковый прибор

Leistungsminderung *f* ухудшение рабочих характеристик; деградация

~, **definierte** постепенное ухудшение рабочих характеристик; постепенная деградация

Leistungs-MOSFET *m* мощный МОП-транзистор

Leistungsschalter *m* мощный транзисторный ключ

~, **niedrigsperrender** мощный транзисторный ключ с низким порогом запирания

Leistungsschalttransistor *m* мощный коммутирующий транзистор, мощный транзисторный ключ

~, **niedrigsperrender** мощный коммутирующий транзистор с низким порогом запирания

Leistungs-Stör-Abstand *m* отношение сигнал/шум по мощности

Leistungsstufe *f* каскад усиления мощности; мощный каскад

Leistungstransistor *m* мощный транзистор; силовой транзистор

Leistungstreiber *m* мощный формирователь

Leistungsverbrauch *m* потребляемая мощность

Leistungsverstärkung *f* усиление по мощности; коэффициент усиления по мощности

Leistungs-Verzögerungszeit-Produkt *n* произведение мощность - задержка, работа переключения (*параметр логических элементов*)

Leistungswirkungsgrad *m* отдача по мощности

Leitbahn *f* токопроводящая [токоведущая] дорожка; межсоединение

Leitbahnebene *f* слой межсоединений; уровень разводки

Leitbahnerzeugung *f* формирование межсоединений; формирование разводки

Leitbahnstruktur *f* рисунок межсоединений

Leitband *n* зона проводимости (*см.тж* **Leitungsband**)

Leitbandelektronen *n pl* электроны зоны проводимости

Leitbandminimum *n*, **unteres** центральный [нижний] минимум зоны проводимости

Leitbandoberkante *f* верхняя граница зоны проводимости

Leitbandtal *n* долина зоны проводимости

Leitbandunterkante *f* нижняя граница [дно] зоны проводимости

Leiter *m* проводник

Leiterabstand *m* расстояние между проводниками; расстояние между печатными проводниками

Leiterbahn *f* проводящая полоска *(проводящего рисунка печатной платы)*; печатный проводник; токопроводящая [токоведущая] дорожка; межсоединение

~, **gedruckte** печатный проводник

Leiterbahnführung *f* трассировка соединений

Leiterbahngitter *n* сетка токопроводящих [токоведущих] дорожек

Leiterbahnverbindungen *f pl*, **vorgegebene** заданные межсоединения *(БИС)*

Leiterbahnverbindungen *f pl*, **wählbare** избирательные межсоединения *(БИС)*

Leiterbild *n* проводящий рисунок, рисунок расположения проводников *(печатной платы)*

~, **metallisches** рисунок металлизации

Leiterbildgalvanisierung *f см.* Leiterbildplattierung

Leiterbildoriginal *n* оригинал *(топологии печатной платы)*; эталонный чертёж

Leiterbildplattierung *f* избирательное наращивание металлизации *(в схемах печатного монтажа)*

Leiterebene *f* плоскость проводящего слоя *(печатной платы)*

Leiterplatte *f* печатная плата *(с навесными элементами)*

~, **bestückte** смонтированная плата

~, **doppelseitig bedruckte** двусторонняя печатная плата

~, **durchkontaktierte** [**durchplattierte**] печатная плата со сквозными металлизированными отверстиями

~, **flexible** гибкая печатная плата

~, **unbestückte** несмонтированная плата

Leiterplattenbestückung *f* установка [монтаж] навесных компонентов на печатные платы; монтаж печатных плат

Leiterplattenbestückungssystem *n* установка для монтажа печатных плат

Leiterplattenentflechtung *f* разводка [трассировка] печатных плат

Leiterplatten-Entflechtungssystem *n* установка автоматической трассировки печатных плат

Leiterplattenentwurf *m* проектирование печатных плат; разработка топологии печатных плат

~, **automatisierter** автоматизированное проектирование печатных плат

Leiterplattenentwurfssystem *n* система автоматизированного проектирования печатных плат

~, rechnerunterstütztes система автоматизированного проектирования печатных плат

Leiterplattenlayout *n* 1. чертёж печатной платы 2. топология печатной платы 3. разработка топологии печатных плат

Leiterplattenoriginal *n* оригинал топологии печатной платы

Leiterplattenprüfgerät *n см.* **Leiterplattentester**

Leiterplattenprüfung *f* испытания печатных плат

Leiterplattensteckverbinder *m* соединительный [торцевой] разъём печатной платы

Leiterplattentester *m* тестер (для испытания) печатных плат

Leiterplattentopologie *f* топология печатной платы

Leiterplattenverstärker *m* усилитель на плате, усилитель, расположенный на плате

Leiterplattenzeichnung *f* чертёж печатной платы

Leiterrahmen *m* выводная рамка

Leiterrahmenanschlußstift *m* штырьковый вывод выводной рамки

Leiterrahmenmontageanlage *f* установка для сборки ИС на выводных рамках

Leiterrahmenpin *n см.* **Leiterrahmenanschlußstift**

Leiterrahmenstift *m см.* **Leiterrahmenanschlußstift**

Leiterschicht *f* проводящий слой *(печатной платы)*

Leitervergrößerung *f* разрастание печатного проводника *(с образованием нависания)*

Leiterwegsuche *f* трассировка

Leiterwerkstoff *m* проводниковый материал

Leiterzug *m* токопроводящая дорожка; проводящая полоска *(проводящего рисунка печатной платы)*; печатный проводник

~, eingeebneter *см.* **Leiterzug, eingelegter**

~, eingelegter [eingepreßter, tiefgelegter] утопленный печатный проводник

Leiterzugabstand *m* расстояние [зазор] между токопроводящими дорожками; расстояние между печатными проводниками

Leiterzugbreite *f* ширина токопроводящей дорожки; ширина печатного проводника

Leiterzugebene *f* плоскость размещения печатных проводников [проводящего рисунка]; проводящий слой *(печатной платы)*

Leiterzugkreuzung f пересечение токоведущих дорожек; пересечение проводников

Leiterzugunterätzung f (боковое) подтравливание печатного проводника

Leiterzugwachstum n разрастание печатного проводника

Leitfähigkeit f проводимость

~, **elektrische** электрическая проводимость, электропроводность

~, **negative differentielle** см. Leitwert, negativer differentieller

~, **spezifische** удельная проводимость, удельная электропроводность

Leitfähigkeitsband n см. Leitungsband

Leitfähigkeitsinversion f инверсия типа проводимости

Leitfähigkeitsmodulation f модуляция проводимости

Leitfähigkeitstyp m тип проводимости

Leitfähigkeitszone f зона проводимости

Leitkleber m токопроводящий клей

Leitpaste f токопроводящая паста

Leitschicht f проводящий слой

Leitstation f управляющая станция (*в сети передачи данных*)

Leitung f линия; магистраль

~, **abgeschirmte** экранированная линия

~, **abgeschirmte verdrillte** витая пара в экране

~, **kapazitiv abgeschlossene** линия с ёмкостной оконечной нагрузкой

~, **nichtumschaltbare** некоммутируемая линия (связи)

~, **reell abgeschlossene** линия с омической оконечной нагрузкой

~, **symmetrische** симметричная линия

~, **umschaltbare** коммутируемая линия (связи)

~, **verdrillte** витая пара, линия [магистраль] в виде витой [скрученной] пары проводников

Leitungsabschluß m 1. нагрузка линии; согласование линии с нагрузкой 2. оконечная нагрузка [заглушка] шины (*в мультимикропроцессорной системе*)

Leitungsadapter m линейный адаптер

Leitungsanpassung f согласование линии [линий]

~ **durch Wechselspannungsabschluß gegen Masse** согласование линии с помощью закороченного устройства согласования полных сопротивлений

~ **mit Serienwiderstand** согласование линии с помощью последовательно включённого (согласующего) резистора

Leitungsanpassungsteil *m* линейный адаптер, адаптер линии связи

Leitungsart *f* тип проводимости

Leitungsband *n* зона проводимости

Leitungsband-Akzeptor-Übergang *m* переход зона проводимости - акцепторный уровень

Leitungsbandelektronen *n pl* электроны зоны проводимости

Leitungsbandenergieniveau *n* энергетический уровень зоны проводимости

Leitungsbandkante *f* граница зоны проводимости

Leitungsbandminimum *n* (центральный [нижний]) минимум зоны проводимости

Leitungsbandoberkante *f* верхняя граница зоны проводимости

Leitungsbandunterkante *f* нижняя граница [дно] зоны проводимости

Leitungsbündel *n* магистральная группа каналов связи

Leitungselektronen *n pl* электроны проводимости, валентные электроны

Leitungsempfänger *m* магистральный приёмник (данных), приёмник с линии

Leitungsführung *f* разводка; трассировка соединений

Leitungsimpedanz *f* полное сопротивление линии

Leitungsinduktivität *f* 1. индуктивность линии 2. индуктивность вывода

~ **des Basisanschlusses** индуктивность базового вывода

~ **des Emitteranschlusses** индуктивность эмиттерного вывода

~ **des Kollektoranschlusses** индуктивность коллекторного вывода

Leitungskapazität *f* ёмкость проводников; ёмкость соединений

Leitungskreuzung *f* пересечение проводников; кроссовер

Leitungsmechanismus *m* механизм проводимости

Leitungsmuster *n* рисунок токопроводящих дорожек; рисунок расположения проводников (*печатной платы*), проводящий рисунок; рисунок межсоединений

Leitungspfad *m* токопроводящая [токоведущая] дорожка

Leitungsrauschen *n* шум в линии

Leitungsreflexionen *f pl* отражения в линии

Leitungssender *m* магистральный передатчик (данных), передатчик на линию

Leitungsstrom *m* ток проводимости

Leitungssystem *n* рисунок межсоединений; рисунок токопроводящих дорожек

Leitungstreiber *m* магистральный усилитель-формирователь

Leitungstreiber/Empfänger *m* магистральный усилитель-приёмник

Leitungstyp *m* тип проводимости

Leitungstypinversion *f* инверсия типа проводимости

Leitungsvermittlung *f* коммутация каналов *(в сети передачи данных)*

Leitungswiderstand *m* сопротивление межсоединений; сопротивление токопроводящих дорожек

Leitwegführung *f* трассировка *(межсоединений ИС)*

~, **automatische** автотрассировка

Leitweglenkung *f* см. **Leitwegsuchen**

Leitwegstruktur *f* рисунок межсоединений; рисунок разводки

Leitwegsuchen *n* выбор маршрута, маршрутизация

Leitwegverfahren *n* метод маршрутизации

Leitwert *m* проводимость; величина проводимости

~, **differentieller** дифференциальная проводимость

~, **negativer** отрицательная проводимость

~, **negativer differentieller** отрицательная проводимость перехода *(дифференциальная проводимость перехода на падающем участке прямой ветви ВАХ туннельного диода, диода Ганна)*

~, **spezifischer** удельная проводимость

Leitwertsband *n* см. **Leitungsband**

Leitwertvierpolparameter *m pl* параметры проводимости эквивалентного четырёхполюсника

LEROM *m* ПЗУ со стиранием ультрафиолетовым излучением, ПЗУ с УФ-стиранием

Leseautomat *m* читающий автомат

Lesebefehl *m* команда чтения

Lesebus *m* шина считывания

Leseeinrichtung *f* см. **Leser**

Lesegerät *n* читальный аппарат, устройство для чтения микрофильмов

Leser *m* считывающее устройство, устройство считывания; читающее устройство

Lese-Schreib-Treiber *m* формирователь импульсов записи - считывания

Lese-Schreib-Verstärker *m* усилитель записи - считывания

Lichtleitergrenzwellenlänge

Leuchtdiode *f см.* **LED**

Leuchtdiodenanzeige *f* светодиодная индикация; светодиодный индикатор

Leuchtpunkt *m* люминофорная точка *(растрового экрана)*; высвечиваемая точка *(экрана)*

Leuchtstoff *m* люминофор

Leuchttaste *f* клавиша с подсветкой; кнопка с подсветкой

Level-Shifter *m* схема сдвига уровня, сдвигатель (уровня), транслятор

L-Fehler *m* появление на выходе *(логической схемы)* низкого уровня вместо высокого

L²FET *m*, **L²-FET** *m см.* **Logik-Level-FET**

LF-Schaltung *f* схема с черезвенной обратной связью

L-H-Flanke *f* положительный фронт *(импульса)*

L-H-Taktflanke *f*, **LH-Taktflanke** *f* положительный фронт *(тактового импульса)*

LH-Übergang *m* 1. положительный перепад потенциала, нарастание *(входного или выходного)* потенциала 2. переход с увеличением концентрации примеси *(p-p^+-переход, n-n^+-переход)*

LIC *n* линейная ИС

Lichtdetektor *m* фотоприёмник, фотоэлектрический полупроводниковый приёмник излучения, ФЭПП

Lichtdurchlässigkeit *f* светопропускание

Lichteinfall *m* воздействие светового излучения

Lichteinkopplung *f* ввод светового излучения *(напр. в световод)*

Lichtemitter *m см.* **LED**

Lichtemitteranzeige *f см.* **LED-Anzeige**

Lichtemitterdiode *f см.* **LED**

Lichtempfänger *m* приёмник оптического излучения; фотоприёмник; фотоэлектрический полупроводниковый приёмник излучения, ФЭПП

lichtempfindlich 1. фоточувствительный 2. светочувствительный

Lichtgriffel *m см.* **Lichtstift**

Lichtkopf *m* фотоэкспонирующая головка

Lichtkopf-Koordinatenmaschine *f* координатограф с фотоэкспонирующей головкой

Lichtkoppler *m* оптопара

Lichtkopplung *f* оптронная связь

Lichtleiter *m* световод

Lichtleiterader *f* световодная жила

Lichtleiterbrechungsindex *m* показатель преломления световода

Lichtleitergrenzwellenlänge *f* критическая длина волны в световоде

Lichtleiternachrichtentechnik

Lichtleiternachrichtentechnik *f* техника волоконно-оптической связи

Lichtleitertechnik *f* световодная техника

Lichtleiterübertragungstechnik *f* техника передачи информации по световодам; техника волоконно-оптической связи

Lichtleitfaser *f* световолокно, оптическое волокно

~, **dispersionsverschobene** дисперсионно-смещённое оптическое волокно

Lichtleitkabel *n* оптический кабель

Lichtlithografie *f* оптическая фотолитография

Lichtmaske *f* фотошаблон

Lichtmikrolithografie *f* оптическая фотолитография микронного разрешения

Lichtmodulator *m* модулятор света

~, **räumlicher** пространственный модулятор света, управляемый транспарант

Lichtoptik-Lithografie *f* оптическая фотолитография

Lichtprojektionslithografie *f* проекционная фотолитография

Lichtsatz *m* фотонабор

Lichtschnittmikroskop *n* микроскоп с расщеплённым лучом (*для измерения толщины толстых пленок*)

Lichtschranke *f* фотоэлектрический барьер; фоторелейная защита

Lichtsender *m* источник оптического излучения; излучатель

Lichtstift *m* световое перо

Lichtstrahlung *f* световое излучение

Lichttaste *f* световая кнопка (*на экране дисплея*)

Lichttaster *m* оптический переключатель

Lichtverschluß *m* оптический затвор

Lichtwellenkabel *n* оптический кабель

Lichtwellenleiter *m* световод

~, **dispersionsverschobener** дисперсионно-смещённый световод

Lichtwellenleiterbus *m* световодная шина

Lichtwellenleiterdämpfung *f* затухание в световоде

Lichtwellenleiterkabel *n* оптический кабель

Lichtwellenleiter-Mehrfachkabel *n* многожильный оптический кабель

Lichtwellenleiter-Steckverbinder *m* световодный (оптический) соединитель

Lichtzeichenmaschine *f* фотонаборная установка (*для изготовления промежуточных фотошаблонов*)

LID *n* ИС в безвыводном корпусе

LID-Gehäuse *n* безвыводной корпус *(ИС)*

LIFO-Speicher *m* стековая память, память [ЗУ] магазинного типа, память типа LIFO

Lift-off-Technik *f*, **Lift-off-Verfahren** *n* метод обратной фотолитографии

linear линейный

Linear-Array *n* матричная БИС на основе линейных элементов, линейная матричная БИС

Linear-IC *n* линейная ИС

Linearisierung *f* линеаризация

Linearität *f* линейность

Linearitätsfehler *m* погрешность нелинейности, нелинейность *(АЦП, ЦАП)*

Linear-Makrozellen-Array *n* БИС на основе линейных макроэлементов

Linearregler *m* линейный стабилизатор (напряжения)

Linearverschiebung *f* линейное перемещение

Linearverstärker *m* линейный усилитель

Line-Router *m* линейный трассировщик

Line-Routing *n* линейная трассировка

Line-Routing-Algorithmus *m* алгоритм линейной трассировки

Linie *f* линия

~, **Blochsche** блоховская линия

~, **verdeckte** невидимая линия, невидимое ребро *(объекта в машинной графике)*

Linienbus *m* магистраль, общая шина *(локальной вычислительной сети с магистральной конфигурацией)*

Linieninterface *n* магистральный интерфейс

Linienkantenschärfe *f* чёткость краёв линий

Linker *m* редактор связей *(программа)*

Linsenoptik *f* линзовая оптическая система; линзовый растр

Liquiduslinie *f* ликвидус, линия ликвидуса, кривая жидкой фазы

Liquidustemperatur *f* температура перехода в жидкое состояние

Listener *m* приёмник (данных)

Lithiumzelle *f* литиевый элемент питания

Litho-Chip *m* кристалл для формирования ИС-структур методом литографии, литокристалл

Lithografie *f* литография

Lithoplatte *f* литографическая пластина

Litze *f* жгут

$\lambda/4$-Kreis *m* цепь МПЛ-проводника длиной $\lambda/4$, отрезок МПЛ длиной $\lambda/4$

LLL *f* логические схемы с низкими логическими уровнями

L-Logik

L-Logik *f* отрицательная логика *(логика, в которой уровень единицы меньше уровня нуля)*

Load-Eingang *m* вход загрузки *(счётчика)*

LOBOS *f* локальная изоляция углублённым оксидом

Locator *m* см. **Lokalisierer**

Loch *n* 1. дырка *(положительный заряд)* 2. отверстие

~, **durchkontaktiertes** металлизированное отверстие *(печатной платы)*; монтажное отверстие *(печатной платы)*

~, **durchmetallisiertes** металлизированное отверстие (печатной платы)

Loch-Elektron-Stoß *m* соударение дырки с электроном

Loch-Elektron-Wechselwirkung *f* взаимодействие дырок с электронами

Löcheranregung *f* возбуждение дырок

Löcheranteil *m* дырочная составляющая *(тока)*

Löcherbeweglichkeit *f* подвижность дырок

Löcherdichte *f* концентрация дырок

Löcherdichtegefälle *n* градиент концентрации дырок

Löcherdiffusionslänge *f* диффузионная длина дырок

Löcherdiffusionsstrom *m* диффузионный ток дырок, ток диффузии дырок

Löchereinfang *m* захват дырок

Löcherflußstrom *m* дырочная составляющая прямого тока; дырочная составляющая эмиттерного тока *(при нормальном включении транзистора)*

Löchergas *n* дырочный газ

~, **zweidimensionales** двумерный дырочный газ

Löchergleichgewichtsdichte *f* равновесная концентрация дырок

Löchergleichgewichtskonzentration *f* см. **Löchergleichgewichtsdichte**

Löcherhaftstelle *f* дырочная ловушка, ловушка захвата дырок

Löcherhalbleiter *m* дырочный полупроводник, полупроводник *p*-типа

Löcherinjektion *f* инжекция дырок

Löcherinjektionsstrom *m* ток инжекции дырок

Löcherkonzentration *f* см. **Löcherdichte**

Löcherkonzentrationsgefälle *n* см. **Löcherdichtegefälle**

Löcherladung *f* дырочный заряд, заряд дырок

Löcherlaufzeit *f* время пролёта дырок (через базу)

Löcherlebensdauer *f* время жизни дырок

~, **effective** эффективное время жизни дырок

Löcherleitfähigkeit *f* удельная дырочная проводи-

Logik

мость, удельная дырочная электропроводность

Löcherleitung f дырочная проводимость, дырочная электропроводность

Löcherpaket n дырочный пакет *(в ПЗС)*

Löcherstrom m дырочный ток, ток дырок

Löcherstromdichte f плотность тока дырок

Löcherverteilung f распределение дырок *(в базе)*

Löcherwechseldichte f переменная концентрация дырок

Loch-Loch-Stoß m соударение дырки с дыркой

Loch-Loch-Wechselwirkung f дырочно-дырочное взаимодействие, взаимодействие дырки с дыркой

Lochmaske f теневая маска

Lochmaskenbildröhre f (трёхлучевой) масочный кинескоп

Lock-in-Verstärker m синхронный усилитель

Lock-out-Schaltung f схема блокировки [запрета]

LOCMOS f технология КМОП ИС с оксидной изоляцией

LOCMOS-Gatter n логический элемент на КМОП ИС с оксидной изоляцией

LOCMOS-Schaltkreis m КМОП ИС с оксидной изоляцией

LOCMOS-Technik f см. LOCMOS

LOCMOS-Verfahren m см. LOCMOS

LOCOS f, **LOCOS-Verfahren** m технология МОП ИС с толстым слоем оксидной изоляции

Log-Antilog-Struktur f структура с логарифмированием - антилогарифмированием

Log/Antilog-Verstärker m логарифмирующий - антилогарифмирующий усилитель

Logarithmierer m, **Logarithmierverstärker** m логарифмирующий усилитель

Loggen n регистрация

Logic-Cell-Array n матрица логических ячеек *(тип ПЛМ)*

Logik f логика

~, **anwenderprogrammierbare** логические схемы, программируемые пользователем

~, **emitterfolger-emittergekoppelte** эмиттерно-эмиттерная логика, ЭЭСЛ

~, **emittergekoppelte** эмиттерно-связанная логика, ЭСЛ

~, **festverdrahtete** жёстко закоммутированные логические схемы, встроенная [«зашитая»] логика

~, **gesättigte** насыщенные логические схемы, логические схемы для работы в режиме насыщения

Logik

~, **langsame störsichere** помехоустойчивые логические схемы с низким быстродействием

~ **mit hoher Schaltschwelle** логические схемы с высоким пороговым напряжением, высокопороговая логика

~, **negative** отрицательная логика *(логика, в которой уровень единицы меньше уровня нуля)*

~, **positive** положительная логика *(логика, в которой уровень единицы больше уровня нуля)*

~, **programmierbare** программируемая логика; программируемые логические схемы, схемы с программируемой логикой

~, **reguläre** регулярная логика

~, **schwell(en)wertfreie** непороговая логика, НПЛ

~, **störsichere** помехоустойчивые логические схемы

~, **stromgesteuerte** переключательно-токовая логика, логика на переключателях тока, ПТЛ

~, **stromtreibende** логические схемы с токовым управлением

~, **stromziehende** логические схемы со снижением [с временным снижением] тока

~, **substratgespeiste** инжекционная логика с использованием подложки в качестве инжектора, логические схемы с подложечным инжектором

~, **symmetrische emittergekoppelte** логика с симметричными эмиттерными связями

~, **ungesättigte** ненасыщенные логические схемы, логические схемы для работы в ненасыщенном режиме

~, **verdrahtete [verdrahtungsprogrammierte]** *см.* Logik, festverdrahtete

Logik Pulser *m см.* Logikimpulsgeber

Logikanalysator *m* логический анализатор

Logikanalyse *f* логический анализ

Logikanordnung *f* логическая матрица

~, **freiprogrammierbare** логическая матрица, программируемая пользователем

~, **programmierbare** программируемая логическая матрица, ПЛМ

~, **unverdrahtete** нескоммутированная логическая матрица

Logik-Array *n* логическая матрица; логическая матричная ИС; логическая матричная БИС

~, **programmierbares** программируемая логическая матрица, ПЛМ

Logik-Array-Makrozelle *f* макроячейка логической матрицы

Logikbaustein *m* логический модуль; логическая ИС

~, **anwenderprogrammierbarer** логическая схема, программируемая пользователем

Logikbefehl *m* логическая команда

Logik-Design *n* логическое проектирование, проектирование на уровне логических ИС

Logikdichte *f* плотность упаковки логических ИС

Logikeingang *m* логический вход

Logikfamilie *f* семейство логических элементов

Logikentwurf *m см.* **Logik-Design**

Logikfeld *n* логическая матрица

~, **programmierbares** программируемая логическая матрица, ПЛМ

Logikgatter *n* логический элемент, логический вентиль

~, **schnelles** быстродействующий логический элемент, быстродействующий логический вентиль

Logikgenerator *m* логический (импульсный) генератор

Logikhardware *f* аппаратная логика

Logikhub *m* 1. размах логического сигнала 2. логический перепад, перепад логических уровней

Logik-IC *n* логическая ИС

Logik-IC-Reihe *f* серия логических ИС

Logikimpulsgeber *m* логический импульсный генератор

Logik-IS *f* логическая ИС

Logikkarte *f* плата с логическими схемами

Logikkomparator *m* логический комператор

Logikkonverter *m см.* **Logikwandler**

Logik-Level-FET *m* полевой транзистор логического уровня, L^2- FET-прибор

Logik-Level-MOSFET *m* МОП-транзистор логического уровня

Logik-LSI-IS *f* логическая БИС

Logikmatrix *f* логическая матрица

Logik-Makro *n* логическая макроструктура

Logikmeßplatz *m* стенд для исследования логических состояний

Logikoperation *f* логическая операция

Logikpegel *m* логический уровень

Logikpegeldifferenz *f* перепад логических уровней, логический перепад

Logikpegeltransistor *m* транзистор логического уровня

Logikprüfstift *m* логический пробник, пробник для логических схем

Logiksampler *m* логический дискретизатор

Logikschaltkreis *m* логическая ИС

~, **integrierter** логическая ИС

Logikschaltung *f* логическая ИС

~, **extrem schnelle** сверхбыстродействующая логическая ИС

~ **mit hohem Schwellwert** логическая ИС с высоким пороговым напряжением

Logiksimulation *f* логическое моделирование; моделирование логических состояний

Logiksimulator *m* имитатор для логического моделирования *(напр. на уровне логических элементов)*

Logiktastkopf *m* логический пробник

Logiktester *m* тестер для (проверки) логических ИС, логический тестер

Logikwandler *m* преобразователь логического уровня

Logikzeitanalysator *m* анализатор временны́х диаграмм

Logikzeitanalyse *f* анализ временны́х диаграмм

Logikzustandsanalyse *f* анализ логических состояний

Logiskop *n* логископ *(конструктивное объединение логического анализатора и осциллографа)*

Lokaldatennetz *n* локальная вычислительная сеть, ЛВС

~, **standardisiertes** стандартная локальная вычислительная сеть, стандартная ЛВС

Lokalepitaxie *f* локальная эпитаксия, локальное эпитаксиальное осаждение

Lokalisierer *m* устройство ввода координат *(напр. точек, графических объектов)*, локализатор

Lokaloxydation *f* локальное оксидирование *(кремния)*

Look-ahead-Logik *f* логика [логические схемы] с ускоренным переносом

Look-ahead-Prozessor *m* процессор с предварительным просмотром *(команд и операндов)*

Look-up-Table *f* просмотровая таблица; таблица перекодировки; кодовая таблица цвета

Lorentz-Kraft *f* сила Лоренца

Los *n* партия продукции, партия изделий

löschbar стираемый, допускающий стирание

Löschdiode *f* гасящий диод

Löschen *n* гашение; сброс *(напр. счетчика)*; стирание *(записанной информа-*

Lötflußmittel

ции); запирание *(тиристора)*; сигнал сброса С, сброс *(сигнал системы САМАС)*

Löschgate *n* (дополнительный) гасящий затвор *(полевого транзистора с плавающим затвором)*

Löschimpuls *m* импульс стирания, стирающий импульс

Löschkondensator *m* коммутирующий конденсатор *(тиристорной переключающей схемы)*

Löschkopf *m* стирающая головка

Löschschaltung схема выключения *(тиристора)*

Löschstrom *m* ток стирания

Löschtaste *f* клавиша стирания

Löschthyristor *m* коммутирующий тиристор *(в схеме выключения)*

Löschtreiber *m* формирователь импульсов стирания

Löschung *f* см. Löscher

Löschvorgang *m* запирание *(тиристора)*, переключение *(тиристора)* из открытого состояния в закрытое

Losgröße *f* объём партии *(изделий)*

Löslichkeit *f* растворимость
~, **thermische** термическая растворимость

Löslichkeitskurve *f* кривая растворимости

LOSOS *f*, **LOSOS-Technik** *f* метод локального оксидирования кремния на сапфире; технология КНС ИС с локальным оксидированием кремния на сапфире

Lösungsmittel *n* растворитель

Lösungsmittelrückgewinnung *f* регенерация растворителя

Lösungsstrategie *f* стратегия поиска решения (задачи)

Lot *n* припой

Lotabsauggerät *n* устройство для отсоса припоя

Lotaufschmelzen *n* оплавление припоя; расплавление припоя

Lotaufschmelzlötmaschine *f* установка пайки оплавлением припоя

Lötauge *n* (лужёная) контактная площадка *(напр. печатной платы)*

Lötbad *n* ванна пайки

Lotbeschichtungsanlage *f* установка для нанесения припоя

Löten *n* пайка

Lötessenz *f* паяльная эссенция

Lötfahne *f* монтажный лепесток *(для припайки выводов ИС)*

Lötfahnenanschluß *m* лепестковый вывод

Lötfett *n* паяльная паста

Lötflußmittel *n* флюс для пайки

Lötfolie

Lötfolie *f* фольга припоя
Lötgerät *n см.* **Lötmaschine**
Lötkolben *m* паяльник
Lötkontakt *m* облуженный контакт *(для пайки)*
Lötkontakthügel *m* столбиковый вывод из припоя
Lötkopf *m* монтажная головка для припайки элементов ИС
Lötleiste *f* распаечная колодка
Lötmaschine *f* установка групповой пайки
Lötmaske *f* маска из припоя, припойная маска
Lötmittel *n* припой
Lötmittelperle *f см.* **Lötperle**
Lötmittelrückfluß *m* оплавление припоя
Lötnadel *f* паяльная игла
Lötöse *f* монтажный лепесток *(для припайки выводов ИС)*
Lötösenleiste *f* планка с монтажными лепестками
Lötösenplatte *f* расшивочная панель
Lötpaste *f* припойная паста
Lötresist *m* резист для защиты от припоя *(при групповой пайке)*
Lotschwall *m* волна припоя
Lötseite *f* сторона пайки *(печатной платы)*
Lötspitze *f* жало паяльника
Lötstation *f* установка пайки
Lötstoplack *m см.* **Lötresist**
Lötstoppmaske *f* маска для защиты от припоя *(при групповой пайке)*

Löttemperatur *f* температура пайки
Lötverbindung *f* паяное соединение
Lötzeit *f* время [продолжительность] пайки
low-aktiv возбуждаемый низким уровнем сигнала; активный при низком уровне напряжения
Low-Cost-PC *m* дешёвый персональный компьютер, дешёвый ПК
Low-end-Bereich *m* область низких [невысоких[характеристик; класс устройств с низкими [невысокими] техническими характеристиками
Low-end-Rechner *m* микро-ЭВМ младшей модели
Low-High-Flanke *f см.* **L-H-Flanke**
Low-High-Übergang *m см.* **L-H-Übergang**
Low-level *m англ. см.* **Low-Pegel**
Low-Logik *f см.* **L-Logik**
Low-Pegel *m* низкий уровень напряжения *(в логических схемах)*; низкий уровень сигнала
Low-Power-CMOS *f* маломощные КМОП ИС, КМОП ИС с малой [низкой] потребляемой мощностью
Low-Power-Logik *f* маломощная логика, маломощные интегральные схемы, маломощные ИС, интег-

ральные схемы с малой [низкой] потребляемой мощностью

Low-Power-Operationsverstärker *m* маломощный операционный усилитель, маломощный ОУ

Low-Power-Schottky-TTL *f* маломощные ТТЛ ИС [маломощные ТТЛ-схемы] с диодами Шоттки, маломощные ТТЛШ ИС, схемы ТТЛ-Шоттки с низкой [малой] потребляемой мощностью

Low-Power-Schottky-TTL-Gatter *n* логический элемент на маломощных ТТЛ ИС с диодами Шоттки

Low-Power-TTL *f* маломощная ТТЛ, маломощные ТТЛ ИС, ТТЛ-схемы с низкой [малой] потребляемой мощностью

Low-Power-TTL-Schaltkreise *m pl* см. Low-Power-TTL

Low-Power-TTL-Schaltungen *f pl* см. Low-Power-TTL

Low-Signal *n* сигнал низкого уровня

Low-threshold-MOSFET *m* МОП-транзистор с низким пороговым напряжением

Low-Zustand *m* 1. состояние с низким уровнем напряжения; состояние с низким уровнем сигнала 2. см. L-Zustand

LPA *n* маломощная полузаказная ИС

LPCVD *f* химическое осаждение из газовой [паровой] фазы при низком давлении

LPE *f* жидкофазная эпитаксия, эпитаксия из жидкой фазы

L-Pegel *m* низкий уровень напряжения (*в логических схемах; в положительной логике соответствует логическому нулю, в отрицательной логике - логической единице*); низкий уровень сигнала

LPE-Verfahren *n* метод жидкофазной эпитаксии, метод эпитаксии из жидкой фазы

LPL *f* см. Low-Power-TTL

LP-Layout *n* 1. топология печатных плат 2. разработка топологии печатных плат

L-Potential *n* низкий уровень потенциала, низкий потенциал

LPS *f* см. Low-Power-Schottky-TTL

LPTTL *f* маломощная ТТЛ, маломощные ТТЛ-схемы, ТТЛ-схемы с малой [низкой] потребляемой мощностью

LS *f* маломощная ТТЛ с диодами Шоттки, маломощные ТТЛ ИС с диодами Шоттки, маломощные ТТЛШ ИС, схемы ТТЛ-Шоттки с низкой [малой] потребляемой мощностью

LS²

LS² *f* усовершенствованная маломощная ТТЛ с диодами Шоттки

LSA-Diode *f* диод Ганна в ОНОЗ-режиме, диод Ганна с ограничением накопления объёмного заряда

LSA-Element *n* прибор с ограничением накопления объёмного заряда

LSA-Mode *m*, **LSA-Modus** *m* режим с ограничением накопления объёмного заряда, ОНОЗ-режим

LSA-Oszillator *m* генератор с ограничением накопления объёмного заряда

LSB *n* младший разряд; единица младшего разряда

LSB-Spannung *f* напряжение единицы младшего разряда, напряжение, соответствующее единице младшего разряда

LSB-Strom *m* ток единицы младшего разряда, ток, соответствующий единице младшего разряда

LSDI *f* технология производства дисплейных устройств на основе СБИС

LS-Eingänge *m pl* входы маломощных схем ТТЛ-Шоттки

LSI *f* высокая степень интеграции

LSI-Bauelement *n* большая интегральная (микро)схема, БИС

LSI-Baustein *m* большая интегральная (микро)схема, БИС; БИС-компонент

LSI-Chip *m* кристалл БИС, БИС-кристалл

LSI-CMOS-Baustein *m* КМОП БИС, БИС на КМОП-структурах

LSI-Gate-Array *n* матричная БИС

L-Signal *n* сигнал низкого уровня

LSI-IS *f* БИС, большая интегральная (микро)схема, ИС с высокой степенью интеграции

~, **supraleitende** сверхпроводниковая БИС

LSI-Leiterplattentester *m* испытательное устройство [тестер] для проверки схемных плат с БИС

LSI-Mikroprozessor *m* микропроцессорная БИС, БИС микропроцессора

LSI-Modem *n* БИС модема

LSI-Schaltkreis *m* большая интегральная (микро)схема, БИС, ИС с высокой степенью интеграции

~, **kundenspezifischer** заказная БИС

~, **programmierbarer** программируемая БИС

~, **semikundenspezifischer** полузаказная БИС

LSI-Schaltkreisentwurf *m* проектирование [разработка] БИС

LSI-Schaltung *f см.* **LSI-Schaltkreis**

LSI-Technik *f*, **LSI-Technologie** *f* технология БИС

LSI-Tester *m* тестер для проверки БИС

LSL *f* (помехоустойчивые) логические ИС с низким быстродействием

LSL-Technik *f* технология помехоустойчивых логических ИС с низким быстродействием

LS-Schaltkreis *m* маломощная ТТЛ ИС с диодом Шоттки, маломощная ТТЛШ ИС, маломощная схема ТТЛ-Шоттки

LST²L *f* см. Low-Power-Schottky-TTL

λ/4-Stripline-Technik *f* технология приборов на МПЛ длиной λ/4

strip-line-Fassung *f*, **Strip-Line-Gehäuse** *n* кристаллодержатель полосковой ИС

LSTTL *f*, **LS-TTL** *f см.* Low-Power-Schottky-TTL

LSTTL-Baustein *m см.* LS-Schaltkreis

LSTTL-Gate *n* логический элемент на маломощных ТТЛ ИС с диодами Шоттки, элемент маломощной ТТЛ с диодами Шоттки

LS-TTL-Schaltkreise *m pl* маломощные ТТЛ ИС с диодами Шоттки, маломощные ТТЛШ ИС, схемы ТТЛ-Шоттки с низкой [малой] потребляемой мощностью

Luftbefeuchtung *f* увлажнение воздуха *(для предупреждения появления статических зарядов)*

luftgelagert на воздушной подушке; аэростатический

Luftisolation *f* воздушная изоляция, изоляция *(элементов ИС)* воздушными промежутками

Luftlager *n* аэростатический подшипник

Luftlagerung *f* воздушная подушка, аэростатическая опора *(каретки координатного стола)*

Luftreinheitsklasse *f* класс чистоты воздуха [воздушной среды]

Lumineszenz *f* люминесценция

Lumineszenzanzeige *f* люминесцентный индикатор

Lumineszenzdiode *f* светоизлучающий диод, светодиод, СИД

~, **flächenstrahlende** светодиод поверхностного излучения [с поверхностным излучением]

~, **kantenstrahlende** светодиод торцевого излучения [с торцевым излучением]

Lumineszenzdisplay *n* люминесцентный дисплей

Lumineszenzgift *n* тушитель (люминесценции)

Lumineszenzspektrum *n* спектр люминесценции

LVMOS *f* МОП-структура с горизонтальными изолирующими V-канавками
LWL-Kabel *n см.* **Lichtwellenkabel**
L-Zustand *m* состояние логического нуля *(в положительной логике)*

М

Mäanderstruktur *f* структура меандра
Macro *n см.* **Makro**
Macrocell-Gate-Array *n* макроэлементная вентильная матрица; матричная БИС на основе БМК с макроячейками функциональных элементов
Madistor *m* мадистор
MAD-Logik *f* логика на трансфлюксорах
MADOS *m* память [ЗУ] на цилиндрических магнитных доменах (на ЦМД), ЦМД-память, ЦМД ЗУ
MADT *m см.* **MADT-Transistor**
MADT-Transistor *m* микросплавной транзистор с диффузионной базой
MAGFET *m* полевой транзистор, чувствительный к магнитному полю; датчик магнитного поля
MAGIC *n* магнитная ИС

Magnetband-Streamer *m* (ленточный) стример, ЗУ [накопитель] на бегущей (магнитной) ленте
Magnetblasendetektor *m* детектор цилиндрических магнитных доменов, детектор ЦМД
Magnetblasendisplay *n* дисплей на ЦМД
Magnetblasengenerator *m* генератор цилиндрических магнитных доменов, генератор ЦМД
Magnetblasenschicht *f* слой с ЦМД
Magnetblasenspeicher *m* память [ЗУ] на ЦМД, ЦМД-память, ЦМД ЗУ
Magnetblasenstruktur *f* структура с цилиндрическими магнитными доменами, структура с ЦМД
Magnetblasenvernichter *m* аннигилятор цилиндрических магнитных доменов, аннигилятор ЦМД
Magnetblatt *n* магнокард
Magnetdiode *f* магнитодиод
Magnetfalle *f* магнитная ловушка
Magnetfeld-LEC-Verfahren *n* метод Чохральского с обволакиванием расплава инертной жидкостью в магнитном поле
Magnetfeldsensor *m* датчик магнитного поля *(датчик, реагирующий на изменение напряженности или направления магнитного поля)*

Magnetfolienscheibe f гибкий магнитный диск, ГМД
Magnetfolienspeicher m накопитель на гибком (магнитном) диске [на ГМД]
Magnetodiode f см. **Magnetdiode**
Magnetoelektronik f магнитоэлектроника
Magnetostriktionswandler m магнитострикционный преобразователь
agnetostriktionswerkstoff m магнитострикционный материал
Magnetowiderstand m магниторезистор
Magnetowiderstandseffekt n магниторезистивный эффект
Magnetplatte f жёсткий магнитный диск
Magnetplattenlaufwerk n дисковод для жёстких (магнитных) дисков
Magnetplattenspeicher m накопитель на жёстком магнитном диске; память [ЗУ] на жёстких магнитных дисках
Magnetronionenstrahlätzer m установка ионного травления магнетронного типа
Magnetronsputtern n магнетронное распыление
Magnetronzerstäubung f см. **Magnetronsputtern**
Magnetwerkstoff f магнитный материал
Magnistor m магнистор

Mailbox f почтовый ящик (*системы электронной почты*)
Mainframe n 1. центральный процессор 2. крупная ЭВМ; универсальная ЭВМ
Majorität f большинство
Majoritätsgatter n см. **Majoritätslogikgatter**
Majoritätsglied f мажоритарный элемент
Majoritätsladungsträger m основные носители (заряда)
Majoritätslogik f мажоритарная логика
Majoritätslogikgatter n мажоритарный вентиль, элемент мажоритарной логики
Majoritätssystem n мажоритарная система, система с выбором по правилу большинства
Majoritätsträger m pl см. **Majoritätsladungsträger**
Majoritätsträgerdichte f концентрация основных носителей (заряда)
Majoritätsträgerextraktion f экстракция основных носителей (заряда)
Majoritätsträgerfluß m поток основных носителей (заряда)
Majoritätsträgerkonzentration f см. **Majoritätsträgerdichte**
Majoritätsträgerstrom m ток основных носителей (заряда)

Majority-Voting *n* мажоритарное голосование, мажорирование, поразрядное голосование по правилу большинства (*напр. «два из трёх»*)

Makro *n* 1. макроячейка (*БМК*); макроэлемент; 2. макрокоманда

Makroassembler *m* макроассемблер

Makroaufruf *m* макровызов

Makrobefehl *m* макрокоманда

Makrobibliothek *f* макробиблиотека, библиотека макроэлементов (и макроячеек)

Makroinstruktion *f* макрокоманда

Makrokode *m* макрокод

Makrologik f programmierbare программируемая макрологика

Makropotential *n* макропотенциал

Makrorouter *m* макротрассировщик

Makrorouting *n* макротрассировка

Makroselbstdotierung *f* макроавтолегирование

Makrozellen-Array *n* макроэлементная матрица; матрица макроячеек

Makrozellenbibliothek *f см.* **Makrobibliothek**

Makrozellenentwurf *m* метод проектирования на основе библиотеки макроэлементов (и макроячеек)

Makrozellen-IC *n* макроэлементная ИС; матричная БИС с макроячейками

Makrozellentechnik *f* метод базового матричного кристалла с макроячейками

MAK-Wert *m* предельно-допустимая концентрация (на рабочем месте), ПДК

Mangelhalbleiter *m* дырочный полупроводник, полупроводник *p*-типа

Mangelleitung *f* дырочная проводимость, дырочная электропроводность, проводимость *p*-типа

Mantel *m* покрытие (*светово́да*)

Mantelmoden *f pl* моды, распространяющиеся в покрытие, моды покрытия

MAOS *f* МАОП-структура; ИС на МАОП-структурах

MAOS-FET *m* МАОП-транзистор, транзистор с МАОП-структурой [со структурой металл - оксид алюминия - оксид - полупроводник]

MAOS-Speicherelement *n* запоминающая ячейка [ЗЯ] на МАОП-структурах

MAOS-Struktur *f* структура металл - оксид алюминия - оксид - полупроводник, МАОП-структура

MAOS-Technik *f* МАОП-технология, технология получения МАОП-структур

Map *f* карта; карта поэлементного отображения; карта распределения (*памяти*)

Mapping *n* 1. отображение (*напр. в виде карты поэлементного отображения*) 2. распределение (*памяти*); задание режима адресациии (*памяти, периферийного устройства*) 3. размещение элементов (*на площади кристалла или полупроводниковой пластины*); планировка (*напр. ЗУ на площади кристалла*)

Marke *f* метка; маркер

~, **graphische** маркер (*в машинной графике*)

Markierungskreuz *n* визирный знак

MAS *f* структура металл - оксид - алюминия - полупроводник, МОАП-структура

Maschinenadresse *f* машинный адрес; физический адрес

Maschinenbefehl *m* машинная команда

Maschinensprache *f* машинный язык

Maschinenwort *n* машинное слово

Maschinenzyklus *m* машинный цикл

Maser *m* мазер

MASFET *m* МДП-транзистор с изолирующим подзатворным слоем Al_2O_3

Mask-Aligner *m англ. см.* **Maskenjustier- und Belichtungsanlage**

Maske *f* маска; шаблон; фотошаблон

~, **defektarme** маска с низким уровнем дефектов

~, **diffusionshemmende** маска, препятствующая диффузии

~, **selbstjustierende** самосовмещённая маска; самосовмещённый шаблон

Maskenaufdampfverfahren *n* метод напыления через маску

Maskenbelichtung *f* экспонирование фоторезистной маски (*через фотошаблон*)

Maskenbelichtungsverfahren *n* метод (фото)литографии

Maskendesign *n* разработка шаблона [шаблонов]; разработка фотошаблона [фотошаблонов]

Maskenebene *f* слой фотошаблона

Maskeneinschleusezeit *f* время загрузки шаблона

Maskenfehler *m* дефект (фото)шаблона

Maskenfeld *n* поле (фото)шаблона

Maskengitter *n* сетка трафарета (*напр. для печати толстоплёночных схем*)

Maskenionenstrahllithografie *f* метод проекционной ионно-лучевой литографии с шаблоном

Maskenjustage *f* совмещение (фото)шаблона (*с полупроводниковой пластиной или другими (фото)шаблонами*)

Maskenjustier- und Belichtungsanlage

Maskenjustier- und Belichtungsanlage *f* установка совмещения и экспонирования, установка (фото)литографии

Maskenkontaktkopierverfahren *n* метод контактной печати

Maskenkopie *f* копия (эталонного) фотошаблона; рабочий (фото)шаблон

Maskenlayout *n* топология шаблона; топология фотошаблона

Maskenlebensdauer *f* срок службы фотошаблона

Maskenmethode *f* метод маскирования

Maskenmuster *n* рисунок (фото)шаблона; рисунок маски

maskenprogrammierbar с масочным программированием

Maskenprogrammierung *f* масочное программирование

Maskenprojektion *f*, **verkleinernde** проекционная ионно-лучевая литография с шаблоном и уменьшением масштаба изображения

Maskenprojektionsjustier- und Belichtungsanlage *f* установка проекционного совмещения и экспонирования, установка проекционной (фото)литографии

Maskenprojektionskopierverfahren *n* метод проекционной печати

Maskenprojektionsrepeater *m* фотоповторитель *(с 10-кратным уменьшением изображения промежуточного оригинала)*

Masken-Projektions-Überdeckungs-Repeater *m см.* Maskenprojektionsrepeater

Maskenprojektionsverfahren *n* метод проекционной (фото)литорафии

1:1-Maskenprojektionsverfahren *n* метод проекционной печати *(с переносом изображения в масштабе 1:1)*

Maskenprüfgerät *n* прибор для контроля (фото)шаблонов

Masken-ROM *m* ПЗУ с масочным программированием

Maskensatz *m* комплект фотошаблонов

Maskenschattenprojektion *f* проекционная ионно-лучевая литография с (установленным на небольшом расстоянии от поверхности пластины) шаблоном *(с передачей изображения в масштабе 1:1)*

Maskenschicht *f* маскирующий слой

Maskenschreiber *m* (фотонаборный) генератор изображений *(фотошаблонов)*

Maskenschritt *m см.* Maskierungsschritt

Maskenstruktur *f* рисунок маски

Maskentechnik *f* техника масок

Maskentisch *m* координатный стол фотонаборной установки

Maskentopologie *f* топология маски

Maskenträger *m* держатель фотошаблона *или* маски

Maskenüberdeckung *f* совмещение (фото)шаблонов

Maskenüberdeckungsfehler *m* погрешность совмещения (фото)шаблонов

Maskenverfahren *n* техника масок

Maskenvervielfältigung *f* 1. мультиплицирование изображений [структур] фотошаблонов 2. тиражирование фотошаблонов

Maskenvervielfältungsanlage *f* установка (для) мультиплицирования изображений фотошаблонов

Maskenvorlage *f* оригинал (фотошаблона)

Maske-Wafer-Überdeckung *f* совмещение (фото)шаблона с пластиной

Maskierung *f* маскирование

Maskierungsmittel *n* маскирующий материал

Maskierungsoxid *n* маскирующий оксид

Maskierungsschritt *m* операция маскирования

Masse *f* 1. масса 2. заземление, «земля»

~, **effektive** эффективная масса (*носителей заряда*)

~, **virtuelle** мнимое заземление

Masseanschluß *m* соединение с «землёй» [с заземляющей шиной]; точка [место] соединения с «землёй» [с заземляющей шиной]

Masseleitung *f* заземляющая [земляная] шина, шина «земли»

Massenbonden *n* поточно-параллельное [массовое] позиционирование (*компонентов для поверхностного монтажа*)

Massenspeicher *m* память большой ёмкости

Massentrenner *m* масс-анализатор, масс-сепаратор

~, **magnetischer** (электро)магнитный масс-анализатор, (электро)магнитный масс-сепаратор

Massenwirkungsgesetz *n* закон действующих масс

Massepegel *m* уровень потенциала «земли»

Massepin *n* земляной вывод, вывод «земля», вывод (для) заземления, вывод для соединения с «землёй» [с заземляющей шиной]

Massepotential *n* потенциал «земли»

Massepunkt *m* точка соединения с «землёй» [с заземляющей шиной]

Massezuleitung

Massezuleitung *f см.* **Masseleitung**

MAS-Strurtur *f* структура металл - оксид алюминия - полупроводник, МАП-структура

MAS-Technik *f* технология получения МАП-структур

Master *m* 1. задатчик, задающий модуль, активное [ведущее] устройство 2. базовый матричный кристалл, БМК 3. главная станция *(сети)* 4. основной файл 5. основная [главная] лента; лента-оригинал

Master Logic Array *n* матрица логических элементов; матричная БИС на основе базового матричного кристалла [на основе БМК]

Master-Clock *m англ.* задающий генератор, ведущий тактовый генератор

Master-FF *n см.* **Master-Flipflop**

Master-Flipflop *n* ведущий триггер

Mastergerät *n* активное устройство, задатчик

Master-Reset *m* общий [системный] сброс; сигнал общего [системного] сброса

Master-Reset-Signal *n* сигнал общего [системного] сброса

Master-Retikel *n* эталонный промежуточный фотооригинал; эталонный промежуточный фотошаблон

Master-Slave-Flipflop *n* MS-триггер, триггер MS-типа

~ mit Data-lockout [mit JK-Sperre] MS-триггер с блокировкой входов J и K

Master-Slave-System *n* система «ведущий - ведомый»

Master-Slice *n*, **Masterslice** *n* базовый матричный кристалл, БМК

Master-Slice-Schaltkreis *m* (матричная) БИС на основе БМК

Master-Slice-Technik *f* метод проектирования БИС на основе БМК; технология БИС на основе БМК

Master-Station *f* главная станция *(сети)*

Master-System *n* главная система

Master-Terminal *n* главный [ведущий] терминал *(интерактивной системы)*

Master-Zelle *f* базовая ячейка БИС

MAS-Transistor *m* МАП-транзистор, транзистор с МАП-структурой [со структурой металл - оксид алюминия - полупроводник]

Material *n* материал

~, reflexionsminderndes противоотражающий материал

Materialabtrag *m* удаление [съём] материала *(с поверхности пластины или кристалла)*

Materialdispersion *f* дисперсия в материале *(световода)*

Matrix *f* матрица

~, **festverdrahtete** жёстко закоммутированная матрица

Matrixanordnung *f* матричная схема; матрица

Matrixdisplay *n* матричный (знакосинтезирующий) дисплей

Matrixdrucker *m* матричное печатающее устройство, матричный принтер, полноматричное знакосинтезирующее устройство

Matrixgatter *n* дешифратор

Matrix-LCD *n* матричный дисплей на жидких кристаллах, матричный ЖК-дисплей

Matrix-LSI-Schaltkreis *m* матричная БИС

~, **semikundenspezifischer** полузаказная матричная БИС

Matrixprozessor *m* матричный процессор

Matrixschaltkreis *m* матричная ИС; матричная БИС

Matrixverdrahtung *f* матричная разводка; формирование матричной разводки

Matrixzelle *f* ячейка матрицы

Maus *f* мышь, манипулятор типа «мышь» *(для ввода графической информации)*

Maustaste *f* кнопка [клавиша] мыши

Max/Min-Ausgang *m* выход сигналов максимального - минимального уровней напряжения

Maxwell-Boltzmann-Statistik *f* распределение Максвелла - Больцмана

Maze-Router *m* лабиринтный трассировщик

Maze-Routing *n* трассировка методом поиска в лабиринте

Maze-Routing-Algorithmus *m* алгоритм поиска пути в лабиринте, волновой алгоритм

MBE *f* молекулярно-пучковая эпитаксия, МПЭ

MBE-Prozeß *m* метод молекулярно-пучковой эпитаксии, молекулярно-пучковая эпитаксия

1-Mbit-DRAM *m* динамическое ЗУПВ ёмкостью 1 Мбит

MBM *n* память [ЗУ] на цилиндрических магнитных доменах [на ЦМД], ЦМД-память, ЦМД ЗУ

MBT *m* транзистор с металлической базой

MCL *f* логические схемы с многоколлекторными входными транзисторами

M²CMOS *f* КМОП-структура с двумя уровнями металлизации

3-μm-CMOS-Technologie *f* 3-мкм КМОП-технология

1-µm-CMOS-Technologie

1-µm-CMOS-Technologie *f* 1-мкм КМОП-технология

2-µm-CMOS-Technologie *f* 2-мкм КМОП-технология

MCVD-Verfahren *n* модифицированный метод химического осаждения из газовой [паровой] фазы

MCZ-Kristall *m* кристалл, выращенный методом Чохральского в магнитном поле

MECL *f* см. MECTL

MECTL *f* ТТЛ-схемы с многоэмиттерными входными транзисторами

Median *m* медианное значение

Medium *n* среда

~, **aktives** активная среда (*лазера*)

~, **kontinuierliches** континуальная среда

4-Megabit-Chip *m* кристалл (ИС) ёмкостью 4 Мбит

1-Megabit-Schaltkreis *m* ИС ЗУ ёмкостью 1 Мбит

4-Megabit-Schaltkreis *m* ИС ёмкостью 4 Мбит

1-Megabit-Speicher *m* память [ЗУ] ёмкостью 1 Мбит

Megabitspeicher *m* мегабитная память, память ёмкостью 1 Мбит

4-Megabit-Speicher *m* ЗУ ёмкостью 4 Мбит

1-Megabit-Speicherschaltkreis *m* ИС ЗУ ёмкостью 1 Мбит

4-Megabit-Speicherschaltkreis *m* ИС памяти ёмкостью 4 Мбит

Megacell-IC *n* ИС на основе матрицы мегаячеек, мегаэлементная ИС

Mega-Chip *m* мега-кристалл, кристалл ИС с супервысокой степенью интеграции (*1 - 4 млн элементов*)

Mega-Chip--Technologie *f* технология ИС с супервысокой степенью интеграции (*1 - 4 млн элементов на кристалл*)

Megazelle *f* мегаячейка

~, **analoge** аналоговая мегаячейка

Mehradreßbefehl *m* многоадресная команда

Mehradreßmaschine *f* многоадресная машина

Mehrbenutzersystem *n* см. **Mehrnutzersystem**

Mehrchipbaueinheit *f* многокристальная микросборка

Mehrchipeinheit *f* многокристальный модуль

Mehrchipmikroprozessor *m* многокристальный микропроцессор

Mehrchipmontage *f* монтаж [сборка] многокристальных микросборок *или* многокристальных модулей, монтаж многокристальных ИС

Mehrchipschaltkreis *m*, **Mehrchipschaltung** *f* многокристальная ИС

Mehrdomänenbetrieb *m* многодоме́нный режим (*в диоде Ганна*)

Mehrdomänengebiet *n* многодоме́нная область (*в диоде Ганна*)

Mehrdomänenmodus *m* см. **Mehrdomänenbetrieb**

Mehrdomänenwanderung *f* перемещение многодоме́нной области (*в диоде Ганна*)

Mehrdrahtleiterplatte *f* печатная плата с многопроводным монтажом

Mehrebenenintegration *f* технология ИС с многоуровневой структурой; технология приборов с многоуровневой структурой

Mehrebeneninterrupt *m* многоуровневое прерывание

Mehrebenenleitbahnen *f pl* многоуровневые межсоединения; многоуровневая разводка

Mehrebenenlogik *f* многоуровневая логика, многоуровневые логические схемы

Mehrebenenschaltung *f* многоуровневая схема

Mehrebenenstruktur *f* многоуровневая структура

Mehrebenenverbindungssystem *n* система многоуровневых соединений

Mehrebenenverdrahtung *f* многоуровневая разводка

Mehremittereingang *m* входной многоэмиттерный транзистор

Mehremittertransistor *m* многоэмиттерный транзистор

Mehrfachbelichtungsverfahren *n* метод многократного экспонирования

Mehrfachbus *m* мультишина

Mehrfachbussystem *n* многошинная система

Mehrfachdiffusion *f* многократная диффузия

Mehrfacheingangsregister *n* многопортовый регистр

Mehrfachemitter *m* многозвенный эмиттер (*многоэмиттерного транзистора*)

Mehrfachemittertransistor *m* многоэмиттерный транзистор

Mehrfach-Epitaxie-Struktur *f* многослойная эпитаксиальная структура, структура с несколькими эпитаксиальными слоями

Mehrfachfotorepeater *m* многопозиционный фотоповторитель

Mehrfachfotowiderstand *m* многоэлементный фоторезистор

Mehrfachgegenkopplung *f* многопетлевая отрицательная обратная связь

Mehrfachhopping *n* многопрыжковый механизм проводимости

Mehrfachimplantation *f* многократная ионная имплантация; внедрение ионов нескольких примесей

Mehrfachkollektor-Planartransistor *m* многоколлекторный планарный транзистор

Mehrfachkollektortransistor *m* многоколлекторный транзистор

Mehrfachkoppler *m* мультиплексор

Mehrfachrepeater *m* многопозиционный фотоповторитель

Mehrfachrückkopplung *f* многопетлевая обратная связь

Mehrfachtrap *m* многозарядная ловушка

Mehrfarbenplotter *m* многоцветный графопостроитель

Mehrfenstertechnik *f* организация полиэкранной работы *(дисплея);* полиэкранный режим

Mehrflankenintegration *f* многотактное [многократное] интегрирование; метод многотактного [многократного] интегрирования

Mehrfunktions-IC *n* многофункциональная ИС

Mehrheitsentscheid *m,* **Mehrheitsentscheidung** *f* мажоритарное голосование, мажорирование, выбор по правилу большинства *(напр. по правилу «два из трёх»)*

Mehrheitsglied *n* мажоритарный элемент

Mehrheitslogik *f* мажоритарная логика

Mehrheitsschaltung *f* мажоритарная схема

Mehrkomponentenchalkogenidgläser *m* многокомпонентные (аморфные) халькогенидные стёкла, стёкла Овшинского

Mehrlagenleiterplatte *f* многослойная печатная плата

Mehrlagenschaltung *f* многослойная схема

Mehrlagenverdrahtung *f* многослойная разводка; многослойный монтаж; многоуровневая [многослойная] металлизация

Mehrmodenlaser *m* многомодовый лазер

Mehrnutzerbetrieb *m* режим коллективного доступа

Mehrnutzersystem *n* многопользовательная система, система с коллективным доступом

Mehrplatinenmikrocomputer *m,* **Mehrplatinenmikrorechner** *m* многоплатная микроЭВМ

Mehrplatzsystem *n* многотерминальная система

Mehrprozessorbetrieb *m* мультипроцессорная обработка, мультиобработка

Mehrprozessorsystem *n* многопроцессорная система; многопроцессорный вычислительный комплекс

Mehrrechnersystem *n* многомашинная система; многомашинный вычислительный комплекс

Mehrschichtbauelement *n* многослойный элемент

Mehrschichtdiode *f* многослойный диод

Mehrschichtkeramik *f* 1. многослойная керамика 2. многослойная керамическая микросборка *(в технологии монобридного монтажа)*

Mehrschichtkeramikchipträger *m* керамический кристаллодержатель с многоуровневыми межсоединениями

Mehrschichtkeramikgehäuse *m* многослойный керамический корпус

Mehrschichtleiteranordnung *f* многоуровневая разводка

Mehrschichtmetallisierung *f* многослойная [многоуровневая] металлизация

Mehrschichtresist *m* многослойный резист

Mehrschichtstruktur *f* многослойная структура

Mehrschichtsubstrat *n* многослойная подложка

Mehrschichtsystem *n* многослойная система; многослойная структура

Mehrtalhalbleiter *m* многодолинный полупроводник, полупроводник с многодолинной структурой

MELF-Bauelement *n*, **MELF-Chip** *m* интегральный компонент (цилиндрической формы) с жёсткими торцевыми выводами

MELF-Diode *f* диод (цилиндрической формы) с жёсткими торцевыми выводами

MELF-Gehäuse *n* корпус с жёсткими торцевыми выводами

MELF-Widerstand *m* резистор (цилиндрической формы) с жёсткими торцевыми выводами *(для поверхностного монтажа)*

Meltback-Transistor *m* транзистор, изготовленный методом обратного оплавления

Membranmaske *f* мембранный шаблон *(для рентгенолитографии)*

MEMISTOR *m* мемистор *(запоминающий резистор с сопротивлением, управляемым током или напряжением)*

Memory Map *f* англ. карта (распределения) памяти

Memoryeffekt *m* эффект «памяти», эффект запоминания

Memory-IC *n* ИС памяти, микросхема памяти

MEMRISTOR *m см.* **MEMISTOR**

Mensch-Maschine-Kommunikation *f* взаимодействие пользователя с вычислительной системой

Mensch-Maschine-System *n* человекомашинная система

Mensch-Rechner-Grafik *f* система графического взаимодействия человек - машина

Menü *n* меню

Menüauswahl *f* выбор из меню, выбор пункта меню

Menübalken *m* линейка меню *(строка с перечислением пунктов меню)*

Menüerstellung *f* формирование меню

Menüführung *f* управление в режиме меню

menügeführt управляемый в режиме меню

Menütechnik *f* техника меню

Merker *m* 1. меркер *(электронный запоминающий элемент)* 2. флаг, флаговый разряд

Mesaätzen *n*, **Mesaätzung** *f* травление мезаструктур

Mesadiode *f* мезадиод

Mesa-Epitaxie-Technik *f* технология изготовления эпитаксиальных мезатранзисторов

Mesainsel *f* вытравленный мезаостровок

Mesastruktur *f* мезаструктура

Mesatechnik *f*, **Mesatechnologie** *f* мезатехнология, технология получения мезаструктур

Mesatransistor *m* мезатранзистор

~, **diffundiertlegierter** диффузионно-сплавной мезатранзистор

MES-Feldeffekttransistor *m* *см.* MESFET

MESFET *m* полевой транзистор (с затвором) Шоттки

MESFET-Technik *f* технология (изготовления) полевых транзисторов (с затвором) Шоттки

Meßadapter *m* переходное устройство контрольно-измерительной установки

Meßbereich *m* диапазон измерений

Meßbereichseinstellung *f* установка диапазона измерений

Meßbereichsumschaltung *f* переключение диапазонов измерений

~, **automatische** автоматическое переключение диапазонов измерений

Meßfühler *m* чувствительный элемент *(датчика)*; датчик

Meßgleichrichter *m* измерительный детектор

Meßgrößenaufnehmer *m* датчик

~, **piezoresistiver** тензорезистивный датчик, тензодатчик

Meßstation *f* измерительная установка *(контрольно-измерительной системы)*

Meßumformer *m* измерительный преобразователь

Meßverstärker *m* измерительный усилитель

~, **msymmetrischer** балансный измерительный усилитель

Meßwandler *m* измерительный преобразователь

Meßwandlerverstärker *m* усилитель-преобразователь

MES-Varaktor *m* варикап Шоттки

Metaassembler *m* метаассемблер

Metall-Aluminiumoxid-Halbleiter-Struktur *f* структура металл - оксид алюминия - полупроводник, МАП-структура, МОАП-структура

Metall-Aluminiumoxid-Oxid-Halbleiter-Struktur *f* структура металл - оксид алюминия - оксид - полупроводник, МАОП-структура

Metall-Aluminiumoxid-Siliziumdioxid-Halbleiterstruktur *f* структура металл - оксид алюминия - диоксид кремния - полупроводник

Metallanschlußkammstreifen *m* металлическая (выводная) рамка с внешними выводами

Metallätzsresist *m* резист для литографии по металлическим плёнкам

Metallbasistransistor *m* транзистор с металлической базой

Metallelektrode *f* металлический электрод

Metall-Ferroelektrikum-Halbleiter-Struktur *f* структура металл - сегнетоэлектрик - полупроводник

Metallfilm *m* слой металлизации

Metallfilmwiderstand *m* металлоплёночный резистор

Metallgate *n* металлический затвор

Metall-Gate-Technik *f* технология (изготовления) МОП-транзисторов с металлическим затвором

Metallgatetechnologie *f см.* **Metall-Gate-Technik**

Metallgehäuse *n* металлический корпус

Metall-Halbleiter-Feldeffekttransistor *m* полевой транзистор (с затвором) Шоттки, металл-полупроводниковый транзистор

Metall-Halbleiter-Fotodiode *f* фотодиод Шоттки, фотодиод со структурой металл - полупроводник

Metall-Halbleiter-Schottky-Barriere *f* барьер Шоттки *(в месте контакта металл - полупроводник)*

Metall-Halbleiter-Struktur f структура металл - полупроводник - металл

Metall-Halbleiter-Übergang m переход металл - полупроводник; барьер Шоттки

Metallisierung f металлизация

Metallisierungsbahn f дорожка (соединительной) металлизации, токопроводящая дорожка

Metallisierungsebene f слой металлизации

Metallisierungskontakt m металлизированный контакт

Metallisierungsmaske f маска для формирования рисунка металлизации

Metallisierungsmuster n рисунок металлизации

Metall-Isolator-Halbleiter-Isolator-Halbleiter-Struktur f структура металл - диэлектрик - полупроводник - диэлектрик - полупроводник; МДПДП-структура

Metall-Isolator-Halbleiteranordnung f структура металл - диэлектрик - полупроводник, МДП-структура

Metall-Isolator-Halbleiter-Struktur f структура металл - диэлектрик - полупроводник, МДП-структура

Metall-Isolator-Metall-Isolator-Halbleiter-Struktur f структура металл - диэлектрик - металл - диэлектрик - полупроводник, МДМДП-структура

Metall-Isolator-Metall-Struktur f структура металл - диэлектрик - металл, МДМ-структура

Metallkeramikgehäuse n металлокерамический корпус

Metallkeramikwiderstand m керметный резистор

Metallkernleiterplatte f (печатная) плата с металлическим основанием

Metallkontakt m металлический контакт

Metall-Nitrid-Halbleiter-Struktur f структура металл - нитрид - полупроводник; МНП-структура

Metall-Nitrid-Oxid-Halbleiter-Struktur f структура металл - нитрид - оксид - полупроводник; МНОП-структура

Metall-Oxid-Feldeffekttransistor m МОП-транзистор

Metall-Oxid-Halbleiter-Struktur f структура металл - оксид - полупроводник; МОП-структура

Metall-Oxid-Metall-Struktur f структура металл - оксид - металл; МОМ-структура

Metall-Oxid-Silizium-FET m *см.* **Metall-Oxid-Feldeffekttransistor**

Metall-Oxid-Silizium-Struktur f структура металл - оксид - кремний; МОП-структура

Metalloxid-Varistor m металлооксидный варистор

Metalloxidwiderstand m металлооксидный резистор

Metallpapierkondensator m бумажный конденсатор с металлизированными обкладками

MGT f технология (изготовления) МОП-транзисторов с металлическим затвором

Mehrfachquantenmulde f многоквантовая яма

MHz-Bereich m мегагерцевый диапазон

MIBL f ионно-лучевая литография с применением маскирующего шаблона

MIC n СВЧ ГИС, ГИС СВЧ-диапазона, ГИС СВЧ

Micro n микроячейка

micro-alloy-Transistor m микросплавной транзистор

Micropower-IC n см. **Mikroleistungsschaltung**

MIC-Technik f технология ГИС СВЧ

Mid-range-Bereich m область средних характеристик; класс устройств со средними техническими характеристиками

Mietleitung f выделенная линия (связи)

MIIS f структура металл - диэлектрик - диэлектрик - полупроводник, МДДП-структура

MIIS-Struktur f структура металл - диэлектрик - диэлектрик - полупроводник, МДДП-структура

Mikroabbildung f получение микроизображений

Mikroakustik f микроакустика

Mikroätzanlage f установка микротравления

Mikrobaueinheit f микросборка

Mikrobaustein m микромодуль; микрокомпонент

Mikrobefehl m микрокоманда

Mikrobefehlsregister n регистр микрокоманд

Mikrobefehlsspeicher m память микрокоманд

Mikrobildtechnik f техника формирования микрорисунка *(ИС)*

Mikrobrücke f **mit Luftspalt** перемычка с воздушным зазором

Mikrochipresistor m, **Mikrochipwiderstand** m бескорпусный микрорезистор

Mikrocomputer m микроЭВМ

Mikrocomputersystem n микромашинная система

Mikrocontroller m микроконтроллер

Mikrodefekt m микродефект

Mikrodiskette f микродискета, трёхдюймовая дискета

Mikrodiskettenlaufwerk *n* дисковод для микродискет; накопитель на микродискете

Mikrodrahtbonden *n* монтаж (ИС) микропроводом

Mikrodrahtbonder *m* установка для монтажа (ИС) микропроводом

Mikroelektronik *f* микроэлектроника

Mikroelektronikindustrie *f* микроэлектронная промышленность

Mikrofiche *f* микрофиша

Mikro-Floppy-Disk *f* гибкий магнитный микродиск, трёхдюймовая дискета

Mikro-Floppy-Disk-Laufwerk *n*, **Mikrofloppy-Laufwerk** *n* дисковод для гибких (магнитных) микродисков; накопитель на гибком (магнитном) микродиске

Mikrofotografie *f* микрофотосъёмка; микрофотография; микрофотоснимок

Mikrokanalplatte *f* микроканальная пластина

Mikrokontroller *m* микроконтроллер

Mikrolängeneichung *f* калибровка микроразмеров (*в структуре ИС*)

Mikrolaufwerk *n* дисковод для микродисков; накопитель на микродиске

Mikrolegierungsdiffusionstransistor *m* микросплавной транзистор с диффузионной базой

Mikrolegierungstransistor *m* микросплавной транзистор

Mikrolegierungsübergang *m* микросплавной переход

Mikroleistungsschaltung *f* микромощная (интегральная) схема, микромощная ИС

Mikroleiter *m* микропроводник

Mikrolinienlitografie *f* прецизионная литография

Mikrolinienmetallisierung *f* прецизионная металлизация, металлизация для формирования межсоединений с высоким разрешением

Mikrolinienstruktur *f* рисунок с высоким разрешением, рисунок с элементами уменьшанных размеров

Mikrolithografie *f* микролитография

Mikrologik *f* микрологика, логика на интегральных микросхемах

Mikro-MELF-Widerstand *m* микрорезистор с жёсткими торцевыми выводами (*для поверхностного монтажа*)

Mikrometerbereich *m*, **μm-Bereich** *m* микронный диапазон

Mikrominiaturisierung *f* микроминиатюризация

Mikromodulbaueinheit *f* микромодульный блок; микромодульная сборка

Mikromodulbaustein *m* микромодуль

Mikromodultechnik *f* микромодульная техника; микромодульная технология

Mikrooptik *f* интегральная оптика

Mikropack-Gehäuse *n* микрокорпус типа «Микропак»

Mikroplanfilm *m* см. **Mikrofiche**

Mikroplasma *n* микроплазма

Mikroplatte *f* микроканальная пластина

Mikroploppy *n* см. **Mikro-Floppy-Disk**

Mikroprogramm *n* микропрограмма

Mikroprogrammsteuereinheit *f*, **Mikroprogrammsteuerung** *f*, **Mikroprogrammsteuerwerk** *n* блок микропрограммного управления, БМУ

Mikroprojektionsanlage *f* установка (для) прецизионного проецирования

Mikroprozessor *m* микропроцессор

~, **anwendungsspezifischer** специализированный микропроцессор

~ **mit bitgeteilter Konfiguration** разрядно-секционированный микропроцессор

Mikroprozessoranlage *f* микропроцессорная система, МП-система

Mikrostreifenleiter

Mikroprozessorschaltkreis *m* микропроцессорная БИС, БИС микропроцессора

Mikroprozessorscheibe *f* центральный процессорный элемент, ЦПЭ *(секционированного микропроцессора)*, (микро)процессорная секция

Mikroprozessorsystem *n* микропроцессорная система, МП-система

Mikroprozessortechnik *f* микропроцессорная техника

Mikrorechner *m* микроЭВМ

Mikroschalter *m* микропереключатель

Mikroschaltung *f* микросхема

~, **integrierte** интегральная микросхема, ИС, ИМС

Mikroschaltungsbaustein *m*, **Mikroschaltungsmodul** *m* микромодуль, интегральный модуль

Mikroschaltungstechnik *f* микросхемотехника

Mikroschweißung *f* микросварка

Mikroselbstdotierung *f* микроавтолегирование

Mikrosteuereinheit *f*, **Mikrosteuerung** *f*, **Mikrosteuerwerk** *n* микроконтроллер

Mikrostörung *f* микродефект

Mikrostreifenleiter *m* проводник МПЛ

341

Mikrostreifenleitung

Mikrostreifenleitung *f см.* **Mikrostripleitung**

Mikrostripleitung *f* микрополосковая линия (передачи), МПЛ

Mikrostripresonator *m* микрополосковый резонатор

Mikrostriptechnik *f* технология (изготовления) микрополосковых устройств

Mikrostrukturherstellung *f* формирование рисунка ИС с высоким разрешением

Mikrostrukturierung *f* микроструктурирование, формирование (топологических) структур с элементами уменьшенных размеров

Mikrostrukturlithografie *f* прецизионная (фото)литография

Mikrostrukturmaske *f* прецизионный (фото)шаблон

Mikrotaster *m* микропереключатель

Mikroübergang *m* микропереход

Mikrowellenanordnung *f* СВЧ-устройство

Mikrowellenbauelement *n* (микроэлектронный) СВЧ-прибор

Mikrowellenbaugruppe *f* СВЧ-узел, (функциональный) узел СВЧ

Mikrowellenbereich *m* микроволновый диапазон, СВЧ-диапазон

Mikrowellendiode *f* СВЧ-диод

Mikrowellenelektronik *f* СВЧ-электроника; СВЧ-микроэлектроника

Mikrowellenelement *n см.* **Mikrowellenbauelement**

Mikrowellenerwärmung *f* СВЧ-нагрев

Mikrowellen-Feldeffekttransistor *m* полевой СВЧ-транзистор

Mikrowellenfrequenz *f* сверхвысокая частота, СВЧ

Mikrowellengenerator *m см.* **Mikrowellenoszillator**

Mikrowellenhalbleiterbauelement *n* полупроводниковый СВЧ-прибор

Mikrowellenhärtung *f* термообработка сверхвысокими частотами, термообработка в СВЧ-печи

Mikrowellen-IC *n см.* **Mikrowellen-IS**

Mikrowellen-IS *f* СВЧ ИС, ИС СВЧ-диапазона; СВЧ ГИС, ГИС СВЧ-диапазона

Mikrowellenlaser *m* лазер СВЧ-диапазона

Mikrowellenleiterplatte *f* СВЧ-плата

Mikrowellenofen *m* СВЧ-печь, микроволновая печь

Mikrowellenoszillator *m* СВЧ-генератор, генератор СВЧ-диапазона

Mikrowellenresonator *m* СВЧ-резонатор

Mikrowellenschaltkreis *m*, **integrierter** *см.* **Mikrowellen-IS**

Mikrowellenschaltkreis *m*, **monolithischer** монолитная СВЧ ИС

Mikrowellenschaltung *f* микросхема СВЧ, ИС СВЧ-диапазона, СВЧ ИС; СВЧ ГИС, ГИС СВЧ-диапазона

~, **integrierte** *см.* **Mikrowellenschaltung**

~, **monolithische [monolitisch integrierte]** монолитная СВЧ ИС

Mikrowellentechnik *f* СВЧ-техника

Mikrowellentransistor *m* СВЧ-транзистор

~, **bipolarer** биполярный СВЧ-транзистор

~, **unipolarer** полевой СВЧ-транзистор

Mikrowellenverstärker *m* СВЧ-усилитель, усилитель СВЧ-диапазона

Miller-Integrator *m* интегратор Миллера

100-Millimeter-Scheibe *f* полупроводниковая пластина диаметром 100 мм

MIL-Standard *m* военный стандарт

MIMIC-Schaltung *f* полупроводниковая ИС дециметрового - миллиметрового диапазонов

MIMIS-Struktur *f* структура металл - диэлектрик - металл - диэлектрик - полупроводник, МДМДП-структура

MIM-Kondensator *m* конденсатор на основе структуры металл - диэлектрик - металл, МДМ-конденсатор

MIM-Struktur *f* структура металл - диэлектрик - металл, МДМ-структура

MIM-Technik *f* технология получения МДМ-структур

Miniaturbaustein *m* миниатюрный элемент, миниатюрный компонент

Miniaturisierung *f* (микро)миниатюризация

Miniaturisierungsgrad *m* степень миниатюризации

Minicomputer *m* мини-ЭВМ

Minidiskette *f* минидискета, пятидюймовая дискета

Minifloppy *n*, **Mini-Floppy-Disk** *f* гибкий магнитный мини-диск

Mini-Floppy-Disk-Laufwerk *n*, **Minifloppy-Laufwerk** *n* дисковод для гибких (магнитных) мини-дисков; накопитель на гибком (магнитном) мини-диске

Mini-Hard-Disk *f* жёсткий магнитный мини-диск

Mini-Hard-Disk-Laufwerk *n* дисковод для жёстких мини-дисков; накопитель на жёстком мини-диске

Minilaufwerk *n* дисковод для мини-дисков; накопитель на мини-диске

Minimold-Bauelement *n*, **Minimold-Chip** *m* (интегральный) компонент в форме прямоугольного параллелепипеда с выводными площадками *(вместо выступающих выводов)*

Minimold-Diode *f* диод в форме прямоугольного параллелепипеда с выводными площадками *(вместо выступающих выводов)*

Minipack *m* охлаждающий модуль «Минипак»

Minoritätsladungsträger *m pl* неосновные носители заряда

Minoritätsladungsträgerinjektion *f* инжекция неосновных носителей (заряда)

Minoritätsträger *m pl* неосновные носители (заряда)

Minoritätsträgerdichte *f* концентрация неосновных носителей (заряда)

Minoritätsträgerdichtegefälle *n* градиент концентрации неосновных носителей (заряда)

Minoritätsträgerdichteverteilung *f* распределение концентрации неосновных носителей (заряда)

Minoritätsträgerdiffusionsstrom *m* ток диффузии неосновных носителей

Minoritätsträgerextraktion *f* экстракция неосновных носителей (заряда)

Minoritätsträgerfluß *m* поток неосновных носителей (заряда)

Minoritätsträgerinjektion *f* инжекция неосновных носителей (заряда)

Minoritätsträgerinjektionsstrom *m* ток инжекции неосновных носителей

Minoritätsträgerkonzentration *f см.* **Minoritätsträgerdichte**

Minoritätsträgerladung *f* заряд неосновных носителей

Minoritätsträgerlebensdauer *f* время жизни неосновных носителей (заряда)

Minoritätsträgerprofil *n* профиль распределения концентрации неосновных носителей *(в базе)*

Minoritätsträgerrandkonzentration *f* концентрация неосновных носителей в приграничном слое *(обедненной области)*

Minoritätsträgerspeicherung *f* накопление неосновных носителей (заряда)

Minoritätsträgerstrom *m* ток неосновных носителей

Minoritätsträgertransport *m* перенос неосновных носителей (заряда)

Minoritätsträgerverteilung *f* распределение неосновных носителей (заряда)

Minus-Eingang *m* минусовой вход; инвертирующий вход *(операционного усилителя)*

MIOS-Struktur *f* МОП-структура с изолированным металлическим затвором

MIPS-Struktur *f* структура металл - диэлектрик - пьезоэлектрический полупроводник

MIS-Bauelement *m* МДП-прибор; МДП ИС

MISC *m см.* **MIS-Kondensator**

Mischdiode *f* смесительный диод

Mischkristalle *n pl* смешанные кристаллы *(твердые растворы)*

Mischmatrix *f* коммутационная матрица

Mischstufe *f* смесительный каскад, каскад преобразования частоты

Mischtechnik *f*, **Mischtechnologie** *f* комбинированная технология *(напр. технология изготовления ИС на биполярных и полевых транзисторах)*

Mischverbindung *f* смешанное соединение

MIS-Diode *f* МДП-диод

MIS-Feldeffekttransistor *m см.* **MISFET**

MISFET *m* МДП-транзистор, (полевой) транзистор со структурой металл - диэлектрик - полупроводник

MIS-Flipflop-Speicherzelle *f* запоминающая ячейка на МДП-транзисторах

MIS-Halbleiterbauelement *n* полупроводниковый МДП-прибор

MIS-Halbleiterelement *n* полупроводниковый элемент с МДП-структурой

MISIM *f* структура металл - диэлектрик - полупроводник - диэлектрик - металл; МДПДМ-структура

MIS-Inverter *m* МДП-транзисторный инвертор, инвертор на МДП-транзисторах

MISIS-Struktur *f* структура металл - диэлектрик - полупроводник - диэлектрик - полупроводник, МДПДП-структура

MIS-Kapazität *f см.* **MIS-Kondensator**

MIS-Kondensator *m* МДП-конденсатор

MIS-Schaltkreis *m* МДП ИС, МДП-транзисторная ИС

~, **integrierter** МДП ИС, МДП-транзисторная ИС

MIS-Schaltung *f см.* **MIS-Schaltkreis**

MIS-Struktur *f* МДП-структура, структура металл - диэлектрик - полупроводник

MIS-Substrat-Kapazität *f* МДП-конденсатор подложки

MIS-Technik *f* МДП-технология

MIS-Transistor *m см.* **MISFET**

~, **integrierter** *см.* **MISFET**

MIS-Varaktor *m*, **MIS-Varaktordiode** *f* варактор с МДП-структурой, МДП-варактор

MIS-Widerstand *m* МДП-резистор

Mitkopplung *f* положительная обратная связь, ПОС

Mitlaufeffekt *m* эффект смещения рабочей точки биполярного транзистора синхронно с входным сигналом

Mitlaufgenerator *m* генератор слежения

Mitlaufsender *m* синхронноработающий передатчик

MI-Transistor *m* транзистор (с затвором) Шоттки

Mittelintegration *f* средняя степень интеграции

Mittelung *m* усреднение

Mittelwertbildner *m* усреднитель, устройство усреднения; формирователь среднего значения

Mittelwertbildung *f* усреднение; формирование среднего значения

Mittelwertkarte *f* контрольная карта средних арифметических

Mittenfrequenz *f* центральная частота

MKC-Kondensator *m* металлоплёночный поликарбонатный конденсатор

MK-Kondensator *m* металлоплёночный конденсатор

MKS-Kondensator *m* металлоплёночный полистирольный конденсатор

MKT-Kondensator *m* металлоплёночный полиэтилентерефталатный конденсатор

MKU-Kondensator *m* металлоплёночный ацетилцеллюлозный конденсатор

MLA *n* матрица логических элементов; матричная БИС на основе базового матричного кристалла [на основе БМК]

MLCB *n* многослойная печатная плата

MLS-FET *m* полевой транзистор со структурой металл - плёнка Ленгмюра - полупроводник, МЛП-транзистор

MMIC *n* полупроводниковая СВЧ ИС, полупроводниковая ИС СВЧ-диапазона

MM-Technik *f* микромодульная техника

MMU *f* устройство управления памятью

MNOS-Feldeffekttransistor *m* МНОП-транзистор, транзистор со структурой металл - нитрид - оксид - полупроводник

MNOSFET *m см.* **MNOS-Feldeffekttransistor**

MNOS-LAD *f* лавинный диод с МНОП-структурой

MNOS-Speicher *m* память [ЗУ] на МНОП-структурах

MNOS-Struktur *f* МНОП-структура, структура металл - нитрид - оксид - полупроводник

MNOS-Technik *f* технология получения МНОП-структур, МНОП-технология

MNOS-Transistor *m* МНОП-транзистор

MNOS-VT-Transistor *m* МНОП-транзистор с переменным порогом

MNS *f см.* **MNS-Struktur**

MNS-Feldeffekttransistor *m* полевой МНП-транзистор

MNSFET *m см.* **MNS-Feldeffekttransistor**

MNS-Struktur *f* структура металл - нитрид - полупроводник, МНП-структура

MNS-Technik *f* технология получения МНП-структур, МНП-технология

MO-CVD *f*, **MOCVD** *f* химическое осаждение из паров металлоорганических соединений

MOCVD-Verfahren *n* метод химического осаждения из паров металлоорганических соединений

Mode *f* I мода

Mode *m* II режим

Mode-Control-Eingang *m*, **Mode-Eingang** *m* вход установки режима работы (*напр. счётчика*), вход режима работы

Mode-Hopping *n англ. см.* **Modensprünge**

Mode-Locking *n англ.* синхронизация мод (*лазера*)

Modem *n* модем

Modendispersion *f* дисперсия мод

Modenkopplung *f см.* **Mode-Locking**

Modenrauschen *n* шумы мод

Modulationsverstärker

Modensprünge *m pl* скачки мод(ы), скачкообразное изменение мод(ы)

MODFET *m* модуляционно-легированный полевой транзистор, полевой транзистор с модулируемым [регулируемым] уровнем легирования

Modul *m* модуль

Modularisierung *f* модуляризация, модульное исполнение

Modularität *f* модульность; модульный принцип (*организации, исполнения*); принцип модульной организации; принцип модульного построения

Modulation *f* модуляция

~ **der Basisdicke** *f см.* **Modulation der elektronischen Basisweite**

~ **der elektronischen Basisweite** модуляция ширины [толщины] базы, эффект Эрли

Modulationsdotierung *f* модулированное легирование, регулирование уровня легирования

Modulationsmultiplizierer *m* времяимпульсный умножитель

Modulationsrauschen *n* модуляционный [избыточный] шум, $1/f$-шум

Modulationsverstärker *m* усилитель с модуляцией (входного) сигнала

Modulbauweise *f* модульная конструкция; модульное иполнение; модульный принцип исполнения

Modulkarte *f* модульная плата, плата модуля; плата для монтажа модулей

Modulschacht *m* гнездо для расширительных модулей

Modultechnik *f* модульная техника; модульная технология

Modulverlängerungskarte *f* переходная плата *(для проверки и ремонта плат со смонтированными модулями)*

Modus *m* режим (работы)

~, **interaktiver** интерактивный [диалоговый] режим

Molekularelektronik *f* молекулярная электроника, молектроника

Molekularpumpe *f* молекулярный насос

Molekularstrahlen *pl* молекулярные пучки

Molekularstrahlepitaxie *f* молекулярно-пучковая эпитаксия, МПЭ

Molekularstrahlepitaxieanlage *f* установка молекулярно-пучковой эпитаксии

Molekularstrahlofen *m* реактор для молекулярно-пучковой эпитаксии

Molybdän-Gate *n* молибденовый затвор

Molybdan-Gate-SAG *f* технология МОП ИС с молибденовыми самосовмещёнными затворами

Molybdäntor *n* *см.* **Molybdän-Gate**

Molybdäntortechnik *f* технология МОП ИС с молибденовыми затворами

MOM-Diode *f* диод с МОМ-структурой, МОМ-диод

Momentanausfall *m* сбой, однократный самоустраняющийся отказ

MOM-Struktur *f* структура металл - оксид - металл, МОМ-структура

Monitor *m* монитор

~, **monochromer** монохромный монитор

Monitorprogramm *n* (программа-)монитор

Monitorschnittstelle *f* интерфейс монитора

Mono *m см.* **Monoflop**

Monochipcomputer *m* однокристальная ЭВМ

Monochiptechnik *f* технология однокристальных ИС

Monochrom-Grafikkarte *f* плата чёрно-белой графики

Monoflop *n* одновибратор, ждущий мультивибратор

~, **nachtriggerbares** [**retriggerbares**] перезапускаемый одновибратор

Monoflopschaltkreis *m*, **Monoflopschaltung** *f* ИС одновибратора [ждущего мультивибратора]

Monokassettengerät *n*, **Monokassettenrecorder** *m* см. **Monorecorder**

Monolithtechnik *f* монолитная технология, технология (изготовления) монолитных [полупроводниковых] ИС

Monomode-Faser *f*, **Monomodenfaser** *f* одномодовое волокно

Monomoden-Stufenprofilleiter *m* одномодовый (волоконный) световод со ступенчатым профилем показателя преломления

Monorecorder *m* однокассетный магнитофон

Monoschicht *f* мономолекулярный слой

Monosilizium *n* монокристаллический кремний

Monosync *n*, **Monosync-Betrieb** *m*, **Monosync-Mode** *m* режим синхронной передачи с одним синхросимволом

Monotonie *f* монотонность

Montage *f* **im Gestellrahmen** монтаж в стоечных корзинах

Montageausbeute *f* выход годных при сборке

Montagewärmewiderstand *m* тепловое сопротивление корпус - радиатор, тепловое сопротивление корпус - среда

MOPS *m* магнитооптическая память, магнитооптическое ЗУ

MOSAIC-Schaltung *f* усовершенствованная МОП ИС из нескольких МОП-транзисторов на одном кристалле

MOSAIC-Technik *f* технология усовершенствованных МОП ИС из нескольких МОП-транзисторов на одном кристалле

Mosaikdrucker *m* мозаичное [полноматричное знакосинтезирующее] печатающее устройство, (полно)матричное ПУ

Mosaikstruktur *f* мозаичная структура

Mosaiktextur *f* см. **Mosaikstruktur**

MOS-ASIC *n* специализированная МОП ИС

MOS-Basis-Flipflop *n* базовая бистабильная ячейка на МОП-структурах

MOS-Bauelement *n*, **MOS-Baustein** *m* МОП-компонент; МОП ИС

MOSBi *f* 1. ИС на биполярных и МОП-транзисторах, Би-МОП ИС, Би-МОП-схема 2. технология ИС на биполярных и МОП-транзисторах, Би-МОП-технология

MOS-Bildsensor *m* формирователь видеосигналов на МОП-структуре

MOS-Feldeffekttransistor *m* см. **MOSFET**

MOSFET *m* МОП-транзистор, транзистор со струк-

MOSFET

турой металл - оксид - полупроводник

~, **doppeltdiffundierter** двухдиффузионный МОП-транзистор, ДМОП-транзистор

~, **komplementärer** комплементарный МОП-транзистор, КМОП-транзистор

~ **mit Diffusionsselbsteinstellung** МОП-транзистор с самосовмещённым затвором, полученный методом двойной диффузии

~, **selbstleitender** нормально-открытый МОП-транзистор

~, **selbstsperrender** нормально-закрытый МОП-транзистор

~ **vom Anreicherungstyp** МОП-транзистор с обогащением канала, МОП-транзистор, работающий в режиме обогащения

~ **vom Verarmungstyp** МОП-транзистор с обеднением канала, МОП-транзистор, работающий в режиме обеднения

MOSFET-Schalter *m* МОП-транзисторный ключ

MOSFET-Schaltstufe *f см.* **MOSFET-Schalter**

MOS-Flipflop *n* триггер на МОП-структурах

MOS-Floating-Gate-Technik *f* технология получения МОП-структур с плавающим затвором

MOS-Gate *n*, **MOS-Gatter** *n* логический элемент [(логический) вентиль] на МОП-транзисторах, элемент [вентиль] МОПТЛ, МОП-вентиль

MOS-IC *n см.* **MOS-IS**

MOS-IS *f* МОП ИС, МОП-транзисторная ИС

MOS-Kapazität *f см.* **MOS-Kondensator**

MOS-Kondensator *m* МОП-конденсатор

MOS-Leistungsschalter *m* мощный МОП-транзисторный ключ

MOS-Logik *f* МОП-транзисторная логика

MOS-Mikroprozessor *m* микропроцессор на МОП-структурах, МОП-процессор

MOS-NAND-NOR-Gatter *n* элемент [вентиль] И - НЕ/ИЛИ - НЕ МОПТЛ

MOS-p-Kanal-Netzwerk *n* схема на *p*-канальных МОП-транзисторах; ИС на *p*-канальных МОП-транзисторах

MOS-RAM-Speicher *m* МОП ЗУПВ, ЗУПВ на МОП-структурах

MOS-Schalter *m см.* **MOSFET-Schalter**

MOS-Schaltkreis *m* МОП ИС, МОП-транзисторная ИС, МОП-схема

~, **getakteter komplementärer** синхронизированная КМОП ИС

~, **integrierter** МОП ИС, МОП-транзисторная ИС

~, **komplementärer** ИС на комплементарных МОП-транзисторах [на КМОП-транзисторах], КМОП-транзисторная ИС, КМОП ИС

~, **skalierter** масштабированная МОП ИС, МОП-схема с уменьшенной площадью кристалла и элементами пропорционально уменьшенных размеров

MOS-Schaltung *f см.* **MOS-Schaltkreis**

MOS-Schieberegister *n* сдвиговый регистр на МОП-структурах

MOS-SGT-Schaltkreis *m* МОП ИС с (самосовмещённым) поликремниевым затвором

MOS/SOS-Struktur *f* МОП-структура типа «кремний на сапфире», МОП-структура на сапфире

MOS-Speicher *m* МОП ЗУ, ЗУ на МОП-структурах

MOS-Speicherzelle *f* запоминающая ячейка [ЗЯ] на МОП-транзисторах

MOS-Struktur *f* МОП-структура, структура металл-оксид-полупроводник

~ **mit einstellbarem Transistorschwellwert** МОП-структура с регулируемым пороговым напряжением

MOS-Technik *f* МОП-технология

~, **komplementare [komplementär-symmetrische]** КМОП-технология

~ **mit selbstjustierendem [selbsteinstellendem] Gate** технология самосовмещённых затворов

MOS-Transistor *m* МОП-транзистор

~, **integrierter** МОП-транзистор

~ **vom Anreicherungstyp** МОП-транзистор с обогащением канала, МОП-транзистор, работающий в режиме обогащения

~ **vom Verarmungstyp** МОП-транзистор с обеднением канала, МОП-транзистор, работающий в режиме обеднения

MOS-VLSI-Technik *f* технология (изготовления) МОП СБИС

Motherboard *n см.* **Mutterplatine**

MP *m* микропроцессор

µP *m см.* **Mikroprozessor**

MP-Kondensator *m* металлобумажный конденсатор

MPLA *n* программируемая логическая матрица [ПЛМ] с масочным программированием

MPOS *m* МОП-транзистор с изолирующим оксидом, стабилизированным слоем фосфоросиликатного стекла

MPS *n* микропроцессорная система

MP-Schaltkreis *m см.* **Mikroprozessorschaltkreis**

MPX-Signal *n см.* **Multiplexsignal**

MQW-Bauelement *n* прибор [устройство] на многоквантовых ямах

MSA-Technik *f* способ формирования МОП-структур с многократным совмещением

MSB *n* старший разряд; единица старшего разряда

MSB-Spannung *f* напряжение единицы старшего разряда, напряжение, соответствующее единице старшего разряда

MSB-Strom *m* ток единицы старшего разряда, ток, соответствующий единице старшего разряда

MS-Flipflop *n* MS-триггер, триггер MS-типа

MSIC *n* ИС среднего быстродействия

MSI-Schaltkreis *m,* **MSI-Schaltung** *f* ИС средней степени интеграции

MSM-Struktur *f* структура металл - полупроводник - металл, МПМ-структура

MSW-Bauelement *n* прибор на магнитостатических волнах

MTBF-Wert *m* средняя наработка на отказ

MTBH-Laser *m* лазер со скрытой гетероструктурой, полученной методом массопередачи

1-μm-Technologie *f* 1-мкм технология, технология 1-мкм ИС

MTL *f* интегральная инжекционная логика, И^{2}Л, схемы И^{2}Л, И^{2}Л-схемы, транзисторная логика с инжекционным питанием, ТЛИП; совмещённая транзисторная логика

MTL-Schaltkreise *m pl* транзисторные схемы с совмещёнными областями [с инжекционным питанием], И^{2}Л-схемы

MTL-Technik *f,* **MTL-Technologie** *f* И^{2}Л-технология, технология интегральных схем с инжекционным питанием

MTNS-Struktur *f* МНОП-структура с толстым слоем нитрида кремния

MTOS *f* I МТОП-структура, структура металл - толстый оксид - полупроводник

MTOS *f* II структура металл - оксид тантала - оксид кремния - кремний

MTOS-Feldeffekttransistor *m,* **MTOS-FET** *m* МТОП-транзистор, полевой транзистор на МТОП-структуре

MTTF-Wert *m* средняя наработка до отказа, среднее время безотказной работы

MTTR-Wert *m* среднее время восстановления (работоспособного состояния)

1-μm-Twinwell♦-CMOS-Prozeß *m* технология усовершенствованных 1-мкм КМОП ИС с двойными карманами

MUART *m* (программируемый) многофункциональный универсальный синхронный приёмопередатчик

Muldex *m см.* **Multiplexer-Demultiplexer**

MULTIBUS *m* стандартная системная шина [стандартная магистраль типа] MULTIBUS [МАЛТИБАС] *(фирмы Intel)*

Multibusinterface *n* стандартный интерфейс с магистралью типа MULTIBUS

Multichip *m* мультикристалл

Multichipgehäuse *f* корпус для монобридного монтажа

Multichiphybridtechnik *f*, **Multichiphybridtechnologie** *f* монобридный метод, метод монобридного монтажа, технология изготовления ГИС, состоящих из нескольких смонтированных в одном корпусе кристаллов

Multichiptechnik *f см.* **Multichiphybridtechnik**

Multichipverdrahtung *f* монобридный монтаж

Multichipwafer *m* полупроводниковая пластина с кристаллами различного типа

Multiemitterspeicherzelle *f* запоминающая ячейка [ЗУ] на многоэмиттерных транзисторах

Multiemittertransistor *m* многоэмиттерный транзистор

Multiepitaxietransistor *m* транзистор с многослойной эпитаксиальной структурой [с несколькими эпитаксиальными слоями]

Multifotowiderstand *m* многоэлементный [многосекционный] фоторезистор

Multifunktionscontroller *m* многофункциональный контроллер

Multifunktionskarte *f* комбинированная [многофункциональная] плата

Multiheterostruktur *f* мультигетероструктура

~, **ertränkte** мультигетероструктура утопленного типа

Multikollektortransistor *m* многоколлекторный транзистор

Multilayer *m см.* **Multilayer-Leiterplatte**

Multilayerchip *m* кристалл ИС с многоуровневой [многослойной] металлизацией

Multilayer-Leiterplatte *f* многослойная печатная плата

Multilayer-Router *m* трассировщик соединений в многослойных печатных платах

Multimasterbetrieb *m* режим многих задатчиков
Multimasterbus *m* шина, допускающая работу в режиме многих задатчиков
Multimikroprozessorsystem *n* мультимикропроцессорная система
Multimode-Faser *f*, **Multimodenfaser** *f* многомодовое волокно
Multimode-Gradientenfaser *f* многомодовое градиентное волокно
Multimoden-Gradientenleiter *m* многомодовый (волоконный) световод с градиентом показателя преломления, многомодовый градиентный световод
Multimoden-Stufenprofilleiter *m* многомодовый (волоконный) световод со ступенчатым профилем показателя преломления
Multimode-Stufenindexfaser *f* многомодовое волокно со ступенчатым профилем показателя преломления
Multimodulplatte *f* мультимодульная плата
Multiplexbetrieb *m* мультиплексный режим
Multiplexbus *m* мультиплексированная шина
multiplexen мультиплексировать
Multiplexen *n* мультиплексирование
Multiplexer *m* мультиплексор
Multiplexer-Demultiplexer *m* мультиплексор-демультиплексор
Multiplex(er)kanal *m* мультиплексный канал
Multiplexsignal *n* уплотнённый сигнал
Multiplextreiber *m* формирователь, работающий в мультиплексном режиме
Multiplikationsfaktor *m* коэффициент умножения
Multiplikationsteil *m* блок умножения
Multiplizierer *m* перемножитель, умножитель
Multipol *m* мультиполь
Multipolordnung *f* порядок мультипольности, мультипольность
Multiportspeicher *m* многопортовое ЗУ
Multiprocessing *n* мультиобработка, мультипроцессорная обработка
Multiprozessorbetrieb *m* мультипроцессорная обработка, мультиобработка
Multiprozessorsystem *n* многопроцессорная система; многопроцессорный вычислительный комплекс
Multiquantenwanne *f* многоквантовая яма
Multiquantenwannen-Laser *m* лазер на многоквантовых ямах
Multirahmensystem *n* многокрейтная система *(CAMAC)*
Multisensor *m* многофункциональный датчик

Multitasking *n* работа в многозадачном режиме; многозадачный режим

Multitasking-Betrieb *m* многозадачный режим

Multitasking-Betriebssystem *n* многозадачная операционная система, многозадачная ОС

Multitaskingsystem *n* многозадачная система

Multi-User-Betrieb *m см.* **Mehrnutzerbetrieb**

Multiusersystem *n* многопользовательская система

Multivibrator *m* мультивибратор; автоколебательный мультивибратор, мультивибратор с самовозбуждением

~, **astabiler** автоколебательный мультивибратор, мультивибратор с самовозбуждением

~, **bistabiler** мультивибратор с двумя устойчивыми состояниями, триггер

~, **monostabiler** ждущий мультивибратор, мультивибратор с одним устойчивым состоянием, одновибратор

Multiwire-Leiterplatte *f*, **Multiwireplatte** *f* печатная плата, выполненная по технологии многопроводного монтажа

Multiwiretechnik *f*, **Multiwireverfahren** *n* технология многопроводного монтажа; многопроводной монтаж

Mupid *m* мупид, многофункциональный универсально-программируемый декодер

Mustergenerator *m* 1. генератор изображений (фотошаблонов) 2. генератор кодовых комбинаций

Musterschablone *f* эталонный (фото)шаблон

Muttermaske *f* 1. эталонный фотошаблон 2. фотошаблон рисунка печатной платы

Mutterplatine *f* объединительная плата

MUX-Signal *n см.* **Multiplexsignal**

Mylar *n* майлар

Mylarschablone *f* майларовый шаблон

N

n⁺-Abschirmring *m* охранное кольцо n^+-типа

Nachdiffusion *f* разгонка примеси *(вторая стадия двухстадийной диффузии)*

Nachfolgeverstärker *m* отслеживающий усилитель

Nachführkippstufe *f* защёлка, запоминающая полярность сигнала

Nachführsymbol *n* графический курсор, трассировочный символ

Nachführsystem *n* 1. следящая система 2. система точного позиционирования, система микропозиционирования

Nachhärten *n* сушка *(фоторезиста)* после проявления; (сушка и) задубливание *(фоторезиста)*

Nachlauf *m* слежение

Nachlauffehler *m* погрешность слежения

Nachrichtenkanal *m* канал связи

~, **optischer** оптический канал связи

Nachrichtenpaket *n* пакет сообщений

Nachrichtenvermittlungsnetz *n* сеть с коммутацией сообщений

Nachschlagetabelle *f* просмотровая таблица

Nachschmelzen *n* оплавление

Nachtempern *n* см. **Nachhärten**

nachtriggerbar перезапускаемый

Nachtriggern *n* перезапуск

Nachtrocknen *n* сушка после предыдущей технологической операции, последующая сушка; сушка проявленного фоторезиста

Nachtsichtgerät *n* прибор ночного видения

Nacktchip *m* бескорпусная ИС; бескорпусный компонент

Nadelbett *n* матрица контактных штырьков, матричное контактное поле, «ложе гвоздей»

Nadelbettadapter *m* матричный контактор, контактрон *(для испытания смонтированных печатных плат)*

Nadelbett-Test *m* испытание смонтированных печатных плат с помощью матричного контактора

Nadelbrett *n* шаблон для изготовления монтажной косы

Nadeldrucker *m* печатающее устройство с однорядным (игольчатым) знакосинтезирующим механизмом, однорядное (игольчатое) знакосинтезирующее устройство, игольчатое печатающее устройство

Nadelimpuls *m* импульсный выброс

Nadelkristalle *m pl* нитевидные кристаллы, «усы»

Nadelloch *n* микроотверстие; прокол

Nadellochdichte *f* плотность микроотверстий

Nadelventil *n* игольчатый натекатель, натекатель игольчатого типа; игольчатый вентиль, игольчатый клапан

Nagelkopf *m* шариковый вывод, шарик

Nagelkopfbondgerät *n* установка шариковой термокомпрессии

n-Dotierung

Nagelkopfbondverfahren *n*, **Nagelkopfkontaktierung** *f* термокомпрессионная сварка шариком, метод шариковой термокомпрессии, присоединение методом шариковой термокомпрессии

Näherungsschalter *m* бесконтактный переключатель

~, **optoelektronischer** оптоэлектронный бесконтактный переключатель

Nailheadbonden *n см.* **Nagelkopfbondverfahren**

Nailheadbonder *m см.* **Nagelkopfbondgerät**

NAND-Flipflop *n* триггер И - НЕ

NAND-Gatter *n* логический элемент [вентиль] И - НЕ

NAND-Glied *n* элемент И - НЕ

Nanolithografie *f* нанолитография

n-Anreicherungs-MOS-Transistor *m см.* **n-Kanal-Anreicherungs-MOS-FET**

Naßätzen *n* жидкостное [влажное] травление

Naßätzverfahren *n* метод жидкостного [влажного] травления

Naßentwicklung *f* проявление жидкими химическими реактивами

Naßmaskierung *f* маскирование жидким фоторезистом

Naßstrecke *f* линия мокрой обработки (*в фотолитографии*)

~, **chemische** линия жидкостной химической обработки

n-Bereich *m см.* **n-Gebiet**

NC-Einrichtung *f* устройство ЧПУ

~, **festverdrahtete** аппаратное устройство ЧПУ

n$^+$-Chip *n* кристалл n$^+$-типа

Nd:YAG-Laser *m* лазер на алюмоиттриевом гранате, легированном неодимом, АИГ-Nd:-лазер

NDB *f* отрицательная дифференциальная подвижность (электронов)

n-Deep-Depletion-Verarmungs-MOS-Transistor *m* n-канальный МОП-транзистор с глубокообеднённым слоем, работающий в режиме обеднения

n-Dichte *f* концентрация донорной примеси

n-Diffusion *f* диффузия донорной примеси [примеси *n* -типа]

n$^+$-Diffusion *n$^+$* -диффузия

n-Dotieren *n* легирование донорной примесью [примесь *n*-типа]

n-dotiert легированный донорной примесью [примесь *n*-типа]

n-Dotierung *f* 1. легирование донорной примесью [примесь *n*-типа] 2. концентрация донорной примеси

n-Dotierungsstoff *m* донорная примесь, примесь n-типа, донор
Nebenband *n* подзона
Nebenfase *f* вспомогательный срез *(пластины)*
Nebengerät *n* ведомое устройство, исполнитель
Nebenmaximum *n* побочный максимум
Nebenminimum *n* побочный минимум
Nebensprechdämpfung *f* переходное затухание
Nebenstation *f* подчинённая [ведомая] станция *(сети)*
Nebensymmetrieachse *f* вторичная ось симметрии *(кристалла)*
Nebentäler *n pl* боковые долины, побочные минимумы
NEC-Gate-Array *n* матричная СБИС фирмы NEC *(Япония)*
Néel-Wand *f* стенка Нееля *(доменная граница)*
Negativ-Impedanz-Konverter *m* преобразователь отрицательных сопротивлений, ПОС
Negativlack *m см.* Negativresist
Negativmaske *f* негативный фотошаблон; маска из негативного фоторезиста
Negativresist *m* негативный фоторезист
Negativresistbild *n* изображение, получаемое в слое негативного фоторезиста

Negator *m* инвертор
negiert инвертированный
NEGIT *m* транзистор с отрицательным дифференциальным сопротивлением
Neigungseinstellung *f* установка угла наклона
Neigungsjustierung *f* (точная) установка угла наклона
n^+-Elektrode *f* электрод n^+-области, n^+электрод
n-Emitter *m* эмиттер (с проводимостью) n-типа *(биполярного транзистора с n - p - n-структурой)*, n-эмиттер
Nennanschlußspannung *f* номинальное напряжение питающей сети
Nennbelastung *f* номинальная нагрузка
Nenndurchlaßspannung *f* среднее прямое напряжение *(диодного выпрямителя)*
Nenndurchlaßstrom *m* средний прямой ток; средний ток в открытом состоянии *(тиристора)*
Nenngleichstrom *m* средний постоянный прямой ток
Nennsperrspannung *f* среднее обратное напряжение *(диодного выпрямителя)*
Nennsperrstrom *m* средний ток в обратном проводящем состоянии *(тиристора)*
Neodymglaslaser *m* лазер на неодимовом стекле

Neodym-YAG-Laser *m см.* **Nd:YAG-Laser**

n-Epitaxieschicht *f* эпитаксиальный n-слой, эпитаксиальный слой (с проводимостью) n-типа

n$^+$-Epitaxieschicht *f* эпитаксиальный n^+-слой, эпитаксиальный слой n^+-типа

Nettoeinfangrate *f* результирующая скорость захвата

Nettoelektronenstrom *m* результирующий электронный ток

Nettogeneration *f* результирующая генерация

Nettogenerationsrate *f* результирующая скорость генерации

Nettoladungsgehalt *m* содержание полезного заряда

Nettolöcherstrom *m* результирующий дырочный ток

Nettorekombination *f* результирующая рекомбинация

Nettorekombinationsrate *f* результирующая скорость рекомбинации

Nettostörstellendichte *f*, **Nettostörstellenkonzentration** *f* результирующая концентрация (легирующей) примеси; результирующая плотность дефектов *(кристаллической решетки)*

Nettostrom *m* результирующий ток

Netz *n* сеть

~, **diensteintegrierendes digitales** цифровая сеть с интеграцией служб, ЦСИС, цифровая сеть с интеграцией услуг

~, **integriertes** интегрированная сеть, сеть с интеграцией услуг

~, **lokales** локальная (вычислительная) сеть

Netzausfall *m* авария сетевого питания

Netzebene *f* плоскость кристаллической решётки

Netzgerät *n* блок питания (от сети)

Netzgleichrichter *m* сетевой выпрямитель

Netzknoten *m* 1. сетевой узел 2. узел сети; узел связи *(сети передачи данных)*

Netzliste *f* таблица связей

Netzstruktur *f см.* **Netzwerktopologie**

Netzteil *n* блок питания (от сети); источник питания

Netztrennung *f* развязка от сети

Netzwerk *n* цепь; сетка; сеть

~, **lokales** локальная (вычислительная) сеть

Netzwerkanalysator *m* схемный анализатор

Netzwerkebene *f* сетевой уровень

Netzwerkinterface *n* сетевой интерфейс

Netzwerk-Interface-Einheit *f* сетевой адаптер

Netzwerkprotokoll *n* сетевой протокол

Netzwerk-Router *m* устройство сетевой маршрутизации, устройство прокладки [выбора] маршрутов в сети; сетевое средство маршрутизации

Netzwerkschicht *f* сетевой уровень

Netzwerkschnittstellenadapter *n* адаптер сетевого интерфейса

Netzwerk-Server *m* спецпроцессор, служебный процессор *(локальной сети)*; служебный файловый процессор *(локальной сети)*

Netzwerksimulation *f* сетевое моделирование

Netzwerktopologie *f* топология [конфигурация] сети

Neustart *m* повторный пуск *(системы)*

Neutralität *f* (электро)нейтральность

Neutralitätsbedingung *f* условие электронейтральности

Neutronenaktivierungsanalyse *f* нейтронный активационный анализ

Neutronenbeschuß *m* нейтронная бомбардировка, бомбардировка нейтронами

neutronendotiert трансмутационно-легированный

Neutronendotierung *f* нейтронное (трансмутационное) легирование, трансмутационное легирование

Neutronenstrom *m* поток нейтронов

NF-Betrieb *m* низкочастотный режим

NF-Filter *n* низкочастотный фильтр

N-Flag *n* признак [флаг] отрицательного результата

NF-Signal *n* низкочастотный сигнал

n-GaAs-Gebiet *n* n-GaAs-область, n-GaAs-слой, слой арсенида галлия n-типа

n-GaAs-p-Ge-Fotodiode *f* фотодиод с гетероструктурой n-GaAsp-Ge [с гетероструктурой на основе арсенида галлия n-типа, легированного германием p-типа]

n-Gate *n* управляющий электрод n-типа

n-Gate-Thyristor *m* тиристор с управляющим электродом n-типа

n-Ge *n см.* **n-Germanium**

n-Gebiet *n* область n-типа, n-область, область с проводимостью n-типа [с электронной проводимостью]

n$^+$-Gebiet *n* область n^+-типа, n^+-область

n-Ge-p-GaAs-Hetero-(pn)-Übergang *m* гетеропереход со структурой n-Ge-p-GaAs

n-Germanium *n* германий (с проводимостью) n-типа

n-Germaniumplättchen *n* германиевый кристалл полупроводниковой ИС с проводимостью n-типа

n-Halbleiter *m* полупроводник *n*-типа, электронный полупроводник

Nibble *n* полубайт

NIC *m* преобразователь отрицательных сопротивлений, ПОС

~, **spannungsumkehrender** преобразователь отрицательных сопротивлений с инверсией напряжения

~, **stromumkehrender** преобразователь отрицательных сопротивлений с инверсией тока

nichtflüchtig энергонезависимый, сохраняющий записанную информацию при отключении питания (*о памяти*)

Nichtflüchtigkeit *f* энергонезависимость (*памяти*)

~ **der Magnetblasen** сохраняемость цилиндрических магнитных доменов (при отключении питания)

Nichtgleichgewichtsdichte *f*, **Nichtgleichgewichtskonzentration** неравновесная концентрация (*носителей заряда*)

Nichtgleichgewichtsträger *m pl* неравновесные носители (заряда)

Nicht-Glied *n* элемент [вентиль] НЕ

Nichtleiter *m* диэлектрик

Nichtleiterwerkstoff *m* диэлектрический материал, диэлектрик

nichtlinear нелинейный

Nichtlinearität *f* нелинейность

~, **differentielle** дифференциальная нелинейность

nichtnegiert неинвертированный

Nichtstöchiometrie *f* нестехиометричность

Nichtverfügbarkeit *f* коэффициент простоя (*в теории надёжности*)

Nickel-Chrom-Ausbrennwiderstand *m* нихромовая плавкая перемычка, нихромовая плавкая вставка (*программируемого ПЗУ*)

Niederdosisimplantation *f* слабодозированная ионная имплантация

Niederdruckepitaxie *f* эпитаксия при низком давлении

Niederfelddomäne *f* домен слабого поля

Niederfeldmodus *m* режим слабого поля

Niederfrequenzbetrieb *m* низкочастотный режим

Niederfrequenzkleinsignalverhalten *n* работа (*транзистора*) в низкочастотном малосигнальном режиме [в режиме малого сигнала на низкой частоте]

Niederinjektion *f* слабая инжекция; низкий уровень инжекции

Niederinjektionslebensdauer

Niederinjektionslebensdauer f время жизни носителей (заряда) при низком уровне инжекции

niederohmig низкоомный

Niederspannungsquelle f источник низкого напряжения

~, **hochkonstante** источник высокостабильного низкого напряжения

Niedervolt-MOS-Technik f технология низковольтных МОП-транзисторов

niedrigdotiert слаболегированный

Niedrigfeldbeweglichkeit f подвижность *(электронов, дырок)* в слабых полях

Niedrigleistungs-Schottky-TTL f маломощные логические схемы ТТЛ-Шоттки, ТТЛШ ИС с малой [низкой] потребляемой мощностью

Niedrigtemperaturepitaxie f низкотемпературная эпитаксия

n-IFET m см. n-Kanal-IFET

NIM-Anschluß m контакт разъёма модуля NIM, NIM-контакт *(NIM - стандарт модулей ядерной электроники, принятый в США в 1966 г. и используемый также и в Европе)*

NIM-Einschub m, **NIM-Einschubeinheit** f съёмный [выдвижной, вставной] блок системы NIM

n-Insel f островок n-типа; карман n-типа

n⁺-Insel f карман n^+-типа

n-Inversionskanal m инверсионный канал n-типа, инверсионный n-канал

n-Isolationsgebiet n изолирующая [разделительная] n-область

n-Isolationswanne f изолирующий карман n-типа

Nitridpassivierung f пассивация нитридом кремния

NITROX-Reaktor m плазменный реактор для получения нитридных и оксидных плёнок

ni-Übergang m n-i-переход

Niveau n уровень

~, **flaches** мелкий уровень

~, **tiefliegendes** глубокий уровень

Niveaubesetzung f населённость уровня

Niveaudichte f плотность (энергетических) уровней

~, **effektive** эффективная плотность энергетических уровней

Niveauentartung f вырождение уровня

n-Kanal m канал (с проводимостью) n-типа, n-канал

n-Kanal-Anreicherungs-MISFET m МДП-транзистор с индуцированным каналом n-типа, n-канальный МДП-транзистор, работающий в режиме обогащения

n-Kanal-Anreicherungs-MOSFET *m* МОП-транзистор с индуцированным каналом *n*-типа, *n*-канальный МОП-транзистор, работающий в режиме обогащения

n-Kanal-Anreicherungstransistor *m*, **n-Kanal-Anreicherungstyp** *m*, **n-Kanal-Anreicherungstyp** *m см.* **n-Kanal-Anreicherungs-MISFET**

n-Kanal-Depletion-FET *m*, **n-Kanal-Depletion-MISFET** *m* МДП-транзистор со встроенным каналом *n*-типа, работающий в режиме обеднения

n-Kanal-Feldeffekttransistor *m* *n*-канальный полевой транзистор, полевой транзистор с каналом *n*-типа

n-Kanal-FET *m см.* **n-Kanal-Feldeffekttransistor**

n-Kanal-IFET *m* *n*-канальный полевой транзистор с *p* - *n*-переходом

n-Kanal-Mesa-Epitaxie-Technik *f* технология изготовления эпитаксиальных мезатранзисторов с каналом *n*-типа

n-Kanal-MISFET *m* *n*-канальный МДП-транзистор, МДП-транзистор с каналом *n*-типа

n-Kanal-MOS-Bauelement *n* *n*-канальный МОП-прибор

n-Kanal-MOSFET *m* *n*-канальный МОП-транзистор, МОП-транзистор с каналом *n*-типа

n-Kanal-MOS-Struktur *f* МОП-структура с каналом *n*-типа, *n*-канальная МОП-структура, *n*-МОП-структура

n-Kanal-MOS-Technik *f*, **n-Kanal-MOS-Technologie** *f* технология *n*-канальных МОП-приборов; технология *n*-канальных МОП-транзисторов

n-Kanal-MOS-Transistor *m* *n*-канальный МОП-транзистор, МОП-транзистор с каналом *n*-типа

n-Kanal-SFET *m* *n*-канальный полевой транзистор с *p* - *n*-переходом

n-Kanal-Si-Gate-Technik *f* технология *n*-канальных МОП ИС с (самосовмещёнными) поликремниевыми затворами

n-Kanal-Silicongate-Technologie *f см.* **n-Kanal-Si-Gate-Technik**

n-Kanal-Silizium-Gate-Technologie *f см.* **n-Kanal-Si-Gate-Technik**

n-Kanal-Sperrschicht-FET *m* *n*-канальный полевой транзистор с *p* - *n*-переходом

n-Kanal-Technik *f* технология *n*-канальных приборов

n-Kanal-Transistor *m* *n*-канальный транзистор, транзистор с каналом *n*-типа

n-Kanal-Typ *m* n-канальный прибор; n-канальный транзистор

n-Kanal-Verarmungs-IFET *m* см. **n-Kanal-Verarmungs-MISFET**

n-Kanal-Verarmungs-MISFET *m*, **n-Kanal-Verarmungstyp** *m* МДП-транзистор со встроенным каналом n-типа, работающий в режиме обеднения

n-Kanal-VFET *m* вертикальный полевой транзистор с каналом n-типа

n-Kollektor *m* коллектор (с проводимостью) n-типа *(биполярного транзистора с п-р-п-структурой)*, n-коллектор

n$^+$-Kollektoranschluß *m* вывод n$^+$-коллектора

n$^+$-Kollektoranschlußdotierung *f* сильное легирование контактной области коллектора

n$^+$-Kollektorbahngebiet *n* область распределённого сопротивления n$^+$-коллектора

n$^+$-Kollektor-Diffusions-Gebiet *n* диффузионная коллекторная n$^+$-область

n-Kollektorepitaxieschicht *f* коллекторный эпитаксиальный n-слой

n-Kollektorgebiet *n* коллекторная n-область

n$^+$-Kollektorgebiet *n* коллекторная n$^+$-область

n$^+$-Kollektorschicht *f*, **begrabene** скрытый коллекторный n$^+$-слой

n$^+$-Kontakt *m* n$^+$-контакт, контакт n$^+$-области

n$^+$-Kontaktgebiet *n* контактная n$^+$-область

n-Kristall *m* кристалл (с проводимостью) n-типа

n$^+$-Kristall *m* кристалл n$^+$-типа

n-Ladungsträger *m pl* электроны - носители заряда

n-leitend с проводимостью n-типа, с электронной проводимостью

n-Leitfähigkeit *f* см. **n-Leitung**

n-Leitung *f* проводимость [электропроводность] n-типа, электронная проводимость, электронная электропроводность

n-Leitungskanal *m* канал с проводимостью n-типа

n-Material *n* материал (с проводимостью) n-типа

n$^+$-Metallkontakt *m* омический контакт со структурой (типа) Me - n$^+$ - n

n-MOS *f* см. **n-MOS-Technik**

n-MOS-Bauelement *n*, **NMOS-Bauelement** *n* прибор на n-МОП-структуре, n-МОП-прибор

n-MOS-Inverter *m* n-инвертор

NMOS-Planartransistor *m* планарный МОП-транзистор с каналом n типа

nMOS-Prozeß *m см.* **n-MOS-Technik**

n-MOS-RAM *m* ЗУПВ на *n*-МОП-транзисторах

NMOS-Schaltkreis *m*, **NMOS-Schaltung** *f* ИС на *n*-МОП-транзисторах, *n*-МОП-транзисторная ИС; *n*-МОП-схема

nMOS-SGT *f см.* **NMOS-Siliziumgate-Technik**

nMOS-SGT-Schaltkreis *n* *n*-МОП-транзисторная ИС с (самосовмещённым) поликремниевым затвором

NMOS-Siliziumgate-Technik *f* технология *n*-МОП-транзисторных ИС с (самосовмещёнными) поликремниевыми затворами

n-MOS-Struktur *f* *n*-МОП-структура

n-MOS-Technik *f*, **NMOS-Technik** *f* *n*-МОП-технология, технология *n*-канальных МОП-приборов; технология *n*-канальных МОП ИС

NMOS-Technologie *f см.* **n-MOS-Technik**

NMOS-Transistor *m* *n*-канальный МОП-транзистор, МОП-транзистор с каналом *n*-типа, *n*-МОП-транзистор

~, **selbstleitender** нормально-открытый *n*-МОП-транзистор, *n*-МОП-транзистор со встроенным каналом

nn-Übergang *m* *n*-*n*-переход, электронно-электронный переход

n$^+$-n-Übergang *m* n^+-*n*-переход

Non-Impact-Drucker *m* печатающее устройство безударного действия, безударное печатающее устройство

Non-Impact-Druckverfahren *n* безударная печать

NOR-Flipflop *n* триггер ИЛИ - НЕ

NOR-Glied *n* элемент ИЛИ - НЕ

Normalausfall *m* нормальный отказ, отказ в период нормальной эксплуатации

Normalbetrieb *m* нормальный режим; активный режим *(биполярного транзистора)*

Normaldiskette *f* стандартная дискета

Normally-Off-Transistor *m* нормально-закрытый транзистор, транзистор с индуцированным каналом

Normally-On-Transistor *m* нормально-открытый транзистор, транзистор со встроенным каналом

Normalspannungsquelle *f* эталонный источник напряжения, эталон напряжения

Normalstromquelle *f* эталонный источник тока, эталон тока

Normalwiderstand *m* эталонный резистор

Normwert *m* стандартный номинал (*напр. резистора, конденсатора*)

Normwiderstand *m* стандартный резистор

NOR/ODER-Gatter *n* логический элемент [вентиль] ИЛИ - ИЛИ/НЕ

~ **in BFL-Schaltung** логический элемент ИЛИ - НЕ, выполненный в базисе логики на буферных полевых транзисторах

~ **in DCFL-Schaltung** логический элемент ИЛИ - НЕ, выполненный в базисе логики на полевых транзисторах с непосредственными связями

Norton-Stufe *f* (входной) каскад (*операционного усилителя*) с отражателем тока

Norton-Verstärker *m* операционный усилитель с отражателем тока

Notch-Filter *n* узкополосный режекторный фильтр, фильтр-пробка

Not-Gate *n* элемент [вентиль] НЕ

Notizblockspeicher *m* сверхоперативное ЗУ, СОЗУ

Notstrom *m* ток в режиме резерва; ток в режиме хранения (*информации в ячейках памяти*)

Notstromversorgung *f* 1. энергопитание режима резерва 2. энергопитание режима хранения 3. аварийное питание 4. агрегат аварийного питания

Novolak *m*, **Novolakharz** *n* новолак, новолачная смола

npin-Transistor $n\text{-}p\text{-}i\text{-}n$-транзистор

npn-LBT *m* горизонтальный паразитный $n\text{-}p\text{-}n$-транзистор

npnp-Struktur *f* $n\text{-}p\text{-}n\text{-}p$-структура

npnp-Transistor *m* $n\text{-}p\text{-}n\text{-}p$-транзистор

npn-Struktur *f* $n\text{-}p\text{-}n$-структура

n⁺pn⁺-Struktur *f* $n^+\text{-}p\text{-}n^+$-структура

npn-Transistor *m* $n\text{-}p\text{-}n$-транзистор

npn-VBT *m см.* npn-Vertikaltransistor

npn-Vertikaltransistor *m* вертикальный $n\text{-}p\text{-}n$-транзистор

n⁺p-Übergang *m* $n^+\text{-}p$-переход

npvn-Transistor *m* $n\text{-}p\text{-}v\text{-}n$-транзистор

NRZI-Kode *m* код без возвращения к нулю с инверсией

NRZ-Kode *m* код без возвращения к нулю

NRZ-Verfahren *n* способ записи без возвращения к нулю, запись без возвращения к нулю

n-Schicht *f* n-слой, слой (с проводимостью) n-типа

n⁺-Schicht *f* n⁺-слой

~, **begrabene [vergrabene]** скрытый n⁺-слой

~, **verdeckte** *см.* **n⁺-Schicht, begrabene**

n⁺-Schutzring *m* охранное кольцо n⁺-типа

NSD *n* нулевой разряд

n-SG-MOS *f см.* **nSGT**

nSGT *f* технология n-МОП-транзисторных ИС с (самосовмещёнными) поликремниевыми затворами

n-Siliziumplättchen *n* кремниевый кристалл ИС с проводимостью n-типа, кристалл n-типа

n-Si-Schicht *f* слой кремния n-типа

n-Si-Substrat *n* кремниевая подложка (с проводимостью) n-типа

n-Streifen *m* полоска с проводимостью n-типа

n-s-übergang *m* переход из нормального состояния в сверхпроводящее

n-Substrat *n* подложка (с проводимостью) n-типа

n⁺-Substrat *n* подложка n⁺-типа

n⁻-Substrat *n* подложка n⁻-типа

NTC-Widerstand *m см.* **NTR-Widerstand**

NTD-Silizium *n* трансмутационно-легированный кремний

NTL *f* непороговая логика

NTR-Widerstand *m* (термо)резистор с отрицательным ТКС

n-Tupel *n* кортеж из n элементов

n-Typ-Halbleiter *m см.* **n-Halbleiter**

Nullabgleich *m* коррекция нуля

~, **automatischer** автокоррекция нуля

Nullausbeute *f* нулевой выход годных

Nullausgang *m* выход «0»

Nulldechiffrator *m см.* **Nulldecoder**

Nulldecoder *m* дешифратор нуля (*в ведущем разряде выходного сигнала*)

Nulldurchgangsdetektor *m* детектор перехода через нуль

Nulleingang *m* вход установки в состояние «0», вход «0»

Nullfehlerfertigung *f* бездефектное производство

Nullkippspannung *f* напряжение переключения (*тиристора*)

Nullpunktabgleich *m* балансировка нуля (*напр. в компараторе*)

Nullpunktfehler *m* 1. смещение нуля; напряжение смещения нуля (*параметр АЦП, ЦАП'а*) 2. балансная погрешность (*напр. на выходе инвертора*)

Nullpunktgitterschwingungen *f pl* колебания атомов в узлах кристаллической решётки относительно положения равновесия

Nullpunktkorrektur *f* коррекция нуля

~, **automatische** автокоррекция нуля

Nullpunktsteller *m* корректор нуля

Nullschnittkristall *m* кварц нулевого среза

Nullsetzen *n* обнуление *(напр. счётчика)*, сброс показаний, сброс в нуль

Nullspannungsschalter *m* ключ нулевого напряжения *(ключ, отпираемый в момент перехода напряжения питающей сети через нуль)*

Nullstellen *n см.* **Nullsetzen**

Nullung *f* обнуление, установка в нуль

Nullverstärker *m* нулевой усилитель

Nullzustand *m*, **0-Zustand** *m* состояние логического нуля, состояние «0»

Nur-Lese-Speicher *m* постоянное запоминающее устройство, постоянное ЗУ, ПЗУ

Nutz-Stör-Abstand *m* отношение сигнал/шум

Nutzungszeit *f*, **normale** период нормальной эксплуатации

nvn-Transistor *m* n-v-n-транзистор

NV-RAM *m* энергонезависимое ЗУПВ

n-Wanne *f* карман (с проводимостью) n-типа

n-Wannen-CMOS-Technologie *f* технология КМОП ИС с карманами n-типа, КМОП-технология с карманами n-типа

n-Wannen-Technologie *f см.* **n-Wannen-CMOS-Technologie**

nW-Bereich *m* нановаттный диапазон

n-Well-CMOS-Prozeß *m см.* **n-Wannen-CMOS-Technologie**

Nyquistfrequenz *f* частота Найквиста, минимально допустимая частота дискретизации

n-Zone *f см.* **n-Gebiet**

n⁺-Zone *f см.* **n⁺-Gebiet**

O

(111)-Oberfläche *f* кристаллографическая плоскость (111)

(110)-Oberfläche *f* кристаллографическая плоскость (110)

Oberflächenanalyse *f* поверхностный анализ

Oberflächenätzung *f* поверхностное травление

Oberflächenbehandlung *f* обработка поверхности *(напр. химическая)*

Oberflächen-CCD *n*, **Oberflächen-CCD-Bauelement** *n* ПЗС с поверхностным каналом; ПЗС с поверхностной структурой

Oberflächendefekt *m* поверхностный дефект

Oberflächendurchbruch *m* поверхностный пробой

Oberflächeneffekt *m* поверхностный эффект

Oberflächenenergieband *n* энергетическая зона поверхностных состояний

Oberflächenfeldeffekttransistor *m*, **Oberflächen-FET** *m* полевой транзистор с приповерхностным каналом

Oberflächengestalt *f* поверхностный рельеф, рельеф поверхности, топография (*полупроводниковой пластины*)

Oberflächenglättung *f* получение гладких поверхностей (*полупроводниковых пластин, кристаллов*); шлифование и полирование поверхностей (*полупроводниковых пластин*)

Oberflächenkanal *m* (при)поверхностный канал

Oberflächenkonzentration *f* поверхностная концентрация

Oberflächenkriechstrom *m* ток поверхностной утечки

Oberflächenladung *f* поверхностный заряд

Oberflächenladungsdichte *f* концентрация поверхностных зарядов

Oberflächenladungstransistor *m* поверхностно-зарядовый транзистор, транзистор с поверхностным зарядом

Oberflächenlebensdauer *f* поверхностное время жизни (*носителей*)

Oberflächenleitfähigkeit *f*, **Oberflächenleitung** *f* поверхностная проводимость

Oberflächenmontage *f* поверхностный монтаж, монтаж на поверхность

Oberflächenmontagetechnik *f* технология поверхностного монтажа

Oberflächenpassivierung *f* пассивация поверхности

Oberflächenpotentialbarriere *f*, **Oberflächenpotentialschwelle** *f*, **Oberflächenpotentialwall** *m* поверхностный потенциальный барьер

Oberflächenrauhigkeiten *f pl* микронеровности поверхности

Oberflächenraumladungszone *f* приповерхностная область пространственного заряда

Oberflächenreinigung *f* очистка поверхности; удаление поверхностных загрязнений

Oberflächenrekombination *f* поверхностная рекомбинация

Oberflächenrekombinationsgeschwindigkeit *f* скорость поверхностной рекомбинации

Oberflächenrekombinationsstromdichte *f* плотность тока поверхностной рекомбинации

Oberflächensperrschicht *f* поверхностный барьер

Oberflächensperrschicht-FET *m*, **Oberflächensperrschichttransistor** *m* поверхностно-барьерный транзистор

Oberflächenstreuung *f* поверхностное рассеяние

Oberflächenterm *m* поверхностный уровень (энергии)

Oberflächenterme *m pl*, **Tammsche** поверхностные уровни Тамма

Oberflächentransistor *m* транзистор с поверхностным зарядом

Oberflächenverunreinigung *f* загрязнение поверхности

Oberflächenwelle *f* поверхностная волна

Oberflächenwellen *f pl*, **akustische** поверхностные акустические волны, ПАВ

Oberflächenwellenbauelement *m см.* **Oberflächenwellenbauelement, akustisches**

~, **akustisches** прибор на поверхностных акустических волнах [на ПАВ], ПАВ-прибор, ПАВ-элемент

Oberflächenwellen-Convolver *m* конвольвер с линией задержки на ПАВ

Oberflächenwellenfilter *n* фильтр на ПАВ, ПАВ-фильтр

Oberflächenwellenleitung *f см.* **Oberflächenwellenleitung, akustische**

~, **akustische** поверхностный звукопровод

Oberflächenwellenverstärker *m* усилитель на поверхностных акустических волнах, усилитель на ПАВ

Oberflächenwellen-Verzögerungsleitung *f* линия задержки на ПАВ

Oberflächenwellenwandler *m*, **akustischer** преобразователь ПАВ

Oberflächenwiderstand *m* поверхностное сопротивление

~, **spezifischer** удельное поверхностное сопротивление

Oberflächenzustände *m pl* поверхностные состояния

Oberkante *f* верхняя граница, потолок (*напр. валентной зоны*)

Oberwellen *f pl* (высшие) гармоники

Oberwellenanalysator *m* гармонический анализатор, анализатор гармоник

Oberwellenfilter *n* фильтр подавления гармоник

Oberwellengenerator *m* генератор гармоник, генератор гармонического сигнала

Objekt *n* объект

~, **dreidimensionales** трёхмерный объект

Objektkode *m* объектный код

Objektmodell *n*, **räumliches** модель трёхмерного объекта

Objektmodul *m* объектный модуль

Objektprogramm *n* объектная программа

OC-Ausgang *m* выход с открытым коллектором

~, **kurzschlußfester** выход с открытым коллектором, защищённым от коротких замыканий

OC-Funktion *f* оперативная характеристика *(плана выборочного контроля)*

OC-Kennlinie *f см.* Operationscharakteristik

OC-Stufe *f* выходной каскад с открытым коллектором

OD-Eingang *m* запрещающий вход, вход запрещающего сигнала

ODER *n* схема ИЛИ; логический элемент [вентиль] ИЛИ

~, **exklusives** исключающее ИЛИ

~, **verdrahtetes** проводное [монтажное] ИЛИ

ODER-Gatter *n* логический элемент [вентиль] ИЛИ

ODER-Glied *n* элемент ИЛИ

ODER-Schaltung *f* схема ИЛИ

~, **verdrahtete** проводное [монтажное] ИЛИ

ODER-Tor *n см.* ODER-Gatter

ODER-Verknüpfung *f* (логическая) операция ИЛИ

OD-Stufe *f* выходной каскад с открытым стоком

OEIC *n* оптоэлектронная ИС

OEM-Baugruppe *f* комплектующее устройство

OEM-Hersteller *m* (фирма-)изготовитель комплексного оборудования на основе покупных комплектующих изделий, изготовитель конечной продукции

OEM-Leiterplatte *f* комплектующая плата, плата комплектующего устройства

OEM-Produkte *n pl* комплектующие изделия, комплектующие

OEM-Schaltkreise *m pl* комплектующие схемы

Off-Chip-Trimmen *n* подстройка характеристик ИС с помощью навесных резисторов

Off-Chip-Verstärker *m* навесной усилитель

Off-Chip-Widerstand *m* навесной резистор

Offen-Emitter-... *см.* Open-Emitter-...

Offen-Kollektor-... *см.* Open-Collector-...

Offenschleifenverstärkung *f* коэффициент усиления при разомкнутой цепи

Offenschleifenverstärkung

обратной связи; коэффициент усиления *(операционного усилителя)* при отключённой ОС

Off-Grid-Autorouting *n* автоматическая трассировка без сетки

Off-Grid-Routing *n* трассировка без сетки

OF-Flag *n* признак [флаг] переполнения

Off-line-Betrieb *m* автономный режим

Off-line-Kontrolle *f* автономный (технологический) контроль

Off-line-Sichtgerät *n* автономный дисплей

Off-line-Speicher *m* автономное ЗУ, автономная память

Off-line-System *n* автономная система; оперативно-недоступная система

Offset *m* смещение; напряжение смещения

Offsetabgleich *m* 1. *см.* **Offsetkompensation** 2. коррекция смещения нуля, компенсация напряжения смещения нуля *(АЦП, ЦАП)*

Offsetabgleichanschlüsse *m pl* выводы для компенсации напряжения смещения *(операционного усилителя);* входы установки нуля

Offsetabgleichschaltung *f* схема компенсации напряжения смещения

Offsetersatzspannungsquelle *f* эквивалентный источник напряжения смещения

Offsetfehler *m* напряжение смещения нуля *(параметр АЦП, ЦАП'а)*

Offsetkompensation *f* компенсация (напряжения) смещения

Offsetspannung *f* напряжение смещения

Offsetspannungsdrift *f* дрейф напряжения смещения

~, **thermische** тепловой дрейф напряжения смещения

Offsetspannungskompensation *f* компенсация напряжения смещения

Offsetsteller *m* устройство (автоматической) коррекции смещения нуля

Offsetstrom *m* ток смещения

Offsetverhalten *n* поведение *(напр. операционного усилителя)* при наличии смещения

OFW-Bauelement *n см.* **Oberflächenwellenbauelement**

OFW-Convolver *m см.* **Oberflächenwellen-Convolver**

OFW-Filter *n см.* **Oberflächenwellenfilter**

Oktal-Latch *m* 8-разрядная защёлка, 8-разрядный регистр-защёлка

On-Chip-Oszillator *m* встроенный генератор, генератор, расположенный на кристалле

On-Chip-Prozessor *m* встроенный микропроцессор, микропроцессор, интегрированный в кристалле

On-Chip-Referenz *f* встроенный источник опорного напряжения

On-Chip-ROM *m* встроенное ПЗУ, ПЗУ, интегрированное в кристалле

On-Chip-Speicher *m* встроенное ЗУ, ЗУ, интегрированное в кристалле

On-Chip-Taktgenerator *m* встроенный тактовый генератор

On-Chip-Trimmen *n* подгонка номиналов резисторов (непосредственно) на кристалле ИС

On-Chip-Verbindung *f* межсоединение на кристалле

On-Chip-Verstärker *m* встроенный усилитель, усилитель, расположенный на кристалле

On-Chip-Widerstand *m* интегральный резистор

On-Grid-Routing *n* трассировка по сетке

On-line-Betrieb *m* оперативный режим

On-line-Kontrolle *f* технологический контроль непосредственно на линии

On-line-Speicher *m* память, работающая под управлением центрального процессора; оперативно-доступная память

On-line-Steuerung *f* управление в оперативном режиме

On-line-System *n* оперативно-доступная система

ONO-Schicht *f* слой SiO_2-Si_3N_4-SiO_2, оксидно-нитридно-оксидный слой, ОНО-слой

On-The-Fly-Funktion *f* выполнение операций «на лету»

Op-Amp *m*, **OpAmp** *m* операционный усилитель, ОУ

Open-Collector-Ausgang *m* выход с открытым коллектором

Open-Collector-Gate *n*, **Open-Collector-Gatter** *n* вентиль с открытым коллектором

Open-Collector-Stufe *f* каскад (с выходом) с открытым коллектором

Open-Drain-Ausgang *m* выход с открытым стоком

Open-Drain-Treiber *m* формирователь (на МОП-каскаде) с открытым стоком

Open-Emitter-Ausgang *m* выход с открытым эмиттером

Open-Kollektor... *см.* **Open-Collector...**

Open-loop-Verstärkung *f см.* **Offenschleifenverstärkung**

Operand *m* операнд

Operationscharakteristik *f* оперативная характеристика *(плана выборочного контроля)*, ОУ

Operationsverstärker *m* операционный усилитель, ОУ

~, **bipolarer** ИС операционного усилителя на биполярных транзисторах

~, **chopperstabilisierter** стабилизированный операционный усилитель с прерывателем (сигнала)

~, **gegenkoppelter** операционный усилитель, охваченный цепью (отрицательной) ОС

~, **glitchfreier chopperstabilisierter** помехоустойчивый стабилизированный операционный усилитель с прерывателем (сигнала)

~, **idealer** идеальный операционный усилитель

~, **integrierter** ИС операционного усилителя, интегральнный ОУ

~, **monolithischer** интегральный операционный усилитель; полупроводниковая ИС операционного усилителя

~, **rauscharmer** малошумящий операционный усилитель

Optik *f*, **integrierte** интегральная оптика; интегральная оптоэлектроника

Optikplatte *f см.* **Optoplatte**

Option *f* 1. дополнительный блок *(по желанию заказчика или покупателя)* 2. вариант; версия; (факультативная) возможность; опция 3. факультативное средство

Optoarray *n*, **Opto-Array** *n* оптоэлектронная матрица

Optobauteil *n* оптоэлектронный компонент

Optochip *m* кристалл оптоэлектронной ИС; оптоэлектронная ИС

Opto-Datenplatte *f* оптический диск для записи данных

Optoelektronik *f* оптоэлектроника

~, **integrierte** интегральная оптоэлектроника

optoentkoppelt с оптронной развязкой

Optoentkopplung *f* оптронная развязка; узел оптронной развязки

Optohalbleiter *m* оптоэлектронный полупроводниковый прибор

Opto-IC *n* оптоэлектронная ИС

optoisoliert *см.* **optoentkoppelt**

Optoisolierung *f* оптронная развязка

Optokoppler *m* оптопара; оптрон

~, **integrierter** интегральная оптопара

Optokopplung *f* оптронная связь

Optoplatte *f* оптический диск (для записи данных)

Opto-ROM *m* оптоэлектронное ПЗУ

Optosensor *m* оптоэлектронный датчик

Optotastatur *f* оптическая клавиатура

Optotaste *f* оптическая клавиша

Optothyristor *m* фототиристор

Optotransistor *m* оптотранзистор

Optron *n* оптрон

Optronik *f* оптроника; оптоэлектроника

OPV *m*, **OP-Verstärker** *m* операционный усилитель, ОУ

Orangenhaut *f*, **Orangenschaleneffekt** *f* дефект типа «апельсиновая корка»

Organigramm *n* органиграмма, организационно-структурная схема

OR-Gate *n*, **OR-Gatter** *n* логический элемент [вентиль] ИЛИ

Orgware *f* оргтехника

Orientierung *f* ориентация

Orientierungsfehler *m* разориентация *(напр. подложки)*

Original *n* оригинал

Originalmaske *f см.* **Originalschablone**

Originalmuster *n* рисунок оригинала; оригинал

Originalschablone *f* эталонный фотошаблон

Originalvorlage *f* 1. оригинал; фотооригинал 2. фототрафарет *(для получения толстопленочных ГИС)*

Ortskurve *f* годограф

Oszillator *m* генератор; осциллятор

~, **freischwingender** несинхронизируемый генератор; автономно работающий генератор

~, **freilaufender** автономно работающий генератор

~, **injektionsgelockter** генератор с внешней синхронизацией

~ **mit indirekter Synchronisation** *см.* **Oszillator, phasenstarrer**

~, **parametrischer subharmonischer** параметрический генератор субгармоник

~, **phasenstarrer** параметрон

~, **quarzgesteuerter** кварцованный генератор, генератор с кварцевой стабилизацией частоты

~, **selbsterregter** автогенератор, генератор с самовозбуждением

~, **spannungsgesteuerter** генератор, управляемый напряжением, ГУН

~, **stromgesteuerter** генератор, управляемый током

~, **symmetrischer** балансный генератор

Oszillatorgrenzfrequenz

Oszillatorgrenzfrequenz *f* максимальная частота генерации, максимальная частота усиления (по) мощности

OTA *m* операционный усилитель тока, управляемого напряжением, операционный усилитель напряжение/ток

OTP-EPROM *m* стираемое ППЗУ с однократным программированием

OTP-IC *n* ИС однократного программирования

OTP-ROM *m* ПЗУ с однократным программированием

Output *n англ.* 1. выход; вывод 2. выходной сигнал 3. выходная мощность

Output Enable *англ.* разрешающий вход

Overlaykapazität *f* ёмкость перекрытия

Overlaystruktur *f* оверлейная структура

Overlaytransistor *m* многоэмиттерный СВЧ-транзистор

Oversampling *n* супердискретизация, выборка с запасом по частоте дискретизации

Overshooting *n* перерегулирование

Ovonic *n*, **Ovonic-Bauelement** *n* элемент Овшинского

Ovonic-Glas *n см.* **Ovschinsky-Glas**

Ovonics *n pl* элементы Овшинского

Ovonic-Speicher *m* память [ЗУ] на элементах Овшинского

Ovshinsky-Effekt *m* эффект Овшинского

Ovshinsky-Glas *n* стёкла Овшинского, многокомпонентные аморфные халькогенидные стёкла

Oxid *n* оксид, окисел

~, **dickes** толстый оксидный слой

~, **dünnes** тонкий оксидный слой

~, **thermisches** термически выращенный оксид

Oxidation *f* окисление, оксидирование

Oxiddefektdichte *f* плотность дефектов оксидного слоя; плотность дефектов SiO_2-слоя

Oxiddefekte *m pl* дефекты оксидного слоя; дефекты SiO_2-слоя

Oxiddicke *f* толщина оксидного слоя; толщина слоя SiO_2

Oxidduffusionsmaske *f* оксидная маска для (локальной) диффузии

Oxiddurchbruch *m* пробой оксидной изоляции *(затвора МОП-транзистора)*; пробой оксидного слоя

Oxidfenster *n* окно в оксидном слое

Oxid-Grabenisolation f изоляция канавками, заполненными оксидом

Oxidhalbleiter m оксидный полупроводник

Oxidisolation f изоляция оксидом [оксидным слоем], оксидная изоляция

Oxidisolationskante f край изолирующего оксидного слоя

Oxid-Isolations-Logik f логические схемы с оксидной изоляцией

Oxid-Isolationsprozeß m изоляция (*элементов ИС*) оксидом [оксидным слоем]

Oxidisolationsschicht f изолирующий оксидный слой; изолирующий слой, слой SiO_2

oxidisoliert с оксидной изоляцией, изолированный оксидом [оксидным слоем]

Oxidkeramik f оксидная керамика, керамика на основе оксидов

Oxidmaske f оксидная маска; SiO_2-маска

Oxidmaskenmethode f метод защиты подложки оксидным слоем; оксидное маскирование

Oxidmaskierung f оксидное маскирование; защита оксидным слоем

Oxid-Nitrid-Maskierung f маскирование оксидом и нитридом кремния, оксидно-нитридное маскирование

Oxidpassivierung f оксидная пассивация, пассивация слоем оксида

Oxidreaktor m реактор для плазменного оксидирования

Oxidschicht f оксидный [окисный] слой, слой оксида; слой SiO_2

Oxidschichtdicke f *см.* **Oxidschichtstärke**

Oxidschichtkapazität f ёмкость оксидного слоя

Oxidschichtstärke f толщина оксидного слоя

Oxidstufe f оксидная ступенька, ступенька в оксидном слое

Oxidüberätzung f перетравливание оксидного слоя

Oxidüberhang m нависающий край оксидного слоя

Oxidwachstum n выращивание оксида; наращивание оксидного слоя

Oxidwand f оксидированная боковая стенка

OXIL f логические схемы с оксидной изоляцией

OXIM-Technik f технология (изготовления) полупроводниковых ИС с изолирующим оксидным слоем [с оксидной изоляцией]

Oxinitridprozeß m (комбинированная) изоляция оксидом и нитридом кремния

Oxydation f окисление, оксидирование

Oxydation

~, **anodische** анодное окисление *(кремния)*; анодирование

~, **lokale** локальное окисление

~, **selektive** избирательное окисление

~, **thermische** термическое [высокотемпературное] окисление

Oxydationsgeschwindigkeit *f* скорость окисления

Oxydationsmedium *n* окислительная среда

Oxydationsmittel *n* окислитель

Oxydierung *f см.* **Oxydation**

P

Paarbildung *f*, **Paarerzeugung** *f* рождение [образование, генерация] электронно-дырочных пар

Packungsdichte *f* плотность упаковки; плотность монтажа

Pad *n* 1. контактная площадка 2. столбиковый контакт, контактный столбик

Pad-Grid-Array *n* матрица штырьковых выводов

Pad-Grid-Gehäuse *n* плоский корпус с матрицей штырьковых выводов

PAD-Transistor *m* транзистор, полученный методом послесплавной диффузии

Page-Mode *m*, **Page-Modus** *m* страничный режим *(режим постраничного считывания или постраничной записи)*

Paging *n* подкачка [замещение] страниц, страничный обмен

Paketmodul *m* пакетированный модуль

Paketvermittlung *f* пакетная коммутация, коммутация пакетов

Paketvermittlungsnetz *n* сеть с коммутацией пакетов

PAL *f* программируемая матричная логика, ПМЛ; ПМЛ-схемы, программируемые матричные БИС

p-Alg-MOS *f см.* **p-Kanal-Aluminium-Gate-MOS-Technologie**

Palladium-Palladiumoxid *n* система «палладий - оксид палладия»

PAL-Schaltkreise *m pl* программируемые матричные БИС, ПМЛ-схемы

Pan-Funktion *f* горизонтальная прокрутка *(изображения на экране дисплея)*; возможность горизонтальной прокрутки

Panning *n* 1. панорамирование 2. горизонтальная прокрутка *(изображения на экране дисплея)*

p-Anreicherungs-MOS-Transistor *см.* **p-Kanal-Anreicherungs-MOSFET**

Papiertransport *m см.* **Papiervorschub**

Papiervorschub *m* подача [протяжка] бумаги; протяжка бумажной ленты

~, **schneller** прогон бумаги; продёргивание бумаги

Papiervorschubwerk *n* механизм протяжки бумаги

Parallelabfragespeicher *m* (ассоциативное) ЗУ с параллельным доступом

Parallel-ADC *m см.* **Parallel-A/D-Wandler**

Paralleladdierer *m* сумматор параллельного действия, параллельный сумматор

~ **mit seriellem Übertrag** сумматор со сквозным [с последовательным] переносом

Parallel-A/D-Wandler *m* параллельный АЦП

Parallelausgabekanal *m* канал параллельного вывода (данных)

Parallelausgang *m* выход (*напр. АЦП*) с обратной связью по напряжению

Parallelbeleuchtung *f* освещение коллимированным пучком

Parallelbetrieb *m* параллельный режим работы

Parallelcode *m* параллельный код

Parallel-DAU *m* параллельный ЦАП

Paralleleingang параллельный вход

Parallel-Faltungs-Verfahren *n* параллельный метод аналого-цифрового преобразования с (прямой) логической свёрткой

Parallelimpedanz *f* полное сопротивление параллельной цепи [параллельных цепей]

Parallel-Kaskaden-Verfahren *n* параллельно-последовательный метод аналого-цифрового преобразования

Parallelkode *m см.* **Parallelcode**

Parallelreduktion *f* параллельное преобразование данных в режиме реального времени

Parallelregler *m* стабилизатор (напряжения) параллельного типа

Parallelrückkopplung *f* обратная связь со сложением токов

Parallel-Serien-Wandler *m* параллельно-последовательный преобразователь

Parallelübertrag *m* ускоренный перенос

Parallelumsetzungsverfahren *n* метод параллельного преобразования

Parameter *m* параметр

~, **frequenzabhängiger** частотно-зависимый параметр

Parameterdrift *f* уход параметров

Parameterstreuung *f* разброс параметров

Parasitärelement

Parasitärelement *n* паразитный элемент

Parität *f* чётность

Partitionieren *n*, **Partitionierung** *f* разбиение *(системы на функциональные модули)*, декомпозиция (системы)

Passivierschicht *f* пассивирующий слой

Passivierung *f* пассивация *(поверхности)*

Passivierungsschicht *f см.* **Passivierschicht**

Paßkreuz *n* следящее перекрестие

Paßmarke *f* знак совмещения

Paßstift *m* установочный [ориентирующий] штырёк

Paßwort *n* пароль

Paste *f* паста

~, **leitfähige** проводниковая паста

Pastenhaftung *f* адгезия пасты *(к подложке)*

Pastenlagergerät *n* установка хранения паст *(для толстопленочных ГИС)*

Pastenzusammensetzung *f* состав [композиция] пасты

Patronengehäuse *f* корпус патронного типа

Patterngenerator *m* 1. генератор изображений (фотошаблонов) 2. генератор тестовых структур *(напр. для контроля параметров ИС в процессе их изготовления)*

~, **algorithmischer** алгоритмический генератор тестовых структур

Pauli-Prinzip *n* принцип запрета Паули

Pausendauer *f* интервал между импульсами

p-Basis *f* база (с проводимостью) p-типа *(биполярного транзистора с п - р - п-структурой)*, p-база

p-Basisdiffusion *f* базовая p-диффузия, диффузия (для формирования) базы p-типа

p-Basisgebiet *n* базовая область (с проводимостью) p-типа

p-Bereich *m см.* **p-Gebiet**

PbS-Widerstand *m* резистор из сульфида свинца, PbS-резистор

PBT *m* транзистор с проницаемой базой

PC *m* I *см.* **Personalcomputer**

PC *n* II печатная схема

PCB-Entflechtung *f* трассировка печатных плат

PCB-Layout *n* 1. топология печатных плат 2. разработка топологии печатных плат

PC-board *m*, **PC-Board** *m* печатная плата

PCCD *n* перистальтический ПЗС

P²CCD *n см.* **PPCCD**

P²CCD-Element *n см.* **PPCCD**

PCD *n* прибор с плазменной связью

P²CMOS *f* 1. КМОП-структура с двумя уровнями поликристаллического кремния, П²КМОП-структура 2. технология КМОП-транзисторов с двумя уровнями поликристаллического кремния, П²КМОП-технология

PCM-Prozessor *m* ИКМ-процессор

PCM-Recorder *m* цифровой магнитофон, магнитофон с цифровой системой записи и воспроизведения

PCM-Signal *n* ИКМ-сигнал, сигнал импульсно-кодовой модуляции

PCVD-Prozeß *m* плазмохимический метод осаждения, плазмохимическое осаждение, химическое осаждение из газовой [паровой] фазы с плазменным стимулированием

PCW-Laser *m* плосковыпуклый световодный лазер

PC-Workstation *f* автоматизированное рабочее место [АРМ] на персональной ЭВМ

PDA-Transistor *m* диффузионно-сплавной транзистор

p-Dichte *f* концентрация акцепторной примеси

p-Diffusion *f* диффузия акцепторной примеси [примеси *p*-типа]

p-Dotieren *n* легирование акцепторной примесью [примесью *p*-типа]

p-dotiert легированный акцепторной примесью [примесью *p*-типа]

p-Dotierung *f* 1. легирование акцепторной примесью [примесью *p*-типа] 2. концентрация акцепторной примеси

pd-Produkt *m* произведение мощность - задержка, работа переключения (*параметр логических элементов*)

PDP-Wert *m* произведение мощность - задержка, работа переключения (*параметр логических элементов*)

PEA *f* устройство связи с объектом, УСО

Peak-Detektor *m* пиковый детектор

PEBL *f* установка электронно-лучевой литографии с управлением от ЭВМ

PED-Verfahren *n* метод протонно-стимулированной диффузии

PEEL-Baustein *m* электрически программируемый (и стираемый) компонент

Pegel *m* уровень; 0-~ уровень логического нуля; уровень «0», 1-~ уровень логической единицы, уровень «1»

~, **logischer** логический уровень

Pegelanpassung *f* согласование уровней напряжения

Pegelerkennung

Pegelerkennung *f* распознавание уровней

Pegelfreigabesignal *n* сигнал разрешающего уровня

pegelgesteuert, pegelgetriggert синхронизируемый уровнем *(напр. о триггере)*; управляемый уровнем [по уровню] сигнала

Pegelgrenze *f* предельнодопустимый уровень напряжения

Pegel-Quantisierung *f* квантование по уровню

Pegelschwelle *f* пороговый (логический) уровень

Pegelsteuerung *f* синхронизация *(напр. триггера)* уровнем; управление по уровню сигнала

Pegelumsetzer *m* преобразователь (логического) уровня; схема сдвига уровня; транслятор уровня

Pegelumsetzung *f* преобразование (логического) уровня; сдвиг уровня

Pegelverschiebeschaltung *f* схема сдвига уровня

Pegelverschiebung *f* сдвиг уровня

Pegelwandler *m см.* **Pegelumsetzer**

Peirce-Element *n* элемент ИЛИ - НЕ

p⁺-Elektrode *f* электрод p⁺-области, p⁺-электрод

Peltier-Effekt *m* электротермический эффект Пельтье, эффект Пельтье

Peltier-Element *n* элемент Пельтье, фригистор

PEM-Effekt *m* фотомагнитоэлектрический эффект

Penplot *n* кривая, вычерченная перьевым графопостроителем

Pen-Plotter *m* перьевой графопостроитель

p-Epitaxieschicht *f* эпитаксиальный *p*-слой, эпитаксиальный слой (с проводимостью) *p*-типа

PEP-Technik *f* планарно-эпитаксиальная технология

Performance *f* рабочая характеристика; рабочие характеристики; производительность

Periodendauer *f* период повторения [следования] импульсов

Periodizität *f* периодичность *(кристаллической решётки)*

Peripherie *f* периферийные [внешние] устройства

~, **erste** периферийные устройства, работающие на линии с ЭВМ *(внешние ЗУ, устройства ввода-вывода)*

~, **grafische** периферийные графические устройства

~, **zweite** периферийные устройства подготовки данных

Peripherieanschluß *m* устройство сопряжения с периферийным оборудованием

Peripherie-Apparatur *f* периферийное оборудование

Peripheriebausteine *m pl* периферийные модули

Peripheriebeschaltung *f* периферийные элементы; периферийные схемы

Peripheriebus *m* периферийная шина

Peripheriegeräte *n pl* периферийные [внешние] устройства, периферийное оборудование

Peripherie-IC *n* периферийная ИС

Peripheriekanal *m* канал связи с периферийными устройствами

Peripherieprozessor *m* периферийный процессор

Peripherieregister *n* регистр периферийного устройства

Peripherieschnittstelle *f* интерфейс периферийных устройств

Peripherieschnittstellenadapter *m* адаптер периферийного интерфейса, адаптер сопряжения с периферийными устройствами

Peripherietreiber *m* периферийная ИС формирователя

Perkussionsschweißen *n* микросварка давлением

Permalloy-Sensor *m* пермаллоевый датчик

Permeabilität *f* магнитная проницаемость

Permeable-Base-Transistor *m* транзистор с проницаемой базой

Personalcomputer *m* персональный компьютер, ПК, персональная ЭВМ, ПЭВМ

Pfad *m*, **leitender** токопроводящая дорожка

PFI-Modus *m* работа *(фотоприемника)* в режиме интегрирования фотонного потока

PGA *n* 1. программируемая матрица логических элементов, программируемая вентильная матрица 2. матрица штырьковых выводов

p-Ga-As-Gebiet *n* *p*-GaAs-область, *p*-GaAs-слой, слой арсенида галлия *p*-типа

PGA-Fassung *f* плоский корпус с матрицей штырьковых выводов

PGA-Sockel *m* панелька (для ИС в корпусе) с матрицей штырьковых выводов

p-Gate *n* управляющий электрод *p*-типа

p-Gate-Thyristor *m* тиристор с управляющим электродом *p*-типа

p-Gebiet *n* область *p*-типа, *p*-область, область с проводимостью *p*-типа [с дырочной проводимостью]

p^+-Gebiet *n* область p^+ - типа, p^+ - область

p-Germanium *n* германий (с проводимостью) *p*-типа

p-Halbleiter *m* полупроводник *p*-типа, дырочный полупроводник

p-Halbleiterplättchen *n* кристалл полупроводниковой ИС с проводимостью *p*-типа

Phantom-AND *n* фантомная схема И

Phantomkreis *m* фантомная схема

Phantom-OR *n* фантомная схема ИЛИ

Phantomschaltkreis *m см.* **Phantomkreis**

Phase *f* фаза

~, **cholesterinische** холестерическая фаза *(жидкого кристалла)*

~, **nematische** нематическая фаза *(жидкого кристалла)*

~, **smektische** смектическая фаза *(жидкого кристалла)*

Phase-Locked Loop *n англ.* фазовая автоподстройка частоты, ФАПЧ; система фазовой автоподстройки частоты, система ФАПЧ

Phasenanschnittschaltung *f* система импульсно-фазового управления, СИФУ

Phasenanschnitt-Steuersystem *n* система импульсно-фазового управления, СИФУ

Phasenanschnittsteuerung *f* фазовое управление; система импульсно-фазового управления, СИФУ

Phasen-Array-Radar *n* РЛС с фазированной антенной решеткой

Phasenaufspaltestufe *f* фазорасщепитель

3-Phasenbetrieb *m* режим трёхфазного управления (ПЗС)

3-Phasenbetrieb *m* трёхтактное питание *(ПЗС)*; режим трёхфазного управления *(ПЗС)*

Phasendetektor *m*, **Phasendiskriminator** *m* фазовый детектор, фазовый демодулятор

Phasendreher *m* фазовращатель

Phasendrehung *f* фазовый сдвиг, сдвиг фазы [по фазе]

Phasenentzerrer *m* схема фазовой коррекции; блок фазовой коррекции

Phasenentzerrung *f* фазовая коррекция, коррекция фазовых искажений

Phasenfrequenzgang *m см.* **Phasengang**

Phasengang *m* фазочастотная характеристика

Phasengrenze *f* граница [поверхность] раздела фаз; граница фаз *(в структуре ИС)*

Phasengrenzzfläche *f* поверхность раздела фаз

Phasenhub *m* фазовый сдвиг, фазовый угол *(величина изменения фазы колебания при фазовой модуляции)*

Phasenjitter *m* фазовое дрожание *(фронтов импуль-*

Phasenkomparator *m* фазовый компаратор

Phasenkompensationsnetzwerk *n* схема фазовой коррекции

Phasenlage *f* положение по фазе

Phasenlaufzeit *f* задержка по фазе

Phasenleitung *f* фазовая [тактовая] шина *(в ПЗС)*

Phasenmaß *n* фазовая постоянная *(четырёхполюсника)*

Phasenrand *m см.* **Phasensicherheit**

Phasenregelkreis *m* система фазовой автоподстройки частоты, система ФАПЧ

Phasenschieber *m* фазовращатель; фазосдвигающая цепь

Phasenschieber-Oszillator *m* генератор с фазовращателем

Phasensicherheit *f* запас устойчивости по фазе

Phasensplitter *m* фазорасщепитель

Phasensteilheit *f* крутизна фазовой характеристики

Phasenteiler *m*, **Phasenteilerschaltung** *f* фазорасщепитель, схема фазорасщепления, схема расщепления фазы

Phasenteilerstufe *f* фазорасщепляющий каскад

Phasenumkehrschaltung *f* фазоинвертирующая схема

Phasenumkehrstufe *f* фазоинвертор

Phasenverschiebung *f* фазовый сдвиг, сдвиг фазы [по фазе]

Phasenverzögerung *f* задержка по фазе

Phenolharz *n* фенольная смола

Phonoautomat *m* проигрыватель с автоматическим управлением

Phonon *n* фонон

Phononen-Drag *m* увлечение носителей (заряда) фононами, фононное увлечение

Phononengas *n* фононный газ, газ фононов

Phononenprozesse *m pl* процессы рассеяния носителей (заряда) на тепловых [акустических] колебаниях решётки *(с поглощением фононов)*

Phononenstreuung *f* рассеяние носителей (заряда) на тепловых [акустических] колебаниях решётки

Phosphorsilikatglas *n* фосфоросиликатное стекло

Photo... *см.* **Foto...**

Photon *n* фотон

PIA *m* адаптер периферийного интерфейса

PIC *m* программируемый контроллер прерываний, ПКП

PIC *n* мощная ИС

Pick-and-Place-Bestückung *f* последовательный монтаж *(метод поверхностного монтажа с последовательным захватыванием и позиционированием монтируемых элементов)*

Pick-and-Place-Kopf *m* головка захватывания и позиционирования *(в установке последовательного монтажа)*

Pick-and-Place-Prinzip *n* принцип последовательного монтажа

Pick-and-Place-System *n* установка последовательного монтажа

Picker *m* указка, устройство указания

Pick-Funktion *f* указание *(элемента изображения или сегмента в машинной графике)*

PID-Diode *f* лавинно-ключевой диод

Piepton *m* звуковой сигнал

Piezoachse *f* пьезоэлектрическая ось

Piezodiode *f* тензодиод

Piezoeffekt *m* пьезоэлектрический эффект, пьезоэффект

Piezo-FET *m* полевой пьезотранзистор

Piezofilter *n* пьезоэлектрический фильтр

Piezokristall *m* пьезокристалл, пьезоэлектрический кристалл

Piezoquarz *m* пьезокварц, кварцевый резонатор

piezoresistiv тензорезистивный, пьезорезистивный

Piezotransistor *m* пьезотранзистор

Piezowiderstand *m* тензорезистор

PIGFET *m* *p*-канальный МОП-транзистор

Pikoprozessor *m* пикопроцессор, процессор с пикосекундным быстродействием

Pille *f* таблетка *(легирующей примеси)*

Pin *n* штырьковый вывод *(напр. корпуса ИС)*; контактный штырёк

Pin-Abstand *m* расстояние между штырьковыми выводами

Pinbelegung *f* расположение выводов *(корпуса)*; распайка выводов

Pincheffekt *m* пинч-эффект; сжатие плазмы, самостягивание плазменного шнура

Pinch-Entladung *f* самостягивающийся разряд

pinch-in-Effekt *m* токовое смещение *(изменение плотности тока базы вдоль перехода эмиттер-база биполярного транзистора)*

pinch-off-Effekt *m* отсечка *(перекрытие проводящего канала полевого транзистора)*

pinch-off-Spannung *f* напряжение отсечки *(полевого транзистора)*

pinch-off-Strom *m* ток отсечки

pin-Diode *f*, **PIN-Diode** *f* p-i-n-диод, диод с p-i-n-структурой

Pin-Fassung *f* (плоский) корпус *(ИС)* с штырьковыми выводами

Pinfeld *n* см. Pinkarte

pin-Flächenfotodiode *f* плоскостной p-i-n-фотодиод

pin-Fotodiode *f*, **PIN-Fotodiode** *f* p-i-n-фотодиод, фотодиод с p-i-n-структурой

Pin-Gitter-Anordnung *f* см. **Pin-Grid-Array**

pin-Gleichrichterdiode *f*, **PIN-Gleichrichterdiode** *f* выпрямительный p-i-n-диод

Pin-Grid-Array *n* матрица штырьковых выводов

Pin-Grid-Array-Gehäuse *n* плоский корпус с матрицей штырьковых выводов, матричный корпус

Pin-Grid-Array-Sockel *m* панелька (для ИС в корпусе) с матрицей штырьковых выводов

Pin-Grid-Gehäuse *n* плоский корпус с матрицей штырьковых выводов, матричный корпус

Pinhole *n* микроотверстие, прокол

Pinhole-Dichte *f* плотность микроотверстий

pin-Isolation *f* изоляция p-i-n-структурами

Pinkarte *f* плата с (микро)отверстиями для контактных штырьков

pin-kompatibel совместимый по выводам [по разводке выводов, по разъёмам]

Pin-Kompatibilität *f* совместимость по выводам [по разводке выводов, по разъёмам]

pinlos безвыводной

Pinning *n* 1. расположение выводов *(корпуса ИС)*; разводка выводов *(корпуса ИС)* 2. пиннинг *(зацепление или закрепление вихрей магнитного потока на неоднородностях сверхпроводника)*

Pinningzentrum *n* центр пиннинга

PINO-Element *n* p-i-n-o-элемент *(на транзисторе и туннельном диоде)*

Pinout *n* разводка выводов *(корпуса ИС)*; наружные выводы *(корпуса ИС)*

p-Insel *f* островок p-типа; карман p-типа

Pintreiber *m* драйвер вывода

pin-Übergang *m* p-i-n-переход

p-Inversionsschicht *f* p-инверсионный слой

Pin-zu-Pin-Kapazität *f* междуштырьковая ёмкость

PIO-Baustein *m* устройство параллельного ввода-вывода; контроллер параллельного ввода-вывода

PIO-Einheit *f* устройство параллельного ввода-вывода

PIO-Port *m* порт параллельного ввода-вывода

PIO-Schaltkreis *m* ИС устройства [блока] параллельного ввода-вывода; ИС контроллера параллельного ввода-вывода

PIO-Schnittstelle *f* интерфейс параллельного ввода-вывода

Pipeline *f* 1. конвейер 2. конвейерный регистр

Pipeline-Arbeitsweise *f* конвейерный режим

Pipeline-Ausführung *f* конвейерное выполнение *(команд)*

Pipeline-Betrieb *m см.* **Pipeline-Arbeitsweise**

Pipelineprozessor *m* конвейерный процессор

Pipeline-Struktur *f* конвейерная архитектура

Pipes *pl англ.* «трубки» *(дефект поверхностного слоя интегральных структур)*

p-Isolationsgebiet *n* изолирующая [разделительная] p-область

p$^+$-Isolationsrahmen *m* охранная p^+ - область

p-Isolationsschicht *f* изолирующий p-слой

Pitch *n англ.* 1. диапазон 2. высота тона 3. основной тон *(речевого сигнала)* 4. шаг

PIT-Schaltkreis *m* БИС программируемого интервального таймера, БИС ПИТ, ПИТ

pi-Übergang *m* p - i-переход

Pixel *n* элемент изображения; элемент отображения

Pixelfrequenz *f* частота (вывода) элементов графических изображений *(на экран дисплея)*

Pixel-Grafik *f* графика с поэлементным формированием изображения

Pixeltakt *m см.* **Pixelfrequenz**

p-JFET *m см.* **p-Kanal-Feldeffekttransistor**

p-Kanal *m* канал (с проводимостью) p-типа, p-канал

p-Kanal-Aluminium-Gate-MOS-Technologie *f* технология p-канальных МОП ИС с алюминиевыми затворами

p-Kanal-Anreicherungs-MISFET *m*, **p-Kanal-Anreicherungstransistor** *m* МДП-транзистор с каналом p-типа, работающий в режиме обогащения

p-Kanal-Anreicherungs-MOSFET *m* МОП-транзистор с каналом p-типа, работающий в режиме обогащения

p-Kanal-Anreicherungstyp *m см.* **p-Kanal-Anreicherungs-MISFET**

p-Kanal-Feldeffekttransistor *m* p-канальный полевой транзистор, полевой транзистор с каналом p-типа

p-Kanal-FET *m см.* **p-Kanal-Feldeffekttransistor**

p-Kanal-Isolierschicht-FET *m см.* **p-Kanal-MISFET**

p-Kanal-JFET *m* p-канальный полевой транзистор с p - n-переходом

p-Kanal-Metall-Gate-Technologie *f* технология p-канальных МОП-приборов с металлическими затворами

p-Kanal-MISFET *m* p-канальный МДП-транзистор, МДП-транзистор с каналом p-типа

p-Kanal-MOS-Anreicherungs-IFET *m* МОП-транзистор с каналом p-типа, работающий в режиме обогащения

p-Kanal-MOSFET *m* p-канальный МОП-транзистор, МОП-транзистор с каналом p-типа, p-МОП-транзистор

p-Kanal-MOS-LSI-Technik *f* технология МОП БИС с каналом p-типа

p-Kanal-MOS-Speicherzelle *f* запоминающая ячейка на МОП-транзисторе с каналом p-типа

p-Kanal-MOS-Technik *f см.* **p-MOS-Technik**

p-Kanal-MOS-Technologie *f см.* **p-MOS-Technik**

p-Kanal-MOS-Transistor *m* p-канальный МОП-транзистор, МОП-транзистор с каналом p-типа

p-Kanal-SFET *m* p-канальный полевой транзистор с p - n-переходом

p-Kanal-Si-Gate-FET *m* p-канальный МОП-транзистор с поликремниевым затвором

p-Kanal-Si-Gate-Technik *f,* **p-Kanal-Silicongate-Technologie** *f* технология p-канальных МОП-транзисторных ИС с (самосовмещёнными) поликремниевыми затворами

p-Kanal-Technik *f* технология p-канальных МОП-приборов; технология p-канальных МОП-транзисторов

p-Kanal-Technologie *f см.* **p-Kanal-Technik**

p-Kanal-Transistor *m* p-канальный транзистор, транзистор с каналом p-типа

p-Kanal-Typ *m* p-канальный прибор; p-канальный транзистор

p-Kanal-Verarmungs-MISFET *m,* **p-Kanal-Verarmungstyp** *m* МДП-транзистор с каналом p-типа, работающий в режиме обеднения

p-Kanal-Verarmungs-MOS-FET *m* МОП-транзистор с каналом *p*-типа, работающий в режиме обеднения

p-Kanal-VFET *m* вертикальный полевой транзистор с каналом *p*-типа

p-Karte *f* контрольная карта числа дефектных единиц продукции [числа дефектных изделий] *или* числа дефектов

p⁺-Kontakt *m* *p*⁺ - контакт, контакт *p*⁺ - области

p⁺-Kontaktgebiet *n* контактная *p*⁺ - область

PLA *n* программируемая логическая матрица, ПЛМ

Placement *n см.* **Plazierung**

p-Ladungsträger *m pl* дырки - носители заряда

planar планарный

Planar-Diffusions-Technik *f* диффузионно-планарная технология

Planardiode *f* планарный диод

Planarepitaxialtechnik *f*, **Planar-Epitaxie-Technik** *f* планарно-эпитаксиальная технология

Planarfilmspeicher *m* ЗУ на плоских магнитных плёнках

Planargeometrie *f* планарная геометрия

Planar-HF-Plasmaätzer *m* высокочастотный планарный реактор для плазменного травления

Planarisierung *f* планаризация; создание планарной структуры

Planarisierungseffekt *m* эффект планаризации

Planarisierungsschicht *f* планаризующий слой, слой для выравнивания поверхности

Planarleitergehäuse *n* корпус с планарными выводами

Planarlichtleiter *m* плоский световод

Planar-MOSFET *m* планарный МОП-транзистор

Planarplasmaätzanlage *f* планарный реактор для плазменного травления, реактор с плоскими электродами для плазменного травления, плазменный реактор с плоскими электродами

Planarprozeß *m см.* **Planartechnik**

Planarreaktor *m* планарный реактор

Planarschaltdiode *f* планарный переключательный диод

Planar-Sperrschichtfeldeffekttransistor *m* планарный полевой транзистор с *p* - *n*-переходом

Planarstruktur *f* планарная структура

Planartechnik *f* планарная технология

Planartechnologie *f см.* **Planartechnik**

Planartransistor *m* планарный транзистор

~, **ionenimplantierter** планарный транзистор с ионно-имплантированной базой

Planarwiderstand *m см.* **Planistor**

Planigrafie *f* томография

Planistor *m* плоский резистор

PLANOX-Maskentechnologie *f см.* **PLANOX-Verfahren**

PLANOX-Verfahren *n* технология МДП ИС с защитным оксидным слоем на поверхности подложки, «Планокс»-технология, «Планокс»-процесс

Plasmaanzeige *f* плазменный [газоразрядный] индикатор; плазменная [газоразрядная] индикаторная панель, ГИП

Plasmaanzeigefeld *n*, **Plasmaanzeigetafel** *f* плазменная [газоразрядная] индикаторная панель, ГИП

Plasmaätzanlage *f* установка плазменного травления; реактор для плазменного травления, плазменный реактор

Plasmaätzen *n* плазменное травление

Plasmaätzer *m см.* **Plasmaätzanlage**

Plasmaätzmaske *f* (защитная) маска для плазменного травления

Plasmaätztechnik *f* технология плазменного травления; метод плазменного травления

Plasmaätzung *f см.* **Plasmaätzen**

Plasmaätzverfahren *n см.* **Plasmaätztechnik**

Plasmabildschirm *m* плазменный дисплей

Plasma-CVD-Technik *f* плазмохимический метод осаждения, плазмохимическое осаждение, метод химического осаждения из газовой [паровой] фазы с плазменным стимулированием

Plasma-Display *n* плазменный дисплей

Plasmakammer *f* камера для плазменного травления, плазмореакционная камера

Plasmakontraktion *f* сжатие плазмы, пинч-эффект

Plasmalebensdauer *f* время жизни плазмы; длительность удержания плазмы

Plasmaoxydation *f* плазменное оксидирование

Plasmareaktionskammer *f см.* **Plasmakammer**

Plasmareinigungssystem *n* установка плазменной очистки

Plasmaschlauch *m* плазменный шнур

Plasmasichtgerät *n* плазменный дисплей

Plasmaspritzen *n* плазменное напыление

Plasmasprühtechnik *f*, **Plasmasprühverfahren** *n* метод ионно-плазменного напыления

Plasmasputterätzanlage *f* установка ионно-плазменного травления

Plasmasputtern *n* плазменное распыление, плазменное напыление

Plasmatronsputteranlage *f* плазматронная распылительная система, плазматронная установка для нанесения [напыления] тонких пленок

Plasmatronsputtern *n* плазматронное распыление

Plasmazerstäubung *f* ионно-плазменное распыление, ионно-плазменное напыление

Plast-Chip-Carrier-Gehäuse *n* пластмассовый кристаллодержатель

Plastfaserlichtleiter *m* пластмассовый (волоконный) световод

Plastgehäuse *n* пластмассовый корпус

Plastik-Chip-Carrier *m* пластмассовый кристаллодержатель

Plastikgehäuse *n* см. **Plastgehäuse**

Plastlichtleiter *m* пластмассовый световод

Plastmantel-Glasfaser *f* оптическое волокно с сердцевиной из кварцевого стекла и пластмассовой оболочкой

Plasttransistor *m* транзистор в пластмассовом корпусе

Plastumhüllung *f* герметизация *(микросхем)* пластмассами

Plastverkappung *f*, **Plastverkapselung** *f* герметизация пластмассой

Platin-Dünnschicht-Widerstand *m* платиновый тонкоплёночный резистор

Platine *f* плата; печатная плата

Platinenlayout *n* 1. чертёж печатной платы 2. топология печатной платы 3. разработка топологии печатных плат

Platinenprüfverfahren *n* метод проверки печатных плат

Platinenrechner *m* одноплатная (встроенная) ЭВМ

Platinsilizid *n* силицид платины, PtSi

Platin-Widerstand *m* платиновый (тонкоплёночный) резистор

PLATMOS *f* 1. МОП-структура с диффундированной платиной 2. технология получения МОП-структур с диффундированной платиной

Plättchen *n* кристалл (ИС)

Plättchenbonder *m* установка (для) монтажа [присоединения] кристаллов

Platte *f* пластина; плата; диск

~, **magnetooptische** магнитооптический диск

~, **optische** оптический диск (для записи данных)

Plattenbaugruppe *f* модуль на печатной плате

Plattenspeicher *m*, **optischer** память [ЗУ] на оптических дисках

Plattenspieler *m* (электро)проигрыватель

~, **vollautomatischer** (электро)проигрыватель с автоматическим управлением

Plattenstapel *m* пакет дисков, дисковый пакет

Plattenwechsler *m* проигрыватель-автомат, проигрыватель с автоматической сменой грампластинок

Platzbedarf *m* занимаемая *(напр. ИС)* площадь

Plausibilitätskontrolle *f*, **Plausibilitätsprüfung** *f* проверка на непротиворечивость

Player *m* устройство воспроизведения записи; проигрыватель

Plazieren *n* см. **Plazierung**

Plazierung *f* размещение *(элементов);* установка, монтаж

~, **automatische** автоматическое размещение *(элементов)*

Plazierungs- und Verbindungsalgorithmus *m* алгоритм размещения и трассировки

Plazierungsalgorithmus *m* алгоритм размещения

Plazierungskopf *m* установочная [монтажная] головка

Plazierungsrate *f* производительность монтажа

PLCC-Gehäuse *n*, **PLCC-Sockel** *m* пластмассовый кристаллодержатель с выводами

PLD *n* I программируемое логическое устройство

PLD *m* II демодулятор с фазовой синхронизацией

p-leitend с проводимостью *p* типа, с дырочной проводимостью

p-Leiter *m* полупроводник *p* типа, дырочный полупроводник

p-Leitung *f* проводимость *p* типа, дырочная проводимость, дырочная электропроводность

PLL *f* система фазовой автоподстройки частоты, система ФАПЧ

PLL-Baustein *m* блок фазовой автоподстройки частоты, блок ФАПЧ

PLL-CMOS-Schaltkreis *m*, **PLL-CMOS-Schaltung** *f* КМОП ИС блока ФАПЧ

PLL-Motorregelung *f* система регулирования микродвигателя постоянного тока с фазовой автоподстройкой частоты

PLL-Regelkreis *m*, **PLL-Regelschleife** *f* система фазовой автоподстройки частоты, система ФАПЧ

PLL-Regelung *f см.* **PLL-Motorregelung**

PLL-Schaltung *f* система фазовой автоподстройки частоты, система ФАПЧ; блок фазовой автоподстройки частоты, блок ФАПЧ

PLL-Stereodekoder-Schaltkreis *m* ИС стереодекодера с ФАПЧ

PLL-System *n* система фазовой автоподстройки частоты, система ФАПЧ

PLM-Signal *n* ШИМ-сигнал, сигнал широтно-импульсной модуляции

Plot *n* график; кривая; (графическое) изображение

Plotter *m* графопостроитель

~, **elektrostatischer** электрографичекий [электростатический] графопостроитель

Plus-Eingang *m* плюсовой вход; неинвертирующий вход *(операционного усилителя)*

PLZT-Keramik *f* керамика на основе цирконата-титаната свинца, легированного лантаном

p-Material *n* (полупроводниковый) материал (с проводимостью) *p*-типа

p⁺-Metallkontakt *m* омический контакт со структурой (типа) Ме - *p⁺* - *p*

PMMA-Schicht *f* слой полиметилметакрилата *(слой структуры фоторезиста)*

p-MO-Inverter *m* *p*-МОП-инвертор

p-MOS *f см.* **p-MOS-Technik**

PMOS-Hochvolttechnik *f* технология высоковольтных *p*-канальных МОП-транзисторов

PMOS-Niedervolttechnik *f* технология низковольтных *p*-канальных МОП-транзисторов

PMOS-Schaltkreis *m*, **PMOS-Schaltung** *f* ИС на *p*-МОП-транзисторах, *p*-МОП-транзисторная ИС, *p*-МОП-схема

pMOS-SGT *f см.* **pMOS-Siliziumgate-Technik**

pMOS-Siliziumgate-Technik *f* технология *p*-МОП-транзисторных ИС с (самосовмещёнными) поликремниевыми затворами

p-MOS-Technik *f*, **PMOS-Technik** *f* *p*-МОП-технология, технология *p*-канальных МОП-приборов; технология *p*-канальных МОП ИС

PMOS-Technologie *f см.* **p-MOS-Technik**

pMOS-Transistor *m* *p*-канальный МОП-транзистор, МОП-транзистор с каналом *p*-типа, *p*-МОП-транзистор

~, **selbstperrender** нормально-закрытый *p*-МОП-транзистор, *p*-МОП-транзистор с индуцированным каналом

pn-Diode *f* диод с *p*-*n*-переходом

p-n-Doppeldiffusion *f* двойная диффузия для формирования *p*-*n*-перехода

pn-Folge *f см.* **pn-Schichtfolge**

pn-Fotodiode *f* фотодиод с *p*-*n*-переходом

pnin-Struktur *f* *p*-*n*-*i*-*n*-структура

pnip-Transistor *m* *p*-*n*-*i*-*p*-транзистор

pn-Isolierung *f*, **pn-Isolation** *f* изоляция *p*-*n*-переходом [*p*-*n*-переходами]

pn-Kristall *m* кристалл (полупроводникового прибора) с *p*-*n*-переходом

p⁺nn⁺-Diode *f* p^+-n-n^+-диод

pnp-Flächentransistor *m* плоскостной *p*-*n*-*p*-транзистор

pnp-Lateraltransistor *m* горизонтальный *p*-*n*-*p*-транзистор, *p*-*n*-*p*-транзистор с горизонтальной структурой

pnp-LBT *m см.* **pnp-Lateraltransistor**

pnpn-Struktur *f* *p*-*n*-*p*-*n*-структура

pnp-Struktur *f* *p*-*n*-*p*-структура

pnp-Transistor *m* *p*-*n*-*p*-транзистор

~, **lateraler** [**lateral angeordneter**] горизонтальный (паразитный) *p*-*n*-*p*-транзистор

~, **vertikaler** [**vertikal angeordneter**] вертикальный (паразитный) *p*-*n*-*p*-транзистор

pnp-Vertikaltransistor *m*, **parasitärer** вертикальный паразитный *p*-*n*-*p*-транзистор

pnp-VSBT *m* вертикальный паразитный *p*-*n*-*p*-транзистор (*с выполняющей функцию коллектора подложкой*)

pn-Schichtfolge *f* последовательность слоёв с *p*-*n*-переходом

pn-SFET *m* полевой транзистор с *p*-*n*-переходом

pn-Sperrschicht *f* обеднённый слой *p*-*n*-перехода

pn-Sperrschichtfeldeffekttransistor *m см.* **pn-SFET**

pn-Sperrschichtkondensator *m* интегральный конденсатор на обратносмещённом *p*-*n*-переходе, полупроводниковый конденсатор

pn-Struktur *f* *p*-*n*-структура

pn-Übergang *m* *p*-*n*-переход, электронно-дырочный переход

~, **abrupter** ступенчатый [резконесимметричный] *p*-*n*-переход

~, **almählicher** плавный *p*-*n*-переход

~, **(ein)diffundierter** диффузионный *p*-*n*-переход

~, **flächenhafter** [**flächiger**] плоскостной *p*-*n*-переход

pn-Übergang

~, **gesteuerter** управляемый p-n-переход

~, **graduierter** плавный p-n-переход

~, **hyperabrupter** сверхрезкий p-n-переход

~, **in Durchlaßrichtung betriebener [in Durchlaßrichtung vorgespannter]** прямосмещённый p-n-переход, p-n-переход с прямым смещением

~, **in Sperrichtung betriebener [in Sperrichtung vorgespannter]** обратносмещённый p-n-переход, p-n-переход с обратным смещением

~, **linearer** плавный p-n-переход

~, **symmetrischer** симметричный p-n-переход, p-n-переход с одинаковой степенью легирования на обеих сторонах

~, **unsymmetrischer** односторонний (ступенчатый) p-n-переход, несимметричный p-n-переход

~, **vorgespannter** смещённый p-n-переход

p⁺-n-Übergang m p^+-n-переход

pn-Übergänge $m\ pl$ **zum Substrat, rückwärtige** p-n-переходы, встречно-параллельные подложке

pn-Übergangszone f область p-n-перехода

POB-Technik f технология биполярных приборов на эффекте расширения базы

Pockels-Effekt m (электрооптический) эффект Поккельса

Pointer m указатель

Pointerregister n (регистр-)указатель

Poisson-Gleichung f уравнение Пуассона

Poisson-Prozeß m пуассоновский процесс

Polarität f полярность

Polaritätskorrelationsfunktion f корреляционная функция поляризации

Polaritätsumkehr f изменение полярности *(напряжения)*

Polierätzen n интегральное травление, травление полирующими травителями

Polieren n полирование, полировка

~, **chemisch-mechanisches** химико-динамическая [химико-механическая] полировка

~, **elektrolytisches** электрополировка

Politurätzen n интегральное травление, травление полирующими травителями

Polling n циклический опрос; опрос

Pollingbetrieb m режим циклического опроса; режим опроса

Polung f смещение

~ **in Durchlaßrichtung** прямое смещение

~ **in Sperrichtung** обратное смещение

Polycid *n* полицид, двухслойная структура (типа) «силицид на поликремнии»

Polycid-Leitbahnen *pl* полицидные межсоединения, межсоединения на металлизационной системе «силицид на поликремнии», металлизация типа «силицид на поликремнии»

Polycid-Struktur *f* полицидная структура

Polyflop *n* мультистабильная схема, мультивибратор с несколькими устойчивыми состояниями

Poly-IIL *f* схемы И²Л с изоляцией элементов поликристаллическим кремнием

Polyimidfilm *m* полиимидная плёнка

Polyimidmehrlagenleiterplatte *f* многослойная (печатная) плата на полиимидной пленке

Polyimidröntgenmaske *f* полиимидный рентгеношаблон

Polyimidschicht *f* полиимидный слой

Polyimidträger *m* (гибкий) полиимидный носитель

Polykonduktorwiderstand *m* термозависимый резистор

Polykristall *m* поликристалл

Polykristallsilizium *n* поликристаллический кремний, поликремний

Polymarke *f* полимаркер *(в машинной графике)*

Polymerablösung *f* удаление [снятие] (защитной) полимерной плёнки

Polymerfilm *m* полимерная плёнка

Polymethylmethakrilatschicht *f* слой полиметилметакрилата *(слой структуры фоторезиста)*

Polymorphie *f* полиморфизм

Polyplanar-Technik *f*, **POLYPLANAR-Technik** *f* полипланарная технология

Poly-Si-Gate *n* поликремниевый затвор

Poly-Si-Gate-SAG *f* технология МОП ИС с самосовмещёнными поликремниевыми затворами

Polysilizium *n* поликремний, поликристаллический кремний

Polysiliziumband *n* поликристаллическая кремниевая лента

Polysilizium-Gate *n см.* **Poli-Si-Gate**

Polysiliziumstab *m* стержень из поликристаллического кремния

Polysiliziumwiderstand *m* 1. (удельное) сопротивление поликристаллического кремния 2. поликремниевый резистор

Polytyp *m* политипная модификация *(кристалла)*, политип

Polytypie f политипизм
Polyurethanlack m полиуретановый лак
Polyzid n *см.* **Polycid**
Poole-Frenkel-Mechanismus m механизм электропроводности Пуля - Френкеля
Pop-Up-Menü n всплывающее меню
Port m порт
~, **bidirektionaler** двунаправленный порт
Portlesen n чтение из порта, чтение состояния порта
Portschreiben n запись в порт
POSFET m полевой пьезотранзистор
Posistor m позистор, терморезистор с (высоким) положительным ТКС
Positionierachse f ось позиционирования
Positionieren n позиционирование
Positionierfehler m ошибка позиционирования
Positioniergenauigkeit f точность позиционирования
Positionierloch n фиксирующее отверстие (*шаблона, печатной платы*)
Positioniermarke f знак совмещения; установочная метка (*на печатной плате*)
Positioniertisch m позиционирующий стол
Positionierungsloch n *см.* **Positionierloch**
Positionierungsmarke f курсор
Positioniervorrichtung f позиционирующее устройство
Positionsjustiergenauigkeit f точность позиционирования
Positionssensor m датчик положения
Positionsspeicher m позиционный накопитель
Positivabtastung f положительное считывание (*получение выходного сигнала ПЗС положительной полярности*)
Positivlack m *см.* **Positivresist**
Positivresist m позитивный фоторезист
Positivresistbild n изображение, получаемое в слое позитивного фоторезиста
Positivresistentwickler m проявитель позитивного фоторезиста
POS-Terminal n кассовый терминал
Postthreshold-Bereich m надпороговая область; область сильной инверсии
Posttrigger m 1. средство запуска с задержкой 2. режим запуска с задержкой
Potential Enable-Input *англ.* вход потенциального разрешающего сигнала
Potentialabfall m уменьшение [убывание] потенциала (*напр. в обедненном слое*)

Potentialbarriere *f* потенциальный барьер

Potentialberg *m см.* **Potentialbarriere**

Potentialdifferenz *f* разность потенциалов

Potentialeingang *m* вход потенциального сигнала

Potentialfeld *n* потенциальное поле

Potentialkontrastverfahren *n* метод потенциального контраста *(метод обнаружения дефектов ИС с помощью растрового электронного микроскопа)*

Potentialmulde *f* потенциальная яма

Potentialnapf *m см.* **Potentialmulde**

Potentialschwelle *f см.* **Potentialbarriere**

Potentialsenke *f см.* **Potentialmulde**

Potentialsprung *m* скачок потенциала

Potentialtopf *m см.* **Potentialmulde**

Potentialtrennung *f* развязка по напряжению

Potentialverlauf *m* распределение потенциала; диаграмма изменения потенциала

Potentialverteilung *f* распределение потенциала

Potentialwall *m см.* **Potentialbarriere**

Power Enable *англ.* сигнал разрешения подачи мощности *(на шину данных)*

Power Supply *n* источник питания

Power-Bus *m* шина питания

Power-Down-Betrieb *m* режим (пассивного) хранения; режим с пониженным потреблением мощности, режим экономии мощности

Power-Down-Mode *m см.* **Power-Down-Betrieb**

Power-Down-Schaltung *f* схема (в режиме) пассивного хранения

Power-Down-Steuerung *f* управление режимом пониженного потребления мощности

Power-IC *n* мощная ИС

~, **hybrides** мощная ГИС

Power-MOSFET *m* мощный МОП-транзистор

Power-Off-Zustand *m* отключённое состояние; режим отключения питания

Power-On-Reset *n, m* системный сброс, установка *(напр. микроЭВМ)* в начальное состояние при подаче питания

Power-up *n* включение питания; включённое питание

ppb-Niveau *n* уровень концентрации $10^{-7}\%$

PPCCD *n*, **PPCCD-Element** *n* профилированный перистальтический ПЗС

PPCMOS *f см.* **P²CMOS**

PPI *n* программируемый параллельный интерфейс

PPI-Schaltkreis *m* БИС программируемого параллельного интерфейса

ppm-Niveau *n* уровень концентрации 10^{-6}%

p⁺pn-Diode *f* p^+ - p - n-диод

ppt-Niveau *n* уровень концентрации 10^{-10}%

p⁺-p-Übergang *m*, **p⁺-p-Übergang** *m*

Prädiktionsfilter *n* фильтр с предсказанием, фильтр прогнозирования

Prädiktor *m* предсказывающее устройство, предсказатель; экстраполятор

Präparation *f* изготовление *(ИС)*

Präsentationsgrafik *f* иллюстративная графика; средства иллюстративной графики; графика делового назначения, деловая графика

Präzisionskoordinatentisch *m* прецизионный координатный стол

Präzisionsoperationsverstärker *m* прецизионный операционный усилитель, прецизионный ОУ

Präzisionswiderstand *m* прецизионный резистор

Prekompensationssignal *n* сигнал предкомпенсации записи

Prellung *f* дребезг *(контактов)*

Prellunterdrückung *f* подавление дребезга *(контактов)*

Preprozessor *m* препроцессор

Prerouting *n* предварительная трассировка

Preset *n* предварительная установка, предустановка

Preset-Eingang *m* вход предварительной установки

Pretrigger *m* 1. средство запуска с опережением 2. режим запуска с опережением

Primärausfall *m* независимый отказ

Primärcomputer *m* главная ЭВМ

Primärpassivierungsschicht *f* первичный пассивирующий слой

Primärschaltnetzteil *n* первичный импульсный источник питания

Primärschaltregler *m* первичный стабилизатор напряжения импульсного типа

Primärspeicher *m* первичное ЗУ

Primärstrukturerzeugung *f* формирование изображений на фотошаблонах

Primärstrukturgenerator *m* генератор изображений фотошаблонов

Printer/Plotter *m* печатно-графическое устройство, ПГУ

Printleitung *f* печатный проводник

Printplatte *f* печатная плата

Prinzipstromlaufplan *m* принципиальная электрическая схема

priorisieren определять [устанавливать] приоритет; управлять приоритетом

Priorisierer *m* схема управления приоритетом

Priorisierung *f* определение приоритета; управление приоритетом

Priorität *f* приоритет

~, **höchste** наивысший приоритет

Prioritätenbaustein *m* блок приоритетного прерывания

Prioritätsebene *f* уровень прерывания

Prioritätskaskade *f* последовательно-приоритетная цепочка

Prioritätskaskadierung *f* объединение в последовательно-приоритетную цепочку; включение по каскадной схеме

Prioritätskette *f* последовательно-приоритетная цепочка

Prioritätskodierer *m*, **Prioritätsverschlüßler** *m* шифратор приоритета

Probe *f* зондовая установка; зондовая измерительная установка

Produktdemodulator *m*, **Pruduktdetektor** *m* синхронный детектор

Produktionsstraße *f* технологическая линия (*напр. для производства ИС*)

Produzentenrisiko *n* риск производителя

Profil *n* профиль

~, **hyperabruptes** сверхрезкий профиль (*распределения легирующей примеси*)

Profildispersion *f* профильная дисперсия, дисперсия по профилю (*световода*)

Profilstufe *f* ступенька профиля (*структуры*)

Programm *n* программа

~, **laufendes** текущая программа

~, **unterbrochenes** прерванная программа

Programmablaufsteuerung *f* управление выполнением программы

Programmodul *m* программный модуль

Programmschaltwerk *n* программный контроллер

Programmschleife *f* программный цикл

Programmspeicher *m* память программ

Programmspeicheradresse *f* адрес памяти программ

Programmstart *m* запуск программы

Programmstatusregister *n* регистр слова состояния программы

Programmstatuswort *n* слово состояния программы

Programmwähler *m* селектор телевизионных программ

Projektion *f* проекция

Projektion

~, verkleinernde проекционный метод (литографии) с уменьшением масштаба изображения

Projektions- und Überdeckungsrepeater *m* установка последовательного шагового экспонирования; установка проекционной литографии с последовательным шаговым экспонированием; установка совмещения и мультипликации, мультипликатор

~ für direkte Waferbelichtung установка проекционной литографии с непосредственным переносом изображений на (кремниевую) пластину, установка совмещения и мультипликации, мультипликатор

1:1-Projektionsanlage *f* установка проекционной литографии без масштабирования, установка проекционной литографии с передачей рисунка в масштабе 1:1

Projektionsbelichtung *f* проекционное экспонирование; проекционная литография

~ mit UV-Licht проекционная фотолитография с УФ-экспонированием

~ mit Waferscanner сканирующая проекционная литография

1:1-Projektionsbelichtungsanlage *f* установка проекционной фотолитографии без масштабирования, установка проекционной фотолитографии с передачей рисунка в масштабе 1:1

Projektionsbelichtungsanlage *f* установка проекционного (совмещения и) экспонирования, установка проекционной литографии

Projektionsfotolithographie *f* проекционная фотолитография

Projektionsfotorepeatein-rich-tung *f* проекционный фотоповторитель

Projektionsjustier- und Belichtungsanlage *f* проекционная установка совмещения и экспонирования, установка проекционной литографии

Projektionslinse *f* проекционная линза *(электроннолучевой установки)*

Projektionslinsenstrom *m* ток проекционной линзы

Projektionslithografie *f* проекционная литография

~, schrittweise проекционная фотолитография с поэлементным [пошаговым] переносом изображения

Projektionsmaske *f* проекционная маска

Projektionsmaskierung *f* маскирование при проекционной фотолитографии

Projektionsobjektiv *n* проекционный объектив

Projektionsoptik *f* проекционная система; проекционный объектив

Projektionsrepeatverfahren *n* метод проекционной фотолитографии с поэлементным [пошаговым] переносом изображения

Projektionssäule *f* проекционная колонка (*электронно-лучевой установки*)

Projektionsscanner *m* проекционная установка совмещения и экспонирования

Projektionsscheibenrepeater *m* установка проекционной литографии с последовательным шаговым экспонированием

Projektions-Step-and-Repeat-Anlage *f*, **elektronenstrahllithografische** установка проекционной электронографии с последовательным шаговым экспонированием

Projektionssystem *n* проекционная система

PROM *m*, *n* программируемое ПЗУ, ППЗУ

Prompt *m* подсказка (оператору); приглашение (*напр. к вводу команды*)

PROM-Schaltkreis *m* ИС программируемого ПЗУ, ИС ППЗУ

Prototyping *n* макетирование

Prototypkarte *f* плата прототипа

Proximity-Belichtung *f* экспонирование на микрозазоре; фотолитография с микрозазором

Proximitybelichtungsgerät *n* установка экспонирования на микрозазоре, установка фотолитографии с микрозазором

Proximity-Effekt *m* эффект близости

Proximity-Justier- und Belichtungsanlage *f* установка фотолитографии с микрозазором

Proximity-Verfahren *n* метод экспонирования на микрозазоре; метод фотолитографии с микрозазором

Prozeß *m* процесс; технологический метод; технология

~, **fotolithografischer** фотолитография

Prozessor *m* процессор

Prozessor-IC *n*, **Prozessorschaltkreis** *m* микропроцессорная БИС

Prozeßperipherie *f* периферийные устройства управления технологическим процессом

Prozeßschritt *m* стадия [этап] процесса; технологическая операция

Prozeßwasser *n* технологическая вода

Prüfadapter *m* тестовый адаптер, адаптер с контактными штырями, матричный адаптер (*для контроля смонтированных печатных плат*)

Prüfausbeute f выход годных (кристаллов) на операции зондового контроля

Prüfbit n бит контроля, контрольный бит

Prüfdatengenerator m генератор тестовых данных, ГТД; генератор тестов

Prüffolge f тест-последовательность, тестовая последовательность

Prüfkennlinie f оперативная характеристика *(плана выборочного контроля)*

Prüfleiterplatte f контрольная плата

Prüflesen n контрольное считывание

Prüfmuster n тестовая комбинация

Prüfnadel f зонд; контактный штырь *(матричного контактора для контроля смонтированных печатных плат)*

Prüfpin n вывод для тестирования; контрольный вывод *(печатной платы)*

Prüfplatz m испытательная установка

Prüfsequenz f см. Prüffolge

Prüfstift m пробник

Prüfstreifen m тест-купон

Prüfsumme f контрольная сумма

Prüfung f испытание

~, **verschärfte** ускоренные испытания в форсированных режимах, форсированные испытания

PSA f, **PSA-Technik** f ПСС-технология, поликремниевая самосовмещённая технология, технология биполярных БИС с самосовмещёнными областями и поликремниевыми резисторами

p-Schicht f p-слой, слой (с проводимостью) p-типа

p⁺-Schicht f p^+-слой

Pseudografik f псевдографика

p-SG-MOS f см. pSGT

pSGT f технология p-МОП-транзисторных ИС с (самосовмещёнными) поликремниевыми затворами

p-Si n кремний (с проводимостью) p-типа

p-Siliziumplättchen n кремниевый кристалл ИС с проводимостью p-типа

p-Siliziumscheibe f, **p-Si-Scheibe** f кремниевая пластина (с проводимостью) p-типа

p-Si-n-Struktur f p-Si-n-структура *(с полуизолирующей промежуточной областью)*

p-Si-Substrat n кремниевая подложка (с проводимостью) p-типа

PSN f слаболегированный слой кремния между p- и n-областями

psn-Diode f (выпрямительный) p-S-n-диод

psn-Gleichrichterdiode f выпрямительный p-s-n-диод

p⁺-Sperrschichtzaun *m* изолирующая p^+-область

p-Substrat *n* подложка (с проводимостью) *p*-типа

PTC-Bauelement *n см.* **PTC-Widerstand**

PTC-Widerstand *m* позистор, терморезистор с положительным ТКС

P$_v$t$_v$-Produkt *n* произведение мощность - задержка, работа переключения *(параметр логических элементов)*

PtSi-Chip *m* кристалл силицида платины

p-Typ... с проводимостью *p*-типа, с дырочной проводимостью

p-Typ-Halbleiter *m* полупроводник *p*-типа, дырочный полупроводник

Puffer *m* буфер
~ **mit drei Ausgangszuständen** тристабильный буфер

Puffer-FET-Technik *f* логические схемы на полевых транзисторах с буферными каскадами

Pufferflipflop *n* триггер с фиксацией уровня, триггер-защёлка

Pufferoperationsverstärker *m* буферный [развязывающий] операционный усилитель

Pufferschicht *f* буферный слой

Puffer/Treiber-IC *n* ИС буферного драйвера

Pulscodemodulation

Puffertrigger *m см.* **Pufferflipflop**

Pull-down-Ausgangsstufe *f* выходной каскад, работающий в режиме с «утягиванием» потенциала «вниз»

Pull-down-Betrieb *m* режим с «утягиванием» потенциала «вниз»

Pull-Down-Menü *n* спускающееся меню

Pull-down-Widerstand *m* резистор, «утягивающий вниз» *(напр. к потенциалу «земли»)*; согласующий резистор

Pull-up-Betrieb *m* режим с «утягиванием» потенциала «вверх»

Pull-up-Endstufe *f* выходной каскад, работающий в режиме с «утягиванием» потенциала «вверх»

Pull-up-Widerstand *m* резистор, «утягивающий вверх» *(напр. к источнику питания с более высоким потенциалом)*, нагрузочный резистор

Puls *m* 1. импульсная последовательность 2. импульс

Pulsamplitudenmodulation *f* амплитудно-импульсная модуляция, АИМ

Pulsbreitenmodulation *f см.* **Pulsängenmodulation**

Pulsbreitenmodulator *m см.* **Pulsängenmodulator**

Pulscodemodulation *f* кодово-импульсная модуля-

Pulscodemodulation

ция, КИМ, импульсно-кодовая модуляция, ИКМ
~, **differentielle** дифференциальная импульсно-кодовая модуляция, ДИКМ

Pulsdauermodulation f см. **Pulsängenmodulation**

Pulsdauermodulator m см. **Pulsängenmodulator**

Pulsformer m формирователь импульсов

Pulsfrequenzmodulation f частотно-импульсная модуляция, ЧИМ

Pulsintervallmodulation f время-импульсная модуляция, ВИМ

Pulslängenmodulation f широтно-импульсная модуляция, ШИМ

Pulslängenmodulator m широтно-импульсный модулятор

Pulsverbreiterung f уширение импульса

Pulsweitenmodulation f см. **Pulslängenmodulation**

Pulsweitenmodulator m см. **Pulslängenmodulator**

Pulszeitmodulation f время-импульсная модуляция

Pumpen n 1. накачка *(напр. лазера)* 2. подкачка *(заряда)*

Punch-through-Durchbruchstrom m ток пробоя участка сток - исток

punch-through-Effekt m 1. эффект смыкания, прокол базы 2. эффект пробоя участка сток - исток *(МДП-транзистора)*

punch-through-Kanal m канал пробоя участка сток - исток

punch-through-Spannung f напряжение смыкания, напряжение прокола базы

Punktdefekt m, **Punktfehlstelle** f точечный дефект

Punktfehlstellenagglomerat n скопление точечных дефектов

Punktkontaktdiode f точечный диод

Punktkontakttransistor m точечный транзистор

Punktlegierungsverfahren n метод точечного сплавления

Punktmatrix f точечная матрица

Punktmatrixanzeige f точечный индикатор

Punktraster m точечный растр

Punktrasteranzeige f см. **Punktmatrixanzeige**

5x7-Punkt-Rasteranzeige f матричный индикатор с матрицей 5x7 элементов

Punktzeichengenerator m точечный генератор

Pupille f входное отверстие *(оптической системы)*

Pupillenebene f плоскость входного отверстия *(оптической системы)*

Purpurpest f пурпурная чума *(образование на контактах ИС порошкооб-*

разных соединений Al и Au, приводящее к их выходу из строя и отказу ИС)

Push-up-Speicher *m* память [ЗУ] обратного магазинного типа

PUT *m* однопереходный транзистор с управляемым порогом

PVD-Verfahren *n* метод термовакуумного осаждения из паровой фазы

P/V-Flag *n* признак [флаг] переполнения

p-Wanne *f* карман *p*-типа, карман с проводимостью [с электропроводностью] *p*-типа

p-Wannen-CMOS-Technologie *f* технология КМОП ИС с карманами *p*-типа

p-Wannen-Technologie *f см.* **p-Wannen-CMOS-Technologie**

p-Well-CMOS-Prozeß *m см.* **p-Wannen-CMOS-Technologie**

Pyrexglas *n* пайрекс *(термостойкое стекло)*

Pyrexring *m* кольцо из пайрекса *(для мембраны шаблона в проекционной ионно-лучевой литографии)*

Pyrolyse *f* пиролиз

pyrolytisch пиролитический

p-Zone *f см.* **p-Gebiet**

p⁺-Zone *f см.* **p⁺-Gebiet**

PZT-Keramik *f* керамика на основе цирконата-титаната свинца, ЦТС-керамика

Q

Q-Ausgangs-Zustand *m* состояние прямого выхода *(триггера)*

Q-bus системная магистраль Q-bus

QCD *n* прибор с квантовыми связями

QFP-Gehäuse *n* плоский корпус с четырёхсторонним расположением планарных выводов

QMOS *f* технология быстродействующих КМОП ИС

QMOS-Reihe *f* серия быстродействующих КМОП ИС

Q-Quittung *f* сигнал ответа Q, отклик Q *(CAMAC)*

QSAMOS *f* 1. МОП-структура с четырёхкратным самосовмещением 2. технология получения МОП-структур с четырёхкратным самосовмещением

Q-Schalter *m*, **Q-switch** *англ.* лазерный затвор, модулятор добротности *(оптического резонатора лазера)*

Quad Flat Pack *n англ.* плоский корпус с четырёхсторонним расположением планарных выводов

Quad-Cerpack-Gehäuse *n* (плоский) стеклокерамический корпус с четырёхсторонним расположением выводов

quad-in-line-Gehäuse *n*, **Quad-In-Line-Gehäuse** *n* (плоский) корпус с четырёхрядным расположением выводов, четырёхрядный корпус

Quad-MOS *f* счетверённая МОП-структура

Quad-Operationsverstärker *m* счетверённый операционный усилитель, счетверённый ОУ

Quadpack *n* (плоский) корпус с четырёхсторонним расположением выводов

Quadrac *n* квадрак

Quadraturdemodulator *m* квадратурный демодулятор

Qualifikationsprüfung *f* квалификационные испытания

Qualität *f* качество

Qualitätskontrolle *f* контроль качества

~, **statistiche** статистический контроль качества

Qualitätssicherung *f* обеспечение качества

Quantenausbeute *f* квантовый выход *(фотоэффекта)*

Quantenbarriere *f* квантоворазмерный барьер

Quantenbox *f* квантовый ящик, трёхмерная квантовая яма

Quantendetektor *m* фотоприёмник

Quantendraht *m* квантовая нить *(одномерная квантово-размерная структура)*

Quantendrahtlaser *m* лазер на квантовых нитях

Quantenelektronik *f* квантовая электроника

Quanten-Halleffekt *m* квантовый эффект Холла

Quanten-Interferenz-Bauelement *n*, **supraleitendes** сверхпроводящий квантовый интерференционный датчик, СКВИД

Quanteninterferometer *n* сверхпроводящий квантовый интерференционный датчик, СКВИД

Quantenkasten *m см.* Quantenbox

Quanten-Mikroelektronik *f* квантовая микроэлектроника

Quantenmulde *f см.* Quantenwanne

Quantenpunkt *m* квантовая точка

Quantenübergang *m* квантовый переход

Quantenverstärker *m* квантовый усилитель

Quantenwanne *f* квантовая яма

Quantenwannenlaser *m*, **Quanten-Well-Laser** *m* квантово-размерный лазер

Quanten-Well-Laserdiode *f* квантово-размерный лазерный диод

Quanten-Well-MODFET *m* модуляционно-легированный полевой транзистор с квантовыми ямами

Quantenwirkungsgrad *m* квантовый выход *(фотоэффекта)*; квантовая эффективность

Quantenzustand *m* квантовое состояние

Quantisierer *m* квантователь

~, **gesteuerter** перестраиваемый квантователь

~, **gleichförmiger** линейный квантователь

Quantisierung *f* квантование *(сигнала)*

~, **gleichförmige [lineare]** линейное квантование

Quantisierungeinheit *f* шаг квантования

Quantisierungsfehler *m* погрешность квантования

Quantisierungsgeräusch *n* см. Quantisierungsrauschen

Quantisierungsniveau *n*, **Quantisierungspegel** *m* уровень квантования

Quantisierungsrauschen *n* шум(ы) квантования

Quantisierungsstufe *f* интервал квантования

Quantisierungsunsicherheit *f* неопределённость квантования

Quantum-Well-Laser *m* лазер на квантовых ямах

Quantum-Well-Wellenleiter *m* квантово-размерный волновод

Quarz *m* кварц

Quarzchrommaske *f* кварцево-хромовый фотошаблон *(хромированный фотошаблон на кварцевой пластине)*

Quarzfenster *n* кварцевое окно *(керамического корпуса ИС)*

Quarzfilter *m* кварцевый фильтр

Quarzglas *n* кварцевое стекло

Quarzglasreaktor *m* кварцевый реактор

Quarzglocke *f* кварцевый колпак *(установки вакуумного напыления)*

Quarzkiesel *m* кремнистая галька *(сырье для получения кремниевых пластин)*

Quarzkristall *m* кварцевый кристалл, кристалл кварца

Quarzlinsenoptik *f* кварцевая оптика *(для фотолитографии с использованием УФ-излучения)*

Quarzoptik *f* кристаллооптика

Quarzoszillator *m* кварцевый резонатор

Quarzrohr *n* кварцевая труба *(диффузионной печи, реактора)*

Quarzschablone *f* фотошаблон из кварцевого стекла

Quarzschiffchen *n* кварцевая лодочка *(для вытягивания кристаллов)*

Quarzsubstrat *n* кварцевая подложка

Quarztiegel *m* кварцевый тигель

Quarzträger *m* кварцевая кассета [кассета из кварцевого стекла] для (полупроводниковых) пластин

Quasifermi-Energie *f см.* **Quasifermi-Niveau**

Quasi-Fermi-Niveau *n* квазиуровень Ферми

Quasi-Fermi-Potential *n* квазипотенциал Ферми

quasigesättigt квазинасыщенный

Quasiimpuls *m* квазиимпульс

Quasikontakt *m* микрозазор *(между фотошаблоном и пластиной при фотолитографии)*

Quasikontaktlithografie *f* фотолитография с микрозазором [на микрозазоре]

Quasineutralität *f* квазиэлектронейтральность

Quasineutralitätsbedingung *f* условие квазиэлектронейтральности

Quasisättigung *f* квазинасыщение

Quecksilberrelais *n*, **Quecksilberschalter** *m* реле со смоченными ртутью контактами

Quelle *f* 1. исток *(полевого транзистора)* 2. источник *(напр. напряжения)*

Quellenausgang *m* токовый выход

Quellenbahnwiderstand *m* распределённое сопротивление истока

Quellenbasisschaltung *f* схема с общим истоком; включение (полевого транзистора) по схеме с общим истоком

Quellenelektrode *f* электрод истока

Quellenfolgeverstärker *m* истоковый повторитель

Quellengebiet *n* область истока, истоковая область

Quellenmetallisierung *f* металлизация истока

Quellen-Senken-Spannung *f* напряжение сток - исток

Quellenspannung *f* 1. напряжение истока [на истоке] 2. электродвижущая сила, эдс

Quellenstreifen *m* полоска истока

Quellenstrom *m* ток истока

Quellen-Substrat-pn-Übergang *m* p - n-переход исток - подложка

Quellen-Substrat-Spannung *f* напряжение исток - подложка

Quellen-Substrat-Übergang *m* переход исток - подложка

Quellen-Tor-Spannung *f* напряжение затвор - исток

Quellenübergang *m* истоковый переход

Quellenwiderstand *m* 1. сопротивление истока *(полевого транзистора)* 2. см. **Quellwiderstand**

Quellprogramm *n* исходная программа

Quellwiderstand *m* внутреннее сопротивление источника сигнала
Querableitung *f* поперечная утечка
Querachse *f* макроось *(кристалла)*
Querneigungswinkel *m* **des Koordinatentisches** угол наклона координатного стола
Querschliff *m* поперечный шлиф
Querverbindung *f* (внешнее) межсоединение
Querverluste *m pl* потери за счёт утечки в поперечном направлении, поперечная утечка
Quetschhohlleiter *m* волновод с сжимаемым участком *(для изменения длины волны в волноводе)*
Quetschhülse *f* зажимная гильза
Quetschkontakt *m* (беспаечный) контакт, выполненный обжимом
Quetschtechnik *f* метод обжима, метод соединения обжимом
Quetschverbindung *f* соединение обжимом
Quick-MOS-Reihe *f см.* **QMOS-Reihe**
QUIL-Gehäuse *n* (плоский) корпус с четырёхрядным расположением выводов, четырёхрядный корпус

Quiteron *n* квитрон *(сверхпроводящий транзистор с переходами Джозефсона)*
Quittierung *f* квитирование, подтверждение
Quittierungssignal *n* сигнал квитирования
Quittung *f* квитанция
Quittungsbetrieb *m* режим работы с квитированием
Quotientenregister *n* регистр частного

R

Races *pl англ.* гонки *(фронтов сигналов)*
Radialanschluß *m* радиальный вывод *(ИС)*
Radiorecorder *m* магнитола
Radiowecker *m* радиоприёмник - часы-будильник, переносной радиоприёмник, скомбинированный с часами-будильником
Rahmen *m* 1. крейт САМАС 2. кадр (данных) 3. фрейм
Rahmenadreßbit *n* бит адреса крейта
Rahmenadresse *f* адрес крейта
Rahmenadreßfeld *n* поле адреса крейта
Rahmenadreßschalter *m* переключатель адреса крейта
Rahmenanordnung *f* модуль (системы) САМАС

Rahmenbefestigungsmethode f метод крепления выводной рамки *(для монтажа кристаллов ИС на ленточном носителе)*

Rahmensteuerung f контроллер крейта

Rakel n ракель

Rakeldruck m давление ракеля

Raketenlenkung f наведение ракет

RALU n регистровое АЛУ

RAM-Chip m кристалл ЗУПВ

RAM-Erweiterungsschaltkreis m микросхема расширения ЗУПВ

RAM-Floppy n ЗУПВ на гибких (магнитных) дисках

RAM-IS f ИС ЗУПВ

Rampe f линейная (рабочая) стадия [прямой ход] импульса линейно изменяющегося напряжения [импульса ЛИН]

Rampenantwort f реакция на линейно нарастающее воздействие (на входе)

Rampenfunktion f 1. линейно нарастающая функция 2. пилообразная функция 3. ступенчатая функция

Rampenfunktionsgenerator m генератор пилообразной функции

Rampengenerator m генератор линейно изменяющегося напряжения, ГЛИН, генератор пилообразного напряжения, ГПН

~, **selbsterregter** автогенератор линейно изменяющегося напряжения, автогенератор ЛИН

Rampenkurve f ступенчатая кривая

Rampensignal n линейно изменяющийся (входной) сигнал; пилообразный сигнал

Rampenspannung f линейно изменяющееся напряжение, ЛИН, пилообразное напряжение

Rampensteilheit f крутизна (прямого хода) импульса линейно изменяющегося напряжения, крутизна ЛИН

Rampenverfahren n метод единичных приближений, метод преобразования *(входного аналогового сигнала)* с помощью АЦП со ступенчатым пилообразным напряжением [с единичными приближениями]

RAM-Speicher m ЗУПВ, запоминающее устройство с произвольной выборкой, память [ЗУ] для считывания и записи с произвольным доступом

Randfeldstärke f напряжённость электрического поля в приграничном слое

Randkontakte m pl концевые (печатные) контакты

Randkonzentration *f* концентрация носителей в приграничном слое *(p - n- перехода)*

Random-access-Speicher *m* память [ЗУ] с произвольным доступом

Randombaustein *m* датчик случайных чисел

Randomgenerator *m* генератор случайных чисел

Randomlogik *f* нерегулярная логика, логические ИС с нерегулярной структурой

Randomprüfung *f* проверка с применением случайных чисел [случайных кодов]

Random-Rauschen *n* случайные помехи; случайные шумы

Randomsampling *n* произвольная [непериодическая] дискретизация

Randomspeicher *m см.* Random-access-Speicher

Randschicht *f* (при)граничный слой; приповерхностный слой
~, **Schottkysche** барьер Шоттки, идеальный переход металл - полупроводник

Randschichtgleichung *f,* **Schockleysche** уравнение Шокли, уравнение идеального диода

Randstiftleiste *f* гребенчатый (концевой) соединитель *(печатной платы)*

Rangierplatte *f* плата перемычек

Raster *m* растр; сетка; координатная сетка *(чертежа печатной платы)*

Rasterabstand *m* шаг растра

Rasteranzeige *f* матричный индикатор; матричная панель

Raster-Auger-Mikroskopie *f* сканирующий оже-микроанализ, растровая оже-микроскопия

Raster-Auger-Mikrosonde *f* растровый [сканирующий] оже-микроанализатор, растровый [сканирующий] оже-микрозонд

Rasterbelichtung *f* экспонирование растра

Rasterbildschirm *m* растровый экран *(дисплея)*

Rasterdrucker *m* матричное печатающее устройство

Rastereinstellung *f* установка растра

Rasterelektronenmikroskop *m* растровый [сканирующий] электронный микроскоп

Rasterelektronenstrahlanlage *f* растровая электронно-лучевая установка

Rasterelektronenstrahlbelichtungsanlage *f* установка растрового электронно-лучевого экспонирования

Rasterelektronenstrahllithografie *f* сканирующая электроно(лито)графия, сканирующая электронно-лучевая литография

Rasterfehlerdetektor

Rasterfehlerdetektor *m* детектор рассовмещения растров

Rasterfeld *n* поле растра

Rastergenerator *m* генератор растра

Rastergenerierung *f* формирование растра *(с помощью генератора растра)*

Rastergrafik *f* растровая графика

Rastergrafikdisplay *n* растровый графический дисплей

Rastergrafikterminal *n* растровый графический терминал, терминал с растровым графическим дисплеем

Rasterionenstrahl *m* ионный луч с растровой системой управления

Rastermaß *n* шаг координатной сетки *(печатной платы)*; шаг сетки; шаг растра

Rastermuster *n* структура растра; растр

Rasternetz *n* сетка растра, растровая сетка

Rasterplatte *f* плата с координатной сеткой

Rasterplotter *m* растровый графопостроитель

Rasterscan *n* растровое сканирование; метод растрового сканирования

Rasterscan-Anlage *f* установка растрового сканирования, установка электронно-лучевой литографии с растровым сканированием

Rasterscantechnik *f*, **Rasterscanverfahren** *n* метод растрового сканирования; электронно-лучевая литография с растровым сканированием

Rasterschritt *m* шаг строк растра

Rastersichtgerät *n* растровый дисплей

Rastersonde *f* растровый зонд

Rasterstruktur *f* структура растра; растровая [периодическая] структура

Raster-Tunnel-Mikroskop *n* растровый [сканирующий] туннельный микроскоп

Rasterung *f* формирование растра; формирование координатной сетки *(чертежа печатной платы)*

Rate-Effekt *m* снижение отпирающего напряжения (на управляющем электроде) тиристора при превышении максимально допустимой скорости нарастания импульса

Rategrowntransistor *m* транзистор с выращенными переходами, транзистор, изготовленный методом изменения скорости роста

Rategrownverfahren *n*, **Rategrowthverfahren** *n* метод изменения скорости роста, метод выращивания (кристаллов для получения переходов транзисторов) с переменной скоростью

Rauhigkeit f шероховатость *(поверхности)*

Rauhtiefe f глубина микронеровностей *(напр. кристалла ИС)*

k-Raum m k-пространство, пространство волновых векторов, пространство квазиимпульсов

Raumgitter n пространственная решётка; кристаллическая решётка

Raumladung f пространственный [объёмный] заряд

Raumladungsabbau m рассасывание пространственного [объёмного] заряда

Raumladungsdichte f плотность пространственного [объёмного] заряда

Raumladungsdiode f mit begrenzter Speicherung диод с ограничением накопления объёмного заряда, ОНОЗ-диод

Raumladungsdipol m диполь пространственного заряда

Raumladungsdomäne f домен пространственного заряда

Raumladungseffekt m эффект пространственного заряда

Raumladungsfeld n поле пространственного [объёмного] заряда

Raumladungsgebiet n *см.* **Raumladungszone**

Raumladungskapazität f ёмкость области пространственного [объёмного] заряда, зарядная [барьерная] ёмкость

Raumladungsrandschicht f приграничная область объёмного заряда

Raumladungsrückkopplung f обратная связь по пространственному [объёмному] заряду

Raumladungsschicht f слой [область] пространственного [объёмного] заряда

Raumladungsverlauf m распределение пространственного [объёмного] заряда; диаграмма изменения плотности пространственного [объёмного] заряда

Raumladungsverteilung f распределение пространственного [объёмного] заряда

Raumladungswelle f волна пространственного [объёмного] заряда

Raumladungszone f область пространственного [объёмного] заряда

Raummultiplex m мультиплексная передача (данных) с пространственным разделением каналов

Rauschabstand *m* запас помехоустойчивости; отношение сигнал/шум

Rauschanteil *m* шумовая составляющая, составляющая шума; ~e *pl* уровень собственных шумов

rauscharm малошумящий

Rauschaufnahme *f* шумовая перекрёстная помеха

rauschbehaftet с шумами, зашумленный

Rauschbezugstemperatur *f* стандартная шумовая температура

Rauschdichte *f*, **spektrale** спектральная плотность шумов

Rauschdiode *f* шумовой (генераторный) диод

Rauscheingangsspannung *f*, **äquivalente** эквивалентное входное напряжение шумов

Rauscheinströmung *f* шум на входе, входной шум

~, **thermische** тепловой шум на входе

Rausch-EMK *f* эдс шума

1/f-Rauschen *n* 1/f-шум, избыточный шум, избыточные шумы

Rauschen *n* шум; уровень шумов

~, **allfrequentes** белый шум

~, **effektives** эффективное значение шумов; среднеквадратичное значение шумов

~, **statistisches** флуктуационный шум

~, **thermisches** тепловой шум, тепловые шумы

~, **weißes** белый шум

Rauschersatzquelle *f* эквивалентный источник шумов

Rauschersatzschaltbild *n*, **Rauschersatzschaltung** *f* шумовая эквивалентная схема

Rauschersatzvierpol *m* шумящий эквивалентный четырёхполюсник

Rauschfaktor *m* *см.* **Rauschzahl**

Rauschfaktormesser *m* *см.* **Rauschzahlmesser**

rauschfrei без шумов, нешумящий

Rauschfreiheit *f* отсутствие шумов

Rauschfunktion *f* шумовая функция

Rauschgenerator *m* генератор шума

Rauschgrenze *f* запас помехоустойчивости

Rauschimpuls *m* шумовой импульс

Rauschkennlinie *f* шумовая характеристика

Rauschkomponente *f* *см.* **Rauschanteil**

Rauschleistung *f* мощность шума [шумов], шумовая мощность

~, **gesamte** полная мощность шумов

~, **thermische** мощность тепловых шумов

Rauschleistungsdichtespektrum *m* спектр плотности мощности шумов

Rauschleistungsspektrum *n* спектр мощности шумов

Rauschleitwert *m* шумовая проводимость

~, **äquivalenter** эквивалентная шумовая проводимость

Rauschmaß *n* коэффициент шума

Rauschoptimierung *f* оптимизация уровня шумов

Rauschparameter *m pl* шумовые параметры

Rauschpegel *m* уровень шума [шумов]

Rauschquelle *f* источник шума [шумов]

Rauschspannung *f* напряжение шумов, шумовое напряжение

~, **äquivalente** эквивалентное шумовое напряжение

~, **effektive** эффективное значение шумового напряжения; среднеквадратичное значение [спектральная плотность] шумового напряжения

~, **thermische** напряжение тепловых шумов

Rauschspannungsabstand *m* отношение сигнал/шум по напряжению

Rauschspannungsgenerator *m* генератор шумового напряжения

Rauschspannungsquadrat *n* квадрат шумового напряжения

~, **mittleres** среднеквадратичное значение [спектральная плотность] шумового напряжения

Rauschspektraldichte *f* спектральная плотность шумов

Rauschspektrum *n* спектр шума

Rauschstörungen *f pl* шумовые помехи

Rauschstrom *m* шумовой ток, ток шумов

~, **effektiver** эффективное значение шумового тока; среднеквадратичное значение [спектральная плотность] шумового тока

~, **thermischer** ток тепловых шумов

Rauschstromanteil *m* составляющая шумового тока

Rauschstromgenerator *m* генератор шумового тока

Rauschstromquadrat *n* квадрат шумового тока

~ **der Diode, mittleres** среднеквадратичное значение шумов диода

~ **des Generationsrauschens, mittleres** среднеквадратичное значение генерационного шума

~ **des influenzierten Torrauschens, mittleres** среднеквадратичное значение индуцированного шума токов затвора

~ **des Modulationsrauschens, mittleres** среднеквадратичное значение модуляционного шума

Rauschstromquadrat

~ **des thermischen Kanalrauschens, mittleres** среднеквадратичное значение тепловых шумов канала

~ **des Vierpols, mittleres** среднеквадратичное значение шумов четырёхполюсника

~, **mittleres** среднеквадратичное значение [спектральная плотность] шумового тока

Rauschtemperatur *f* шумовая температура

Rauschunempfindlichkeit *f* помехоустойчивость

Rauschverhalten *n* шумовые свойства *(усилителя, транзистора)*

Rauschverhältnis *n* шумовое отношение

Rauschverstärker *m* шумящий усилитель

Rauschvierpol *m* шумящий четырёхполюсник

Rauschwiderstand *m* шумовое сопротивление

~, **äquivalenter** эквивалентное шумовое сопротивление

Rauschwirkleistung *f* активная мощность шумов

Rauschzahl *f* коэффициент шума; дифференциальный коэффициент шума

Rauschzahlmesser *m* измеритель коэффициента шума

Rayleigh-Streuung *f* рэлеевское рассеяние

RCD-Glied *n* дифференцирующее RC-звено

RCD-Netzwerk *n* дифференцирующая RC-цепь

RCDTL *f* резистивно-ёмкостная диодно-транзисторная логика, диодно-транзисторная логика с резистивно-ёмкостными связями

RC-Element *n см.* **RC-Glied**

RC-Filter *n* RC-фильтр

~, **aktives** активный RC-фильтр

RC-Glied *n* RC-звено, резистивно-ёмкостное звено

RC-Leitung *f* RC-цепь

~, **verteilte** RC-цепь с распределёнными параметрами

RC-Netzwerk *n* RC-цепочка, RC-цепь

RC-Oszillator *m* RC-генератор

RC-Thyristor *m* (триодный) тиристор, проводящий в обратном направлении

RCTL *f* резистивно-ёмкостная транзисторная логика, РЕТЛ, транзисторная логика с резистивно-ёмкостными связями, ТЛРЕС

RCT-Logik *f см.* **RCTL**

RCT-Schaltkreise *m pl*, **RCTL-Schaltungen** *f pl* резистивно-ёмкостные транзисторные логические схемы, резистивно-ёмкостная транзисторная логика, РЕТЛ

RC-Verstärker *m* усилитель с резистивно-ёмкостной связью, RC-усилитель

Read-Befehl *m* команда чтения

Read-Diode *f* диод Рида, лавинно-пролётный диод

Read-mostly-Speicher *m* полупостоянная память, полупостоянное ЗУ

Reaktanzdiode *f* параметрический диод

Reaktanzmodulator *m* модулятор на переменном реактивном сопротивлении

Reaktanzschleife *f* реактивный согласующий шлейф

Reaktanztransistor *m* реактивный транзистор *(полупроводниковый аналог реактивной лампы)*

Reaktanzverstärker *m* параметрический усилитель

Reaktionsgas *n* химически активный газ

Reaktionskammer *f* реакционная камера; реактор

~, **glockenförmige** эпитаксиальный реактор с колоколообразной камерой

~, **kalottenförmige** планарный реактор для плазменного травления

Reaktionssubstanz *f* реагент

Reassembler *m*, **Reassemblerprogramm** *n* обратный ассемблер, дизассемблер

Receiver *m* приёмник

Rechenelement *n* арифметический логический модуль, АЛМ

Rechenfunktionsbaustein *m* см. **Rechenelement**

Rechengröße операнд

Rechenregister *n* регистр арифметических устройств

Rechenschaltung *f* счётная схема

Rechenstopp *m* останов решения

Rechneranalyse *f* моделирование на ЭВМ

Rechnerkode *m* машинный код; состав команд ЭВМ

Rechnersimulation *f* моделирование на ЭВМ, машинное моделирование

Rechnersteuerung *f* управление от ЭВМ; управление с помощью ЭВМ; система управления от ЭВМ; управляющая ЭВМ

Rechnerstörung *f* сбой ЭВМ

Rechnerverbundbetrieb *m* мультипроцессорная обработка

Rechteckchip *m* прямоугольный кристалл (ИС)

Rechteckgenerator *m* генератор прямоугольных импульсов

Rechteckigkeitsverhältnis *n* коэффициент прямоугольности (АЧХ)

Rechteckimpuls *m* прямоугольный импульс

Rechteckverhältnis *n* см. **Rechteckigkeitsverhältnis**

Record *m* запись

Recorder *m* (кассетный) магнитофон

Redesign *n* перепроектирование

Reduktionsbad

Reduktionsbad *n* восстановительная ванна

Reduktionskamera *f* редукционная фотокамера *(камера для уменьшения фотооригиналов)*

Reduktionskaskadierung *f* последовательное уменьшение *(изображения в процессе получения промежуточного фотошаблона)*

Reduktionsstufe *f* ступень уменьшения

Redundanz *f* избыточность; резервирование; резерв

~, **aktive** постоянное резервирование; постоянно включённый резерв

~, **funktionsbeteiligte** *см.* **Redundanz, aktive**

~, **heiße** нагруженный резерв

~, **kalte** ненагруженный резерв

~, **nicht funktionsbeteiligte** *см.* **Redundanz, passive**

~, **passive** резервирование замещением; элементы, находящиеся в резерве

~, **warme** облегчённый резерв

Redundanzabbau *m* сокращение избыточности

Redundanzgrad *m* кратность резерва [резервирования]

Redundanzprüfung *f* контроль с введением избыточности

Redundanzzeichen *n* избыточный знак

Reed-Kontakt *m* геркон

Reed-Relais *n* реле с герконами [на герконах]

Reemission *f* переизлучение *(захваченных носителей)*

Reemissionsmechanismus *m* механизм переизлучения

Reemissionsrate *f* скорость переизлучения

Re-Entwurf *m см.* **Redesign**

Referenzbaustein *m* ИС источника опорного напряжения

Referenzdiode *f* опорный диод; (полупроводниковый) стабилитрон

~, **temperaturkompensierte** термокомпенсированный (прецизионный) стабилитрон

Referenzeingang *m* вход опорного сигнала

Referenzelement *n* опорный элемент

Referenzgleichspannung *f* постоянное опорное напряжение

Referenzplatte *f* эталонная (моделирующая) пластина

Referenzquelle *f см.* **Referenzspannungsquelle**

Referenzsignal *n* опорный сигнал

Referenzspannung *f* опорное напряжение

Referenzspannungsdrift *f* дрейф опорного напряжения

Referenzspannungsquelle *f* источник опорного напряжения

~, **geschaltete** коммутируемый [импульсный] источник опорного напряжения

~, **temperaturkompensierte** термокомпенсированный источник опорного напряжения

Referenzspannungsteiler *m* делитель опорного напряжения; делитель опорных напряжений

Reflexionsfaktor *m* коэффициент отражения

Reflexionsgrad *m* коэффициент отражения *(света, излучения)*

Reflexionsschutzschicht *f* противоотражающий слой

Reflexionsverhältnis *n см.* **Reflexionsgrad**

Reflexionsvermögen *n* отражательная способность

Reflexkoppler *m* ответвитель отраженных сигналов

Reflow-Löten *n* пайка оплавлением (припоя)

Reflow-Lötsystem *n* установка пайки оплавлением (припоя)

Refresh-Display *n* дисплей с регенерацией изображения

Refreshzeit *f* период регенерации

Refreshzyklus *m* цикл регенерации

Regelabweichung *f* рассогласование

Regelschleife *f* контур регулирования

~, **phasenstarre** система фазовой автоподстройки частоты, система ФАПЧ; блок фазовой автоподстройки частоты, блок ФАПЧ

Regeltransistor *m* регулирующий элемент *(транзисторного стабилизатора напряжения),* регулирующий транзистор

Regelverstärker *m* 1. регулируемый усилитель 2. регулирующий усилитель, усилитель-регулятор

Regelwiderstand *m* переменный [регулировочный] резистор; потенциометр

Regeneration *f* регенерация

Regenerationsrate *f* скорость регенерации

Regenerierung *f* регенерация

Register *n* регистр

~, **allgemeines** регистр общего назначения, РОН

~, **einstelliges** одноразрядный регистр

~, **verschiebungsloses** бессдвиговый регистр

Registeraddressierung *f* регистровая адресация

~, **indirekte** косвенная регистровая [косвенно-регистровая] адресация

Registerbank *f* банк регистров

Registerdatei *f* регистровый файл

Registerpaar *n* регистровая пара

Registersatz *m* блок регистров

Registertreiber *m* регистровый формирователь

Regler *m* регулятор; стабилизатор

~, **linearer** линейный стабилизатор (напряжения)

Reihenabstand *m* шаг рядов *(выводов корпуса)*

Reihenmaterial *n* межстоечное крепление

R-Eingang *m* R-вход, вход (сигнала) сброса

Reinheitsgrad *m* чистота, степень чистоты

Reinigung *f* очистка

Reinraum *m* чистое (производственное) помещение; чистая комната

Reinstgermanium *n* сверхчистый германий

Reinstoff *m* особо чистое [сверхчистое] вещество

Reinstraum *m* сверхчистое (производственное) помещение, производственное помещение высокого класса чистоты; сверхчистая комната

Reinstsilizium *n* сверхчистый кремний

Reinstsiliziumstab *m* (цилиндрический) слиток сверхчистого монокристаллического кремния

Rekombination *f* рекомбинация

~ **an Oberflächenzuständen** рекомбинация на поверхностных состояниях

~ **an Störstellen** *см.* Rekombination über Störstellen

~, **direkte** непосредственная [межзонная] рекомбинация

~, **erzwungene** вынужденная рекомбинация

~, **indirekte** рекомбинация на ловушках

~, **induzierte** *см.* Rekombination, erzwungene

~, **lineare** линейная рекомбинация

~, **nichtstrahlende** безызлучательная рекомбинация

~, **strahlende** излучательная рекомбинация

~, **strahlungslose** безызлучательная рекомбинация

~ **über Störstellen** рекомбинация через примесные центры, (меж)примесная рекомбинация

Rekombinationsenergie *f* энергия рекомбинации

Rekombinations-Generations-Rauschen *n* рекомбинационно-генерационный [генерационно-рекомбинационный] шум

Rekombinations-Generationsstrom *m* рекомбинационно-генерационный ток

Rekombinationsgeschwindigkeit *f* скорость рекомбинации

Rekombinationskoeffizient *m* коэффициент рекомбинации

Rekombinationsleuchten *n* рекомбинационное свечение

Rekombinationsmechanismus *m* механизм рекомбинации

Rekombinationsniveau *n* уровень рекомбинации, рекомбинационный уровень

Rekombinationsrate *f* скорость рекомбинации

Rekombinationsstelle *f см.* **Rekombinationszentrum**

Rekombinationsstrahlung *f* рекомбинационное излучение

Rekombinationsstrom *m* ток рекомбинации, рекомбинационный ток

Rekombinationsübergang *m* рекомбинационный переход

Rekombinationsüberschuß *m* избыточная рекомбинация

Rekombinationsverlust *m* потери при рекомбинации

Rekombinationsvorgang *m* процесс рекомбинации

Rekombinationszentrum *n* центр рекомбинации, рекомбинационная ловушка

Rekonfiguration *f* реконфигурация; перестройка [изменение] структуры

rekonfigurierbar *с* перестраиваемой [с изменяемой] структурой

Rekristallisation *f* рекристаллизация

Rekristallisationskeim *m* центр рекристаллизации

Rekristallisations-pn-Übergang *m* рекристаллизационный *p* - *n*-переход

Rekristallisationsschicht *f* рекристаллизационный слой

Rekristallisationstemperatur *f* температура рекристаллизации

Rekristallisationstempern *n* рекристаллизационный отжиг

Rekristallisationstextur *f* рекристаллизационная структура

Rekristallisationszentrum *n см.* **Rekristallisationskeim**

Rekristallisationszone *f* зона рекристаллизации

Relaxation *f* релаксация

Relaxationszeit *f* время релаксации

~, **dielektrische** время диэлектрической [дипольной] релаксации

Relief *n* рельеф

Reliefgitter *n* рельефная решётка

Reliefstruktur *f* рельефная структура

REM-Abbildung *f* изображение, полученное в растровом электронном микроскопе

Remanenz *f* остаточная намагниченность

Remote-Steuerung *f* дистанционное управление

Remote-Terminal *n* удалённый терминал

Reoxydation *f* повторное оксидирование

Reparaturdauer

Reparaturdauer *f, mittlere* см. **Reparaturdauerwert** *m*, **mittlerer**

Reparaturdauerwert *m*, **mittlerer** среднее время восстановления (работоспособного состояния)

Reparaturfähigkeit *f* ремонтопригодность

Reparaturrate *f* частота ремонтов

Reparierbarkeit *f* ремонтопригодность

Repeateinrichtung *f* фотоповторитель

Repeater *m* 1. фотоповторитель 2. мультипликатор 3. ретранслятор; повторитель

Repeateranlage *f* установка (для) мультиплицирования изображений фотошаблонов

Repeatkamera *f* фотоповторитель

REPLA *n* репрограммируемая логическая матрица, РПЛМ

Replazierung *f* повторная [обратная] установка *(временно демонтированных элементов, блоков и т. п.)*

Reproduktion *f* воспроизведение; репродуцирование

Reproduzierbarkeit *f* воспроизводимость

Reproduziergenauigkeit *f* точность воспроизведения *(напр. рисунка)*

REPROM *m* перепрограммируемое [репрограммируемое] ПЗУ, РПЗУ, программируемое ПЗУ со стиранием (информации)

Request *n англ.* запрос; сигнал запроса

Reserve *f* резерв

Reservebetrieb *m* режим резерва; режим хранения *(информации в ячейках памяти при малом потреблении мощности)*

Reserveeinheit *f* резервный блок

Reservegrad *m* кратность резерва [резервирования]

Reservekopie *f* резервная копия *(напр. файла)*

Reservierung *f* резервирование

Reservierungsniveau *n* уровень резервирования

Reset *n, m* сброс; начальный сброс, сброс в начальное состояние

Reset-Eingang *m* вход (сигнала) сброса, R-вход

Reset-Schalter *m* переключатель системного сброса, переключатель установки в начальное состояние

Resetspannung *f* напряжение отпускания *(триггера)*

Resetstrom *m* ток отпускания *(триггера)*

Resist *m, n* (фото)резист

~, **elektronenempfindlicher** электронный резист

~, **hochempfindlicher** высокочувствительный резист

~, röntgenstrahlempfindlicher рентгенорезист
Resistabbildungsleistung *f* выделяющая способность фоторезиста *(способность резиста передавать отдельные элементы изображения с минимальными размерами)*
Resistablösung *f* удаление резиста
Resistbeschichtung *f* нанесение резиста
Resistbild *n* изображение в слое фоторезиста
Resistbildschicht *f* слой фоторезиста с проявленным изображением
Resistempfindlichkeit *f* (свето)чувствительность фоторезиста
~, spektrale спектральная чувствительность (фото)резиста
Resistflanke *f* боковая стенка резиста
Resistfließeigenschaft *f* текучесть (фото)резиста
Resisthaftung *f* адгезия резиста к подложке
Resistive-Gate-Sensor *m* фоторезисторный датчик
Resistkantenprofil *n* краевой профиль (фото)резиста
Resistkontrastverhalten *n* контрастность (фото)резиста
Resistlack *m* фоторезист
Resistlinie *f* линия (фото)резиста
Resistordiffusion *f* диффузия для формирования резисторов
Resistor-Transistor-Logik *f* резисторно-транзисторная логика, РТЛ, транзисторная логика с резистивными связями, ТЛРС
Resistprofil *n* профиль (фото)резиста
Resistschicht *f* слой (фото)резиста
Resiststruktur *f* рисунок слоя (фото)резиста, структура, сформированная в слое (фото)резиста
Resiststrukturierung *f* формирование рисунка в слое (фото)резиста, формирование структур в слое (фото)резиста
Resisttechnik *f* технология получения фоторезистов
Resistrippanlage *f* установка для удаления резиста
Resistüberbrückung *f* мостик (фото)резиста
Resonanzgattertransistor *m* (полевой) транзистор с резонансным затвором
Resonanz-Tunnel-Transistor *m* транзистор с резонансным туннелированием *(электронов)*
Resonator *m* резонатор
Restfehler *m* остаточная погрешность
Restoxid *n* остатки оксида *(после травления)*
Restspannung *f* остаточное напряжение *(на выходе)*

Reststrom

Reststrom *m* обратный ток (*p - n*-перехода), обратный ток утечки (*через p - n- переход*); остаточный ток; ток утечки на выходе

Restüberdeckungsfehler *m* остаточное рассовмещение

Reticle *n см.* **Retikel**

Retikel *n* 1. промежуточный фотошаблон 2. промежуточный (фото)оригинал 3. масштабная сетка 4. визирное перекрестие

Retikelausrichtung *f* точная установка промежуточного фотошаблона по углу поворота (*относительно рисунка на пластине*), тета-регулировка

Retikelbezugsmarke *f* реперный знак промежуточного фотошаблона

Retikelbibliothek *f* библиотека стандартных промежуточных фотошаблонов; библиотека фотооригиналов

Retikelbild *n* рисунок промежуточного фотошаблона

Retikelbildstruktur *f* структура с рисунком промежуточного фотошаблона

Retikelfenster *n* окно промежуточного фотошаблона

Retikelhalter *m* держатель промежуточных (фото)оригиналов

Retikeljustiergerät *n* устройство совмещения промежуточного фотошаблона

Retikeljustiermarke *f* метка для совмещения промежуточного фотошаблона

Retikeljustierung *f* совмещение промежуточного фотошаблона

Retikelkarussell *n* (поворотная) карусель промежуточных фотошаблонов

Retikelmaske *f* промежуточный фотошаблон

Retikelmikroskop *n* визирный микроскоп

Retikelpositioniersystem *n* система позиционирования промежуточных фотошаблонов; система позиционирования промежуточных фотооригиналов; система базирования промежуточных фотооригиналов

Retikelrahmen *m* крепёжная [установочная] рамка промежуточного фотошаблона

Retikelschablone *f* промежуточный фотошаблон

Retikelstruktur *f* рисунок промежуточного фотошаблона

Retikelsystem *n* визирная система (*система совмещения базового держателя с рисунком фотошаблона по визирным меткам*)

Retikeltisch *m* столик промежуточных фотошаблонов

Retikelübertragung *f* перенос изображения промежуточного фотошаблона (на фотопластину эталонного фотошаблона)

Retikelwechsler *m* устройство смены промежуточного фотошаблона

retriggerbar перезапускаемый

Retriggerimpuls *m* перезапускающий импульс

Retriggerung *f* перезапуск

Rettungsumspeicherung *f* защитный дамп; аварийный дамп

Return-Taste *f* клавиша возврата (каретки)

Reversierzähler *m* реверсивный счетчик

Rezipient *m* камера *(напр. для вакуумного напыления)*; колпак; колокол

RF-Transistor *m* СВЧ-транзистор

RGB-Signale *n pl* сигналы основных цветов, RGB-сигналы

RGS-Aufnehmer *m*, **RGS-Bildwandler** *m* фоторезисторный преобразователь свет - сигнал, фоторезисторный формирователь видеосигналов

Richtkoppler *m* направленный ответвитель

~, **optischer** оптический ответвитель

Richtung *f* направление

~, **kristallografische** кристаллографическое направление

Richtungsgabel *f* циркулятор

Richtungskoppler *m см.* **Richtkoppler**

Richtungsleitung *f* однонаправленная линия

Richtungsphasenschieber *m* направленный фозовращатель

RIGFET *m* полевой транзистор с резистивным изолированным затвором

Ringbus *m* кольцевая шина

Ringemittertransistor *m* транзистор с кольцевым эмиттером

Ringfeldprojektionssystem *n* проекционная система с кольцевым полем

Ringnetz *n*, **Ring-Netzwerk** *n* кольцевая сеть

Ringoszillator *m* кольцевой генератор

Ringschieben *n* циклический сдвиг *(напр. регистра)*

Ringschieberegister *n* регистр с циклическим сдвигом

Ringshift *n*, **Ringshiften** *n см.* **Ringschieben**

Ringtopologie *f* кольцевая топология, кольцевая конфигурация *(локальной вычислительной сети)*

Ringträger *m* кольцевой держатель *(полупроводниковой пластины)*

Ringwiderstand *m* кольцевой резистор

Ringzähler *m* кольцевой счётчик

Rippelspannung *f* напряжение пульсаций

Rippelstrom *m* ток пульсаций

Ripple *n* пульсация

Ripple-Carry-Prinzip *n* принцип сквозного переноса

Ripple-clock-Ausgang *m* выход сквозного сигнала синхронизации

Ripple-Counter *m* счётчик со сквозным переносом

RISC-Architektur *f* архитектура *(микропроцессора)* с сокращённым [неполным] набором команд, RISC-архитектура

RISC-Prozessor *m* микропроцессор с сокращённым [неполным] набором команд

Rise Time *англ.* время нарастания, время фронта

RIS-Schalter *m* (высокочастотный) переключатель со структурой резистор - изолятор - полупроводник

Ritze *f* риска (скрайбирования)

ritzen скрайбировать

Ritzen *n* скрайбирование

Ritzgraben *m* разделительная канавка *(при скрайбировании)*, канавка скрайбирования

Ritzverfahren *n* метод скрайбирования

R-Karte *f* контрольная карта (средних) размахов

RLC-Filter *n* RLC-фильтр

RLC-Glied *n* RLC-звено

R/MIS-Technik *f* технология МДП-транзисторов [МДП-транзисторных ИС] с самосовмещёнными затворами из тугоплавких металлов

R/MIS-Verfahren *n см.* R/MIS-Technik

RMS-Verstärker *m* усилитель среднего значения тока, усилитель-выпрямитель

Rohling *m* слиток *(заготовка для получения кристалла)*; буля

Rollenpapier *n* рулонная бумага

Rollkugel *f* координатный шар, шар трассировки

Roll-over-Fehler *m* погрешность от перемены полярности

ROM-Chip *m* кристалл ПЗУ; однокристальное ПЗУ

Rönftgenrepeateranlage *f* рентгеновская установка пошаговой мультипликации

Röntgenabstandsbelichtungsanlage *f* установка рентгеновского проекционного экспонирования, установка (проекционной) рентгенолитографии *(с помещаемой под шаблоном с небольшим зазором пластиной с нанесенным слоем рентгенорезиста)*

Röntgenbelichtung *f* рентгеновское экспонирование

Röntgenbelichtungsanlage *f* установка рентгеновского экспонирования; рентгеновская установка совмещения и экспонирования, установка рентгенолитографии

Röntgenbelichtungsautomat *m* рентгеновская установка с автоматической регулировкой экспонирования

Röntgenbestrahlung *f* облучение рентгеновскими лучами

Röntgenjustier- und Belichtungsanlage *f* рентгеновская установка совмещения и экспонирования, установка рентгенолитографии

Röntgenkontaktbelichtung *f* контактное рентгеновское экспонирование

Röntgenlaser *m* рентгеновский лазер

~, **nukleargepumpter** рентгеновский лазер с ядерной накачкой

Röntgenlithografie *f* рентгенолитография

Röntgenlithografieanlage *f* установка рентгенолитографии

Röntgenmaske *f* рентгеношаблон, шаблон для рентгенолитографии

Röntgenmaskenjustierung *f* совмещение рентгеношаблона *(с покрытой рентгенорезистом подложкой)*

Röntgenmikrolithografie *f* рентгенолитография микронного разрешения

Röntgenprojektionsbelichtungsanlage *f* установка рентгеновского проекционного экспонирования; установка (проекционной) рентгенолитографии

Röntgenquelle *f* источник рентгеновского излучения

Röntgenresist *m* рентгенорезист

Röntgenstepper *m* установка рентгенолитографии с пошаговым экспонированием [с последовательным шаговым экспонированием]

Röntgenstrahlenbelichtung *f см.* Röntgenbelichtung

Röntgenstrahlenlaser *m см.* Röntgenlaser

Röntgenstrahllithografie *f см.* Röntgenlithografie

Röntgenstrahlung *f* рентгеновское излучение

Röntgentopografie *f* рентгенотопография *(рентгенодиагностика нарушений структуры монокристаллов)*

Rotation *f* поворот, вращение *(элементов изображения в машинной графике)*

Rotationseinstellung *f* (точная) установка промежуточного фотошаблона по углу поворота *(относительно рисунка на пластине)*, тета-регулировка

Rotations-Pastenlagergerät *n* ротационная установка хранения паст *(для толстопленочных ГИС)*

Rotlicht-LED *f* светодиод красного свечения

Routenwahl *f* выбор маршрута, маршрутизация

Router *m* трассировщик *(программно-аппаратное средство трассировки межэлементных соединений)*

~ **auf Rasterbasis** сеточный трассировщик

~, **automatischer** автоматический трассировщик

~, **interaktiver** интерактивный трассировщик

~, **kanalloser** бесканальный трассировщик

~, **rasterfreier [rasterloser]** бессеточный трассировщик

Routing *n* 1. разводка; соединительная металлизация; токопроводящие дорожки 2. формирование разводки 3. трассировка 4. маршрутизация

~, **globales** глобальная [приближённая] трассировка

~, **interaktives** диалоговая трассировка

~, **rasterfreies [rasterloses]** трассировка без сетки

Routingkanal *m* канал трассировки

Routingmaske *f* трассировочный фотошаблон

Routing-Raster *m* сетка для трассировки

Routingsystem *n* система автоматической трассировки

Routing-Tabelle *f* таблица маршрутизации

Routing-Technik *f* метод трассировки

R-2R-Netzwerk *n*, **R-2R-Widerstandsnetzwerk** *n* резисторная [лестничная] матрица типа R-2R, матрица лестничного типа, кодоуправляемый делитель [КУД] типа R-2R

RS-Flipflop *n* RS-триггер, триггер с раздельными входами

~, **getaktetes** синхронизируемый RS-триггер, RST-триггер

RS-Latch *m* RS-триггер, синхронизируемый уровнем; RS-защёлка

RS-Master-Slave-Flipflop *n* триггер MS-типа на базе RS-триггеров

RST-Flipflop *n* RST-триггер, синхронизируемый RS-триггер

RTBT *m* биполярный квантово-туннельный транзистор, биполярный резонансный туннельный транзистор

RTL *f* резисторно-транзисторная логика, РТЛ, транзисторная логика с резистивными связями, ТЛРС

RTL-Schaltkreise *m pl*, **RTL-Schaltungen** *f pl* резистор-

но-транзисторные логические схемы, РТЛ-схемы, РТЛ-логика, РТЛ
RTL-Technik *f* техника выполнения ИС в базисе РТЛ; технология ИС на РТЛ, технология РТЛ ИС
Rubilith *m* рубилит
Rubilithfolie *f* рубилитовая плёнка
Rückdiffusion *f* обратная диффузия
Rückelektrode *f* общий электрод *(в ЖК-индикаторе)*
Rückfaltung *f* обращение свёртки
Rückfaltungsfehler *m* погрешность обращения свёртки
Rückflanke *f* срез импульса
Rückflußdiode *f* диод, работающий в режиме обратного тока [в обратном включении, в инверсном включении], обратный диод
Rückfront *f см.* **Rückflanke**
Rückführ(ungs)widerstand *m* резистор (цепи) обратной связи
rückgekoppelt с обратной связью; охваченный цепью обратной связи
Rückinjektionsstrom *m* ток обратной инжекции
Rückkopplung *f* обратная связь

~, **abgleichende** компенсационная обратная связь, повторительная следящая связь

Rückkopplungsfaktor *m* коэффициент обратной связи
Rückkopplungsnetzwerk *n* цепь обратной связи
Rückkopplungswiderstand *m см.* **Rückführ(ungs)widerstand**
Rückladezeit *f* время восстановления заряда
Rücklaufdiode *f см.* **Rückflußdiode**
Rückschleifentest *m* петлевой контроль
Rückschwelle *f см.* **Rücksetzschwelle**
Rücksetzeingang *m* вход (сигнала) сброса, R-вход
Rücksetzen *n см.* **Rücksetzung**
Rücksetzimpuls *m см.* **Rücksetzsignal**
Rücksetzleitung *f* шина сброса
Rücksetzrauschen *n* шумы возврата *(в состояние, препятствующее переносу информационного заряда в ПЗС)*
Rücksetzschaltung *f* схема возврата
Rücksetzschwelle *f* порог отпускания
Rücksetzsignal *n* сигнал сброса
Rücksetzspannung *f* напряжение отпускания *(триггера)*
Rücksetzstrom *m* ток отпускания *(триггера)*
Rücksetztaste *f* кнопка сброса

Rücksetzung *f* сброс *(напр. счётчика)*; установка в ноль *(напр. регистра)*; возврат

Rücksprung *m* возврат

~ **in das Programm** возврат в программу

Rücksprungadresse *f* адрес возврата

Rücksprungstelle *f* точка повторного входа *(в программу)*

Rückstelleingang *m* см. **Rücksetzeingang**

Rückstellung *f* возврат; сброс

Rückstreubelichtung *f* засветка отражённым рассеянным светом *(при экспонировании)*

Rückstreuung *f* обратное рассеяние

Rückstrom *m* см. **Rückwärtsstrom**

Rückstromdiode *f* см. **Rückflußdiode**

Rückstromfallzeit *f* время спада обратного тока *(тиристора)*

Rückverdrahtung *f* монтаж на объединительной плате; монтаж на задней панели

Rückverdrahtungsfeld *n* задняя панель *(для монтажа соединений)*

Rückverdrahtungs-Leiterplatte *f* см. **Rückverdrahtungsplatine**

Rückverdrahtungsplatine *f* объединительная плата

Rückverdrahtungsplatte *f* см. **Rückverdrahtungsfeld**

Rückvergrößerungsgerät *n* устройство для чтения микрофильмов и микрофишей

Rückwandplatine *f* объединительная плата *(для монтажа с помощью торцевых разъёмов других плат с отдельными устройствами микро-ЭВМ)*; задняя панель

Rückwandverdrahtung *f* монтаж на задней панели

Rückwärtsdiode *f* обращённый диод

Rückwärtserhol(ungs)zeit *f* время обратного восстановления *(диода, тиристора)*

Rückwärtsrichtung *f* обратное направление

Rückwärtsschritt *m* возврат на одну позицию

Rückwärtsspannung *f* обратное напряжение; напряжение в обратном проводящем состоянии *(тиристора)*

Rückwärtssteilheit *f* крутизна обратной передачи (при коротком замыкании на входе), обратная крутизна; (полная) проводимость обратной передачи при коротком замыкании на входе

Rückwärtssteuerspannung f обратное напряжение на управляющем электроде *(тиристора)*

Rückwärtssteuerstrom m обратный ток управляющего электрода *(тиристора)*

Rückwärtsstrom m обратный ток, ток в обратном направлении; ток в обратном проводящем состоянии *(тиристора)*

Rückwärtszähleingang m вход сигналов обратного счёта, вычитающий вход, вход вычитания *(в реверсивном счётчике)*

Rückwärtszähler m счётчик обратного действия, вычитающий счётчик

Rückwärtszählimpuls m импульс обратного счёта

Rückweisegerade f линия отбраковки

Rückweisegrenzqualität f предельный уровень качества при отбраковке

Rückweisung f забракование *(партии продукции);* отбраковка; браковка

Rückweiswahrscheinlichkeit f вероятность забракования *(партии продукции);* вероятность браковки *(изделий)*

Rückwirkung f 1. обратная связь 2. реактивное воздействие *(напр. выходных сигналов на входные)*

Rückwirkungsadmittanz f полная проводимость обратной передачи при коротком замыкании на входе; обратная крутизна

Rückwirkungsdämpfungsmaß n коэффициент ослабления обратной связи

rückwirkungsfrei без реактивного воздействия *(напр. выходных сигналов на входные)*

Rückwirkungsfreiheit f отсутствие реактивного воздействия *(напр. выходных сигналов на входные)*

Rückwirkungsinduktivität f индуктивность обратной передачи при коротком замыкании на входе

Rückwirkungskapazität f ёмкость обратной передачи при коротком замыкании на входе

Rückwirkungsleitwert m (полная) проводимость обратной передачи при коротком замыкании на входе; обратная крутизна

Ruheleistungsaufnahme f энергопотребление в режиме резерва; энергопотребление в режиме хранения *(информации в ячейках памяти)*

Ruhespannung f напряжение покоя; напряжение закрытого прибора *(напр. транзистора);* напряжение при отсутствии сигнала

Ruhestrom m ток покоя; ток закрытого прибора *(напр. транзистора);* ток утечки;

Ruhestrom ток (потребления в режиме) хранения *(параметр статических ЗУПВ)*

Ruhestromaufnahme *f* 1. потребляемый ток при отсутствии сигнала 2. ток, потребляемый в режиме хранения

Ruhestrombetrieb *m* режим хранения

Ruheverlustleistung *f* 1. статическая рассеиваемая мощность *(операционного усилителя)* 2. рассеиваемая мощность при отсутствии тока в нагрузке

Ruhewert *m* номинальное значение *(напр. выходного напряжения)*

Ruhezustand *m* 1. режим простоя 2. режим резерва 3. режим покоя, режим отсутствия сигнала

~, **stromsparender** *см.* **Ruhezustand** 2.

Rundfunktuner *m* тюнер

Rundgehäuse *n* круглый корпус

Rundsendung *f см.* **Rundspruch-Adressierung**

Rundspruch-Adressierung *f* мультиадресация, широковещательная адресация

Rundsteckverbinder *m* цилиндрический (электрический) соединитель

RZ-Kode *m* код с возвращением к нулю

RZ-Verfahren *n* запись с возвращением к нулю

S

SACMOS-Verfahren *n* технология получения КМОП-структур с самосовмещёнными затворами; технология КМОП ИС с самосовмещёнными затворами

SAG *n* самосовмещённый затвор

Sägezahngenerator *m* генератор пилообразного напряжения, ГПН

~ **mit mitlaufender Ladespannung** генератор пилообразного напряжения [ГПН] с компенсирующей эдс [с компенсационной обратной связью]

Sägezahnsignal *n* пилообразный импульс

Sägezahnumsetzer *m* (последовательный) АЦП со ступенчатым пилообразным напряжением

Sägezahnumsetzung *f*, **Sägezahnverfahren** *n* метод единичных приближений, метод преобразования с помощью АЦП со ступенчатым пилообразным напряжением [с единичными приближениями]

SAGMOS *f* 1. МОП-структура с самосовмещёнными затворами 2. технология МОП-структур с самосовмещёнными затворами

Salznebeltest *m* испытания на коррозионную стойкость в солевом тумане

SAM-CCD-Speicher *m* ПЗС ЗУ с последовательным доступом

Sammelschiene *f* общая шина, магистраль

SAMNOS *f* 1. МНОП-структура с самосовмещёнными затворами 2. технология (изготовления) МНОП ИС с самосовмещёнными затворами

SAMNOS-Struktur *f* МНОП-структура с самосовмещёнными затворами

SAMNOS-Technik *f* технология (изготовления) МНОП ИС с самосовмещёнными затворами

SAMOS *f* 1. МОП-структура с самосовмещёнными затворами 2. технология (получения) МОП-структур с самосовмещёнными затворами 3. лавинно-инжекционная МОП-структура с многоуровневыми затворами 4. технология (получения) лавинно-инжекционных МОП-структур с многоуровневыми затворами

SAMOS-FET *m* лавинно-инжекционный МОП-транзистор с многоуровневым затвором

SAMOS-Struktur *f* 1. МОП-структура с самосовмещёнными затворами 2. лавинно-инжекционная МОП-структура с многоуровневыми затворами

SAMOS-Transistor *m см.* **SAMOS-FET**

Sample *n* отсчёт

Sample-and-hold-Einheit *f* устройство выборки и хранения, УВХ

Sample-and-hold-Glied *n* звено выборки и хранения

Sample-and-hold-Schaltung *f* схема выборки и хранения; устройство выборки и хранения, УВХ

Sample-and-hold-Verstärker *m* усилитель выборки и хранения

Sample/Hold *m* дискретизатор

Sample-hold-Schaltkreis *n см.* **Sample-and-hold-Schaltung**

Sample/Hold-Verstärker *m* усилитель выборки и хранения

Sample-Mode *m* режим выборки

Sampler *m* дискретизатор

Sampling *n* (временна́я) дискретизация; взятие отсчётов; выборка

Sampling-Converter *m* дискретизирующий АЦП, АЦП с входным дискретизатором [с входным дискретизирующим усилителем]

Samplingfrequenz *f* частота дискретизации

Sampling-Funktion *f* функция отсчётов

Samplingoszillograf *m*, **Samplingoszilloskop** *m* стробоскопический осциллограф, строб-осциллограф

Sampling-Periode *f* период дискретизации

Samplingrate *f* частота дискретизации

Samplingtheorem *n* теорема отсчётов, теорема Котельникова, теорема о дискретном представлении *(аналогового сигнала)*

Sandstrahlabgleich *m* пескоструйная подгонка *(толстоплёночных резисторов)*

Sandstrahlen *n* пескоструйная обработка

Sandwichbauweise *f* многослойная конструкция, конструкция типа «сэндвич»

Sandwich-Chip *m* кристалл сэндвичной структуры

Sandwichplatte *f* многослойная печатная плата

Sandwichstruktur *f* многослойная структура; трехслойная структура, структура типа «сэндвич»

Saphir *n* сапфир

Saphirsubstrat *n* сапфировая подложка

Saphirzuchtkeim *m* сапфировая затравка

SAR *n* регистр последовательных приближений

SARC-Chip *m*, **SARC-Schaltkreis** *m* ИС АЦП последовательных приближений

SAR-Wandler *m* АЦП (с регистром) последовательных приближений, АЦП поразрядного уравновешивания

SASFET *m*, **SASMESFET** *m*, полевой транзистор Шоттки с самосовмещённым затвором

Satellitendirektfunk *m* непосредственное вещание через ИСЗ

Satellitenfernsehen *n* спутниковая система телевидения

Satellitentäler *n pl* боковые долины, побочные минимумы

Satellitenübertragung *f* передача через ИСЗ

SATO-Technik *f* технология (изготовления) МОП ИС с самосовмещёнными затворами и толстым оксидным слоем

Sättigung *f* насыщение

Sättigungsabfallzeit *f* время выхода коллекторного тока из насыщения

Sättigungsanstiegszeit *f* время входа коллекторного тока в насыщение

Sättigungsbereich *m* область насыщения

Sättigungscharakterustik *f* характеристика *(полупроводникового прибора)* в области насыщения

Sättigungsdrainstrom *m* ток насыщения стока

Sättigungsdriftgeschwindigkeit *f* дрейфовая скорость насыщения

Sättigungsdriftstrom *m* дрейфовый ток насыщения

Sättigungslogik *f* насыщенная логика, насыщенные логические схемы

~, **gesteuerte** логические схемы с управляемым насыщением

Sättigungsmagnetisierung *f* намагниченность насыщения

Sättigungsremanenz *f* остаточная намагниченность насыщения

Sättigungsspannung *f* напряжение насыщения

Sättigungssperrstrom *m* обратный ток насыщения

Sättigungsstrom *m* ток насыщения

Sättigungsstromanteil *m* составляющая тока насыщения

Sättigungsstromdichte *f* плотность тока насыщения

Sättigungsstromgebiet *n* область тока насыщения

Sättigungsverstärkung *f* усиление при насыщении

Sättigungswiderstand *m* сопротивление насыщения

Sauerstoffdonator *m* донорная примесь кислорода

Sauerstoffeindiffusion *f* диффузионное легирование кислородом; диффундирование кислорода *(напр. в структуру кристалла ИС)*

Sauerstoffionenimplantation *f* ионная имплантация кислорода

Sauerstoffleerstelle *f* кислородная вакансия *(напр. в структуре SiO_2)*

Sauerstoffplasma *n* кислородная плазма

Sauerstoffpräzipitat *n* кислородный преципитат *(в кремнии)*

Saugdüse *f* отсасывающее сопло, отсос *(сопло для отсоса припоя при демонтаже компонентов)*

Saugentlöteinrichtung *f* устройство для выпайки *(напр. выводов)* с отсосом припоя

Saugentlöten *n* выпайка *(напр. выводов)* с отсосом припоя

Saugpipette *f* вакуумная пипетка

SAW-Bauelement *n*, **SAW-Element** *n* прибор на поверхностных акустических волнах [на ПАВ], ПАВ-прибор, ПАВ-элемент

SAW-Filter *n* фильтр на ПАВ, ПАВ-фильтр

SAW-Oszillator *m* генератор на ПАВ, ПАВ-генератор

SAW-Verstärker *m* усилитель на ПАВ

SBC *f см.* **SBC-Technik**

SBC-Diffusion *f* диффузия для формирования стандартной базы и стандартных резисторов

SBC-Schaltkreis *m* биполярная ИС со скрытым коллекторным слоем, изготовленная по базовой технологии

SBC-Technik *f*, **SBC-Technologie** *f* базовая технология ИС на биполярных транзисторах со скрытым коллекторным слоем

SBC-Transistor *m* биполярный транзистор со скрытым коллекторным слоем, изготовленный по базовой технологии

SBC-Verfahren *n см.* **SBC-Technik**

SBS-Laser *m* ВРМБ-лазер, лазер на эффекте вынужденного рассеяния Мандельштама - Бриллюэна

SBT *m* транзистор с поверхностным барьером

scaling down *англ.* пропорциональное уменьшение размеров *(элементов ИС)*, масштабирование

Scanistor *m* сканистор

Scan-line-Algorithmus *m* алгоритм построчного сканирования

Scanner *m* сканирующее устройство, сканер

Scanning-1:1-Projektionsbelichtungsanlage *f* проекционная установка совмещения и экспонирования с масштабом передачи изображения 1:1

Scanningelektronenmikroskop *n* сканирующий [растровый] электронный микроскоп, СЭМ, РЭМ

Scanning-Projektor *m* проекционная установка совмещения и экспонирования

«SCART»-Buchse *f* розетка *(соединителя)* «СКАРТ»

«SCART»-Stecker *m* вилка *(соединителя)* «СКАРТ»

SCAT *m* поверхностно-управляемый лавинный транзистор

SCAT-Technik *f* технология матричных БИС на основе базовых матричных ТТЛ-кристаллов с диодами Шоттки

SCC *m*, **SCC-Baustein** *m* контроллер последовательного канала связи *(центрального процессора микроЭВМ с подключаемыми к последовательному каналу связи устройствами)*

SCCD *n*, **SCCD-Bauelement** *n* ПЗС с поверхностным каналом; ПЗС с поверхностной структурой

SCCD-Zelle *f* ячейка ПЗС с поверхностным каналом

SC-Filter *n см.* **Schalter-Kondensator-Filter**

SC-Flipflop *n* RS-триггер, триггер с раздельными входами

Schablone *f* шаблон

Schablonenbelichtung *f* изготовление фотошаблонов и промежуточных фотооригиналов методом электронно-лучевого экспонирования

Schablonenfeld *n* поле (фото)шаблона

Schablonenkassette *f* кассета для шаблонов

Schablonenkopie *f* копия (фото)шаблона

Schablonenkopiergerät *n* фотоповторитель для мультиплицирования изображений фотошаблонов

Schablonenmaske *f* трафарет

Schablonensatz *m* комплект (фото)шаблонов

Schablonenstruktur *f* изображение [рисунок] фотошаблона

Schablonenvergleichsgerät *n* компаратор для (проверки) фотошаблонов

Schablonenvervielfältigungsanlage *f*, **Schablonenvervielfältigungsgerät** *n* см. Schablonenkopiergerät

Schadt-Helfrich-Effekt *m* эффект Шадта - Хельфриха, эффект вращения оптической оси нематических кристаллов

Schälchen *n* лодочка *(для выращивания кристаллов)*

Schallplattenabspielgerät *n* электропроигрыватель; электропроигрывающее устройство, ЭПУ

Schaltalgebra *f* алгебра переключательных схем

Schaltbelegungstabelle *f* истинностная таблица, таблица истинности

Schaltbrücke *f* перемычка

Schaltdiode *f* переключательный диод

Schalteffekt *m* эффект переключения *(в полупроводниках)*

Schalteingang *m* переключающий вход

Schaltelement *n* переключательный элемент

Schalter *m* переключатель; выключатель

~, **analoger** аналоговый коммутатор, аналоговый переключатель

~, **elektronischer** электронный ключ

~, **prellfreier** «бездребезговый» переключатель, переключатель с бездребезговыми контактами

Schalterarray *n* матричная БИС переключателя [логического ключа]

Schalterbetrieb *m* ключевой режим

Schaltereigenschaften *f pl* ключевые [импульсные] свойства

Schalterkondensator *m* переключаемый конденсатор

Schalter-Kondensator-Filter *n* (интегральный) фильтр с переключаемыми конденсаторами

Schaltermatrix *f* матрица переключателя [логического ключа]

Schaltertransistor *m см.* **Schalttransistor**

Schalterwirkungsgrad *m* коэффициент усиления тока транзисторного ключа

Schaltfehler *m* погрешность переключения

Schaltflanke *f* фронт тактового синхросигнала, синхронизирующий фронт

Schaltfotodiode *f* переключательный фотодиод

Schaltfrequenz *f* частота переключения

Schaltfunktion *f* переключательная функция, функция комбинационной логики

Schaltgeschwindigkeit *f* скорость переключения; быстродействие

Schaltgesetze *n pl* законы коммутации

Schalthysterese *f* напряжение гистерезиса, гистерезис переключения (*разность пороговых напряжений переключения*)

Schaltkapazität *f* заряд переключения

Schaltkarte *f* схемная плата

Schaltkondensatorfilter *n* фильтр с переключаемыми конденсаторами

1-µ-Schaltkreis *m* ИС с одномикронными элементами

Schaltkreis *m* схема

~, **analoger** аналоговая ИС, аналоговая микросхема

~, **anwendungsspezifischer** специализированная ИС

~, **bipolarer (integrierter)** биполярная ИС

~, **digitaler** цифровая ИС, цифровая микросхема

~, **festverdrahteter** БИС с фиксированными межсоединениями

~, **halbkundenspezifischer** полузаказная ИС

~, **hochintegrierter** ИС с высокой степенью интеграции, большая ИС, БИС

~, **höchstintegrierter** ИС со сверхвысокой степенью интеграции, сверхбольшая ИС, СБИС

~, **integrierter** интегральная микросхема, ИС, ИМС

~, **kundenprogrammierbarer** ИС, программируемая пользователем

~, **kundenspezifischer** заказная ИС

~, **linearer (integrierter)** линейная ИС

~, **magnetischer integrierter** магнитная ИС

~, **mikroelektronischer** микроэлектронная схема

~, **monolithischer** полупроводниковая [монолитная] ИС

~, **monolithisch-integrierter** полупроводниковая [монолитная] ИС

~, **peripherer** периферийная ИС

~, **programmierbarer** программируемая ИС

~, **supergroßer integrierter** сверхбольшая ИС, СБИС

~, **supraleitender** сверхпроводниковая ИС

~, **unipolarer (integrierter)** ИС на полевых транзисторах

~, **verkappter integrierter** корпусная [корпусированная] ИС, ИС в корпусе

~, **vollkundenspezifischer** полностью заказная ИС (*микросхема, топология которой полностью соответствует желанию заказчика*)

Schaltkreisausgang *m* выход схемы; выход (интегральной) микросхемы

Schaltkreisbild *n* рисунок схемы

Schaltkreischip *m* кристалл ИС

Schaltkreisdichte *f* плотность упаковки ИС; плотность компоновки схем

Schaltkreisebene *f* степень [уровень] интеграции ИС

Schaltkreiseingang *m* вход схемы; вход (интегральной) микросхемы

Schaltkreiseinheit *f* модуль на ИС

Schaltkreiselement *n* схемный элемент; элемент ИС; компонент ИС

Schaltkreisemulator *m* (внутри)схемный эмулятор

Schaltkreisentwicklung *f* разработка [проектирование] схем, схемное [схемотехническое] проектирование

Schaltkreisfamilie *f* семейство логических схем [логических элементов]

~, **langsame** семейство логических элементов с низким быстродействием

~, **schnelle** семейство логических элементов с высоким быстродействием

Schaltkreisfassung *f* панелька для ИС

Schaltkreisfunktionsdichte *f* функциональная плотность ИС

Schaltkreisinsel *f* островок ИС

Schaltkreiskomplexität *f* функциональная сложность ИС; степень интеграции ИС; топологический размер элементов ИС

Schaltkreiskonfiguration *f* конфигурация схемы; схемотехническая структура; топология схемы; топология ИС

Schaltkreis-Layout *n* топология схемы; топология ИС

Schaltkreismuster *n* схемный образец

Schaltkreispin *n* вывод ИС

Schaltkreisprüfebene *f* матрица контроля ИС

Schaltkreisredundanz *f* схемная избыточность

Schaltkreissimulator *m* схемный имитатор

Schaltkreissortiment *n* сортимент ИС

Schaltkreistechnik *f* схемотехника

~, **integrierte** схемотехника БИС

~, **höchstintegrierte** схемотехника СБИС

Schaltkreistester *m* схемный тестер

Schaltkreistestung *f* тестирование интегральных (микро)схем; проверка схем

Schaltladung *f* заряд переключения, критический заряд

Schaltleistung *f* работа переключения

Schaltlogik *f* комбинационная логика

Schaltmatrix *f* переключательная матрица; коммутационная [коммутирующая] матрица

Schaltnetzteil *n* импульсный источник питания

Schaltnetzteil-IC *n* ИС импульсного источника питания

Schaltnetzwerk *n* переключательная схема; ключевая схема

~, **sequentielles** последовательностная переключательная схема

Schaltoptron *n* коммутирующий [ключевой] оптрон

Schaltpegel *n* уровень (напряжения) переключения; коммутационный уровень

Schaltplanentwurf *m* проектирование схем(ы)

Schaltplanverifizierung *f* проверка схем(ы)

Schaltpunkt *m* точка переключения

Schaltrauschen *n* коммутационный шум

Schaltregler *m* ключевой [импульсный] стабилизатор (напряжения), регулятор-стабилизатор импульсного типа, стабилизатор [напряжения] с импульсным регулированием

~, **selbstschwingender** ключевой [импульсный] стабилизатор [напряжения] с самовозбуждением

Schaltregler-IC *n* см. **Schaltregler-IS**

Schaltregler-IS *f* ИС ключевого [импульсного] стабилизатора напряжения, интегральный ключевой стабилизатор (напряжения)

Schaltreglernetzteil *n* источник питания с импульсным стабилизатором напряжения

Schaltschwelle *f* порог переключения; порог чувствительности *(ключевой схемы)*

Schaltspannung *f* напряжение переключения; управляющее напряжение *(транзис-*

Schaltung

торного ключа); напряжение включения [отпирания]

Schaltspannungsregler *m* ключевой стабилизатор напряжения, регулятор-стабилизатор напряжения импульсного типа, стабилизатор напряжения импульсного типа

Schaltstufe *f* инвертор

Schaltsystem *n* коммутационная система

Schaltteilliste *f* спецификация схемных элементов

Schalttransistor *m* транзисторный ключ; переключательный транзистор; коммутирующий транзистор

Schaltung *f* схема; схемное включение

~, **abgeglichene** уравновешенная [симметричная] схема

~, **analoge integrierte** аналоговая ИС

~, **angepaßte** согласованная схема

~, **anwendungsspezifische integrierte [applikationsspezifische integrierte]** специализированная ИС

~, **aufgedampfte** ИС, изготовленная напылением

~, **bipolare integrierte** биполярная ИС

~, **digitale integrierte** цифровая ИС

~, **flankengetriggerte** схема, синхронизируемая фронтом; схема, переключаемая фронтом импульса

~, **flankenzustandsgetriggerte** схема со смешанной синхронизацией; схема, переключаемая фронтом и срезом импульса

~, **gedruckte** печатная схема

~, **gemischte integrierte** гибридная ИС, ГИС

~, **getaktete** тактируемая схема; синхронизируемая схема

~, **hydridintegrierte** гибридная ИС, ГИС

~, **integrierte** *см.* **Schaltkreis, integrierter**

~, **invertierende** инвертирующая схема, инвертор; инвертирующее включение *(операционного усилителя)*

~, **kombinatorische** комбинационная схема

~, **kundenspezifische** заказная ИС

~, **ladungsgekoppelte** ПЗС; ИС на ПЗС

~, **leistungsarme** схема с низкой [малой] потребляемой мощностью; маломощная ИС, ИС с низкой [малой] потребляемой мощностью

~, **lichtempfindliche** фоточувствительная схема

~, **maskenprogrammierbare** схема с масочным программированием

~, **mehrlagige gedruckte** многослойная печатная плата

Schaltung

~, **mehrschichtige gedruckte** многослойная печатная плата

~, **mikroelektronische** (интегральная) микросхема, ИС, ИМС

~ **mit CCD-Struktur, lichtempfindliche integrierte** фоточувствительная ИС с зарядовой связью

~ **mit diskreten Bauelementen** схема на дискретных элементах

~ **mit Ladungsspeicherung unter der Grenzfläche, ladungsgekoppelte** ПЗС с поверхностным каналом

~ **mit Schutzzringisolation, integrierte** ИС с изолирующими охранными кольцами

~ **mit vergrabenem Kanal, ladungsgekoppelte** ПЗС со скрытым каналом

~, **monolithisch-integrierte** полупроводниковая [монолитная] ИС

~, **nichtinvertierende** неинвертирующее включение (*операционного усилителя*)

~, **planare integrierte** планарная ИС

~, **programmierbare** ИС, программируемая пользователем

~, **selbsttestende** схема с самотестированием; ИС с самотестированием

~, **sequentielle** последовательностная (цифровая) схема

~, **symmetrische** симметричная [уравновешенная] схема

~, **unipolare integrierte** ИС на полевых транзисторах

~, **unverkappte integrierte** бескорпусная ИС

~, **vergossene** схема, герметизированная [залитая] компаундом, герметизированная схема

~, **verhältnisbehaftete** схема «с отношением»

~, **verhäftnisfreie** схема без «отношения»

~, **zellulare** матричная схема

Schaltungsanalysator *m* схемный анализатор

Schaltungsanalyse *f* схемный [схемотехнический] анализ

Schaltungsanordnung *f* схемное устройство; схема

~, **integrierte** интегральная (микро)схема, ИС

Schaltungsaufwand *m* схемные затраты

Schaltungsausgang *m* выход схемы

Schaltungsauslegung *f* компоновка схемы

Schaltungsbauelement *n* схемный компонент, компонент схемы

Schaltungsbelegung *f* комбинация сигналов на входе схемы

Schaltungsdichte *f* плотность компоновки схем

Schaltungsebene *f* степень [уровень] интеграции схем; степень сложности (компоновки) схем

Schaltungselement *n* схемный элемент

Schaltungsentwurf *m* проектирование [разработка] схем

~, **rechnergestützter** автоматизированное проектирование ИС; автоматизированное проектирование БИС

Schaltungsfamilie *f см.* **Schaltkreisfamilie**

Schaltungsfehler *m* схемная неисправность; сбой схемы

Schaltungsfehlersimulation *f* моделирование схемных неисправностей

Schaltungsfunktion *f* функция, реализуемая логической схемой

Schaltungsgleichung *f* уравнение переходного процесса

Schaltungsintegration *f* интеграция на уровне схем

schaltungsintegriert схемноинтегрированный

Schaltungskapazität *f* ёмкость схемы; ёмкость монтажа

~, **parasitäre** паразитная ёмкость монтажа

Schaltungskomplexität *f* функциональная сложность *(ИС)*

Schaltungskonfiguration *f см.* **Schaltkreiskonfiguration**

Schaltungsmuster *n* схемный образец; рисунок печатной платы

Schaltungsoptimierung *f* оптимизация схемных решений

schaltungsorientiert схемноориентированный

Schaltungsplatte *f* схемная плата

~, **gedruckte** печатная плата

Schaltungssimulation *f* моделирование; моделирование (проекта) БИС

Schaltungssynthese *f* синтез схем

Schaltungstechnik *f* схемотехника

~, **analoge** аналоговая схемотехника

~, **integrierte** интегральная схемотехника

Schaltungstopologie *f* топология схемы

Schaltungsverkappung *f* герметизация схем; корпусирование ИС

Schaltvariable *f* переменная типа «переключатель»

Schaltverhalten *n* переходная характеристика (процесса) переключения; переходные процессы при переключении; поведение *(напр. транзистора)* в режиме переключения

Schaltverhältnis *n* скорость коммутации; скорость переключения

Schaltverlust *m* мощность потерь при переключении

Schaltverlustleistung *f* мощность потерь при переключении *(тиристора);* мощность коммутационных потерь

Schaltvermögen *n* коммутационная способность; быстродействие

Schaltverstärker *m* коммутирующий усилитель; триггер Шмитта

Schaltverzögerung *f* задержка переключения [при переключении]

Schaltverzögerungszeit *f* время задержки при переключении

Schaltzeichen *n* схемное обозначение

Schaltzeit *f* время переключения

Schaltzeitverhalten *n* переходная характеристика (процесса) переключения

Schaltzustand *m* переключаемое состояние; коммутационное положение

Schattenmaske *f* шаблон для рентгенолитографии, рентгеношаблон

~, **röntgenlithografische** шаблон для рентгенолитографии, рентгеношаблон

Schattenmaskentechnik *f*, **Schattenmaskenverfahren** *n* метод теневого маскирования

Schattierung *f* затенение, построение теней *(на синтезируемых графических изображениях)*

Schaumstoffgehäuse *n* пенопластовый корпус, корпус из пенопласта

Scheibe *f* 1. пластина, полупроводниковая пластина 2. кристалл-подложка *(для эпитаксиального наращивания)* 3. круг, диск

Scheibchen *n* (полупроводниковая) пластина

~, **diamantbesetzte [diamantimprägnierte]** алмазный [алмазно-абразивный] круг *(для резки слитков или пластин)*

Scheibenanschliff *m* срез [плоский торец] пластины *(для ее точной угловой ориентации в процессе обработки)*

Scheibenarchitektur *f* разрядно-модульная архитектура, архитектура секционированных микропроцессоров

Scheibenbearbeitung *f* (технологическая) обработка полупроводниковых пластин

Scheibenbestücker *m см.* **Scheibenlader**

Scheibenbonder *m* установка для монтажа кристаллов на полупроводниковых пластинах

Scheibendurchmesser *m* диаметр (полупроводниковой) пластины

Scheibenhorizontierung *f* выравнивание (полупроводниковой) пластины

Scheibenintegration *f* формирование СБИС на целой полупроводниковой пластине

Scheibenlader *m* подающее устройство (для полупроводниковых пластин)

Scheibenmaskierung *f* маскирование пластины *(слоем фоторезиста)*

Scheibenmikroprozessor *m* секционированный микропроцессор

Scheibenoberfläche *f* поверхность (полупроводниковой) пластины

Scheibenprozeß *m* цикл обработки полупроводниковых пластин *(1-й технологический цикл изготовления ИС)*

Scheibenrepeatanlage *f* см. **Scheibenrepeater**

Scheibenrepeater *m* установка проекционной литографии с непосредственным переносом изображений на (кремниевую) пластину, установка совмещения и мультипликации, мультипликатор

Scheibenthyristor *m* таблеточный тиристор, тиристор таблеточной конструкции

Scheibenträger *m* подложкодержатель

Scheibenverband *m* матричная ИС на целой полупроводниковой пластине

Scheidewand *f* доме́нная граница

Scheinwiderstandsanpassung *f* согласование полных сопротивлений

Scheitelsperrspannung *f* максимально допустимое (постоянное) обратное напряжение *(тиристора)*

Schicht *f* 1. слой 2. плёнка

~, **abbildende** слой формирования изображения

~, **aktive** активный слой

~, **begrabene** скрытый слой, скрытый n^+-слой

~, **diffundierte** диффузионный слой

~, **diffusionshemmende** слой, препятствующий диффузии [проникновению диффузанта]; противодиффузионный барьер

~, **eindiffundierte** диффузионный слой

~, **einkristalline** монокристаллический слой

~, **epitaktische** эпитаксиальный слой

~, **fotoaktive** см. **Schicht, fotoempfindliche**

~, **fotoempfindliche** фоточувствительный [светочувствительный] слой

~, **fotoleitende** фотопроводящий слой

~, **implantierte** имплантированный слой, слой, полученный ионной имплантацией

Schicht

~, **nichtsperrende** антизапирающий слой

~, **n-leitende** слой (с проводимостью) *n*-типа, *n*-слой

~, **p-leitende** слой (с проводимостью) *p*-типа, *p*-слой

~, **reflexionsmindernde** противоотражающий слой

~, **vergrabene** *см.* Schicht, **begrabene**

Schichtabscheidung *f* осаждение слоя; осаждение плёнки [плёнок]

~, **lasergestützte** лазерное осаждение (тонких) плёнок

Schichtabtragung *f* снятие [удаление] слоя

Schichtabtragungsverfahren *n* метод снятия слоя

Schichtanordnung *f* слоистая [слоевая] структура; многослойная структура

Schichtaufnahmeverfahren *n* томография

Schichtbauelement *n* плёночный элемент

~, **integriertes** плёночный элемент (ИС), элемент плёночной ИС

Schichtbaugruppe *f* плёночный (интегральный) модуль

Schichtbrechzahl *f* коэффициент преломления слоя *или* плёнки

Schichtdicke *f* толщина слоя *или* плёнки

Schichtdickenmessung *f* измерение толщины слоя *или* плёнки

Schichtdrehwiderstand *m* (тонко)плёночный переменный резистор

Schichteffekt *m* эффект на границе слоёв

Schichtfolge *f* последовательность расположения слоёв

Schichthybridtechnik *f* гибридная плёночная технология, технология плёночных ГИС

Schichtkondensator *m* плёночный конденсатор

Schichtlichtleiter *m* слоистый (диэлектрический) световод

Schichtmaske *f* многослойная маска

Schichtmaterial *n* 1. материал с многослойной структурой 2. слой материала

Schichtmuster *n* рисунок слоя *(напр. плёночной ИС)*; рисунок в слое; рисунок в плёнке *(напр. на поверхности фотошаблона)*

Schichtschaltung *f* плёночная схема; плёночная ИС

Schichtspeicher *m* плёночная память, плёночное ЗУ

~, **supraleitender** сверхпроводниковая память, сверхпроводниковое ЗУ

Schichtstruktur *f* многослойная структура

Schichtsubstrat *n* плёночная подложка

Schichtsystem *n* система слоёв

Schleuderbeschichtungsanlage

Schichttechnik *f*, **Schichttechnologie** *f* плёночная технология

Schichtträger *m* подложка

Schichtungsfehler *m* дефект упаковки

Schichtverbindungsnetzwerk *n* схема межсоединений слоя; разводка

Schichtwachstum *n* рост слоя

Schichtwiderstand *m* 1. плёночный резистор 2. (удельное электрическое) сопротивление слоя; поверхностное удельное сопротивление

Schiebebefehl *m* команда сдвига

Schiebeeinrichtung *f* схема сдвига, сдвигатель

Schieberegister *n* сдвиговый регистр

~, **ladungsgekoppeltes** сдвиговый регистр на ПЗС

~ **mit Flipflop** триггерный сдвиговый регистр

Schieberegisterzähler *m* счётчик на сдвиговых регистрах

Schiffchen *n* лодочка *(для выращивания кристаллов)*

Schimmelpilztest *m* испытания на плеснестойкость

Schlafbetrieb *m* режим (пассивного) хранения

Schlafstrom *m* ток (потребления в режиме) хранения

Schlafstromaufnahme *f* ток потребления в режиме хранения

Schlechtgrenze *f* браковочный уровень дефектности, допустимый уровень дефектных единиц продукции [дефектных изделий] *(в партии изделий)*, допустимый уровень брака

Schlechtlage *f см.* **Schlechtgrenze**

Schleier *m* вуаль *(на фотооригинале)*

Schleifentest *m* петлевой контроль, контроль методом обратной передачи

Schleifenverstärkung *f* петлевое усиление, коэффициент петлевого усиления, коэффициент усиления в цепи ООС; коэффициент усиления в цепи обратной связи

~, **negative** коэффициент усиления в цепи отрицательной обратной связи [в цепи ООС]

~, **positive** коэффициент усиления в цепи положительной обратной связи [в цепи ПОС]

Schleiftrimmen *n* абразивная подгонка *(резисторов)*

Schleuderbeschichtung *f* нанесение (слоя) фоторезиста центрифугированием

Schleuderbeschichtungsanlage *f* установка для нанесения слоя фоторезиста центрифугированием

Schleuderverfahren *n* метод центрифугирования; нанесение (слоя) фоторезиста (на пластину) центрифугированием

Schleusenkammer *f* герметичная камера

Schleusenspannung *f* 1. прямое напряжение 2. пороговое напряжение (*диода, тиристора*)

Schliff *m* шлиф

Schlitzleitung *f* щелевая микрополосковая линия передачи, щелевая МПЛ

Schlitzmaske *f* щелевая маска (*кинескопа с копланарным расположением прожекторов*)

Schlüsseltechnologie *f* ключевая технология

Schmalkanaleffekt *m* эффект «узкого» канала (*зависимость порогового напряжения МДП-транзистора от ширины канала и напряжения смещения подложки*)

Schmalzonenhalbleiter *m* узкозонный полупроводник, полупроводник с узкой запрещённой зоной

Schmelze *f* расплав

Schmelzmittel *n* (паяльный) флюс

Schmelzperle *f* оплавляющийся шариковый вывод (*для встречного монтажа ИС*); оплавляющаяся навеска (легирующей) примеси

Schmelzperlentransistor *m* транзистор, изготовленный методом обратного оплавления, обратнооплавленный транзистор

Schmelzpunkt *m* точка [температура] плавления

Schmelzschichtverfahren *n* метод зонной плавки

Schmelzsicherungsfestwertspeicher *m* электрически программируемое ПЗУ, ЭППЗУ, ПЗУ, программируемое разрушением [пережиганием] плавких перемычек

Schmelzverbindung *f* плавкая перемычка

Schmelzzone *f* зона расплава

Schmetterlingsoperation *f* базовая операция «бабочка» (*быстрого преобразования Фурье с прореживанием по времени*)

Schmitt-Trigger *m* триггер Шмитта

Schmitt-Trigger-Inverter *m* инвертор на триггере Шмитта, инвертор Шмитта

Schnabelthermokompression *f* термокомпрессионная сварка инструментом в виде птичьего клюва

Schnappschußprogramm *n* программа выборочной динамической разгрузки (*памяти*), программа выборочного динамического дампа

Schneid- und Ablösetechnik *f* техника разрезания и отделения защитной плёнки (*при лазерном скрайбировании*)

Schneidenbondverfahren *n* термокомпрессионная сварка клинообразным пуансоном

Schneidklemmenanschluß *m*, **Schneidklemm-Kontakt** *m* срезное соединение, срезной контакт

Schneidklemmenverfahren *n* метод соединения с помощью срезного контакта [срезного соединителя]

Schneidklemmverbinder *m* срезной электрический соединитель

Schneidklemmverbindung *f см.* **Schneidklemmenanschluß**

Schnellausheilung *f*, **thermische** ускоренный термический отжиг

Schnelligkeit *f* быстродействие

Schnellrecheneinheit *f* быстродействующий процессор

Schnitt *m* рез; пропил

~, **scharfkantiger** пропил с ровными краями

Schnittfrequenz *f* частота среза

Schnittmaske *f* промежуточная маска (*маска, получаемая разрезанием плёнки по контуру изображения исполнительным инструментом (резцом) координатографа*)

Schnittstelle *f* интерфейс

~, **analoge** аналоговый интерфейс

~, **periphere** интерфейс периферийных устройств

~, **serielle** последовательный интерфейс

Schnittstellenadapter *m* адаптер интерфейса

Schnittstellenbaustein *m* интерфейсный модуль; интерфейсный блок

Schnittstelleneinheit *f* устройство сопряжения; интерфейсный блок

Schnittstellenkonverter *m см.* **Schnittstellenwandler**

Schnittstellenschaltung *f* интерфейсная БИС

Schnittstellenstandard *m* стандартный интерфейс

Schnittstellenwandler *m* интерфейсный преобразователь, преобразователь интерфейса

Schock *m*, **thermischer** термоудар

Schönschrift *f* печать машинописного качества

Schottkybarriere *f*, **Schottky-Barriere** *f* барьер Шоттки

Schottky-Barrieren-Diode *f* диод (с барьером) Шоттки

Schottky-Barrieren-Feldeffekttransistor *m см.* **Schottky-FET**

Schottky-Barrieren-FET *m см.* **Schottky-FET**

Schottkybarrierenhöhe *f* высота барьера Шоттки

Schottky-Barrieren-Kollektor-Transistor *m см.* **Schottky-Kollektor-Transistor**

Schottky-Barrieren-Technik *f* технология полупроводниковых приборов с барьером Шоттки

Schottky-Defekt *m* дефект по Шоттки

Schottky-Diode *f* диод Шоттки

Schottky-Dioden-Eingang *m* вход с (фиксирующим) диодом Шоттки; входной (фиксирующий) диод Шоттки

Schottky-Dioden-FET-Logik *f* логика [логические схемы] на полевых транзисторах и диодах Шоттки

Schottky-Dioden-Transistor *m* биполярный транзистор с диодом Шоттки

Schottky-Dioden-(Transistor)-Transistor-Logik *f* (транзисторно-)транзисторная логика с диодами Шоттки, ТТЛ с диодами Шоттки, ТТЛШ-логика, ТТЛШ

Schottky-Effekt *m* эффект Шоттки

Schottky-Fehlordnung *f см.* **Schottky-Defekt**

Schottky-Feldeffekttransistor *m см.* **Schottky-FET**

Schottky-FET *m* полевой транзистор Шоттки, полевой транзистор с затвором Шоттки, полевой транзистор с диодом Шоттки [с затвором в виде диода Шоттки], ПТШ

~, selbstjustierter полевой транзистор с самосовмещённым затвором Шоттки

Schottky-FET-Mischer *m* смеситель на (арсенидгаллиевых) полевых транзисторах с диодом Шоттки

Schottky-FET-Oszillator *m* гетеродин на (арсенидгаллиевых) полевых транзисторах с диодом Шоттки

Schottky-Fotodiode *f* фотодиод Шоттки, фотодиод со структурой металл - полупроводник

Schottky-Gate *n* затвор Шоттки

Schottky-Gate-Diode *f см.* **Schottky-Diode**

Schottky-Gate-Feldeffekttransistor *m* полевой транзистор (с затвором) Шоттки

Schottky-Gate-Metallisierung *f* металлизация для формирования затвора Шоттки

Schottky-Gate-übergang *m* переход на основе барьера Шоттки

Schottky-Gleichrichter *m* выпрямитель на диоде Шоттки

Schottky-Gleichrichterdiode *f* выпрямительный диод Шоттки

Schottky-IIL *f см.* **Schottky-I²L**

Schottky-I²L *f* И²Л с диодами Шотки

Schottky-Injektionslogik *f* (интегральная) инжекционная логика с диодами Шоттки, И²Л с диодами Шоттки

Schottky-Klemmdiode *f* фиксирующий диод Шоттки

Schottky-Kollektor *m* коллектор [коллекторный переход] в виде барьера Шоттки

Schottky-Kollektor-Barrierentransistor *n см.* **Schottky-Kollektor-Transistor**

Schottky-Kollektor-Transistor *m* (биполярный) транзистор с коллекторным переходом на барьере Шоттки [в виде барьера Шоттки]

Schottky-Kontakt *m* контакт (в виде барьера) Шоттки; барьер Шоттки

Schottky-Leerstelle *f* вакансия по Шоттки

Schottky-Logik *f*, **integrierte** интегральные логические схемы с диодами Шоттки в выходных цепях, интегральная Шоттки-логика, ИШЛ

Schottky-Paar *n см.* **Schottky-Defekt**

Schottky-Schaltkreis *m* ИС на ТТЛ с диодами Шоттки, ТТЛ ИС с диодами Шоттки, ТТЛШ ИС

Schottky-Sperrschichtdiode *f см.* **Schottky-Diode**

Schottky-Sperrschichtfeldeffekttransistor *m см.* **Schottky-FET**

Schottky-Sperrschichtzone *f* обеднённый приконтактный слой барьера Шоттки

Schottky-Steuerelektrode *f* управляющий электрод с барьером Шоттки

Schottky-T²L *f см.* **Schottky-TTL**

Schottky-Transistor *m* (биполярный) транзистор (с диодом) Шоттки

Schottky-Transistorlogik *f* Шоттки-транзисторная логика, ШТЛ

Schottky-Transistor-Transistor-Logik *f см.* **Schottky-TTL**

Schottky-TTL *f* транзисторно-транзисторная логика [ТТЛ] с диодами Шоттки, ТТЛШ-логика, ТТЛШ

~, **hochentwickelte** усовершенствованные ТТЛШ-схемы, усовершенствованные схемы ТТЛ-Шоттки

~, **leistungsarme** маломощные ТТЛШ-схемы, схемы ТТЛ-Шоттки с низкой [малой] потребляемой мощностью

Schottky-TTL-IC *n*, **Schottky-TTL-Schaltkreis** *f*, **Schottky-TTL-Schaltung** *f* ТТЛ-схема [ТТЛ ИС] с диодом Шоттки, ТТЛШ ИС

Schottky-TTL-Teiler *m* ТТЛШ-делитель, делитель на схемах ТТЛ-Шоттки

Schottky-Übergang *m* переход на основе барьера Шоттки; барьер Шоттки

Schottky-Varaktor *m* варикап Шоттки

Schrägaufdampfung *f*, **Schrägbedampfung** *f*, **Schrägbeschichtung** *f* осаждение под заданным углом наклона

Schrägimplantation *f* ионная имплантация под заданным углом к поверхности

Schrägschliff *m* косой шлиф

Schrägstrich *m* косая (черта)

~, **nach links weisender** обратная косая (черта)

Schraubenversetzungen *f pl* винтовые дислокации

Schreibbus *m* шина записи

Schreibleitung *f* шина записи

Schreib-/Lesekopf *m* головка записи - воспроизведения

Schreib-Lese-Speicher *m* память [ЗУ] для записи - считывания (с произвольным доступом), ЗУПВ

~ **mit wahlfreiem Zugriff** память для записи / считывания с прямым произвольным доступом, ЗУ с произвольной выборкой, ЗУПВ

Schreib-Lese-Speicherchip *m* однокристальное ЗУПВ

Schreibzeit *f* время записи

Schriftfont *n* шрифтокомплект

Schriftzeichengenerator *m* знакогенератор

Schrittbetrieb *m* пошаговый режим (работы)

Schrittmotor *m* шаговый (электро)двигатель

~, **linearer** линейный шаговый двигатель, ЛШД

~, **luftgelagerter** (линейный) шаговый двигатель [ЛШД] с воздушной подушкой, ЛШД каретки (координатного стола) на воздушной подушке, ЛШД каретки (координатного стола) с аэростатическими направляющими)

Schrittpositionierfehler *m* ошибка последовательного шагового экспонирования

Schrittpositioniersystem *n* установка проекционной литографии с последовательным шаговым экспонированием

Schroteffekt *m см.* **Schrot-Rauschen**

Schrotrauschen *n* дробовой шум

Schrubbmaschine *f* установка отмывки и очистки

Schütteltest *m* испытание на вибростойкость

Schüttgut *n* : **als ~ liefern** поставлять россыпью (*напр. интегральные компоненты, корпуса*)

Schutzband *n* охранная зона

Schutzdiode *f* защитный диод

Schutzgas *n* инертный газ

Schutzgaskonaktrelais *n* реле с герконами [на герконах]

Schutzgaskontakt *m* геркон, герметизированный магнитоуправляемый контакт

Schutzmaske *f* защитная маска

Schutzring *m* охранное кольцо

Schutzringbrücke *f* перемычка над охранным кольцом

Schutzringdiffusion *f* диффузия для формирования охранных колец

Schutzringdiode *f* диод с охранным кольцом

Schutzringisolation *f* изоляция охранными кольцами; изолирующие охранные кольца

Schutzringkondensator *m* конденсатор с охранным кольцом

Schutzrohrkontakt *m см.* **Schutzgaskontakt**

Schutzschicht *f* защитный слой

Schutzziffer *f* вспомогательная цифра *(для сохранения точности вычислений)*

Schwall-Lötmaschine *f* установка для пайки волной припоя

Schwallöten *n*, **Schwallötverfahren** *n* пайка волной припоя

Schwärzung *f*, **Schwärzungsgrad** *m* оптическая плотность почернения, степень почернения

Schwarzweißmonitor *m* чёрно-белый монитор

Schwebeepitaxie *f* левитационная эпитаксия

Schwebezonenverfahren *n* зонное выравнивание

Schwellenelement *n см.* **Schwellwertelement**

Schwellenspannung *f* пороговое напряжение

Schwellenwertschaltung *f* пороговая схема

Schwellfeldstärke *f* критическая напряжённость (электрического) поля

Schwellspannung *f см.* **Schwellenspannung**

Schwellwertelement *n* пороговый элемент

Schwellwertgeber *m* пороговый датчик; триггер Шмитта

Schwellwertlogik *f* пороговая логика

Schwellwertschalter *m* пороговое устройство; триггер Шмитта

Schwellwertschaltung *f* пороговая схема

Schwellwertspannung *f* пороговое напряжение

Schwellwertverschiebung *f* смещение порогового значения

Schwenken *n* 1. панорамирование 2. горизонтальная прокрутка *(изображения на экране дисплея)*

Schwerionenlithografie *f* ионно-лучевая литография с использованием тяжёлых ионов

Schwimmtiegelverfahren *n* метод плавающего тигля

Schwingen *n* автоколебательный режим; самовозбуждение

Schwinggrenzfrequenz *f* максимальная частота усиления по мощности

Schwingquarz *m* пьезокварц; кварцевый резонатор

Schwingungselektrodentransistor *m* полевой транзистор с резонансным затвором

schwingungsisoliert с виброизоляцией

Schwingungsisolierung *f* виброизоляция

Schwingungstypenabstand *m* разделение мод

Schwingungstypenkopplung *f* синхронизация мод

SCIM *f* выращивание кремниевых плёнок методом обратного мениска

SCL *f* ТТЛ с транзисторами Шоттки, ТШЛ

SCL-Logik *f см.* SCL

SCLT *m см.* SCL-Transistor

SCL-Transistor *m* транзистор, ограниченный объёмным зарядом

SCR *m* тиристор

Scrambler *m* скремблер

Scrambling *n* аппаратурная рандомизация

Scratch-Pad *n см.* Scratch-Register

Scratchpad-Speicher *m* сверхоперативная память, сверхоперативное ЗУ

Scratch-Register *n* оперативный [быстрый, блокнотный] регистр; регистр сверхоперативной памяти

Screening-Test *m* неразрушающие испытания

Scrollbalken *m* линейка прокрутки

Scrollen *n см.* Scrolling

Scroll-Funktion *f* (вертикальная) прокрутка *(изображения на экране дисплея);* возможность (вертикальной) прокрутки

Scrolling *n* прокрутка *(изображения на экране дисплея)*

SCS *m* однооперационный тетродный тиристор

SCT *m*, **SCT-Element** *n* поверхностно-управляемый (биполярный) транзистор

SCTL *f* ТТЛ с транзисторами Шоттки, ТШЛ

SCT-Technik *f* технология изготовления поверхностно-управляемых (биполярных) транзисторов

SDFL *f* логика [логические схемы] на полевых транзисторах и диодах Шоттки

SDFL-Gatter *n* логический элемент на полевых транзисторах и диодах Шоттки

SDHT *m* (гетероструктурный металл-полупроводниковый) полевой транзистор с гетеропереходом, полевой транзистор с высокой подвижностью электронов [с двухмерным электронным газом], ВПЭ-транзистор

SDHT-Transistor *m* см. SDHT

SDI-Technik *f* технология (изготовления) ИС со структурой (типа) «кремний на термопласте на диэлектрике»

Sea-of-Gates-Array *n* конструкция типа «море вентилей», бесканальная матрица *(плотно скомпонованная вентильная матрица)*

SEBL *f* сканирующая электроно(лито)графия, сканирующая электронно-лучевая литография, электронолитография со сканированием [со сканирующим сфокусированным пучком электронов]

SECL *f* логика с симметричными эмиттерными связями

Sedezimalsystem *n* шестнадцатиричная система (счисления)

Seebeck-Effekt *m* термоэлектрический эффект Зеебека, эффект Зеебека

Segmentadresse *f* сегментный адрес, (начальный) адрес сегмента

Segmentanfangsadresse *f* начальный адрес сегмента

16-Segment-Anzeige *f* 16-сегментный индикатор

Segment-Anzeige *f*, **Segmentdisplay** *n* сегментированный дисплей

7-Segment-Darstellung *f* семисегментная индикация

Segmentierung *f* сегментация

Segmentregister *n* сегментный регистр

Segregationskoeffizient *m*, **Segregationsgrad** *m* коэффициент сегрегации

Sehne *f* хорда *(графа)*

Seignettsalzkristall *m* кристалл сегнетовой соли

S-Eingang *m* S-вход, вход (сигнала) установки, установочный вход *(триггера)*

Seitenabweichung *f* боковое отклонение *(координатного стола)*

Seitenabweichungsschwankung *f* колебания боковых отклонений *(координатного стола)*

Seitenabweichungswinkel *m* угол бокового отклонения *(координатного стола)*

Seitenkanalinversionsschicht *f* инверсионный слой бокового канала

Seitenverhältnis *n* соотношение сторон, отношение высоты *(области резиста)* к ширине; формат изображения

Seitenvorschub *m* полистовая подача (бумаги)

Seitenwand *f* боковая стенка *(элемента структуры ИС)*

Seitenwandbeschichtung *f* нанесение покрытия на боковую стенку

Seitenwandmaskierung *f* маскирование боковых стенок *(канавки)*

Seitenwandoxid *n* оксидный слой на боковой стенке *(канавки)*

Sekundäranschliff *m* вторичный шлиф, шлиф вторичной пришлифовки

Sekundärelektronenemitter *m* вторично-электронный эмиттер, динод

~, **durchschießbarer** динод, работающий на прохождение

Sekundärelektronenvervielfacher *m* вторично-электронный [фотоэлектронный] умножитель, ВЭУ, ФЭУ

Sekundärionenmassenspektroskopie *f* масс-спектроскопия на вторичных ионах

Sekundärpassivierungsschicht *f* вторичный пассивирующий слой

Sekundärschaltnetzteil *n* вторичный импульсный источник питания

Sekundärschaltregler *m* вторичный стабилизатор напряжения импульсного типа

Sekundärspannungsquelle *f* вторичный источник питания, ВИП

Selbstabgleich *m* автокоррекция

Selbstdiagnose *f* самодиагностика

Selbstdiagnosemethode *f* метод самодиагностики

Selbstdiffusion *f* самодиффузия

Selbstdotierung *f* автолегирование

~, **seitliche** боковое [торцевое] автолегирование

~, **vertikale** вертикальное автолегирование

Selbstdotierungsstoff *m* самолегирующийся материал

Selbstenergie *f* собственная энергия *(дислокации)*

Selbsterregung *f* самовозбуждение

Selbsthaltung *f* фиксация *(состояния);* самоудержание

Selbstheilung *f* самовосстановление; самозалечивание *(дефектов)*

Selbstheizungsthermistor *m* терморезистор с самоподогревом

Selbstisolierung *f* самоизоляция *(напр. элементов ИС)*

Selbstjustage *f* самосовмещение *(напр. затвора полевого транзистора)*

selbstjustiert самосовмещённый

Selbstjustierung *f* самосовмещение

Selbstjustierungsgate *n* самосовмещённый затвор

Selbstpositionierung *f* автоматическое позиционирование, самоустановка (в заданное положение); самосовмещение

Selbstprüfung *f* самопроверка; самоконтроль; самотестирование

Selbststrukturierung *f* самоструктурирование

Selbsttest *m* самотестирование; самодиагностика

Selbsttestsystem *n* система самотестирования; система самодиагностики

Select-Eingang *m* вход выбора

Selektieren *n*, **Selektierung** *f* селекция, выбор

Selektion *f* селекция, выбор

Selektionsmittel *n pl* схемы селекции

Selektivgalvanisierung *f* избирательное наращивание (*металлизации в схемах печатного монтажа*)

Selektivverstärker *m* избирательный усилитель

Selektorkanal *m* селекторный канал

Selen *n* селен, Se

Selengleichrichter *m* селеновый выпрямитель

Selengleichrichtersäule *f* селеновый выпрямительный столб

Selenzelle *f* селеновый элемент

Self-Aligment-Bipolar-CMOS *f* самосовмещённая Би-КМОП-технология

Self-aligned-Technik *f* самосовмещённая технология

Selfok *m* сел(ь)фок, градиентный световод (*световод с самофокусировкой излучения относительно его осевой линии*)

SEM *m* сканирующий [растровый] электронный микроскоп, СЭМ, РЭМ

SEM-Aufnahme *f* микрофотография, полученная с помощью сканирующего [растрового] электронного микроскопа, РЭМ-изображение

SEM-Bild *n* изображение, полученное с помощью сканирующего [растрового] электронного микроскопа, РЭМ-изображение

Semi-custom-IC *n* полузаказная ИС

Semi-custom-Logik *f* полузаказные логические ИС

Semi-custom-Schaltungen *f pl* полузаказные ИС

Semielektronik *f* (электронная) техника с использованием электронных и электромеханических элементов

semi-insulating *англ.* полуизолирующий (*напр. о подложке*)

Semi-Kunden-IC *n* полузаказная ИС

Semikunden-LSI-Schaltung *f* полузаказная БИС

Semikunden-Master-Slice *n* базовый матричный кристалл [БМК] для изготовления полузаказных матричных БИС

Semipermanentspeicher *m* полупостоянная память, полупостоянное ЗУ

Semi-ROX-Struktur *f* изолирующая структура с мелкими канавками, заполненными оксидом

semi-well isolation *англ.* изоляция «полукарманами»

Sender *m* передатчик

Sender- und Empfängerbaustein *m* приёмопередатчик

Senderchip *m* кристалл ИС передатчика; ИС передатчика

Sender/Empfänger *m* приёмопередатчик

Sender-IS *f* ИС передатчика

Sendesatellit *m* вещательный спутник, спутник непосредственного вещания

Senke *f* 1. сток *(полевого транзистора)* 2. приёмник *(данных в сети передачи данных, сообщения в сети связи)*

Senkenbahnwiderstand *m* распределённое сопротивление стока

Senkendiffusion *f* диффузия (для формирования) стока

Senkendurchbruch *m* пробой (изоляции) стока

Senkenelektrode *f* электрод стока

Senkengebiet *n* область стока, стоковая область

Senkenleitwert *m* проводимость стока

Senkenmetallisierung *f* металлизация стока

Senken-Quellen-Spannung *f* напряжение сток - исток

Senken-Quelle-Strecke *f* участок сток - исток

Senkenspannung *f* напряжение стока [на стоке]

Senkenstreifen *m* полоска стока

Senkenstrom *m* 1. ток, поступающий в нагрузку 2. ток стока

Senken-Substrat-pn-Übergang *m* p - n-переход сток - подложка

Senken-Substrat-Übergang *m* переход сток - подложка

Senkenübergang *m* стоковый *(p - n-)*переход, *(p - n-)*переход стока

Senkenwiderstand *m* сопротивление стока

Senkenzone *f см.* **Senkengebiet**

Sense-Ausgang *m* выход считывания; выход токочувствительной цепи, токочувствительный выход; выход вольточувствительной цепи, вольточувствительный выход

Sense-Leitung *f* цепь считывания *(величины тока, напряжения)*

Sense-Pin *n* вывод для считывания *(величины тока, напряжения)*; вывод токочувствительной цепи; вывод вольточувствительной цепи

Sensistor *m* сенсистор

Sensor *m* датчик

~, **faseroptisches** волоконно-оптический датчик

~, **intelligenter** датчик с интеллектом, «разумный» датчик

~, **lichtempfindlicher** фотоприёмник; фотодатчик

~, **optoelektronischer** оптоэлектронный датчик

Sensorbildschirm *m* сенсорный экран

Sensorchip *m* кристалл с датчиком

sensorisiert очувствлённый *(с помощью сенсорных устройств)*

Sensorschalter *m* сенсорный переключатель

Sensorsteuerung *f* сенсорное управление

Sensortaste *f* 1. сенсорная [экранная] клавиша 2. клавиша сенсорного переключателя

Separationsdiffusion *f* разделительная [изолирующая] диффузия

Sequenzer *m* секвенсер, устройство последовательного управления; устройство задания последовательности операций

Seriellausgang *m* выход *(напр. АЦП)* с обратной связью по току

Serienbondverfahren *n* метод поверхностного монтажа с последовательным позиционированием компонентов

Serienfertigung *f* серийное производство

Serien-Parallel-Umsetzer *m*, **Serien-Parallel-Wandler** *m* последовательно-параллельный АЦП

Serienregler *m* стабилизатор (напряжения) последовательного типа

Serienrückkopplung *f* обратная связь со сложением напряжений

Serpentinanordnung *f* серпантинная структура

Serviceroutine *f* сервисная подпрограмма

Servoumsetzer *m* АЦП следящего типа

Setstrom *m* ток установки

SET-Technik *f* технология транзисторных ИС с выступающими электродами

Set-up-Time *n см.* **Set-up-Zeit**

Set-up-Zeit *f* 1. время установления 2. время установки

Setzeingang *m* вход сигнала установки, установочный вход, S-вход

Setzen *n* установка

Setzimpuls *m* сигнал [импульс] установки

Setz-Rücksetz-Flipflop *n* RS-триггер, триггер с раздельными входами

Setztransistor *m* транзистор установки (в режим) готовности

Setzzeit *f* время (предварительной) установки

SFET *m* полевой транзистор с (управляющим) *p - n*-переходом

SFL *f* инжекционная логика с использованием подложки в качестве инжектора, логические схемы с подложечным инжектором

SGOS *f* 1. МОП-структура с кремниевым затвором 2. технология МОП-структур с кремниевым затвором

SGT *f* технология МОП ИС с поликремниевыми затворами

SGT *m* МОП-транзистор с поликремниевым затвором

SGT-MOS *f* технология МОП ИС с поликремниевыми затворами

«Shared»-Zugriff *m* коллективный доступ

SHF-Bereich *m* СВЧ-диапазон; диапазон сантиметровых волн, сантиметровый диапазон

Shifted-Fiber *f* дисперсионно-смещённый световод; стекловолокно со смещённой дисперсионной характеристикой *(для световодов 1,55-мкм диапазона)*

Shifter *m* схема сдвига уровня, сдвигатель

Shift-Lock-Taste *f* клавиша переключения регистра

Shiftregister *n см.* **Schieberegister**

Shift-Taste *f* клавиша смены регистра, регистровая клавиша

Shokley-Diode *f* диод Шокли

Shokley-Read-Übergang *m* переход Шокли - Рида

Shokley-Versetzung *f* частичная дислокация по Шокли

Shokley-Vierschichtdiode *f см.* **Shokley-Diode**

SHR-Kinetik *f* кинетика Шокли - Холла - Рида

SHR-Statistik *f* статистика Шокли - Холла - Рида

Shuntadmittanz *f* параллельная проводимость

Shutdown *n англ.* отключение

Shut-down-Zustand *m* отключённое состояние

S/H-Verstärker *m см.* **Sample-and-Hold-Verstärker**

Sicherungsduplikat *n* дублирующая [резервная] копия *(шаблона)*

Sichtbarmachung *f* визуализация

Sichtgerät *n* дисплей

~, **formatgebundenes** форматизованный дисплей

~, grafisches графический дисплей

Sichtkontrolle *f*, **Sichtprüfung** *f* визуальный контроль; контроль внешнего вида *(изделий)*

SID *n* кремниевый формирователь видеосигналов

Sidewall-Oxid-Prozeß *m* метод формирования структур ИС с оксидными боковыми стенками

Si-Diode *f* кремниевый диод

Sieb *n* трафарет *(для трафаретной печати)*; сетчатый трафарет

Siebdruck *m* трафаретная печать

Siebdruckmaschine *f* установка трафаретной печати

Siebdruckmaske *f* маска сетчатого трафарета

Siebdruckpaste *f* паста для трафаретной печати

Siebdruckrahmen *m* рамка (для) сетчатого трафарета

Siebdruckschaltung *f* толстоплёночная микросхема, полученная методом трафаретной печати

Siebdruckverfahren *n* метод трафаретной печати, трафаретная печать

Siebensegmentanzeige *f* семиэлементный [семисегментный] индикатор

Siebensegmentanzeigeelement *n* элемент семиэлементного [семисегментного] индикатора

Siebensegmentdekoder *m* дешифратор двоично-десятичного кода в семиэлементный

Siebensegmentkode *m* семиэлементный код, код управления семиэлементными индикаторами

Siebensegment-LED-Anzeige *f* семиэлементный [семисегментный] светодиодный индикатор

Siebgewebe *n* сетка для трафаретной печати, трафаретная сетка

Siebmaske *f см.* Sieb

Siebschablone *f см.* Sieb

Sieb-Substrat-Abstand *m* зазор между трафаретом и подложкой

Siebung *f* фильтрация

Si-Einkristallscheibe *f* монокристаллическая кремниевая пластина

Siemens-Leistungstransistor *m см.* SIPMOS-Transistor

Si-FET *m* кремниевый полевой транзистор

Si-Fotodiode *f* кремниевый фотодиод

~, positionsempfindliche кремниевый фотодиод с позиционной чувствительностью

Si-Gate *n* кремниевый затвор; поликремниевый затвор

Si-Gate-Technik *f* технология МОП ИС с поликремниевыми затворами

Si-Gate-Transistor *m* транзистор с поликремниевым затвором

SIGBIP *f* (комбинированная) технология ИС на биполярных и МОП-транзисторах с поликремниевыми затворами

Signal *n* сигнал

~, **analoges** аналоговый сигнал

~, **digitales** цифровой сигнал

~, **getortes** стробированный сигнал

~, **jutterbehaftetes** сигнал с дрожанием фронта

«**0**»-**Signal** *n* сигнал логического нуля, сигнал «0»

«**1**»-**Signal** *n* сигнал логической единицы, сигнал «1»

Signaländerungsgeschwindigkeit *f* скорость изменения сигнала

Signalanpassung *f* согласование по уровням сигнала

Signalausgang *m* сигнальный выход (*схемы*)

Signalausgangsleistung *f* мощность сигнального выхода (*схемы*)

Signalbus *m* сигнальная шина

Signaleingang *m* сигнальный вход (*схемы*)

Signaleingangsleistung *f* мощность сигнального входа (*схемы*)

Signalerde *f* сигнальная земля, вывод «сигнальная земля»

Signalflußbild *n см.* **Signalflußplan**

Signalflußplan *m* диаграмма потока сигналов

Signalgeber *m* датчик сигналов; генератор сигналов

Signalkode *m* сигнальный код

Signalladung *f* сигнальный зарядовый пакет (*в ПЗС*)

Signallaufzeit *f* время распространения сигнала

Signalleistung *f* мощность сигнала

Signalleitung *f* сигнальная шина

Signalmultiplexbetrieb *m* мультиплексирование сигналов

Signalpegel *m* уровень сигнала

Signalpegelumsetzer *m* преобразователь уровня сигнала

Signalpfad *m* путь (прохождения) сигнала

Signalprozessor *m* процессор обработки сигналов

Signalquellenleitwert *m* (внутренняя) проводимость источника сигнала

Signalquellenwiderstand *m* (внутреннее) сопротивление источника сигнала

Signal-Rausch-Verhältnis *n* отношение сигнал/шум

Signalspannung *f* напряжение сигнала

~, **analoge** напряжение аналогового сигнала

Signal-Stör-Verhältnis *n* отношение сигнал/помеха; отношение сигнал/шум

Signalsynthese *f* синтез (речевых) сигналов

Signalverbesserer *m* устройство повышения качества сигнала

Signalverhalten *n* переходная характеристика прибора [схемы]; характеристика выходного сигнала

Signalverlauf *m* характеристика сигнала

Signalversatz *m* перекос сигнала

Signalverstärker *m* усилитель сигналов

Signalverstärkung *f* усиление сигнала [сигналов]

Signalverzögerung *f* задержка распространения сигнала

Signalwettlauf *m* гонки (фронтов) сигналов

Signaturanalysator *m* сигнатурный анализатор

Signaturanalyse *f* сигнатурный анализ

Signaturen *f pl* сигнатуры

Signaturregister *n* сигнатурный регистр

SIIL *f см.* SI²L

SII-Struktur *f* структура типа «кремний в диэлектрике», КВД-структура

SII-Technik *f* технология ИС на структуре (типа) «кремний в диэлектрике» [на КВД-структуре], КВД-технология

SI²L *f* И²Л с диодами Шоттки

Silan *n* силан, SiH_2

Silan-CVD *f* химическое осаждение из паровой фазы силана

Silberglimmerkondensator *m* слюдяной конденсатор с серебрёными обкладками

Silberpaste *f* серебросодержащая паста

Si-Legierungsdiode *f* кремниевый сплавной диод

SIL-Gehäuse *n* (плоский) корпус (ИС) с однорядным расположением выводов, однорядный корпус

Silicid *n см.* Silizid

Silicium *n см.* Silizium

Silicium... *см.* Silizium...

Siliconcompiler *m*, **Silicon-Compiler** *m* компилятор кремниевых структур [кремниевых ИС], кремниевый компилятор

Silicon-Gate *n см.* Si-Gate

Silicon-Gate-Technik *f* технология МОП ИС с поликремниевыми затворами

Silicongatetransistor *m* МОП-транзистор с поликремниевым затвором

Siliconplanartechnik *f* кремниевая планарная технология

Silikonbeschichtung *f* 1. нанесение кремнийорганического покрытия 2. кремнийорганическое покрытие

Silikonfett *n* кремнийорганическая смазка

Silistor *m* силистор (*кремниевый резистор с высоким положительным ТКС*)

Silizid

Silizid *n* силицид
Silizidmetallisierung *f* металлизация из силицида
Silizid-Polysilizium-Schichtstruktur *f* двухслойная структура (типа) «силицид на поликремнии», полицид
Silizium *n* кремний, Si
~, **amorphes** аморфный кремний
~, **massives** объёмный кремний
~, **n-dotiertes** кремний n-типа
~, **p-dotiertes** кремний p-типа
~, **polykristallines** поликристаллический кремний, поликремний
Silizium-auf-Dielektrikum-Struktur *f* структура (типа) «кремний на диэлектрике», КНД-структура
Silizium-auf-Quarz-Technik *f* технология получения структур (типа) «кремний на кварце», КНК-технология
Silizium-auf-Saphir-Struktur *f* структура (типа) «кремний на сапфире», КНС-структура
Silizium-auf-Saphir-Technik *f*, **Silizium-auf-Saphir-Technologie** *f* см. **SOS-Technik**
Silizium-auf-Spinell-Struktur *f* структура (типа) «кремний на шпинели»
Silizium-auf-Spinell-Züchtung *f* выращивание кремния на шпинели
Siliziumbauelement *n* кремниевый элемент
Silizium-Bipolartransistor *m* кремниевый биполярный транзистор
Siliziumchip *m* кремниевый кристалл; кремниевая ИС
Siliziumdiode *f* кремниевый диод
Siliziumdioxid *n* диоксид кремния, SiO_2
Siliziumdioxidbeschichtung *f* нанесение слоя диоксида кремния
Siliziumdioxidmaskierung *f* маскирование слоем диоксида кремния
Siliziumdioxidschicht *f* слой диоксида кремния, слой SiO_2
Siliziumeinkristall *m* монокристалл кремния
Silizium-Epitaxie-Planar-Technik *f* эпитаксиально-планарная кремниевая технология
Siliziumgate *n* кремниевый затвор; поликремниевый затвор
Siliziumgate-CMOS-Technologie *f* технология КМОП ИС с поликремниевыми затворами
Siliziumgatetechnik *f* см. **Silicon-Gate-Technik**
Siliziumgatetransistor *m* см. **SI-Gate-Transistor**

Siliziumgleichrichter *m* кремниевый выпрямитель, кремниевый вентиль

~, **steuerbarer** управляемый кремниевый вентиль, тиристор

Silizium-Halbleiterplättchen *n* см. Siliziumchip

Siliziuminsel *f* кремниевый островок

Silizium-IS *f* кремниевая ИС

Siliziumkarbid *n* карбид кремния

Siliziumkarbid-FET *m* полевой транзистор на основе карбида кремния

Siliziumkristall *m* кристалл кремния

Silizium-LSI-Schaltung *f* кремниевая БИС

Silizium-Molekularstrahlepitaxie *f* молекулярно-пучковая эпитаксия кремния

Silizium-MOSFET *m*, **Silizium-MOS-Transistor** *m* кремниевый МОП-транзистор

Silizium-MOS-Schaltung *f* кремниевая МОП-транзисторная ИС, кремниевая МОП ИС

Silizium-MOS-Technik *f* технология кремниевых МОП-транзисторов

Siliziumnitrid *n* нитрид кремния, Si_3N_4

Siliziumnitridpassivierung *f* пассивация нитридом кремния

Siliziumnitridschicht *f* слой нитрида кремния, слой Si_3N_4

Siliziumoxid *n* оксид кремния, SiO_2

Silizium-Oxid-Grenzschicht *f* граница раздела кремний - оксид

Siliziumplanartechnik *f*, **Siliziumplanartechnologie** *f* технология кремниевых планарных приборов, планарная кремниевая технология

Siliziumplanartransistor *m* кремниевый планарный транзистор

Siliziumplättchen *n* кремниевый кристалл, кремниевый чип

~, *p*-**leitendes** кремниевый кристалл ИС с проводимостью *p*-типа

Silizium-pn-Fotodiode *f* кремниевый *p* - *n*-фотодиод

Silizium-pn-Übergang *m* *p* - *n*-переход в кремнии

Silizium-Saphir-Grenzschicht *f* граница раздела кремний - сапфир

Silizium-Saphir-Technik *f* технология получения структур (типа) «кремний на сапфире»; технология (изготовления) ИС со структурой типа «кремний на сапфире», КНС-технология

Siliziumschalter *m*, **steuerbarer** однооперационный тетродный тиристор

Siliziumschaltkreis *m*, **integrierter** кремниевая ИС

Siliziumschaltung *f* кремниевая ИС

~, **monolithisch integrierte** кремниевая ИС в монолитном исполнении

Siliziumscheibe *f* кремниевая пластина

Siliziumschicht *f*, **polykristalline** слой поликристаллического кремния, поликремниевый слой

Siliziumschicht *f* слой кремния

Siliziumschmelze *f* расплав кремния

Siliziumstab *m* кремниевый стержень, стержень из поликристаллического кремния; кремниевый слиток

~, **polykristalliner** стержень из поликристаллического кремния

Siliziumsubstrat *n* кремниевая подложка

Siliziumtechnik *f*, **Siliziumtechnologie** *f* кремниевая технология, технология (изготовления) кремниевых полупроводниковых приборов

Siliziumtetrode *f* тетродный тиристор

Siliziumtor *n* поликремниевый затвор

Siliziumtortechnik *f*, **Siliumtortechnologie** *f* технология МОП-транзисторов [МОП-транзисторных ИС] с поликремниевыми затворами

~, **selbstjustierende** технология МОП-транзисторов с самосовмещёнными поликремниевыми затворами

Siliziumtortransistor *m* МОП-транзистор с поликремниевым затвором

Siliziumtransistor *m* кремниевый транзистор

Siliziumwafer *m* кремниевая пластина

Silospeicher *m* память [ЗУ] обратного магазинного типа

Si-MESFET *m* кремниевый полевой транзистор (с диодом) Шоттки

SIMOS *f* 1. лавинно-инжекционные МОП-структуры с составным [многоуровневым] затвором 2. технология ИС на лавинно-инжекционных МОП-транзисторах с составным [многоуровневым] затвором

SIMOS-FET *m* лавинно-инжекционный МОП-транзистор с составным [многоуровневым] затвором

SIMOS-Technologie *f см.* SIMOS 2.

SIMOS-Transistor *m см.* SIMOS-FET

SIMOS-1-Transistor-Speicherelement *n* однотранзисторная (запоминающая) ячейка *(ППЗУ)* на лавинно-инжекционном МОП-транзисторе с составным [многоуровневым] затвором

Simulation *f* моделирование

Simulator *m* моделирующая программа; имитатор

Simultanbestückung *f* групповой монтаж; групповое позиционирование *(компонентов для поверхностного монтажа)*

Simultanbestückungsautomat *m* автомат [автомат-укладчик] для группового монтажа кристаллов [бескорпусных компонентов] *(на коммутационных платах)*

Simultanbestückungsprinzip *n* принцип группового монтажа

Simultanbestückungstechnik *f* метод группового монтажа; метод группового позиционирования

Simultanbetrieb *m* режим с совмещением операций

Simultanbondanlage *f* 1. автомат-укладчик для группового позиционирования *(компонентов для поверхностного монтажа)* 2. установка групповой термокомпрессионной сварки 3. установка групповой пайки

Simultanbonden *n* 1. групповой монтаж; групповое позиционирование *(компонентов для поверхностного монтажа)* 2. групповая сварка 3. групповая пайка

Simultanbonder *m см.* **Simultanbondanlage**

Simultanbondverfahren *n* 1. метод группового монтажа; метод группового позиционирования 2. метод групповой сварки 3. метод групповой пайки

Simultan-Chipbestückung *f* групповой монтаж *(бескорпусных компонентов)*; групповое позиционирование

Single-chip-µP *m* однокристальный микропроцессор

Single-in-line-Gehäuse *n см.* **SIL-Gehäuse**

Single-Mode-Faser *f* одномодовое волокно

Single-Poly-Si-Gate-Technik *f* технология МОП ИС с однослойным поликремниевым затвором

Singulett *n* синглет, синглетный терм

Singulettniveau *n* синглетный уровень

Singulettübergang *m* синглетный переход

Sink-Strom *m* выходной ток *(интегральной микросхемы)*

Sinnbild *n* условное (графическое) обозначение; пиктограмма

Si_3N_4-Schicht *f* слой Si_3N_4, слой нитрида кремния

Sinteraluminium *n* спечённый порошок алюминия

Sinterkeramik *f* спечённая керамика

Sinterkorund *m* спечённый корунд

Sinterlegierung *f* металлокерамический сплав

Sintern *n* спекание

Sinterofen *m* печь для спекания

Sintertantal *n* спечённый порошок тантала

Sintertonerde *f* спечённый глинозём

Sinusformer *m* формирователь синусоидального напряжения [синусоидальных импульсов]

Sinusgenerator *m* генератор синусоидальных колебаний; генератор синусоидального напряжения [синусоидального сигнала]

Sinusimpuls *m* импульс синусоидальной формы; синусоидальный импульс

Sinusoszillator *m см.* **Sinusgenerator**

Sinusquelle *f* источник синусоидального напряжения [синусоидального сигнала]

Sinusschwingungen *f pl* синусоидальные колебания

Sinusspannung *f* синусоидальное напряжение, напряжение синусоидальной формы

Sinusverstärker *m* усилитель синусоидальных колебаний

SIO-Baustein *m* устройство [блок] последовательного ввода-вывода; контроллер последовательного ввода-вывода

SiO_2-Isolation *f* изоляция слоем SiO_2 [слоем диоксида кремния]; изолирующий слой SiO_2 [диоксида кремния]

SiO_2-Isolationsgebiet *n* изолирующая SiO_2-область

SiO_2-Isolatorschicht *f* изолирующий слой SiO_2 [диоксида кремния]

Si-Op-Amp *m* операционный усилитель на кремниевом кристалле, полупроводниковый усилитель; полупроводниковая ИС операционного усилителя

SIO-Port *m* порт последовательного ввода-вывода

SiO_2-Schicht *f* слой SiO_2, слой диоксида кремния

SIP-Filter *n* фильтр в плоском корпусе с однорядным расположением выводов [в SIP-корпусе]

SIP-Gehäuse *n* плоский корпус с однорядным расположением выводов, однорядный корпус, SIP-корпус

SIP-Modul *m* (интегральный) модуль в плоском корпусе с однорядным расположением выводов [в SIP-корпусе]

SIPMOS *f* технология мощных МОП ИС фирмы «Сименс»

SIPMOS-Bauelement *n см.* **SIPMOS-Transistor**

SIPMOS-Transistor *m* мощный транзистор марки «СИПМОС» *(фирмы Сименс)*

SIPOS *f* метод пассивации поверхности с помощью высокоомного поликристаллического кремния; метод получения поликремниевых структур с гетеропереходом

SIRET *m* транзистор с кольцевым эмиттером фирмы «Сименс», SIRET-транзистор

Si-Scheibe *f см.* **Siliziumscheibe**

Si-Schicht *f* слой кремния

SIS-Struktur *f* 1. структура полупроводник - изолятор - полупроводник 2. структура (типа) «кремний в сапфире», КВС-структура

SIS-Technik *f* технология (получения) КВС-структур, КВС-технология

Si-Substrat *n* кремниевая подложка

SIT *m* полевой транзистор со статической индукцией, статический индукционный транзистор, СИТ *(МОП-транзистор с вертикальным каналом)*

Si-Tor-Technologie *f см.* **Siliziumtortechnik**

Sitzarbeitsplatz *m* рабочее место с креслом оператора

Sitzpult *n* пульт с креслом оператора

Si-Z-Diode *f* полупроводниковый стабилитрон

Skalenendwert *m* верхний предел *(шкалы АЦП)*, предел шкалы, полный размах [значение полного размаха] шкалы *(АЦП)*

Skalierung *f* 1. масштабирование, пропорциональное уменьшение размеров *(элементов ИС)* 2. линейное изменение *(увеличение или уменьшение)* 3. умножение *или* деление на константу 4. изменение масштаба изображения 5. пересчёт

Skalierungsfaktor *m* 1. коэффициент масштабирования 2. коэффициент пересчёта

s-Karte *f* контрольная карта средних квадратических отклонений

S-Kennlinie *f* характеристика S-типа

Skew *m* 1. перекос *(сигнала)* 2. фазовый сдвиг, расфазировка *(тактирующих сигналов)*

Sklave *m см.* **Slave**

Sklave-Prozessor *m см.* **Slave-Prozessor**

Sklaverechner *m см.* **Slave-Rechner**

SK-Technologie *f* технология ИС

SLAM-Gehäuse *n* корпус с однослойной металлизацией

Slave

Slave *m* исполнитель, исполнительный модуль; подчинённый блок; подчинённый компонент *(схемы)*

Slave-Adapter *m* ведомый адаптер

Slave-FF *n см.* **Slave-Flipflop**

Slave-Flipflop *n* ведомый триггер

Slave-Gerät *n* ведомое устройство, исполнитель

Slave-Prozessor *m* подчинённый процессор

Slave-Rechner *m* подчинённая ЭВМ

Slave-System *n* подчинённая система

SLD-Technik *f* технология (изготовления) полупроводниковых логических ИС с высокой плотностью упаковки

Slew-Rate *f англ.* скорость нарастания выходного напряжения *(операционного усилителя)*

SLIC *n* БИС интерфейса абонентской линии

Slice *n* 1. (полупроводниковая) пластина 2. центральный процессорный элемент, микропроцессорная секция

Slice-Baustein *m* микропроцессорная секция

Slice-Prozessor *m* секционированный микропроцессор *(с наращиваемой разрядностью)*

SLIMDIP-Gehäuse *n* малогабаритный DIP-корпус

Slot *m* 1. гнездо *(для установки модуля расширения)* 2. щелевое отверстие

SLP *f* технология получения однослойных поликремниевых структур

SLS-Chip *m* ИС на сверхрешётке с напряжёнными слоями

SLT *f* технология толстоплёночных (логических) ГИС

Slug *n* 1. сверхпроводящий низкоиндуктивный ондуляторный гальванометр, «слаг» 2. настроечный сердечник; переменная катушка с настроечным сердечником

Small-Outline-Gehäuse *n см.* **SO-Gehäuse**

Small-scale-Integration *f* малая степень интеграции

Smart Card *англ.* карточка *(напр. кредитная)* с «интеллектом», карточка со встроенным кристаллом памяти и микропроцессора

Smart Power *англ.*, **Smart-Power-Bauelemente** *n pl* силовые полупроводниковые приборы с «интеллектом» [со встроенным микропроцессором]

Smart-IC *n* ИС с «интеллектом»

Smart-Modem *n* модем с «интеллектом» [со встроенной микроЭВМ]

Smart-Power-Chip *m* ИС силового полупроводникового прибора с «интеллектом»

SM-Bauteil *n см.* SMD

SMD *n*, **SMD-Bauelement** *n* компонент (для) поверхностного монтажа, поверхностно-монтируемый компонент

SMD-Bestückungsautomat *m* автомат [установка] для поверхностного монтажа, автомат-укладчик *(компонентов поверхностного монтажа)*

SMD-Bestückungskontrolle *f* контроль качества поверхностного монтажа, контроль качества позиционирования и монтажа компонентов на поверхность плат

SMD-Bestückungskontrollsystem *n* установка автоматизированного контроля качества поверхностного монтажа *(со встроенной системой технического зрения)*

SMD-Bestückungsplatz *m* сборочно-монтажный модуль, модуль для сборки и монтажа компонентов на поверхность плат

SMD-Gehäuse *n* корпус для поверхностного монтажа, корпус компонента (для) поверхностного монтажа

SMD-Gurt *m* (гибкая) лента для подачи компонентов поверхностного монтажа, (гибкий) ленточный носитель для компонентов поверхностного монтажа

SMD-IC *n* ИС (для) поверхностного монтажа, поверхностно-монтируемая ИС

SMD-Montage *f* поверхностный монтаж; сборка компонентов (для) поверхностного монтажа на плате

SMD-Platine *f* (коммутационная) плата для поверхностного монтажа; (коммутационная) плата с поверхностным монтажом

SMD-Print *n* печатная плата с поверхностным монтажом

SMD-Schaltung *f* микросхема поверхностного монтажа, поверхностно-монтируемая ИС

SMD-Technik *f*, **SMD-Technologie** *f* технология поверхностного монтажа

SMD-Transistor *m см.* SM-Transistor

Smith-Diagramm *n* круговая диаграмма полных сопротивлений

SMOS *f* 1. масштабированная МОП ИС с (самосовмещённым затвором и) каналом субмикронной длины 2. SMOS-технология

SMT-Baugruppe *f* модуль [модульная микросборка] для поверхностного монтажа; микросборка с поверхностным монтажом

SM-Transistor *m* транзистор (для) поверхностного монтажа, поверхностно-монтируемый транзистор

Snap-back-Diode *f см.* step-recovery-Diode

Snap-off-Diode *f см.* step-recovery-Diode

Snap-off-Effekt *m* резкое восстановление обратного сопротивления *(напр. диода)*

Sockel *m* 1. основание *(корпуса)* 2. панелька, спутник-носитель *(для ИС)* 3. контактная панелька *(для кристаллоносителя)*

~, **steckbarer** панелька со штырьковыми выводами

SOCMOS *f* КМОП-схемы с избирательным оксидированием

Soft-error *англ.* «мягкий» отказ, функциональный сбой *(напр. при воздействии α-частиц на микросхемы ЗУПВ)*

Softkey *n* программируемая клавиша, клавиша с программируемой функцией *(устанавливаемой пользователем)*

Softkontaktjustier- und -Belichtungsanlage *f* установка фотолитографии с мягким контактом

Softkontaktlithografie *f* фотолитография с мягким контактом

Softkopie *f* недокументальная копия *(напр. изображение на экране дисплея)*

Soft-Recovery-Diode *f* диод с плавным восстановлением обратного сопротивления

Soft-Start *m* плавное включение

Soft-Touch-Taste *f* сенсорная кнопка; сенсорная клавиша

Software *f* программное обеспечение

~, **grafische** программное обеспечение машинной графики

~, **systemeigene** резидентное [внутреннее] программное обеспечение *(микропроцессорной системы)*

Softwarefehler *m* ошибка в системе программного обеспечения

Softwareprodukt *n* программное изделие; программный продукт

Software-Support *m* 1. программная поддержка 2. поддержка программного изделия, вспомогательное программное обеспечение

Software-Tools *n pl англ.* инструментальные программные средства

Softwarewartung *f* сопровождение (системы программного) обеспечения; сопровождение программ

Softwarezyklus *m* жизненный цикл программного обеспечения

SO-Gehäuse *n* малогабаритный корпус транзисторного типа, корпус типа SO

SOIC-Gehäuse *n* малогабаритный корпус типа SOIC, SOIC-корпус

SOI/CMOS *f* КМОП ИС с КНД-структурой

SOI-Gehäuse *n* малогабаритный корпус типа SO с J-образными выводами, корпус типа SOJ

SOI-IC *n* ИС на структуре (типа) «кремний на диэлектрике» [на КНД-структуре], КНД ИС

SOI-SOAS-Technologie *f* технология получения структур типа «кремний на диэлектрике - кремний на аморфной подложке»

SOI-Struktur *f* структура типа «кремний на диэлектрике», КНД-структура

SOI-Substrat *n* подложка с КНД-структурой, диэлектрическая подложка со слоем кремния

SOI-Technik *f* технология ИС на структуре (типа) «кремний на диэлектрике» [на КНД-структуре], КНД-технология

Solarbatterie *f* солнечная батарея

Solargenerator *m* солнечный фотоэлектрический генератор; солнечная батарея

Solar-Panel *n* панель солнечных батарей

Solarzelle *f* солнечный элемент, элемент солнечной батареи

Solarzellenausleger *m* (развертывающаяся) панель солнечных батарей

SOL-Gehäuse *n* увеличенный малогабаритный корпус типа SO, корпус типа SOL

Solid-state-Imager *m* (матричный) твердотельный преобразователь свет - сигнал, (матричный) твердотельный формирователь видеосигналов (на фотоПЗС)

Soliduslinie *f* солидус, линия солидуса, кривая твёрдой фазы

Solidustemperatur *f* температура перехода в твёрдое состояние

Solitonen *n pl* солитоны *(устойчивые локальные волновые возмущения среды, используемые в функциональной электронике как носители информации)*

Sollwert *m* заданное значение; уставка

Sondenanordnung *f* зондовая установка, установка зондового контроля

Sondenmessung *f* зондовое измерение

Sondenmethode *f* зондовый метод *(измерения, контроля)*

Sondenprüfverfahren *n* метод зондового контроля

Sondenspitze *f* острие зондового контакта

Sonnenbatterie *f* солнечная батарея

Sonnenpaddel *n* панель солнечных батарей

Sonotrode *f* волновод-концентратор

Sorptionsgetter *m* геттер, газопоглотитель

Sorptionspumpanlage *f* установка безмасляной откачки

Sorter *m* классификатор (*напр. полупроводниковых пластин*)

Sortiermaschine *f* классификатор (*устройство для сортировки полупроводниковых пластин и т. п.*); сортирующее устройство

Sortierung *f* сортировка; разбраковка

SOS-Band *n* сапфировая лента со слоем кремния

SOS-Bauelement *n*, **SOS-IC** *n* см. SOS-IS

SOS-Insel *f* кремниевый островок на сапфировой подложке

SOS-IS *f* ИС на КНС-структуре, КНС ИС

SOS-Schaltkreis *m*, **SOS-Schaltung** *f* ИС на структуре (типа) «кремний на сапфире» [на КНС-структуре], КНС ИС

SOS-Schicht *f* слой со структурой (типа) «кремний на сапфире» [с КНС-структурой]

SOS-Struktur *f* структура (типа) «кремний на сапфире», КНС-структура

SOS-Substrat *n* подложка со структурой (типа) «кремний на сапфире», сапфировая подложка со слоем кремния, КНС-подложка

SOS-Technik *f*, **SOS-Technologie** *f* технология получения структур (типа) «кремний на сапфире» [КНС-структур]; технология (изготовления) ИС на структуре (типа) «кремний на сапфире» [на КНС-структуре], КНС-технология

SOS-Transistor *m* транзистор на КНС-структуре

SOS-Wafer *m* сапфировая пластина со слоем кремния

SO$_2$-Test *m* испытания на коррозионную стойкость в атмосфере SO$_2$

SOT-Gehäuse *n* малогабаритный корпус транзисторного типа, корпус типа SOT

SOT-23-Gehäuse *n* малогабаритный транзисторный корпус SOT-23, корпус типа SOT-23

Source *f* исток (*полевого транзистора*)

Source-Bereich *m* см. **Source-Gebiet**

Source-Drain-Spannung *f* напряжение сток - исток

Source-Drain-Strecke *f* участок исток - сток

Source-Drain-Strom *m* ток стока

Source-Drain-Strom *m* ток в цепи исток - сток, ток стока

Source-Elektrode *f* электрод истока

Sourcefolger *m* истоковый повторитель

Source-Gate-Spannung *f* напряжение затвор - исток

Sourcegebiet *n* истоковая область, область истока

Source-Kanal-Übergang *m* переход исток - канал

Sourcekontaktgebiet *n* контактная область истока

Source-Leckstrom *m* ток истока закрытого транзистора [в закрытом транзисторе]

Sourcemetallisierung *f* металлизация истока

Source-pn-Übergang *m* истоковый *p* - *n*-переход, *p* - *n*-переход истока

Source-Pol *m* вывод истока

Source-Schaltung *f* схема с общим истоком

Source-Spannung *f* напряжение истока [на истоке]

Source-Strom *m* 1. ток истока *(полевого транзистора)* 2. входной ток *(интегральной микросхемы)*

Source-Substrat-Spannung *f* напряжение исток - подложка

Source-Substrat-Übergang *m* переход исток - подложка

Sourceverstärker *m* усилитель в схеме с общим истоком

Source-Zone *f* область истока, истоковая область

Spacer *m* спейсер, слой с пониженным уровнем легирования *(в модуляционно-легированном полевом транзисторе)*

Space-Taste *f* клавиша пробела

Spacistor *m* спейсистор

Spaltblende *f* (щелевая) наборная диафрагма

Spaltenleitung *f* ось (выборки) Y *(в ПЗИ)*; вертикальная шина *(ферритовой матрицы)*

Spaltenregister *n* регистр вертикальной развёртки *(в ППЗ)*

Spaltfläche *f*, **Spaltungsebene** *f* плоскость спайности *(кристалла)*

Spanngenauigkeit *f* точность и постоянство натяжения *(сетки трафарета)*

Spannmaschine *f* установка (для) натяжения сетки *(трафарета)*

Spannrahmen *m* рамка для натяжения сетки *(трафарета)*

Spannung *f* напряжение

~, **geschaltete** переключаемое напряжение, напряжение в управляемой (выходной) цепи *(транзисторного ключа)*

~, **gestufte** напряжение ступенчатой формы, ступенчатое (линейно изменяющееся) напряжение, ступенчатое (пилообразное) напряжение

~, **linear ansteigende** линейно нарастающее напряжение

~, **maximal zulässige** максимально допустимое напряжение

~, **sägezahnförmige** пилообразное напряжение

Spannungsabfall *m* падение напряжения

~ **an der Basis-Emitter-Strecke** падение напряжения на участке эмиттер - база [на эмиттерном переходе]

~ **bezogen auf die Quelle** падение напряжения, приведённое к истоку

~ **über der Sperrschicht** падение напряжения на обеднённом слое

spannungsabhängig зависящий от напряжения

Spannungsabhängigkeit *f* зависимость от напряжения

Spannungs-Analogkomparator *m* аналоговый компаратор напряжений

Spannungsanstiegsgeschwindigkeit *f* скорость нарастания (выходного) напряжения

Spannungsausgang *m* потенциальный выход, выход по напряжению *(ЦАП'а)*

Spannungsaussteuerung *f* модуляция напряжения; коэффициент модуляции напряжения

Spannungsbegrenzer *m* ограничитель напряжения

Spannungsbelastbarkeit *f* нагрузочная способность по напряжению; допустимая нагрузка по напряжению, допустимое напряжение

Spannungsbelastung *f* нагрузка по напряжению

Spannungsdetektor *m* индикатор напряжения

Spannungsdifferenz *f* разность напряжений

Spannungsempfindlichkeit *f* вольтовая чувствительность

spannungsfest устойчивый к повышенному [высокому] уровню напряжения, имеющий высокую электрическую прочность; прочный на пробой

Spannungsfestigkeit *f* электрическая прочность

Spannungsfolger *m* повторитель напряжения

Spannungs-Frequenzumsetzer *m*, **Spannungs-Frequenzwandler** *m* преобразователь напряжение - частота

Spannungsgefälle *n* перепад напряжений; градиент потенциала

Spannungsgegenkopplung *f* отрицательная обратная связь по напряжению

spannungsgesteuert управляемый напряжением

Spannungshub *m* пределы изменения напряжения; диапазон изменения напряжения

Spannungsimpuls *m* импульс напряжения

Spannungsinterface *n* потенциальный интерфейс, интерфейс с передачей информации потенциальными сигналами

Spannungsinverter *m* преобразователь [инвертор] полярности напряжения (питания)

Spannungsklemmung *f* фиксация уровня напряжения

Spannungskomparator *m* компаратор напряжения [напряжений]

Spannungskonstanthalter *m см.* **Spannungsregler**

Spannungskontrasttechnik *f* метод потенциального контраста *(метод обнаружения дефектов ИС с помощью растрового электронного микроскопа)*

Spannungskonverter *m см.* **Spannungswandler**

Spannungsnormal *n* эталон напряжения

Spannungsoffset *m* смещение напряжения

Spannungspegel *m* уровень напряжения

Spannungspolarität *f* полярность напряжения

Spannungspolung *f* смещение

Spannungsquelle *f* источник напряжения

Spannungsreferenz *f* источник опорного напряжения

~, **monolithische** монолитный источник опорного напряжения, полупроводниковая ИС источника опорного напряжения

Spannungsregler *m* стабилизатор напряжения

~, **integrierter** интегральный стабилизатор напряжения, ИС стабилизатора напряжения

Spannungsregler-IC *n* ИС стабилизатора напряжения, интегральный стабилизатор напряжения

Spannungsregler/Treiber-IS *f* ИС стабилизатора напряжения - формирователя

Spannungsrückwirkung *f* обратная связь по напряжению; коэффициент обратной связи по напряжению; коэффициент обратной связи по напряжению при холостом ходе на входе *(h-параметр биполярного транзистора)*

~ **bei Leerlauf des Eingangs** коэффициент обратной связи по напряжению при холостом ходе на входе

Spannungsschalter *m* ключ напряжения *(аналоговая ИС для переключения напряжений);* коммутатор напряжения

Spannungssenke *f* сток (для) напряжения; потенциальный выход, выход по напряжению *(ЦАП'а)*

Spannungs-Spannungs-Gegenkopplung *f* отрицательная обратная связь [ООС] по напряжению с результирующим сигналом по напряжению *(в схеме неинвертирующего включения операционного усилителя)*

Spannungsstabilisator *m* стабилизатор напряжения

Spannungsstabilisierung *f* стабилизация напряжения

Spannungssteuerkennlinie *f* статическая вольт-амперная характеристика *(биполярного транзистора);* статическая стоко-затворная характеристика *(МДП-транзистора)*

Spannungssteuerung *f* управление по напряжению; управление напряжением

Spannungs-Strom-Wandler *m* 1. преобразователь напряжение - ток 2. усилитель тока, управляемого напряжением, усилитель «напряжение - ток»

Spannungssummation *f* суммирование напряжений

Spannungsteiler *m* делитель напряжения

~ **von 2:1** делитель напряжения на два

Spannungsteilerverhältnis *n* коэффициент деления напряжения

Spannungsteilung *f* 1. деление напряжения 2. коэффициент деления напряжения

Spannungsübertragungsfunktion *f* функция передачи по напряжению

Spannungsübertragungskennlinie *f* статическая характеристика зависимости коллекторного напряжения от напряжения эмиттера *(в схеме с общей базой);* статическая характеристика зависимости напряжения на диоде эмиттер - коллектор от напряжения базы *(в схеме с общим эмиттером)*

Spannungsverdopplung *f* удвоение напряжения

Spannungsverlust *m* потеря напряжения; падение напряжения

Spannungsverstärker *m* усилитель напряжения

Spannungsverstärkung *f* усиление напряжения; коэффициент усиления по напряжению

~, **offene** (собственный) коэффициент усиления *(операционного усилителя)* при отсутствии обрат-

Spannungsvervielfachung *f* умножение напряжения

Spannungswandler *m* преобразователь (постоянного) напряжения

Spannungswirkungsgrad *m* коэффициент использования напряжения (питания)

Spannungszunahme *f* приращение напряжения

Spätausfall *m* отказ последнего периода эксплуатации, поздний отказ

SPDT-Schalter *m* однополюсный переключатель на два направления

Speed-up-Diode *f* ускоряющий диод

Speed-up-Kondensator *m* ускоряющий конденсатор

Speicher *m* память, ЗУ; накопитель

~, **dynamischer** динамическая память, динамическое ЗУ

~, **flüchtiger** энергозависимая память

~, **grafischer** память графических данных

~, **inhaltsadressierter** ассоциативная память, ассоциативное ЗУ

~, **nichtflüchtiger** энергонезависимая память

~, **operativer** оперативная память, оперативное ЗУ, ОЗУ

~, **rechnerabhängiger** ЗУ, работающее с центральным процессором

Speicheradresse *f* адрес ячейки памяти [ЗУ]; адрес блока памяти [ЗУ]

Speicheradressenregister *n* регистр адреса ячейки памяти

Speicheradressentreiber *m* формирователь тока выборки ЗУ

Speicheraufspaltung *f* фрагментация памяти

Speicherbank *f* банк памяти

Speicherbankaufteilung *f* разбиение памяти на банки; организация памяти с разбиением на банки

Speicherbankbetrieb *m* режим работы с коммутацией банков памяти

Speicherbelegung *f* распределение памяти

Speicherbelegungsplan *m* карта памяти (*схема распределения памяти системы*)

Speicherbereich *m* область памяти

Speicherbereichszuordnung *f* распределение памяти

Speicherchip *m* кристалл памяти, кристалл ЗУ

Speichercontroller *m* контроллер ЗУ

Speicherdichte *f* плотность записи (*данных в ЗУ*)

Speicherdiode *f* диод с накоплением заряда, ДНЗ, диод, работающий в режиме накопления заряда

Speicherebene *f* матрица памяти [ЗУ]; разрядная матрица

Speicherelement *n* (элементарная) ячейка памяти; запоминающая ячейка, ЗЯ; запоминающий элемент

Speichererweiterungskarte *f* плата расширения памяти

Speicherfeldeffekttransistor *m* полевой транзистор с памятью

Speicherflipflop *n* запоминающий триггер

Speichergebiet *n* область накопления заряда

Speicher-IC *n см.* **Speicher-IS**

Speicherintegrator *m* запоминающий интегратор

Speicherinterface *n* интерфейс памяти [ЗУ]

Speicher-IS *f* ИС памяти, микросхема памяти

Speicherkanal *m* канал с памятью

Speicherkapazität *f* 1. ёмкость *(полупроводниковой области)*, обеспечивающая накопление заряда 2. ёмкость памяти, ёмкость ЗУ

Speicherkarte *f* плата памяти, плата ЗУ

Speicherkondensator *m* запоминающий конденсатор; накопительный конденсатор

Speicherladung *f* накопленный заряд

Speicher-Makro *n* макроструктура блока памяти

Speichermatrix *f* матрица памяти; матрица-накопитель

Speichermodul *m* модуль памяти, модуль ЗУ

Speichermulde *f* потенциальная яма для накопления информационного заряда *(в ПЗС)*

Speicherphase *f* фаза [этап] накопления заряда

Speicherplan *m см.* **Speicherbelegungsplan**

Speicherplatine *f* плата памяти [ЗУ]

Speicherplatte *f* диск (для записи данных)

~, **magnetooptische** магнитооптический диск (для записи данных)

~, **optische** оптический диск (для записи данных)

Speicherplatzbelegung *f* распределение памяти

Speicherring *m*, **Speicherringquelle** *f* накопительное кольцо, накопитель *(кольцевой ускоритель для получения рентгеновского излучения в рентгенолитографии)*

Speicherschaltdiode *f см.* **Speichervaraktor**

Speicherschaltkreis *m* микросхема памяти, ИС памяти

~, **höchstintegrierter** СБИС памяти

Speichersegmentierung *f* сегментация памяти

Speichersegmentverschiebung *f* перемещение сегментов памяти

Speicherselektierung *f* выбор блока памяти

Speichertastatur *f* клавиатура с блокировкой *(срабатывающая при нажатии последней клавиши)*

Speichertransistor *m* транзистор с памятью

Speichertreiber *m* драйвер ЗУ

Speicherumschaltung *f* переключение блоков памяти

Speichervaraktor *m* варикап [диод] с накоплением заряда, ДНЗ

Speicherverschachtelung *f* расслоение памяти

Speicherverwaltungseinheit *f* блок управления памятью

Speicherzeit *f* 1. время накопления (заряда) 2. время запаздывания обратного напряжения *(диода, тиристора)* 3. время хранения

Speicherzeitkonstante *f* постоянная времени накопления (заряда)

Speicherzelle *f* запоминающая ячейка, ЗЯ, запоминающий элемент; (элементарная) ячейка памяти

~, **bipolare** запоминающая ячейка [ЗЯ] на биполярных транзисторах

Speisespannung *f* напряжение питания

Speisespannungsbereich *m* диапазон напряжения питания

Speisespannungsdrift *f* дрейф [уход] напряжения питания

Speisespannungsleitung *f* шина питания

Speisestrom *m* ток питания

Speisestromspitzen *f pl* пики тока питания

Spektralcharakteristik *f*, **Spektralkennlinie** *f* спектральная характеристика

Spektrenüberlappung *f* наложение спектров *(в частотном диапазоне)*

Spektrum-Analysator *m* анализатор спектра

Sperrast *m см.* **Sperrzweig**

Sperrbereich *m* 1. область отсечки *(напр. биполярного транзистора)* 2. область запирания; участок обратной вольт-амперной характеристики, соответствующий наибольшему сопротивлению в обратном направлении; участок вольт-амперной характеристики *(тиристора)*, соответствующий обратному непроводящему состоянию 3. полоса задерживания, полоса заграждения *(фильтра)*

Sperrbetrieb *m* 1. режим работы *(полупроводникового прибора)* при обратном смещении 2. режим отсеч-

Sperrbetrieb

ки *(напр. биполярного транзистора)* 3. режим запирания *(напр. тиристора)*

Sperrdämpfung *f* затухание в полосе заграждения *(фильтра)*

Sperren *n* 1. запирание 2. сигнал запрета 1, запрет *(CAMAC)*

Sperrerholladung *f* заряд восстановления *(диода)*; заряд обратного восстановления *(тиристора)*

Sperrerholstrom *m* ток обратного восстановления *(диода, тиристора)*

Sperrerholung *f* обратное восстановление *(диода)*; обратное восстановление, восстановление обратного сопротивления *(тиристора)*

Sperrerholungszeit *f* время обратного восстановления *(диода, тиристора)*

Sperrerholverhalten *n* характеристика обратного восстановления *(диода, тиристора)*

Sperrerholzeit *f см.* Sperrerholungszeit

Sperrfrequenz *f* частота режекции, частота настройки заграждающего фильтра

Sperrfunktion *f* функция запрета

Sperrgatter *n* вентиль запрета

Sperrgebiet *n* область отсечки

Sperrgleichspannung *f* постоянное обратное напряжение *(диода)*

Sperrgleichstrom *m* постоянный обратный ток *(диода)*

Sperrichtung *f* обратное направление; **in ~ vorspannen** подавать обратное смещение

Sperrimpuls *m* запирающий импульс

Sperrkennlinie *f* обратная характеристика; обратная вольт-амперная характеристика, обратная ветвь вольт-амперной характеристики; вольт-амперная характеристика обратного непроводящего состояния *(тиристора)*

Sperrkontakt *m* запирающий контакт

Sperrlogik *f* логика запрета

Sperrpolung *f* обратное смещение

Sperrsättigungsstrom *m* обратный ток насыщения

Sperrschicht *f* обеднённый слой; запирающий слой
~, verarmte обеднённый слой

Sperrschichtbereich *m* обеднённая область, обеднённый слой

Sperrschichtbreite *f* ширина обеднённого слоя; ширина перехода

Sperrschicht-CCD-Struktur *f* ПЗС-структура на полевых транзисторах с p-n-переходом

Sperrschichtfeldeffekttransistor *m*, **Sperrschicht-FET** *m* полевой транзистор (с *p*-*n*-переходом, с затвором Шоттки)

Sperrschichtfläche *f* площадь *p*-*n*-перехода

Sperrschichtfotodetektor *m* фотогальванический детектор, фотодетектор на фотогальваническом эффекте

Sperrschichtfotoeffekt *m* вентильный фотоэффект, фотогальванический эффект

Sperrschichtfotoelement *n*, **Sperrschichtfotozelle** *f* фотогальванический элемент

Sperrschichtgleichrichter *m* вентильный выпрямитель, выпрямитель с *p*-*n*-переходом

Sperrschicht-Halbleiterbauelement *n* полупроводниковый прибор с *p*-*n*-переходом [с *p*-*n*-переходами]

Sperrschicht-Injektions-Laufzeitdiode *f* инжекционно-пролётный диод, ИПД

Sperrschichtisolation *f* изоляция *p*-*n*-переходом [*p*-*n*-переходами]

Sperrschichtkapazität *f* 1. барьерная ёмкость 2. ёмкость перехода (*напр. туннельного диода*) 3. полупроводниковый конденсатор

~, **integrierte** полупроводниковый конденсатор

Sperrschichtkondensator *m* полупроводниковый конденсатор, интегральный конденсатор на обратносмещённом *p*-*n*-переходе

~, **integrierter** *см.* **Sperrschichtkondensator**

Sperrschichtladung *f* заряд обеднённого слоя

Sperrschichtpassivierung *f* пассивирование перехода

Sperrschichtphotoeffekt *m* *см.* **Sperrschichtfotoeffekt**

Sperrschichtpotential *n* барьерный потенциал, высота потенциального барьера

Sperrschichtrand *m* край обеднённого слоя; приграничный слой обеднённой области

Sperrschichtrandzone *f* приграничная область *p*-*n*-перехода

Sperrschichttemperatur *f* температура обеднённого слоя; температура *p*-*n*-перехода

Sperrschichtvaraktor *m* варикап с обратносмещённым *p*-*n*-переходом

Sperrschichtweite *f* *см.* **Sperrschichtbreite**

Sperrschichtwiderstand *m* 1. сопротивление обеднённого слоя 2. сопротивление перехода 3. полупроводниковый резистор

Sperrschichtwiderstand ~, integrierter полупроводниковый резистор, интегральный резистор на обратносмещённом *p* - *n*-переходе

Sperrschichtzone *f* обеднённая область, обеднённый слой

Sperrschwinger *m* блокинг-генератор

Sperrspannung *f* обратное напряжение; напряжение обратного смещения, обратное смещение; обратное напряжение; постоянное обратное напряжение; блокирующее напряжение, напряжение в закрытом состоянии *(тиристора)*

Sperrspannungsfestigkeit *f* 1. пробивная прочность *(полупроводникового прибора)*; пробивная прочность *p* - *n*-перехода 2. пробивная прочность в обратном направлении

Sperrstrom *m* обратный ток; обратный ток перехода; ток в обратном проводящем состоянии *(тиристора)*

Sperrstromstabilität *f* стабильность обратного тока

Sperr-U-I-Kennlinie *f* обратная вольт-амперная характеристика, вольт-амперная характеристика при обратном включении

Sperrverhalten *n* поведение *(полупроводникового прибора)* при обратном смещении; запирающее действие

Sperrverhältnis *n* отношение обратного и прямого сопротивлений, отношение сопротивлений *p* - *n*-перехода в запертом и открытом состояниях

Sperrverlust *m см.* **Sperrverlustleistung**

Sperrverlustleistung *f* мощность обратных потерь; мощность потерь в обратном непроводящем состоянии *(тиристора)*; обратная рассеиваемая мощность *(диода)*

Sperrverzögerungszeit *f см.* **Sperrerholungszeit**

Sperrverzug *m см.* **Sperrerholungszeit**

Sperrverzugszeit *f см.* **Sperrerholungszeit**

Sperrvorspannung *f* обратное смещение

Sperrwandler *m* обратный преобразователь, (однотактный) преобразователь постоянного напряжения с обратным включением выпрямительного диода

Sperrwiderstand *m* обратное сопротивление; обратное сопротивление перехода

Sperrwirkung *f* действие обратного напряжения, обратное смещение; запирающее действие

Sperrzone *f см.* **Sperrgebiet**

Sperrzustand *m* 1. запертое состояние; обратное непроводящее состояние *(тиристора)*, непроводящее состояние *(тиристора)* в обратном направлении 2. режим отсечки *(напр. биполярного транзистора)*

Sperrzweig *m* обратная ветвь *(характеристики)*

Spiegelfrequenzfilter *n* фильтр для подавления сигнала на зеркальной частоте приёма

Spiegelprojektionssystem *n* зеркальная проекционная оптика, зеркальная проекционная оптическая система

Spiegeloptik *f* зеркальная оптическая система; зеркальный объектив

Spiegelung *f* 1. зеркальное отображение 2. формирование зеркального отображения *(в машинной графике)*

Spiegelverhältnis *n* коэффициент передачи тока *(отражателя тока)*

Spielhebel *m* джойстик, координатная ручка *(для координатного ввода в видеоиграх)*

Spikes *n pl* пики *(напр. тока питания)*

Spinecho *n* спиновое эхо

Spinell *m* шпинель

Spinentartung *f* вырождение по спину

Spinne *f* «паучок», паучковые выводы

Spinnenbonden *n* присоединение кристаллов к паучковым выводам кристаллодержателя на гибком ленточном носителе *(микропайкой или ультразвуковой сваркой)*

Spinnenbondtechnik *f* технология присоединения кристаллов к паучковым выводам кристаллодержателя на (гибком) ленточном носителе, метод паучкового крепления

Spinnenmontage *f* паучковый монтаж, сборка и монтаж кристаллов в кристаллодержатели с паучковыми выводами на (гибком) ленточном носителе

Spinwellen *f pl* спиновые волны

Spinwellenelektronik *f* спин-волновая электроника

Spitzenblockierspannung *f*, **nichtperiodische** неповторяющееся импульсное напряжение в закрытом состоянии *(тиристора)*

Spitzenblockierspannung *f*, **periodische** повторяющееся импульсное напряжение в закрытом состоянии *(тиристора)*

Spitzendiode *f* точечный диод

Spitzendurchlaßspannung *f* импульсное прямое напряжение *(диода)*

Spitzendurchlaßstrom *m* импульсный прямой ток *(диода)*

Spitzendurchlaßstrom

~, **periodischer** повторяющийся импульсный ток в открытом состоянии (*тиристора*)

Spitzenkontakt *m* точечный контакт

Spitzensperrspannung *f* импульсное обратное напряжение (*диода*)

~, **nichtperiodische** неповторяющееся импульсное обратное напряжение

~, **periodische** повторяющееся импульсное обратное напряжение

Spitzensperrstrom *m* импульсный обратный ток (*диода, тиристора*)

Spitzenstrom *m* максимально допустимый средний прямой ток, предельный ток (*напр. тиристора*); пиковый ток (*туннельного диода*)

Spitzenstrom-Talstrom-Verhältnis *n* отношение токов (*туннельного диода*)

Spitzentransistor *m* точечный транзистор

Spitzenverlustleistung *f* импульсная рассеиваемая мощность (*диода*)

Spitzenwertdetektor *m* пиковый детектор

SP-Laser *m* планарный полосковый лазер с канализированной подложкой

Spleiß *m* сросток

Spleiße *f см.* Spleiß

Spleißung *f* сращивание (*световодов*)

Split-Dip-Gehäuse *n* DIP-корпус с теплоотводом

Splitfield-Mikroskop *n* микроскоп с расщеплённым полем (*для измерения толщины толстых плёнок*)

Split-Screen-Darstellung *f* вывод изображений на разделённый на области экран, полиэкранный режим

s-Pol *m* исток (*полевого транзистора*)

Spontanausfall *m* внезапный отказ

Spracherkenner *m* устройство распознавания речи

Spracherkennung *f* распознавание речи

Sprachprozessor *m* 1. языковой процессор 2. процессор синтеза речи

Sprachsynthese *f* синтез речи; синтез речевых сообщений

Sprachsyntheseschaltkreis *m* ИС синтезатора речи

Sprachsynthesizer *m*, **Sprachsynthetisator** *m* синтезатор речи; вокодер

Sprachverzerrer *m* скремблер

Spreading-Kontakt *m* контакт, работающий на эффекте растекания

Spreading-Resistance-Effekt *m* сопротивление растекания

Spritzgießen *n* литьё под давлением

Spritzpressen *n* литьевое прессование

Sprühätzen *n см.* **Sputterätzen**

Sprühen *n* распыление

Sprühenentwicklung *f* струйное проявление

Sprühentwicklungsanlage *f* установка струйного проявления

Sprühverfahren *n* метод травления распылением

Sprung *m* переход

~, **bedingter** условный переход

~, **unbedingter** безусловный переход

Sprungantwort *f* переходная характеристика, реакция на ступенчатое воздействие (на входе)

Sprungausfall *m* внезапный отказ

Sprungbefehl *m* команда перехода; команда передачи управления

Sprungfunktion *f* ступенчатая функция

Sprungleitfähigkeit *f* прыжковая проводимость

Sprungtemperatur *f* температура перехода (в сверхпроводящее состояние)

SPST-Schalter *m* однополюсный переключатель на одно направление

Sputteranlage *f* установка ионного [ионно-плазменного] распыления, установка ионно-плазменного нанесения тонких плёнок

Sputterätzanlage *f* установка [система] ионно-плазменного травления

Sputterätzen *n* травление методом распыления; ионно-плазменное травление *(в среде инертного или активного газа)*

Sputtering *n*, **Sputtern** *n* распыление; ионное [ионно-плазменное] распыление; ионное напыление, ионно-плазменное нанесение *(тонких плёнок)*

Sputterrate *f* скорость распыления; скорость нанесения

Sputterreinigung *f* очистка методом ионного распыления

Sputtertechnik *f* технология ионного распыления; технология ионного напыления [ионно-плазменного нанесения] тонких плёнок, ионно-плазменная технология

~, **reaktive** технология реактивного ионно-плазменного нанесения тонких плёнок

Squid *n* сквид, сверхпроводящий квантовый интерференционный датчик

SRAM *m* статическое ЗУПВ

SRD *f см.* **Step-recovery-Diode**

S-Reihe *f* серия ТТЛ ИС с диодами Шоттки, серия ТТЛШ ИС

SR-Flipflop *n* дежурный триггер

SRG-Technik *f* технология МОП-структур с самосовмещёнными затворами

SSI-Bauelement *n* ИС с малой степенью интеграции

SSI-Schaltung *f* ИС с малой степенью интеграции

SSL *f* суперинжекционные логические СБИС с самосовмещёнными затворами

Stabdrucker *m* штанговое печатающее устройство

Stabilisierungsdiode *f* (полупроводниковый) стабилитрон

Stabilisierungsfaktor *m* коэффициент стабилизации

Stabilisierungsschaltung *f* стабилизирующая схема

Stabilisierungsspannung *f* напряжение стабилизации

Stabilisierungsstrom *m* ток стабилизации

Stabilisierungswiderstand *m* стабилизирующий резистор; балластный резистор

Stabilisierungszeit *f* **der Z-Diode** время выхода стабилитрона на режим

Stabilitätsfaktor *m* коэффициент устойчивости

Stabtransistor *m* однопереходный транзистор, двухбазовый диод

stacked gate *англ.* составной [многоуровневый] затвор

Stammscheibe *f* базовый кристалл

Stand-alone-Betrieb *m* автономный режим

Standardabweichung *f* среднеквадратичная погрешность, среднеквадратичное отклонение

Standardchip *m* базовый кристалл (ИС); стандартная ИС

Standardchiptechnik *f* технология стандартных ИС

Standard-CMOC-Technik *f* технология (изготовления) стандартных КМОП ИС

Standard-Digital-IC *n* стандартная цифровая ИС

Standard-IS *f* стандартная ИС; серийная ИС

Standardlogik-IC *n* стандартная логическая ИС; серийная ИС

Standardschaltkreis *m* стандартная схема; стандартная ИС, ИС со стандартной степенью интеграции

~, **vorgefertigter** стандартная матричная ИС

Standardschaltkreischip *m* базовый матричный кристалл, БМК

Standard-TTL *f* стандартные ТТЛ ИС

Standard-TTL-Last *f* стандартная единичная ТТЛ-нагрузка

Standardzelle *f* стандартный элемент; стандартная ячейка

Standardzellenarray *n* матрица стандартных ячеек

Standardzellenbibliothek *f* библиотека стандартных элементов (и ячеек)

Standardzellendesign *n*, **Standardzellenentwurf** *m* проектирование БИС на стандартных элементах

Standardzellen-IC *n см.* **Standardzellen-IS**

Standardzellen-IS *f* БИС на стандартных элементах

Standardzellen-Schaltkreis *m см.* **Standardzellen-IS**

Standby-Betrieb *m*, **Standby-Mode** *m*, **Standby-Modus** *m* режим резерва; режим хранения *(информации в ячейках памяти при малом потреблении мощности)*

Standby-System *n* дублирующая система

Standby-Zustand *m см.* **Standby-Betrieb**

Stangenmagazin *n* трубчатый магазин

Stapelbetrieb *m* режим пакетной обработки, пакетный режим

Stapelfehler *m* дефект упаковки

Stapelfehlerdichte *f* концентрация [плотность] дефектов упаковки

Stapelfehlertetraeder *n* тетраэдрический дефект упаковки, тетраэдр дефектов упаковки

Stapelgate *n* составной [многоуровневый] затвор

Stapelgate-CMOS *f* КМОП-структура с составными [многоуровневыми] затворами

Stapelmodul *m* этажерочный (микро)модуль; блок этажерочной конструкции

Stapelspeicher *m* стековая память, память магазинного типа

Stapelverarbeitung *f* пакетная обработка; режим пакетной обработки

Stapelverarbeitungsterminal *n* терминал пакетной обработки

Stapelzeiger *m* указатель вершины стека

Startadresse *f* начальный адрес

Startbit *n* стартовый бит

Start-Eingang *m* вход сигнала «ПУСК», вход запуска

Startimpuls *m* запускающий импульс

Startlogik *f* логика инициализации

Startschritt *m* стартовая посылка

START-Signal *n* сигнал «ПУСК», импульс запуска

Startverzögerung *f* время задержки запуска *(мультивибратора, АЦП)*

Stateanalyse *f* анализ логических состояний

Static-Induction-Transistor *m см.* **SIT**

Stationsnummer *f* адрес места *(размещения модуля в системе САМАС)*, адрес модуля

Stationsnummerbit *n* бит адреса места

Status-Analyse *f* анализ логических состояний

Statusanzeige *f* индикация состояния

Statusanzeigefeld *n* панель индикации состояния

Statusregister *n* 1. регистр состояния 2. статусный регистр *(САМАС)*

Statussignal *n* сигнал состояния

Staubklasse *f* класс чистоты воздушной среды *(для производственных помещений полупроводниковой промышленности)*

Staueffekt *m* эффект накопления *(носителей заряда)*

Steckbaugruppe *f* см. **Steckeinheit**

Steckbaustein *m* сменный блок

Steckbuchse *f* 1. гнездо коммутационной панели 2. розеточная часть, розетка *(электрического соединителя)*

Steckdraht *m* проволочная перемычка

Steckeinheit *f* типовой элемент замены, ТЭЗ

Steckerbelegung *f* разводка контактов *(электрического соединителя)*

Steckerbuchse *f* гнездо *(электрического соединителя)*

Steckerleiste *f* колодка штекерного разъёма

Steckgehäuse *n* корпус со штырьковыми выводами

Steckkarte *f* сменная плата

steckkompatibel совместимый по разъёмам

Steckkompatibilität *f* полная совместимость, совместимость на уровне разъёмов

Steckleiste *f* торцевой соединитель, краевой разъём

Steckmodul *m* сменный модуль

Steckplatz *m* гнездо *(для ТЭЗа)*

Stecksockel *m* панелька со штырьковыми выводами *(для ИС)*; контактирующая панелька

~ für Testzwecke контактирующая панелька

Stecktafel *f* наборное поле; коммутационная панель

Steckverbinder *m* электрический соединитель, разъём

~, abgedichteter герморазъём

Steckverbindung *f* разъёмное соединение

Steg *m* см. **Stegleiter**

Stegbefestigungstechnik *f* технология ИС с балочными выводами

Stegleiter *m* балочный вывод (ИС)

Stegmontage *f* сборка ИС с балочными выводами

steil крутой *(напр. о фронте импульса)*

Steilheit *f* крутизна *(характеристики)*
~ **bei Substratsteuerung** крутизна по подложке
~ **bei Torsteuerung** крутизна по затвору

Steilheitsgrenzfrequenz *f* предельная частота проводимости прямой передачи

Steilwandstruktur *f* структура с вертикальной стенкой *(получаемая при анизотропном травлении)*

Stelleingang *m* вход сигнала установки, установочный вход, S-вход; управляющий вход; вход установки/сброса

Stellenebene *f* разрядная матрица

Stellenwert *m* вес разряда *(в позиционной системе счисления)*

Steller *m* регулирующий элемент *(стабилизатора напряжения)*; переменный [регулировочный] резистор

Stellglied *n* регулирующий элемент *(стабилизатора напряжения)*; исполнительный орган; регулирующий орган; исполнительное звено, исполнительный элемент

Stellgröße *f* управляющее воздействие; регулирующее воздействие

Stelltransistor *m* регулирующий элемент *(транзисторного стабилизатора напряжения)*, регулирующий транзистор

Stellwiderstand *m* переменный [регулировочный] резистор; потенциометр
~ **für Gleichspannung** переменный резистор для регулирования [стабилизации] (величины) постоянного напряжения

Stempel *m* пуансон, рабочий инструмент *(напр. для термокомпрессионной сварки)*

Step-Aligner *m*, **automatischer** автоматизированная установка последовательного шагового экспонирования

Step-and-Repeat-Anlage *f* установка последовательного шагового экспонирования; установка проекционной литографии с последовательным шаговым экспонированием
~, **ionenoptische** ионно-оптическая установка последовательного шагового экспонирования

Step-and-Repeat-Kamera *f* фотоповторитель *(для мультиплицирования изображений фотошаблонов)*

Step-and-Repeat-Projektor *m* проекционная установка последовательного шагового экспонирования и совмещения

Step-and-Repeat-Verfahren *n* метод последовательного

шагового экспонирования; метод литографии с последовательным шаговым экспонированием

Stepper *m* установка последовательного шагового экспонирования

~, lichtoptischer установка фотолитографии с последовательным шаговым экспонированием

Stepper-Maschine *f* 1. установка последовательного шагового экспонирования 2. установка последовательной шаговой мультипликации, мультипликатор

Step-recovery-Diode *f* диод с резким восстановлением обратного сопротивления

Step-Stress-Test *m* форсированные испытания со ступенчатым приложением нагрузки

Step-und-Repeat-Anlage *f см.* **Step-and-Repeat-Anlage**

Step-und-Repeat-Verfahren *n см.* **Step-and-Repeat-Verfahren**

Stereoanlage *f* стереофоническая система, стереосистема, стереокомплекс

Stereokopfhörer *m pl* (стереофонические) наушники *(для стереофонических радиоэлектронных аппаратов)*, стереотелефоны

Stereoradiokassettenrecorder *m* стереофоническая кассетная магнитола

Stereoradiorecorder *m* стереофоническая магнитола, стереомагнитола

Stereotonbandgerät *n* стереофонический магнитофон, стереомагнитофон

Sternnetz *n* звездообразная сеть, сеть с топологией типа «звезда»

Steueranschluß *m* управляющий электрод *(тиристора)*; вывод управляющего электрода *(тиристора)*; вывод затвора *(полевого транзистора)*

Steuerbus *m* шина управления

Steuerbyte *n* управляющий байт

Steuercharakteristik *f см.* **Steuerkennlinie**

Steuereingang *m* управляющий вход

Steuereinheit *f* контроллер; устройство управления

Steuerelektrode *f* управляющий электрод; затвор *(полевого транзистора)*

Steuerfestwertspeicher *m* управляющее ПЗУ

Steuerhebel *m* джойстик, координатная ручка *(для управления перемещениями курсора на экране дисплея)*

Steuer-IC *n* управляющая ИС

Steuerimpuls *m* импульс тока управляющего электрода *(тиристора)*, импульс на управляющем электроде *(тиристора)*, импульс управления

Steuerkennlinie *f* статическая (вольт-амперная) характеристика *(транзистора)*; статическая стокозатворная характеристика *(полевого транзистора)*

Steuerknüppel *m* джойстик, координатная ручка *(для управления перемещениями курсора на экране дисплея)*

Steuerkreis *m* цепь управления, управляющая цепь

Steuerleistung *f* управляющая мощность, мощность управляющего сигнала; мощность возбуждения

Steuer-Pin *n* см. **Steueranschluß**

Steuerpotential *n* управляющий потенциал

Steuerschaltung *f* управляющая схема

Steuersignal *n* управляющий сигнал

Steuerspannung *f* управляющее напряжение; отпирающее напряжение на управляющем электроде *(тиристора)*, отпирающее напряжение

Steuerstrom *m* управляющий ток; ток управляющего электрода *(тиристора)*, ток управления; отпирающий ток управляющего электрода *(тиристора)*, отпирающий ток

~ **vorwärts** прямой ток управляющего электрода *(тиристора)*

Steuerung *f* управление

~, **festverdrahtete** жёстко закоммутированная система управления

~, **freiprogrammierbare** программируемый контроллер

~, **speicherprogrammierbare** программируемый контроллер

Steuerverlustleistung *f* мощность потерь на управляющем электроде *(тиристора)*

Steuerwerk *n* устройство управления

Steuerwort *n* управляющее слово

Steuerwortregister *n* регистр управляющего слова

Steuerzeichen *n* управляющий символ

Stichprobe *f* выборка

Stichprobenfehler *m* выборочная ошибка

Stichprobenplan *m* план выборочного контроля

Stichprobenprüfung *f* выборочный контроль

Stichprobenraum *m* выборочное пространство, пространство выборок

Stichprobenumfang *m* объём выборки

Stichprobenverfahren *n* выборочный метод

Stichprobenverteilung *f* выборочное распределение

Stickstoffspülung *f* обдув азотом *(напр. для очистки поверхности полупроводниковых пластин)*

Stift

Stift *m*, **elektronischer** электронное перо
Stiftanschluß *m* штырьковый вывод *(корпуса)*
Stiftleitergehäuse *n* корпус *(напр. ИС)* со штырьковыми выводами
Stimulierung *f* подача возбуждающих импульсов [входных сигналов] *(для тестирования ИС)*; воздействие *(на тестируемый объект)*
Stimulus *m* возбуждающий импульс, входной сигнал; сигнал воздействия
Stimulusgenerator *m* генератор возбуждающих импульсов, генератор [формирователь уровней] входных сигналов *(для измерения и контроля параметров ИС)*; генератор сигнала воздействия
Stirnfläche *f* торец *(световода, лазера)*
Stitchbonden *n* термокомпрессионная сварка «сшиванием», «сшивание»
Stitchschweißen *n* стежковая сварка
STL *f* Шоттки-транзисторная логика, ШТЛ
Stoppbit *n* стоповый бит
Störabstand *m* запас помехоустойчивости
~, **dynamischer** запас динамической помехоустойчивости
~, **statischer** запас статической помехоустойчивости
Störatom *n* атом примеси, примесный атом
~, **eingelagertes** внедрённый примесный атом
Störatome *n pl*, **(ein)diffundierte** диффундирующие атомы примеси
Störband *n* примесная зона
Störbandleitung *f* проводимость примесной зоны
Störempfindlichkeit *f* чувствительность к помехам
Störfestigkeit *f* *см.* **Störsicherheit**
Störfilterung *f* фильтрация помех
Störimmunität *f* *см.* **Störsicherheit**
Störleitung *f* *см.* **Störstellenleitung**
Störnadeln *f pl* импульсные помехи, выбросы
Störnadelunterdrückung *f* подавление импульсных помех
Störniveau *n* примесный уровень
Störniveaubesetzung *f* заселённость [населённость] примесного уровня
störsicher помехоустойчивый, помехозащищённый
Störsicherheit *f* помехоустойчивость, помехозащищённость
Störsignal *n* сигнал помехи
Störspannung *f* напряжение помех
Störspannungsabstand *m* *см.* **Störabstand**

störspannungssicher помехоустойчивый, помехозащищённый

Störspannungssicherheit *f см.* **Störsicherheit**

Störspannungsspitzen *f pl* пики напряжения помех

Störspitzen *f pl* импульсные помехи, выбросы

Störstelle *f* 1. примесь; примесный центр 2. дефект *(решётки кристалла)*

~, **flache** примесь, создающая мелкий (акцепторный или донорный) уровень; примесь в приповерхностном слое; мелкий примесный уровень; мелкий примесный центр

~, **ionisierbare** ионизируемая примесь

~, **ionisierte** ионизированная примесь

~, **isoelektronische** изоэлектронная примесь

~, **tiefe** примесь, создающая глубокий (акцепторный *или* донорный) уровень; глубокий примесный уровень; глубокий примесный центр

Störstellenaktivierung *f* активация (легирующей) примеси

Störstellenatom *n* примесный атом

Störstellenausscheidung *f* сегрегация (легирующей) примеси

Störstellen-Band-Übergang *m* переход примесный уровень - зона

Störstellenbeweglichkeit *f* примесная подвижность, подвижность носителей (заряда) при рассеянии на примесях

Störstellendichte *f* концентрация примеси [примесей]; концентрация дефектов

Störstellendiffusion *f* диффузия примеси

Störstellenerschöpfung *f* истощение примесных центров *(ионизация всех примесных атомов в полупроводнике)*

Störstellenfehlordnung *f* примесный дефект

Störstellenfotoleitung *f* примесная фотопроводимость

Störstellenfotowiderstand *m* примесный фоторезистор

Störstellengebiet *n* примесная область

Störstellengradient *m* градиент (распределения) концентрации (легирующей) примеси

Störstellenhalbleiter *m* примесный полупроводник

Störstellenkonzentration *f* концентрация примеси [примесей]

~ **der Akzeptoren** концентрация акцепторной примеси

~ **der Donatoren** концентрация донорной примеси

Störstellenleitung *f* примесная проводимость, примесная электропроводность

Störstellenmaterial *n* легирующий материал; источник примеси

Störstellenniveau *n* примесный уровень

Störstellenprofil *n* профиль распределения (концентрации) примеси; профиль распределения примесных центров

~, **abruptes** резкий профиль распределения (легирующей) примеси

~, **lineares** плавный профиль распределения (легирующей) примеси

Störstellenreserve *f* резерв неионизированных примесных центров

Störstellenstreuung *f* рассеяние на примесных центрах [на примесях]

Störstellenübergang *m* (меж)примесный переход

Störstellenumladung *f* перезаряд примесных центров

Störstellenverlauf *m см.* Störstellenprofil

Störstellenverteilung *f* распределение (концентрации) примеси [примесей]

Störstellenzahl *f* число дефектов

Störterm *m* примесный (энергетический) уровень

Störung *f* помеха; неисправность; сбой

Stoßantwort *f* импульсная переходная характеристика, реакция на дельта-воздействие (на входе)

Stoßfunktion *f* дельта-функция

Stoßionisation *f* ударная ионизация

Stoß-Lawinen-Laufzeit-Diode *f* лавинно-пролётный диод, ЛПД

Stoßprüfung *f* испытания на стойкость к ударам

Stoßstrom *n* ударный ток; ударный неповторяющийся ток в открытом состоянии (*тиристора*)

~ **in Durchlaßrichtung** ударный неповторяющийся прямой ток; ударный неповторяющийся ток в открытом состоянии (*тиристора*)

~ **in Sperrichtung** ударный неповторяющийся ток в обратном проводящем состоянии (*тиристора*)

Strahl *m* луч; пучок

~ **mit variablem Querschnitt** электронный пучок с изменяемым сечением

Strahlätzen *n* струйное травление

Strahlenschäden *m pl* радиационные дефекты

Strahlläppen *n* абразивно-струйная обработка

Strahlpositioniergenauigkeit *f* точность позиционирования луча

Strahlpositionierung *f* позиционирование луча

Strahlsonde *f* электронно-лучевой зонд

Strahltechnologie *f* (электронно-)лучевая технология

Strahlung *f* излучение

~, **aktinische** актиничное излучение

~, **kohärente** когерентное излучение

~, **optische** оптическое излучение

Strahlungsausbeute *f* выход излучения

Strahlungsdetektor *m* см. **Strahlungsempfänger**

Strahlungsemission *f* излучение

Strahlungsemitter *m* излучатель

Strahlungsempfänger *m* приёмник излучения

Strahlungsrekombination *f* излучательная рекомбинация

Strahlungssender *m* излучатель

Strahlungssensor *m* радиационный датчик

Strahlverschlußblende *f* шторка [бленда] перекрытия луча

Streamer *m* стример, накопитель на бегущей магнитной ленте

Streamer-Band *n* бегущая магнитная лента

Streamer-Magnetband *n* см. **Streamer-Band**

Streckspannung *f* напряжение текучести (*кремниевой пластины*)

Streichwerkzeug *n* ракель

Streifen *m* полоска; полоса

~, **leitender** токопроводящая полоска

Streifenabziehprüfung *f*, **Streifenabzugtest** *m* испытание для определения усилия отрыва защитной ленты (*от ленточного носителя с вклеенными компонентами поверхностного монтажа*)

Streifenanschluß *m* балочный вывод (*ИС*)

Streifendomäne *f* полосовой домен

Streifengeometrie *f* полосковая геометрия (*напр. эмиттера СВЧ-транзистора*)

Streifenheizer *m* ленточный нагреватель

Streifenkontakt *m* полосковый вывод (*ИС*); балочный вывод (*ИС*)

Streifenleiter *m* 1. ленточный проводник 2. полосковый вывод (*ИС*) 3. полосковый волновод

~ **selbsttragender** балочный вывод

Streifenleiteranschluß *m* полосковый вывод (*ИС*)

Streifenleiterbauelement *n* см. **Streifenleitungsbauelement**

Streifenleiternetzwerk *n* (СВЧ-)схема на полосковых линиях

Streifenleitung

Streifenleitung *f* полосковая линия; микрополосковая линия (передачи), МПЛ

Streifenleitungsanordnung *f* полосковый прибор, полосковая ИС

Streifenleitungsbauelement *n* микрополосковый элемент

Streifenleitungsfassung *f* кристаллодержатель полосковой ИС; корпус (ИС) с полосковыми выводами

Streifenleitungsfilter *n* полосковый фильтр

Streifenleitungsleistungsteiler *m* полосковый делитель мощности

Streifenleitungsplatte *f* полосковая плата

Streifenleitungssubstrat *n* основание полосковой платы

Streifenleitungstechnik *f* технология полосковых устройств; технология полосковых ИС

Streifenlichtleiter *m* полосковый световод

Streifenstruktur *f* полосковая структура

Streifentransistor *m* транзистор полосковой геометрии

Streifenvorschub *m* протяжка бумажной ленты

Streifenwellenleiter *m* полосковый волновод

Streifenzähler *m* счётчик интерференционных полос

Streifung *f* образование (чередующихся светлых и тёмных) полос *(дефект структуры монокристалла)*

Stress-Sampling-Test *m* ресурсно-форсированные испытания

Streßtest *m* форсированные испытания, ускоренные испытания в форсированном режиме

Streufaktor *m* коэффициент рассеяния

Streuinduktivität *f* паразитная индуктивность

Streukapazität *f* паразитная ёмкость

Streulicht *n* рассеянный свет

Streuscheibe *f* рассеивающее стекло

Streustrahlung *f* рассеянное излучение

Streuung *f* 1. рассеяние; дисперсия 2. разброс *(значений)*

~ **an akustischen Phononen** рассеяние на тепловых колебаниях решётки

~ **an Fremdatomen** рассеяние на примесных атомах

~ **an Gitterschwingungen** рассеяние на тепловых колебаниях решётки

~ **an ionisierten Störstellen** рассеяние на ионизированных примесях [на ионизированных примесных атомах]

~ an Phononen рассеяние на тепловых колебаниях решётки

~ an Störstellen рассеяние на примесях

~ an Versetzungen рассеяние на дислокациях

~ durch ionisierte Dotieratome рассеяние на ионизированных атомах легирующей примеси

Streuverluste *m pl* потери на рассеяние

Streuzentrum *n* центр рассеяния

«striations» *англ.* дефект структуры монокристалла в виде чередующихся светлых и тёмных полос; борозды

Strichkode *m* штриховой код

Strichmire *f* штриховая мира *(для определения разрешающей способности фоторезистов)*

Strichzeichengenerator *m* генератор штрихов

String *m* строка; цепочка данных

Stringbefehl *m* команда обработки цепочки данных, строковая команда

String-Variable *f* строковая переменная

strip-line, Strip-line *f* полосковая линия; микрополосковая линия (передачи), МПЛ

Stripline-Kreis *m* цепь МПЛ-проводника, МПЛ-цепь

Strippen *n* удаление *(напр. фоторезиста)*; снятие

Stripper *m* раствор для удаления фоторезиста; установка для удаления фоторезиста

Stripping-Verfahren *n* метод удаления *(напр. фоторезиста)*; метод снятия

Strippmaschine *f* установка для удаления фоторезиста

Strobe *m* строб(-импульс)

Strobe-Eingang *m* стробирующий вход, вход стробирующего сигнала, вход стробирования

Strobe-Flanke *f* фронт стробирующего сигнала

~, abfallende спад стробирующего сигнала

Strobe-Impuls *m* стробирующий импульс, стробимпульс

Strobe-Signal *n* стробирующий сигнал

Strom *m* 1. (электрический) ток 2. поток

~, barrierengesteuerter ток, управляемый потенциальным барьером

~, feldeffektgesteuerter ток, управляемый полем *(в эффекте поля)*

~, herausfließender вытекающий ток

~, hineinfließender втекающий ток

~, maximal zulässiger максимально допустимый ток

Strom

~, **raumladungsbegrenzter** ток, ограниченный объёмным зарядом

~, **raumladungsgesteuerter** ток, управляемый объёмным зарядом

~, **supraleitender** ток сверхпроводимости

~, **volumengesteuerter** ток, управляемый объёмным зарядом; ток, ограниченный объёмным зарядом

Stromabnahme f уменьшение тока

Stromanteil m составляющая тока

Stromausgang m токовый выход, выход по току (*ЦАП'а*)

Stromaussteuerung f модуляция тока; коэффициент модуляции тока

Strombahn f токопроводящая дорожка

Strombegrenzerdiode f токоограничительный (полевой) диод

Strombegrenzung f ограничение тока

Strombegrenzungswiderstand m токоограничительный резистор

Strombelastbarkeit f нагрузочная способность по току; допустимая нагрузка по току, допустимый ток

Strombrücke f перемычка

~, **durchbrennbare** плавкая перемычка

Stromdichte f плотность (электрического) тока

Stromeinschnürung f шнурование тока

Stromeinschnürungseffekt m эффект шнурования тока

Stromempfindlichkeit f чувствительность по току

Stromfluß m электрический ток

~, **barrierengesteuerter** ток, управляемый потенциальным барьером

~, **feldeffektgesteuerter** ток, управляемый эффектом поля

~, **volumengesteuerter** ток, управляемый объёмным зарядом

Stromflußrichtung f направление тока

Stromflußwinkel m угол отсечки

Stromfolger m токовый повторитель

Stromgegenkopplung f отрицательная обратная связь по току

Stromhöcker m pl пики тока (*туннельного диода*)

Strominjektionslogik f логические схемы с токовой инжекцией

Strominjektor m инжектор тока

Strominstabilität f нестабильность тока

Stromkanal m (токо)проводящий канал

Stromkoinzidenzmatrix *f* матрица с совпадением токов

Stromlaufplan *m* принципиальная электрическая схема; схема (электрических) соединений

Stromleitpfad *m* токопроводящая дорожка

Strom-Lichtstärke-Charakteristik *f* световая [люкс-амперная] характеристика (*напр. фоторезистора*)

Stromnormal *n* эталон тока

Stromoffset *m* смещение тока

Strompfad *m* токопроводящая дорожка

Stromquelle *f* 1. источник тока; генератор тока (*в схеме*) 2. источник (электро)питания

Stromquellen *f pl*, **identische** генераторы равнономинальных токов (*в схеме ЦАП'а*)

Stromquellenschaltung *f* см. **Stromspiegelschaltung**

Stromquellentransistor *m* инжекторный [токозадающий] транзистор

Stromrauschen *n* токовый шум

Stromregler *m* стабилизатор тока

Stromrichter *m* преобразователь тока; статический преобразователь

Stromrückkopplung *f* обратная связь по току

Stromrückwirkung *f* обратная связь по току; коэффициент обратной связи по току

Stromschalter *m* переключатель тока

Stromschalter *m* 1. переключатель тока 2. токовый ключ

Stromrückwirkung *f* обратная связь по току; коэффициент обратной связи по току

Stromschalterprinzip *n* принцип логики на переключателях тока

Stromschaltlogik *f* логика на переключателях тока, ПТЛ

Stromschaltschaltungen *f pl* ИС на переключателях тока

~, **hochintegrierte** БИС на переключателях тока

~, **schnelle hochintegrierte** быстродействующие БИС на переключателях тока

Stromschalttechnik *f* технология ИС на переключателях тока

Stromschleife *f* токовая петля (*тип последовательного интерфейса*)

Stromschleifensignal *n* сигнал, передаваемый по токовой петле

Stromschleife-Schnittstelle *f* интерфейс типа «токовая петля»

Stromschnur *f* токовый шнур

Stromsenke f токовый сток, сток (для) тока; токовый выход

Strom-Spannungs-Beziehung f формула вольт-амперной зависимости; выражение для ВАХ

Strom-Spannungs-Kennlinie f вольт-амперная характеристика, ВАХ

Strom-Spannungs-Verhalten n вольт-амперная характеристика

Strom-Spannungs-Wandler m преобразователь ток - напряжение *(блок преобразования суммируемых токов в выходное напряжение ЦАП'а)*

Stromspiegel m отражатель тока, «токовое зеркало»

Stromspiegelschaltung f схема отражателя тока, отражатель тока, схема «токового зеркала»

Stromstabilisierung f стабилизация тока

Stromsteuerkennlinie f статическая характеристика зависимости тока коллектора от тока базы, характеристика усиления базового тока *(биполярного транзистора в схеме с общим эмиттером)*

Stromsteuertechnik f токовая логика, эмиттерно-связанная логика, ЭСЛ, транзисторная логика с эмиттерными связями, ТЛЭС

Stromsteuerung f управление по току; управление током; изменение параметров тока

Stromsummation f суммирование токов

Stromteiler m делитель тока

Stromteilerverhältnis n коэффициент деления тока

Stromteilung f 1. деление тока 2. коэффициент деления тока

Stromtraining n токовая тренировка

Stromtreiber m токовый формирователь, формирователь токового сигнала

Stromübertragungskennlinie f статическая характеристика зависимости тока коллектора от тока эмиттера, характеристика усиления эмиттерного тока *(в схеме с общей базой)*; статическая характеристика зависимости тока коллектора от тока базы, характеристика усиления базового тока *(в схеме с общим эмиттером)*

Stromumschalter m переключатель тока

Strömungselement n струйный элемент

Strömungssensor m проточный датчик, датчик (объёмного) расхода

Stromverdrängung f, **Stromverdrängungseffekt** m эффект оттеснения тока эмиттера, оттеснение эмиттерного тока к краю эмиттерной области

Stromversorgung *f* (электро)питание; блок питания

~, **unterbrechungsfreie** агрегат бесперебойного питания, АБП

Stromversorgungseinrichtung *f* источник электропитания; блок питания

Stromversorgungsgerät *n* блок питания

Stromversorgungsnetzteil *n* блок питания

Stromversorgungsquelle *f* источник электропитания

Stromverstärker *m* усилитель тока; отражатель тока

Stromverstärkung *f* усиление тока; коэффициент усиления тока; коэффициент усиления по току

~ **bei Kurzschluß des Ausgangs** коэффициент передачи тока при коротком замыкании на выходе

Stromverstärkungsfaktor *m* коэффициент усиления тока; коэффициент усиления по току

Stromverteilungsfaktor *m* коэффициент токораспределения

Stromverteilungssteuerung *f* управление токораспределением

Stromwandler *m* преобразователь тока

Stromwechselbelastung *f см.* **Stromtraining**

Stromzunahme *f* приращение тока

Struktur *f* структура

~, **dicht gepackte** плотно упакованная структура

~, **dreidimensionale** трёхмерная структура

~, **fingerartige [kammartige]** (встречно-)гребенчатая структура

~, **modulationsdotierte** (сверх)структура с модулируемым [регулируемым] уровнем легирования

~, **planare** планарная структура

~, **selbstjustierte** самосовмещённая структура

~ **Silizium auf dem Saphir** структура (типа) «кремний на сапфире», КНС-структура

~, **topologische** топологическая структура

~, **verschmolzene** интегральная структура с совмещёнными областями

Strukturabmessung *f* (топологический) размер элементов (ИС); (топологическая) проектная норма

~, **minimale** минимальный размер элементов (ИС), минимальный топологический размер

Strukturänderungsrate *f* скорость изменения рисунка

Strukturätzen *n* структурное травление, травление рисунка

Strukturauflösung *f* чёткость рисунка

Strukturbild *n* рисунок структуры, топологический рисунок

Strukturbreite *f* ширина (линии) элемента структуры; ширина линии (микро)структуры *(ИС)*; (топологическая) проектная норма; минимальный топологический размер

Strukturbreitenauflösung *f* разрешающая способность, определяемая шириной линии *(микроструктуры ИС)*; минимальное разрешение, определяемое шириной линии *(микроструктуры ИС)*; минимальная ширина разрешаемых линий *(микроструктуры ИС)*

Strukturdaten *pl* топологические данные

Strukturdefinition *f* формирование рисунка, структурирование

Strukturdichte *f* плотность (элементов) структуры

Strukturebene *f* уровень [слой] структуры

Strukturelement *n* элемент структуры; топологический элемент

~ **einer Maske** топологический элемент шаблона

~ **unter 1 µm** субмикронный элемент

Strukturerzeugung *f* формирование рисунка *(напр. на фотошаблоне)*; формирование изображений *(в слое фоторезиста)*

~, **maskenlose** безмасочное формирование изображений *(в слое фоторезиста)*

Strukturgröße *f* размер элемента структуры; топологический размер *(элемента структуры)*, (топологическая) проектная норма

~, **minimale** минимальный топологический размер, минимальный размер элемента структуры; минимальная ширина линии элемента структуры

Strukturgrößenkontrolle *f* контроль размеров элементов структуры

Strukturierung *f* формирование структур(ы); формирование рисунка; структурирование

~, **mäanderförmige** формирование меандровой структуры

Strukturierungsbelichtung *f* экспонирование для формирования рисунка

Strukturierungsschritt *m* шаг (процесса) формирования структуры *или* рисунка

Strukturjustierung *f* совмещение рисунка

Strukturkante *f* край слоя фоторезиста; край топологического элемента

Strukturkopieranlage f установка совмещения и экспонирования *(для переноса изображения фотошаблона на полупроводниковую пластину)*

Strukturlagegenauigkeit f точность позиционирования рисунка

Strukturlinie f линия элемента структуры; линия микроструктуры; линия рисунка

Strukturmaße n pl размеры элементов структуры; топологические размеры

~, **minimale** минимальные размеры элементов структуры

Strukturmuster n рисунок *(элементов структуры)*; структура

Strukturparameter m параметр структуры

Strukturplazierung f размещение топологических элементов

Strukturpositioniergenauigkeit f точность позиционирования рисунка

Strukturschreibfolge f последовательность формирования структуры *или* рисунка

Strukturüberdeckung f совмещение рисунка

Strukturüberdeckungsfehler m ошибка совмещения рисунка

Strukturübertragung f перенос рисунка

Strukturvervielfältigung f мультиплицирование изображений *(напр. фотошаблонов)*

STTL f *см.* Schottky-TTL

STTL-Gatter n ТТЛ-вентиль с диодами Шоттки, ТТЛШ-вентиль

Stufe f 1. каскад; ступень 2. ступенька 3. этап, стадия

Stufenindexfaser f, **Stufenprofilfaser** f (оптическое) волокно со ступенчатым изменением показателя преломления

Stufenindexlichtleiter m градиентный световод

Stufenüberdeckung f перекрытие ступенек *(топологического рисунка)*

Stufenumsetzer m АЦП последовательных приближений, АЦП поразрядного уравновешивания

Stufenversetzung f краевая дислокация

Stufenziehen n выращивание кристалла с изменением скорости *(для формирования p-n-переходов в монокристаллическом слитке)*

Stützkondensator m вспомогательный конденсатор *(для поддержания уровня напряжения питания)*

Subadreßbit n бит субадреса

Subadresse f субадрес *(CAMAC)*

Subband n поддиапазон

Subbus m подшина

Subgitter n подрешётка

Subkollektor m скрытый коллектор, скрытый слой коллектора

Subkollektorumgrenzung *f* конфигурация скрытого слоя коллектора

sublinear сублинейный

Sublinearität *f* сублинейность

Submasterschablone *f* копия эталонного фотошаблона

Sub-μm-FET *m* полевой транзистор с субмикронным каналом

Sub-μm-Generation *f* поколение субмикронных ИС

Submikroelektronik *f* наноэлектроника

Submikrometerauflösung *f* субмикронная разрешающая способность, субмикронное разрешение

Submikrometerbereich *m* субмикронный диапазон

Submikrometerfilm *m* плёнка субмикронной толщины

Submikrometerhürde *f* субмикронный барьер *(предел разрешения в фотолитографии)*

Submikrometerleiter *m* проводник субмикронной ширины

Submikrometerlithografie *f* литография для формирования структур с элементами субмикронных размеров

Submikrometerschaltkreis *m*, **Submikron-IC** *n* субмикронная ИС, ИС с элементами субмикронных размеров

Submikrometersonde *f* субмикронный (лучевой) зонд

Submikrometerstruktur *f* субмикронная структура, структура с элементами субмикронных размеров

Submikrometertechnik *f* субмикронная технология

Submikron-CMOS-Technologie *f* субмикронная КМОП-технология

Submikron-Schaltkreis *m* см. **Submikrometerschaltkreis**

Submikrontechnik *f* субмикронная технология

Subminiaturisierung *f* микроминиатюризация

Subnanosekundenbereich *m* субнаносекундный диапазон

Subnanosekundenrechner *m* сверхбыстродействующая ЭВМ, ЭВМ с субнаносекундным быстродействием

Sub-Nyquist-Abtastung *f* субдискретизация *(дискретизация с частотой ниже удвоенной частоты аналогового сигнала)*

Substitutionsfehlstelle *f* см. **Substitutionsstörstelle**

Substitutionsleerstelle *f* вакансия замещения

Substitutionsmischkristall *m* твёрдый раствор замещения

Substitutionsstörstelle *f* примесь замещения

Substrat *n* подложка

~, **aktives** активная подложка

~, **halbisolierendes** полуизолирующая подложка

~, **isolierendes** изолирующая подложка

~, **massives** сплошная (полупроводниковая) подложка, монолитная подложка

~, **n-leitendes** подложка (с проводимостью) n-типа

~, **passives** пассивная подложка

~, **p-leitendes** подложка с проводимостью p-типа

~, **semiisolierendes** полуизолирующая подложка

~, **strukturiertes** подложка со сформированными структурами

Substrataufnahmeteller *m* подложкодержатель

Substratdiode *f* см. Substratdiode, parasitäre

~, **parasitäre** паразитный диод подложки

Substratdotierung *f* 1. легирование подложки 2. концентрация (легирующей) примеси в подложке

Substratebenheitsfehler *m* неплоскостность подложки

Substratgegensteuerung *f* (одновременное) противофазное управление по подложке

Substratgehäuse *n* корпус (для размещения) подложки

Substrathalter *m* держатель подложки, подложкодержатель; кассета для подложек

Substratheizung *f* 1. нагрев подложки 2. нагреватель подложки

Substrathöhe *f* высота (смонтированной) подложки

Substratinjektion *f* инжекция в подложку

Substratjustiertisch *m* стол для ориентации и совмещения подложек

Substratkapazität *f* ёмкость подложки

Substrat-Kollektorgebiet-Übergang *m* переход подложка - коллектор

Substratkristall *m* кристалл-подложка

Substratladezeit *f* время заряда подложки

Substratladung *f* заряд подложки

Substratleckstrom *m* ток утечки через подложку

Substratmaterial *n* материал подложки

Substratoberfläche *f* поверхность подложки

Substratorientierung *f* ориентация подложки

Substratorientierungsfehler *m* разориентация подложки

Substratpotential *n* потенциал подложки

Substrat-Quellen-Spannung *f* напряжение подложка - исток

Substratreststrom *m* обратный ток утечки подложка - коллектор

Substratscheibe *f* полупроводниковая пластина, используемая в качестве подложки, пластина подложки

Substratscheibenanschliff *m* срез (сегмента) пластины подложки

Substratschreibfläche *f* область формирования рисунка на подложке

Substratspannung *f* напряжение подложки [на подложке]

Substrat-Sperrschichtkapazität *f*, **parasitäre** паразитная барьерная ёмкость p-n-переход - подложка

Substratsteuerung *f* управление по подложке

Substrattemperatur *f* температура подложки

Substrattiefe *f* толщина подложки

Substratträger *m* держатель подложки, подложкодержатель

Substrattransistor *m* (вертикальный) паразитный *(p-n-p-)* транзистор *(с выполняющей функцию коллектора подложкой)*

Substratunebenheit *f* неплоскостность подложки

Substratvorspannung *f* напряжение (обратного) смещения на подложке, смещение подложки

Substratwiderstand *m* сопротивление подложки

~, spezifischer удельное сопротивление подложки

Subthresholdbereich *m* предпороговая область, область слабой инверсии

Subtrahierer *m* вычитатель

Subtraktionsbetrieb *m* режим вычитания

Subtraktionseingang *m* вычитающий вход, вход вычитания, вход сигналов обратного счёта *(в реверсивном счётчике)*

Subtraktionszähler *m* вычитающий счётчик

Subtraktivätzung *f* субтрактивное травление, химическое травление фольги *(для получения печатной схемы)*

Subtraktivleiterplatte *f* печатная плата, изготовленная по субтрактивной технологии

Subtraktivverfahren *n* субтрактивная технология *(получения проводящего рисунка печатных плат)*

Suchalgorithmus *m* алгоритм поиска

Suchbegriff *m* поисковый признак

Suchkopf *m* головка самонаведения

Summierer *m* сумматор

Summierglied *n* суммирующий элемент

Summierverstärker *m* суммирующий усилитель

Super-B-Transistor *m*, **Super-β-Transistor** *m* супербета-транзистор, (биполярный) транзистор (в схеме с общим эмиттером) со сверхвысоким усилением

Superchip *m* суперкристалл; ИС со степенью интеграции выше сверхвысокой

Supergitter *n* сверхрешётка

~, **deltadotiertes** дельта-легированная сверхрешётка

Superinjektionslogik *f* суперинжекционная логика

~, **selbstabgleichende** суперинжекционные логические СБИС с самосовмещёнными затворами

Superintegrations-Schaltkreis *m* сверхбольшая интегральная (микро)схема, СБИС

Superionenleiter *m* проводник с быстрой ионной проводимостью, сверхионный [суперионный] проводник

Superionenleitfähigkeit *f* быстрая ионная проводимость

Superlow-Power-Schottky-TTL *f* сверхмаломощные ТТЛ-схемы с диодами Шоттки

Super-LSI *f* интеграция со степенью выше сверхвысокой

Super-Lumineszenzdiode *f* суперлюминесцентный диод

Super-Minicomputer *m* супер-мини ЭВМ

Super-Nyquist-Abtastung *f* супердискретизация *(дискретизация с частотой выше удвоенной частоты аналогового сигнала)*

Superpositionsprinzip *n* принцип суперпозиции

Supertwist-Display *n* индикатор на супертвистнематических жидких кристаллах

Supertwist-Flüssigkristall-Bildschirm *m*, **Supertwist-LCD-Bildschirm** *m* экран на супертвистнематических жидких кристаллах

Supertwist-LCD-Bildschirm *m* жидкокристаллический экран на супертвистнематических жидких кристаллах

Supervisor *m* супервизор

Supervisor-Mode *m*, **Supervisor-Modus** *m* режим супервизора; привилегированный режим, режим операционной системы

Superzelle *f* сверхбольшая ячейка

Supraleiter *m* сверхпроводник

Supraleitfähigkeit *f*, **Supraleitung** *f* сверхпроводимость

Supraleitungsschaltelement *n* переключательный элемент на основе эффекта сверхпроводимости

Supraleitungsstrom *m* ток сверхпроводимости

Surface-Barrier-Transistor *m* транзистор с поверхностным барьером

Surface-Mount-Technik *f*, **Surface-Mount-Technologie** *f* технология поверхностного монтажа, технология монтажа на поверхность

suspended-substrate-Leitung *f* микрополосковая линия передачи [МПЛ] с «подвешенной подложкой»

S-VHS-Kassette *f* кассета формата S-VHS [супер-VHS], кассета формата VHS супер

S-VHS-Videorecorder *m* видеомагнитофон формата S-VHS [супер VHS], видеомагнитофон формата VHS супер

Swapping *n* перекачка *(данных из внешней памяти в оперативную и обратно)*, своппинг; подкачка

Sweepbasis *f* генератор развёртки

Swirl-Defekte *m pl*, **Swirls** *n pl* свирлевые дефекты, свирлы, скопления точечных дефектов *(в кремниевых пластинах-заготовках)*

Switchbox *f* коммутационное пересечение *(трасс соединения)*

Switched-capacitor-Filter *n* (интегральный) фильтр с переключаемыми конденсаторами

Switched-capacitor-Technik *f* технология интегральных фильтров с переключаемыми конденсаторами

Sychronzähler *m* параллельный [синхронный] счётчик

Symistor *m* симистор *(триак)*

Synchrondemodulator *m* синхронный детектор

Synchrongatter *n* синхронный временной селектор

Synchronisationsbyte *n* байт синхронизации, синхробайт

Synchronisiereinheit *f* блок синхронизации

Synchron-Mode *m*, **Synchron-Modus** *m* синхронный режим

Synchrotron-Speicherring *m* синхротронное накопительное кольцо

Synchrotronstrahlung *f* синхротронное излучение

Syntelman *m* синхронный телеманипулятор

Synthesizer *m* (электронный) синтезатор

Synthesizer-Tuner *m* тюнер-синтезатор

Synthetisator *m* (электронный) синтезатор

~, **akustischer** синтезатор речи

System *n* система

~, **ausbaufähiges** расширяемая система

~, **fehlertolerantes** отказоустойчивая система

~, **gewartetes** *см.* **System, wartbares**

~, **heimelektronisches** бытовая радиоэлектронная система

~, **integriertes** система [устройство] на основе интегральных элементов [на основе интегральных микросхем]

~, **interaktives** диалоговая [интерактивная] система

~, **kognitives** когнитивная система

~, **nichtgewartetes** *см.* System, nichtwartbares

~, **nichtreparierbares** *см.* System, nichtwartbares

~, **nichtwartbares** необслуживаемая система, необслуживаемый объект; невосстанавливаемая система, невосстанавливаемый объект; неремонтируемая система, неремонтируемый объект

~, **reparierbares** *см.* System, wartbares

~, **wartbares** обслуживаемая система, обслуживаемый объект; восстанавливаемая система, восстанавливаемый объект; ремонтируемая система, ремонтируемый объект

~, **wissensbasiertes** система, основанная на использовании знаний

Systemabsturz *m* катастрофический отказ системы

Systemanalytiker *m* системный аналитик

Systembus *m* системная шина, системная магистраль

~, **serieller** системная шина последовательного обмена

~, **verstärkter** умощнённая системная шина, умощнённая системная магистраль

Systemdatenbus *m* системная шина данных

System-Designer *m*, **Systementwickler** *m* системотехник

Systemdiagnose *f* системная диагностика; диагностика систем(ы)

Systemerde *f* системная земля, вывод «системная земля»

Systemerweiterung *f* системное расширение

Systemintegration *f* системная интеграция; интеграция на системном уровне

systemintegriert системно-интегрированный

Systemparameter *m* системный параметр

Systemprogrammierung *f* системное программирование

Systemrahmen *m* крейт, «корзина», стандартный блочный каркас *(конструктив для установки типовых элементов замены)*

Systemreferenz *f* системный источник опорного напряжения

Systemreset

Systemreset *m* системный сброс, сброс системы в начальное состояние

Systemseite *f* лицевая сторона *(кристалла ИС)*; сторона сформированных элементов *(структуры ИС)*

Systemsimulation *f* системное моделирование

Systemtest *m* системный тест

Systemtester *m* системный тестер

Systemträger *m* выводная рамка *(для монтажа ИС)*

Systemverträglichkeit *f* системная совместимость

T

TAB *n* автоматизированная сборка ИС на (гибком) ленточном носителе [на гибкой ленте-носителе], АСНЛ

TAB-Bonder *m* установка для автоматизированной сборки ИС на (гибком) ленточном носителе [на гибкой ленте-носителе]

TAB-Chip *m* кристалл, смонтированный на (гибком) ленточном носителе, кристалл на ленте-носителе

TAB-Film *m* (гибкий) ленточный носитель, гибкая лента-носитель *(с кристаллодержателями для автоматизированной сборки ИС)*

Tablett *n* планшет

~, grafisches графический планшет

Tabulator *m* табулятор

Ta-CdS-In-Diode *f* диод с монополярной инжекцией на основе тантала - сульфида кадмия - индия

Tafelbergaufbau *m* мезаструктура

Takt *m* такт

Taktabfallzeit *f* длительность отрицательного фронта [длительность среза] тактового импульса

Taktabstand *m см.* **Taktintervall**

Taktabweichung *f см.* **Taktfrequenzabweichung**

Taktanpassung *f* согласование тактовых частот

Taktansteuerung *f* тактовое управление, тактирование

Taktanstiegszeit *f* длительность (положительного) фронта тактового импульса

Taktausgang *m* тактовый выход

Taktdiagramm *n* циклограмма, временна́я диаграмма тактовых импульсов

Takteingang *m* синхронизирующий [тактовый] вход, вход синхронизации, синхровход

Taktfilter *n* фильтр выделения тактовых синхросигналов

Taktflanke f фронт тактового импульса

~, **negative** отрицательный фронт [срез] тактового импульса

~, **positive** положительный фронт тактового импульса

Taktflankensteuerung f запуск *(триггера)* фронтом тактового импульса; синхронизация *(триггера)* фронтом

Taktfolge f тактовая последовательность, последовательность тактовых импульсов

Taktfrequenz f тактовая частота

Taktfrequenzabweichung f отклонение тактовой частоты

Taktfrequenzanpassung f *см.* **Taktanpassung**

Taktgeber m датчик [генератор] тактовых импульсов, тактовый генератор, синхрогенератор; хронизатор

Taktgenerator m тактовый генератор, генератор тактовых импульсов, синхрогенератор

~, **astabiler** тактовый генератор, работающий в режиме автоколебаний

~, **freilaufender** автономно работающий тактовый генератор

~, **quarzgesteuerter [quarzstabilisierter]** тактовый генератор с кварцевой стабилизацией частоты

Taktgewinnung f *см.* **Taktrückgewinnung**

Taktgruppe f тактовая группа *(электродов затвора ПЗС)*

Taktimpuls m тактовый импульс, тактовый сигнал; синхронизирующий импульс, синхроимпульс

Taktimpulsbreite f длительность тактового импульса

Taktimpulseingang m вход тактовых импульсов, тактовый вход, вход синхронизации

Taktimpulsflanke f фронт тактового импульса; фронт синхронизации

Taktimpulsleitung f шина тактовых импульсов

Taktimpulsübergang m тактовый переход

Taktintervall n тактовый интервал, интервал между тактовыми импульсами

Taktjitter m тактовое дрожание

Taktleitung f 1. шина тактовых импульсов, тактовая шина 2. тактовая [фазовая] шина *(напр. ПЗС)*

Taktlogik f синхронная [тактируемая] логика, синхронные логические схемы

Taktoszillator m тактовый генератор

Taktpegelsteuerung f запуск *(триггера)* уровнем тактового импульса; синхронизация *(триггера)* уровнем тактового импульса

Taktperiode

Taktperiode f период повторения [следования] тактовых импульсов, период тактовых импульсов, период тактовой частоты

Taktperiodendauer f длительность периода тактовой частоты

Taktpotential n тактовое напряжение

Taktraster m см. **Taktdiagramm**

Taktrate f см. **Taktfrequenz**

Taktrückgewinnung f восстановление тактовой последовательности

Taktsignal n тактовый импульс, тактовый сигнал; тактовый синхросигнал

Taktspannung f тактовое напряжение

Taktsteuerung f 1. тактовое управление; синхронизация; тактирование 2. тактовая схема управления

Taktsynchronisation f тактовая синхронизация

Taktsystem n тактирующая схема; тактовый генератор

Taktteiler m делитель тактовой частоты

Takttreiber m формирователь тактовых импульсов, тактовый формирователь

Taktunbestimmtheit f тактовая неопределённость

Taktung f тактирование; синхронизация; подача тактовых импульсов

Taktverhalten n тактовый режим

Taktversorgung f тактовое питание; подача тактовых импульсов

Taktwiedergewinnung f см. **Taktrückgewinnung**

Taktzähler m счётчик тактов

Taktzeit f длительность такта

Taktzustandssteuerung f см. **Taktpegelsteuerung**

Taktzyklus m период тактовой частоты, такт

TAL-Diode f стабилитрон для защиты от переходных бросков напряжения

Talker m *англ.* источник (данных)

Talspannung f напряжение впадины (*туннельного диода*)

Talstrom m ток впадины (*туннельного диода*)

Tamm-Niveaus n pl, **Tamm-Oberflächenterme** m pl, **Tamm-Terme** m pl (поверхностные) уровни Тамма

Tandel n см. **TGS-Element**

Tandemschaltung f каскадная схема

Tandemtransistor m составной транзистор, пара Дарлингтона

Tannenbaumkristall m дендритный кристалл

Tantalchipkondensator m танталовый бескорпусный конденсатор

Tantaljustiermarke f танталовая метка (*напр. для совмещения фотошаблонов*)

Tantalkondensator *m* танталовый конденсатор

Taper *m* плавный [плавно суживающийся] волноводный переход

Taperregion *f* конусная изолирующая оксидная область

Tape-Streamer *m* стример, накопитель на бегущей магнитной ленте

Target *n* мишень

Targetverdampfung *f* испарение мишени

Tasche *f* карман

Taschenrechner *m* (программируемый) микрокалькулятор

Task *f* задача

Task-Scheduler *m* планировщик задач

Task-Scheduling *n* планирование задач

Taskverwaltung *f* управление задачами

Tastatur *f* клавиатура

~, **alphanumerische** алфавитно-цифровая клавиатура

Tastaturabfrage *f* опрос [сканирование] клавиатуры

Tastatur-Controller *m* контроллер клавиатуры

Tastatureingabe *f* ввод с клавиатуры

Tastatursteuertaste *f* функциональная клавиша

Taste *f* клавиша

~, **menügesteuerte** клавиша с заданием функций через меню

~, **nichtrastende** клавиша без арретира

~, **prellfreie** бездребезговая клавиша

~, **rastende** фиксируемая клавиша, клавиша с арретиром

~, **virtuelle** виртуальная [экранная] клавиша

~, **vom Benutzer definierte** клавиша с функциями, определяемыми пользователем

Tasten-Beep *n* (звуковой) сигнал при нажатии клавиши

Tastenfeld *n* клавишная панель; клавишный пульт, клавиатура

Tastenklick *m* щелчок при нажатии клавиши

Tastenschalter *m см.* **Taster**

Taster *m* микропереключатель

Tastkopf *m* пробник

Tastverhältnis *n* коэффициент заполнения (*величина, обратная скважности*); *иногда:* скважность

Tauchlöten *n* пайка погружением

Tauchverzinnung *f* лужение погружением

TC-Bonden *n см.* **Thermokompressionsbonden**

TCL *f* логика [логические схемы] с транзисторными связями

TCM *m* теплоотводящий модуль

T-Diagramm *n* Т-диаграмма

TDL *f* логика [логические схемы] на туннельных диодах

Teach-In-Programmierung *f* программирование в режиме обучения

TEA-Laser *m* лазер атмосферного давления с поперечной накачкой

Technik *f* техника

~, **bipolare** биполярная технология

~, **monolithische** технология полупроводниковых ИС, монолитная технология

~, **oberflächenintegrierte** технология получения поверхностных интегральных элементов

~, **selbstjustierende** самосовмещённая технология (*напр. технология МОП ИС с самосовмещёнными затворами*)

~, **volumenintegrierte** технология получения интегральных элементов в объёме полупроводника

Technologie *f* технология

~, **monolithische** технология полупроводниковых ИС, монолитная технология

~, **selbstjustierende** *см.* Technik, selbstjustierende

TED *n* прибор с переносом электронов, прибор на эффекте междолинного перехода электронов; генератор [диод] Ганна

TED-FET-IS *f* ИС на приборах с переносом электронов и полевых транзисторах (*на арсениде галлия*)

TED-IS *f* ИС на приборах с переносом электронов

TED-Logikgatter *n* логический элемент на приборах с переносом электронов

TEGFET *m* полевой транзистор на двумерном электронном газе, полевой транзистор с высокой подвижностью электронов, ВПЭ-транзистор

Teilausfall *m* частичный отказ

Teilausfallrate *f* интенсивность частичных отказов

Teilband *n* подзона

Teilchen *n* частица

~, **geladenes** заряженная частица

Teilchenstrom *m* поток частиц

1:3-Teiler *m* делитель на три

1:10:Teiler *m* делитель на десять

1:2:Teiler *m* делитель на два

Teiler *m* делитель

Teiler-Flipflop *n* триггер-делитель

Teilerverhältnis *n* коэффициент деления

Teilfeldbelichtung *f* последовательное шаговое экспонирование, пошаговое экспонирование

Teilgraph *m* подграф

Teilnehmeranschlußleitung *f* абонентская линия

Teilnehmerbetrieb *m* режим разделения времени; работа в режиме разделения времени

Teilnehmerendgerät *n* терминал пользователя

Teilnehmerleitung *f* абонентская линия

Teilnehmernetz *n* абонентская сеть

Teilnehmerstation *f* терминал пользователя

Teilnehmersystem *n* система коллективного доступа; система с разделением времени

Teilschaltung *f*:

~, **integrierte** бескорпусная ИС гибридной микросборки

Teilungsmaß *n* интервал, кратный шагу координатной сетки *(рисунка печатной платы)*

Teilungsverhältnis *n* коэффициент деления

T-Eingang *m см.* **Takteingang**

TELD *n* логический элемент на приборах с переносом электронов

Telefax *n* 1. телефакс, передача факсимиле по телефонным каналам 2. телефакс, факс

Telekonferenz *f* телеконференция; телеконференцсвязь

Telekopierer *m* телекопир

Telemetrieanlage *f* телеметрическое устройство, устройство телеметрии

Telemetriesystem *n* телеметрическая система

Telespiel *n* телеигра

Teletex *n* телетекс *(передача текстов по телексным каналам связи)*

Teletexdienst *m* телетекс, служба телетекса

Teletext *m* телетекст, система телетекста, система вещательной видеографии

~, **zeilengebundener** система синхронного телетекста *(с привязкой строки данных к телевизионной строке)*

~, **zeilenungebundener** система асинхронного телетекста

Teletextstandard *m* стандарт системы телетекста

Telex *n* телекс, абонентская телеграфная связь

Telexnetz *n* сеть абонентской телеграфной связи

TEM-Bild *n* изображение, полученное в просвечивающем электронном микроскопе

Temperaturabhängigkeit *f* температурная зависимость

Temperaturausgleichswiderstand *m* термокомпенсирующий резистор

Temperaturbeständigkeit *f* температуростойкость *(напр. фоторезиста)*

Temperaturdrift *f* температурный дрейф, уход параметров под влиянием температуры

temperaturdriftsicher с защитой от температурного дрейфа
Temperaturdurchgriff *m* температурная проницаемость
Temperaturempfindlichkeit *f* температурная чувствительность, термочувствительность
Temperaturempfindlichkeitskoeffizient *m* коэффициент температурной чувствительности
Temperaturfühler *m см.* **Temperatursensor**
Temperaturführung *f* температурный режим
Temperaturgang *m* температурная характеристика; изменение температуры
Temperatur-Gradienten-Verfahren *n* метод выращивания кристаллов под действием движущегося градиента температуры
~, **horizontales** метод горизонтального выращивания кристаллов под действием движущегося градиента температуры
Temperaturkoeffizient *m* температурный коэффициент
~ **des Offsetfehlers** температурный коэффициент погрешности смещения нуля
~ **des Widerstandes** температурный коэффициент сопротивления, ТКС
~, **negativer** отрицательный ТКС
~, **positiver** положительный ТКС
Temperaturkompensation *f* термокомпенсация
temperaturkompensiert термокомпенсированный
Temperaturkorrektur *f см.* **Temperaturkompensation**
Temperatursensor *m* температурный датчик
Temperaturspannung *f* температурное напряжение
Temperaturstabilisierung *f* термостабилизация
Temperaturverhalten *n* изменение свойств *(напр. полупроводника)* в зависимости от температуры; температурный режим
Temperaturwechselbelastung *f* термоциклирование
Temperaturwechseltest *m* испытания на стойкость к термоциклированию
Temperaturzustand *m* температурный режим
Tempern *n* отжиг
Temperschritt *m* операция отжига
Temperung *f* отжиг
Term *m* 1. уровень (энергии), энергетический уровень 2. член *(уравнения)*
Termabstand *m* энергетический интервал
Termdichte *f* плотность (энергетических) состояний

Terminal *n* терминал

~, **druckendes** терминал с выводом на печать

~, **intelligentes** интеллектуальный терминал

~, **unintelligentes** неинтеллектуальный [«немой»] терминал

Terminaladapter *m* терминальный адаптер

Terminalrechner *m* терминальная ЭВМ

Terminalstation *f* терминал *(сети телеобработки)*, абонентский пункт

Termschema *n* диаграмма энергетических уровней

Testadapter *m* тестовый адаптер, адаптер с контактными штырями, матричный адаптер *(для контроля смонтированных печатных плат)*

Testanlage *f* испытательная установка, установка для испытания; контрольно-измерительная система

Testanordnung *f* испытательная оснастка

Testautomat *m* устройство автоматического контроля *(кристаллов ИС)*

Testbarkeit *f* возможность тестирования, тестируемость; возможность проверки [контроля], контролепригодность

Testchip *m* тестовый кристалл

Test-Clips *n pl* клипсы, многоконтактные двухрядные зажимы для измерения параметров (проверяемых) микросхем

Testcode *m* тест-код, тестовый код

Testcodegenerator *m* генератор тест-кодов

Testdaten *pl* тестовые данные

Testdatengenerator *m* генератор тестовых данных, ГТД

Testen *n* 1. испытание, проверка; тестирование 2. отладка

~, **symbolisches** отладка в символических адресах

Tester *m* испытательное устройство, устройство для испытания; испытательная установка, установка для испытания; тестер

Testfeld *n* тестовая площадка, тест-площадка *(участок поверхности кристалла)*

Testfigur *f* мира, тестовая фигура *(для проверки разрешающей способности объектива)*

Testfolge *f* тест-последовательность, тестовая последовательность

Testfrequenz *f* тестовая частота, частота тестирования

Testgenerierung *f* генерация тестов

Testgruppe *f* тестовая группа

Testhilfen *f pl* 1. средства тестирования 2. средства отладки

Testhilfen

~, **eingebaute** встроенные средства (само)тестирования

Testimpuls *m* тестовый импульс, тест-импульс

Testimpulsgenerator *m* генератор тестовых импульсов

Testkopf *m* контактирующая головка *(для измерения параметров тестируемых ИС)*

Testlauf *m* тестовый прогон *(программы)*

Testmarke *f* контрольная метка *(для точного позиционирования или совмещения фотошаблонов)*

Testmittel *n pl* средства тестирования

~, **gerätetechnische** аппаратные средства тестирования

Testmonitor *m* отладочный монитор, тест-монитор

Testmuster *n* тестовая комбинация

Testpattern *n* 1. тестовая структура 2. тестовая комбинация

Testpin *n* зонд; вывод для тестирования; контрольный вывод *(печатной платы)*

Testprogramm *n* тест-программа

Testpunkt *m* контрольная точка *(для тестирования)*

Testrate *f см.* **Testfrequenz**

Testretikel *n* промежуточный фотошаблон тестовой пластины, промежуточный фотошаблон с изображениями тестовых структур

Testroutine *f см.* **Testprogramm**

Testsatz *m* тест-последовательность, тестовая последовательность

Testsatzgenerierung *f* генерация [формирование] тест-последовательностей [тестовых последовательностей]

Testschaltkreis *m*, **Testschaltung** *f* (встроенная) схема (само)тестирования, тест-схема

Testscheibe *f* тестовая пластина

Testsonde *f* испытательный зонд

Teststation *f* испытательная установка *(контрольно-измерительной системы)*

Teststreifen *m* тест-купон

Teststruktur *f* тестовая структура

Teststruktureinfügung *f* вставка тестовых структур

Testsystem *n* испытательная система; контрольно-измерительная система

~, **automatisches** автоматизированная испытательная система

Testvektor *m* тест-вектор

Testvektorrate *f* частота генерации тест-векторов

Tetrajunctionstransistor *m* четырёхпереходный транзистор *(напр. триак)*

Textaufbereitung *f* редактирование текста

Texteditor *m* текстовый редактор, редактор текста, программа обработки текста

Textgeber *m* устройство ввода текста, устройство ввода (текстовых) строк

Textmode *m*, **Textmodus** *m* текстовый режим

Textprozessor *m* процессор обработки текста

Textspeicher *m* текстовая память, текстовое ЗУ

TFET *m* тонкоплёночный полевой транзистор

T-Flipflop *n* Е-триггер, счётный триггер, триггер счётного типа

TFT *m* тонкоплёночный транзистор

TGS-Element *n* TGS-элемент, нелинейный диэлектрический элемент (на триглицинсульфате) с температурной автостабилизацией

Thermistor *m* терморезистор

Thermodiffusion *f* термодиффузия

Thermodruckbonder *m* установка термокомпрессионной сварки

Thermodrucker *m* термографическое печатающее [термопечатающее] устройство, термопринтер

Thermodruckkopf *m* термопечатающая головка

Thermoelement *n* термоэлемент

Thermo-EMK *f* термоэдс

Thermokammer *f* термокамера

Thermokompression *f* термокомпрессия, термокомпрессионная сварка

Thermokompressionsbonden *n* термокомпрессионная сварка

Thermokompressionskontakt *m* термокомпрессионный контакт, контакт, полученный методом термокомпрессии

Thermokompressionsschweißen *n см.* **Thermokompressionsbonden**

Thermokompressionsverfahren *n* метод термокомпрессионной сварки

Thermosondenverfahren *n* метод термозонда

Thermosonicbonden *n* термоультразвуковая сварка

Thermospannung *f* термоэдс

Thermostreifendrucker *m* термографическое устройство построчной печати

Thermostrom *m* термоток (*перехода*)

Thermostromtraining *n*, **Thermostromwechselbelastung** *f* термотоковая тренировка

Thermotransferplotter *m* термографический графопостроитель

Thermovision *f* тепловидение

Thermovisionsanlage *f* тепловизионная установка

Thévenin-Ersatzschaltung *f*, **Thévenin-Schaltung** *f* эквивалентная схема Тевенина, схема замещения с эквивалентным источником напряжения

Thomson-Effekt *m* термоэлектрический эффект Томсона

Three-State-Ausgang *m см.* **Tri-State-Ausgang**

Three-State-Logik *f* логические схемы с тремя (устойчивыми) состояниями, тристабильные логические схемы

Three-State-Puffer *m* тристабильный буфер

Three-State-Schaltung *f* (логическая) схема с тремя (устойчивыми) состояниями, тристабильная схема

Threshold-Spannung *f* пороговое напряжение

Thyristor *m* тиристор

~, **abschaltbarer** *см.* **Thyristor, ausschaltbarer**

~, **ausschaltunterstützter** комбинированно-переключаемый тиристор

~, **asymmetrisch sperrender** асимметричный (триодный) тиристор

~, **ausschaltbarer** запираемый [двухоперационный] тиристор (*тиристор с переключением по управляющему электроду*)

~, **bidirektionaler** симметричный тиристор, триак, симистор

~, **diffundierter** диффузионный тиристор

~, **diffundiertlegierter** диффузионно-сплавной тиристор

~, **feldgesteuerter** полевой тиристор, тиристор, управляемый полем

~, **lichtgesteuerter** фототиристор

~ **mit Abschaltunterstützung** *см.* **Thyristor, abschaltunterstützter**

~, **parasitärer** паразитный тиристор, паразитная тиристорная структура

~, **rückwärtsleitender** (триодный) тиристор, проводящий в обратном направлении

~, **rückwärtssperrender** (триодный) тиристор, не проводящий в обратном направлении

~, **symmetrischer** *см.* **Thyristor, bidirektionaler**

Thyristorbrücke *f* мостовая схема (*напр. усилителя*) на тиристорах

Thyristordiode *f* диодный тиристор, динистор; симметричный диодный тиристор, диак

Thyristordrehstromsteller *m* тиристорный регулятор трёхфазного типа

Thyristoreffekt *m* тиристорный эффект, эффект «защёлкивания»

Thyristorgleichrichter *m* тиристорный выпрямитель

Thyristorgleichstromsteller *m* тиристорный регулятор постоянного тока

Thyristorkristall *m* полупроводниковый элемент тиристора

Thyristoroptron *n* тиристорная оптопара, тиристорный оптрон

Thyristorschalter *m* тиристорный ключ, тиристорная переключательная схема

Thyristorspannungsregler *m* тиристорный стабилизатор напряжения

Thyristorsteller *m* тиристорный регулятор

Thyristorstromrichter *m* тиристорный вентильный преобразователь

Thyristortablette *f* тиристорная таблетка, таблетка полупроводникового элемента тиристора

Thyristortetrode *f* тетродный тиристор

Thyristortriode *f* симметричный триодный тиристор, триак, симистор

Thyristorwechselrichter *m* тиристорный инвертор

THz-Bereich *m* терагерцевый диапазон

Tiefätzen *n* глубокое травление

Tiefendiffusion *f* разгонка примеси, «глубокая» диффузия (*диффузия примеси из предварительно сформированного тонкого приповерхностного слоя вглубь полупроводниковой пластины; вторая стадия двухстадийной диффузии*)

Tiefenstruktur *f* глубинная [вертикальная] структура (*полупроводниковой ИС*)

Tiefpaß *m*, **Tiefpaßfilter** *n* фильтр нижних частот

Tieftemperaturabscheidung *f* низкотемпературное осаждение (*из газовой фазы*)

Tieftemperaturschaltelement *n* криотрон

Tieftemperaturschaltung *f* криогенная схема

Tieftemperaturspeicher *m* криогенная память, криогенное ЗУ

Tiegel *m* тигель

Tiegelschmelzen *n* тигельная плавка

Tiegelverfahren *n* тигельный метод, зонная плавка в тигле

Tiegelziehverfahren *n* метод Чохральского, метод выращивания кристаллов по Чохральскому

Tiegelzüchtungsverfahren *n pl* методы выращивания монокристаллов плавкой в тигле (*по Чохральскому или Бриджмену*)

Timeout *n* блокировка по времени; таймаут

Timer *n* таймер

Timer/Counter *m* счётчик-таймер, таймер/счётчик событий

Timer-IC *n*, **Timer-IS** *f*, **Timer-Schaltkreis** *m* ИС таймера, таймерная ИС

Time-Slicing *n* квантование времени

Timing *n* 1. синхронизация; тактирование 2. хронирование; задание временны́х интервалов 3. временна́я диаграмма

Timinganalyse *f* анализ временны́х диаграмм

Timing-Diagramm *n* временна́я диаграмма

Timistor *m* тимистор

T-Input *m* 1. вход (сигнала) установки в (состояние) «1» 2. входной сигнал установки в (состояние) «1»

Tintenstrahldrucker *m* струйное печатающее устройство *(с разбрызгиванием красителя)*

Tintenstrahlplotter *m* струйный графопостроитель

Tisch *m* стол

~, **laserwegmeßgesteuerter** координатный стол с лазерной системой управления позиционированием, координатный стол с лазерными интерферометрическими датчиками линейных перемещений [с лазерными интерферометрическими ДЛП]

~ **mit Beugungsgittermeßsystem** координатный стол с датчиками линейных перемещений [с ДЛП] на дифракционных решётках

~ **mit Gitterplattenmeßsystem** координатный стол с измерительной системой позиционирования на дифракционных решётках

~ **mit Laserwegmeßsystem** *см.* **Tisch, laserwegmeßgesteuerter**

~ **mit Luftlagerung** координатный стол на аэростатических направляющих

~, **schrittweise positionierbarer** координатный стол с шаговым перемещением

Tischgeschwindigkeit *f* скорость перемещения координатного стола

Tischplotter *m* планшетный графопостроитель

Tischpositioniersystem *n* система позиционирования координатного стола

Tischpositionierung *f* позиционирование координатного стола

Tischsteuersystem *n* система управления координатным столом

Titanoxide *n pl* оксиды титана

Titanröntgenschablone *f* титановый рентгеношаблон

Titan-Wolfram-Brücke *f* плавкая перемычка *(ППЗУ)* из титаната вольфрама

TJS-Laser *m* полупроводниковый полосковый лазер с поперечным *p*-*n*-переходом

T^{2}L *f см.* **TTL**

T³L *f* ТТЛ ИС с дополнительным шунтирующим диодом во внешней цепи

T³L-Technik *f* см. **TTL-Technik**

T-MOS-Transistor *m* МОП-транзистор с (вертикальной) щелевой структурой *(для формирования ячеек динамических ЗУПВ)*

Tochterkarte *f*, **Tochterplatine** *f* дополнительная плата

Tochterschablone *f* копия эталонного фотошаблона

TO-Gehäuse *n* корпус транзисторного типа, корпус типа ТО

TO-236-Gehäuse *n* корпус типа ТО-236

Toggle-Flipflop *n* см. **Triggerflipflop**

Token *m* 1. маркер, эстафетный сигнал *(в сети передачи данных)* 2. лексема

Token-Bus *m* шина передачи маркера *(в ЛВС с магистральной структурой)*, эстафетная шина

Token-Bus-LAN *n* ЛВС с магистральной структурой и эстафетным доступом

Token-Bus-Netz *n* (локальная) сеть магистрального типа с эстафетным доступом, магистральная структура с эстафетным доступом

Token-Netz *n* (локальная) сеть с эстафетным доступом [с эстафетной передачей маркера], эстафетная сеть

Token-Passing-Ring-LAN *n* см. **Token-Ring-LAN**

Token-Passing-Verfahren *n* метод эстафетного доступа, метод эстафетной передачи маркера *(в локальных вычислительных сетях)*

Token-Ring *m* см. **Token-Ring-LAN**

Token-Ring-LAN *n* (локальная) сеть кольцевого типа, (локальная вычислительная) кольцевая сеть с эстафетным доступом [с эстафетной передачей маркера]

Token-Ring-Network *n* см. **Token-Ring-LAN**

Toleranzausfall *m* частичный отказ

Toner *m* тонер, электрографический проявитель, красящий порошок *(для электрографического проявления и закрепления изображений)*

Tool *n* средство *(аппаратное, программное)*

Top-down-Entwurf *m* проектирование по методу «сверху вниз», нисходящее проектирование

Top-Down-Verfahren *n* метод нисходящего проектирования

Topfzeit *f* жизнеспособность *(клея, компаунда)*

Top-Gate

Top-Gate *n*, **Topgate** *n* верхний [передний] затвор, входной затвор *(двухзатворного полевого транзистора)*

Topgate-JFET *m* полевой транзистор с верхним затвором

Topografie *f* топография, поверхностный рельеф *(пластины ИС)*; топология *(ИС)*

Topologie *f* топология

Topologiestufe *f* топологическая операция

Top-Taste *f* клавиша верхнего регистра

Tor *n* 1. затвор *(полевого транзистора)* 2. управляющий электрод 3. вентиль, вентильный элемент 4. порт

Torbasisschaltung *f* схема с общим затвором; включение (МДП-транзистора) по схеме с общим затвором

Torbereich *m* область затвора

Tordielektrikum *n см.* Torisolator

Tordurchbruch *m* пробой (изоляции) затвора

Tordurchbruchspannung *f* напряжение пробоя затвора

Toreingang *m* вход строба *(напр. записи, выдачи данных)*

Torelektrode *f* затвор; управляющий электрод

~, **schwimmende** плавающий затвор

Torelektrodenstruktur *f* форма затвора

Torglied *n* вентильный элемент, вентиль

Torimpuls *m* стробирующий импульс, строб-импульс, строб

Torisolator *m* изолирующий слой затвора, подзатворный изолирующий слой, подзатворный диэлектрик

Tor-Kanal-Spannung *f* напряжение затвор - канал

Torkapazität *f* ёмкость затвора

Torkennlinie *f* входная характеристика

Torladung *f* заряд затвора

Torlleitung *f* линия порта

Toroxid *n* подзатворный оксидный слой, оксидный слой затвора

Tor-Quellen-Kapazität *f* ёмкость затвор - исток

Tor-Quellen-Spannung *f* напряжение затвор - исток

Torrauschen *n* шум (токов) затвора

~, **influenziertes** шум индуцированного тока затвора, индуцированный шум токов затвора

Torschaltung *f* вентильная схема; стробирующая схема; ключевая схема

Torschicht *f* слой затвора

Tor-Senken-Kapazität *f* ёмкость затвор - сток

Torspannung *f* 1. напряжение затвора [на затворе] *(полевого транзистора)*

2. напряжение на управляющем электроде (*тиристора*) 3. напряжение стробирующего сигнала
~, **effektive** эффективное значение напряжения затвора

Torspannungsteiler *m* делитель напряжения затвора

Torspannungs-Torstromcharakteristik *f*, **Torspannungs-Torstromkennlinie** *f* вольт-амперная характеристика затвора (*полевого транзистора*)

Torsteuerung *f* 1. стробирование; пропускание; селекция 2. вентильное действие 3. контроллер ввода-вывода

Tor-Substrat-Overlaykapazität *f* ёмкость перекрытия затвора с подложкой

TO-Rundgehäuse *n* корпус типа TO, металлический круглый корпус

Torung *f* стробирование

Torzeit *f* время стробирования

Torzuleitung *f* вывод затвора

Totalausfall *m* полный отказ
~, **spontaner** катастрофический отказ

Totalreflexion *f* полное внутреннее отражение

Totalreflexionsmode *f* мода с полным внутренним отражением

Totempfahl-Treiber *m* возбудитель с каскадным выходом; выходной (возбуждающий) каскад типа «тотемный столб»; каскадный выход (типа «тотемный столб»)

Totem-pole-Ausgang *m* каскадный выход типа «тотемный столб», столбовой выход

Totem-pole-Ausgangstreiber *m* выходной (возбуждающий) каскад типа «тотемный столб», каскадный выход (типа «тотемный столб»)

Totem-pole-Endstufe *f* каскад с выходом типа «тотемный столб»

Totzeit *f* запаздывание; время запаздывания

Totzeitglied *n* звено с запаздыванием; блок запаздывания

Touchkey *n* сенсорная клавиша

Touch-Keyboard *n* сенсорная клавиатура

Touch-Panel *n* сенсорная панель

Touch-Screen *m* сенсорный экран

TP-Ausgang *m см.* **Totem-pole-Ausgang**

Trace-Betrieb *m*, **Trace-Modus** *m* режим трассировки

Tracer *m* программа трассировки

Trace-Speicher *m* трассировочная память

Track-and-Hold-Schaltung *f* схема слежения и хранения

Track-and-Hold-Verstärker *m* усилитель слежения и хранения

Trackball *m*, **Tracker-Ball** *m* координатный шар, шар трассировки, шар управления движением курсора

Track/Hold-Verstärker *m см.* **Track-and-Hold-Verstärker**

Tracking *n* слежение, отслеживание

Trackingfilter *n* следящий фильтр

Trackinggenerator *m* генератор слежения

Tracking-Modus *m* режим слежения

Trackingverstärker *m* отслеживающий усилитель

Träger *m* 1. носитель (заряда) 2. подложка 3. основание 4. носитель; держатель

~, **einkristalliner** монокристаллическая подложка

~, **flexibler** гибкий носитель *(для монтажа ИС)*

Trägeraktivierung *f* активация носителей

Trägeranregung *f* разогрев носителей

Trägerart *f* тип носителей

Trägerdichte *f* концентрация носителей

Trägerdichtegefälle *n* градиент концентрации носителей

Trägerdichtegradient *m см.* **Trägerdichtegefälle**

Trägerdichteverteilung *f* распределение концентрации носителей

Trägerdiffusion *f* диффузия носителей

Trägerelektrode *f* электрод подложки

Trägerextraktion *f* экстракция носителей

Trägerfalle *f* ловушка захвата (носителей)

Trägerfilm *m см.* **Trägerfilm-Carrier**

Trägerfilmbonden *n* автоматизированная сборка ИС на (гибком) ленточном носителе [на гибкой ленте-носителе] в виде плёнки

Trägerfilm-Carrier *m* (гибкий) ленточный носитель [гибкая лента-носитель] в виде плёнки

Trägerfoliensimultanbonden *n* групповое позиционирование компонентов на ленточном носителе [на ленте-носителе] в виде плёнки

Trägergas *n* 1. электронный газ; дырочный газ 2. *в диффузионной технологии:* газ-носитель *(диффузанта)*

Trägergasdiffusion *f* диффузия (примесей) в протоке газа-носителя, диффузия из газообразного источника

Trägergasdiffusionsverfahren *n* метод диффузии (примесей) в протоке газа-носителя

Trägerhafteffekt *m* эффект захвата (и рекомбинации) носителей *(в рекомбинационной ловушке)*

Trägerhaftung *f* захват (и рекомбинация) носителей *(в рекомбинационной ловушке)*

Trägerinjektion *f* инжекция носителей

Trägerkonzentration *f* см. **Trägerdichte**

Trägerkonzentrationsgefälle *n* см. **Trägerdichtegefälle**

Trägerkristall *m* кристалл-подложка

Trägerlaufzeit *f* время пролёта носителей (через базу)

Trägerlawine *f* лавина носителей

Trägerlebensdauer *f* время жизни носителей

Trägerleiterplatte *f* объединительная (печатная) плата

Trägerleitung *f* несущий [консольный] вывод *(напр. балочный)*

Trägermaterial *n* 1. материал основания *(печатной платы)* 2. материал подложки, подложка

Trägermetallisierung *f* металлизация подложки

Trägermetallkermet *m* кермет на основе неблагородных металлов

Trägermetallwiderstand *m* резистор на основе неблагородных металлов

Trägermittel *n* носитель

Trägermultiplikation *f* лавинное умножение, лавинное размножение носителей

Trägerpaarbildung *f*, **Trägerpaarerzeugung** *f*, **Trägerpaargeneration** *f* генерация электронно-дырочных пар

Trägerplatine *f* несущая плата

Trägerrekombination *f* рекомбинация носителей

Trägersorte *f* тип носителей

Trägerspeichereffekt *m* см. **Trägerstaueffekt**

Trägerstaueffekt *m* эффект накопления носителей

Trägerstauung *f* накопление носителей

Trägerstreifen *m* ленточный носитель, лента-носитель *(с выводами для присоединения кристаллов ИС)*

Trägersubstrat *n* подложка

Trägertransport *m* перенос носителей

Trägertransportmechanismus *m* механизм переноса носителей

Trägervernichtung *f* аннигиляция носителей

Trägerwerkstoff *m* материал основания *(печатной платы)*

Tragstab *m* крепёжный штабик

Traktor *m*, **Traktorführung** *f* устройство протяжки бумаги *(в печатающих устройствах)*

Transadmittanz *f* полная межэлектродная проводимость

Transaktion *f* транзакция

Transceiver *m* приёмопередатчик

Transceiverschaltkreis *m*, **programmierbarer synchron/asynchroner** БИС программируемого синхронно-асинхронного приёмопередатчика

Transconductance *f англ. см.* **Transkonduktanz**

Transducer *m* измерительный преобразователь

Transducer-Verstärker *m* усилитель-преобразователь

Transfer *m* передача; перенос; транспортировка

Transferbefehl *m* команда пересылки *(данных)*

Transferbereich *m* область переноса носителей

Transfereinrichtung *f* транспортирующее устройство, транспортирующий механизм

Transfer-Element *n* диод Ганна; прибор на эффекте Ганна

Transferfrequenz *f* частота переноса *(зарядовых пакетов в ПЗС)*

Transfergate *n*, **Transfergatter** *n* 1. затвор переноса *(в ПЗС)* 2. передающий вентиль(ный элемент)

Transfergeschwindigkeit *f* скорость передачи (данных)

Transferkennlinie *f* передаточная характеристика; характеристика (прямой) передачи *(полевого транзистора)*

Transfersättigungsstrom *m* ток переноса (носителей) в режиме насыщения

Transferstrom *m* ток переноса (носителей); электронный ток переноса

~ **am Emitter** ток переноса носителей к эмиттеру

~ **am Kollektor** ток переноса носителей к коллектору

Transientenanalysator *m* анализатор переходных процессов

Transientenanalyse *f* анализ переходных процессов

Transienten-Digitalisierer *m* устройство цифрового кодирования переходных процессов, кодировщик переходных процессов

Transientenrecorder *m* регистратор переходных процессов

Transientenspeicher *m* ЗУ (для хранения) данных анализа переходных процессов

Transientphase *f* динамическая фаза

Transimpedanzverstärker *m* трансимпедансный усилитель, усилитель напряжения, управляемого током, усилитель ток/напряжение

Transistor *m* транзистор

~, **basisgeerdeter** *см.* **Transistor in Basisschaltung**

~, **bidirektionaler** симметричный транзистор

~, **bilateraler** двойной торцевой транзистор

~, **bipolarer** биполярный транзистор

~, **diffundierter** диффузионный транзистор

~, **diffusionslegierter** диффузионно-сплавной транзистор

~, **dreifachdiffundierter** транзистор с тройной диффузией

~, **einfachdiffundierter** транзистор с однократной диффузией

~, **emittergeerdeter** *см.* **Transistor in Emitterschaltung**

~ **in Basisschaltung** транзистор в схеме с общей базой

~ **in Emitterschaltung** транзистор в схеме с общим эмиттером

~ **in Kollektorschaltung** транзистор в схеме с общим коллектором

~, **integrierter** интегральный транзистор

~, **ionenimplantierter** транзистор с ионно-имплантированной базой

~, **kollektorgeerdeter** *см.* **Transistor in Kollektorschaltung**

~, **lateraler** транзистор с горизонтальной структурой, горизонтальный [боковой] транзистор

~, **legierungsdiffundierter** диффузионно-сплавной транзистор

~ **mit abgestufter Basis** транзистор с убывающей концентрацией примеси в базе, дрейфовый транзистор

~ **mit diffundierter Basis** транзистор с диффузионной базой

~ **mit durchlässiger Basis** транзистор с проницаемой базой

~ **mit epitaxial aufgewachsener Basis** транзистор с эпитаксиальной базой

~ **mit gemeinsamer Basis** транзистор в схеме с общей базой

~ **mit Heteroübergang** транзистор на гетеропереходах, гетеротранзистор

~ **mit hoher Elektronenbeweglichkeit** транзистор с высокой подвижностью электронов, ВПЭ-транзистор

~ **mit homogener Basis** транзистор с однородной базой, бездрейфовый транзистор

Transistor

~ **mit inverser Basis** транзистор (на арсениде галлия) с инверсной базой

~ **mit npn-Übergang** *n-p-n*-транзистор

~ **mit seitlichen Anschlußfähnchen** транзистор с балочными выводами

~, **monolithischer** монолитный транзистор, полупроводниковый интегральный транзистор

~ **niedriger Verstärkung** транзистор с низким коэффициентом усиления

~, **oberflächengesteuerter** поверхностно-управляемый (биполярный) транзистор

~, **optischer** оптотранзистор

~, **raumladungsbegrenzter** транзистор с ограничением тока объёмным зарядом

~ **vom Anreicherungstyp** (МДП-)транзистор с обогащением канала, (МДП-)транзистор, работающий в режиме обогащения

~ **vom Verarmungstyp** (МДП-)транзистор с обеднением канала, (МДП-)транзистор (со встроенным каналом), работающий в режиме обеднения

Transistorarray *n* транзисторная матрица

Transistorchip *m* кристалл с транзисторами

Transistordurchgangswiderstand *m* проходное сопротивление транзистора

Transistoren *m pl*, **komplementäre** комплементарные транзисторы

Transistorersatzschaltbild *n* эквивалентная схема транзистора, модель транзистора

2-Transistor-FAMOS-Speicherelement *n* двухтранзисторная (запоминающая) ячейка [двухтранзисторная ЗЯ] на лавинно-инжекционных МОП-транзисторах с плавающим затвором

Transistorfeld *n см.* **Transistorarray**

Transistorfunktion *f* транзисторный элемент логической ИС

Transistorgehäuse *n* корпус транзистора, транзисторный корпус

Transistorgrundschaltungen *f pl* основные схемы включения транзисторов

Transistorkanal *m* канал транзистора

Transistorkenngröße *f* параметр транзистора

Transistorkennlinie *f* характеристика транзистора

Transistorkopplung *f* транзисторная связь

Transistorlastwiderstand *m* нагрузочный транзистор

Transistorlogik *f* транзисторная логика

~, **diodengekoppelte** диодно-транзисторная логика, ДТЛ

~, **direktgekoppelte** транзисторная логика с непосредственными связями, ТЛНС

~, **emittergekoppelte** транзисторная логика с эмиттерными связями, ТЛЭС

Transistorlogikschaltungen *f pl* транзисторные логические схемы

Transistoroptron *n* транзисторная оптопара, транзисторный оптрон

Transistorparameter *m pl* параметры транзистора

Transistorrauschen *n* шумы транзистора

Transistorruhespannung *f* напряжение закрытого транзистора

Transistorruhestrom *m* ток закрытого транзистора, ток утечки

Transistorschalter *m* транзисторный ключ

~, **bipolarer** ключ на биполярных транзисторах, биполярный ключ

~, **unipolarer** ключ на полевых транзисторах

Transistorschaltung *f* транзисторная схема

Transistor-Spannungsregler *m* транзисторный стабилизатор напряжения

3-Transistor-Speicherzelle *f* трёхтранзисторная запоминающая ячейка, трёхтранзисторная ЗЯ

6-Transistor-Speicherzelle *f* шеститранзисторная запоминающая ячейка, шеститранзисторная ЗЯ

1-Transistor-Speicherzelle *f* однотранзисторная ЗЯ

4-Transistor-Speicherzelle *f* четырёхтранзисторная запоминающая ячейка, четырёхтранзисторная ЗЯ

Transistorstufe *f* транзисторный каскад

Transistortetrode *f* динистор, диодный тиристор

Transistor-Transistor-Logik *f см.* TTL

Transistorverstärker *m* транзисторный усилитель

Transistorwiderstand *m* 1. (проходное) сопротивление транзистора 2. нагрузочный транзистор, транзистор, выполняющий роль динамической нагрузки (*в транзисторном ключе или усилителе*)

~, **integrierter** нагрузочный транзистор в интегральном исполнении

Transistor-Widerstands-Logik *f* резисторно-транзисторная логика, РТЛ

1-Transistor-Zelle *f*, **Eintransistorzelle** *f* однотранзисторная ячейка

Transistorzelle *f* транзисторная ячейка

Transitfrequenz *f* максимальная частота генерации; максимальная частота усиления (мощности); частота среза *(напр. фильтра, операционного усилителя)*, частота среза по уровню 3дБ

Transition-Rauschen *n* шум переходного процесса; шум(ы) переходных процессов

Transkonduktanz *f* крутизна *(напр. проходной вольт-амперной характеристики транзистора)*

Transkonduktanz-Operationsverstärker *m*, **Transkonduktanz-OPV** *m* операционный усилитель тока, управляемого напряжением, операционный усилитель напряжение/ток

Transkonduktanzverstärker *m* усилитель тока, управляемого напряжением, усилитель напряжение/ток

Translaser *m* транслазер *(ключевой элемент с оптической связью, комбинация полевого транзистора с лазерным диодом)*

Translation *f* перемещение, сдвиг *(изображения в машинной графике)*

Translator *m* транслятор *(входной или выходной буферный каскад для преобразования уровня напряжения и величины логического перепада сигнала)*

Transmission-Gate *n см.* **Transmissionsgatter**

Transmissionselektronenmikroskop *n* просвечивающий электронный микроскоп

Transmissionselektronenmikroskopie *f* просвечивающая электронная микроскопия

Transmissionsgatter *n* передающий затвор

Transmissionsgrad *m* коэффициент пропускания

Transmissionsmatrix *f* матрица передачи

Transmissionsphasenschieber *m* проходной фазовращатель *(на p-i-n-диодах)*

Transmissionspolarisator *m* проходной поляризатор

Transmissionsrastermikroskop *n* растровый просвечивающий электронный микроскоп

Transmittanz *f* передаточная проводимость

transparent прозрачный

Transparentlatch *m* прозрачная защёлка; прозрачный регистр-защёлка

Transparentschablone *f* цветной [транспарентный] фотошаблон *(на плёнке оксида железа)*

Transparenz *f* прозрачность

Transphasor *m* трансфазор

Transponder *m* бортовой ретранслятор *(системы спутниковой связи)*

Transportbefehl *m* команда пересылки *(данных)*
Transportfaktor *m* коэффициент переноса
Transportgleichung *f* уравнение переноса
Transportinterface *n* транспортный интерфейс
Transportmechanismus *m* механизм переноса (носителей заряда)
Transportprotokoll *n* транспортный протокол
Transportschicht *f* транспортный уровень
Transputer *m* транспьютер *(высококачественный однокристальный 32-разрядный микропроцессор; блок, объединяющий 32-разрядный микропроцессор, ЗУПВ и средства доступа к внешней памяти)*
Transversalfilter *n* трансверсальный фильтр
Transverter *m* (транзисторный) преобразователь постоянного напряжения
~, **spulenloser** безындуктивный преобразователь постоянного напряжения
Trap *m* 1. ловушка захвата *(носителей)*, ловушка 2. системное прерывание, ловушка
TRAPATT-Betrieb *m* лавинно-ключевой режим
TRAPATT-Diode *f* лавинно-ключевой диод, ЛКД
Trapniveau *n* уровень захвата

Traprelaxationszeit *f* время релаксации ловушек
Trapumladung *f* перезаряд ловушек
Trapumladungsmechanismus *m* механизм перезаряда ловушек
Trapzentrum *n* ловушка захвата *(носителей)*, ловушка
Trapzustand *m* состояние ловушки
Trassierung *f* трассировка
Trassierungssystem *n* система автоматической трассировки
Träufelwicklung *f* обмотка внавал
Traversmodus *m* режим с поперечными модами
Treiber *m* 1. (усилитель-)формирователь, драйвер 2. активный [управляющий] транзистор 3. задающий каскад; возбудитель 4. драйвер *(программа)*
Treiber- und Empfängerschaltung *f* ИС приёмопередатчика
Treiber/Empfänger *m* (магистральный) приёмопередатчик
Treiber/Empfänger-Schaltkreis *m* ИС приёмопередатчика
Treiberfähigkeit *f* нагрузочная способность
Treibergatter *n* вентиль-формирователь
Treiberimpuls *m* возбуждающий импульс; запускающий импульс

Treiberleistung *f* мощность возбуждающего каскада; мощность возбуждения

Treiberpin *n* вход сигнала формирователя (*вывод для ввода сигнала формирователя*)

Treiberschaltkreis *m* ИС формирователя

Treiberschaltung *f* 1. драйвер; формирователь, ИС формирователя 2. задающий каскад

~, **integrierte** ИС формирователя

Treiberstrom *m* 1. ток формирователя 2. возбуждающий ток; управляющий ток

Treiberstufe *f* задающий каскад; возбуждающий каскад

Treibertransistor *m* активный [управляющий] транзистор

Treiber-Verstärker *m* усилитель-формирователь

Trench *m* канавка (*с диэлектрическим материалом*)

Trench-Isolation *f* изоляция (*элементов ИС*) канавками, заполненными диэлектрическим материалом

Trenchkondensator *m* щелевой конденсатор

Trenchkondensatorzelle *f* щелевая ячейка с (размещённым на её дне) накопительным конденсатором

Trenchtechnologie *f* метод изоляции (*элементов ИС*) канавками, заполненными диэлектрическим материалом

Trenchtransistorzelle *f* щелевая ячейка со сформированным на её стенках транзистором, щелевая ячейка с однотранзисторным запоминающим элементом

Trenchzelle *f* щелевая ячейка

Trennbaustein *m* модуль развязки

Trenndiffusion *f* разделительная [изолирующая] диффузия

Trenndiode *f* буферный диод

Trennfuge *f* 1. воздушный промежуток 2. изолирующая (V-)канавка

~ **in V-Form** изолирующая V-образная канавка, изолирующая V-канавка

Trennfugenisolation *f* 1. изоляция (*элементов ИС*) воздушными промежутками 2. изоляция V-канавками

Trenngraben *m* изолирующая (V-образная) канавка

Trennmaschine *f* **für Kristallrohlinge** установка для резки полупроводниковых слитков на пластины

Trennsäge *f* пила для резки полупроводниковых пластин на кристаллы

Trennschaltung *f* развязывающая схема, схема развязки

Trennscheibe *f* отрезной диск, алмазный [алмазно-абразивный] круг для резки слитков на пластины *или* полупроводниковых пластин на кристаллы

Trennschicht *f* изолирующий [разделительный] слой

Trennschleifautomat *m* станок-автомат с алмазным [алмазно-абразивным] кругом для резки слитков на пластины

Trennschleifen *n* резка слитков на пластины *или* полупроводниковых пластин на кристаллы алмазными [алмазно-абразивными] кругами, резка алмазным кругом

Trenntransformator *m* развязывающий [разделительный] трансформатор

Trennung *f* 1. разделение 2. развязка

~ **durch Optokoppler, galvanische** оптронная гальваническая развязка

~ **durch Transformatoren** трансформаторная развязка

~ **durch Übertrager, galvanische** трансформаторная гальваническая развязка

~, **galvanische** гальваническая развязка

Trennungsstruktur *f* структура изоляции *(элементов ИС)*

Trennverstärker *m* развязывающий усилитель

Trennwand *f* изолирующий барьер; доме́нная граница, граница домена [между доменами], доме́нная стенка

Treppengenerator *m* 1. генератор ступенчатого линейно изменяющегося напряжения, генератор СЛИН 2. генератор ступенчатой функции

Treppenspannung *f* напряжение ступенчатой формы, ступенчатое (линейно изменяющееся) напряжение, СЛИН

Treppenspannungsgenerator *m* генератор ступенчатого линейно изменяющегося напряжения, генератор СЛИН

Triac *m* триак, симметричный триодный тиристор

Trichlorsilan *n* трихлорсилан, $SiHCl_3$

Triftraum *m* пространство дрейфа *(СВЧ-прибора)*

Trigger *m* триггер; мультивибратор

~, **astabiler** автоколебательный мультивибратор, мультивибратор с самовозбуждением

~, **bistabiler** мультивибратор с двумя устойчивыми состояниями, триггер

~, **monostabiler** ждущий мультивибратор, мультивибратор с одним устойчивым состоянием

Triggerarbeitsweise f см. Triggermode
triggerbar запускаемый
Triggerbarkeit f возможность запуска
Triggerbetriebsart f см. Triggermode
Triggerdiode f двусторонний переключательный диод, ДПД; симметричный диодный тиристор, диак
Triggereingang m вход запуска; тактовый [синхронизирующий] вход
Triggerflipflop n триггер счётного типа, триггер со счётным входом, Т-триггер
Trigger-Gate n переключающий затвор *(диода Ганна)*
Triggerimpuls m запускающий импульс
Triggermode m, **Triggermodus** m режим триггера
Triggern n см. Triggerung
Triggerpegel m уровень срабатывания *(триггера)*
Triggerschaltung f спусковая схема
Triggerschwelle f порог срабатывания *(триггера)*
Triggerspannung f напряжение срабатывания *(триггера)*, напряжение переброса
Triggerstrom m ток переброса
Triggertaste f пусковая кнопка
Triggerung f запуск

Trigistor m тригистор *(трехслойный диак)*
TRIMASK-Technik f технология (изготовления) биполярных приборов с использованием трёх фотошаблонов
Trimmerkondensator m подстроечный конденсатор
Trimmerwiderstand m подстроечный (переменный) резистор
TRIMOS f составной прибор, объединяющий триак с МОП-транзистором
TRIMOS-Schaltkreis m ИС составного прибора, объединяющего триак с МОП-транзистором
TRIM-Prozeß m см. TRIMASK-Technik
TRIM-Speicherzelle f запоминающая ячейка [ячейка памяти], изготовленная по технологии с использованием трёх фотошаблонов
Trinistor m тринистор, триодный тиристор
Triodenbereich m линейная [«триодная»] область, линейный участок *(рабочих характеристик полевых транзисторов)*
Triodenthyristor m триодный тиристор, тринистор
Triodenzerstäubungsanordnung f трёхэлектродная вакуумная установка ионного распыления

Triplanaraufbau *m* трёхпланарная [трёхслойная] сборка

Tristate-Ausgang *m* выход с тремя (устойчивыми) состояниями, тристабильный выход

Tristate-Ausgangspuffer *m* *см.* Tristate-Ausgangsstufe

Tristate-Ausgangsstufe *f* (буферный) выходной каскад с тремя (устойчивыми) состояниями, тристабильный выходной буфер

Tristate-Datenausgang *m* (информационный) выход с тремя (устойчивыми) состояниями, тристабильный (информационный) выход

Tristate-Eingang *m* вход с тремя (устойчивыми) состояниями, тристабильный вход

Tristate-Freigabesignal *n* сигнал перевода схемы в высокоимпедансное состояние

Tristate-Last *f* тристабильная нагрузка

Tristate-Logik *f* логика [логические схемы] с тремя (устойчивыми) состояниями, тристабильные логические схемы

Tristate-Puffer *m* буфер с тремя (устойчивыми) состояниями, тристабильный буфер, буфер с тристабильным выходом

Tristate-Signal *n* (выходной) сигнал с тремя состояниями

Tristate-Treiber *m* тристабильный формирователь, (шинный) формирователь с тремя устойчивыми состояниями

TRL *f* резисторно-транзисторная логика, РТЛ

Trockenätzen *n* сухое травление

Trockenätzmaske *f* маска для сухого травления

Trockenätzverfahren *n* метод сухого травления

Trockenentwicklung *f* сухое проявление

Trockenfilm(foto)resist *m* сухой плёночный фоторезист

Trockenkammer *f* сушильная камера

Trockenoxydation *f* сухое оксидирование; окисление в атмосфере сухого кислорода

Trockenplasmaätzen *n* сухое плазменное [ионно-плазменное] травление

Trockenstrecke *f* линия фотолитографии с сухими (газопламенными) процессами обработки

Trocknen *n*, **Trocknung** *f* сушка

Trommeldrucker *m* печатающее устройство с барабанным литероносителем, печатающее устройство барабанного типа, барабанное печатающее устройство

Trommelplotter *m* рулонный графопостроитель

Tropentauglichkeitstest *m* испытания на тропикостойкость

TSA *f* специальное технологическое оборудование

TS-Ausgang *m см.* **Tristate-Ausgang**

Tschebyscheff-Filter *m* фильтр Чебышева, чебышевский фильтр, фильтр с равноволновой АЧХ

Tse-Computer *m* пиктографическая ЭВМ

TSE-Schutzbeschaltung *f* схема защиты (*тиристора*) от пиков напряжения, обусловленных эффектом накопления носителей

TSL *f* логика [логические схемы] с тремя (устойчивыми) состояниями, тристабильные логические схемы

TTL *f* транзисторно-транзисторная логика, ТТЛ-логика, ТТЛ

TTL-Ausgang *m* ТТЛ-выход, выход ТТЛ-схемы

TTL-Ausgangsstufe *f* выходной ТТЛ-каскад, выходной каскад на ТТЛ-схемах

TTL-Baureihe *f* серия ТТЛ ИС

TTL-Baustein *m* ТТЛ-компонент; ТТЛ ИС, микросхема ТТЛ

TTL-Bus *m* ТТЛ-шина

TTL-CMOS-Pegelwandler *m* ТТЛ-КМОП-транслятор, преобразователь уровней ТТЛ в КМОП

TTL-ECL-Pegelumsetzer *m см.* **TTL-zu-ECL-Translator**

TTL/ECL-Schnittstelle *f* интерфейс ТТЛ - ЭСЛ

TTL-Eingang *m* ТТЛ-вход, вход ТТЛ-схемы

TTL-Gatter *n* элемент [вентиль] ТТЛ

TTL-Gatterschaltkreis *m* элемент ТТЛ; ТТЛ-схема, схема ТТЛ

TTL-Generator *m* ТТЛ-генератор

~, **freischwingender** автономно работающий ТТЛ-генератор

TTL-kompatibel совместимый с ТТЛ-схемами

TTL-Kompatibilität *f* совместимость с ТТЛ-схемами

TTL-Last *f* (стандартная единичная) ТТЛ-нагрузка

TTL-Lasteinheit *f* стандартная единичная ТТЛ-нагрузка

TTL-LS *f* маломощная ТТЛ с диодами Шоттки

TTL-MSI-Technik *f* технология (изготовления) ТТЛ-схем среднего уровня интеграции

TTL-NAND-Gatter *n* логический элемент [вентиль] И - НЕ ТТЛ

TTL-NAND-Schaltkreis *m* схема И - НЕ (в базисе) ТТЛ

TTL-Normpegel *m* стандартный ТТЛ-уровень

TTL-Pegel *m* ТТЛ-уровень *(входного или выходного сигнала)*, уровень ТТЛ-логики

TTL-Prüfstift *m* пробник ТТЛ-уровней

TTL-Schaltkreis *m* ТТЛ-схема, ТТЛ ИС, микросхема ТТЛ

TTL-Schaltkreise *m pl*, **TTL-Schaltungen** *f pl* транзисторно-транзисторные логические схемы, ТТЛ-схемы, транзисторно-транзисторная логика, ТТЛ

TTL-Schaltungstechnik *f* схемотехническое проектирование схем ТТЛ

TTL-Schnittstelle *f* интерфейс для схем ТТЛ

TTL-Signal *n* ТТЛ-сигнал, сигнал ТТЛ-уровня

TTL-Standard-Reihe *f* серия стандартных ТТЛ ИС

TTL-Standardschaltkreis *m* стандартная ТТЛ ИС

TTL-Technik *f* техника выполнения ИС в базисе ТТЛ; технология ИС на ТТЛ, технология ТТЛ ИС

TTL-Treiber *m* ТТЛ-формирователь

TTL-Zähler *m* ТТЛ-счётчик

TTL-zu-ECL-Translator *m* ТТЛ-ЭСЛ-транслятор, преобразователь уровней ТТЛ в ЭСЛ

TTTL *f см.* T³L

Tuner *m* 1. тюнер *(стереофонический радиоприёмник без усилителя низкой частоты)* 2. блок настройки 3. переключатель [селектор] (телевизионных) каналов, ПТК

Tunneldiode *f* туннельный диод

Tunneldiodenlogik *f* логические схемы на туннельных диодах

Tunneldiodenverstärker *m* усилитель на туннельных диодах

Tunneldurchbruch *m* туннельный пробой

Tunneleffekt *m* туннельный эффект, туннелирование

Tunneleffektwiderstand *m* 1. туннельный резистор 2. туннельное сопротивление, сопротивление туннельному эффекту

Tunnelelement *n* элемент на основе туннельного эффекта, элемент Джозефсона

Tunnel-HF-Plasmaätzer *m* цилиндрический реактор для высокочастотного плазменного травления

Tunnelkontakt *m* туннельный контакт, контакт Джозефсона

Tunnelkryotron *n* туннельный криотрон

Tunnellaufzeitdiode *f* туннельно-пролётный диод

Tunnelmechanismus *m* механизм туннельного эффекта

Tunneloxid

Tunneloxid *n* оксид туннельного перехода
Tunnelsperrschicht *f* туннельный барьер
Tunnelstrom *m* туннельный ток
~, **supraleitender** туннельный ток сверхпроводимости
Tunneltransistor *m* туннельный транзистор
Tunnelübergang *m* туннельный переход
Tunnelung *f* туннелирование, туннельный эффект
Tunnelwahrscheinlichkeit *f* вероятность туннелирования
Tunnelwiderstand *m* туннельный резистор
Turtle *f* «черепашка» *(в «черепашьей» графике)*
Turtlegrafik *f* «черепашья» графика *(графика с использованием только относительных команд изображения, т.е. таких команд, параметры которых интерпретируются как координаты относительно предыдущей точки)*
Twin-Tub-CMOS *f* 1. структура КМОП ИС с двойными карманами 2. технология усовершенствованных КМОП ИС с двойными карманами
Twinwell-CMOS-Prozeß *m* технология усовершенствованных КМОП ИС с двойными карманами
Twinwellstruktur *f* структура (КМОП ИС) с двойными карманами
Twin-Well-Technologie *f см.* **Twin-Well-CMOS-Prozeß**
Twisted-Flüssigkristall-Display *n* индикатор на твистнематических жидких кристаллах
twisted-pair-Kabel *n* кабель в виде скрученной пары проводов, витая пара
Twisteffekt *m* эффект скручивания *(в жидких кристаллах)*
Twistor *m* твистор
Typ *m* тип
~, **selbstleitender** нормально-открытый МОП-транзистор
~, **selbstsperrender** нормально-закрытый МОП-транзистор
Typenprüfung *f* типовые испытания
Typenrad *n* печатающий диск типа «ромашка», лепестковый литероноситель
Typenraddrucker *m* лепестковое печатающее устройство, печатающее устройство с лепестковым литероносителем
Typenscheibe *f см.* **Typenrad**
Typenträger *m* литероноситель, шрифтоноситель

U

U∞-Anschluß *m* соединение с шиной питания; точка соединения с шиной питания

UART *m*, **UART-Baustein** *m* универсальный асинхронный приёмопередатчик, УАПП

UART-Schaltkreis *m* ИС универсального асинхронного приёмопередатчика, ИС УАПП

Überabtastung *f* передискретизация, супердискретизация, выборка с запасом по частоте дискретизации

Überätzung *f* перетравливание

Überätzungssicherheit *f* гарантированность от перетравливания

Überbelichtung *f* передержка; переэкспонирование

Überbesetzung *f* перенаселённость, избыточная населённость, избыточная заселённость (*уровня энергии*)

Überbrückung *f* 1. перемычка 2. шунтирование 3. переход на аварийное питание; работа от резервного источника питания (*при аварии сетевого питания*)

~, **durchkontaktierte** перемычка (печатной платы)

Überbrückungsdiode *f* шунтирующий диод

Überbrückungsdraht *m* навесной монтажный провод; перемычка

Überbrückungsstecker *m* межплатный соединитель

Überdeckbarkeit *f* совмещаемость (*напр. изображений фотошаблонов*)

Überdeckung *f* совмещение (*напр. изображений фотошаблонов*)

~, **(hoch)genaue** прецизионное совмещение

~, **seitliche** совмещение в горизонтальном направлении

~, **ungenaue** неточное совмещение, рассовмещение

Überdeckungs- und Projektionsrepeatverfahren *n* метод проекционной последовательной шаговой мультипликации

Überdeckungsbelichtung *f* экспонирование совмещаемых слоёв

Überdeckungsfehler *m* ошибка совмещения

Überdeckungsgenauigkeit *f* точность совмещения

Überdeckungsjustierung *f* точное совмещение (*напр. изображений фотошаблонов*)

Überdeckungskomparator *m* компаратор для проверки точности совмещения фотошаблонов

Überdeckungskontrolle *f* контроль точности совмещения

Überdeckungsmarke *f* знак [фигура] совмещения

Überdeckungsmaterial *n* материал вышележащего слоя

Überdeckungsprüfung *f* см. **Überdeckungskontrolle**

Überdeckungsrepeater *m* установка проекционной фотолитографии с последовательным шаговым экспонированием; установка совмещения и мультипликации, мультипликатор

~, **automatischer** (автоматизированная) установка совмещения и мультипликации, мультипликатор

~ **für direkte Waferbelichtung** установка для мультиплицирования изображений непосредственно на полупроводниковой пластине, мультипликатор

Überdeckungsstruktur *f* тестовая структура для контроля правильности совмещения

Überdeckungssystem *n* система совмещения

Überdeckungstoleranz *f* допуск на совмещение

Überdimensionierung *f* **der Strukturelemente** завышенный размер элементов структуры

Überdotierung *f* избыточное легирование

Überdruck-MCVD-Verfahren *n* модифицированный метод химического осаждения из газовой [паровой] фазы при избыточном давлении

U_∞-Bereich *m* диапазон напряжения питания

Übereinstimmung *f* непротиворечивость

Übergang *m* переход

~, **abrupter** резкий [ступенчатый] (*p-n-*)переход

~, **absorbierender** поглощательный переход

~, **allmählicher** плавный переход

~, **asymmetrischer** несимметричный переход, односторонний (ступенчатый) (*p-n-*)переход (*переход, у которого одна сторона легирована значительно сильнее другой*)

~, **diffundierter** диффузионный переход

~, **eindiffundierter** диффузионный переход

~, **einfach verbotener** однократно запрещённый переход

~, **emissionsloser** безызлучательный переход

~, **entarteter** вырожденный переход

~, **erlaubter** разрешённый переход

~, **erzwungener** вынужденный переход

~, **feldinduzierter** вынужденный переход

Übergang

~, **flächenhafter** плоскостной переход

~, **flacher [flachliegender]** мелкий переход

~, **fotoempfindlicher** фоточувствительный переход

~, **gesperrter** запертый переход; запирающий переход

~, **gezogener** выращенный переход

~, **gleichrichtender** выпрямляющий переход

~, **halbsphärischer [halbkugelförmiger]** полусферический переход

~, **höchsterlaubter** сверхразрешённый переход

~, **hyperabrupter** сверхрезкий (p - n-)переход

~, **indirekter** непрямой переход

~, **in Durchlaßrichtung [in Flußrichtung] vorgespannter** прямосмещённый переход

~, **induzierter** вынужденный переход

~, **in Sperrichtung vorgespannter** обратносмещённый переход

~, **invertierter** инверсионный переход

~, **interzonaler** межзонный переход

~, **ionenimplantierter** ионно-имплантированный переход, переход, полученный ионной имплантацией

~, **isolierender** изолирующий переход

~, **kontinuierlicher** плавный переход

~, **legierter** сплавной переход

~, **linearer** плавный (p - n-)переход

~, **mikrolegierter** микросплавной переход

~ **mit kontinuierlicher Störstellenverteilung** переход с плавным профилем распределения примеси

~, **ohmscher** омический переход

~, **optischer** оптический переход

~, **phononenloser** бесфононный переход

~, **planarer** планарный переход

~, **punktförmiger** точечный переход

~, **quantenmechanischer** квантовый переход

~, **quasiabrupter** квазирезкий переход

~, **schmaler** тонкий переход

~, **sperrender** запирающий переход

~, **sperrvorgespannter** обратносмещённый переход

~, **spontaner** спонтанный переход

~, **sprunghafter** скачкообразный переход

~, **steiler** резкий переход

~, **stetiger** плавный переход

Übergang

~, **stimulierter** вынужденный переход

~, **strahlungsloser** безызлучательный переход

~, **symmetrischer** симметричный переход, (p - n-)переход с одинаковой степенью легирования на обеих сторонах

~, **tiefliegender** глубокий переход

~, **übererlaubter** сверхразрешённый переход

~, **unbegünstigter** затруднённый [слаборазрешённый] переход

~, **unscharfer** размытый переход

~, **unsymmetrischer** см. Übergang, asymmetrischer

~, **vertikaler** вертикальный [прямой] переход

~, **vertueller** виртуальный переход

~ **von H zu L** p^+ - p-переход; n^+ - n-переход

~, **vorgespannter** смещённый переход

~, **zweifach verbotener** дважды запрещённый переход

~ **zwischen Substrat und Kanal** переход канал - подложка

Übergangsbereich m область перехода

Übergangsbreite f ширина перехода

Übergangsebene f плоскость перехода

Übergangsenergie f энергия перехода

Übergangsfläche f площадь (p - n-) перехода

Übergangsfrequenz f 1. переходная (граничная) частота, максимальная частота генерации 2. частота переходов

Übergangsfunktion f переходная характеристика

Übergangsgebiet n область перехода

Übergangsgrenzfläche f поверхность раздела p - n-перехода

Übergangskapazität f ёмкость перехода

Übergangskennlinie f переходная характеристика

Übergangsmetall n переходный металл

Übergangsmetalloxidgläser n pl стёкла на основе оксидов переходных металлов

Übergangspotential n потенциал перехода

Übergangsprozeß m переходный процесс

Übergangsspannung f напряжение на переходе

Übergangssperrschicht f обеднённый слой p - n-перехода

Übergangsstecker m штекерный соединитель, штекерный разъём

Übergangsstrom m переходный ток, ток переходного процесса

Übergangstabelle f таблица переходов

Übergangstemperatur f температура перехода

Übergangstiefe f глубина залегания перехода

Übergangsverhalten n переходная характеристика; неустановившийся режим; переходный процесс

Übergangsvorgang m переходный процесс

Übergangswahrscheinlichkeit f вероятность перехода

Übergangsweite f см. **Übergangsbreite**

Übergangswiderstand m 1. сопротивление (p - n-)перехода 2. переходное сопротивление (контакта)

Übergangszeit f время перехода; продолжительность переходного процесса

Übergangszone f область перехода

Übergangszustand m переходное состояние; переходный режим

Übergitter n сверхрешётка

~, **deltadotiertes** дельта-легированная сверхрешётка

~, **modulationsdotiertes** сверхрешётка с модулируемым [регулируемым] уровнем легирования

Übergitterbaustein m полупроводниковый прибор на сверхрешётке

Übergitterlumineszenzdiode f светодиод на сверхрешётке

Übergitterphotodiode f фотодиод на сверхрешётке

Übergitterstruktur f сверхструктура

Übergittertunnelung f сверхрешёточное туннелирование

Überhang m 1. нависание, нависающий край (напр. слоя фоторезиста) 2. нависание (печатного проводника)

Überhitzung f перегрев

~, **lokale** локальный перегрев

Überhorizont-Funkmeßanlage f загоризонтная РЛС

Überkopplung f возникновение перекрёстных паразитных связей (между линиями); перекрёстные паразитные связи (между линиями); перекрёстные наводки

Überkreuzung f пересечение

Überkreuzungsstelle f точка пересечения

Überkreuzungsstruktur f структура с пересечениями

Überlagerer m, **Überlagereroszillator** m гетеродин

Überlagerung f 1. наложение, суперпозиция 2. перекрытие 3. гетеродинирование

Überlagerungsbereich m оверлейная область (памяти)

Überlagerungsmodul *m* оверлейный модуль

Überlagerungsprogramm *n* оверлейная программа

Überlagerungssegment *n* оверлейный сегмент (*программы*)

Überlappung *f* перекрытие
~ **von Torelektrode und Quelle** перекрытие затвора и истока
~ **von Torelektrode und Senke** перекрытие затвора и стока

Überlappungskapazität *f* ёмкость перекрытия

Überlast *f* перегрузка

Überlastbarkeit *f* перегрузочная способность, способность выдерживать перегрузки; предельно допустимая нагрузка, допустимая прегрузка

Überlastfaktor *m* коэффициент перегрузки

Überlastschutz *m* защита от перегрузки

Überlastung *f* перегрузка

Überlastungsschutz *m* защита от перегрузки

Überlastwiderstand *m* резистор защиты от перегрузки

Überlauf *m* 1. переполнение (*напр. регистра, счётчика*) 2. перенос переполнения 3. выбег (*регулируемого параметра за допустимый предел*) 4. перегрузка (*системы по требованиям*)

Überlaufanzeige *f* индикатор переполнения

Überlaufausgang *m* выход сигнала переполнения

Überlaufdecoder *m* дешифратор (состояния) переполнения

Überlaufimpuls *m* импульс [сигнал] переполнения

Überlaufsystem *n* система с перегрузкой

Überlauftrap *m* (системное) прерывание при переполнении

Überlaufverkehr *m* режим с перегрузкой

Überlebensfähigkeit *f* выживаемость, «живучесть»

Überlebenswahrscheinlichkeit *f* вероятность безотказной работы

Übernahmeimpuls *m* стробирующий импульс; строб-импульс

Überprüfung *f* проверка, контроль; контрольное испытание

Überprüfungsauflistung *f* контрольная распечатка

Übersättigung *f* перенасыщение

Überschreiben *n* перезапись

Überschußbasisstrom *m* избыточный ток базы

Überschußbesetzung *f* избыточная заселённость, перенаселённость (*уровня энергии*)

Überschußdefektelektron *n* *см.* **Überschußloch**

Überschußdichte *f* избыточная концентрация (*носителей*)

Überschußelektron *n* избыточный электрон

Überschußhalbleiter *m* полупроводник (с проводимостью) *n*-типа, электронный полупроводник

Überschußkonzentration *f* см. **Überschußdichte**

Überschußladung *f* избыточный заряд

Überschußladungsträger *m pl* избыточные [неравновесные] носители (заряда)

Überschußladungsträgerdichte *f*, **Überschußladungsträgerkonzentration** *f* избыточная концентрация носителей (заряда), концентрация избыточных [неравновесных] носителей (заряда)

Überschußladungsträgerspeicherung *f* накопление избыточных [неравновесных] носителей (заряда)

Überschußleitfähigkeit *f* см. **Überschußleitung**

Überschußleitung *f* электронная проводимость, проводимость *n*-типа

Überschußminoritätsträger *m pl* избыточные неосновные носители (заряда)

Überschußminoritätsträgerdichte *f* концентрация избыточных неосновных носителей (заряда)

Überschußrauschen *n* избыточный шум, $1/f$-шум

Überschußstrom *m* избыточный ток

Überschußträger *m pl* см. **Überschußladungsträger**

Überschußträgerdichte *f*, **Überschußträgerkonzentration** *f* см. **Überschußladungsträgerdichte**

Überschußzwischengitteratome *n pl* избыточные атомы в междоузлиях, избыточные междоузельные атомы

Überschwingen *n*, **Überschwingung** *f* 1. (положительный) выброс (*импульса*) 2. перерегулирование 3. максимальное отклонение, заброс, зашкаливание (*стрелки прибора*) 4. выброс (*на характеристике*)

Übersetzungsprogramm *n* транслятор, транслирующая программа

Übersichtsschaltplan *m*, **Übersichtsschema** *n* блок-схема

Überspannung *f* перенапряжение

Überspannungsschutz *m* защита от перенапряжения

Überspannungsspitzen *f pl* импульсные помехи, (паразитные) выбросы, броски (напряжения питания)

Übersprechen *n* перекрёстные наводки (*между линиями*)

Überspringen *n* переброс (*напр. электронов*)

Übersteuerung *f* 1. перевозбуждение; перемодуляция; перегрузка (по входу) 2. перерегулирование

Übersteuerungsbereich *m* область насыщения *(биполярного транзистора)*

Übersteuerungserholung *f* восстановление после перегрузки

Übersteuerungsfaktor *m* коэффициент перевозбуждения, степень насыщения *(биполярного транзистора)*

Übersteuerungsfestigkeit *f* устойчивость к перевозбуждению

Übersteuerungsgrad *m* степень насыщения *(биполярного транзистора)*

Übersteuerungslogik *f* логические схемы на насыщающихся биполярных ключах; насыщенная логика

Übersteuerungslogikschaltung *f* логическая схема на насыщающихся (биполярных) транзисторах; логическая схема на насыщающихся приборах

Übersteuerungsschalter *m* насыщающийся биполярный ключ

Übersteuerungsspannung *f* 1. напряжение насыщения *(биполярного ключа)* 2. напряжение перевозбуждения

Übersteuerungsstrom *m* ток насыщения

Übersteuerungstechnik *f* 1. технология ИС на насыщающихся (биполярных) транзисторах 2. насыщенная логика

Übersteuerungszeitkonstante *f* постоянная времени накопления (заряда), постоянная времени биполярного ключа

Übersteuerungszustand *m* насыщенное [открытое] состояние *(биполярного ключа)*; режим насыщения

Überstrom *m* сверхток; чрезмерный ток; ток перегрузки

Überstromschutz *m* защита от перегрузки; защита от чрезмерного тока; схема защиты от перегрузки; цепь защиты от чрезмерного тока

Übertemperatur *f* температура перегрева

Übertrag *m* перенос
~, **negativer** заём
~, **selbstanweisender** автоматический перенос
~, **serieller** последовательный [сквозной] перенос

Übertragbarkeit *f* мобильность *(программного обеспечения)*

Übertragsausgang *m* выход (сигнала) переноса

Übertragseingang *m* вход (сигнала) переноса

Übertragsgatter *n* вентиль переноса

Übertragung *f* 1. передача 2. перенос
~, **schrittweise** пошаговый [поэлементный] перенос

(изображения), последовательная шаговая мультипликация

Übertragungsbandbreite *f* ширина полосы пропускания *(операционного усилителя, соответствующая частоте среза цепи обратной связи)*, полоса пропускания по уровню 3дБ

Übertragungscharakteristik *f* см. **Übertragungskennlinie**

Übertragungsfehler *m* 1. ошибка передачи 2. ошибка при переносе изображения; ошибка при (последовательной шаговой) мультипликации

Übertragungsfunktion *f* передаточная функция

Übertragungsgatter *n* передающий затвор *(ПЗС)*

Übertragungsglied *n* передающее звено

Übertragungsimpedanz *f* проходное полное сопротивление

Übertragungskanal *m* канал передачи

Übertragungskapazität *f* пропускная способность *(канала, линии связи)*

Übertragungskennlinie *f* передаточная характеристика

~, **statische** статическая передаточная характеристика

Übertragungsleistung *f* пропускная способность канала передачи [канала связи]

Übertragungsleitung *f* линия передачи; линия связи

Übertragungsleitwert *m*:

~ **rückwarts, negativer** проводимость обратной передачи при коротком замыкании на входе

~ **vorwärts** проводимость прямой передачи при коротком замыкании на выходе

Übertragungsmaß *n* постоянная передачи

Übertragungsmedium *n* (физическая) среда передачи *(напр. витая пара, коаксиальный кабель)*

Übertragungsrate *f* скорость передачи

Übertragungsscheinleitwert *m* проходная полная проводимость

Übertragungsschicht *f* физический уровень *(сети передачи данных)*

Übertragungsverhalten *n* переходная характеристика

Übertragungsverhältnis *n* передаточное отношение

Übertragungswiderstand *m*:

~ **rückwärts, negativer** сопротивление обратной передачи при коротком замыкании на входе

~ **vorwärts** сопротивление прямой передачи при коротком замыкании на выходе

Überwächter

Überwächter *m* контролирующее устройство; переключающее устройство *(реагирующее на отказ элемента)*

Überwachung *f* контроль

Überzug *m* покрытие

~, **anodischer** покрытие, полученное анодированием [анодным окислением]; анодный оксид

~, **diffundierter** диффузионное покрытие

Überzugsmasse *f* заливочная масса, (заливочный) компаунд

UDLT *m* универсальный приёмопередатчик с цифровым шлейфом

U/f-Wandler *m* преобразователь напряжение - частота

U-Gruben-MOS-Transistor *m* U-МОП-транзистор, МОП-транзистор с U-образной изолирующей канавкой

UHF-Bereich *m* УВЧ-диапазон; диапазон дециметровых волн, дециметровый диапазон

UHF-Diode *f* УВЧ-диод

UHF-Transistor *m* УВЧ-транзистор

U-I-Wandler *m* преобразователь «напряжение - ток»

UJT *m* однопереходный транзистор, двухбазовый диод

UKW-Tuner *m* тюнер УКВ

ULA *n*, **ULA-Baustein** *m* нескоммутированная логическая матрица

U$_{cc}$-Leitung *f* шина питания

U$_{dd}$-Leitung *f* шина питания *(КМОП-и ТТЛ-схем)*

ULSI-Chip *m* кристалл УБИС, УБИС-кристалл; ультрабольшая ИС, УБИС *(ИС со степенью интеграции выше СБИС)*

ULSI-Schaltung *f* ультрабольшая ИС, УБИС *(ИС со степенью интеграции выше СБИС)*

ULSI-Technik *f* технология ультрабольших ИС, технология УБИС

ultradünn сверхтонкий

Ultrafeinfilter *n* фильтр сверхтонкой очистки

Ultrahochintegration *f* степень интеграции выше сверхвысокой

Ultrahochvakuum *n* сверхвысокий вакуум

Ultrahochvakuumaufdampfanlage *f* установка напыления в сверхвысоком вакууме

Ultrahochvakuumaufdampfung *f* напыление в сверхвысоком вакууме

Ultrahochvakuumkammer *f* сверхвысоковакуумная камера

Ultramikrostruktur *f* ультрамикроструктура

Ultramikrostrukturfertigungsanlage *f* установка для получения ультрамикроструктур

ultrarein сверхчистый

Ultraschallätzanlage f установка травления с ультразвуковой активацией

Ultraschallbondanlage f установка ультразвуковой сварки

Ultraschallbonden n ультразвуковая сварка

Ultraschalldampfentfettungsanlage f установка обезжиривания в парах растворителя под воздействием ультразвуковых колебаний

Ultraschalldrahtbonden n ультразвуковая сварка [ультразвуковая приварка] проволочных выводов

Ultraschallentfettung f обезжиривание под воздействием ультразвуковых колебаний

Ultraschallkeilbonden n ультразвуковая сварка внахлёстку

Ultraschallkontaktierung f *см.* Ultraschallbonden

Ultraschallöten n ультразвуковая пайка

Ultraschallötstelle f спай, полученный методом ультразвуковой пайки

Ultraschallreinigung f ультразвуковая очистка

Ultraschallreinigungsanlage f установка ультразвуковой очистки

Ultraschallschweißen n ультразвуковая сварка

Ultraschallsonde f ультразвуковой зонд

Ultraschallwerkzeug n (рабочий) инструмент для ультразвуковой сварки, ультразвуковой сварочный инструмент

Ultraviolettbelichtung f экспонирование ультрафиолетовым излучением [УФ-излучением]

Ultraviolettbereich m ультрафиолетовый диапазон, УФ-диапазон, ультрафиолетовая часть спектра

Umdotierung f легирование примесью противоположного типа

Umformer m преобразователь
~, **ruhender** [**stationärer, statischer**] статический преобразователь

Umgebungsbedingungen f pl условия окружающей среды

Umgebungstemperatur f температура окружающей среды

Umgebungstest m климатические испытания

Umkehrleitung f инвертированная микрополосковая линия, инвертированная МПЛ

Umkehrspannung f обратное напряжение

Umkehrstufe f инверторный каскад, инвертор

Umkehrung f 1. инверсия, обратное преобразование 2. перемена знака 3. отрицание (*логическая операция*) 4. реверсирование, перемена направления (на обратное)

Umkehrverstärker

Umkehrverstärker *m* инвертирующий операционный усилитель, инвертирующий ОУ, операционный усилитель в инвертирующем включении

Umkodierer *m* перекодировщик, преддешифратор

Umkodierung *f* преобразование кода; перекодирование

Umladeträgheit *f* инерционность перезаряда

Umladevorgang *m* процесс перезаряда

Umladezeit *f* время перезаряда

Umladung *f* перезаряд, перезарядка

Umlaufregister *n* регистр циклического сдвига, динамический регистр

Umlaufspeicher *m* динамическое ЗУ

Umlaufübertrag *m* циклический перенос

Umlaufverschiebung *f* циклический сдвиг

Umlaufzähler *m* счётчик циклов

UMOS *f* МОП-структура с U-образной (изолирующей) канавкой

Umpolfehler *m* погрешность от перемены полярности

Umpolspannung *f см.* **Umkehrspannung**

Umpolung *f* перемена полярности

Umpolungsspannung *f см.* **Umkehrspannung**

Umprogrammierung *f* перепрограммирование

Umrichter *m* вентильный преобразователь переменного тока

Umsatzvolumen *n* объём продаж *(напр. интегральных микросхем)*

Umschalteinrichtung *f* переключающее устройство

Umschalter *m* переключатель

Umschaltschwelle *f* порог переключения; порог срабатывания

Umschalttaste *f* клавиша смены регистра, регистровая клавиша

Umschaltung *f* переключение; коммутация

Umschaltverzögerungszeit *f* время задержки переключения; время задержки срабатывания

Umschaltzeit *f* время переключения

Umschlüßler *m* перекодировщик, преддешифратор

Umsetzer *m* преобразователь

~, **frequenzanaloger** преобразователь «аналог - частота», преобразователь входного аналогового сигнала в частоту

~, **indirekter** аналого-цифровой преобразователь [АЦП] с промежуточным преобразованием входного (аналогового) сигнала *(во временной интервал, в частоту)*

Umsetzerkennlinie f характеристика преобразователя *(АЦП, ЦАП'а)*

Umsetzfehler m погрешность преобразования

Umsetzrate f скорость преобразования

Umsetzschritt m шаг преобразования

Umsetzung f преобразование

Umsetzungsfehler m *см.* **Umsetzfehler**

Umsetzungszeit f *см.* **Umsetzzeit**

Umsetzungszyklus m цикл преобразования

Umsetzverfahren n метод преобразования

Umsetzzeit f время преобразования

Umsteuerweg m альтернативный маршрут

Umstimmung f перенастройка; перестройка

Umwandlung f преобразование; трансформация

Umwandlungskode m код преобразования

Umwandlungsrate f скорость преобразования

Umwegbündel n группа магистральных каналов (передачи данных), используемая при альтернативной маршрутизации

Umweglenkung f альтернативная маршрутизация

unbefugt несанкционированный *(напр. о доступе)*

unbelichtet неэкспонированный

unbemannt необслуживаемый; без обслуживающего персонала; безлюдный, полностью автоматизированный

unbestückt без монтажа, несмонтированный *(о печатной плате)*

Underpass f *англ. см.* **Unterführung**

UND-Gatter n логический элемент И, вентиль И

UND-Glied n элемент И

Undichtheit f, **Undichtigkeit** f негерметичность *(напр. корпуса)*; проницаемость *(шва, спая, места ввода)*; неплотность, место течи, течь

undotiert нелегированный

UND-Tor n *см.* **UND-Gatter**

Undulator m ондулятор

Unebenheit f неплоскостность *(напр. полупроводниковой пластины)*

unerwünscht нежелательный; паразитный

ungegettert негеттерированный

ungesättigt ненасыщенный

ungetaktet несинхронизированный

Ungleichheitsstrom m ток разбаланса, разбаланс токов

UNIFET m униполярный [полевой] транзистор

Unijunctionstransistor m однопереходный транзистор, двухбазовый диод

Unipolarfeldeffekttransistor *m см.* **Unipolartransistor**

Unipolarschaltung *f* ИС на полевых транзисторах

Unipolartechnik *f*, **Unipolartechnologie** *f* технология полевых транзисторов

Unipolartransistor *m* униполярный [полевой] транзистор

Unitunneldiode *f* обращённый диод

Unity-Gain-Bandbreite *f* ширина полосы единичного усиления

Universalmatrix *f* универсальная матрица (*тип базового матричного кристалла*)

Universalregister *n* регистр общего назначения, РОН

Universalschaltkreis *m* нескоммутированная логическая матрица; универсальная матрица (*тип базового матричного кристалла*); (матричная) БИС на основе БМК

~, **kundenbeeinflußbarer** полузаказная БИС на основе БМК

~, **kundenprogrammierbarer** матрица логических элементов, программируемая пользователем; логическое устройство, программируемое потребителем

~, **vorgefertigter** базовый матричный кристалл, БМК; полузаказная БИС на основе БМК

Universalschaltkreisanordnung *f* стандартная матрица логических элементов

Universalschaltkreischip *m* (матричная) БИС на основе БМК

Universalschaltkreistechnik *f* метод проектирования БИС на основе БМК, метод вентильных матриц; технология БИС на основе БМК

Universaltestchip *m* универсальный тестовый кристалл

Univibrator *m* одновибратор, ждущий мультивибратор

~, **integrierter** интегральный одновибратор, ИС одновибратора

~, **retriggerbarer** [**wiedertriggerbarer**] перезапускаемый одновибратор

Univibratorschaltkreis *m* ИС одновибратора

unlinear нелинейный

unlöslich нерастворимый

Unlöslichkeit *f* нерастворимость

unpassiviert непассированный

Unschärfe *f* 1. нерезкость (*изображения*) 2. размытость (*напр. краев*)

Unsicherheit *f* погрешность; неопределённость

Unsicherheitsbereich *m* зона неопределённости

unstetig разрывной; прерывной

unstrukturiert неструктурированный; не имеющий сформированных структур

Unterabtastung f субдискретизация *(выборка с частотой дискретизации, меньшей частоты входного аналогового сигнала)*

Unterätzung f (боковое) подтравливание; подтрав; растравливание

Unterätzungsprofil n профиль подтравливания

Unterbelichtung f недодержка; недоэкспонирование

Unterbrechung f прерывание

~, **durch einen Zeitgeber erzeugte** прерывание от таймера, прерывание, генерируемое признаком переполнения таймера

~, **externe** внешнее прерывание, прерывание от внешнего источника

~, **gerichtete** векторное прерывание

~, **maskierbare** маскируемое прерывание

~, **nichtmaskierbare** немаскируемое прерывание

Unterbrechungs... *см.тж* **Interrupt...**

Unterbrechungsanforderung f запрос прерывания, запрос на прерывание

~, **externe** запрос прерывания от внешнего источника

~, **interne** запрос прерывания от внутреннего источника

Unterbrechungsbedingung f условие прерывания

Unterbrechungsbehandlung f обработка [обслуживание] прерывания; управление прерыванием

Unterbrechungsbehandlungsprogramm n программа обработки [обслуживания] прерывания

Unterbrechungsbehandlungsroutine f (под)программа обработки [обслуживания] прерывания

Unterbrechungsebene f уровень прерывания

Unterbrechungsforderung f *см.* **Unterbrechungsanforderung**

Unterbrechungsmaske f маска прерывания

Unterbrechungssignal n сигнал (запроса) прерывания

Unterbrechungssystem n система прерываний

Unterdiffusion f боковая диффузия *(под маскирующий слой)*

Unterdrückung f подавление; блокировка

Unterfeld n субполе, участок поля *(фотошаблона)*

Unterfeldanordnung f размещение субполей [участков поля] *(фотошаблона)*

Unterfeldvektorschreibverfahren n векторный метод формирования изображений отдельных участков фотошаблона

Unterführung *f* 1. подныривание *(образование пересечений ортогональных межсоединений БИС с помощью коротких низкоомных отрезков моно- или поликремниевых шин или полупроводниковых областей активных элементов)* 2. элемент «подныривания», перемычка

Untergitter *n* подрешётка

Untergraph *m* подграф

Unterkante *f* нижняя граница, дно *(напр. зоны проводимости)*

Unterkreuzung *f* см. **Unterführung**

Unterkühlung *f* переохлаждение

Unterlage *f* основание; подложка

Untermenü *n* субменю

Unterniveau *n* подуровень

Unterniveaulebensdauer *f* время жизни подуровня

Unterprogramm *n* подпрограмма

Unterprogrammaufruf *m* вызов подпрограммы

Unterprogrammverschachtelung *f* вложение подпрограмм

Unterquerung *f* см. **Unterführung**

Unterschicht *f* подслой

Unterschnitt *m* подтравливание; подтравленная структура

Untersetzer *m* 1. пересчётная схема, блок пересчёта 2. делитель частоты *(напр. тактовых импульсов)*, блок деления частоты

Untersetzerschaltung *f* пересчётная схема

Untersetzung *f* 1. пересчёт 2. деление частоты *(напр. тактовых импульсов)*; деление с масштабированием 3. масштабирование

Untersetzungsfaktor *m* коэффициент масштабирования

Untersetzungsverhältnis *n* коэффициент пересчёта

Unterstruktur *f* субструктура

Unterteilung *f* разделение; сегментирование

Unterzelle *f* субъячейка

unverdrahtet нескоммутированный *(напр. о логической матрице)*

Unverfügbarkeit *f* коэффициент простоя

unverkappt без корпуса; бескорпусный

unversehrt неповреждённый

Unverwechselbarkeitsnut *f* ориентирующий паз *(печатной платы)*

UPC *m*, **UPC-Baustein** *m* универсальный периферийный контроллер

Up/Down-Eingang *m* вход сигналов счёта в прямом - обратном направлении *(в реверсивном счётчике)*

U_∞-**Potential** *n* потенциал на шине питания; входной потенциал; напряжение питания

Urlader *m* начальный загрузчик, программа начальной загрузки

Urmaske *f* эталонный фотошаблон

Urspannung *f* электродвижущая сила, эдс

Urstart *m* начальный пуск *(системы)*

USART *m*, **USART-Baustein** *m* универсальный синхронно-асинхронный приёмопередатчик, УСАПП

USART-Schaltkreis *m* ИС универсального синхронно-асинхронного приёмопередатчика

US-Bonden *n см.* **Ultraschallbonden**

U$_{cc}$-Schwankungen *f pl* колебания напряжения питания

User *m англ.* пользователь

User-Modus *m* непривилегированный режим *(работы процессора)*, режим задачи

USRT *m*, **USRT-Baustein** *m* универсальный синхронный приёмопередатчик, УСПП

USV *f* источник бесперебойного питания

UV-Abstandsbelichtung *f* УФ-фотолитография с микрозазором [на микрозазоре]

UV-Belichtung *f* экспонирование ультрафиолетовым излучением [УФ-излучением], УФ-экспонирование; (фото)литография с использованием УФ-экспонирования, УФ-(фото)литография

UV-empfindlich чувствительный к УФ-излучению

UV-EPROM *m* программируемое ПЗУ со стиранием информации ультрафиолетовым излучением, ППЗУ с УФ-стиранием

UV-Glas *n* увиолевое стекло

UV-Härtung *f* отверждение УФ-излучением

UV-Laser *m* лазер УФ-диапазона, УФ-лазер

UV-Löschung *f* стирание данных [записи] (в ППЗУ) воздействием УФ-излучения, УФ-стирание

UV-Projektionsanlage *f* установка проекционной УФ-фотолитографии

UV-Strahlung *f* ультрафиолетовое излучение, УФ-излучение

U$_{cc}$-Zuleitung *f* шина питания

V

Vacrelmaske *f* вакрелевая маска

VAD-Verfahren *n* метод аксиального осаждения из газовой [паровой] фазы

Vakuumabscheidung *f* вакуумное осаждение; вакуумное напыление

Vakuumadapter

Vakuumadapter *m* вакуумный присос

Vakuumansaugvorrichtung *f* вакуумный держатель; вакуумный схват

Vakuumaufdampfung *f* термовакуумное осаждение, термовакуумное напыление

Vakuumaufdampfungsmaske *f* трафарет [маска] для термовакуумного осаждения [для термовакуумного напыления]

Vakuumaufspannung *f* вакуумное удержание *(подложки)*

Vakuumaufspannvorrichtung *f* вакуумный (подложко)держатель

Vakuumbedampfung *f см.* **Vakuumaufdampfung**

Vakuumbedampfungsanlage *f* установка термовакуумного осаждения [термовакуумного напыления], вакуумная напылительная установка

Vakuumbeschichtung *f* нанесение покрытий вакуумным напылением

Vakuumbeschichtungsanlage *f* вакуумная установка для нанесения покрытий

Vakuumdichtheit *f* вакуумгерметичность, отсутствие натекания в вакуумный объем

Vakuumdüse *f* сопло вакуумного присоса; вакуумный присос

Vakuumfett *n* вакуумная смазка

Vakuumfluoreszenzanzeige *f* вакуумный флюоресцентный индикатор

Vakuumfotodiode *f* вакуумный фотодиод

Vakuumfotozelle *f* вакуумный фотоэлемент

Vakuumglocke *f* вакуумный колпак

Vakuumglühen *n* вакуумное прокаливание, прокаливание [прокалка] в вакууме

Vakuumkammer *f* вакуумная камера

Vakuum-Kontaktjustier- und Belichtungsanlage *f* установка контактной фотолитографии с вакуумным удержанием полупроводниковой пластины

Vakuumkristallisation *f* вакуумная кристаллизация, кристаллизация в вакууме

Vakuumleitung *f* вакуумная магистраль

Vakuumlumineszenzanzeige *f* вакуумный люминесцентный индикатор

Vakuumofen *m* вакуумная печь

Vakuumpipette *f* вакуумный пинцет; вакуумный схват

Vakuumprüfer *m*, **Vakuumprüfgerät** *n* вакуумметр

Vakuumpumpanlage *f* вакуумная система откачки

Vakuumpumpe *f* вакуумный насос

Vakuumschleuse *f* вакуумный шлюз

Vakuumteller *m* вакуумный (подложко)держатель

~ **für das Substrat** вакуумный подложкодержатель

Vakuumtempern *n* вакуумный отжиг

Vakuumtrocknen *n*, **Vakuumtrocknung** *f* вакуумная сушка, сушка в вакууме; вакуумная термообработка

Vakuumzerstäubung *f* вакуумное распыление, вакуумное напыление

Valenzband *n* валентная зона

Valenzbandelektron *n* электрон валентной зоны, валентный электрон

Valenzbandenergieniveau *n* энергетический уровень валентной зоны

Valenzbandkante *f* граница валентной зоны

Valenzbandloch *n* дырка валентной зоны

Valenzbandmaximum *n* максимум валентной зоны

Valenzbandoberkante *f* верхняя граница [потолок] валентной зоны

Valenzbandstreuung *f* рассеяние в валентной зоне

Valenzbandverzerrung *f* искривление валентной зоны

Valenzbandzustand *m* состояние валентной зоны

Valenzbindung *f* валентная связь

Valenzelektron *n* валентный электрон

Valenzelektronenband *n см.* **Valenzband**

Valenzhalbleiter *m* валентный полупроводник

Valenzschale *f* валентная оболочка, внешняя (электронная) оболочка *(атома)*

Varaktor *m* варактор

Varaktordiode *f* варикап

Varaktorverstärker *m* варикапный усилитель

Variabilität *f* гибкость

Variable *f* переменная

Variablenmerkmal *n* количественный признак *(в статистическом контроле качества)*

Variablenprüfung *f* контроль по количественному признаку [по количественным параметрам]

Variablenstichprobe *f* выборочный контроль по количественному признаку [по количественным параметрам]

Varianz *f* дисперсия; среднее квадратическое отклонение

Varicap *f* варикап

Varikond *m* вариконд *(сегнетоэлектрический конденсатор, ёмкость которого изменяется нелинейно в зависимости от приложенного напряжения)*

Varistor

Varistor *m* варистор

~, **regelbarer** управляемый варистор

~, **veränderbarer** переменный варистор

VATE *f см.* **VATE-Technik**

VATE-Isolation *f* изоляция *(элементов ИС)* V-образными канавками *(сформированными вертикальным анизотропным травлением)*

VATE-Technik *f*, **V-ATE-Verfahren** *n* метод вертикального анизотропного травления; метод изоляции *(элементов ИС)* V-канавками [V-образными канавками]; технология (изготовления) МДП-транзисторных *или* биполярных ИС с V-образными (изолирующими) канавками

VCA *m* усилитель, управляемый напряжением

VCD *f* варикап

VCO *m* генератор, управляемый напряжением, ГУН

VCO-Umsetzer *m* АЦП с промежуточным преобразованием напряжения в частоту на ГУНе

VCR-Kassette *f* видеокассета

VCR-System *n* видеокассетная система, система записи на видеокассете

VCR-Technik *f* видеокассетная техника

V-CVD *f* химическое осаждение из газовой [паровой] фазы в вакууме

VDMOS *f* 1. двухдиффузионная вертикальная МОП-структура 2. двухдиффузионная МОП-структура с V-образной изолирующей канавкой

VDR *m*, **VDR-Widerstand** *m* варистор

Vektorbildschirm *m* **mit Bildwiederholung** (графический) дисплей с программно-управляемым лучом, (графический) дисплей с программным формированием изображения

Vektorgenerator *m* 1. векторный генератор *(в машинной графике)* 2. генератор (тест-)векторов

Vektorgrafik *f* векторная графика

Vektorinterrupt *m* векторное прерывание

Vektorisierung *f* векторизация

Vektorrefreshgerät *n* векторный генератор

Vektor-Refresh-Schirm *m* экран с векторной регенерацией изображения

Vektorscan *n* векторное сканирование; метод векторного сканирования

Vektorscan-Anlage *f* установка электронолитографии с векторным сканированием

Vektorscan-Bildgenerator *m* генератор изображений установки электронолитографии с векторным сканированием

Vektorscan-Elektronenstrahlanlage *f* установка электронолитографии с векторным сканированием

Vektorscan-Elektronenstrahllithografie *f* электронолитография с векторным сканированием

Vektorscan-Verfahren *n* метод электронолитографии с векторным сканированием, метод векторного сканирования

Vektorzoom *m* векторное изменение масштаба изображения *(в машинной графике)*

Ventileigenschaft *f* вентильные свойства

Verarbeitung *f* 1. обработка *(данных)* 2. переработка

Verarbeitungsbreite *f* разрядность обрабатываемых данных, длина [разрядность] обрабатываемого (микропроцессором) слова

Verarbeitungselement *n*, **zentrales** центральный процессорный элемент, ЦПЭ

Verarbeitungsleistung *f* производительность *(ЭВМ)*

Verarmung *f* обеднение

Verarmungsbereich *m см.* **Verarmungsgebiet**

Verarmungsbetrieb *m* режим обеднения

Verarmungs-FET *m* полевой транзистор с обеднением канала, полевой транзистор (со встроенным каналом), работающий в режиме обеднения

Verarmungsgebiet *n* обеднённая область; обеднённый слой

Verarmungs-IFET *m см.* **Verarmungs-MISFET**

Verarmungslast-MOSFET *m* МОП-транзистор со встроенным каналом, используемым в качестве нагрузки, МОП-транзистор в режиме обеднения с глубокообеднённым слоем в качестве нагрузки

Verarmungs-MISFET *m* МДП-транзистор с обеднением канала, МДП-транзистор (со встроенным каналом), работающий в режиме обеднения

Verarmungs-MOSFET *m* МОП-транзистор с обеднением канала, МОП-транзистор (во встроенным каналом), работающий в режиме обеднения

Verarmungsrandschicht *f* обеднённый (при)граничный слой; обеднённый приповерхностный слой

Verarmungsraumladungszone *f* обеднённая область

Verarmungsschicht *f* обеднённый слой

Verarmungsschichtbreite *f* ширина обеднённого слоя

Verarmungstransistor *m* транзистор с обеднением

Verarmungstransistor

канала, транзистор, работающий в режиме обеднения

Verarmungstyp *m см.* **Verarmungs-MISFET**

Verarmungstyp-IFET *m см.* **Verarmungs-MISFET**

Verarmungstyp-Lasttransistor *m* нагрузочный транзистор с обеднением канала, нагрузочный транзистор, работающий в режиме обеднения

Verarmungszone *f* обеднённая зона; обеднённый слой

Verbinder *m* (электрический) соединитель, разъём

~, **elektrischer** электрический соединитель, разъём

Verbindung *f* 1. соединение 2. соединительная линия 3. межсоединение, межэлементное соединение *(ИС)*

~, **aufgedampfte** напылённое межсоединение

~, **schmelzbare** плавкая перемычка *(в программируемом ПЗУ)*

~, **thermoelektrische** спай термоэлемента

~, **verdrahtete** монтажное соединение

Verbindungsabbau *m* разъединение

Verbindungsaufbau *m* установление связи; установление соединения

Verbindungsdichte *f* плотность соединений

Verbindungsdraht *m* перемычка; навесной соединительный проводник

Verbindungsebene *f* уровень [слой] межсоединений

Verbindungselement *n* элемент связи

Verbindungsglied *n см.* **Verbindungselement**

Verbindungshalbleiter *m* композиционный [сложный] полупроводник, полупроводник на основе полупроводникового соединения

Verbindungskabel *n* соединительный кабель

Verbindungskontakt *m* переходное соединение *(в печатной плате)*; межслойное соединение

Verbindungslänge *f* длина межсоединений

Verbindungsleitung *f* соединительная линия; межсоединение *(ИС)*

Verbindungsleitungsmuster *n см.* **Verbindungsmuster**

Verbindungsleitungsnetzwerk *n* схема межсоединений; разводка

Verbindungsleitungssystem *n* система межсоединений; разводка

Verbindungsliste *f* таблица связей

Verbindungsloch *n* сквозное отверстие *(печатной платы)*

~, **durchkontaktiertes** сквозное металлизированное отверстие *(печатной платы)*; переходное соединение; межслойное соединение

Verbindungsmatrix *f* матрица межсоединений

Verbindungsmuster *n* рисунок межсоединений

Verbindungsnetzwerk *n* схема межсоединений; разводка

Verbindungsparameter *m* параметр связи

Verbindungspfad *m* соединительная дорожка

Verbindungsplan *m* *см.* **Verbindungsschema**

Verbindungspunkt *m* точка соединения

Verbindungsregister *n* регистр связи

Verbindungsschema *n* схема (меж)соединений

Verbindungsschicht *f* слой [уровень] межсоединений

Verbindungsstecker *m* штырь (электрического) соединения, штырек разъёма

Verbindungsstift *m* вывод разъёма; контакт

Verbindungsstrang *m* канал связи; магистраль, шина

Verbindungsstruktur *f* структура межсоединений

Verbindungssystem *n* система соединений

Verbindungstechnik *f* техника соединений

Verbindungsverträglichkeit *f* совместимость по связям

Verbindungsweg *m* 1. межсоединение 2. соединительный тракт

Verbindungszeit *f* время связи, продолжительность сеанса связи

Verbotsleitung *f* шина запрета

Verbotspotential *n* потенциал запрета

Verbotssignal *n* сигнал запрета; запирающий сигнал

Verbraucher *m* нагрузка

Verbraucherspannung *f* напряжение на нагрузке

Verbraucherstrom *m* ток нагрузки

Verbraucherwiderstand *m* резисторная нагрузка, нагрузочный резистор

Verbundanweisung *f* составной оператор

Verbundbefehl *m* составная команда

Verbundnetz *n* комплексированная сеть

Verbundtransistor *m* составной транзистор, пара Дарлингтона

Verbundwerkstoff *m* композитный материал, композит

Verdampfer *m* испаритель

Verdampfergut *n* испаряемый материал

Verdampferquelle *f* держатель испаряемого материала

Verdampfertiegel *m* тигель с испаряемым материалом, тигель-испаритель, испаритель в виде тигля

Verdampfung

Verdampfung *f* испарение

Verdampfungsgetter *m* испаряющийся геттер

Verdampfungsrate *f* скорость испарения

Verdampfungsschiffchen *n* лодочка для испарения, лодочковый испаритель

Verdichtung *f* сжатие, уплотнение, компрессия *(данных)*

«verdrahtete-UND»-Verknüpfung *f* операция «монтажное ИЛИ»

Verdrahtung *f* 1. проводной монтаж 2. разводка *(соединений элементов ИС)* 3. формирование (меж)соединений; формирование разводки

~, **feste** жёсткая разводка

~, **flexible** гибкий монтаж

~, **fliegende** монтаж навесными проводниками

~, **geätzte** разводка, сформированная травлением

~, **gedruckte** печатный монтаж; плата с печатным монтажом

~, **lötfreie** беспаечный монтаж

~ **nach Kundenwunsch** заказная разводка

~, **vergrabene** скрытый монтаж

Verdrahtungsanlage *f* установка монтажа (межсоединений), установка формирования межсоединений

Verdrahtungsbild *n см.* Verdrahtungsmuster

Verdrahtungsdichte *f* плотность монтажа; плотность размещения соединений

Verdrahtungsebene *f* уровень разводки, уровень межсоединений

Verdrahtungsfehler *m* ошибка монтажа

Verdrahtungsfeld *n* монтажное поле

Verdrahtungskanal *m* канал трассировки межсоединений

Verdrahtungskapazität *f* ёмкость монтажа; ёмкость разводки

Verdrahtungslayout *n* топология соединений; топология разводки

Verdrahtungsmaske *f* шаблон для формирования межсоединений

Verdrahtungsmuster *n* рисунок межсоединений; рисунок разводки

Verdrahtungsplan *m* схема соединений

verdrahtungsprogrammierbar, verdrahtungsprogrammiert жёстко запрограммированный

Verdrahtungsprüfautomat *m* автомат проверки монтажа

Verdrahtungsprüfplatz *m* стенд проверки монтажа

Verdrahtungsrahmen *m* объединительная монтажная панель; объединительная монтажная плата

Verdrahtungsraster *n* сетка для трассировки

Verdrahtungsschaltbild *n* схема соединений

Verdrahtungsschema *n* монтажная схема; схема соединений

Verdrahtungsschicht *f* слой разводки

Verdrahtungssystem *n* система соединений; система межсоединений

Verdrahtungsunterlage *f* основание платы с проводным монтажом

Verdrahtungsverfahren *n* метод монтажа

Verdrehung *f* угловой разворот (*объектива, промежуточного фотооригинала*)

verdreifachen утраивать

Verdreifachung *f* троирование

Verdünnungsmittel *n* разжижитель, разбавляющий раствор

Verdunstungskennzahl *f*, **Verdunstungskoeffizient** *m* коэффициент испарения

Vereinzeln *n*, **Vereinzelung** *f* разделение (*полупроводниковых пластин на кристаллы*)

Verfahren *n* метод, способ
~, **fotolithografisches** метод фотолитографии
~, **selbstjustierendes** метод самосовмещения; технология (изготовления) МОП-транзисторных ИС с самосовмещёнными затворами

Verfalldatum *n* дата «чистки», дата истечения срока хранения (*напр. файла*)

Verfolgungsbetrieb *m* режим слежения

Verfolgungskugel *f* координатный шар, шар управления движением курсора

Verfolgungsradar *n* РЛС сопровождения цели

Verfolgungsraumschiff *n* спутник-перехватчик

Verfolgungsstationsnetz *n* сеть станций слежения

Verformung *f* деформация
~ **des Bondhügels** деформация контактного столбика

Verfügbarkeit *f* готовность; коэффициент готовности

Verfügbarkeitsanzeiger *m* индикатор готовности

Verfügbarkeitsgrad *m* коэффициент готовности

Verglasen *n*, **Verglasung** *f* стеклование, остекловывание

Verglasungstemperatur *f* температура стеклования [остекловывания]

Vergleicher *m* компаратор

Vergleichsbefehl *m* команда сравнения

Vergleichseinrichtung *f* сравнивающее устройство, блок сравнения

Vergleichsglied *n* элемент сравнения, сравнивающий элемент

Vergleichslogik *f* аппаратные средства сравнения

Vergleichsmerkmal *n* признак сравнения

Vergleichsoperator *m* оператор сравнения

Vergleichsposition *f* разряд сравнения

Vergleichspriorität *f* приоритет сравнения

Vergleichsschaltung *f* схема сравнения

Vergleichsspannung *f* опорное напряжение; эталонное напряжение

Vergleichstest *m* эталонный тест

Vergleichswert *m* опорная величина; контрольное значение

Vergolden *n* золочение

vergoldet золочёный

Vergrößerung *f* увеличение

Vergrößerungsfehler *m* ошибка при увеличении

Vergußmasse *f*, **Vergußmaterial** *n* (заливочный) компаунд

Verhalten *n* поведение; характеристика

~, **dynamisches** динамические свойства

~, **statisches** статические свойства

~, **thermisches** температурные свойства; термические свойства

Verhältniskode *m* код с фиксированным кодовым расстоянием

Verhinderungsleitung *f* шина запрета

Verifizierung *f* верификация

Verkappen *n* установка в корпус, монтаж в корпусе, корпусирование; герметизация *(микросхем)*

Verkappung *f* 1. установка в корпус, монтаж в корпусе, корпусирование; герметизация 2. герметизирующая оболочка

Verkappungsmaterial *n* герметизирующий материал, герметик

Verkappungsschicht *f* герметизирующий слой

Verkapseln *n*, **Verkapselung** *f см.* **Verkappen**

Verkapselung *f* корпусирование; герметизация *(микросхем)*

Verkaufsvolumen *n* объём продаж *(в денежном выражении за год)*

Verkehr *m* 1. связь; обмен, трафик 2. движение *(транспорта)*

Verkehrsampel-Steuergerät *n* контроллер светофора

Verkehrsangebot *n* поступающая нагрузка

Verkehrsaufkommen *n* объём обмена

Verkehrsbelastung *f см.* **Verkehrswert**

Verkehrsdetektor *m* детектор транспорта

Verkehrsdichte *f* плотность обмена

Verkehrsgüte f качество обмена

Verkehrsmenge f нагрузка при обмене

Verkehrsradar n 1. РЛС управления воздушным движением 2. радиолокационная установка для контроля скорости движения автотранспорта

Verkehrsrest m потерянная [необслуженная] нагрузка

Verkehrssteuerung f управление обменом; управление движением

Verkehrstheorie f теория трафика

Verkehrsverlust m потери при обмене

Verkehrswert m интенсивность нагрузки

Verkehrtseitenbefestigung f монтаж *(кристалла ИС)* лицевой стороной вниз

Verkettung f 1. связь, соединение 2. конкатенация, сцепление *(элементов кода, текста)* 3. объединение в цепочку *(напр. последовательно-приоритетную)* 4. формирование межсистемных связей

Verkleinerung f уменьшение
~, **fotografische** фоторедуцирование, уменьшение изображения *(при отсъеме рисунка фотооригинала)*

Verkleinerungseinrichtung f тубус *(фотоповторителя)*

Verkleinerungsfehler m ошибка уменьшения

Verkleinerungsobjektiv n проекционный объектив, передающий изображение с уменьшением

Verklemmung f взаимоблокировка, тупиковая ситуация, тупик *(при попытке одновременного доступа к общим ресурсам)*

Verknüpfungselement n, **Verknüpfungsglied** n комбинационный [логический] элемент

Verknüpfungslogik f комбинационная логика

Verknüpfungsschaltung f комбинационная схема

Verknüpfungssymbol n логический символ

Verknüpfungstafel f истинностная таблица, таблица истинности

verkoppelt: über Kreuz (miteinander) ~ с перекрёстной обратной связью

Verlängerungsleitung f магистраль расширения

Verlängerungsplatte f расширительная плата, плата (функционального) расширения

Verlegung f прокладка
~ **der Leiterzüge, automatische** автоматическая прокладка трассировочных соединений, автоматическая трассировка

Verluste m pl потери
~, **extrinsische** внешние потери

Verluste

~, **intrinsische** внутренние [собственные] потери

Verlustfaktor *m* 1. коэффициент потерь; тангенс угла потерь 2. коэффициент рассеяния

~, **dielektrischer** коэффициент потерь в диэлектрике; тангенс угла диэлектрических потерь

Verlustformel *f*, **Erlangsche** формула Эрланга

Verlustleistung *f* рассеиваемая мощность

~, **maximal zulässige** максимально допустимая рассеиваемая мощность

Verlustleistungsdichte *f* плотность рассеиваемой мощности

Verlustleistungs-Verzögerungszeit-Produkt *n* произведение мощность - задержка, работа переключения *(параметр логических элементов)*

Verluststrom *m* ток утечки

Verlustsystem *n* система с потерями, система связи с потерями

Verlustwärme *f* теряемое тепло, потери тепла, тепловые потери

Verlustwiderstand *m* сопротивление потерь

Verlustwinkel *m* угол потерь

Vermietung *f* выделение, сдача в аренду *(линии связи)*

Vermittlung *f* 1. коммутация 2. коммутационная аппаратура; коммутационная станция

Vermittlungsamt *n* коммутационная станция

Vermittlungsanlage *f* коммутационная установка

Vermittlungseinrichtung *f* 1. коммутационное устройство 2. аппаратура обмена

Vermittlungsnetz *n* коммутируемая сеть; сеть передачи данных с коммутацией каналов

Vermittlungsprotokoll *n* сетевой протокол, протокол сетевого уровня

Vermittlungsrechner *m* коммутационная ЭВМ

Vermittlungsschicht *f* сетевой уровень

Vermittlungsstation *f*, **Vermittlungsstelle** *f* коммутационная станция

Vermittlungssystem *n* коммутационная система

Vermittlungstechnik *f* коммутационная техника

Vernetzung *f* объединение в сеть; организация сети

Verneuil-Verfahren *n* метод Вернейля, метод кристаллизация в пламени

Vernichtungsstrahlung *f* аннигиляционное излучение

Verpackung *f* упаковка

Verpolung *f* неправильная полярность

Verriegelung *f* блокировка, запирание

Versatz *m* сдвиг, смещение; девиация *(частоты)*

Verschaltungsplan *m* схема соединений
Verschiebebefehl *m* команда сдвига
Verschiebeeinrichtung *f* схема сдвига, сдвигатель
Verschiebelader *m* перемещающий загрузчик
Verschieben *n*, **dynamisches** прокрутка *(изображения на экране дисплея)*
Verschiebespannung *f* напряжение смещения
Verschiebestrom *m* ток смещения
Verschiebung *f* 1. сдвиг 2. смещение
~, **logische** логический сдвиг, сдвиг логического уровня
~, **zyklische** циклический сдвиг
Verschiebungselektrode *f* передающий затвор *(ПЗС)*
Verschiebungsfluß *m* поток электрического смещения
Verschiebungsflußdichte *f* электрическое смещение
Verschiebungsgenauigkeit *f* точность перемещений
Verschiebungsstrom *m* поток смещения
Verschiebungsstromdichte *f* плотность потока смещения
Verschiebungswandler *m* датчик перемещений
~, **linearer** датчик линейных перемещений, ДЛП

Verschlechterungsfaktor *m* коэффициент деградации
Verschleißausfall *m* отказ вследствие износа
Verschließen *n* герметизация *(микросхем)*; установка в корпус, монтаж в корпусе, корпусирование
verschlüsseln шифровать; кодировать
Verschlüsselung *f* шифрование; кодирование
Verschlüsselungsmatrix *f* кодирующая [шифраторная] матрица
Verschlußkappe *f* крышка *(корпуса ИС)*
Verschlüßler *m* шифратор; кодирующее устройство, кодер
Verschlüßler *m* кодер, кодирующее устройство
Versetzung *f* дислокация
~, **Schockleysche unvollständige** частичная дислокация по Шокли
Versetzungen *f pl* дислокации *(дефект кристаллической решетки)*
Versetzungsanordnung *f* конфигурация дислокаций
Versetzungsdekoration *f* декорирование дислокаций
Versetzungsdichte *f* концентрация [плотность] дислокаций
Versetzungsgitter *n* дислокационная сетка, сетка дислокаций

Versetzungskern *m* ядро дислокации

Versetzungslinie *f* линия дислокации

Versetzungsloop *n* см. **Versetzungsschleife**

Versetzungsmultiplikation *f* см. **Versetzungsvervielfachung**

Versetzungsnetz *n* см. **Versetzungsgitter**

Versetzungsquelle *f* источник (размножения) дислокаций

Versetzungsring *m*, **geschlossener** см. **Versetzungsschleife**

Versetzungsschleife *f* дислокационная петля

Versetzungsstruktur *f* дислокационная структура

Versetzungsstufe *f* ступень дислокации

Versetzungsvervielfachung *f* размножение дислокаций

Versetzungswände *f pl* дислокационные стенки

Versetzungswanderung *f* миграция дислокаций

Versetzungszentrum *n* ядро дислокации

Versiegeln *n* герметизация (*ИС, напр. пластмассой*)

Versorgungsimpedanz *f* полное сопротивление шины питания

Versorgungsleitung *f* шина питания

Versorgungsspannung *f* напряжение питания

Versorgungsspannungswert *m* величина напряжения питания

Verständigungsverfahren *n* режим обмена с квитированием

Verstärker *m* усилитель

~, **antilogarithmischer** антилогарифмирующий усилитель

~, **logarithmischer** логарифмирующий усилитель

~ **mit Oberflächenwellen, akustoelektronischer** усилитель на поверхностных акустических волнах, усилитель на ПАВ

~ **mit Volumenwellen, akustoelektronischer** усилитель на объёмных акустических волнах

~, **offener** усилитель без обратной связи

~, **parametrischer** параметрический усилитель

~, **rauscharmer** малошумящий усилитель

~, **rückgeführter** усилитель, охваченный цепью обратной связи

~, **spannungsgesteuerter** усилитель, управляемый напряжением

~, **symmetrischer** балансный [парафазный] усилитель

Verstärkerbelastung *f* нагрузка усилителя

Verstärkerbetrieb *m* усилительный режим

Verstärkereigenschaften *f pl* усилительные свойства

Verstärkerfrequenzgang *m* характеристика усилителя

Verstärkerkopplung *f* усилительная связь

Verstärkerschaltung *f* усилительная схема

Verstärkerstelle *f* ретранслятор

Verstärkerstufe *f* усилительный каскад

Verstärkung *f* усиление; коэффициент усиления

~, **aufgezwungene** вынужденное усиление

~, **rückwirkungsfreie** коэффициент однонаправленного усиления

Verstärkungsabfall *m* спад (коэффициента) усиления

Verstärkungs-Bandbreite-Produkt *n* добротность (*произведение коэффициента усиления на ширину полосы пропускания*)

Verstärkungsbereich *m* диапазон усиления

Verstärkungserholzeit *f* время восстановления усиления

Verstärkungsfaktor *m* коэффициент усиления

Verstärkungsfehler *m* погрешность коэффициента передачи (*АЦП, ЦАП'а*)

Verstärkungskennlinie *f* характеристика усиления

Verstärkungsnachstellung *f* подстройка усиления

Verstärkungsregelung *f* регулировка усиления

~, **automatische** автоматическая регулировка усиления, АРУ

Versuchsaufbau *m* макет

Versuchsausführung *f* макетирование

Versuchslauf *m* тестовый прогон (*программы*)

Versuchsschaltung *f* макет, макетная схема

Versuchsschaltungsaufbau *m* макетирование

Verteiler *m* 1. распределитель 2. распределительный регистр, регистр обмена 3. селектор, демультиплексор

Verteilerdose *f* распределительная коробка

Verteilerregister *n* распределительный регистр, регистр обмена

Verteilmatrix *f* коммутационная матрица, матрица-коммутатор переключателей

Verteilung *f* распределение

~, **homogene** равномерное распределение (*носителей заряда*)

~, **inhomogene** неравномерное распределение (*носителей заряда*)

Verteilungsdichte *f* плотность распределения, плотность вероятности

Verteilungsdichtefunktion *f* функция плотности распределения

Verteilungsfunktion *f* функция распределения

Vertikalablenkung

Vertikalablenkung *f* вертикальная [кадровая] развёртка

Vertikalaufzeichnung *f* вертикальная магнитная запись

Vertikal-CCD *n* вертикальная однорядная ПЗС-матрица

Vertikal-DMOS-Transistor *m* двухдиффузионный вертикальный МОП-транзистор

Vertikalinjektion *f* вертикальная инжекция *(дырок в схемах И²Л)*

Vertikalinjektionslogik *f* И²Л-схемы с вертикальными инжекторами

Vertikalintegration *f* вертикальная [трёхмерная] интеграция; интеграция элементов ИС по вертикали

Vertikalmetallisierung *f* металлизация для формирования вертикальных соединительных перемычек

Vertikal-MOS *f* 1. вертикальная V-МОП-структура 2. технология (получения) вертикальных V-МОП-структур

Vertikal-MOSFET *m* МОП-транзистор с вертикальной структурой [с вертикальным каналом], вертикальный МОП-транзистор *(с V-образной изолирующей канавкой)*

Vertikal-MOS-Technik *f*, **Vertikal-MOS-Technologie** *f* технология (получения) вертикальных V-МОП-структур; технология (изготовления) вертикальных МОП-транзисторов

Vertikalreaktor *m* вертикальный реактор *(для выращивания кристаллов)*

Vertikalsynchronimpuls *m* кадровый синхронизирующий импульс, кадровый синхроимпульс

Vertikaltransistor *m* вертикальный транзистор, транзистор с вертикальной структурой [с вертикальным каналом]

Vertikalübergang *m* вертикальный переход

Vertkalstruktur *f* вертикальная структура

verträglich совместимый

Verträglichkeit *f* совместимость

Verträglichkeitstabelle *f* таблица совместимости

Verunreinigung *f* примесь; загрязнение

Verunreinigungatom *n* атом примеси, примесный атом

Verunreinigungsband *n* примесная зона

Verunreinigungsgrad *m* степень [уровень] легирования; концентрация примеси

Verunreinigungsniveau *n* уровень [степень] легирования

Verunreinigungsschicht *f* слой примеси

Vervielfacher *m* множительное устройство

Vervielfältiger *m* 1. копировальное устройство 2. мультипликатор

Vervielfältigung *f* 1. размножение, копирование 2. мультиплицирование *(напр. изображения элемента ИС)*

Vervielfältigungsmaske *f*, **Vervielfältigungsschablone** *f* фотошаблон для мультиплицирования

Verweilzeit *f* 1. время выдержки *(одновибратора)* 2. программируемая задержка; длительность программируемого останова 3. длительность обработки; время пребывания

Verweilzustand *m* временно устойчивое состояние *(одновибратора)*

Verweis *m* ссылка

Verwürfler *m* скремблер

Verzeichnis *n* каталог; оглавление; директорий

Verzeichnung *f* дисторсия; аберрация формы *(изображения)*

Verzerrung *f* искажение

Verzerrungskompensation *f* компенсация искажений

Verzögerung *f* задержка

Verzögerungsflipflop *n* триггер с задержкой, D-триггер

Verzögerungsglied *n* элемент задержки; блок задержки

Verzögerungsintervall *n* интервал задержки

Verzögerungsleitung *f* линия задержки

Verzögerungsregister *n* регистр на линиях задержки

Verzögerungsschaltung *f* схема задержки

Verzögerungsspeicher *m* память [ЗУ] на линиях задержки

Verzögerungszähler *m* счётчик интервалов задержки

Verzögerungszeit *f* время задержки

~, **mittlere** среднее время задержки, средняя задержка

Verzweigung *f* ветвление

Verzweigungsbefehl *m* команда ветвления; команда перехода

VF-Anzeige *f см.* **Vakuumfluoreszenzanzeige**

VFET *m* вертикальный полевой транзистор, полевой транзистор с вертикальной структурой [с вертикальным каналом]

V/F-Konverter *m см.* **V/F-Wandler**

V/F-Wandler *m* преобразователь напряжение - частота

V-Gate-FET *m* полевой транзистор с V-образным затвором

V-Graben *m* V-канавка, V-образная (изолирующая) канавка *(в V-МОП-транзисторе)*

V-Graben-DMOS-Struktur *f* двухдиффузионная МОП-структура с V-образной изолирующей канавкой

V-Graben-Isolation *f* изоляция V-образными канавками

~ mit Poly-Si-Ausfüllung *изоляция (элементов ИС)* V-образными канавками, заполненными поликристаллическим кремнием

V-Graben-MOSFET *m* МОП-транзистор с V-образной изолирующей канавкой

V-Graben-MOS-Struktur *f* МОП-структура с V-образной изолирующей канавкой

V-Graben-MOS-Technologie *f* V-МОП-технология, технология МОП ИС с V-образными изолирующими канавками

V-Graben-Prozeß *m*, **V-Groove-Prozeß** *m* метод изоляции V-образными канавками

V-Graben-Transistor *m см.* **V-Graben-MOSFET**

VHF-Bereich *m* ОВЧ-диапазон, очень высокие частоты; диапазон метровых волн

VHIC *n* сверхскоростная [сверхбыстродействующая] ИС, ССИС

VHPIC *n* сверхвысококачественная ИС

VHS-C-Kassette *f* компакт-кассета формата VHS

VHSIC *n* сверхскоростная [сверхбыстродействующая] ИС, ССИС

VHSIC-Bauelement *n см.* **VHSIC**

VHSIC-Technik *f* технология ССИС

VHSI-Schaltkreis *m см.* **VHSIC**

VHS-Kassette *f* VHS-кассета, кассета формата VHS *(для бытовой видеозаписи)*

VHS-Recorder *m* (бытовой кассетный) видеомагнитофон формата VHS

VHS-Standard *m* стандарт VHS; формат VHS

VHS-System *n* система VHS *(бытовой видеозаписи)*

VHS-Videorecorder *m см.* **VHS-Recorder**

VIA-Baustein *m* универсальный интерфейсный адаптер

Via-Hole *n* сквозное отверстие *(в изоляционном слое соединений многоуровневой структуры)*

Vibrationsaufnehmer *m* вибродатчик

Vibrationsfestigkeit *f* вибростойкость

Vibrationsmagazin *n* вибробункер

Vibrationsprüfung *f* испытания на вибростойкость

Video-A-D-Wandler *m* АЦП видеосигналов

Video-Arbeitsplatzkonferenz f видеоконференция с рабочих мест

Videoband n видеомагнитофонная лента

Videobandbreite f ширина полосы видеочастот

Videobandgerät n видеомагнитофон

Videobild n видеоизображение

Video-Camcorder m видеокамера

Video-CD f видеозвуковой (компакт-)диск

Video-Clock-Generator m см. **Videotaktgenerator**

Videocomputer m видеокомпьютер

Video-D-A-Umsetzer m, **Video-DA-Wandler** m ЦАП видеосигналов

Videodigitizer m преобразователь видеосигнала в цифровой код, кодирующий видеопреобразователь

Videodrucker m видеопринтер

Videofrequenz f видеочастота

Videofrequenzband n полоса видеочастот

Videofrequenztechnik f техника формирования и передачи видеосигналов

Videogenerator m генератор видеосигналов

Videogerät n видеоустройство; видеомагнитофон

~, **digitales** цифровое видеоустройство

Videografiksystem n видеографическая система

Videographie f видеография

Videoinformation f видеоинформация

Videointerface n видеоинтерфейс

Videokamera f 1. бытовая телекамера, телекамера бытового [полупрофессионального] применения *(для работы в комплекте с видеомагнитофоном)* 2. видеокамера

Videokarte f видеоплата, плата кодирующего видеопреобразователя

Videokassette f видеокассета

Videokonferenz f видеоконференция

Videokopf m видеоголовка

Videokopfrad n, **Videokopfscheibe** f диск видеоголовок

Videokopierer m видеокопир

Videolangspielplatte f видеодиск

Videolaufwerk n лентопротяжный механизм видеомагнитофона

Videomagnetband n магнитная лента для видеозаписи

Video-Magnetbandaufzeichnung f видеозапись на магнитную ленту

Videomagnetkopf m магнитная видеоголовка

Videomonitor m видеомонитор

Videomultiplexer *m* видеомультиплексор
Videoplatte *f* видеодиск
Videoplattenrecorder *m* (бытовой) видеопроигрыватель
Videoprinter *m* видеопринтер
Videoprozessor *m* видеопроцессор
Video-RAM *m* видеоЗУПВ
Videorecorder *m* видеомагнитофон
Video-Refresh-Memory *n* (буферная) память (для автономной) регенерации изображений *(на экране дисплея);* кадровый буфер, буфер кадров
Videoregister *n* видеорегистр
Video-Schieberegister *n* сдвиговый регистр видеоданных
Videosignal *n* видеосигнал
Videospeicher *m* видеоЗУ, память (для хранения) видеоданных
Videospiel *n* видеоигра
Videospur *f* видеодорожка
Videosteuerung *f* видеоконтроллер
Videotaktgenerator *m* генератор сигналов видеосинхронизации
Videoterminal *n* видеотерминал
Videotex *n* видеотекс *(понятие, охватывающее систему телетекста и систему интерактивной видеографии)*

Videotext *m* телетекст, система телетекста, вещательная видеография
~, **zeilengebundener** синхронная система телетекста *(с привязкой строки данных к телевизионной строке)*
~, **zeilenungebundener** несинхронная система телетекста
Videotextdekoder *m* декодер системы телетекста
Videotext-IS *f* микросхема устройства системы телетекста
Videotuner *m* телетюнер
Vielemittertransistor *m* многоэмиттерный транзистор
Vielfachbetrieb *m* режим мультиобработки
Vielfachbusstruktur *f* многошинная структура
Vielfachchipschaltkreis *m* многокристальная ИС
Vielfachemitter *m* многозвенный эмиттер
Vielfachemittereingang *m* входной многоэмиттерный транзистор
Vielfachemitterstruktur *f* многоэмиттерная структура
Vielfachemittertransistor *m см.* **Vielemittertransistor**
Vielfachkollektorstruktur *f* многоколлекторная структура
Vielfachkollektortransistor *m* многоколлекторный транзистор

Vielfachleitung *f* комбинированная [резервированная] линия

Vielfachmikroprozessorsystem *n* мультимикропроцессорная система

Vielfachsondentaster *m* установка многозондового контроля

Vielfachzugriff *m* коллективный доступ

Vielkanalfeldeffekttransistor *m* многоканальный полевой транзистор

Vielschichtkondensator *m* многослойный конденсатор

Vielschichtresiststruktur *f* структура многослойного фоторезиста, многослойная структура фоторезиста

Vieltalhalbleiter *m* многодолинный полупроводник

Vierfach-BiFET-OPV *m* счетверённый операционный усилитель на биполярных и полевых транзисторах

Vierfachgatter *n* счетверённый вентиль

Vierfach-Oversampling *n* четырёхкратная сверхдискретизация

Vierfachtransistor *m* четвёрка транзисторов

Vierfarbgrafik *f* четырёхцветная графика; устройства четырёхцветной графики

Vierflankenverfahren *n* метод четырёхкратного [четырёхтактного] интегрирования

Vierflankenwandler *m* АЦП с четырёхкратным [с четырёхтактным] интегрированием

Vierphasenbetrieb *m* четырёхфазное управление (ПЗС)

Vierpol *m* четырёхполюсник

~, **äquivalenter** эквивалентный четырёхполюсник

~, **nichtreziproker** необратимый четырёхполюсник

~, **rauschender** шумящий четырёхполюсник

~, **reziproker** обратимый четырёхполюсник

~, **symmetrischer** симметричный четырёхполюсник

~, **umkehrbarer** обратимый четырёхполюсник

~, **unsymmetrischer** несимметричный четырёхполюсник

Vierpolersatzschaltbild *n* схема эквивалентного четырёхполюсника

Vierpolgleichung *f* уравнение (эквивалентного) четырёхполюсника

Vierpolparameter *m pl* параметры эквивалентного четырёхполюсника

~ **des Transistors** параметры (малосигнальной) эквивалентной схемы транзистора, параметры малосигнальной модели транзистора

Vierpolphasenmaß *n* фазовая постоянная четырёхполюсника

Vierpolrauschen *n* шумы четырёхполюсника

Vierpolrauschleistung *f* мощность шумов четырёхполюсника

Vierpoltheorie *f* теория четырёхполюсников

Vierpolübertragungsmaß *n* (характеристическая) постоянная передачи четырёхполюсника

Vierrampenumsetzer *m см.* **Vierflankenwandler**

Vierrampenverfahren *n см.* **Vierflankenverfahren**

Vierschichtdiode *f* диод с *p - n - p - n*-структурой; диак

Vierschichtstruktur *f* четырёхслойная структура

Viersondengerät *n* четырёхзондовая установка *(для измерения параметров и контроля кристаллов ИС)*

Viersondenmessung *f* измерение *(параметров ИС)* четырёхзондовым методом; четырёхзондовый метод измерения

Vierspitzenmethode *f* четырёхзондовый метод *(измерения и контроля)*

Vierstufenbelichtung *f* четырёхкратное экспонирование

Vierzonentransistor *m* четырёхслойный транзистор

Viewport *m англ.* окно просмотра *(на экране дисплея)*

VIL *f* И^{2}Л с вертикальными инжекторами

VIP-Technik *f* метод изоляции *(элементов ИС)* V-образными канавками, заполненными поликристаллическим кремнием

virtuell виртуальный

visible-speech-Diagramm *n* сонограмма

visible-speech-Methode *f* метод визуализации речи

Visionssystem *n* система технического зрения

~, **integriertes** встроенная система технического зрения

Viskosität *f* вязкость

Visualisierung *f* визуализация

Viterbi-Dekoder *m*, **Viterbi-Dekoderchip** *m* ИС декодера Витерби

Viterbi-Encoder *m*, **Viterbi-Encoderchip** *m* ИС кодера Витерби

Vitrokeramik *f* стеклокерамика; стеклокерамические материалы, ситаллы

Vitrokeramikgehäuse *n* стеклокерамический корпус *(ИС)*

VLE-Verfahren *n* газофазная [парофазная] эпитаксия с применением воз-

душной подушки *(в качестве опоры для полупроводниковых пластин)*
VLSI-Baustein *m* СБИС-модуль
VLSI-Chip *m* кристалл СБИС, СБИС-кристалл
VLSI-CMOS-Gate-Array *n* матричная КМОП СБИС
VLSI-Design *n* проектирование СБИС
VLSI-Fotolithografie *f* фотолитография СБИС
VLSI-IC *n* СБИС, сверхбольшая интегральная схема
VLSI-Komponente *f* СБИС-компонент
VLSI-Matrix *f* матричная СБИС
VLSI-Mikrolithografietechnik *f* технология изготовления СБИС методом микролитографии
VLSI-Schaltkreis *m*, **VLSI-Schaltung** *f* сверхбольшая интегральная схема, СБИС
VLSI-Speicher *m* СБИС памяти
VLSI-Technik *f*, **VLSI-Technologie** *f* технология СБИС
VLSI-Tester *m* тестер [испытательное устройство] для проверки СБИС
VME-Bus *m* VME-шина
VMIS *f* 1. МДП-структура с V-образными изолирующими канавками, V-МДП-структура 2. вертикальная МДП-структура 3. технология МДП ИС с V-образными изолирующими канавками, V-МДП-технология
VMIS-Technik *f* технология МОП ИС с V-образными изолирующими канавками, V-МДП-технология
VMIS-Transistor *m* 1. МДП-транзистор с V-образной изолирующей канавкой, V-МДП-транзистор 2. вертикальный МДП-транзистор
VMOS *f* 1. МОП-структура с V-образной изолирующей канавкой, V-МОП-структура 2. вертикальная МОП-структура 3. технология МОП ИС с V-образными изолирующими канавками, V-МОП-технология
VMOSFET *f* 1. МОП-транзистор с V-образной изолирующей канавкой, V-МОП-транзистор 2. вертикальный МОП-транзистор
VMOS-LSI-Schaltkreis *m* БИС на МОП-транзисторах с V-образными изолирующими канавками, БИС на V-МОП-транзисторах
VMOS-Speicher *m* ЗУ на МОП ИС с V-образными изолирующими канавками
VMOS-Technik *f*, **VMOS-Technologie** *f* технология МОП ИС с V-образными

VMOS-Technik

изолирующими канавками, V-МОП-технология

VMOS-Transistor *m*, **VMOST-Transistor** *m* 1. МОП-транзистор с V-образной изолирующей канавкой, V-МОП-транзистор 2. вертикальный МОП-транзистор

~ **mit lateraler Kanalanordnung** V-МОП-транзистор с горизонтальной структурой [с горизонтальным каналом], горизонтальный МОП-транзистор с V-образной изолирующей канавкой

Vocoder *m*, **Vokoder** *m* вокодер

Voder *m* синтезатор речевых сигналов

voice-print-Methode *f* способ записи речевых сигналов *(по частоте и амплитуде)*

Volladdierer *m* полный сумматор

Vollbrücke *f*, **Vollbrückenschaltung** *f* схема полного моста

Vollbrückenwandler *m* преобразователь (постоянного напряжения), выполненный по схеме полного моста

Vollduplexübertragungsleitung *f* дуплексный канал, дуплексная линия передачи данных

Vollduplexübertragungssystem *n* дуплексная система передачи (данных)

Vollgrafik *f* графика с поэлементным формированием изображения

Voll-Kunden-IS *f* полностью заказная ИС *(микросхема, топология которой полностью соответствует желанию заказчика)*

Vollkundenschaltkreis *m см.* **Voll-Kunden-IS**

Vollstrom *m* ток полной выборки (данных)

Vollübertrag *m* полный перенос

Vollwegschaltdiode *f* симметричный диодный тиристор, диак

Vollwegthyristor *m* симметричный триодный тиристор, триак

Volumen-CCD *n* прибор с объёмной зарядовой связью, ПЗС с объёмным каналом

Volumendotierung *f* объёмное легирование

Volumendurchbruch *m* объёмный пробой

Volumeneffekt *m* объёмный эффект

Volumen-Foto-EMK *f* внутренняя фотоэдс

Volumenfotowiderstand *m* объёмный фоторезистор

Volumenhalbleiter *m* объёмный полупроводник

volumenintegriert объёмно-интегрированный

Volumenkonzentration *f* объёмная концентрация

Volumenlebensdauer f объёмное время жизни *(носителей заряда)*

Volumenleitfähigkeit f объёмная проводимость

Volumenmodell n объёмная [монолитная] модель

Volumenmodellierung f объёмное моделирование, построение объёмных [монолитных] моделей *(в машинной графике)*

Volumenrekombination f объёмная рекомбинация

Volumenstromsensor m датчик объёмного расхода, проточный датчик

Volumenträgerbeweglichkeit f подвижность носителей (заряда) в объёме полупроводника

Volumenwellen f pl, **akustische** объёмные акустические волны

Volumenwellenfilter n фильтр на объёмных акустических волнах

Volumenwellenverstärker m усилитель на объёмных акустических волнах

Volumenwiderstand m (удельное) объёмное сопротивление

~, **spezifischer** удельное объёмное сопротивление

2-von-3-System n мажоритарная система с поразрядным выбором по правилу «два из трех»

Vorausschau f предварительный просмотр

Vorauswahl f предварительная селекция, преселекция; предварительная установка

Vorbelegungsdiffusion f загонка примеси, предварительная [короткая, «мелкая»] диффузия *(первая стадия двухстадийной диффузии)*

Vorbereitungseingang m подготовительный (управляющий) вход, вход предварительной установки, вход предустановки

Vorbereitungsoperation f служебная операция; организационная операция

Vordekodierer m преддешифратор

Vorderflanke f фронт импульса

Vordergrundjob m приоритетное задание; оперативная задача

Vordergrundprogramm n приоритетная программа, программа с высоким приоритетом

Vordergrundverarbeitung f приоритетная обработка, обработка программ с высоким приоритетом

Vorderwandsonnenzelle f солнечный элемент фронтального действия

vordotiert предварительно легированный

Vordurchbruchsgebiet n предпробойная область

Vordurchbruchsstrom *m* предпробойный ток

Voreilen *n*, **Voreilung** *f* опережение

Voreinstellen *n*, **Voreinstellung** *f* предварительная установка, предустановка (*напр. счётчика*)

Voreinstellzeit *f* время предварительной установки, время предустановки

vorgespannt смещённый, имеющий смещение; **in Durchlaßrichtung [in Flußrichtung]** ~ прямосмещённый, с прямым смещением; **in Sperrichtung** ~ обратносмещённый, с обратным смещением

Vorhärten *n*, **Vorhärtung** *f* предварительная термообработка, сушка (*слоя фоторезиста перед проявлением*); термообработка (*фоторезиста для удаления остатков растворителя*)

Vorhersage *f* предсказание

Vorjustierung *f* предварительное совмещение (*напр. фотошаблона с пластиной*)

Vorlage *f* оригинал; фотооригинал; фототрафарет (*для изготовления толстопленочных ГИС*)

Vorlagengenerator *m* генератор изображений оригиналов (*фотошаблонов*)

Vorlaufen *n* предварительный прогон

Vorlaufprogrammlader *m* загрузчик программы раскрутки

Vornullenunterdrückung *f* подавление (незначащих) нулей

Voroxydation *f* предварительное окисление

Vorprozessor *m* препроцессор

Vorrang *m* приоритет; приоритетность

Vorrangebene *f* уровень приоритета

Vorrangmodus *m* режим захвата цикла, режим захвата шины на один цикл (*одним из внешних устройств микропроцессорной системы для ввода-вывода данных в режиме прямого доступа к основной памяти*)

Vorrangprogramm *n* программа с высоким приоритетом, приоритетная программа

Vorrangsystem *n* система приоритетов

Vorrangunterbrechung *f* прерывание по приоритету, приоритетное прерывание

Vorrangverarbeitung *f* приоритетная обработка

Vor-/Rückwärtsbetrieb *m* режим прямого и обратного счёта

Vor-/Rückwärtszähler *m см.* **Vorwärts-Rückwärtszähler**

vorspannen подавать смещение; **in Durchlaßrichtung** ~ подавать прямое смещение; **in Sperrichtung** ~ подавать обратное смещение

Vorspannung *f* смещение; напряжение смещения

~ **in Durchlaßrichtung [in Flußrichtung]** прямое смещение

~ **in Sperrichtung** обратное смещение

~, **stationäre** фиксированное напряжение смещения, фиксированное смещение

Vorspann(ungs)widerstand *m* резистор в цепи смещения

Vorstufe *f* каскад предварительного усиления

Vorstufenmodulation *f* модуляция в каскадах предварительного усиления, модуляция на малой мощности

Vorteiler *m* предварительный делитель (частоты)

Vorteilerverhältnis *n* коэффициент предварительного деления

Vortrocknen *n*, **Vortrocknung** *f* предварительная сушка

Voruntersetzer *m см.* **Vorteiler**

Vorverstärker *m* предварительный усилитель, предусилитель

Vorwahlimpuls *m* импульс предварительной установки *(счётчика)*

Vorwahlschalter *m* переключатель предварительной установки, переключатель (для) предварительного набора *(числа, до которого производится счёт в установочном счётчике)*

Vorwahlzähler *m* счётчик с предварительной установкой, установочный счётчик

Vorwärtsbetrieb *m* режим прямого счёта

Vorwärtserholungszeit время прямого восстановления *(тиристора);* время установления прямого сопротивления *(диода)*

Vorwärtskanal *m* прямой канал

Vorwärtsleitfähigkeit *f* проводимость в прямом направлении, проводимость при прямом смещении

Vorwärtspotential *n* напряжение прямого смещения, прямое смещение

Vorwärtsregelung *f* регулирование с опережением; опережающая коррекция

Vorwärtsrichtung *f* прямое направление

Vorwärts-Rückwärts-Zähler *m* реверсивный счётчик

Vorwärtsspannung *f* прямое напряжение

Vorwärtssteilheit *f* прямая крутизна; крутизна прямой передачи (при коротком замыкании на выхо-

Vorwärtssteilheit

де), проводимость прямой передачи при коротком замыкании на выходе *(параметр биполярного транзистора)*

Vorwärtssteuerspannung *f* прямое напряжение на управляющем электроде *(тиристора)*

Vorwärtssteuerstrom *m* прямой ток управляющего электрода *(тиристора)*

Vorwärtsstoßstrom *m* ударный прямой ток *(выпрямительного диода)*

Vorwärtsstrom *m* прямой ток

Vorwärtswiderstand *m* прямое сопротивление

Vorwärtszähleingang *m* вход сигналов прямого счёта, вход сложения *(в реверсивном счётчике)*

Vorwärtszähler *m* счётчик прямого действия [прямого счёта], суммирующий счётчик

Vorwiderstand *m* демпферный [гасящий] резистор; добавочный резистор

Vorzeichenbehandlung *f* обработка знака [знаков]

Vorzeichenbit *n* знаковый разряд; признак [флаг] знака

Vorzeichenflag *n* признак [флаг] знака

Vorzeichenflipflop *n* триггер знака

Vorzeicheninverter *m* знакоинвертор

Vorzeichenprüfanzeige *f* индикатор контроля знака

Vorzeichenprüfung *f* проверка [контроль] знака

Vorzeichenregister *n* регистр знака

Vorzeichenstelle *f* знаковый разряд, разряд знака

Vorzugsmaß *n* стандартный [нормальный] размер

Vorzugsorientierung *f* преимущественная [предпочтительная] ориентация

Vorzugsreihe *f* стандартный ряд; ряд нормальных размеров

Vorzugswert *m* предпочтительное значение; стандартный номинал *(напр. резистора, конденсатора)*

Vorzugszahl *f* предпочтительное число

Vorzugszahlenreihe *f* ряд предпочтительных чисел

VPE-Wafer *m* полупроводниковая пластина с эпитаксиальным слоем, выращенным из газовой [паровой] фазы

VRAM *m* видеоЗУПВ

VSO-Gehäuse *n* микрокорпус типа VSO

VTL *f* логика с переменным пороговым напряжением, логические схемы с переменным пороговым напряжением [с переменным порогом]

VTL-Schaltkreise *m pl* логические схемы (на элементах) с переменным пороговым напряжением [с переменным порогом]

Vtx-Dekoder *m см.* **Videotextdekoder**

W

Wachstum *n* рост *(напр. эпитаксиального слоя, монокристалла);* выращивание

~, **dendritisches** рост дендритов

~, **diffusionsbestimmtes** рост, управляемый диффузией

~, **epitaktisches [epitaxiales]** эпитаксиальный рост; эпитаксиальное наращивание

~, **schraubenförmiges [spiralförmiges]** спиральный рост *(монокристалла)*

Wachstumsanisotropie *f* ростовая анизотропия, анизотропия роста

Wachstumsfehler *m* дефект роста

Wachstumsfläche *f* плоскость роста

Wachstumsgeschwindigkeit *f* скорость роста; скорость выращивания

Wachstumsgrenzfläche *f* граница роста

Wachstumskammer *f* камера для эпитаксиального наращивания, ростовая камера

Wachstumslösung *f* раствор для выращивания эпитаксиального слоя

Wachstumspyramide *f* пирамида роста

Wachstumsrate *f см.* **Wachstumsgeschwindigkeit**

Wachstumsrichtung *f* направление роста

Wachstumsspirale *f* спираль роста

Wachstumsstreifen *m pl* полосы роста, страты

Wachstumsstufe *f* ступенька роста

Wachstumstemperatur *f* температура роста

Wachstumszone *f* зона роста

Wafer *m англ.* 1. полупроводниковая пластина *(со сформированными структурами будущих ИС)* 2. подложка

~, **strukturierter** (полупроводниковая) пластина со сформированными структурами ИС

Wafer Scale Integration *англ.* формирование СБИС на целой полупроводниковой пластине

Waferauflagefläche *f* поверхность основания [обратная сторона] подложки

Waferausbeute *f* 1. выход годных полупроводниковых пластин 2. выход годных кристаллов на полупроводниковой пластине

Waferbearbeitung *f* 1. обработка полупроводниковых пластин 2. обработка подложки

~, **doppelseitige** 1. двусторонняя обработка полупроводниковых пластин 2. двусторонняя обработка подложки

Waferbearbeitungsstrecke *f* (технологическая) линия обработки полупроводниковых пластин

Waferbearbeitungszone *f* зона размещения (обрабатываемых) пластин *(в диффузионной печи)*

Waferbehälter *m см.* **Wafermagazin**

Waferbelichtung *f* экспонирование фоторезиста на полупроводниковой пластине; экспонирование по всему полю полупроводниковой пластины

Waferbelichtungsanlage *f* установка фотолитографии с экспонированием по всему полю полупроводниковой пластины; установка литографии по всему полю полупроводниковой пластины

Waferbezugsmarke *f* 1. реперная метка на (полупроводниковой) пластине 2. реперная метка подложки

Waferbildebene *f* поверхность пластины, предназначенная для формирования рисунка ИС

Waferdefektdichte *f* плотность дефектов полупроводниковой пластины

Waferdurchbiegung *f* прогиб пластин(ы)

Waferdurchsatz *m* производительность процесса изготовления полупроводниковых пластин

Waferebenheit *f* плоскостность (полупроводниковой) пластины; плоскопараллельность (полупроводниковой) пластины

Waferfertigungslinie *f* технологическая линия для обработки полупроводниковых пластин

Waferhalter *m*, **Waferhalterung** *f* подложконоситель; пьедестал для (размещения) пластин [подложек]; держатель полупроводниковых пластин

Waferhandhabungseinrichtung *f* погрузочно-разгрузочное устройство для полупроводниковых пластин; манипулятор для полупроводниковых пластин

Waferhorizontierung *f* выравнивание (полупроводниковой) пластины *(напр. при позиционировании)*

Waferjustier- und Belichtungsanlage *f* установка совмещения и экспонирования, установка литографии

Waferjustiermarke *f* 1. реперная метка на (полупроводниковой) пластине 2. реперная метка (для позиционирования) подложки

Waferkomplexität *f* сложность полупроводниковой пластины

Waferkontrolle *f* контроль полупроводниковых пластин

Waferkontrollmikroskop *n* микроскоп для визуального контроля полупроводниковых пластин

Waferkontrollplatz *m* пост визуального контроля (качества) полупроводниковых пластин

Waferladeeinrichtung *f* подающее устройство для полупроводниковых пластин

Waferladen *n* загрузка [подача] полупроводниковых пластин

Waferleitweglogistik *f* логистика [символическая логика] формирования разводки на поверхности полупроводниковой пластины

Wafermagazin *n* кассета для (обрабатываемых) полупроводниковых пластин

Wafermarke *f* маркировка на полупроводниковой пластине

Wafer-Maske-Abstand *m* зазор между (полупроводниковой) пластиной и фотошаблоном

Wafer-Masken-Justieranlage *f* установка совмещения фотошаблона с полупроводниковой пластиной

Wafermeßsystem *n* контрольно-измерительная аппаратура для полупроводниковых пластин

Waferoberfläche *f* поверхность (полупроводниковой) пластины

Waferpositioniereinheit *f* устройство для позиционирования полупроводниковых пластин

Waferpositionierung *f* позиционирование полупроводниковой пластины

Wafer-Prober *m*, **Waferprüfgerät** *n* зондовая установка для контроля полупроводниковых пластин

Wafer-Retikel-Justiersystem *n* установка совмещения промежуточного фотошаблона с полупроводниковой пластиной

Waferrückseite *f* 1. обратная сторона полупроводниковой пластины 2. обратная сторона подложки

Wafersägemaschine *f* установка для резки (полупроводниковых) слитков на пластины

Wafer-Scanner *m* установка электронно-лучевой литографии со сканированием, установка электронолитографии со сканирующим пучком электронов

Waferschneidemaschine *f* установка для резки (полупроводниковых) слитков на пластины

Waferschneiden *n* резка (полупроводниковых) слитков на пластины

Wafer-Stepper *m*, **Wafer-Stepper-Anlage** *f* установка последовательного шагового экспонирования (пластин); установка последовательной шаговой мультипликации, мультипликатор

~, lichtoptischer установка проекционной фотолитографии с последовательным шаговым экспонированием

Wafer-Stepper-Lithografie *f* (проекционная) литография с последовательным шаговым экспонированием; литография с переносом изображений непосредственно на полупроводниковые пластины

Waferstrukturierung *f* формирование микрорельефа на поверхности полупроводниковой пластины; структурирование полупроводниковой пластины

Wafertest *m* 1. контроль полупроводниковых пластин 2. контроль подложек

Wafertester *m* установка зондового контроля полупроводниковых пластин

Wafertestspule *f* катушка установки зондового контроля полупроводниковых пластин

Wafertopografie *f* топография [рельеф] полупроводниковой пластины

Waferträger *m* кассета для (обрабатываемых) полупроводниковых пластин; держатель пластин

Wafertransfer *m*, **Wafertransport** *m* (межоперационная) транспортировка полупроводниковых пластин

Wafertransportsystem *n* устройство для (межоперационной) транспортировки полупроводниковых пластин

Wafertrennsäge *f* пила для резки полупроводниковых пластин на кристаллы

Waferverband *m* 1. матричная ИС на целой полупроводниковой пластине 2. совокупность интегральных структур, сформированных на полупроводниковой пластине

Wägekodierer *m* АЦП последовательных приближений, АЦП с поразрядным уравновешиванием

Wagenrücklauf *m* возврат каретки

Wägeverfahren *n* метод последовательных приближений, метод поразрядного уравновешивания [поразрядного кодирования]

Wählton *m* сигнал набора номера

Wahrheitstabelle *f*, **Wahrheitstafel** *f* 1. истинностная таблица, таблица истинности 2. таблица состояний, таблица переходов *(триггера)*

Wahrscheinlichkeitsdichte *f* плотность вероятности

Wahrscheinlichkeitsrechnung *f* теория вероятностей

Waitstate *n*, **Wait-Zustand** *m* период ожидания

«Walkman» *m* магнитофон-проигрыватель, плейер

Walzenbeschichter *m* валковый ламинатор

Walzendrucker *m* печатающее устройство с цилиндрическим литероносителем [с литерным валиком], рулонный принтер

Walzenplotter *m* рулонный графопостроитель

Wandenergie *f* энергия доме́нной границы

Wanderung *f* миграция *(напр. носителей заряда)*; дрейф; уход

Wanderungsgeschwindigkeit *f* скорость миграции

Wandler *m* преобразователь

~, **akustooptischer** акустооптический преобразователь

Wandler-Schaltkreis

~, **apodisationsgewichteter** (полосозадающий) преобразователь, аподизованный изменением перекрытия штырей

~, **digitaler** цифровой преобразователь

~, **gewichteter** аподизованный преобразователь

~ **mit geneigten Fingern** веерный (встречно-штыревой) преобразователь

~, **optisch-elektrischer** фотоприёмник; преобразователь свет - сигнал; преобразователь оптического излучения в электрические сигналы

~, **piezoelektrischer** пьезоэлектрический преобразователь

~, **überlappungsgewichteter** (полосозадающий) преобразователь, аподизованный изменением перекрытия штырей

~, **ultraschneller** сверхбыстродействующий (аналого-цифровой, цифро-аналоговый) преобразователь

~, **ungewichteter** неаподизованный преобразователь

Wandler-IC *n* см. **Wandler-IS**

Wandler-IS *f* ИС преобразователя, интегральный преобразователь

Wandler-Schaltkreis *m* см. **Wandler-IS**

Wandlerverstärker *m* усилитель-преобразователь

Wandlungsgeschwindigkeit *f*, **Wandlungsrate** *f* скорость преобразования

Wandlungszeit *f* время преобразования

Wanne *f* 1. карман *(для формирования функциональных элементов ИС)* 2. квантовая яма

Wannenspannung *f* напряжение на кармане

Wannenwiderstand *m* сопротивление кармана

Wärmeabfuhr *f*, **Wärmeabführung** *f* теплоотвод, отвод тепла

Wärmeabgabe *f* теплоотдача

Wärmeableiter *m* радиатор; теплоотвод

Wärmeableitung *f см.* **Wärmeabfuhr**

Wärmeableitvermögen *n* теплоотводящая способность

Wärmeableitvorrichtung *f см.* **Wärmeableiter**

Wärmeausdehnung *f* тепловое расширение

Wärmeausdehnungskoeffizient *m* коэффициент теплового расширения, КТР

~, **linearer** коэффициент линейного теплового расширения, КЛТР

Wärmeaustausch *m* теплообмен

Wärmebehandlung *f* термообработка

Wärmebelastung *f* тепловая нагрузка; термоциклирование

Wärmebeständigkeit *f* термостойкость; термоустойчивость; нагревостойкость; теплостойкость

Wärmebild *n* термограмма

Wärmebildtechnik *f* тепловидение; тепловизорная техника

Wärmedämmstoff *m* теплоизоляционный материал

Wärmedruckverfahren *n* термокомпрессионная сварка, термокомпрессия

Wärmedurchbruch *m* тепловой пробой

Wärmedurchgangswiderstand *m* тепловое сопротивление

Wärmedurchgangswiderstandrauschen *n* тепловые шумы сопротивления

Wärmeeinwirkung *f* термическое воздействие

Wärmeersatzschaltbild *n* эквивалентная тепловая схема

Wärmeimpedanz *f*, **transiente** переходный тепловой импеданс

Wärmeisolation *f* теплоизоляция

Wärmekammer *f* камера тепла

Wärmekapazität *f* 1. теплоёмкость 2. тепловая ёмкость *(1. элемент эквивалентной тепловой схемы 2. параметр полупроводникового прибора)*

~, spezifische удельная теплоёмкость
Wärmekreis *m* тепловая схема
Wärmeleistung *f* тепловая мощность
Wärmeleitfähigkeit *f* теплопроводность
Wärmeleitfläche *f* поверхность теплоотвода
Wärmeleitpaste *f* теплопроводящая паста
Wärmeleitpfad *m* канал теплоотвода
Wärmeleitstempel *m* теплопроводящий стержень
Wärmeleitung *f* теплопроводность
Wärmeleitvermögen *n см.* **Wärmeleitfähigkeit**
Wärmeleitwert *m,* **Wärmeleitzahl** *f* коэффициент теплопроводности
Wärmepolymerisation *f* термическая полимеризация, термополимеризация
Wärmepolymerisationsinhibitor *m* ингибитор термической полимеризации, ингибитор термополимеризации
Wärmepumpe *f* тепловой насос
Wärmerauschen *n* тепловой шум, тепловые шумы
Wärmerauschgenerator *m* генератор теплового шума [тепловых шумов]
Wärmerauschquelle *f* источник теплового шума [тепловых шумов]

Wärmerauschspannung *f* напряжение теплового шума; эдс тепловых шумов
Wärmeschock *m* термоудар, термический удар
Wärmeschockbeständigkeit *f* устойчивость к термическим ударам [к термоударам], термоударостойкость
Wärmeschockkammer *f* камера для испытаний на термический удар
Wärmeschockprüfung *f* испытание на устойчивость к термическим ударам, испытание на термический удар
Wärmeschrank *m* термошкаф
Wärmeschutz *m* теплозащита
Wärmesenke *f* 1. теплоотвод 2. теплосток
Wärmesenkenkennlinie *f* характеристика теплоотвода
Wärmespannung *f* тепловое [термическое] напряжение
Wärmespeichervermögen *n* теплоаккумулирующая способность
Wärmestabilität *f* термостабильность
Wärmestoß *m см.* **Wärmeschock**
Wärmestoßprüfung *f см.* **Wärmeschockprüfung**
Wärmestrom *m* 1. термоток *(перехода)* 2. тепловой поток

Wärmetest

Wärmetest *m* испытания на теплостойкость
Wärmeträgheit *f* тепловая инерционность
Wärmewechselbeständigkeit *f* устойчивость к термоциклированию
Wärmewechselprüfung *f* испытание на устойчивость к термоциклированию
Wärmewiderstand *m* 1. тепловое сопротивление 2. термостойкость
~, **innerer** внутреннее тепловое сопротивление
~, **transienter** переходный тепловой импеданс
Wärmewiderstandskennlinie *f* характеристика теплового сопротивления
Wärmezeitkonstante *f* тепловая постоянная времени *(терморезистора)*
Wärmezyklus *m* термоцикл, цикл смены температур, цикл термоциклирования
Warmpressen *n* горячее прессование
Warmstart *m* «тёплый» пуск *(системы)*
Warmwiderstand *m* горячее сопротивление *(терморезистора)*
Warngrenzen *f pl* предупреждающие границы *(на контрольной карте, напр. числа дефектных единиц продукции)*
Warnung *f* предупреждение; оповещение

Wartbarkeit *f* ремонтопригодность
Warten *n* ожидание
Warteschlange *f* очередь
Warteschlangenliste *f* таблица очередей
Warteschlangentheorie *f* теория очередей, теория массового обслуживания
Warteschlangen-Zugriffsverfahren *n* метод доступа с очередями
Warteschleife *f* цикл ожидания
Wartesystem *n* система с ожиданием
Warte-Verlust-System *n* комбинированная система с ожиданием и потерями
Wartewahrscheinlichkeit *f* вероятность ожидания
Wartezeit *f* 1. время ожидания 2. выдержка *(при склеивании)*
Wartezeitfaktor *m* коэффициент простоя
Wartezustand *m* 1. период ожидания 2. состояние простоя
Wartezyklus *m* цикл ожидания
Wartung *f* 1. техническое обслуживание 2. сопровождение *(напр. системы программного обеспечения)*
~, **fehlerbehebende** ремонтное обслуживание
~, **vorbeugende** профилактическое обслуживание
wartungsfreundlich удобный для обслуживания

Wartungsfreundlichkeit *f* удобство обслуживания

Wasser *n* вода

~, **destilliertes** дистиллированная вода

~, **entionisiertes** деионизированная вода

~, **entsalztes** деминерализованная вода

~, **fließendes** проточная вода

Wässern *n*, **Wässerung** *f* промывка в воде; отмывка

Wasserstoffplasma *n* водородная плазма

Wässerungslösungsmittel *n* растворитель для отмывки

Watchdog-Timer *m* контрольный таймер, контрольный датчик времени

Wechselanteil *m* переменная составляющая *(напряжения, тока)*

Wechselklimaprüfung *f* испытание на устойчивость к термоциклированию

Wechselladung *f* переменный заряд

Wechselladungsfunktion *f* кривая зависимости переменного заряда от напряжения *(для нелинейной ёмкости)*

Wechsellasttest *m* испытание на надёжность при переменной нагрузке

Wechselmaske *f* сменная маска

Wechselrichter *m* инвертор

Wechselspannung *f* переменное напряжение

Wechselspannungsabschluß *m* согласование *(линии с нагрузкой)* с помощью устройства согласования полных сопротивлений *(напр. согласующего трансформатора)*

Wechselspannungsquelle *f* источник переменного напряжения

Wechselspannungssteller *m* контроллер переменного тока

Wechselspannungsverstärker *m* усилитель переменного напряжения

Wechselspannungsverstärkung *f* усиление по переменному напряжению; коэффициент усиления по переменному напряжению

Wechselstrom *m* переменный ток

Wechselstromanteil *m* переменная составляющая тока

Wechselstromausgangswiderstand *m* выходное сопротивление *(транзистора)* по переменному току

Wechselstromeffekt *m* переменный (СВЧ-)ток эффекта Джозефсона, эффект генерации переменного (СВЧ-)тока в элементе Джозефсона под воздействием приложенного к нему постоянного напряжения

Wechselstromeingangswiderstand *m* входное сопротивление *(транзистора)* по переменному току

Wechselstrom-Elektrolumineszenzanzeige *f* электролюминесцентный индикатор переменного тока; электролюминесцентная индикаторная панель переменного тока

Wechselstromersatzschaltbild *n* эквивалентная схема *(транзистора, усилителя)* для переменного тока

Wechselstromfeld *n* поле переменного тока

Wechselstromgegenkopplung *f* отрицательная обратная связь по переменному току

Wechselstrom-Josephson-Effekt *m* переменный (СВЧ-)ток эффекта Джозефсона, эффект генерации переменного (СВЧ-)тока в элементе Джозефсона под воздействием приложенного к нему постоянного напряжения

Wechselstromkleinsignalbetrieb *m* работа *(транзистора)* в режиме малых переменных сигналов [в режиме малых сигналов на переменном токе]

Wechselstromkleinsignalverhalten *n* поведение *(транзистора)* в режиме малых переменных сигналов; работа *(транзистора)* в режиме малых переменных сигналов

Wechselstromkreis *m* цепь переменного тока

Wechselstromleistung *f* мощность переменного тока

Wechselstromplasmaanzeige *f* плазменный [газоразрядный] индикатор переменного тока; плазменная [газоразрядная] индикаторная панель переменного тока, ГИП переменного тока

Wechselstromschaltdiode *f* диак, симметричный диодный тиристор

Wechselstromschalttriode *f*, **Wechselstromthyristor** *m* триак, симметричный триодный тиристор

Wechselstromverstärker *m* усилитель переменного тока

Wechselstromverstärkung *f* усиление по переменному току; коэффициент усиления по переменному току

Wechselstromwiderstand *m* сопротивление (по) переменному току

Wechselwirkung *f* взаимодействие

~, **parametrische** параметрическое взаимодействие

Wechselwirkungsbereich *m* пространство взаимодействия

Wegätzen *n* стравливание

Wegauflösung *f* дискрета перемещения

Wegbrennen *n* пережигание, расплавление *(плавких перемычек)*

Weggeber *m* датчик перемещения

~, **linearer** датчик линейных перемещений, ДЛП

Weglänge *f*, **freie** длина свободного пробега *(носителей заряда)*

Weglänge *f*, **mittlere freie** средняя длина свободного пробега *(носителей заряда)*

Wegmeßsystem *n* система измерения перемещений *(координатного стола)*

Wegwerfmaske *f* шаблон разового использования

Weichglas *n* легкоплавкое стекло

Weichlot *n* низкотемпературный [мягкий] припой

Weichlöten *n* пайка низкотемпературными [мягкими] припоями, низкотемпературная пайка

Weichmacher *m* пластификатор

weiterentwickelt усовершенствованный *(напр. о логических ИС)*

Weiterleitungsübertragsprinzip *n* принцип последовательного продвижения зарядов *(в ПЗС)*

Weitverkehrsnetz *n* глобальная (вычислительная) сеть

Wellenalgorithmus *m* волновой алгоритм

~, **Liescher** волновой алгоритм Ли

Wellenanalysator *m* анализатор формы сигналов

Wellenausbreitung *f* распространение волн(ы)

Wellenausbreitungsgeschwindigkeit *f* скорость (распространения) волн(ы)

Wellenband *n* диапазон волн, волновой диапазон

Wellenbereich *m* диапазон волн, волновой диапазон; диапазон частот

Wellenform *f* форма волны; форма кривой

Wellenformanalysator *m см.* **Wellenanalysator**

Wellenfront *f* фронт волны

Wellenfunktion *f* волновая функция

Wellenkopplung *f* волновая связь *(через подложку)*

Wellenlänge *f* длина волны

Wellenlängenmultiplex *n*, **Wellenlängenmultiplexverfahren** *n* спектральное уплотнение *(линий оптической связи)*

Wellenleiter *m* волновод

~, **optischer** световод

Wellenleiterdispersion *f* дисперсия в волноводе

Wellenlöten *n* пайка волной припоя

Wellenlötmaschine *f* установка пайки волной припоя

Wellenvektor

Wellenvektor *m* волновой вектор

Wellenvektorraum *m см.* **Wellenzahlvektorraum**

Wellenwiderstand *m* волновое сопротивление

Wellenzahl *f* волновое число

Wellenzahlvektorraum *m* пространство волновых векторов, пространство квазиимпульсов, k-пространство

Welligkeit *f* пульсация

Welligkeitsamplitude *f* амплитуда пульсаций

Welligkeitsfaktor *m* коэффициент пульсации; процент пульсаций

Welligkeitsfilter *n* сглаживающий фильтр

Welligkeitsgehalt *m* процент пульсаций

Welligkeitsgrad *m* процент пульсаций

Welligkeitsspannung *f* напряжение пульсаций

Weltkoordinaten *f pl* внешние координаты *(в машинной графике)*

Wendelgetter *m* спиральный геттер

Wertebereich *m* диапазон значений

Wertetabelle *f* истинностная таблица, таблица истинности

Wertgeber *m* устройство ввода чисел *(в машинной графике)*

WE-Signal *n* сигнал записи/считывания [записи/чтения]

Wettlauf *m* гонки *(фронтов сигналов)*

Whiskers *m pl* нитевидные кристаллы, «усы»

Wichtung *f* взвешивание

~, **binäre** двоичное взвешивание

Wichtungswiderstand *m* взвешенный [весовой] резистор

Wickelanschluß *m* соединение, полученное накруткой [методом накрутки]; контакт, полученный накруткой [методом накрутки]

Wickelbrücke *f* перемычка, полученная накруткой [методом накрутки]

Wickelkontakt *m* контакт, полученный накруткой [методом накрутки]

Wickelpistole *f* накруточный пистолет, пистолет для монтажа методом накрутки

Wickelverbindung *f* соединение накруткой

Wickelverbindungstechnik *f* метод накрутки [монтажа накруткой]

Wickelverdrahtung *f* монтаж накруткой; накрутка

Wickelverdrahtungstechnik *f* монтаж накруткой; метод накрутки [монтажа накруткой]

Wickelwerkzeug *n* инструмент для монтажа методом накрутки

Wicklung *f* обмотка

Wide-Gap-Emitter *m* широкозонный эмиттер

Widerstand *m* 1. сопротивление 2. резистор

~, **abgeschnürter** пинч-резистор, высокоомный диффузионный резистор с суженным проводящим каналом

~, **aufgedampfter** напылённый резистор

~, **binär-gewichteter** двоично-взвешенный резистор

~, **differentieller** дифференциальное сопротивление

~, **diffundierter** диффузионный резистор

~, **gedruckter** печатный резистор

~, **hochohmiger** высокоомный резистор

~, **integrierter** интегральный резистор; резистор ИС

~, **ionenimplantierter** ионно-имплантированный [ионно-легированный] резистор

~, **komplexer** комплексное сопротивление

~, **konzentrierter** сосредоточенное сопротивление

~, **linearer** линейный резистор

~, **magnetfeldabhängiger** магниточувствительный резистор

~ **mit Anzapfung** резистор с отводами, секционированный резистор

~, **negativer (differentieller)** отрицательное (дифференциальное) сопротивление; отрицательное сопротивление перехода *(туннельного диода)*

~, **nichtlinearer** нелинейный резистор

~, **ohmscher** омическое сопротивление *(в цепи постоянного тока)*; активное [омическое] сопротивление *(в цепи переменного тока)*

~, **parasitärer** паразитное сопротивление

~, **piezoresistiver** пьезорезистор

~, **rauschender** шумящий резистор

~, **regelbarer** переменный резистор

~, **spannungsabhängiger** варистор

~, **spezifischer** удельное сопротивление

~, **thermischer** тепловое сопротивление

~, **verdeckter diffundierter** *см.* **Widerstand, abgeschnürter**

~, **verteilter** распределённое сопротивление

Widerstandsabgleich *m* подгонка резисторов

Widerstandsänderung *f*, **magnetische** магниторезистивный эффект

Widerstandsanschluß *m* резистивный вывод

Widerstandsarray

Widerstandsarray *n* матрица резисторов, резисторная [резистивная] матрица

Widerstandsbahn *f* резистивная дорожка

Widerstandsbauelement *n* резистор

Widerstandsbereich *m*, **Widerstandsgebiet** *n* резистивная область

Widerstandsdehnungsgeber *m*, **Widerstandsdehnungsmesser** *m* тензорезисторный датчик

Widerstandsdiffusion *f* диффузия для формирования резисторов

Widerstands-Dioden-Transistor-Technik *f* технология (изготовления) резисторно-диодно-транзисторных схем

Widerstandsgeber *m* резистивный [потенциометрический] датчик

Widerstandsgeometrie *f* геометрия резисторной структуры; конфигурация плёночных резисторов

Widerstandsheizung *f* резистивный нагрев

Widerstandsimplantationsmaske *f* маска для локальной имплантации резисторов

Widerstandsisolation *f* резистивная изоляция

Widerstandskanal *m* резистивный канал (*напр. в ПЗС*)

WIderstands-Kapazitäts-Kopplung *f* резистивно-ёмкостная связь, RC-связь

Widerstands-Kapazitäts-Netzwerk *n* резистивно-ёмкостная цепочка, RC-цепочка

Widerstands-Kondensator-Transistor-Logik *f* резистивно-ёмкостная транзисторная логика, РЕТЛ, транзисторная логика с резистивно-ёмкостными связями, ТЛРЕС

Widerstandskopplung *f* резистивная связь

Widerstandsmatrix *f см.* **Widerstandsarray**

Widerstandsmuster *n* резистивный рисунок; рисунок плёночных резисторов

Widerstandsnetzwerk *n* резисторная [резистивная] схема; схема резистивного узла, резистивный узел; резисторная матрица, кодоуправляемый делитель, КУД (*блок АЦП, ЦАП'а*)

Widerstandsofen *m* электрическая печь сопротивления

Widerstandsoptron *n* резисторная оптопара

Widerstandspaste *f* резистивная паста

Widerstandsrauschen *n* шум сопротивления

~, **thermisches** тепловой шум [тепловые шумы] сопротивления

Widerstandsrückkopplung *f* резистивная обратная связь

WIderstandsschicht *f* резистивный слой

Widerstandsschweißen *n* сварка электросопротивлением

Widerstandssensor *m* резистивный датчик

Widerstandsspannungsteiler *m* резисторный [резистивный] делитель напряжения

Widerstandsspannungswandler *m* резисторный преобразователь (постоянного) напряжения

Widerstandsstreifen *m* резистивная полоска

~, **mäanderförmiger** резистивная полоска в форме меандра

Widerstandsstruktur *f* резистивная структура; резисторная структура; рисунок плёночных резисторов

Widerstandsteiler *m* резисторный [резистивный] делитель, (резисторный) кодоуправляемый делитель *(основной узел АЦП и ЦАП'а)*

Widerstandstemperaturkoeffizient *m* температурный коэффициент сопротивления, ТКС

Widerstandstoleranz *f* допуск номиналов резисторов

Widerstands-Transistor-Logik *f* резисторно-транзисторная логика, РТЛ, транзисторная логика с резистивными связями, ТЛРС

Widerstandsverhältnis *n* отношение сопротивлений; коэффициент отношения сопротивлений, КОС

Widerstandsverstärker *m* усилитель с резистивно-ёмкостной связью, RC-усилитель

Widerstandswerkstoff *m* резистивный материал

Wiederanlauf *m* повторный запуск, перезапуск, рестарт

Wiederherstellung *f* восстановление

Wiederholrate *f* частота повторения [следования] импульсов

Wiederholungsfaktor *m* коэффициент повторения

Wiederholungszähler *m* счётчик циклов

Wiegand-Draht *m* проводник Виганда

Wiegand-Effekt *m* эффект Виганда

Wiegand-Sensor *m* датчик Виганда

Wien-Brückengenerator *m*, **Wien-Brückenoszillator** *m* генератор с мостом Вина

Winchester-Controller *m* контроллер винчестерского накопителя

Winchester-Disk *f см.* **Winchesterplatte**

Winchester-Festplattenspeicher *m* ЗУ винчестерского типа, винчестерское ЗУ

Winchesterlaufwerk *n* дисковод для винчестерских дисков; винчестерский накопитель

Winchesterlaufwerkcontroller *m* контроллер винчестерского накопителя

Winchesterplatte *f* винчестерский диск, жёсткий магнитный мини-диск типа «Винчестер»

Winchestor-Disk-Controller *m см.* **Winchester-Controller**

Window *n* окно *(на экране дисплея)*

Windowing *n* управление окнами *(на экране дисплея)*, полиэкранный режим работы *(дисплея)*

Windowtechnik *f* техника управления окнами *(на экране дисплея)*, организация полиэкранного режима работы *(дисплея)*

Windung *f* виток *(обмотки)*

Windungszahl *f* число витков *(обмотки)*

Winkelauflösung *f* дискрета углового перемещения

Winkeljustierung *f* совмещение по углу

Winkelkodierer *m* преобразователь «угол - код»

Winkelkodierung *f* преобразование «угол - код»

Winkelorientierung *f* ориентация по углу

Winkelpfosten *m* стойка со штырьками для монтажа методом накрутки

Wirbelschichtreaktor *m* реактор кипящего слоя, реактор с псевдоожиженным [кипящим] слоем

Wirbelströme *m pl* вихревые токи

Wirbelstromverlust *m* потери на вихревые токи

Wired-AND *n* Проводное [Монтажное] И

Wired-AND-Gatter *n* элемент Проводное [Монтажное] И

Wired-NOR *n* Проводное [Монтажное] ИЛИ - НЕ

Wired-NOR-Gatter *n* элемент Проводное [Монтажное] ИЛИ - НЕ

Wired-OR *n англ.* Проводное [Монтажное] ИЛИ

Wired-OR-Gatter *n* элемент Проводное [Монтажное] ИЛИ

Wired-OR-Schaltung *f см.* **Wired-OR**

Wire-Frame-Modell *n* каркасная модель трёхмерного объекта *(в машинной графике)*

Wire-Wrap-Auschluß *m* соединение, полученное накруткой [методом накрутки]; контакт, полученный накруткой [методом накрутки)

Wire-Wrap-Pfosten *m* стойка со штырьками для монтажа методом накрутки

Wire-Wrap-Stift *m* штырёк для монтажа накруткой

Wire-Wrap-Technik *f* метод накрутки

Wire-Wrap-Verdrahlung *f* соединение накруткой; монтаж методом накрутки

Wirkungsgrad *m* коэффициент полезного действия, кпд; эффективность

Wirkwiderstand *m* активное [омическое] сопротивление

Wirtsgitter *n* решетка основного кристалла; кристаллическая решётка заправочного кристалла [затравки]

Wirtsgitteratome *n pl* атомы решётки основного кристалла

Wirtskristall *m* основной кристалл; затравочный кристалл; затравка

Wirtssubstanz *f* исходный материал; материал подложки

Wissensbasis *f* база знаний

Wissensdarstellung *f* представление знаний

Wissensdarstellungssprache *f* язык представления знаний

Wissenserwerb *m* приобретение знаний

Wissensgewinnung *f* сбор знаний; получение знаний; построение базы знаний

Wissensrepräsentation *f* представление знаний

Wissenssystem *n* система знаний

Wissensverarbeitung *f* работа со знаниями *(в системах искусственного интеллекта)*

W-L-Verhältnis *n* отношение ширины к длине

Wobbelbonden *n* роликовая термокомпрессионная сварка

Wölbung *f* прогиб; стрела прогиба *(напр. полупроводниковой пластины)*

Wolframschiffchen *n* вольфрамовая лодочка

Wolframsonde *f* зонд с вольфрамовым остриём

Wolfram-Wolframkarbid *n* система «вольфрам - карбид вольфрама»

Workstation *f* рабочая станция

Workstation-Monitor *m* монитор рабочей станции

WORM-Platte *f* диск однократной записи, неперезаписываемый диск *(напр. оптический)*

WORM-Speicher *m* память [ЗУ] с однократной записью

Worst-case-Bedingungen *f pl* условия наихудшего случая

Worst-case-Belastung *f* нагрузка в условиях наихудшего случая

Worst-Case-Design

Worst-Case-Design *n* проектирование по наихудшему случаю

Worst-Case-Dimensionierung *f* расчёт параметров для условий наихудшего случая

Worst-Case-Fall *m* наихудший случай

Worst-Case-Parameter *m pl* параметры наихудшего случая

Worst-case-Störabstand *m* запас помехоустойчивости в условиях наихудшего случая

Worst-Case-Verhältnisse *n pl* условия наихудшего случая

Wort *n* слово

Wortbreite *f* разрядность обрабатываемого слова; длина [число разрядов] слова

Wortgenerator *m* генератор (машинных) слов

Wortlänge *f см.* **Wortbreite**

Wortleitung *f* шина слов (ЗУ)

Wrapfeld *n* монтажная панель, панель для монтажа (соединений) методом накрутки

Wrap-Karte *f* плата для монтажа накруткой

Wrap-Pfosten *m см.* **Wire-Wrap-Pfosten**

Wrap-Pistole *f см.* **Wikkelpistole**

Wrap-Stift *m см.* **Wire-Wrap-Stift**

Write-Befehl *m* команда записи

WSI *f* формирование СБИС на целой полупроводниковой пластине

WSI-Chip *m* кристалл СБИС, сформированный на целой полупроводниковой пластине

WSI-Schaltung *f* СБИС, сформированная на целой полупроводниковой пластине

Wurzelverzeichnis *n* корневой каталог, начальный [корневой] справочник (*иерархической системы справочников файлов*)

X

X:1-Projektionsbelichtung *f* метод проекционной литографии с передачей рисунка в масштабе X:1

X-Adressen-Dekoder *m см.* **X-Dekoder**

x-Ansteuerleitung *f* шина управления по оси X

X-Dekoder *m* дешифратор строк

X-Dekodierung *f* дешифрация строк

XOR-Verknüpfung *f* операция Исключающее ИЛИ

XRL *f* рентгенолитография

x-y-Ansteuerung *f* управление по осям X-Y

XY-Schreiber *m* (двух)координатный графопостроитель, координатограф

X/Y-Tisch *m* координатный стол

Y

Y-Adressen-Dekoder *m см.* **Y-Dekoder**

y-Ansteuerleitung *f* шина управления по оси Y

Y-Dekoder *m* дешифратор столбцов

Y-Dekodierung *f* дешифрация столбцов

YIG-Laser *m* лазер на железоиттриевом гранате, ЖИГ-лазер

YIG-Schicht *f* плёнка железоиттриевого граната

y-Matrix *f* матрица полных проводимостей

y-Parameter *m pl* Y-параметры *(гибридные параметры биполярного транзистора)*

Z

Zähigkeit *f* вязкость
Zahl *f* число
Zählader *f* счётная шина
Zählausgang *m* счётный выход
Zählbasis *f* основание системы счисления
Zählbereich *m* диапазон счёта
Zähleingang *m* счётный вход
Zahlendarstellung *f* представление чисел
Zahlenstelle *f* разряд числа
Zahlensystem *n* система счисления
Zähler *m* счётчик
 ~, **asynchroner** асинхронный счётчик
 ~, **dekadischer** декадный счётчик
 ~, **synchroner** синхронный счётчик
 ~, **umkehrbarer** реверсивный счётчик
 ~, **voreinstellbarer** счётчик с предварительной установкой [с предустановкой]
Zähler- und Zeitgeberkanal *m* канал счётчика-таймера
Zählerbaustein *m* счётчик; ИС счётчика
Zählerinhalt *m см.* **Zählerstand**
Zählermode *m* режим счётчика, работа *(ИС счётчика-таймера)* в режиме счётчика
Zählerrückstellung *f* сброс счётчика, установка счётчика в ноль
Zählerschaltkreis *m* ИС счётчика, интегральный счётчик
Zählerschaltung *f*, **integrierte** ИС счётчика
Zählerstand *m* показание [показания] счётчика

Zähler/Zeitgeber

Zähler/Zeitgeber *m* счётчик-таймер, таймер/счётчик (событий)

Zählerzeitgeber-Baustein *m* счётчик-таймер, таймер/счётчик (событий); ИС счётчика-таймера

Zähler/Zeitgeber-Betriebsart *f см.* **Zähler/Zeitgeber-Mode**

Zähler/Zeitgeber-IS *f* ИС счётчика-таймера

Zähler/Zeitgeber-Mode *m* режим счётчика-таймера, работа в режиме счётчика-таймера

Zählerzeitgeber-Schaltkreis *m* ИС счётчика-таймера

~, **programmierbarer** БИС программируемого интервального таймера, микросхема ПИТ

Zählflipflop *n* MS-триггер, триггер MS-типа

Zählfrequenz *f* частота счёта

Zählimpuls *m* счётный импульс

Zählschaltung *f* счётная схема

Zählschleife *f* счётный цикл

Zählzeichen *n* счётный импульс

Z-Bereich *m* область стабилизации

Z-Diode *f* (полупроводниковый) стабилитрон

~, **temperaturkompensierte** термокомпенсированный стабилитрон

~, **vergrabene** стабилитрон со скрытой структурой, скрытый стабилитрон

Z-Dioden-Referenz *f см.* **Z-Diodenreferenzspannungsquelle**

Z-Dioden-Referenzspannungsquelle *f* источник опорного напряжения на стабилитроне [со стабилитроном]

~, **temperaturkompensierte** термокомпенсированный источник опорного напряжения на стабилитроне [со стабилитроном]

Z-Dioden-Transistor-Logik *f*, **diodengekoppelte** диодно-транзисторные логические схемы со стабилитронами

Z-Durchbruch *m* зеноровский [туннельный] пробой

Z-Effekt *m* эффект Зенера, зеноровский [туннельный] пробой

Zeibasisdiode *f* двухбазовый диод, однопереходный транзистор

Zeichen *n* 1. знак; символ 2. сигнал

~, **graphisches** графический символ

~, **unzulässiges** запрещённый знак; запрещённый символ

Zeichenabstand *m* интервал между символами

Zeichenanzeige *f* знаковая индикация

Zeichnungsdigitalisierung

Zeichenanzeiger *m* знаковый индикатор

Zeichenbildschirm *m* экран знакосинтезирующего дисплея

Zeichenbit *n* знаковый разряд, разряд знака

Zeichendrucker *m* знакопечатающее устройство последовательного типа

Zeichenerkennung *f* распознавание знаков *или* символов

Zeichenerzeugung *f* генерация знаков, знакогенерация; генерация символов

Zeichenfeldraster *n* знакоориентированный растр

Zeichenfolge *f см.* **Zeichenkette**

Zeichengenerator *m* знакогенератор

Zeichengerät *n* графопостроитель

Zeichengeschwindigkeit *f* скорость передачи, считывания *или* записи знаков *или* символов

Zeichenkette *f* строка символов

Zeichenkettenbefehl *m* команда обработки строки данных, строковая команда

Zeichenkettenvariable *f* строковая переменная

Zeichenkode *m* код знака *или* символа

Zeichenmatrix *f* знаковая матрица

Zeichenmodus *m* знаковый режим

Zeichenprogramm *n* рисовальная программа

Zeichenrate *f см.* **Zeichengeschwindigkeit**

Zeichensatz *m* 1. набор символов 2. шрифтокомплект; шрифт

~, **ladbarer** загружаемый шрифтокомплект

~, **residenter** резидентный [встроенный] шрифтокомплект

Zeichenstift *m* перо *(перьевого графопостроителя)*; пишущий элемент

Zeichentablett *n* кодирующий планшет

Zeichenteilmenge *f* подмножество знаков; подалфавит

Zeichenumsetzer *m* преобразователь (кода) символов

Zeichenumsetzung *f* преобразование (кода) символов

Zeichenverarbeitungsmodus *m см.* **Zeichenmodus**

Zeichenvorlage *f* оригинал *(для изготовления фотошаблона)*

Zeichenvorrat *m* набор символов

Zeichenwerkzeug *n* пишущий узел *(графопостроителя)*

Zeichnungsdigitalisierung *f* кодирование графической информации, преоб-

Zeichnungsdigitalisierung

разование графической информации в цифровую форму

Zeiger *m* указатель

Zeigerregister *n* регистр-указатель

Zeilenadresse *f* адрес строк(и)

Zeilenadreßregister *n* регистр адреса срок(и)

Zeilenansteuerung *f* см. **Zeilensteuerung**

Zeilenauswahl *f* выбор строки

Zeilendekoder *m* 1. строчный декодер *(устройство, обеспечивающее разложение рисунка кристалла ИС на горизонтальные линии)* 2. дешифратор строк *(в памяти микро-ЭВМ)*

Zeilendisplay *n* (одно)строчный дисплей

Zeilendrucker *m* устройство построчной печати, построчно-печатающее [строкопечатающее] устройство

Zeileneinstellung *f* установка (исходного) положения строк *(для совмещения шаблонов в процессе формирования рисунка)*

Zeilenentschlüßler *m* дешифратор строк

Zeilenfrequenz *f* частота строк

Zeilenleitung *f* 1. ось (выборки) X *(в ПЗИ)* 2. числовая шина, шина строки; шина слов *(ЗУ)*

Zeilenrücklauf *m* обратный ход *(электронного луча)* по строкам, обратный ход строчной развёртки

Zeilenschieberegister *n* регистр горизонтальной развёртки *(в ППЗ)*

Zeilensensor *m* однострочный фото-ПЗС, ПЗС-линейка

Zeilensprungverfahren *n* метод чересстрочной развёртки, чересстрочная развёртка

Zeilensteuerung *f* управление строкой *(в процессе формирования рисунка шаблона)*

Zeilensynchronimpuls *m* строчный синхронизирующий импульс, строчный синхроимпульс

Zeilenvorschub *m* 1. подача [протяжка] (бумаги) на одну строку 2. перевод строки

Zeit *f* время

~ **bis zum Ausfall, mittlere** средняя наработка до отказа, среднее время безотказной работы

~, **mittlere störungsfreie** см. **Zeit bis zum Ausfall, mittlere**

~ **zwischen zwei Störungen, mittlere** среднее время наработки на отказ, средняя наработка на отказ

Zeitablaufsteuerung *f* 1. синхронизация; тактирование 2. таймер

Zeitmultiplexverfahren

Zeitablenkgeschwindigkeit f скорость (временна́я) развёртки

Zeitablenkung f (временна́я) развёртка

Zeitablenkverzögerung f задержка развёртки

Zeitbasis f 1. временна́я ось; масштаб по оси времени 2. (временна́я) развёртка 3. генератор развёртки

Zeitdiagramm n временна́я диаграмма

Zeitdiagrammanalysator m анализатор временны́х диаграмм

Zeitdiagrammanalyse f, **Zeitdiagrammessung** f анализ временны́х диаграмм

Zeitfolgeschaltkreis m времязадающая схема

Zeitgatter n временной селектор

Zeitgeber m 1. таймер 2. датчик истинного времени
~, **einstellbarer** интервальный таймер
~, **programmierbarer** программируемый (интервальный) таймер, ПИТ

Zeitgeberbetrieb m см. **Zeitgebermode**

Zeitgeber-IS f ИС таймера

Zeitgebermode m режим таймера, работа (ИС счётчика-таймера) в режиме таймера

Zeitgeberschaltkreis m, **Zeitgeberschaltung** f см. **Zeitgeber-IS**

Zeitglied n элемент выдержки времени; элемент задержки

Zeit-Impuls-Wandler m время-импульсный преобразователь

Zeitintervall n интервал времени, временной интервал
~, **kleines** малый интервал времени
~, **vorgebbares** задаваемый интервал времени

Zeitintervallanalysator m анализатор временны́х интервалов

Zeitintervall-Spannung-Umsetzer m (цифровой) преобразователь временны́х интервалов в напряжение

Zeitkomparator m временна́я схема сравнения

Zeitkonstante f постоянная времени
~, **thermische** тепловая постоянная времени (терморезистора)

Zeitkreis m см. **Zeitfolgeschaltkreis**

Zeitmessung f измерение временны́х интервалов

Zeitmultiplex n см. **Zeitmultiplexverfahren**

Zeitmultiplexverfahren n метод временно́го мультиплексирования, мультиплексирование с временны́м разделением [с временны́м уплотнением] (напр. каналов в систе-

Zeitmultiplexverfahren

мах телеобработки данных); временно́е уплотнение, временно́е разделение *(каналов)*

Zeitquantisierung *f* квантование по времени; дискретизация *(сигнала)*

Zeitraffungsprüfungen *f pl* ускоренные испытания; форсированные испытания

Zeitschalter *m* реле времени

Zeitscheibe *f* 1. квант времени; квант машинного времени 2. время [интервал] ответа *(в ЛВС)*

Zeitscheibenbetrieb *m* режим разделения времени, работа в режиме разделения времени

Zeitscheibensystem *n* система разделения времени

Zeitscheibenverfahren *n* квантование времени; режим разделения времени

Zeitspanne *f* интервал времени, временной интервал; отрезок времени

Zeitsperre *f* блокировка по времени

Zeitsteuereinheit *f* устройство (временно́й) синхронизации, синхронизатор

Zeittaktsignal *n* сигнал (временно́й) синхронизации, синхросигнал; тактовый импульс

Zeitteilung *f* разделение времени

Zeitverhalten *n* временная характеристика

~ **des Interruptannahmezyklus** временна́я диаграмма цикла (обработки запроса) прерывания

Zeitverlauf *m* временна́я характеристика; временна́я диаграмма

Zeitversatz *m* временно́й сдвиг; расфазировка *(сигналов)*

Zeitverzögerung *f* 1. (временна́я) задержка 2. выдержка времени *(реле)*

Zeitverzögerungsglied *n* элемент (временно́й) задержки

Zeitverzögerungsschaltung *f* схема (временно́й) задержки

Zelle *f* ячейка; элемент

~, **taperisolierte** запоминающий элемент с конусной изолирующей оксидной областью

Zellenarray *n* матрица с регулярной структурой

Zellenbibliothek *f* библиотека элементов и ячеек *(для автоматизированного проектирования БИС и СБИС)*

Zellenbibliothekselement *n*, **Zellenelement** *n* библиотечный элемент; библиотечная ячейка; элемент базового набора *(для проектирования матричных БИС)*

Zellenfeld *n* см. **Zellenarray**

Zellenfunk *m* сотовая (радиотелефонная) связь

Zellenlogik *f* клеточная [регулярная] логика

Zellenrechner *m* ЭВМ на основе клеточной [регулярной] логики

Zellenstruktur *f* ячеистая структура

Zellentechnologie *f* технология БИС на основе библиотечных элементов (и/или ячеек)

Zellentopologie *f* топология БИС на основе библиотечных элементов (и/или ячеек)

Zellularautomat *m* клеточный автомат

Zellularmatrix *f* матрица с регулярной структурой

Zener-Barriere *f* зенеровский барьер

Zenerdiode *f* 1. *см.* Z-Diode 2. *уст.* диод Зенера

Zener-Durchbruch *m* зеноровский [туннельный] пробой

Zener-Effekt *m см.* Z-Effekt

Zener-Emission *f* внутренняя автоэлектронная эмиссия *(при зеноровском пробое)*

Zener-Impedanz *f* зеноровское полное сопротивление

Zener-Kennlinie *f* зеноровская характеристика

Zener-Knick *m*, **Zener-Knie** *n* зеноровский перегиб, зеноровский излом характеристики

Zener-Referenz *f* источник опорного напряжения на стабилитроне [со стабилитроном]

Zener-Spannung *f см.* Z-Spannung

Zener-Strom *m* зеноровский ток

Zener-Widerstand *m см.* Z-Widerstand

Zener-Zap-Trimming *n* подгонка *(резисторов)* с использованием стабилитронов

Zentraleinheit *f* центральный процессор, ЦП

Zentralminimum *n* центральный [нижний] минимум

Zentraltal *n* центральная долина, центральный [нижний] минимум

Zentrifugieren *n*, **Zentrifugierung** *f* центрифугирование

Zerfällungs(knoten)punkt *m* точка сочленения *(графа)*

Zerhacker *m* прерыватель; вибропреобразователь

Zerhackertransistor *m* транзистор, работающий в ключевом режиме, транзистор в ключевом режиме

Zerhackerverstärker *m* усилитель с прерывателем, усилитель с модуляцией - демодуляцией [с модулятором - демодулятором], усилитель типа М - ДМ

Zerstäubung *f* распыление

Zerstäubungsabscheidung *f* осаждение распылением

Zerstäubungsätzen

Zerstäubungsätzen *n* травление методом распыления

Zerstäubungsbeschichten *n* нанесение покрытия распылением

Zerstäubungskatode *f* распыляемый катод *(в установке катодного распыления)*

Zerstäubungstarget *n* мишень установки для распыления

ZF-Verstärker *m* усилитель промежуточной частоты, УПЧ

~, **kapazitätsdiodengekoppelter** УПЧ с варикапной связью

ZF-Vorverstärker *m* предварительный усилитель промежуточной частоты, ПУПЧ

Ziehapparat *m* установка для вытягивания кристаллов [для выращивания кристаллов методом вытягивания]

Ziehen *n* вытягивание

~ **aus der Schmelze** вытягивание *(кристалла)* из расплава

Ziehgeschwindigkeit *f* скорость вытягивания

Ziehrichtung *f* направление вытягивания

Ziehverfahren *n* метод вытягивания *(кристаллов)*, выращивание кристаллов методом вытягивания

Ziehwiderstand *m* резистор для поднятия [понижения] напряжения *(напр. в выходных каскадах преобразователей уровня)*; нагрузочный резистор; согласующий резистор

Ziel *n* цель

~, **bewegtes** движущаяся цель

~, **laserbeleuchtetes** цель, подсвеченная лазерным лучом

Zieladresse *f* адрес получателя; адрес назначения

Zielansteuerung *f* наведение на цель

Zielbeleuchtung *f* (лазерный) подсвет цели

Zielbeleuchtungsgerät *n* (лазерное) устройство подсвета цели, лазерный целеуказатель

Zielerfassung *f* захват цели

Zielerkennung *f* распознавание цели

Zieloperand *m* операнд назначения, операнд-приёмник *(в команде пересылки)*

Zielregister *n* регистр назначения

Zielsuchkopf *m* головка самонаведения

Zielsuchlenkung *f* самонаведение *(на цель)*

Zielverfolgung *f* сопровождение цели

Zielverfolgungsradar *n* РЛС сопровождения цели

Zielzeichen *n* отметка цели

Zielzuweisung *f* целеуказание

Ziffernanzeige *f* цифровая индикация

Ziffernanzeigeeinheit *f* блок цифровой индикации

Zifferndisplay *n* цифровой дисплей; цифровой индикатор

ZIL-Gehäuse *n* *см.* ZIP-Gehäuse

Zimtsäurester *m pl* **des Polyvinylalkohols** эфиры коричной кислоты и поливинилового спирта, поливинилциннаматы, ПВЦ *(полимерная основа для негативных фоторезистов)*

Zinkblendengitter *n* (кристаллическая) решётка (типа) цинковой обманки [сфалерита]

Zinken *m* зубец *(гребенчатого соединения)*

Zinn-Blei-Legierung *f* (электролитический) сплав олово - свинец

Zinn-Blei-Maske *f* оловянно-свинцовое (защитное) покрытие

Zinnpaste *f* оловянная [лудящая] паста

ZIP-Gehäuse *n* плоский корпус с зигзагообразным расположением штырьковых выводов, ZIP-корпус

Zirkulator *m* циркулятор

z-Justierung *f* установка по оси Z

ZMD-Speicher *m* память [ЗУ] на ЦМД [на цилиндрических магнитных доменах], ЦМД ЗУ

Zollraster *n* дюймовая координатная сетка, координатная сетка на основе дюймовой размерной системы; размеры корпуса (ИС) в дюймах

Zone *f* зона

~, **implantierte** зона, полученная ионной имплантацией

~, **n-leitende** область (с проводимостью) *n*-типа, область с электронной проводимостью, *n*-область

~, **p-diffundierte** диффузионная *p*-область

~, **p-leitende** область (с проводимостью) *p*-типа, область с дырочной проводимостью, *p*-область

~, **verbotene** запрещённая зона

Zonendotierung *f* зонное легирование

Zonen-Floating-Verfahren *n* метод бестигельной зонной плавки, бестигельная зонная плавка

Zonenglühen *n* *см.* Zonenreinigung

Zonenhomogenisierung *f* зонное выравнивание

Zonen-Levelling-Verfahren *n* метод (тигельной) зонной плавки с выравниванием зон, метод зонного выравнивания

Zonenreinigung *f* зонная очистка, очистка методом зонной плавки

Zonenreinigungsanlage f установка зонной очистки

Zonenschmelzen n зонная плавка

~, **tiegelfreies** метод бестигельной зонной плавки

Zonenschmelzverfahren n метод зонной плавки, зонная плавка

~, **tiegelfreies** метод бестигельной зонной плавки

Zonenschwebeverfahren n см. **Zonen-Floating-Verfahren**

Zonensteueranlage f система управления температурными режимами зон (*конвейерной печи для вжигания толстых пленок*)

Zoom n англ. **Zoomen**

Zoomen n 1. изменение (*увеличение или уменьшение*) масштаба изображения (*в машинной графике*) 2. изменение фокусного расстояния (*вариообъектива*) 3. наплыв 4. изменение формата (*копируемого документа*)

Zoomfaktor m 1. коэффициент изменения масштаба изображения (*в машинной графике*); коэффициент увеличения масштаба изображения 2. кратность изменения фокусного расстояния (*вариообъектива*)

Zoom-Funktion f изменение масштаба изображения (*в машинной графике*); возможность изменения масштаба изображения

Zooming n см. **Zoomen**

z-Parameter m pl z-параметры (*гибридные параметры биполярного транзистора*)

ZRE-Karte f плата центрального процессора

ZRE-Steckeinheit f ТЭЗ центрального процессора

Z-Spannung f 1. напряжение зенеровского пробоя, напряжение туннельного пробоя p-n-перехода 2. напряжение стабилизации (стабилитрона)

Z-Strom m 1. зенеровский [туннельный] ток 2. ток стабилизации (стабилитрона)

Zubringerleitung f входящая линия, входящая магистраль (*сети связи*)

Züchtung f выращивание

~ **aus der Gasphase** выращивание (*кристалла*) из газовой [паровой] фазы

~ **aus der Lösung** выращивание (*кристалла*) из раствора

~ **einer Epitaxieschicht** выращивание эпитаксиального слоя

~, **epitaxiale** эпитаксиальное выращивание, эпитаксиальное наращивание

~, **rheotaxiale** реотаксиальное выращивание

Züchtungsverfahren *n* метод выращивания (монокристаллов)

~, **tiegelfreies** бестигельный метод (выращивания монокристаллов)

Zufallsausfall *m* случайный отказ

Zufallsfehler *m* случайная ошибка

Zufallslogik *f* нерегулярная логика

Zufallsschaltung *f* схема с произвольной логической структурой

Zufallsstichprobe *f* случайная выборка

Zufallszahl *f* случайное число

Zufallzahlengenerator *m* генератор (псевдо)случайных чисел

Zuführungseinheit *f* блок питателя (*автомата подачи элементов ИС*)

Zuführungsschleuse *f* шлюз питателя (*автомата подачи элементов ИС*)

Zugriff *m* выборка; доступ; обращение

~, **exklusiver** монопольный доступ

~, **sequentieller** последовательный доступ

~, **wahlfreier** произвольный доступ

Zugriffseinheit *f* блок управления доступом

Zugriffsverfahren *n* метод доступа

Zugriffszeit *f* время выборки; время доступа

Zugspaltung *f* напряжение спайности (*в кристаллах*)

Zugtest *m* испытание (*выводов*) на отрыв

Zugtraktor *m* механизм подачи бумаги тянущего типа, тянущая передача

Zuleitung *f* 1. (гибкий) вывод (*интегрального прибора*) 2. токоподвод, токоподводящий проводник; ввод

~, **freie** неподсоединённый вывод

Zuleitungsinduktivität *f* 1. индуктивность выводов 2. индуктивность токоподводящих проводников; индуктивность ввода

Zuleitungskapazität *f* 1. ёмкость выводов 2. ёмкость токоподводящих проводников; ёмкость ввода

Zuleitungswiderstand *m* сопротивление выводов

Zündelektrode *f* управляющий электрод (*тиристора*)

Zünden *n см.* Zündung

Zündimpuls *m* отпирающий импульс (*управления*)

Zündschaltung *f* схема отпирания (*напр. тиристора*)

Zündspannung *f* отпирающее напряжение на управляющем электроде (*тиристора*), отпирающее напряжение

Zündstrom

Zündstrom *m* отпирающий ток управляющего электрода (*тиристора*), отпирающий ток

Zündung *f* отпирание, переключение (*напр. тиристора*) из закрытого состояния в открытое

Zündverzögerung *f см.* **Zündverzugzeit**

Zündverzögerungswinkel *m* угол управления (*тиристором*)

Zündverzugszeit *f* время задержки по управляющему электроду (*тиристора*), время задержки

Zurückweisung *f* отбраковка

Zusatzkarte *f* дополнительная плата

Zusatzlogik *f* расширяющая логика

Zustand *m* состояние; «1»-~ состояние логической «1»; «0»-~ состояние логического «0»

~, **angeregter** возбуждённое состояние

~, **aufgesteuerter** открытое состояние (*транзистора*)

~, **besetzter** занятое энергетическое состояние; занятый [заполненный] уровень (энергии)

~, **eingeschwungener** установившееся состояние; стационарное состояние

~, **gesperrter** запертое состояние; закрытое состояние

~, **hochohmiger** высокоимпедансное состояние

~, **leitender** проводящее состояние

~, **logischer** логическое состояние

~, **lokalisierter** локальное состояние (*электрона, дырки*)

~, **nicht übersteuerter** ненасыщенное [закрытое] состояние (*биполярного ключа*)

~, **stationärer** стационарное состояние

~, **stromführender** (токо)проводящее состояние

~, **übersteuerter** насыщенное [открытое] состояние (*биполярного ключа*); режим насыщения

~, **unbesetzter** незанятое энергетическое состояние; свободный уровень (энергии)

~, **zugesteuerter** запертое состояние (*транзистора*)

Zustandsanalysator *m* анализатор логических состояний

Zustandsanalyse *f* анализ логических состояний

Zustandsbit *n* бит состояния

Zustandsbyte *n* байт состояния

Zustandsdiagramm *n* диаграмма состояния

~, **ternäres** тройная диаграмма состояния

Zustandsdichte f плотность (энергетических) состояний

~, **effektive** эффективная плотность состояний

Zustandsflipflop n триггер состояния

Zustandsleitung f шина состояния

Zustandsregister n регистр состояния; регистр команд и состояния

Zustandstabelle f таблица переходов *(триггера)*

Zusteuern n запирание *(транзистора)*

Zuverlässigkeit f надёжность

Zuverlässigkeitsindex m коэффициент надёжности

Zuverlässigkeitskenngröße f показатель надёжности

Zuverlässigkeitskriterium n критерий надёжности

Zuverlässigkeitsprüfung f испытание на надёжность

Zuverlässigkeitstheorie f теория надёжности

ZVE f центральный процессор, ЦП

Zweiadreßbefehl m двухадресная команда

Zweichipmikroprozessor m двухкристальный микропроцессор

Zweiebenenleiterplatte f двусторонняя печатная плата

~, **durchkontaktierte** двусторонняя печатная плата с металлизированными сквозными отверстиями

Zweiebenen-Polysiliziumtechnik f технология (МОП) ИС с двухуровневыми поликремниевыми затворами; технология поликремниевых приборов с двухуровневой организацией

Zweiebenenschaltung f двусторонняя печатная плата; печатная схема с двусторонней печатной платой

Zweiebenenverdrahtung f двухуровневая разводка

Zweiemittertransistor m двухэмиттерный транзистор

Zweierkomplement n дополнение до двух

Zweierkomplementkode m код с дополнением до двух

Zweifachdarlingtonstruktur f двойная дарлингтоновская структура

Zweifach-Operationsverstärker m сдвоенный операционный усилитель, сдвоенный ОУ

Zweifach-OTA m сдвоенный трансимпедансный усилитель, сдвоенный усилитель напряжения, управляемого током

Zweiflankenflipflop n триггер, переключаемый положительным и отрица-

Zweiflankenflipflop
тельным фронтами [фронтом и срезом тактового импульса], тактируемый двухступенчатый триггер

Zweiflankenintegrationsverfahren *n* см. **Zweiflankenverfahren**

Zweiflankensteuerung *f* синхронизация триггера положительным и отрицательным фронтами, переключение триггера фронтом и срезом тактового импульса

Zweiflankenverfahren *n* метод двукратного [двухтактного] интегрирования

Zweiflankenwandler *m* АЦП с двукратным [с двухтактным] интегрированием

Zweigdatenweg *m* магистраль ветви; ветвь *(системы САМАС)*

Zweigtreiber *m* драйвер ветви *(системы САМАС)*

Zwei-Input-NAND-Gate *n* двухвходовый элемент [двухвходовый вентиль] И - НЕ

Zweikanaltorsteuerung *f* контроллер с двойным входом в канал

Zweikomponenten-Kleber *m* двухкомпонентный клей

Zweikomponentenmasse *f* двухкомпонентная композиция; двухкомпонентный материал

Zweilagenmetallisierung *f* двухуровневая [двухслойная] металлизация

Zweiphasenbetrieb *m* двухфазное управление *(режим управления ПЗС)*

Zweiphasen-CCD *n* двухфазный ПЗС

Zweiphasensystem *n* 2-фазная схема управления *(ПЗС)*, метод двухфазного управления *(ПЗС)*

Zweiportspeicher *m* двухпортовая память, двухпортовое ЗУ

Zweipunktverbindung *f* двухточечное соединение

Zweirampenumsetzer *m* см. **Zweiflankenwandler**

Zweirampenverfahren *n* см. **Zweiflankenverfahren**

Zweirichtungsschalter *m* двунаправленный переключатель; двунаправленный ключ

Zweirichtungsthyristordiode *f* симметричный диодный тиристор, диак

Zweirichtungsthyristortriode *f* симметричный триодный тиристор, триак

Zweirichtungstransistor *m* симметричный транзистор

Zweirichtungszähler *m* реверсивный счётчик

Zweischalenkeramikgehäuse *n* стеклокерамический плоский корпус (ИС) с двухрядным расположением выводов, стеклокерамический плоский DIP-корпус

Zweischichtresistsystem *n* двухслойный фоторезист

Zweischrittdiffusion f двухстадийная диффузия

Zweischrittreduktion f двухступенчатое (оптическое) уменьшение изображения

Zweischrittverfahren n двухстадийный метод *(напр. диффузии)*

Zweiseitenstreifenleitungsplatte f двусторонняя полосковая плата

Zweisondenmessung f измерение *(параметров ИС)* двухзондовым методом; двухзондовый метод измерения

Zweistreifentransistor m транзистор с двухполосковой геометрией *(базовых и коллекторных выводов)*

Zweistufen-Flüssigphasenepitaxieverfahren n метод двухстадийного эпитаксиального выращивания из жидкой фазы

Zweitorspeicher m двухпортовая память, двухпортовое ЗУ

Zweitortransistor m двухзатворный транзистор

Zweitortransistor m двухзатворный транзистор

Zweitransistor-FAMOS-Speicherelement n двухтранзисторная (запоминающая) ячейка на лавинно-инжекционных МОП-транзисторах с плавающим затвором

Zwei-von-3-System n мажоритарная система с поразрядным голосованием по правилу «два из трёх»

Zweiwegbus m двунаправленная шина

Zweiwegschalter m двунаправленный переключатель; двунаправленный ключ

Zweiwegthyristor m симметричный триодный тиристор, триак

Zweizustandssignal n сигнал с двумя (логическими) состояниями

Z-Widerstand m 1. зеноровское сопротивление, (дифференциальное) сопротивление p-n-перехода при зеноровском [туннельном] пробое 2. дифференциальное сопротивление стабилитрона

Zwilling m двойниковый кристалл

Zwillingsbildung f двойникование *(кристалла)*

Zwillingsebene f плоскость двойникования *(кристалла)*

Zwillingsenergie f энергия двойникования

Zwillingsgrenze f граница двойникования *(кристалла)*, двойниковая граница

Zwillingskristall m двойниковый кристалл

Zwillingslamellen f pl двойниковые ламели

Zwillingstransistor *m* составной транзистор

Zwillingsversetzung *f* двойниковая дислокация (*в кристаллах*)

Zwischenausbeute *f* выход годных (изделий) на промежуточном контроле

Zwischenbandrekombination *f* межзонная рекомбинация

Zwischenchichtverbindung *f* межслойное соединение

Zwischendiffusion *f* взаимная диффузия

Zwischenfotomaske *f* промежуточный фотошаблон

Zwischengitteratom *n* атом примеси в междоузлии, атом, внедрённый в междоузлие, атом внедрения

Zwischengitteratom-Leerstellen-Paar *n* пара «примесь внедрения - вакансия» (*дефект по Френкелю*)

Zwischengitterdefekt *m* дефект внедрения

Zwischengitterdiffusion *f* междоузельная диффузия

Zwischengitterfehlstelle *f* дефект внедрения

Zwischengitterlücke *f* вакансия (*в кристаллической решетке*)

Zwischengitterplatz *m* междоузлие

Zwischengitterstörstelle *f* примесь внедрения

Zwischengitterwanderung *f* перемещение (*внедренных атомов*) по междоузлиям

Zwischenhaftniveau *n* промежуточный уровень захвата

Zwischenschablone *f* промежуточный (фото)шаблон

Zwischenschablonenebene *f* плоскость установки промежуточного (фото)шаблона

Zwischenschichtisolation *f* межслойная изоляция

Zwischenschichtladung *f* заряд (состояний) на поверхности раздела

Zwischenschichtladungsdichte *f* плотность заряда (состояний) на поверхностях раздела

Zwischenschichtzustände *m pl* состояния на поверхностях раздела

Zwischenschichtzustandsdichte *f* плотность состояний на поверхностях раздела

Zwischenspeicherflipflop *n* RS-триггер, синхронизируемый уровнем, RS-защёлка

Zwischenstörstellenrekombination *f* межпримесная рекомбинация

Zwischenstörstellenübergang *m* межпримесный переход

Zwischentalstreuung *f* междолинное рассеяние

Zwischentalübergang *m* междолинный переход *(электронов)*

Zwischenträger *m* 1. паучок, паучковые выводы *(для присоединения кристаллов ИС)* 2. выводная рамка с паучковыми выводами *(для монтажа кристаллов ИС на гибкой ленте-носителе)* 3. вспомогательный носитель *(для монтажа кристаллов ИС)* 4. поднесущая

Zwischenträgerbrücke *f* вывод выводной рамки; вывод вспомогательного носителя

Zwischenträgerbrückenanschluß *m* паучковый вывод *(кристаллодержателя на гибкой ленте-носителе)*

Zwischenträgerfilm *m* полимерная плёнка-основа ленточного носителя

Zwischenträgerfolienband *n* гибкая лента-носитель с «балочными» выводами *(тонкими паукообразными выводами, нависающими над центральным отверстием ленты)*

Zwischenträgerstruktur *f* структура вспомогательного носителя *(для монтажа кристаллов ИС)*

~, **spinnenförmige** паучковая структура вспомогательного носителя *(для монтажа кристаллов ИС)*

Zwischenverbindungen *f pl* (внешние) межсоединения; разводка

Zwischenverbindungsmuster *n* рисунок межсоединений

~, **programmiertes** рисунок программируемых межсоединений

Zwittersteckverbinder *m* гибридный (электрический) соединитель

Zyklotronresonanz *f* циклотронный резонанс

Zyklus *m* цикл

Zykluszeit *f* время цикла *(выполнения команды)*

* * *

Сокращения

ABC [Advanced Bipolar CMOS] технология усовершенствованных Би-КМОП ИС, усовершенствованная Би-КМОП-технология

AC [Advanced CMOS] I *см.* **ACMOS**

AC [Adaptive Control, Anpassungsregelung, Anpaßsteuerung] II адаптивное управление

ACE [Advanced Customized ECL] серия усовершенствованных заказных ЭСЛ ИС

ACIA [Asyncronous Communication Interface Adapter, asynchroner Kommunikationsschnittstellen-Baustein] адаптер последовательного интерфейса асинхронного обмена

ACL [Advanced CMOS Logic] усовершенствованные (логические) КМОП ИС

ACMOS [Advanced CMOS] 1. усовершенствованные КМОП ИС 2. технология усовершенствованных КМОП ИС, усовершенствованная КМОП-технология

ACT [ACMOS mit TTL-kompatiblen Eingangsstrukturen] усовершенствованные КМОП ИС с ТТЛ-совместимыми входами

ADC [Analog Digital Converter, Analog-Digital-Umsetzer] аналого-цифровой преобразователь, АЦП

ADU [Analog-Digital-Umsetzer] аналого-цифровой преобразователь, АЦП

AES [Augerelektronenspektroskopie] оже-электронная спектроскопия, оже-спектроскопия

AFC [Automatic Frequency Control, automatische Frequenzregelung] АРЧ, автоматическая регулировка частоты

AGA [Alterable Gate Array, abänderbare Gatteranordnung] вентильная матрица с перестраиваемой [с изменяемой] структурой

AGC [Automatic Gain Control, automatische Verstärkungsregelung] АРУ, автоматическая регулировка усиления

AHC [Advanced High-speed CMOS] 1. усовершенствованные быстродействующие КМОП ИС 2. технология усовершенствованных быстродействующих КМОП ИС, усовершенствованная технология быстродействующих КМОП ИС

AHCT [Advanced High-speed CMOS mit TTL-kompatiblen Eingangsstrukturen] 1. усовершенствованные быстродействующие КМОП ИС с ТТЛ-совместимыми затворами 2. технология усовершенствованных быстродействующих КМОП ИС с ТТЛ-совместимыми затворами, усовершенствованная технология быстродействующих КМОП ИС с ТТЛ-совместимыми затворами

AIM [Avalanche-Induced Migration, lawineninduzierte Wanderung] лавинно-индуцированная миграция

ALD [Automatic Logic Design, rechnerunterstützter Logikentwurf] автоматизированное логическое проектирование

ALS [Advanced Low-Power-Schottky-TTL-Schaltkreis] усовершенствованная маломощная ТТЛ ИС с диодом Шоттки, усовершенствованная ТТЛШ ИС с малой [низкой] потребляемой мощностью

ALU [Arithmetic Logic Unit, arithmetisch-logische Einheit] АЛУ, арифметическо-логическое устройство

AMOSFET [Anodized Metal-Oxide-Semiconductor FET] МОП-транзистор с анодно-оксидированным изолирующим слоем

APSA [Advanced Polysilicon Self-Aligned] усовершенствованная технология МОП ИС с самосовмещённым поликремниевым затвором

AQL [Acceptable Quality Level] уровень дефектности (*доля дефектных единиц продукции или число дефектов на сто единиц продукции*)

AROM [Alterable ROM] *см.* **EAROM**

AS [Advanced Schottky-TTL-Schaltkreise] усовершенствованные ТТЛШ-схемы

ASBC [Advanced Standard Buried-Collector] усовершенствованная базовая технология ИС со скрытым коллекторным слоем

ASCII [American Standard Code for Information Interchange] Американский стандартный код для обмена информацией, код ASCII

ASCR [Asymmetrical Silicon Controlled Rectifier, asymmetrisch sperrender Thyristor] несимметричный (триодный) тиристор

ASIC [anwendungsspezifisches IC] специализированная ИС

ASLT [Advanced Solid Logic Technology] усовершенствованная технология изготовления полупроводниковых логических ИС

ASTL [Advanced Schottky Transistor Logic] усовершенствованные ШТЛ ИС

AS-TTL [Advanced Schottky TTL] усовершенствованные ТТЛ ИС с диодами Шоттки

ATMOS [Adjustable Threshold MOS] МОП-структура с регулируемым пороговым напряжением; МОП-транзистор с регулируемым порогом

AU [Arithmetic Unit] арифметическое устройство

AÜR [Automatischer Überdeckungsrepeater] (автоматизированная) установка совмещения и мультипликации, мультипликатор

AVDS [Automatic Vacuum Deposition System] автоматическая установка термовакуумного осаждения плёнок

BAW [Bulk Acoustic Waves, akustische Volumenwellen] объёмные акустические волны

BBD [Bucket Brigade Device, Eimerkettenschaltung] I прибор (с зарядовой связью) типа «пожарная цепочка», ПЗС типа «пожарная цепочка»

BBD [Bulk-Barrier-Diode] II диод с внутренним униполярным барьером, ВУБ-диод

BBD (FT) [Bucket Brigade Device (Frame Transfer)] ПЗС типа «пожарная цепочка» с (по)кадровым переносом зарядов

BBD (IT) [Bucket Brigade Device (Interline Transfer)] ПЗС типа «пожарная цепочка» с межстрочным переносом зарядов

BBSR [Bucket-Brigade Shift Register, Schieberegister mit Eimerkettenschaltung] сдвиговый регистр на приборах типа «пожарная цепочка»

BCCD [Bulk or Buried Channel Charge-Coupled Device] ПЗС с объёмным каналом; ПЗС со скрытым каналом

BCCD (FT) [Buried-Channel CCD (Frame Transfer)] ПЗС с объёмным каналом с использованием (по)кадрового переноса зарядов

BCCD (IT) [Buried-Channel CCD (Interline Transfer)] ПЗС с объёмным каналом с использованием межстрочного переноса зарядов

BCL [Base-Coupled Logic, basisgekoppelte Bipolartransistorlogik] (биполярные)

логические схемы с базовыми связями

BCMOS [Buried Channel MOS] МОП-структура со скрытым каналом; ИС на МОП-структуре со скрытым каналом

BDP [Base Diffusion Process, Basisdiffusionsverfahren] метод базовой диффузии

BEAMOS [Beam-Adressed MOS] МОП ЗУ с электронно-лучевой адресацией

BeMOS [Bipolar-enhanced MOS] технология МОП ИС, усиленных биполярными элементами, технология BeMOS

BEST [Base-Emitter Self-aligned Technology, selbstjustierte Basis-Emitter-Technik] технология биполярных ИС с самосовмещёнными эмиттером и базой

BFL [Buffered FET Logic, gepufferte FET-Logik] логика [логические схемы] на буферных полевых транзисторах

BICAP [Binary Capacitor] (МОП-)конденсатор с двумя дискретными значениями ёмкости

Bicfet [Bipolar inversion-channel FET] биполярно-полевой транзистор с инверсионным каналом

BIDFET [Bipolar Double-Diffused Metal-Oxide-Semiconductor and Field-Effect Transistor] 1. (комбинированная) технология ИС на биполярных, ДМОП- и полевых транзисторах 2. ИС на биполярных, ДМОП- и полевых транзисторах

BIFET [Bipolar Junction Field-Effect Transistor, Bipolar-SFET] ИС на биполярных транзисторах и полевых транзисторах с p-n-переходом

BIGFET [Bipolar Insulated-Gate Field-Effect Transistor, Bipolar-IGFET] ИС на биполярных транзисторах и полевых транзисторах с изолированным затвором

BIM [Built-In Mask] фотолитография с использованием встроенной маски

BITE [Built-In Test Equipment] встроенная аппаратура контроля

BJT [Bipolar Junction Transistor, bipolarer Sperrschichttransistor] биполярный транзистор

BLL [Buried-Load Logic] логические схемы с углублёнными нагрузочными транзисторами

BL²MOS [Buried-Load Logic MOS] логические МОП ИС с углублёнными нагрузочными транзисторами

BLP [Bandbreite-Länge-Produkt, Bandbreite-Reich-

weite-Produkt] произведение ширины полосы на дальность действия *(параметр световода)*

BMOS-FET [Back-gate-FET] МОП-транзистор с нижним затвором

BOM [Built-On Msk] фотолитография с использованием надстроенной маски

BOMOS [Buried Oxide MOS] технология МОП ИС со скрытым слоем изолирующего оксида [со скрытым оксидом]

BORAM [Block-Oriented RAM] блочно-ориентированное ЗУПВ, запоминающее устройство с блочно-прямым доступом

B-Rep [Boundary Representation] контурное представление *(трехмерных объектов в машинной графике)*

BSAM [Basic Sequential Access Method, Basismethode für sequentiellen Zugriff] базисный последовательный метод доступа

BTAM [Basic Teleprocessing Access Method, Datenfernverarbeitungs-Zugriffsmethode] базисный телекоммуникационный метод доступа

Btx, BTX [Bildschirmtext] система (интерактивного) видеотекса, система интерактивной видеографии

BWS [Bildwiederholspeicher] (буферная) память (для автономной) регенерации изображения *(на экране дисплея)*; кадровый буфер, буфер кадров

CAD [Computer Aided Design, rechnergestützter Entwurf] автоматизированное проектирование (с помощью ЭВМ)

CAM [Computer Aided Manufacturing, rechnergestützte Fertigung] I производство с централизованным управлением от ЭВМ

CAM [Content Adressable Memory] II ассоциативная память, ассоциативное ЗУ

CAMAC [Computer Application to Measurement And Control] стандарт CAMAC; система CAMAC

CBL [Charge Buffered Logic] (биполярные) логические схемы с преобразованием зарядов

CCC [Ceramic Chip Carrier, Keramik-Chip-Carrier-Gehäuse] I керамический кристаллодержатель

CCC [Chip-Carrying Card] II карточка *(напр. кредитная)* со встроенной микросхемой

CCCCD [Conductively Connected Charge-Coupled Device] двухфазный ПЗС с проводящими связями

CCD [Charge Coupled Device, ladungsgekoppeltes Bauelement] ПЗС, прибор с зарядовой связью

CCD/MOSAIC [Charge-Coupled Device/Metal-Oxide-Semiconductor Array Integrated Circuit] комбинированная структура на ПЗС и МОП БИС на одном кристалле

CCMOS, c-CMOS [Clocked Complementary MOS] синхронизированная ИС на КМОП-транзисторах, синхронизированная КМОП ИС

CCO [Current Controlled Oscillator, stromgesteuerter Oszillator] генератор, управляемый током

CD [Compact Disk] компакт-диск

CD-i [Compact Disk Interactive] диалоговый компакт-диск

CD-ROM [Compact-Disk ROM] накопитель на компакт-диске, КД ПЗУ

CE [Chip Enable] отпирающий вход *(микросхемы)*

CEL [Contrast Enhancement Layer] фотолитография с усиливающим контраст слоем

CD-V [Video-Compact Disk] видеозвуковой компакт-диск

CEM [Channel Electron Multiplier, Kanalelektronenvervielfacher] канальный электронный умножитель

CERDIP [Ceramic DIP] плоский стеклокерамический корпус с двухрядным расположением выводов, плоский стеклокерамический DIP-корпус

CERPAC [Ceramic Package] плоский стеклокерамический корпус с многоуровневыми соединениями

CERQUAD [Ceramic QUAD] стеклокерамический корпус с четырёхсторонним расположением выводов

CFL [Current Follower Logic] логические ИС на токовых повторителях

CFT [Charge Flow Transistor] транзистор, чувствительный к уровню влажности; датчик влажности

CHEMFET [Chemical FET] полевой транзистор, чувствительный к концентрации ионов; датчик концентрации ионов

CHIL [Current-Hogging Injection Logic] инжекционная логика с перехватом тока

CHL [Current-Hogging Logic] логические ИС с перехватом тока

CHMOS [High-Performance CMOS] 1. технология высокопроизводительных КМОП ИС 2. высокопроизводительные КМОП ИС

CID [Charge Image Device; Charge Injection Device] 1. (матричный) формирователь видеосигналов на фото-ПЗИ 2. прибор с зарядовой инжекцией, (фото-)ПЗИ

CIGFET [Complementary Insulated-Gate FET] комплементарный полевой транзистор с изолированным затвором

CIL [Current Injection Logic] (сверхбыстродействующие) логические схемы с токовой инжекцией

C²L [Closed CMOS Logic] логические схемы на КМОП-транзисторах с кольцевой структурой

C³L [Complementary Constant Current Logic, komplementäre Konstantstromlogik] комплементарные логические схемы на переключателях тока

CLCC [Ceramic Leadless Chip Carrier] керамический безвыводной кристаллоноситель

CML [Current Mode Logic, Stromschaltlogik] логика [логические схемы] на переключателях тока, ПТЛ

CMMR [Common Mode Rejection Ratio, Gleichtaktunterdrückungsmaß] коэффициент подавления [ослабления] синфазной составляющей

CMOS [Complementary (Symmetrical) MOS] 1. комплементарная МОП-структура, КМОП-структура 2. КМОП-технология

C²MOS [Clocked Complementary MOS] синхронизированные ИС на КМОП-транзисторах, синхронизированные КМОП ИС

CNC [Computerized Numerical Control, CNC-Steuerung] ЧПУ (станками) типа CNC, ЧПУ от системы типа CNC

COB [Chips On Board] 1. метод монтажа бескорпусных ИС непосредственно на плате 2. технология монтажа бескорпусных ИС на керамической подложке увеличенных размеров

COD [Conductor-Oxide Diffusion] диффузия для формирования металлооксидных накопительных конденсаторов

COMFET [Conductivity Modulated FET, leitfähigkeitsgesteuerter FET] полевой транзистор с модулированной проводимостью

COSMOS, COS/MOS *см.* **CMOS**

C²R [Charge Controlled Ring] кольцевая структура с управляемым зарядом

CSDN [Circuit Switching Digital Network] цифровая сеть с коммутацией каналов

CSIFET [Charge Storage IFET, Feldeffekttransistor mit Ladungsspeicherung] накопитель [конденсатор] на полевых транзисторах с *p-n*-переходом

CSL [Controlled Saturation Logic, gesteuerte Sättigungslogik] логические схемы с управляемым насыщением

CTC [Counter-Timer Circuit] счётчик-таймер, таймер/счётчик событий

CTD [Charge Transfer Device, Ladungsverschiebeelement] прибор с переносом заряда, ППЗ

CTL [Complementary Transistor Logic, komplementäre Transistorlogik] КМОП-транзисторная логика, КМОП-логика, КМОПТЛ

CTS [Charge Transient Spectroscopy] зарядовая релаксационная спектроскопия *(глубоких уровней)*

CVD [Chemical Vapour Deposition, chemische Dampfphasenabscheidung] метод химического осаждения из газовой [паровой] фазы

DAC [Digital-Analog-Converter] цифро-аналоговый преобразователь, ЦАП

DART [Dual (universal) Asynchronous Receiver-Transmitter] сдвоенный универсальный асинхронный приёмопередатчик, сдвоенный УАПП

DAU [Digital-Analog-Umsetzer] цифро-аналоговый преобразователь, ЦАП

DCFL [Direct-Coupled FET Logic, direkt gekoppelte FET-Logik] логика [логические схемы] на полевых транзисторах с непосредственными связями

DCL [Direct-Coupled Logic, direktgekoppelte Logik] логические схемы с непосредственными связями

DCML [Differential CML, Differenz-Stromschaltlogik] дифференциальная ПТЛ

DCTL [Direct-Coupled Transistor Logic, direkt gekoppelte Transistorlogik] транзисторная логика с непосредственными связями, ТЛНС

DCTTL [Direct-Coupled TTL, direkt gekoppelte TTL] ТТЛ с непосредственными связями

DDC [Dual Dielectric Charge storage, Feldeffekttransistor mit dielektrischer Doppelschicht] I элемент памяти на полевом транзисторе с двумя слоями диэлектрика

DDC [Direct Digital Control, direkte digitale Regelung] II прямое ЧПУ; система прямого ЧПУ

DFB [Distributed Feed Back, verteilte Rückkopplung] распределённая обратная связь

DFET [Depletion FET] полевой транзистор с обеднением канала, полевой транзистор со встроенным каналом, работающий в режиме обеднения

D-FF [D-Flipflop] D-триггер, триггер D-типа

DFGA [Distributed Floating-Gate Amplifier] распределённый усилитель с плавающим затвором, РУПЗ

DICMOS [Dielectric-Isolated CMOS, CMOS-Struktur mit dielektrischer Isolation] КМОП-структура с диэлектрической изоляцией

DIFMOS [Dual Injection Floating Gate MOS] технология МОП БИС с плавающим затвором и двумя инжекторами

DI-LDD [Double-Implanted Lightly-Doped Drain/source (process)] технология МОП БИС с высокоомными стоками и истоками, сформированными двойной ионной имплантацией

DIMOS [Double-Implanted MOS] МОП-структура, полученная методом двойного ионного легирования; МОП-транзистор, изготовленный с применением метода двойного ионного легирования

DIP [Dual-in-line Package] (плоский) корпус с двухрядным расположением выводов, DIP-корпус

DKL [durchkontaktierte Leiterplatte] печатная плата со сквозными металлизированными отверстиями

DLT [Depletion Load Transistor, Verarmungslasttransistor] транзистор с обеднённой нагрузкой [с обеднённой нагрузочной областью]

DLTS [Deep-Level Transient Spectroscopy] релаксационная спектроскопия глубоких уровней

DMESFET, D-MESFET [Depletion (mode) MESFET] полевой транзистор Шоттки (со встроенным каналом), работающий в режиме обеднения

DMIS [Double-diffused Metal-Isolator-Semiconductor] 1. двухдиффузионная МДП-структура, ДМДП-структура 2. технология двухдиффузионных МДП-структур, ДМДП-технология

DMM [Digitalmultimeter] цифровой мультиметр

D-MOS [Double-Diffused MOS] 1. двухдиффузионная МОП-структура, ДМОП-структура 2. технология получения МОП-структур методом двойной диффузии, ДМОП-технология

DMS [Dehnungsmeßstreifen] тензорезистор

DMUX [Demultiplexer] демультиплексор, селектор

DNC [Direct Numerical Control, direkte numerische Steuerung] прямое ЧПУ; групповое ЧПУ *(от одной ЭВМ)*; система прямого ЧПУ; система группового ЧПУ

DOPOS [Doped Polysilicon Diffusion] метод диффузии из легированного поликристаллического кремния

DOT [Domain Tip propagation] продвижение плоских магнитных доменов

DRL [Dioden-Resistor-Logik] диодно-резисторная логика, ДРЛ

DSA MOS [Diffusion Self-Aligned MOS; Double-Diffusion Self-Aligned MOS] технология получения МОП-структур методом диффузии с самосовмещением; технология получения МОП-структур методом двойной диффузии с самосовмещением, двухдиффузионная самосовмещённая МОП-технология

DSP [Digitaler Signalprozessor] цифровой процессор обработки сигналов

DSTL [Digital Summation Threshold Logic] пороговые логические ИС

DTL [Dioden-Transistor-Logik] диодно-транзисторная логика, ДТЛ

DTP [Desktop Publishing] электронная издательская система; подготовка оригиналов для печати с помощью электронной издательской системы

DUART [Dual Universal Asynchron Receiver/Transmitter] сдвоенный универсальный асинхронный приёмопередатчик, сдвоенный УАПП

DYCMIS [Dynamic Complementary MIS] 1. динамические КМОП ИС 2. технология динамических КМОП ИС

DYCMOS [Dynamic Complementary MOS] 1. динамические КМОП ИС 2. технология динамических КМОП ИС

DZTL [Dioden-Z-Dioden-Transistor-Logik] диодно-транзисторные логические схемы со стабилитронами

EBIC [Electron-Beam Induced Current, elektronenstrahlinduzierter Strom] ток, индуцированный электронным лучом

EBL [Electron Beam Lithography, Elektronenstrahllithografie] электронно-лучевая литография, электронолитография

EBT [Emitter Ballast Transistor] (биполярный) транзистор с нагрузочным резистором в цепи эмиттера

ECIL [Emitter-Coupled Injection Logic, emittergekoppelte Injektionslogik] эмиттерно-связанная инжекционная логика, ЭСИЛ

ECL [Emitter-Coupled Logic, emittergekoppelte Logik] эмиттерно-связанная логика, ЭСЛ, токовая логика, транзисторная логика с эмиттерными связями, ТЛЭС

ECTL [Emitter-Coupled Transistor Logic] транзисторная логика с эмиттерными связями, ТЛЭС

EDS [Energiedispersive Spektroskopie] спектроскопия энергетической дисперсии рентгеновского излучения

EDVA [Elektronische Datenverarbeitungsanlage] большая ЭВМ

EDX *см.* **EDS**

EECL [Emitter-Emitter Coupled Logic] эмиттерно-эмиттерная логика, ЭЭСЛ

EEIC [Elevated-Electrode IC] ИС с выступающими электродами

EEL *см.* **EECL**

EEPLD [Electrically Erasable PLD] программируемый логический прибор с электрическим стиранием

EFL [Emitter-Follower Logic, Emitterfolgerlogik] I логика на эмиттерных повторителях, ЭПЛ-логика, ЭПЛ

EFL [Emitterfunktionslogik] II эмиттерно-функциональная логика, ЭФЛ

EGA [Enhanced Graphic Adapter] графический адаптер типа EGA, графический адаптер с повышенной разрешающей способностью

EIA [Electronic Industry Association] Ассоциация электронной промышленности *(США)*

ELS [Energy Loss Spectroscopy] спектроскопия энергетических потерь

ELSI [Extra Large Scale Integration] степень интеграции выше сверхвысокой

EMR [Einchipmikrorechner] однокристальная микроЭВМ

ENFET [Enhancement mode MESFET] полевой транзистор Шоттки, работающий в режиме обогащения

EPCI [Enhanced Programmable Communications Interface (circuit)] программируемая БИС интерфейса связи с улучшенными характеристиками

EPIC [Enhanced Performance Implanted CMOS] технология ионно-имплантированных КМОП ИС с улучшенными характеристиками

EPLD [Erasable Programmable Logic Device] стираемое программируемое логическое устройство, стираемый программируемый логический прибор

EPROM [Erasable Programmable ROM] программируемая ПЗУ со стиранием информации ультрафиолетовым или рентгеновским излучением

E²PROM [Elektrically Erasable Programmable ROM] электрически стираемое программируемое ПЗУ, ЭСПЗУ; электрически перепрограммируемое ПЗУ, ЭППЗУ

ESR [Equivalent Series Resistor, äquivalenter Serienwiderstand] эквивалентное последовательное сопротивление

ETL [Emitterfolger-Transistorlogik] транзисторная логика на эмиттерных повторителях

FACT [Fairchild Advanced CMOS Technology] технология усовершенствованных КМОП ИС фирмы «Фэйрчайлд», технология FACT

FAMOS [Floating gate Avalanche injection MOS] лавинно-инжекционная МОП-структура с плавающим затвором

FAMOST [Floating Avalanche Metal Oxide Silicon Transistor] лавинно-инжекционный МОП-транзистор с плавающим затвором

FAST [Fairchild Advanced Schottky-TTL] I усовершенствованные интегральные (микро)схемы ТТЛ-Шоттки фирмы «Фэйрчайлд», усовершенствованные ТТЛШ ИС фирмы «Фэйрчайлд» *(серия ТТЛШ ИС)*

FAST [Fontenay Appledoorn Sunnivale Technology] II *фирм.* микропроцессор FAST

FAST [Factor Analysis System] III система факторного анализа

FCI²L [Folded Collector I²L] И²Л-схемы с коллектором-рекомбинатором для ограничения насыщения

FCT [Field-Controlled Thyristor, feldgesteuerter Thyristor] полевой тиристор

FE [Funktionselement] функциональный элемент

FED [Feldeffektdiode] полевой диод

FEFET [Ferroelectric FET] сегнетоэлектрический полевой транзистор, полевой транзистор с сегнетоэлектрическим изолирующим слоем затвора

FET [Feldeffekttransistor] полевой транзистор

FFT [Fast Fourier Transformation] быстрое преобразование Фурье, БПФ

FIMOS [Floating-gate Ionization-Injection MOS] ионизационно-инжекционная МОП-структура с плавающим затвором

FIN-DIP [Finned Dual-In-Line Package] DIP-корпус с ребристым теплоотводом

FIP [Fixed-Interconnection Pattern] рисунок фиксированных межсоединений

FKS [Festkörperschaltung] твердотельная (интегральная) схема

Flotox [Floating-Gate Tunnel Oxide] процесс «Флотокс», технология изготовления МОП ЗУ с плавающим затвором и тонким слоем туннельного оксида

FO [Feldoxid] защитный оксидный слой; защитный слой SiO_2

FPAL [Field Programmable Array Logic, anwenderprogrammierbare Logikanordnungen] логические матрицы, программируемые пользователем; матричные БИС, программируемые пользователем

FPGA [Field-Programmable Gate-Array, feldprogrammierbares Gate-Array] вентильная матрица, программируемая пользователем

FPLA [Field Programmable Logic Array, Free Programmable Logic Array, freiprogrammierbare Logikanordnung, feldprogrammierbare Logikmatrix] логическая матрица, программируемая пользователем; матричная БИС, программируемая пользователем

FPLS [Field-Programmable Logic Sequencer] контроллер логических операционных последовательностей, программируемый пользователем

FPS [Festplattenspeicher] накопитель на жёстком магнитном диске [на ЖМД], НЖМД; память [ЗУ] на жёстких магнитных дисках

FROM [Factory programmable ROM] ПЗУ, программируемое изготовителем

FTR [Functional Throughput Rate, Datendurchsatzmenge (je Zeiteinheit), funktionelle Durchsatzrate] функциональная производительность *(цифровой ИС)*

GAL [Generic Array Logic] электрически стираемые программируемые логические устройства типа GAL *(первые электрически стираемые ПЛУ, разработанные фирмой «Lattice»)*

GASFET [Gallium-Arsenide FET] полевой транзистор на арсениде галлия [на GaAs]

GAT [Gate-Associated Transistor] полевой транзистор со связанным [с ассоциированным] затвором

GATT [Gate-Assisted Turnoff Thyristor, abschaltunterstützter Thyristor] комбинированно-выключаемый тиристор

GCS [Gate-Controlled Switch] триодный тиристор, не проводящий в обратном направлении

GDC [Graphic Display Controller, Grafik-Display-Controller] контроллер графического дисплея

GDS [Graphic Data System, grafisches Datensystem] система обработки графических данных

GFF [Grundflipflop] базовый триггер

GGG [Gadolinium-Gallium-Granat] гадолиний-галлиевый гранат

GIMOS [Gate-Injection MOS] МОП-структура с инжекционным (плавающим) затвором; МОП ИС с инжекционным (плавающим) затвором

GKS [Graphics Kernel System, Grafisches Kernsystem] базовая графическая система

GND [Ground, Erde] потенциал земли

GO [Gateoxid] оксидный слой затвора, подзатворный оксид

GSI [Giant Scale Integration, Grand Scale Integration] ультравысокая степень интеграции

HAL [Hard Array Logic] схема с жёсткопрограммируемой логической конфигурацией; программируемое логическое устройство, ПЛУ

HBT [Hetero-junction Bipolar Transistor] биполярный транзистор на гетеропереходах

HC [High-speed CMOS] быстродействующие КМОП ИС

HCMOS [High-Speed Complementary MOS] 1. быстродействующие КМОП ИС 2. технология (изготовления) быстродействующих КМОП ИС

HCT [HCMOS mit TTL-kompatiblen Eingangsstrukturen] быстродействующие КМОП ИС с ТТЛ-совместимыми затворами

HCU [High-speed CMOS Unbuffered] быстродействующие КМОП ИС без выходного буферного каскада

HD/CMOS [High-Density CMOS] 1. технология КМОП ИС с высокой плотностью упаковки 2. КМОП ИС с высокой плотностью упаковки

HDMOS [High-performance Double-density MOS] 1. МОП-схемы с удвоенной плотностью упаковки 2. технология МОП ИС с удвоенной плотностью упаковки

HECL [High-performance ECL] высококачественная ЭСЛ

HEMT [High Electron Mobility Transistor, Transistor mit hoher Elektronenbeweglichkeit] транзистор с высокой подвижностью электронов, ВПЭ-транзистор

HEXFET [Hexagonal FET] гексагональный полевой транзистор, полевой транзистор с гексагональными p-областями

HFET [Heterostruktur-FET] гетероструктурный (металл-полупроводниковый) полевой транзистор (на арсениде галлия), полевой транзистор (на арсениде галлия) с барьером Шоттки и гетеропереходом

Hi-BiCMOS, HI-BICMOS [High-Speed Bipolar CMOS] технология быстродействующих ИС на биполярных и КМОП-транзисторах, технология быстродействующих Би-КМОП ИС

HIC [Hybrid Integrated Circuit (technology)] 1. гибридная ИС, ГИС 2. гибридная технология, технология ГИС

HIIL, HI²L [Heterojunction I²L] И²Л на гетеропереходах

HIBT [Heterojunction-Bipolartransistor] биполярный транзистор на гетеропереходах

HIFET [Heterojunction-FET] полевой транзистор с гетеропереходом

HLL [High-Level Logic] логические схемы с высокими логическими уровнями

HLT²L, HLTTL [High-Level TTL] ТТЛ-схемы с высокими логическими уровнями

HML [Hardware Model Library] библиотека аппаратных моделей

HMOS [High-Performance MOS, Hochleistungs-MOS] технология высококачественных МОП ИС

HNIL [High Noise Immunity Logic] логические схемы с высокой помехоустойчивостью

HRG [High Resolution Graphics, Feingrafik] графика высокого разрешения

HS-CMOS [High-Speed CMOS] быстродействующие КМОП ИС

HS-C²MOS [High-Speed C²MOS] быстродействующие синхронизированные КМОП ИС

HSIC [High-Speed Integrated Circuit, Hochgeschwindigkeitsschaltkreis] быстродействующая ИС

HSI²L, HSIIL [High-Speed IIL] быстродействующая И²Л, быстродействующие схемы И²Л

HSL [High-Speed Logic] быстродействующие логические схемы

HSP [High-performance Signal Processor] высокопроизводительный процессор обработки сигналов

HS-TTL [High-Speed TTL] быстродействующие ТТЛ-схемы

HTL [High-Threshold Logic] высокопороговая логика, ВПЛ, логические схемы с высоким пороговым напряжением, ВПЛ-схемы

HT-MOS [High-Threshold MOS] 1. высокопороговая ТТЛ, ТТЛ-схемы с высоким пороговым напряжением 2. технология ТТЛ-схем с высоким пороговым напряжением

HTTL [High-speed TTL, Hochgeschwindigkeits-TTL] быстродействующие ТТЛ-схемы

HVIC [High-Voltage Integrated Curcuit, Hochspannungs-IS] высоковольтная ИС

HVT [High-Voltage Threshold, hohe Schwellwertspannung] высокое пороговое напряжение

IBT [Ion-Implanted Base Transistor] I транзистор с ионно-имплантированной базой

IBT [Inversion Base Transistor, Transistor mit inverser Basis] II транзистор (на арсениде галлия) с инверсной базой

IC [Integrated Circuit, integrierter Schaltkreis] интегральная микросхема, ИС, ИМС

ICD [In-Circuit Diagnostics] внутрисхемная диагностика

ICLT [Integrated Curcuit Laser Testing, IS-Lasertesten] лазерный контроль интегральных (микро)схем

IDT [Interdigital Transducer, Interdigitalwandler] (акустоэлектрический) преобразователь со встречно-штыревой структурой (электродов)

IFL [Integrated Fuse Logic, integrierte Durchbrennlogik] логические схемы с плавкими перемычками

IG [Integrationsgrad] степень [уровень] интеграции

IGFET [Insulated Gate Field-Effect Transistor] полевой транзистор с изолированным затвором; МДП-транзистор

IIL [Isoplanar-IIL] изопланарная интегральная инжекционная логика, изопланарная И^{2}Л, И^{3}Л

IIL [Integrierte Injektionslogik] интегральная инжекционная логика, И^{2}Л, транзисторная логика с инжекционным питанием, ТЛИП

IIMOS [Ion-Implanted MOS] 1. МОП-структура, полученная методом ионной имплантации 2. технология изготовления МОП ИС методом ионной имплантации

IMOX [Ion-Implanted Oxide-Isolated (process)] IMOX-метод, метод оксидной изоляции с использованием ионной имплантации

IMR [Interruptmaskenregister] регистр маскирования запросов прерывания, регистр масок (запросов) прерывания

ImRe [Image Reversal] фотолитография с обращением изображения

IOC [Integral Optical Circuit, integrierte optische Schaltung] оптическая ИС; оптоэлектронная ИС

IOEC [Integrated Optoelectronic Circuit, integrierte optoelektronische Schaltung] оптоэлектронная ИС

IRED [Infrared Emitting Diode, Infrarotemitterdiode] светодиод ИК-диапазона

IRFET [Infrared FET] полевой транзистор, чувствительный к ИК-излучению; ИК-датчик

IRQ [Interruptrequestregister] регистр запросов прерывания

IS [integrierte Schaltung] интегральная микросхема, ИС, ИМС

ISA [Integrale Schaltungsanordnung] интегральная (микро)схема, ИС, ИМС

ISDN [Integrated Services Digital Network] цифровая сеть с интеграцией служб, ЦСИС, цифровая сеть с интегрированными услугами

ISFET [Ion Sensitive Field Effect Transistor, ionenempfindlicher Feldeffekttransistor] полевой транзистор, чувствительный к концентрации ионов; датчик концентрации ионов

ISL [Integrated Schottky Logic, integrierte Schottky-Logik] интегральные логические схемы с диодами Шоттки в выходных цепях, интегральная Шоттки-логика, ИШЛ

JCCD [Junction CCD] ПЗС на полевых транзисторах с *p-n*-переходом

JEDEC [Joint Electron Device Engineering Council] Объединенный совет по электронным приборам

JFET [Junction Field-Effect Transistor, Sperrschicht-FET] полевой транзистор с *p-n*-переходом

JUB [Justier- und Belichtungsanlage] установка совмещения и экспонирования, установка фотолитографии

LAN [Local Area Net, lokales Netzwerk] локальная (вычислительная) сеть, ЛВС

LARAM [Line Addressable RAM] ЗУ (на ПЗС) с (псевдо)произвольной выборкой и строчной адресацией

LASCR [Light-Activated Silicon Controlled Rectifier] фототиристор

LASOS [Laser Annealed SOS] 1. КНС-структура, подвергнутая лазерному отжигу 2. лазерный отжиг дефектов КНС-структур

LATV [Logic Array Test Vehicle] средство тестирования логических матричных ИС [логических матриц]

LCA [Logic Cell Array] матрица логических ячеек (*тип ПЛМ*)

LCC [Leadless Chip Carrier] I безвыводной кристаллоноситель

LCC [Leaded Chip Carrier] II кристаллоноситель с выводами

LCCC [Leadless Ceramic Chip Carrier] I безвыводной керамический кристаллоноситель

LCCC [Leaded Ceramic Chip Carrier] II керамический кристаллоноситель с выводами

LC-CMOS *см.* **LC²MOS**

LCD [Liquid Crystal Display, Flüssigkristallanzeige] жидкокристаллический индикатор, индикатор на жидких кристаллах, ЖК-индикатор

LCDTL [Last Compensated DTL, DTL mit Lastkompensation] ДТЛ ИС с компенсированной нагрузкой

LC²MOS [Linear Compatible CMOS] технология линейных совмещённых КМОП ИС, (комбинированная) технология линейных ИС на биполярных и КМОП-транзисторах

LDD [Lightly-Doped Drain] слаболегированный сток (*полевого транзистора*)

LDR [Light-Depended Resistor, Fotowiderstand] фоторезистор

LED [Light Emitting Diode, Lichtemissionsdiode] светоизлучающий диод, светодиод, СИД

LEROM [Light Erasable ROM, mit UV-Licht löschbarer ROM] ПЗУ со стиранием ультрафиолетовым излучением

LIC [Linear IC] линейная ИС

LID [Leadless Inverted Device] ИС в безвыводном кристаллоносителе

LLL [Low Level Logic, Niedrig-Pegel-Logik] логические схемы с низкими логическими уровнями

LOBOS [Local Buried-Oxide Isolation] локальная изоляция углублённым оксидом

LOCMOS [Local Oxydation CMOS] технология КМОП ИС с оксидной изоляцией

LOCOS [Local Oxydation of Silicon] технология МОП ИС с толстым слоем оксидной изоляции

LOSOS [Local Oxydation of Silicon on Sapphire (process)] 1. КНС ИС с локальным оксидированием кремния на сапфире 2. метод локального оксидирования кремния на сапфире

LPA [Low-Power Array] маломощная полузаказная ИС

LPCVD [Low-Pressure CVD] химическое осаждение из газовой [паровой] фазы при низком давлении

LPE [Liquid Phase Epitaxy, Flüssigphasenepitaxie] жидкофазная эпитаксия, эпитаксия из жидкой фазы

LPL [Low-Power Logic] маломощные ТТЛ ИС, ТТЛ-схемы с низкой [малой] потребляемой мощностью

LPTTL [Low-Power TTL] маломощная ТТЛ, маломощные ТТЛ-схемы с низкой [малой] потребляемой мощностью

LS [Low-Power-Schottky-TTL] *см.* LSTTL

LSB [Least Significant Bit, niederwertigstes Bit] младший разряд; единица младшего разряда

LSDI [Large Scale Display Integration] технология производства дисплейных устройств на основе СБИС

LSI [Large Scale Integration, Großintegration] высокая степень интеграции

LSL [Langsame Störsichere Logik] (помехоустойчивые) логические схемы с низким быстродействием, логические схемы с низким быстродействием и высокой помехоустойчивостью

LSTTL, LST^{2}L [Low-power Schottky TTL] маломощные ТТЛ ИС с диодами Шоттки, маломощные ТТЛШ ИС, схемы Шоттки с низкой [малой] потребляемой мощностью

LVMOS [Lateral VMOS] МОП-структура с горизонтальной изолирующей V-канавкой

MADOS [Magnetic Domain Storage, Magnetblasenspeicher] память [ЗУ] на цилиндрических магнитных доменах [на ЦМД], ЦМД-память, ЦМД ЗУ

MADT [MicroAlloy Diffused Base Transistor] микросплавной транзистор с диффузионной базой

MAGFET [MagnetoFET, magnetfeldabhängiger FET] полевой транзистор, чувствительный к магнитному полю; датчик магнитного поля

MAGIC [Magnetic Integrated Circuit] магнитная ИС

MAOS [Metal Aluminium Oxide Semiconductor] структура металл - оксид алюминия - оксид - полупроводник, МАОП-структура; ИС на МАОП-структурах

MAS [Metal Alumina Semiconductor] структура металл - оксид алюминия - полупроводник, МОАП-структура

MASFET [Metal Alumina Silicon FET] МДП-транзистор с изолирующим подзатворным слоем Al_2O_3

MAT [MicroAlloy Transistor, Mikrolegierungstransistor] микросплавной транзистор

MBE [Molecular Beam Epitaxy, Molekularstrahlepitaxie] молекулярно-пучковая эпитаксия

MBM [Magnetic Bubble Memory, Magnetblasenspeicher] память [ЗУ] на цилиндрических магнитных доменах [на ЦМД], ЦМД-память, ЦМД ЗУ

MBT [Metal Base Transistor, Metallbasistransistor] транзистор с металлической базой

MCL [Multi-Collector Logic, Logik mit Multikollektortransistoren] логические схемы с многоколлекторными входными транзисторами

MCU [Microprogram Control Unit] блок микропрограммного управления, БМУ; микропрограммный контроллер, микропрограммное устройство управления

MCZ [Magnetic field Czochralski] метод Чохральского в магнитном поле, метод MCZ

MECL *см.* **MECTL**

MECTL [Multi-Emitter Coupled Transistor Logic] ТТЛ-схемы с многоэмиттерными входными транзисторами

MELF [Metal Electrode Leadless Face] безвыводной (интегральный) компонент (цилиндрической формы) с металлическими торцевыми выводами

MESFET [Metal Silicon Field-Effect Transistor, Metall-Silizium-Feldeffekttransistor] полевой транзистор (с затвором) Шоттки

MET [Multiemittertransistor] многоэмиттерный транзистор

MEVBT [Multiemitter-Vertikalbipolartransistor] многоэмиттерный биполярный транзистор с вертикальной структурой

MFLOPS [Million FLOPS, Millionen Gleitkommaoperationen je Sekunde] мегафлопс

MGT [Metall-Gate-Technik] технология (изготовления) МОП-транзисторов с металлическим затвором

MIBL [Masked Ion Beam Lithography, Maskenionenstrahllithografie] проекционная ионно-лучевая литография с шаблоном

MIC [Microwave Integrated Circuit, integrierte Mikrowellenschaltung] СВЧ ГИС, ГИС СВЧ-диапазона, ГИС СВЧ

MIIS [Metall Insulator Insulator Semiconductor] структура металл - диэлектрик - диэлектрик - полупроводник, МДДП-структура

MIMIC [Microwave Millimeter-Wave Monolithic Integrated Circuit] полупроводниковая ИС дециметрового - миллиметрового диапазонов

MIOS [Metal-Insulator-Oxide-Semiconductor, Metall-Isolator-Oxid-Halbleiter] МОП-структура с изолированным металлическим затвором

MISFET [Metal Insulator Silicon Field-Effect Transistor] МДП-транзистор, (полевой) транзистор со структурой металл - диэлектрик - полупроводник

MISIM [Metal Insulator Semiconductor Insulator Metal] структура металл - диэлектрик - полупроводник - диэлектрик - металл, МДПДМ-структура

MLA [Master Logic Array] матрица логических элементов; матричная ИС на основе базового матричного кристалла [на основе БМК]

MLCB [Multilayer Circuit Board, Mehrschichtleiterplatte] многослойная печатная плата

MLM [Multilayer Metallization, Mehrlagenmetallisierung] многоуровневая [многослойная] металлизация

MMA [Microelectronic Modular Assembly] микромодульная сборка

MMIC [Monolithic Microwave Integrated Circuit, monolithisch integrierte Mikrowellenschaltung] полупроводниковая СВЧ ИС, полупроводниковая ИС СВЧ-диапазона

MMU [Memory Management Unit, Speicherverwaltungseinheit] устройство управления памятью

MNOS [Metal Nitride Oxide Semiconductor] МНОП-структура, структура металл - нитрид - оксид - полупроводник

MNS [Metal Nitride Semiconductor] МНП-структура, структура металл - нитрид - полупроводник

MO-CVD [Metal-Organic CVD, metallorganisches Aufdampfverfahren] химическое осаждение из паров металлоорганических соединений

MODFET [Modulation-Doped FET, modulationsdotierter Feldeffekttransistor] модуляционно-легированный полевой транзистор, полевой транзистор с модулируемым [регулируемым] уровнем легирования

MOPS [Magneto-Optic Storage] магнитооптическая память, магнитооптическое ЗУ

MOSAIC [Metal Oxide Silicon Advanced IC] усовершенствованная МОП ИС из нескольких МОП-транзисторов на одном кристалле

MOSFET [Metal Oxide Silicon Field-Effect Transistor] МОП-транзистор, транзистор со структурой металл - оксид - полупроводник

MOSIS [MOS Implementation System] система разработки МОП ИС

MP [Mikroprozessor] микропроцессор

MPLA [Mask PLA, maskenprogrammierbare Logikanordnung] программируемая логическая матрица [ПЛМ] с масочным программированием

MPOS [Metal Phosphorsilicate Glass Oxide Semiconductor] МОП-транзистор с изолирующим оксидом, стабилизированным слоем фосфоросиликатного стекла

MPS [Mikroprozessorsystem] микропроцессорная система

MSB [Most Significant Bit, höchstwertiges Bit] старший разряд; единица старшего разряда

MSI [Medium Scale Integration, Mittelintegration] средняя степень интеграции

MSIC [Medium Speed Integrated Circuit, mittelschnelle IS] ИС среднего быстродействия

MSW [Magnetic Static Waves, magnetostatische Wellen] магнитостатические волны

MTBF [Mean Time Between Failures, mittlerer Abstand zwischen zwei Ausfällen] средняя наработка на отказ

MTBH [Mass-Transport Buried Heterostructure] скрытая гетероструктура, полученная методом массопередачи

MTL [Merged Transistor Logic] интегральная инжекционная логика, И^{2}Л, совмещённая транзисторная логика

MTNS [Metal-Thick Nitride Semiconductor] 1. технология МНОП-структур с толстым слоем нитрида кремния 2. МНОП-структура с толстым слоем нитрида кремния

MTOS [Metal-Thick-Oxide-Semiconductor] I МТОП-структура, структура металл - толстый оксид - полупроводник

MTOS [Metal-Tantalium-Oxide Silicon-Oxide Silicon, Metall-TantaloxidSiliziumoxid-Silizium-Struktur] II структура металл - оксид тантала - оксид кремния - кремний

MTTF [Mean Time to Failure, mittlere Zeit bis zum Ausfall] средняя наработка до отказа, среднее время безотказной работы

MUART [(programmable) Multifunction Universal Asynchronous Receiver-Transmitter] (программируемый) мультифункциональный универсальный асинхронный приёмопередатчик

NBG [niederohmiges begrabenes Gebiet] низкоомный скрытый слой

NDB [negative differentielle Beweglichkeit] отрицательная дифференциальная подвижность *(электронов)*

NEGIT [Negative Impedance Transistor] транзистор с отрицательным дифференциальным сопротивлением

NIC [Negative Impedance Converter] преобразователь отрицательных сопротивлений, ПОС

NIM [Nuclear Instrument Modules] стандарт NIM, стандарт модулей ядерной электроники

NSD [Null Significant Digit] нулевой разряд

nSGT [nMOS-Siliziumgate-Technik] технология *n*-МОП-транзисторных ИС с (самосовмещёнными) поликремниевыми затворами

NTD [Neutron Transmutation Doping] нейтронное трансмутационное легирование, трансмутационное легирование

NTL [Non-Threshold Logic, schwellenwertfreie Logik] непороговая логика

NEGIT [Negative Impedance Transistor] транзистор с отрицательным сопротивлением

NV-RAM [Non-Volatile RAM, nichtflüchtiger Speicher mit wahlfreiem Zugriff] энергонезависимое ЗУПВ

OEIC [Optoelectronic Integrated Circuit, optoelektronische IS] оптоэлектронная ИС

OEM [Original Equipment Manufacturer, Finalprodukthersteller] (фирма-)изготовитель комплексного оборудования на основе покупных комплектующих изделий, (фирма-)изготовитель конечной продукции

OISF [Oxidation-Induced Stacking Faults] дефекты упаковки, возникающие вследствие окисления

OPV [Operationsverstärker] операционный усилитель, ОУ

OROM [Optical ROM, optisches ROM] оптическое ПЗУ

OWF [Oberflächenwellenfilter] фильтр на ПАВ, ПАВ-фильтр

OXIL [Oxide Insulation Logic, Oxid-Isolations-Logik] логические схемы с оксидной изоляцией

PAD [Paralleler A-D-Umsetzer] параллельный АЦП

PAG [Phasiertes Antennengitter] фазированная антенная решётка, ФАР

PAL [Programmable Array Logic, programmierbare Matrixlogik] программируемая матричная логика, ПМЛ; ПМЛ-схемы, программируемые матричные БИС

PAM [Pulsamplitudenmodulation] амплитудно-импульсная модуляция, АИМ

PBT [Permeable Base Transistor, Transistor mit durchlässiger Basis] транзистор с проницаемой базой

PC [Personalcomputer] I персональная ЭВМ

PC [Printed Circuit] II печатная схема

PCB [Printed Circuit Board, gedruckte Schaltungsplatte] печатная плата

P²CCD *см.* **PPCCD**

PCD [Plasma-Coupled Device] прибор с плазменной связью

PCL [Printed Circuit Layout] 1. топология печатных плат 2. разработка топологии печатных плат

PCM [Pulse Code Modulation, Pulscodemodulation] кодово-импульсная модуляция, КИМ, импульсно-кодовая модуляция, ИКМ

PDP [Power-Delay Product, Leistungs-Verzögerungszeit-Produkt] произведение мощность - задержка, работа переключения *(параметр логических элементов)*

PEA [Prozeß-Ein- und -Ausgabeeinrichtung] устройство связи с объектом, УСО

PEBL [Programmgesteuerte EBL] система электронно-лучевой литографии с управлением от ЭВМ

PFI [Photon Flow Integration, Photonenstromintegration] интегрирование фотонного потока

PGA [Programmable Gate Array, programmierbare Gatteranordnung] программируемая матрица логических элементов, программируемая вентильная матрица

PIA [Peripheral Interface Adapter, Peripherieschnittstellenadapter] адаптер периферийного интерфейса

PIC [Programmable Interrupt Controller, programmierbarer Interruptcontroller] программируемый контроллер прерываний

PIP [Programmed Interconnection Pattern] I рисунок программирумых (меж)соединений

PIP [Programmed Interconnection Process] II метод формирования программируемых (меж)соединений; метод программируемой разводки

PLA [Programmable Logic Array, programmierbare Logikanordnung] программируемая логическая матрица, ПЛМ

PLATMOS [Platinum-Diffused MOS, platindiffundierte MOS-Struktur] 1. МОП-структура с диффундированной платиной 2. технология получения МОП-структур с диффундированной платиной

PLCC [Plastic Leaded Chip Carrier] пластмассовый кристаллоноситель с выводами

PLD [Programmable Logic Device] I программируемое логическое устройство, ПЛУ, программируемый логический прибор

PLD [Phase-Locked Demodulator, phasenverketteter Demodulator] II демодулятор с фазовой синхронизацией

POSFET [Piezoelectric Oxide Semiconductor FET] полевой пьезотранзистор

ppb [parts per billion] частей на миллиард *(единица измерения малых концентраций;* 1 ppb - 10^{-7} %)

PPCCD [Peristaltic Profile CCD] профилированный перистальтический ПЗС

PPI [Programmable Peripheral Interface] программируемый интерфейс периферийных устройств

ppm [parts per million] частей на миллион *(единица измерения малых концентраций;* 1 ppm - 10^{-4} %)

ppt [parts per trillion] частей на триллион *(единица измерения малых концентраций;* 1 ppt - 10^{-10} %)

PSA [Polysilicon Self-Aligned Process, selbstjustuerende Polysiliziumtechnik] поликремниевая самосовмещённая технология, ПСС-технология *(для изготовления биполярных БИС)*

pSGT [pMOS-Siliziumgate-Technik] технология *p*-МОП-транзисторных ИС с (самосовмещёнными) поликремниевыми затворами

PSW [Programmstatuswort] слово состояния программы

PUT [programmierbarer Unijunctionstransistor] однопереходный транзистор с управляемым порогом

QCP [Quad Ceramic Package] керамический (плоский) корпус с четырёхсторонним расположением планарных выводов

QFP [Quad Flat Pack] I плоский корпус с четырёхсторонним расположением планарных выводов

QFP [Quantum Flux Parametron] II параметрон с квантовым магнитным потоком

QIP [Quad-In-line-Package] (плоский) корпус с четырёхрядным расположением выводов

QMOS [Quick MOS] технология быстродействующих КМОП ИС

QSAMOS [Quadrupled Self-Aligned MOS] технология получения МОП-структур с четырёхкратным самосовмещением

QTAM [Queued Telecommunication Access Method, Warteschlangen-Fernübertragungsverfahren] телекоммуникационный метод доступа с очередями

RALU [Register ALU] регистровое АЛУ

RBSOA [Reverse Bias Safe Operation Area, sicherer Arbeitsbereich bei in Sperrichtung gepolter Basis-Emitterstrecke] область надёжной работы *(транзистора)* при обратном смещении

RCDTL [Resistor-Capacitor Diode-Transistor Logik] резистивно-ёмкостная диодно-транзисторная логика, диодно-транзисторная логика с резистивно-ёмкостными связями

RCTL [Resistor-Capacitor Transistor Logic] резистивно-ёмкостная транзисторная лоигка, РЕТЛ, транзисторная логика с резистивно-ёмкостными связями, ТЛРЕС

R-DAT [Rotary head DAT] система цифровой магнитной записи с вращающимися магнитными головками

REOX [Reserve Etching of Oxide] травление оксидированной обратной стороны *(кристалла, пластины)*

REPLA [Reprogrammable PLA, umprogrammierbares PLA] репрограммируемая логическая матрица, РПЛМ

REPROM [Reprogrammable ROM] перепрогаммирумое [репрограммируемое] ПЗУ, ППЗУ, РПЗУ; программируемое ПЗУ со стиранием (информации)

RET [Ring-Emitter Transistor, Ringemittertransistor] транзистор с кольцевым эмиттером

RIGFET [Resistive Insulabed Gate Field-Effect Transistor] полевой транзистор с резистивным изолированным затвором

RISC [Reduced Instruction Set Computer] ЭВМ с сокращённым [неполным] набором команд

ROX [Recessed Oxide] оксид, заполняющий канавки

RTL [Resistor-Transistor Logic, Widerstands-Transistor-Logik] резисторно-транзисторная логика, РТЛ, транзисторная логика с резистивными связями, ТЛРС

RTT [Resonanz-Tunnel-Transistor] транзистор с резонансным туннелированием *(электронов)*

SAG [Self-Aligned Gate, selbstjustierendes Gate] самосовмещённый затвор

SAGMOS [Self-Aligned Gate MOS] 1. МОП-структура с самосовмещёнными затворами 2. технология МОП-структур с самосовмещёнными затворами

SAJI [Silicon-Gate Self-Aligned Junction Insulation (CMOS)] 1. КМОП ИС с самосовмещёнными поликремниевыми затворами и изоляцией p-n-переходами 2. технология КМОП ИС с самосовмещёнными поликремниевыми затворами и изоляцией p-n-переходами

SAMNOS [Self-Aligned Gate MNOS] 1. МНОП-структура с самосовмещёнными затворами 2. технология получения МНОП-структур с самосовмещёнными затворами

SAMOS [Self-Aligned Gate MOS] I 1. МОП-структура с самосовмещёнными затворами 2. технология МОП-структур с самосовмещёнными затворами

SAMOS [Stacked-Gate Avalanche Injection MOS] II 1. лавинно-инжекционная МОП-структура с многоуровневыми затворами 2. технология лавинно-инжекционных МОП-структур с многоуровневыми затворами

SAR [Successive Approximation Register] регистр последовательных приближений

SASFET [Self-Aligned Schottky FET] полевой транзистор Шоттки с самосовмещённым затвором

SAW [Surface Acoustic Waves, akustische Oberflächenwellen] поверхностные акустические волны, ПАВ

SBC [Standard Buried Collector] базовая технология ИС на биполярных транзисторах со скрытым коллекторным слоем

SBT [Surface Barrier Transistor, Oberflächensperrschichttransistor] транзистор с поверхностным барьером

SCAT [Surface-Controlled Avalanche Transistor] I поверхностно-управляемый лавинный транзистор

SCAT [Schottky Cell Array Technology] II технология матричных БИС на основе базовых матричных ТТЛ-кристаллов с диодами Шоттки

SCCD [Surface CCD] ПЗС с поверхностным каналом; ПЗС с поверхностной структурой

SCIM [Silicon Coating by Inverted Meniscus] выращивание кремниевых плёнок методом обратного мениска

SCL [Schottky-Coupled Logic] ТТЛ с транзисторами Шоттки, ТЛШ

SCLT [Space Charge Limited Transistor, raumladungsbegrenzter Transistor] транзистор, ограниченный объёмным зарядом

SCOT [Self-aligned silicide base Contact Technology] технология ИС с самосовмещёнными силицидными базовыми контактами

SCR [Silicon Controlled Rectifier] тиристор

SCS [Silicon Controlled Switch, steuerbarer Siliziumschalter] однооперационный тетродный тиристор

SCT [Surface-Controlled Transistor, Surface Charge Transistor] поверхностно-управляемый (биполярный) транзистор

SCTL [Schottky-Coupled Transistor Logic] ТТЛ с транзисторами Шоттки, ТШЛ

SDA [Shallow Diode Array, Flachdiodenarray] диодная матрица с мелкой структурой

S-DAT [Stationary head DAT] система цифровой магнитной записи с неподвижными магнитными головками, система одновременной записи цифровых сигналов на параллельных дорожках

SDFL [Schottky Diode FET Logic, Schottky-Dioden-FET-Logik] логика [логические схемы] на полевых транзисторах и диодах Шоттки

SDHT [Selektiv Dotierter Heterojunction-Transistor] (гетероструктурный металл-полупроводниковый) полевой транзистор с гетеропереходом, полевой транзистор с высокой подвижностью электронов [с двумерным электронным газом], ВПЭ-транзистор

SEBL [Scanning Electron Beam Lithography, Rasterelektronenstrahllithografie] сканирующая электронолитография, сканирующая электронно-лучевая литография, электронолитография со сканированием [со сканирующим сфокусированным пучком электронов]

SECL [Symmetrically Emitter-Coupled Logic, symmetrische emittergekoppelte Logik] логика с симметричными эмиттерными связями

SEM [Scanning Electron Microscope, Rasterelektronenmikroskop] сканирующий [растровый] электронный микроскоп

SEMIROX [Semi-Recessed Oxide] изолирующая структура с мелкими канавками, заполненными оксидом

SFET [Sperrschichtfeldeffekttransistor] полевой транзистор с p-n-переходом

SFL [Substrate-Fed Logic] инжекционная логика с использованием подложки в качестве инжектора, логические схемы с подложечным инжектором

SGOS [Silicon Gate Oxide Semiconductor] 1. МОП-структура с кремниевым затвором 2. технология

МОП-структур с кремниевым затвором

SGT [Silicon Gate Technology, Siliziumgatetechnologie] I технология МОП ИС с поликремниевыми затворами

SGT [Silicon Gate Transistor, Silicongatetransistor] II МОП-транзистор с поликремниевым затвором

SIGBIP [Silicon Gate (MOS) Bipolar Technology] (комбинированная) технология ИС на биполярных транзисторах и МОП-транзисторах с поликремниевыми затворами

SII [Silicon-In-Insulator] структура (типа) «кремний в диэлектрике», КВД-структура

SIIL, SI²L [Schottky I²L] И²Л с диодами Шоттки

SIMIT [Size-Induced Metal-Insulator Transition] эффект перехода резистивных свойств субмикронных элементов микросхем в изолирующие при достижении предельной степени миниатюризации

SIMOS [Stacked-gate Injection MOS] 1. лавинно-инжекционные МОП-структуры с составным [многоуровневым] затвором 2. технология ИС на лавинно-инжекционных МОП-транзисторах с составным [многоуровневым] затвором

SIMOX [Separation by Implanted Oxygen] метод формирования диэлектрического слоя SiO_2 или Si_3N_4 в монокристалле кремния имплантацией ионов кислорода или азота с последующим термическим отжигом, Симокс-процесс *(вариант КНД-технологии)*

SIP [Single In-line Package] плоский корпус с однорядным расположенимем выводов, SIP-корпус

SIPOS [Semi-Insulating Polycriystalline Silicon] метод пассивации поверхности с помощью высокоомного поликристаллического кремния; метод получения поликремниевых структур с гетеропереходом

SIRET [Siemens Ring-Emitter-Transistor] транзистор с кольцевым эмиттером фирмы «Сименс», SIRET-транзистор

SIT [Static Induction Transistor, statischer Influenztransistor] транзистор со статической индукцией, СИТ

SLAM [Single Layer Metallization, Einebenenmetallisierung] одноуровневая [однослойная] металлизация

SLIC [Subscriber Line Interface Circuit] БИС интерфейса абонентской линии

SLM [Spatial Light Modulator] пространственный модулятор света, управляемый транспарант

SLP [Single Layer Polysilicon] технология получения однослойных поликремниевых структур

SLS [Strained-Layer Superlattice] сверхрешётка с напряжёнными слоями

SLSI [Super Large-Scale Integration] БИС со степенью интеграции выше сверхвысокой

SLT [Solid Logic Technology, Siebdruckkeramiktechnik] технология толстоплёночных (логических) ГИС

SLUG [Superconducting Low-inductance Undulatory Galvanometer] сверхпроводящий низкоиндуктивный ондуляторный гальванометр, «слаг»

SM [Surface Mounting] поверхностный монтаж

SMA [Surface Mounted Assembly] сборка на компонентах поверхностного монтажа

SMC [Surface Mount Component] компонент (для) поверхностного монтажа

SMD [Surface Mounted Device] компонент (для) поверхностного монтажа

SMD/SMC [Surface Mount Devices/Components] приборы и компоненты для поверхностного монтажа

SME [Surface Mount Equipment] оборудование для поверхностного монтажа

SMIC [Surface Mount Integrated Circuit] ИС (для) поверхностного монтажа

SMOS [Small MOS, Scaled-down MOS] 1. масштабированная МОП ИС с (самосовмещённым затвором и) каналом субмикронной длины 2. SMOS-технология, технология масштабированных МОП ИС с самосовмещёнными затворами и каналами субмикронной длины

SMP [Surface Mount Package] модуль для поверхностного монтажа

SMS [Semiconductor-Metal-Semiconductor] структура полупроводник - металл - полупроводник

SMT [Surface Mounting Technology] технология поверхностного монтажа

SNAP [Selective Non-Anodizing Process] I избирательный неанодирующий процесс (*технология изготовления приборов на джозефсоновских переходах*)

SNAP [Simulated Network Analyses Program] II моделирующая программа схемного анализа

SNMS [Sputtered Neutral Mass Spectroscopy] масс-спектрометрия распылённых нейтральных частиц

SNOS [Semiconductor-Nitride-Oxide-Semiconductor] структура полупроводник - нитрид - оксид - полупроводник

SNR [Signal Noise Ratio, Signal-Rausch-Verhältnis] отношение сигнал/шум

SNS [Superconductor-Normal conductor-Superconductor] структура (типа) сверхпроводник - проводник - сверхпроводник

SO [Small-Outline package] малогабаритный корпус типа SO

SOA [Safe Operation Area, sicherer Arbeitsbereich] область надёжной работы *(транзистора)*

SOCMOS [Selectively Oxidized CMOS, selektiv oxidierte CMOS] КМОП-схемы с избирательным оксидированием

SOG [Sea-of-Gates] БМК типа «море вентилей»

SOI [Silicon-On-Insulator] структура (типа) «кремний на диэлектрике», КНД-структура

SOIC [Small-Outline package IC] ИС в малогабаритном корпусе типа SO

SOI-CMOS [Silicon-Oxide-Insulator Complementary Metal-Oxide-Semiconductor] КМОП ИС с КНД-структурой

SOIS [Silicon-On-Insulated Substrate] структура (типа) «кремний на диэлектрике», КНД-структура

SOJ [Small-Outline j-leaded Package] малогабаритный корпус с выводами J-типа *(для поверхностного монтажа)*

SOL [Small-Outline Large package] малогабаритный корпус для больших кристаллов ИС *(для поверхностного монтажа)*

SOP [Selective Oxidation Process] технология избирательного оксидирования

SOS [Silicon-on-Sapphire] 1. структура (типа) «кремний на сапфире», КНС-структура 2. КНС-технология

SOS/CMOS [Silicon-on-Sapphire Complementary Metal-Oxide-Semiconductor] комплементарная МОП ИС со структурой (типа) «кремний на сапфире», КМОП ИС с КНС-структурой

SOS/HVMOS [Silicon-on-Sapphire/High-Voltage Metal-Oxide-Semiconductor] высоковольтная МОП ИС со структурой (типа) «кремний на сапфире», высоковольтная МОП ИС с КНС-структурой

SOSIC [Silicon-on-Sapphire Integrated Circuit] ИС со структурой (типа) «кремний на сапфире», ИС с КНС-структурой

SOSL [Silicon-on-Spinel] структура (типа) «кремний на шпинели»

SOS/LOBOS [Silicon-on-Sapphire/local Buried-Oxide Insulation] метод локальной изоляции элементов КНС БИС углублённым оксидом

SQK [statische Qualitätskontrolle] статистический контроль качества

SRAM [Static RAM] статическое ЗУПВ

SRD [Step Recovery Diode] диод с резким восстановлением обратного сопротивления

SSBW [Surface-Skimming Bulk Waves] приповерхностные объёмные акустические волны

SSI [Small Scale Integration, Kleinintegration] низкая степень интеграции

SSL [Sefl-aligned Superintegration Logic] суперинжекционные логические СБИС с самосовмещёнными затворами

STA [Standard Array] стандартная матричная ИС

STL [Schottky Transistor Logic] Шоттки-транзисторная логика, ШТЛ

STTL [Schottky TTL] ТТЛ с диодами Шоттки

SVR [Supply Voltage Rejection, Betriebsspannungsunterdrückung] коэффициент ослабления нестабильности источника питания

TAB [Tape Automated Bonding, automatisches Folienbondverfahren] автоматизированная сборка ИС на ленточном носителе, АСНЛ

TCC [Tape Chip Carrier, Filmträger] ленточный носитель

TCE [Thermal Coefficient of Expansion, Wärmeausdehnungskoeffizient] коэффициент теплового расширения, КТР

TCL [Transistor Coupled Logic, transistorgekoppelte Logik] логика [логические схемы] с транзисторными связями

TCM [Thermal Conduction Modul] теплоотводящий модуль

TDL [Tunnel Diode Logic] логика [логические схемы] на туннельных диодах

TDM [Time Division Multiplex, Zeitmultiplexverfahren] метод временно́го уплотнения, метод передачи с временны́м разделением каналов

TED [Transferred Electron Device, Elektronentransferbauelement] прибор с переносом электронов, прибор на эффекте междолинного перехода электронов, генератор [диод] Ганна

TEGFET [Two-dimensional Electron Gas FET, FET mit zweidimensionalem Elektronengas] полевой транзистор на двумерном электронном газе

TELD [Transferred Electron Logic Device, Elektronentransferlogikelement] логический элемент на приборах с переносом электронов

TEM [Transmissionselektronenmikroskopie] просвечивающая электронная микроскопия

TFET [Thin-film FET, Dünnschicht-FET] тонкоплёночный полевой транзистор

TFT [Thin-Film Transistor, Dünnschichttransistor] тонкоплёночный транзистор

TJS [Transverse Junction Strip] полоска [область генерации полупроводникового лазера в виде полоски] с поперечным p-n-переходом

TK [Temperaturkoeffizient] температурный коэффициент

TRL [Transistor Resistor Logic] резисторно-транзисторная логика, РТЛ

TRN [Token-Ring Network] кольцевая сеть с эстафетным [маркерным] доступом

TSA [Technologische Spezialausrüstungen] специальное технологическое оборудование

TSI [Titanic Scale Integration] степень интеграции выше сверхвысокой

TSL [Tri-State Logic] логика [логические схемы] с тремя устойчивыми состояниями, тристабильные логические схемы

TTL [Transistor-Transistor-Logik] транзисторно-транзисторная логика, ТТЛ-логика, ТТЛ

UART [Universal Asynchronous Receiver/Transmitter] универсальный асинхронный приёмопередатчик, УАПП

UCIC [User-Configurable Integrated Circuit, anwenderkonfigurierbare integrierte Schaltung] ИС с конфигурацией, определяемой пользователем

UDLT [Universal Digital-Loop Transceiver] универсальный приёмопередатчик с цифровым шлейфом

ÜHFA [Überhorizont-Funkmeßanlage] загоризонтная РЛС

UHSIC [Ultra-High Speed Integrated Circuit] ультраскоростная ИС *(ИС с более высоким быстродействием чем ССИС)*

UJT [Unijunctiontransistor] однопереходный транзистор, двухбазовый диод

ULA [Uncommitted Logic Array, unverdrahtetes Logik-Array] нескоммутированная логическая матрица

ULG [Universal Logic Element, universelles Logikelement] универсальный логический элемент

ULSI [Ultra-Large Scale Integration, Ultrahöchstintegration] степень интеграции выше сверхвысокой

UMOS [U-groove MOS, MOS-Struktur mit U-förmigen Gräben] МОП-структура с U-образной (изолирующей) канавкой

UNIFET [Unipolarer FET] униполярный [полевой] транзистор

uph [units per hour, Stück pro Stunde] штук [изделий] в час *(единица производительности технологического оборудования)*

USART [Universal Synchronous/Asynchronous Receiver/Transmitter] универсальный синхронно-асинхронный приёмопередатчик, УСАПП

USRT [Universal Synchronous Receiver/Transmitter] универсальный синхронный приёмопередатчик, УСПП

USV [Unterbrechungsfreie Stromversorgung] источник бесперебойного питания

VCA [Voltage Controlled Amplifier, spannungsgesteuerter Verstärker] усилитель, управляемый напряжением

VCD [Variable Capacitance Diode, Kapazitätsdiode] варикап

VCO [Voltage Controlled Oscillator, spannungsgesteuerter Oszillator] генератор, управляемый напряжением, ГУН

VCR [Video Cassette Recorder, Videokassettenrecorder] кассетный видеомагнитофон

V-CVD [Vakuum-CVD] химическое осаждение из газовой [паровой] фазы в вакууме

VDMOS [Vertical (planar) Double-Diffused MOS, vertikale (planare) DMOS-Struktur] I двухдиффузионная вертикальная МОП-структура

VDMOS [V-groove Double-Diffused MOS, V-Graben-DMOS] II двухдиффузионная МОП-структура с V-образной изолирующей канавкой

VDR [Voltage-Dependent Resistor, Varistor] варистор

VFET [Vertical Field-Effect Transistor] вертикальный

полевой транзистор, транзистор с вертикальной структурой [с вертикальным каналом]

VGE [Vapor Growth Epitaxy, Dampfphasenepitaxie] эпитаксиальное выращивание из газовой [паровой] фазы

VHDL [VHSIC Hardware Description Language] язык описания аппаратных ССИС-средств

VHIC [Very High-speed IC] сверхскоростная [сверхбыстродействующая] ИС, ССИС

VHLSI [Very High LSI] степень интеграции выше сверхвысокой

VHPIC [Very High Performance IC] сверхвысококачественная ИС

VHSI [Very High Speed Integration] технология сверхскоростных [сверхбыстродействующих] ИС, технология ССИС

VHSIC [Very High Speed Integrated Circuit, hochintegrierte Hochgeschwindigkeitsschaltung] сверхскоростная [сверхбыстродействующая] БИС, ССИС

VIL [Vertical Injection Logic] И^{2}Л с вертикальными инжекторами

VJ-FET [Vertical-Junction FET, Vertikalübergang-FET] полевой транзистор с вертикальным *p - n*-переходом

VLE [Vapor Levitation Epitaxy] эпитаксия (из паровой фазы) с применением воздушной подушки *(в качестве опоры для полупроводниковых пластин)*

VLSI [Very Large Scale Integration, Höchstintegration] сверхвысокая степень интеграции

V^{2}LSI [Very-Very Large Scale Integration] степень интеграции выше сверхвысокой

VMIS [V-groove MIS; Vertical MIS] 1. МДП-структура с V-образной изолирующей канавкой, V-МДП-структура 2. вертикальная МДП-структура 3. технология МДП ИС с V-образными изолирующими канавками, V-МДП-технология

VMOS [V-groove MOS; Vertical MOS] 1. МОП-структура с V-образной изолирующей канавкой, V-МОП-структура 2. вертикальная МОП-структура 3. технология МОП ИС с V-образными изолирующими канавками, V-МОП-технология

VPE [Vapour Phase Epitaxy, Gasphasenepitaxie] эпитаксия из газовой [паровой] фазы, газофазная [парофазная] эпитаксия

VRAM [Video RAM] видеоЗУПВ

VTL [Variable Threshold Logic, Logik mit variabler Schwellspannung] логика с переменным пороговым напряжением, логические схемы с переменным пороговым напряжением [с переменным порогом]

VVC [Voltage Variable Capacitor] варактор

WASP [Wafer Scale Associative Processor] ассоциативный процессор на СБИС-пластине

WORM [Write Once Read Multiple] память [ЗУ] с однократной записью

WSI [Wafer Scale Integration, Ganzscheibenintegration] формирование БИС на целой полупроводниковой пластине

XRL [X-Ray Lithography, Röntgenlithografie] рентгенолитография

ZR [Zone Refining, Zonenreinigung] зонная очистка

* * *

Для заметок

ПАНКИН Александр Васильевич

НЕМЕЦКО-РУССКИЙ СЛОВАРЬ ПО МИКРОЭЛЕКТРОНИКЕ

Директор издательства   И.В. Фаградянц
Подготовка к печати   И.В. Аксенова

Тираж 1000 экз.

АОЗТ "ЭТС"
1031662 Москва, Подсосенский пер. 13
тел./факс: (095) 916-37-11
E-mail: Vlad@erika.msk.su

Отпечатано в Gummerus Printing, Jyväskylä, Finland

103062, Москва, Подсосенский пер. 13.
Телефон/факс: (095) 916-3711; (095) 400-6634
eMail: Vlad@erika.msk.su

АОЗТ «ЭТС» предлагает компьютерные версии словарей в оболочке POLYGLOSSUM II (for DOS& Windows; for MAC)

Словарная оболочка POLYGLOSSUM обеспечивает поиск как по английским, немеким, финским, шведским и другим (в зависимости от словарной базы данных), так и по русским терминам; работает совместно с любыми текстовыми редакторами, электронными таблицами и оболочками баз данных; производит поиск слов и словосочетаний, указанных на экране или введенных с клавиатуры и позволяет переносить фрагменты текста словаря в редактируемый текст. Возможно использование одновременно нескольких словарных баз данных (например, общелексической и нескольких отраслевых). Дополнительные словарные базы данных могут поставляться пользователям словарной оболочки «POLYGLOSSUM II» отдельно по мере их выпуска.

В настоящее время предлагаются следующие словарные базы данных:

- «Популярный англо-русско-английский словарь» (ок. 30 тыс. поисковых слов и словосочетаний)
- «Англо-русско-английский бизнес-словарь» (ок. 150 тыс. поисковых слов и словосочетаний)
- «Англо-русско-английский словарь банковской и кредитно-финансовой терминологии» (ок. 50 тыс. поисковых слов и словосочетаний)
- «Англо-русско-английский медицинский словарь» (ок. 40 тыс. поисковых слов и словосочетаний)
- «Англо-русско-английский математический словарь» (ок. 175 тыс. поисковых слов и словосочетаний)
- «Англо-русско-английский политехнический словарь» (более 600 тыс. поисковых слов и словосочетаний)
- «Финско-русско-финский торгово-экономический словарь» (ок. 80 тыс. поисковых слов и словосочетаний)
- «Шведско-русско-шведский политехнический словарь» (ок. 250 тыс. поисковых слов и словосочетаний)
- «Немецко-русско-немецкий словарь по бизнесу» (ок. 50 тыс. поисковых слов и словосочетаний)
- «Немецко-русско-немецкий словарь по вычислительной технике и программированию» (ок. 50 тыс. поисковых слов и словосочетаний)
- «Немецко-русско-немецкий словарь по микроэлектронике» (ок. 50 тыс. поисковых слов и словосочетаний)

TopKey for DOS and Windows

Универсальный настраиваемый раскладчик клавиатуры (DOS & Windows) TopKey с набором шрифтов для одновременной работы с немецким, английским, русским, финским и скандинавскими языками. По желанию может настраиваться и на другие языки.

В 1995 г. готовится к изданию более 30 словарных баз данных.

Издательством «ЭТС» выпущен:

Новый словарь сокращений русского языка

Ок. 32 тыс. словарных гнезд
Коллектив авторов

М.: АОЗТ «ЭТС», 1995. ISBN 5-86455-047-7

Настоящее издание подготовлено по материалам официальных изданий, документов, инструкций, наставлений, ГОСТов и прессы и представляет из себя первое издание такого объема, включающее как устоявшиеся сокращения и аббревиатуры русского языка, так и сокращения (аббревиатуры), возникшие в русском языке в последние годы, практически по всем направлениям жизнедеятельности человека.

Этот словарь рассчитан на самые широкие круги читателей и будет особенно полезен при чтении (переводе) современной русскоязычной литературы, прессы и документов.

Обновленный и дополненный словарь планируется выпускать с периодичностью 1раз в 1-2 года. Для этого в издательстве создана постоянная рабочая группа, осуществляющая сбор сокращений и аббревиатур русского языка. Зарегистрированным пользователям этого словаря первого издания предоставляется скидка 10% при покупке последующих изданий непосредственно в издательстве или у уполномоченных дилеров. Для этого необходимо направить заявку в адрес издательства.

Заявки направлять по адресу:
103062, Москва, Подсосенский пер., 13.
Телефон/Факс: (095) 916-3711;
eMail: Vlad@erika.msk.su

Издательством «ЭТС» выпущен:

Англо-русский словарь новых автомобильных терминов, выражений, сокращений и автомобильного жаргона
Около 1000 словарных статей
Русак Д. А.

М.: АОЗТ «ЭТС», 1995, ISBN 5-86455-044-X

Англо-русский словарь новых автомобильных терминов, выражений, сокращений и автомобильного жаргона содержит около 700 словарных статей, связанных с устройством, эксплуатацией и ремонтом автомобилей. В словарь включены также полные и сокращенные названия крупных автомобильных организаций, а в качестве приложения приведена рекомендуемая русская транслитерация названий иностранных автомобильных компаний, моделей автомобилей и имен, относящихся к автомобильной промышленности. Большинство имеющихся в словаре терминов отсутствует в существующих общих и специальных словарях, ранее издававшихся в России. Словарь предназначен для переводчиков, инженеров автомобильной промышленности, автомобильных дилеров, водителей, автогонщиков и автомобилистов. Он может представлять интерес для всех, кто интересуется автомобилями. Словарь составлен на основе опыта многолетней работы автора переводчиком в российском автомобильном еженедельнике «АВТО».

Словарь издается также в компьютерном виде - в словарной оболочке POLYGLOSSUM (for DOS, Windows и MAC), позволяет осуществлять поиск английских и русских терминов (словосочетаний) - ок. 3 000 терминов в реальном масштабе времени с возможностью автоматического переноса их из словаря в рабочую программу пользователя.

Заявки направлять по адресу:
103062, Москва, Подсосенский пер., 13.
Телефон/Факс: (095) 916-3711;
eMail: Vlad@erika.msk.su

Готовится к выходу в 1995 г.

Англо-русский экологический словарь
Более 35 000 терминов
Коваленко Е. Г.

М.: АОЗТ «ЭТС», 1995. ISBN 5-86455-023-X

Англо-русский экологический словарь содержит более 35 000 терминов и словосочетаний по основным областям знаний и практической деятельности, связанным с экологией и охраной окружающей среды: биосфера; экосистемы; природные зоны; элементы и факторы природной среды; виды ресурсов; мониторинг окружающей среды; антропогенное влияние на живую природу; охрана редких видов; источники и виды загрязнений окружающей среды; охрана почв, водных ресурсов и воздушного бассейна; промышленные, сельскохозяйственные и бытовые отходы и их переработка; очистные сооружения; станции водоподготовки и водоочистки; мелиорация земель; болезни и патологические состояния, вызываемые загрязнением окружающей среды; экономика и правовые аспекты экологии и охраны окружающей среды; стандарты качества окружающей среды; природоохранительное просвещение; международное сотрудничество в природоохранной деятельности; организации, деятельность которых прямо или косвенно связана с охраной окружающей среды. Словарь также содержит характерные для данной тематики стилистические обороты и сокращения. Словарь рассчитан на широкий круг пользователей.

Словарь издается также в компьютерном виде - в словарной оболочке POLYGLOSSUM (for DOS, Windows и MAC), позволяет осуществлять поиск английских и русских терминов (словосочетаний) - ок. 75 000 терминов в реальном масштабе времени с возможностью автоматического переноса их из словаря в рабочую программу пользователя. **В комплекте поставляется универсальный настраиваемый раскладчик клавиатуры TopKey for DOS & Windows в комплекте со шрифтами позволяет одновременно работать с английским, немецким, русским, финским и скандинавскими языками.

Заявки направлять по адресу:
103062, Москва, Подсосенский пер., 13.
Телефон/Факс: (095) 916-3711; eMail: Vlad@erika.msk.su

Готовится к выходу в 1995 г.

НЕМЕЦКО-РУССКИЙ СЛОВАРЬ ПО ЭКОЛОГИИ И ОХРАНЕ ОКРУЖАЮЩЕЙ СРЕДЫ
(частично с английскими эквивалентами и толкованиями на русском языке)
Новиков А. Н.

М.: АОЗТ «ЭТС», 1995. ISBN 5-86455-027-X

Словарь содержит ок. 30 тысяч терминов и ок. 1 тыс. сокращений, отобранных в результате обработки большого массива оригинальных источников: экологических толковых словарей, справочников, учебных пособий, специальной литературы и прессы на немецком и русском языках.

Предлагаемый словарь охватывает следующие подразделы экологии, представление которых в виде единого свода терминов уже само по себе уникально: общие вопросы экологии; природоохранная политика и экологическое образование; мониторинг окружающей среды и предупреждение загрязнений атмосферы; загрязнения окружающей среды в быту, промышленности, сельском хозяйстве и энергетике; охрана водоемов; отведение и очистка сточных вод; охрана почв и природных ландшафтов; удаление, обезвреживание и вторичное использование отходов; охрана живой природы, включая заповедное дело; защита от пыли, шума и вибраций; радиационная гигиена и защита от излучений; экологическая гигиена и болезни, вызываемые загрязнением окружающей среды; природные катастрофы и многое другое. Словарь может служить не только хорошим подспорьем в переводе. Его можно рекомендовать и как надежное справочное и учебное пособие для специалистов-экологов, преподавателей и учащихся, а также широкого круга лиц, интересующихся проблемами экологии.

Словарь издается также в компьютерном виде - резидентной словарной оболочке Polyglossum-II (for DOS & Windows; for MAC), словарь позволяет осуществлять в реальном масштабе времени поиск более 75 тыс слов и словосочетаний как по немецкому, так и русскому языкам, а также их автоматический перенос из словаря в текстовый редактор, таблицу или базу данных. В комплекте поставляется универсальный настраиваемый раскладчик клавиатуры (DOS & Windows) TopKey с набором шрифтов для одновременной работы с немецким, английским, русским, финским и скандинавскими языками (По желанию может настраиваться и на другие языки)

Заявки направлять по адресу:
103062, Москва, Подсосенский пер., 13.
Телефон/Факс: (095) 916-3711;
eMail: Vlad@erika.msk.su

Готовится к выходу в 1995 г.

Англо-русский словарь по науковедению
Более 20 000 терминов
Е. Г. Коваленко

М., АОЗТ «ЭТС», 1995, ISBN 5-86455-026-X

Словарь содержит более 20 000 терминов по комплексу дисциплин, исследующих различные аспекты науки: теория науки (включая философские основы науки и теорию познания); история науки; социология науки; психология творческого труда; наукометрия; экономика науки; логические, эвристические, математические и кибернетические методы исследования; руководство научными исследованиями и разработками; теория научной информации; системный анализ; подготовка и использование научных кадров; политика в области науки; научные организации; правовые аспекты науки; научные мероприятия и контакты; методы научного прогнозирования. В словарь включены также характерные для этой области знания стилистические обороты и сокращения. Это самый полный из имеющихся в мире переводных англо-русских словарей по данной тематике. Словарь рассчитан на широкий круг пользователей.

Словарь издается также в компьютерном виде - в словарной оболочке POLYGLOSSUM (for DOS, Windows и MAC), позволяет осуществлять поиск английских и русских терминов (словосочетаний) - ок. 50 000 терминов в реальном масштабе времени с возможностью автоматического переноса их из словаря в рабочую программу пользователя.

В комплекте поставляется универсальный настраиваемый раскладчик клавиатуры TopKey for DOS & Windows в комплекте со шрифтами позволяет одновременно работать с английским, немецким, русским, финским и скандинавскими языками.

Заявки направлять по адресу:
103062, Москва, Подсосенский пер., 13.
Телефон/Факс: (095) 916-3711; eMail: Vlad@erika.msk.su

Готовится к выходу в 1995 г

Англо-русский словарь по надежности и контролю качества
Более 25 000 терминов
Е. Г. Коваленко

Издание третье, исправленное и дополненное
М.: АОЗТ «ЭТС», 1995, ISBN 5-86455-025-X

Третье, исправленное и дополненное издание «Англо-русского словаря по надежности и контролю качества» содержит более 25 000 терминов по теории надежности, статистическим методам контроля качества, практике обеспечения надежности и качества промышленных изделий, различным аспектам эксплуатации и ремонта техники, научной организации производства, сетевому планированию, технической диагностике, теории планирования эксперимента, методам оптимального программирования, теории массового обслуживания, теории управления запасами, а также некоторым разделам математической статистики, комбинаторики и теории вероятностей. Словарь содержит также стилистические обороты, характерные для этой области знания, и сокращения. Первое и второе издание словаря объемом около 20 000 терминов (1-е: М.: Русский язык, 1975. 2-е: Оксфорд: Пергамон-Пресс, 1977) уже давно стали библиографической редкостью.

Настоящее издание - самый полный англо-русский переводной словарь, объединяющий под одной обложкой терминологию по данной тематике и смежным областям. Словарь рассчитан на широкий круг пользователей.

Словарь издается также в компьютерном виде - в словарной оболочке POLYGLOSSUM (for DOS, Windows и MAC), позволяет осуществлять поиск английских и русских терминов (словосочетаний) - ок. 70 000 терминов в реальном масштабе времени с возможностью автоматического переноса их из словаря в рабочую программу пользователя.

В комплекте поставляется универсальный настраиваемый раскладчик клавиатуры TopKey for DOS & Windows в комплекте со шрифтами позволяет одновременно работать с английским, немецким, русским, финским и скандинавскими языками.

Заявки направлять по адресу:
103062, Москва, Подсосенский пер., 13.
Телефон/Факс: (095) 916-3711; eMail: Vlad@erika.msk.su